Investmentbanken

Claudio Franzetti

Investmentbanken

Geschäftsfelder, Akteure und Mechanismen

 Springer Gabler

Claudio Franzetti
Meilen, Schweiz

ISBN 978-3-658-20790-8   ISBN 978-3-658-20791-5 (eBook)
https://doi.org/10.1007/978-3-658-20791-5

Die Deutsche Nationalbibliothek verzeichnet diese Publikation in der Deutschen Nationalbibliografie; detaillierte bibliografische Daten sind im Internet über http://dnb.d-nb.de abrufbar.

Springer Gabler
© Springer Fachmedien Wiesbaden GmbH, ein Teil von Springer Nature 2018

Gedruckt auf säurefreiem und chlorfrei gebleichtem Papier

Springer Gabler ist ein Imprint der eingetragenen Gesellschaft Springer Fachmedien Wiesbaden GmbH und ist
ein Teil von Springer Nature.
Die Anschrift der Gesellschaft ist: Abraham-Lincoln-Str. 46, 65189 Wiesbaden, Germany

Für Rita, Francesco, Bibiana und Lorenzo

Investment banking is, fundamentally, a sales job.

Jonathan A. Knee

No one stays happy on Wall Street for long.

Emanuel Derman

Nur der Dilettant, der mit Recht auch Liebhaber, Amateur genannt wird, hat eine wirklich menschliche Beziehung zu seinen Gegenständen, nur beim Dilettanten decken sich Mensch und Beruf; und darum strömt bei ihm der ganze Mensch in seine Tätigkeit und sättigt sie mit seinem ganzen Wesen, während umgekehrt allen Dingen, die berufsmäßig betrieben werden, etwas im üblen Sinne Dilettantisches anhaftet: irgend eine Einseitigkeit, Beschränktheit, Subjektivität, ein zu enger Gesichtswinkel.

Egon Friedell

Vorwort

Im Jahr 2018, obwohl schon geraume Zeit seit der akuten Finanzkrise um 2008 vergangen ist, stellt sich die dringende Frage: Was ist eine Bank? Die klassische und über hundert Jahre alte Antwort heißt: Eine Bank sammelt öffentlich Gelder ein, die sie wiederum an Schuldner verteilt.

Heute wären aber auch Antworten wie folgt möglich (Berman 2016): Eine große Bank ist eine Softwareunternehmung sowie ein App-Entwickler. Sie ist eine Servicecompany für Private und Institutionelle. Eine Bank ist eine Ertragsmaschine für Shareholder und Mitarbeiter. Sie ist ein internationaler Intermediär. Eine Bank ist ein Wertpapierhändler und Emittent. Banken sind Polizisten, die Kriminelle jagen und sich selber überwachen. Banken helfen der Politik, soziale Ziele zu erreichen ...

Nicht nur das interessierte Publikum, sondern sogar die Politik und die Behörden, ja sogar die Banken selber, wissen nicht genau, was sie machen oder machen sollen.

Investmentbanken sind eine Subspezies der Banken. Um sie ranken sich viele Halbwahrheiten und pures Unwissen in weiten Kreisen. Genau diesem Phänomen zu begegnen, ist die Hauptmotivation zu diesem Buch. Mir scheint eine Erklärung dringend. Aber gibt es nicht schon eine Legion von Publikationen?

Der Lesende wird schnell finden, dass es auf Deutsch sehr wenig Literatur gibt und die vorhandene entweder schon etwas in die Jahre gekommen ist oder den Charakter des Lehrbuchs trägt (Hockmann und Thießen 2012) und somit, soweit wie in der Betriebswirtschaft möglich, wissenschaftlich daherkommt oder beides zusammen, wie etwa Achleitner (2002). Ein Buch zu schreiben setzt voraus, dass das „beste" Buch noch nicht geschrieben wurde. Dabei misst sich das Optimum am Gutdünken des Autors. Er versucht also das Buch zu schreiben, das er hätte lesen wollen, sodass er die Strapazen des Schreibens gar nicht auf sich hätte nehmen müssen. In diesem Geist habe ich diese Schrift verfasst.

Da Banken im Nachgang zur Finanzkrise in weiten Kreisen eine schlechte Reputation genießen und insbesondere die mysteriösen Investmentbanken durch negative Schlagzeilen hervorstechen, besteht die Gefahr, dass man deren Handeln durch genügendes Verstehen ihrer Motive und Operationen gesellschaftspolitisch und ökonomisch rechtfertigt, ohne genügend Distanz zu wahren. Aber Verstehen soll nicht Zustimmen bedeuten. Die Investmentbanken stehen fest auf einem ideologischen Fundament, das Neoliberalismus oder „Shareholder-Value" heißt. Die Investmentbanken sind manifest oder latent die Bannerträger dieser Weltanschauung.

Eine Kritik der Investmentbanken muss deshalb bei diesem Fundament beginnen. Das Geschäftsmodell ist dann nur eine Umsetzung im Rahmen der Regulierung, die wiederum gesellschaftliche und soziale Ziele darin festlegt. Man muss sich vor Augen führen, wie stark die Geschichte der Menschheit von wenigen Ideen, die auch falsch verstanden wurden, geprägt wird. Man denke nur an Adam Smith, Hegel, Marx, Darwin sowie Nietzsche und an alle Katastrophen, die sie mittelbar und unbeabsichtigt angeregt haben. Ideen sind sehr mächtig.

Ein Buch ist immer an seine Entwicklungszeit gebunden. In den letzten Jahren hat sich die Umwelt, in der sich unser Finanzwesen einfügt, schnell, aber nicht unbedingt stark – zumindest nicht im Innersten – verändert. Der Autor riskiert schnell überholt zu sein, wenn er sich zu sehr auf das Aktuelle abstützt. Ich habe versucht, das Prinzipielle mit dem Aktuellen unter Hinzuziehen des Historischen zu vereinen. Der Lesende sei Richter über dieses Gelingen.

Man beachte, dass der Titel „Investmentbanken" heißt und nicht „Investmentbanking". Im deutschen Sprachraum wird schnell das eine Geschäftsfeld mit der anderen Spezialbank gleichgesetzt. *Investmentbanking* ist aber eigentlich nur eine spezifische Tätigkeit, zu der regelmäßig andere hinzukommen, wie etwa das Wertpapierhandelsgeschäft. Hier wollen wir präzise sein und vergeben uns damit den etwas saftigeren und zugkräftigen Begriff. Im EU-Jargon heißen Investmentbanken ohnehin Investmentfirmen.

Wieso fühle ich mich berechtigt, diesen Stoff in ein Buch zu fassen? Hier stimme ich der Ansicht vom genialen Egon Friedell (1996, 48) zu, wenn er meint, dieser sei weniger einseitig, beschränkt und subjektiv (siehe Epigraf vorne).

Die Tätigkeit als Mitglied der Geschäftsleitung des Bereichs „Kreditrisiko" der größten deutschen Universalbank mit bedeutender integrierter Investmentbank hat mir einen weiten Blickwinkel verschafft und die Möglichkeit gegeben, in alle Divisionen hineinzuwirken, zum Teil mit nicht unerheblichen Konflikten. Ich bin also ein selbstermächtigter Dilettant.

Die Sprache der Investmentbanken wird vom Englischen dominiert. Es ist deshalb beinahe oder wirklich aussichtslos, alle geläufigen Begriffe ins Deutsche zu übertragen, so sehr man sich auch dagegen wehren möchte. Ich habe deshalb versucht, den deutschen Begriffen die englischen hinzustellen, besonders wenn die Gefahr droht, dass die deutschen Fachtermini – auch kein reines Deutsch – zwar korrekt, aber wenig verwendet werden oder etwas gestelzt daherkommen. Die Beherrschung der Sprache, die Hoheit über die Begriffe ist eine Art von Macht. In Universalbanken prägen die Investmentbanker den anderen Divisionen oder der Konzernzentrale ständig neue Begrifflichkeiten und Abkürzungen auf, um diese auch verbal unter Druck zu setzen, so jedenfalls meine persönliche Erfahrung. Häufig handelt es sich aber um alten Wein in neuen Schläuchen.

Ein Buch mit seinem linearen Verlauf bedarf einer nachvollziehbaren Ordnung. Ordnung wiederum bedeutet auch Klassifizierung. Für den Logiker sollten die Klassen voneinander disjunkt, d. h. nicht überlappend und vollständig sein. Das nennt sich Zerlegung. Bei sehr vielen Themen lässt sich diese Ordnung nicht schaffen. Als Beispiel nehme man Staats- und Unternehmensanleihen, zu dem sich noch die Klasse „Schwellenländer" gesellt. Es ist, wie wenn man sagte, es ist entweder klein oder groß oder grün. Ich möchte die Leser um Geduld bitten; die Investmentbanker haben oft Begriffe *ad hoc* definiert, die dann ihr Eigenleben führen.

Dank für die Entstehung dieses Buches gebührt zwei Gruppen: denen, die einen aktiv unterstützt haben mit Kommentaren, Hinweisen und Verbesserungen, und denen, die mir die nötigen Freiräume und freien Zeiten ermöglicht haben.

Zürich, Januar 2018   *Claudio Franzetti*

Literatur

- Achleitner, A.-K. (Hrsg.) (2002). *Handbuch Investment-Banking*. Gabler, Wiesbaden.
- Berman, D. K. (2016). What is a Bank? *The Wall Street Journal*, (30.05.2016).
- Friedell, E. (1996). *Kulturgeschichte der Neuzeit: die Krisis der europäischen Seele von der schwarzen Pest bis zum Ersten Weltkrieg*. Beck, München.
- Hockmann, H.-J. und Thießen, F. (Hrsg.) (2012). *Investment Banking*. Schäffer-Poeschel, Stuttgart, 3. Aufl.

Inhaltsverzeichnis

Abbildungsverzeichnis

Tabellenverzeichnis

Wesen der Investmentbank

1

Will man die Geschichte des Investmentbankings aufzeigen, so kommt man nicht umhin, das Investmentbanking vorher zu beschreiben. Anderseits ist das Wesen dieses Bankgeschäfts ja gerade von der Zeit und vom historischen Kontext abhängig. Eine Investmentbank des 19. Jahrhunderts weist nur noch geringe Gemeinsamkeit mit den heutigen Instituten auf. Dennoch gibt es einen Kern, der sich wenig geändert hat und der in den meisten heutigen Banken noch vorhanden ist.

Das Wort „Investment banker" haben wir schon in einem Branchenbuch aus Philadelphia von 1824 gefunden (Boyd 1836). Daraus folgt, dass dieser Begriff zu dieser Zeit schon geläufig war und deshalb schon einiges früher in den Gebrauch gekommen sein muss. In Großbritannien sind etwa zur gleichen Zeit schon zwei Banken bekannt, die diese Wortkombination in ihrem Namen führen.

Das Verhältnis zwischen Investmentbank und Investmentbanking muss zudem geklärt werden. Denn dabei wird sich zeigen, dass Investmentbanking nur einen kleinen Teil, wenn überhaupt, der Tätigkeit einer Investmentbank ausmacht.

Wir beginnen also mit der allgemeinen Beschreibung der Bank, wobei wir uns von der Praxis leiten lassen und weniger akademische Theorien beschreiben wollen.

1.1 Das Wesen einer Bank

Bei der Definition einer Bank stützt sich die Betriebswirtschaft vor allem auf der *Transformationsfunktion* ab. Bekanntlich transformieren Banken die Stückelung, den Ort, die Währung des Geldes, die Zeit und das Risiko. Ersteres bedeutet, dass viele kleine Einlagen zu einem großen Kredit umgewandelt werden können. Das Zweite meint die Fähigkeit, an einem Ort eine Einzahlung zu tätigen und an einem anderen Ort eine Abhebung machen zu können. Und das Dritte bedeutet den einfachen Währungstausch. Die Zeittransformation geschieht, indem man Geld ausleiht und später wieder mit Zinsen zurückbekommt. Der Kredit ist die typische Verkörperung dieser Transformation. Die Risikotransformation

© Springer Fachmedien Wiesbaden GmbH, ein Teil von Springer Nature 2018
C. Franzetti, *Investmentbanken*, https://doi.org/10.1007/978-3-658-20791-5_1

ist eine wichtige Grundlage des Ertrages, da das Tragen von Risiken abgegolten werden muss.

Anderseits bestimmen einschlägige Gesetze, was eine Bank ist. Dabei wird, wie im deutschen Kreditwesengesetz, eine Liste der Geschäftstätigkeiten zu Hilfe genommen.

Im Folgenden zeigen wir zwei Auflistungen, die rund 100 Jahre auseinanderliegen. Daraus kann man unschwer ersehen, dass sich die Geschäfte nicht wirklich radikal verändert haben. Insbesondere kann man feststellen, dass der Kern des Investmentbankings schon vor langer Zeit zum Grundbestand von Banktätigkeiten, und zwar auch in Europa, gehört.

Meyers Großes Konversations-Lexikon in der Ausgabe von 1904–1909 fasst die typischen Bankgeschäfte in drei Gruppen wie folgt zusammen (Meyer 1904, 2–334):

1. Besorgungen für andere,
   a) Inkassogeschäfte (Besorgung von Zahlungen an andre Orte, Einziehung von Forderungen für Dritte durch Wechsel und Anweisungen);
   b) Kauf und Verkauf von Wertpapieren in Kommission;
   c) Einlösung von Coupons, Auszahlung von Zinsen und Dividenden;
   d) Übernahme und Absatz von Staats-, Gemeinde- und Gesellschaftsanleihen für eigne Rechnung oder in Kommission.
2. Handels- und Spekulationsgeschäfte:
   a) Kauf und Verkauf von Wertpapieren;
   b) Wechsel von Papiergeld, Banknoten und Währungen;
   c) Handel mit Edelmetallen;
   d) gewöhnliche Handels- und Spekulationsgeschäfte (Beteiligung an industriellen Unternehmen, Gründung von Aktiengesellschaften, Termingeschäfte an der Börse).
3. Kredit- und Aufbewahrungsgeschäfte, und zwar:
   a) Aufbewahrung von Wertgegenständen;
   b) Gewährung von Darlehen durch Diskontierung von Wechseln oder gegen Stellung eines Unterpfandes (gegen Verpfändung von Mobilien oder hypothekarische Beleihung von Immobilien);
   c) Annahme von verzinslichen und unverzinslichen Depositen und in Verbindung hiermit Giro- und Umschreibe-, bez. Kontokorrentgeschäfte unter Eröffnung von laufendem Kredit;
   d) Kreditaufnahme durch Ausgabe von Obligationen, Pfandbriefen, Banknoten.

Die reell existierenden Banken betreiben meist nur einen Teil dieser Tätigkeiten. Die Banklandschaft erstreckt sich über Spezialbanken[1], die nur ganz wenige Funktionen ausüben, bis zu den Universal- und Großbanken, die beinahe alle Tätigkeiten wahrnehmen.

---

[1] Spezialbanken sind zum Beispiel Depositen-, Hypotheken-, Gründungs-, Handels-, Gewerbe-, Diskont-, Girobanken und so fort.

Daneben gibt es gemeinnützige Institute wie Sparkassen, Kreditvereine und Pfandleihanstalten neben privatwirtschaftlich organisierten Erwerbsunternehmungen. Die sogenannten Noten- oder Zettelbanken, die sich durch die Ausgabe von Banknoten finanzierten, sind vor etwa 100 Jahren verschwunden und durch eine einzige Zentralbank pro Währung ersetzt worden, die alleine Noten als gesetzliches Zahlungsmittel ausgeben darf.

Banken sind entweder als Aktiengesellschaften gegründet oder sind Bankhäuser, die als Partnerschaften, Kollektiv- oder Kommanditgesellschaften organisiert sind. Früher, und in geringerem Masse auch heute noch, bestanden Bankhäuser vor allem aus Familienmitgliedern, wie etwa im Fall der Rothschilds, der Barings und der Browns.

Das Emissionsgeschäft beschreibt von Phillipovich (1919) wie folgt:

> Bei der Emission von Wertpapieren handelt es sich darum, Käufer für neu ausgegebene Papiere zu finden. Es können dies Aktien, öffentliche Schuldverschreibungen, Obligationen privater Unternehmungen oder Pfandbriefe sein. Die Bank kann solche Wertpapiere für eigene Rechnung zu einem bestimmten vereinbarten Kurs übernehmen und dann trachten, sie an das Publikum zu höherem Kurse zu verkaufen. Oder sie benutzt die Beziehungen zum Publikum, um dieses durch Prospekte, in denen die für die Sicherheit und Rentabilität der Wertpapiere maßgebenden Verhältnisse klar gelegt sind, zur Subskription zu veranlassen.
>
> Häufig beteiligt sie sich schon von vornherein bei der Gründung von Gesellschaftsunternehmungen (Neugründungen oder Umwandlungen von Einzelunternehmungen in Aktiengesellschaften), legt also Kapital in Industrie-, Handel-, Verkehrsbetrieben an, um dann, wenn die Unternehmung im Betriebe ist, die Anteilscheine zu verkaufen. Vielfach bleibt sie im Besitz eines maßgebenden Teiles des Gesellschaftskapitals, um auf die Führung der Unternehmung Einfluss nehmen zu können und die Verbindung mit ihr in Kassenführung und Kreditgewährung aufrechtzuerhalten und um durch sie zu neuen Beziehungen zu gelangen.

In diesem kurzen Zitat kann man mehrere typische Geschäfte erkennen: zum einen das *Emissionsgeschäft*, die Mitwirkung der Banken bei der Ausgabe und Platzierung von Effekten und zum Zweiten die strategische *Beteiligung* an Unternehmungen. Es fehlen nur die *Finanzberatung* und der *Effektenhandel*. Für die Bankhäuser war der Handel immer eine etwas minderwertige Angelegenheit; J. P. Morgan begann nur ganz kurz vor dem Börsenkrach von 1929 mit dem Handel.

In früheren Zeiten waren die finanziellen Kenntnisse der Unternehmen sehr gering. Es gab keine richtigen Finanzchefs, sodass diese Rolle von den externen Banken durch Beteiligung übernommen wurde. Beredte Beispiele findet man in der Firma Morgan Drexel.

1.2 Die Investmentbank, eine Eingrenzung

Nach Lyon (1920) besteht die Tätigkeit einer Investmentbank darin, Unternehmungen langfristiges Kapital zur Beschaffung von Investitionsgütern zu vermitteln, wie es die Abb. 1.1 darstellt. Diese Finanzierung umfasst somit Eigenkapital und langfristiges Fremdkapital. Das Vermitteln weist darauf hin, dass die Investmentbank Investoren und Unternehmungen zusammenbringt, aber selber kein wesentliches Risiko trägt. Wenn sie

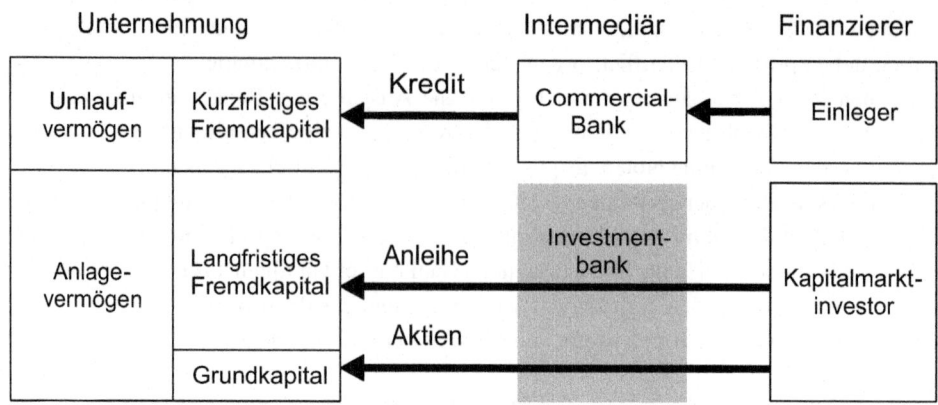

Abb. 1.1 Unterschied zwischen Investmentbank und Commercial-Bank gemäß Lyon (1920)

eine Emission übernimmt, so macht sie dies aus Risikogründen meist in einem Syndikat[2] und lässt sich von einer Kommerzbank finanzieren. Neben den Unternehmungen vermittelt sie als Primärhändler Finanzierungen für den Staat und substaatliche Einheiten. Ein weiteres, anschließendes Betätigungsfeld sind die Schaffung und der Betrieb eines Marktes für langfristige Finanzierungen und damit von Wertpapieren. Im Gegensatz dazu finanziert eine Kommerzbank kurzfristige oder selbstliquidierende Betriebsmittel einer Unternehmung in der Form von Krediten, welche die Bank aus Einlagen finanziert. Die Diskrepanz zwischen Krediten und Einlagen und das daraus entstehende Risiko muss sie durch Eigenkapital abfedern. Soweit eine historische Perspektive.

Das in den 1930er-Jahren in den USA durch den Glass-Steagall Act eingeführte Trennbankensystem hat zu einer ersten legalen Definition der Investmentbank geführt. Die Trennung ist im Wesentlichen zwischen Emission und Handel von Wertpapieren sowie der Annahme von Einlagen verfügt. Auch hier ist es die Tätigkeit, die die Art von Banken definiert.

Gemäß Gesetz[3] ist es verboten, dass eine natürliche oder juristische Person oder Organisation das Emissionsgeschäft, das Underwriting und den Verkauf oder die Verteilung von Beteiligung, Aktien, Anleihen oder sonstigen Wertpapieren betreibt und zur gleichen Zeit Depositen und Einlagen annimmt. Mit diesem Artikel sind mehr oder weniger die Investmentbank und die Commercial-Bank beschrieben.

---

[2] Syndikat wird auch synonym mit Konsortium verwendet.

[3] Banking Act of 1933, Sec. 21. (a) After the expiration of one year after the date of enactment of this Act it shall be unlawful (1) For any person, firm, corporation, association, business trust, or other similar organization, engaged in the business of issuing, underwriting, selling, or distributing, at wholesale or retail, or through syndicate participation, stocks, bonds, debentures, notes, or other securities, to engage at the same time to any extent whatever in the business of receiving deposits subject to check or to repayment upon presentation of a passbook, certificate of deposit, or other evidence of debt, or upon request of the depositor ...

Tab. 1.1 Die Bankgeschäftsfelder gemäß Basel 2 (BCBS 2004, 207)

Geschäftsfeld	Aktivitäten
Unternehmensfinanzierung/ -beratung (Corporate Finance)	**Fusionen und Übernahmen, Emissions- und Platzierungsgeschäft, Privatisierungen, Verbriefung, Wirtschaftsforschung und -analyse, Kredite (öffentliche Hand, hoch rentierend), Aktien, Syndizierungen, Börsengang, Privatplatzierungen**
Handel (Trading & Sales)	**Anleihen, Aktien, Devisengeschäfte, Warenhandel, Mittelaufnahme, Mittelanlage, Wertpapiereigengeschäfte, Wertpapierleihe und Repos, Brokerage (Orderausführung und Service für professionelle Investoren), Schuldtitel, Prime Brokerage**
Retail-Geschäft (Retail Banking)	Einlagen- und Kreditmassengeschäft, Bankdienstleistungen; für vermögendere Privatkunden: Finanzierungen und Geldanlagen, Bankdienstleistungen, Steuer- und Nachlassberatung, Vermögens- und Anlageberatung; Handels-/Gewerbe-/Unternehmenskarten, individuelle Karten und Massengeschäft
Firmenkundengeschäft (Commercial Banking)	Projektfinanzierung, Immobilienfinanzierung, Exportfinanzierung, Handelsfinanzierung, Factoring, Leasing, Kreditgewährungen, Bürgschaften und Garantien, Wechselgeschäft
Zahlungsverkehr und Wertpapierabwicklung (Payment & Settlement)	Zahlungsverkehr und Inkasso, Geldüberweisungen, Clearing und Wertpapierabwicklung
Depot- und Treuhandgeschäfte (Agency Services)	Anderkonten, Depotgeschäft, Wertpapierleihe (für Kunden); weiterer Service für Unternehmen, Emissions- und Zahlstellenfunktionen
Vermögensverwaltung (Asset-Management)	In Pool, einzeln, privat, institutionell, geschlossen, offen, Private Equity
Wertpapierprovisionsgeschäft (Retail Brokerage)	Ausführung von Orders, Verwaltungsgeschäft für Privatkunden

Abb. 1.2 Die wesentlichen Geschäftsfelder der typischen Investementbank

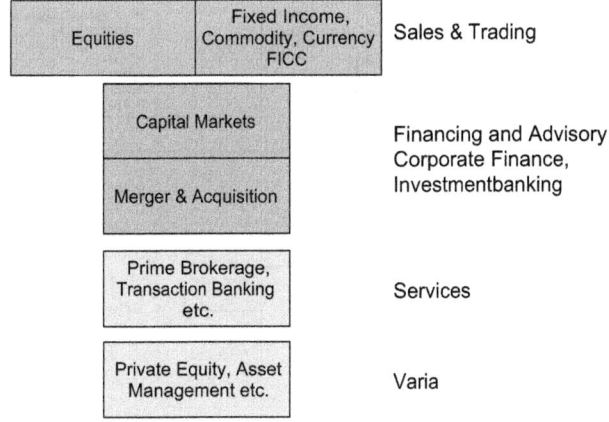

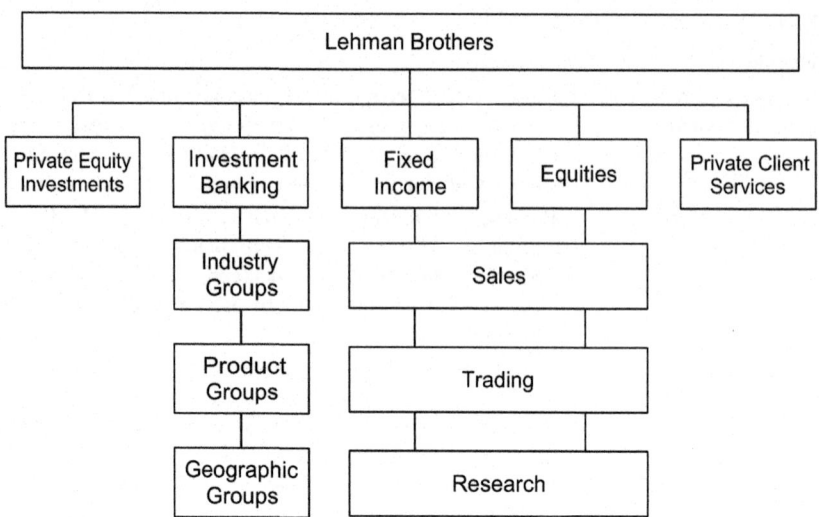

Abb. 1.3 Das Organigramm der untergegangenen Lehman Bros. (Quelle: Lehman Bros.)

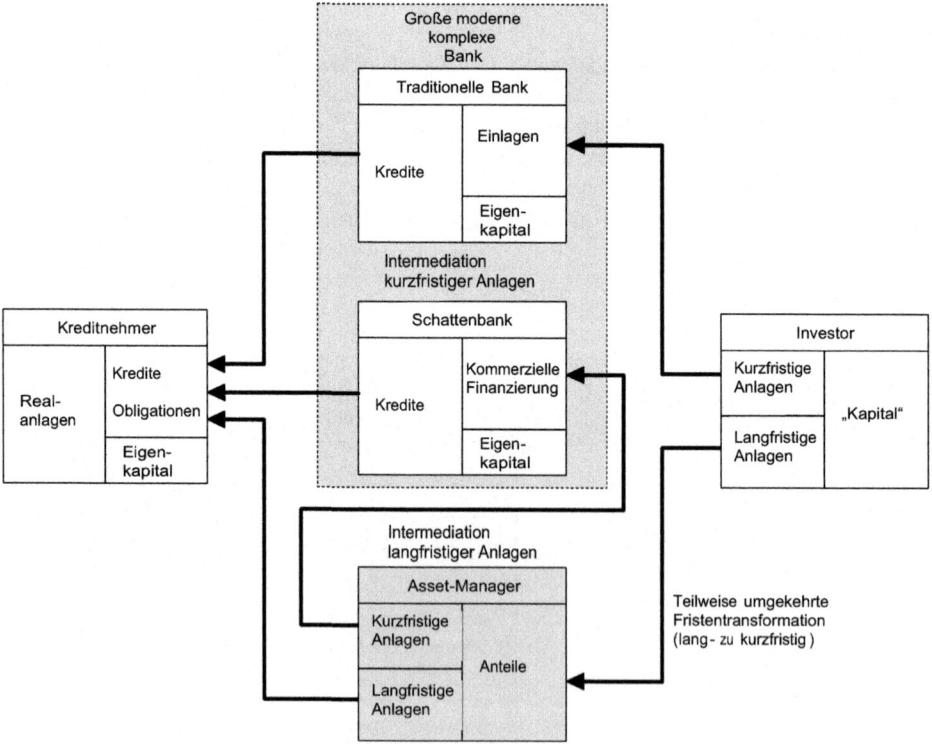

Abb. 1.4 Moderne Finanzintermediation (Pozsar und Singh 2011, 3)

Und nun kommen wir zum Kern. Der Kern des Investmentbankings besteht aus dem Emissionsgeschäft, wie es unter 1.d) in Abschn. 1.1 dargestellt ist. Später ist dann das Handels- und Spekulationsgeschäft dazugekommen. In der Tab. 1.1 der BIZ besteht das ursprüngliche Investmentbanking aus der Sparte „Unternehmensfinanzierung und Beratung" und der Sparte „Handel". Neuerdings sind die Vermögensverwaltung für Ultrareiche und Teile des Kommerzgeschäfts dazugekommen. Zusammenfassend gibt die Abb. 1.2 den Überblick, den wir in diesem Buch als Programm folgen werden. In der untergegangenen Investmentbank von Lehman Bros. war diese Gliederung exemplarisch nachzuvollziehen (siehe Abb. 1.3).

Man beachte, dass die Division oder das Geschäftsfeld „Investmentbanking" auch Corporate Finance, Financing and Advisory oder Capital Markets and M&A genannt wird.

Vergleicht man die Abb. 1.4 mit der Abb. 1.1, so erkennt man, wie sich die Finanzintermediation weiterentwickelt hat und die Banken nur noch einen unter anderen Teilnehmern darstellen. Vermögensverwalter und andere Schattenbanken sind hinzugetreten.

1.3 Historische Entwicklung

Der Finanzbedarf im Absolutismus, also im 17. und 18. Jahrhundert, war vor allem in den maßlosen Kriegen begründet, die der Monarch führte. Die Geldquelle bildeten Bankhäuser, die wiederum mit dem Handel und den damit einhergehenden Gewinnen reich geworden sind. Im frühen 19. Jahrhundert setzte die industrielle Revolution ein. Sie erforderte eine riesige Geldmenge, welche die Revolution mit dem Fortschreiten selber erzeugte. Diese Umwälzung, gepaart mit der Befreiung breiter Bevölkerungsschichten aus der Abhängigkeit und großer Landnahmen, hat zu einer viel breiteren Finanzierungsbasis geführt, die die Banken anzapfen konnten. Für das Investmentbanking ist deshalb die Entwicklung seit den napoleonischen Kriegen von besonderem Interesse. In Tab. 1.4 sind die einschneidendsten Vorkommnisse aufgeführt.

1.3.1 Napoleonische Kriege

Während der Napoleonischen Kriege spielte die Börse für die Finanzierung von Staatsausgaben eine herausragende Rolle. Die benötigten Darlehen Großbritanniens, die jedes Jahr begeben wurden, wurden von sogenannten Contractors gezeichnet, die über die Börse diese an ein breites Publikum über eine längere Zeit platzieren konnten. Normalerweise lud der Schatzkanzler die Contractors zur Abgabe von kompetitiven Angeboten ein. Dabei gab er die Summe an, die benötigt wurde, und die Art der Darlehen. Derjenige, der den tiefsten Preis nannte, bekam normalerweise das ganze Darlehen. Die Contractors ihrerseits bildeten jeweils eine Liste von Sub-Contractors, die wiederum sich verpflichteten, bestimmte Anteile fest zu übernehmen. Diese konnten auch aufgefordert werden, Bargeld

Tab. 1.2 Finanzierung von Großbritannien und Irland 1805–1820 in Mio. Pounds durch kompetitive Auktionen unter den sogenannten Loan Contractors. Aus Ricardo und Sraffa (1955, 80)

Datum	Betrag	Erfolgreiche Contractors
18.02.1805	22,5	Goldsmid; Robarts and Thellusson; Baring
1806	20,0	Goldsmid; Robarts; Baring
1807	14,2	Barnes, Steers & Ricardo
1808	10,5	Baring
1809	14,6	Goldsmid
1810	12,0	Baring, Battye; Goldsmid
1811	12,0	Barnes, Steers & Ricardo; Robarts, Curtis
1812	22,5	Barnes, Steers & Ricardo; Battye; Robarts
1813	27,0	Barnes, Steers & Ricardo; Baring, Angerstein, Trower, Battye
1813	22,0	Barnes, Steers & Ricardo; Baring, Angerstein, Trower, Battye
1814	24,0	Barnes, Steers & Ricardo; Baring, Angerstein, Ellis, Trower, Battye
1815	36,0	Steers & Ricardo; Baring and Angerstein; Ellis and Tucker; Trower and Battye
1819	12,0	N. M. Rothschild
1820	5,0	Reid, Irving

als Sicherheit zu hinterlegen. Der Contractor nahm an der Sitzung mit dem Schatzkanzler in der Downing Street teil, wo er seine versiegelte Offerte einreichte. Der Kanzler öffnete die Umschläge und machte die abschließende Zuteilung.

Das Darlehen war in acht oder zehn monatlichen Raten fällig. Normalerweise waren die Konditionen besser als der am Markt erzielbare Preis; die Differenz wurde „bonus to the contractor" genannt. Sobald das Darlehen in Aussicht stand, war es üblich, dass die Subscriber sich für die Markteinführung vorbereiten würden. Dazu würden sie ihre noch vorhandenen Schuldscheine verkaufen und damit indirekt den Preis auch für die neuen Ausgaben nach unten drücken. Die Anzahl der Bieter für die Darlehen war aufgrund der Schwierigkeit, substanzielle Subscribers zu organisieren, natürlich ziemlich eingeschränkt. Im 18. Jahrhundert, bevor das System der kompetitiven Angebote eingeführt worden war, wurden die Darlehen direkt beim Publikum platziert. Das führte zum Missbrauch, weil die Zeit zwischen der Subskription und der Zuteilung lang war und es dem Ministerium und seinen Freunden die Möglichkeit eröffnete, je nach Preisverlauf die Zuteilung zu manipulieren. Gingen die Preise hoch, wurden die Freunde bedient, gingen die Preise runter, so wurde den anderen der Verlust aufgebürdet.

Contractors waren vor allem Bankiers und Händler. Die Mitglieder der Börse versuchten vergeblich, sich als Contractors zu positionieren. In der Tab. 1.2 sieht man die erfolgreichen Contractors für die Jahre von 1805–1820. Hier findet man bereits die Barings, Rothschilds und den Theoretiker David Ricardo. Diese Contractors im Zusammenhang mit dieser Art von Emission können als Anfang des Underwritings und der Investmentbanker angesehen werden.

Die Namen aus der Tab. 1.2 bezeichnen viele eingewanderte Banker, so z. B. Goldsmid und Rothschild aus Deutschland, Barings und Ricardo aus den Niederlanden, Angerstein aus Russland und Thellusson aus Paris, wohin die Familie aus der Schweiz zugewandert war. Aus Dänemark kam C. J. Hambro. England war zu dieser Zeit ein sehr liberales und tolerantes Königreich.

Gemäß Redlich (1948) hatte sich das französische Bankwesen von der Revolution 1789 bis zur Restauration 1815 nicht stark verändert: Aber zwei Drittel der Staatsschuld wurden gestrichen („banqueroute des deux tières"), Napoleon begab keine Obligationen („rentes"). Die Privatbanken dominierten das Finanzwesen weiterhin. Dazu gehörten die vor 1800 etablierten hugenottischen, also schweizerisch protestantischen Bankhäuser, wie z. B. Perregaux, de Thellusson, Delessert, Hottinguer, Mallet und Rougemont sowie die von Napoleon bevorzugten katholischen Davillier, Laffitte[4] und Seillière, zeitlich gefolgt von André, Hentsch, Lefebvre, Perier, Pillet-Will und Rothschild, die in der Kaiserzeit gegründet wurden und zu denen sich dann u. a. Ardoin, Dassier, d'Eichthal und Odier während der Restauration dazugesellten. Mit Rothschild, Fould, Cahen d'Anvers und d'Eichthal war eine weitere Religion akkreditiert. Diese elitären Bankhäuser bildeten die sogenannte Haute Banque oder Pariser Hochfinanz.

Die erste große Staatsanleihe in der Restauration, d. h. nach Rückkehr der Bourbonen auf den Thron der Franzosen 1815, testete das Vertrauen der Investoren zum neuen Regime. Die Emission vom Frühjahr 1817 betrug 100 Mio. Francs zu einem ewigen Zins von 6 %. Federführend waren die englischen Barings und die Hopes aus Amsterdam, die je einen Zwölftel an Hottinguer, Laffitte, Baguenault und Greffulhe untervergaben. Die Engländer hatten den Bourbonen wieder auf den Thron geholfen. Jacques Laffitte bemühte sich hartnäckig, weitere Emissionen ohne Ausländer oder zumindest als gleichrangiger Partner zu begeben. Dies gelang erst den Rothschilds.

Laffitte organisierte auch eine vielversprechende Beteiligungsgesellschaft, um den Rückstand Frankreichs in der Industrialisierung zu verringern, allein die Behörden versagten ihm und seinen Partnern die Bewilligung. Dieser Umtriebigkeit, die auch in einen Konkurs mündete, verdankt Laffitte die Auszeichnung, der erste unter den Begründern des französischen Investmentbankings zu sein, das man in Frankreich „banque d'affaires" nennt. Die „banque d'affaires à la française" betreibt das Emissions- und Maklergeschäft, unterhält ein Portefeuille von Positionen sehr kurzer Haltedauer und hält langfristige Beteiligungen auf eigene Rechnung, um auf die Strategie Einfluss zu nehmen oder das Unternehmenswachstum zu unterstützen (vgl. mit dem Zitat von Phillipovich in Abschn. 1.1). Weiteres findet man bei Plessis (1994), Hautcoeur (2007) und Smith (2006).

Die Pariser Banken betrieben auch das *Wechselgeschäft*, worunter der Ankauf von Wechseln für eigene Rechnung oder auftragsweise für fremde Rechnung, der Einzug von Wechseln für Kunden, die Einlösung von Wechseln und die Gewährung von Akzeptkrediten gehören. Einige Banken blieben zusätzlich auch Handelsgesellschaften.

---

[4] Die Bank von Perregaux wurde nach dessen Tod auch auf Wunsch Napoleons von Laffitte übernommen.

1.3.2 Zeit der Industriebarone: 1820–1912

Mit der Niederwerfung Napoleons endete eine Zeit dauernden Krieges, alte Mächte konnten sich wieder festigen. In dieser Zeit führten wichtige wissenschaftlich technische Errungenschaften zur rasanten Industrialisierung, zu globalem Warenverkehr, Bevölkerungszunahme und kontinentaler Migration, Wohlstand und Massenarbeitslosigkeit, aber auch politischen Unruhen und Druck zu Reformen. Die westliche Welt weitete durch Imperialismus und Kolonialismus ihren Einfluss erheblich aus, der Rassismus war allgegenwärtig. Am meisten profitierten die USA, die zur größten Wirtschaftsmacht der Welt aufstiegen.

1.3.2.1 Neue Welt

Schlechte Ernten und Revolutionen in Europa führten zu massiven Importen von amerikanischem Weizen; gleichzeitig emigrierten viele Europäer, um am amerikanischen Boom teilhaben zu können oder der irischen Hungersnot (1845–1852) zu entfliehen. Somit konnten amerikanische Farmer ihren Markt vergrößern und gleichzeitig kamen die amerikanischen Eisenbahnen und Fabriken zu neuen Arbeitern. Im Februar 1848 endete der amerikanisch-mexikanische Krieg. Kalifornien, Neu-Mexiko, Arizona, Colorado und noch andere Landstriche wurden den USA angegliedert, wobei 15 Mio. USD bezahlt und die Schulden der Mexikaner übernommen wurden. Bevor der Vertrag unterzeichnet wurde, fand man bei dem dem Schweizer Johann Sutter gehörenden Sägewerk im unteren Sacramento-Tal Gold[5].

Bald verbreitete sich diese Nachricht über den ganzen Erdball und viele Einwanderer hofften nach Kalifornien zu gelangen und dort Gold zu finden. Amerika wurde schlagartig ein reiches Land und viele Europäer wollten jetzt wieder in den USA investieren. Die USA und Großbritannien versprachen sich, beim Bau des Panamakanals zu kooperieren. Nichts schien dem Fortschritt der USA im Weg zu stehen.

Sautter (1976, 247) sagt über die Eisenbahn in den Vereinigten Staaten des 19. Jahrhunderts:

> Der Ausbau des Eisenbahnnetzes ermöglichte Massenproduktion und Massenkonsum. Die Eisenbahnen benötigten das meiste Kapital, erlebten die spektakulärsten Pleiten, korrumpierten die Politiker am häufigsten und wohl auch am wirkungsvollsten und beherrschten das öffentliche Leben, die Wirtschaft und die Hoffnungen der ganzen Generation.

In der alten Welt brach der zehnte russisch-türkische Krieg aus, den man dann *Krimkrieg* nannte, bei dem Russland dem osmanischen Reich, Frankreich, Großbritannien und Sardinien gegenüberstand. Kriege verzehren Ressourcen und bedürfen der Finanzierung. Die Zinsen stiegen stark, sodass Anleger wieder in Europa investierten und ihr Geld aus Amerika abzogen. Gleichzeitig konnte man reiche Ernten in Europa verzeichnen, sodass der versiegende Geldfluss nach Amerika vor allem unausgelastete Eisenbahngesellschaften,

---

[5] Die Geschichte von Sutter und seinem Gold wird von Blaise Cendrars im Roman *L'Or* und in Stefan Zweigs *Sternstunden der Menschheit* thematisiert.

aber auch Getreidegroßhändler in Schwierigkeiten brachte. Die Börse in New York brach massiv ein und viele Banken, die Darlehen an Eisenbahnunternehmungen ausstehend hatten, kamen unter Druck und gingen Bankrott. Auslöser war die Zahlungsunfähigkeit der Ohio Life Insurance Company, die als Fonds stark in den krisengeschüttelten Industrien investiert war. Die Panik an der Wall Street schwappte nach Europa über. Vor allem nach London und Paris, wo ebenfalls große Verluste verzeichnet wurden. Diese Krise von 1857 gilt als erste globale Panik überhaupt. Sie endete im 1859.

Der Bürgerkrieg
Die Südstaaten der USA, deren Wirtschaft vor allem auf Baumwolle gründete, gaben dem Norden die Schuld für die eingetretene Depression der Wirtschaft. Rund 200.000 Arbeiter wurden arbeitslos. Diese würden sich in einem Krieg gegen den Norden wohl auf die Seite des Südens schlagen, dachte man. An der Wall Street wurde eine Generation von konservativen Spekulanten ausgelöscht, sodass jüngere, noch einsatzfreudigere Akteure kamen.

Nach der Wahl von Abraham Lincoln zum 16. Präsidenten der Vereinigten Staaten, entschlossen sich einige Südstaaten zur Sezession, d. h. zum Austritt aus der Union. Mit der Beschießung des Forts Sumters begann am 12.04.1861 der Bürgerkrieg, der bis zum 23.06.1865 dauern und zur Niederlage der konföderierten Südstaaten führte. Es standen rund drei Millionen Nordstaatler einer Million Südstaatler gegenüber. Bis zum Schluss starben mehr als eine halbe Million Menschen in diesem als ersten modernen Krieg bezeichneten Konflikt. Wie seit jeher braucht der Krieg eine Finanzierung, zerstört Vermögen und bietet die Möglichkeit zur Bereicherung. Auch in dieser Beziehung, wie in der industriellen Kapazität, waren die Nordstaaten der Konföderation weit voraus.

Eine Regierung hat drei Möglichkeiten, einen Krieg zu finanzieren: Besteuerung, Kreditaufnahme und Notendrucken. Sowohl die Union als auch die Konföderation nutzten diese drei Mittel, und zwar in unterschiedlichem Ausmaß (Gordon 2011). Die Union deckte zu 21 % die Kosten mit Steuern und zu zwei Dritteln mit Schuldverschreibungen, insgesamt ungefähr 88 % des Ganzen. Diese Bonds machten bis 1866 2,68 Mrd. USD aus, das Vierzigfache der Vorkriegsschuld. Der Süden konnte ungefähr 40 % mit Schulden finanzieren, die nach dem Krieg wertlos wurden und so den Süden verarmen ließen. Den Rest besorgte die Druckerpresse.

Man produzierte sogenanntes Fiatgeld, bei dem seitens des Emittenten keine Einlöseverpflichtung besteht. Gelddrucken führt immer zu Inflation. Mit 180 % im Norden war die Situation noch einigermaßen im Lot. Im Süden hingegen verlor die Währung in den ersten zwei Jahren schon 700 % an Wert und erreichte bis zum Ende des Krieges die unerhörte Zahl von 9000 %. Der Süden war auch aus ökonomischer Sicht am Ende.

Nachdem das Schatzamt der Union große Mühe bekundete, ihre sogenannten Treasury Notes zum Nominalwert zu verkaufen, beauftragte es den jungen Bankier aus Philadelphia, Jay Cooke, mit dem Verkauf dieser Wertschriften. Unter Umgehung der Banken mit 2500 Agenten und modernen Marketingmethoden (Inserate, gesponserte Zeitungsartikel) gelang es ihm, Bonds im Wert von über 800 Mio. USD auch bei kleinen Leuten zu

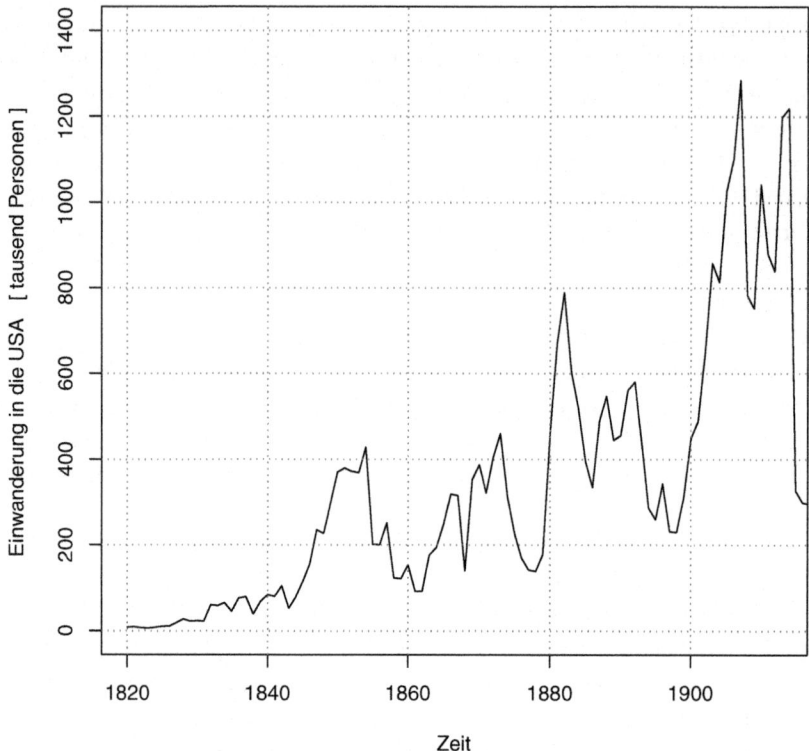

Abb. 1.5 Einwanderung in die USA (Quelle: US Bureau of the Census)

platzieren. Er verdiente über 3/8 % des Nominalwerts. Hier entwickelte sich das Emissionsgeschäft in noch nie dagewesenem Ausmaß zum Massenmarkt. Die entsprechenden Methoden fanden bei der weiteren Finanzierung der transkontinentalen Eisenbahn ihre Fortsetzung.

Immigranten und Yankees

Im 19. Jahrhundert gab es sehr viele Gründe, aus Europa auszuwandern. Abb. 1.5 zeigt die verschiedenen Wellen. Die für das Investmentbanking interessanteste Gruppe bilden die deutschen Juden (siehe Tab. 1.3). Nach Wilhelm (2008) sind die Bankgründer Heinrich Lehmann aus Rimpar, Marcus Goldmann, aus Trappstadt und sein Partner Joseph Sachs aus Rödelmaier, aus Unterfranken also, ausgewandert (Kleinhenz 2009). Juden durften sich zu dieser Zeit – die Fortschritte von Napoleon wurden ja zurückgedreht – nicht einfach niederlassen oder heiraten. Sie durften auch keinen Beruf erlernen. Bei den Steuern wurden sie aber nicht geschont. Diesen Verhältnissen wollten sie entkommen.

Im frühen 19. Jahrhundert sind viele, sehr junge jüdische Auswanderer aus Deutschland nach Amerika gekommen. Neben den Iren und noch vor den Engländern machten die deutschstämmigen mehr als ein Viertel der Bevölkerung aus. Die wenigen hatten

Tab. 1.3 Deutsch-jüdische Immigranten (verbessert nach Supple (1957, 147)). Die Familien dieser Einwanderer bildeten eine insulare Elite in New York, geprägt von deutscher Kultur und Sprache, Judentum und erfolgreichem Banking und Unternehmertum

Jahr	Name	Vorname	Alter	Zivilstand	Herkunft
1835	Ickelheimer	Isaac	15	ledig	Hessen
1837	Seligman	Joseph	17	ledig	Bayern
	Speyer	Philip	23	ledig	Bayern
	Belmont (geb. Schönberg)	August	21	ledig	Preußen
	Heidelbach	Philip	25	ledig	Bayern
1839	Kuhn	Abraham	20	?	Bayern
1841	Scholle	William	19	ledig	Bayern
1844	Lehman	Heinrich	22	?	Bayern
1845	Bache (geb. Bach)	Semon	19	ledig	Bayern
1848	Guggenheim	Meyer	27	ledig	Schweiz
	Sachs	Joseph	32	verheiratet	Bayern
	Goldman	Marcus	27	ledig	Bayern
1849	Hallgarten	Lazarus	43	verheiratet	Hessen
	Loeb	Solomon	20	ledig	Rheinland-Pfalz
1852	Straus	Lazarus	41	verheiratet	Bayern
1855	Wertheim	Baruch	29	ledig	Hessen
1865	Lewisohn	Leonard	22	ledig	Hamburg
	Schiff	Jacob	18	ledig	Hessen
1868	Thalmann	Ernst	17	ledig	Rheinland-Pfalz
1897	Warburg	Felix	23	ledig	Hamburg

schon Bankerfahrung oder auch Kapital und siedelten sich dann direkt in New York an, wie etwa Speyer, Belmont, Ladenburg, Thalman, Schiff und Warburg. Die vielen aber nicht qualifizierten Einwanderer begannen ihre ökonomischen Aktivitäten im Hausieren mit Kurzwaren. Hierunter findet man die Namen von Seligman, Heidelbach, Goldmann, Kuhn, Loeb und Lehmann. Die Landnahme in Richtung Westen führte zu einer schlechten Versorgung der Siedler mit Haushaltswaren. Zu Fuß oder mit Wagen und Pferd eröffnete sich hier ein profitables Betätigungsfeld. Die Juden waren für diese Art von Tätigkeit besonders geeignet, weil sie schon in ihrer alten Heimat, von der Landwirtschaft und dem Eigentum an Land ausgeschlossen, das systematische Reinvestieren von Einkommen sehr gut verstanden.

Bis zum Jahr 1860 war wohl die Mehrheit der Hausierer jüdisch, viele der englischen Sprache nicht mächtig. Der nächste Schritt vom ambulanten Verkauf war das Einrichten von Läden als logistische Basis, von Einzelhandelsgeschäften und von Engrosmärkten, die Verarbeitung von Tuch zu Kleidern usw. Die zum Teil große Anzahl von Gebrüdern, die häufig nacheinander eingewandert sind, ermöglichte es, große flächendeckende Netzwerke für den Verkauf einzurichten. Die Seligmans zum Beispiel waren acht Brüder, die im Osten und Süden und Westen der Vereinigten Staaten tätig waren. Aber nicht alle Hausierer waren erfolgreich. Einige schafften es als kleine Ladenbesitzer, sehr viele versagten und mussten darben oder nahmen sich das Leben. Vereinzelte wanderten nach Deutschland zurück.

Der Bürgerkrieg hat für die meisten späteren Banker zu günstigen Entwicklungen geführt. Zum einen ist der Handel durch sein schnelles Kaufen und Verkaufen der Inflation weniger ausgesetzt, anderseits führte der Krieg zu einer massiven Nachfrage nach Kleidern, vor allem Uniformen, die mit lukrativen Aufträgen einhergingen. Zudem nahmen viele dieser Einwanderer an der Kapitalbeschaffung in Europa für den Krieg teil oder verkauften Kriegsanleihen. Die Seligmans wurden mit Bonds für ihre Uniformen bezahlt, sodass sie Bonds für insgesamt mehr als 150 Mio. USD in Europa verkauften (Birmingham 1996, 147). Nach dem Bürgerkrieg waren einige dieser Händler schon so reich geworden, dass sie sich von der Geschäftstätigkeit zurückzogen.

New York, damals nach der Vollendung des Eriekanals der geschäftigste Hafen der USA, war aus verschiedenen Gründen als Lebensmittelpunkt sehr attraktiv geworden, sodass sich viele dieser erfolgreichen Händler dorthin begaben und Tätigkeiten wie Aktienhandel (Bache) oder das Diskontgeschäft mit Wechseln und Kreditbriefen, Commercial Paper (Goldman), Warenterminhandel (Lehman), sowie die Finanzierung von Unternehmungen (Seligman) aufnahmen.

Die nachfolgenden Generationen begannen dann alle das Investmentbanking mit dem Schwerpunkte Eisenbahnen und Transport, Versorger und Schwerindustrie sowie der Nische Einzelhandel. Diese deutsch-jüdische Elite bildete eine Insel im gesellschaftlichen Geflecht von New York. Die deutsche Sprache, über Generationen gepflegt, der deutsch reformierte Ritus im gemeinsamen Tempel Emanu-El, die Hochachtung der deutschen Kultur und ihrer Bildungsstätten, aber auch die gesellschaftliche Ablehnung der protestantischen Altengländer und Holländer förderten diese Gemeinschaft von wenigen Familien, die durch Heirat und Partnerschaft im Geschäft miteinander verbunden waren.

Im Zentrum standen die Seligmans, die mit Gebrüdern und Neffen schon mehr als 100 Personen ausmachten. Ein knappes Dutzend Banken waren durch Heirat und folgender Partnerschaft miteinander verbandelt (Supple 1957, 165). Diese Elite hat es aber auch verstanden, mit dem damaligen Establishment verknüpft zu werden. Die Seligmans waren mit Präsident Abraham Lincoln bekannt und hatten eine sehr enge Beziehungen zu Präsident Ulysses Grant.

Obwohl heutzutage Goldman Sachs als die überragende Investmentbank angesehen wird, war Kuhn, Loeb unter der Ägide von Jakob Schiff die einzige unter sechs Instituten, die den amerikanischen Finanzkapitalismus maßgeblich mitaufgebaut hat. Die wichtigsten Banken waren J. P. Morgan, die First National Bank of New York unter James Stillman, die National City Bank of New York unter George F. Baker, die Firma Lee, Higginson und Kidder, Peabody (Redlich 1951, 381).

Erst 1906 gelang es Goldman Sachs zusammen mit Lehman Brothers, Emissionen für Handelsfirmen wie etwa dem Versandhandel Sears, Roebuck oder der Zigarrenmanufaktur von Wertheim oder Mays Warenhäuser zu begeben, deren Besitzer allesamt deutsch-jüdische Verwandte und Bekannte waren, was die Bedeutung dieses Milieus für die Geschäftsentwicklung unterstreicht.

Alle diese Investmentbanken bauten feste Beziehungen zu europäischen Bankhäusern auf, um die größer werdenden Finanzierungsbedürfnisse bewältigen zu können. Deutschland und England standen im Fokus. Einzig die Seligmans, in der Tradition der Rothschilds, besaßen ein internationales Netzwerk von Niederlassungen, die von Familienmitgliedern geführt wurden.

Der erste Weltkrieg bedeutete eine ernste Prüfung für die Deutschstämmigen, standen sich im Verlauf des Krieges ja Deutschland und die Vereinigten Staaten gegenüber und die USA waren die wichtigste Finanzierungsquelle für die Entente. Die meisten zeigten sich als gute amerikanische Patrioten; Jakob Schiff wollte aber an der Finanzierung nur teilnehmen, wenn sichergestellt würde, dass Russland keine Finanzierung erführe. Denn er hasste das zaristische Russland wegen seiner brutalen Pogrome gegen die Juden. Und Henry Goldman wollte gar nicht teilnehmen und musste auf politischen Druck hin die Firma verlassen.

Wie schon angedeutet, war das amerikanische Banking von einer Elite aus Neuengland unter der Ägide von John Pierpont Morgan beherrscht, die ähnlich wie die jüdischen Immigranten ein dichtes Beziehungsgeflecht unterhielt mit exklusiven Klubs, geeint durch englische Abstammung, protestantischen Glauben (episkopale Kirche), republikanische Gesinnung, Ivy-League-Erziehung, aristokratisch-viktorianische Bigotterie und Vorbehalte, und dies ist ein Euphemismus, gegenüber Juden und Katholiken. Die entsprechenden Institute sind die sogenannten Yankeebanken, d. h. J. P. Morgan & Co., First National Bank of New York, National City Bank of New York, Lee, Higginson und Kidder Peabody.

J. P. Morgan war der Sohn von Junius Spencer Morgan, der als Amerikaner bei seinem Partner und Landsmann Peabody eintrat. Peabody & Co. war das herausragende amerikanische Bankhaus, das aus London operierte. Der Vater sandte den Sohn zur Lehre nach New York, wo er dann mit dem langjährigen Korrespondenten in Philadelphia, Anthony Drexel (Drexel & Co.), von österreichischer Abstammung, eine Partnerschaft einging, nämlich Drexel, Morgan & Co. Da Drexel noch eine Partnerschaft in Paris unterhielt (Drexel, Harjes & Co.), bildeten die Bankhäuser zusammen einen schlagkräftigen Verbund für die internationale Finanzierung. Nach dem Tod des Vaters und von Drexel wurde J. P. Morgan Herr über die Banken in London, New York, Philadelphia und Paris. Carosso (1987, 305) schreibt über Morgan:

> ... he was, at fifty-eight, not only the most prominent private international banker in the United States but also a major figure among those of the Old World.

Nach dem Börsenkrach

Nach dem Bürgerkrieg folgte der Börsenkrach von 1873, der auch in den USA eine lange Depression nach sich zog. Die Investmentbanken beschäftigten sich vor allem mit

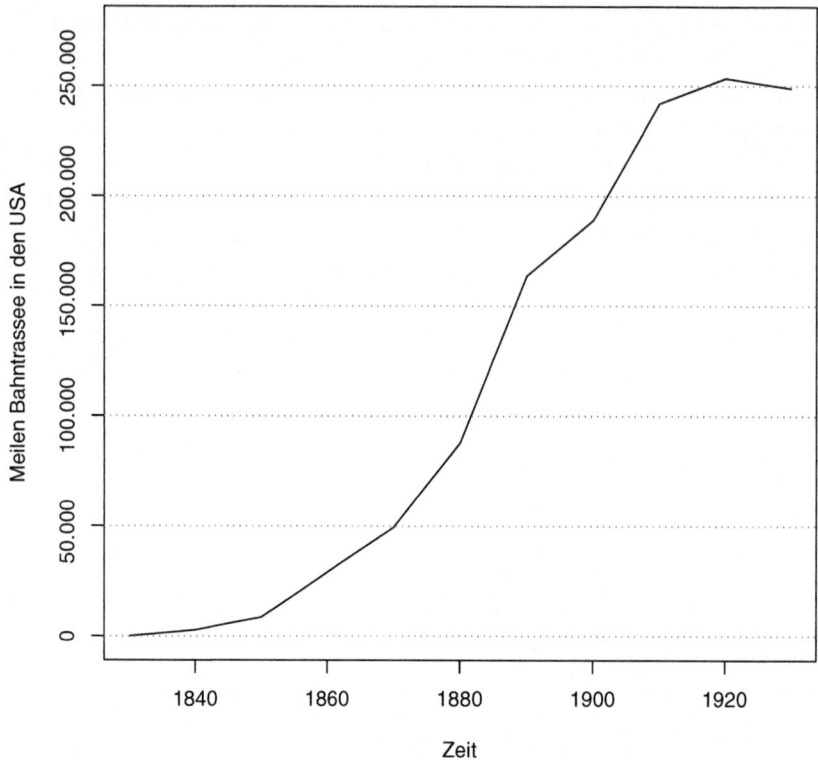

Abb. 1.6 Zeitreihe der Streckenlänge der US-Eisenbahnen (Quelle: US Bureau of the Census/National Bureau of Economic Research)

der Refinanzierung der Staatsschulden des Bürgerkriegs, hauptsächlich aus London heraus, und der Finanzierung der Eisenbahnen, die gemäß Abb. 1.6 rasant weiterwuchsen. Die dadurch entstehenden Distributionsmöglichkeiten ließen auch die Industrie zu großen Firmen wachsen, die der Finanzierung von außen bedurften und der Form der Aktiengesellschaft, um den Kapitalmarkt zu erschließen. Einige Investmentbanken standen dieser Finanzierung sehr skeptisch gegenüber, da sie sie als zu spekulativ betrachteten.

Diese Zeit brachte ein paar wesentliche Neuerungen in der Tätigkeit für die Investmentbanken. Darunter sind zu nennen (Morrison und Wilhelm 2007):

1. die Bildung von Konsortien,
2. aktive Interessenvertretung,
3. Beratung in Firmenrestrukturierung und
4. Fusionsberatung.

Obwohl *Konsortien* (oder „Syndikate") in England mit den Subscribers schon üblich waren (siehe die Tab. 1.2), wurde dieser Zusammenschluss von Underwritern bei der Begebung von Emissionen erst durch die Größe der Emissionen und die Erwartung, dass die Investmentbanken die Platzierung garantierten, notwendig. Eine Risikoteilung drängte sich auf, weil Ende des 19. Jahrhunderts die Banken die Emissionen fest übernahmen und im Falle, dass die Aktien oder Obligationen nicht verkauft werden konnten, der Verlust bei ihnen anfiel. Diese sogenannten Bought Deals findet man heute nicht mehr; zuerst wird die Marktaufnahmefähigkeit getestet und nach Best Effort verkauft. Konsortien verhindern auch eine schädliche Preistreiberei und vergrößern das Geflecht möglicher Käufer. Die federführenden Underwriter wurden als Bürgen für eine emittierende Unternehmung angeschaut, sodass sie ein eminentes Interesse an deren Qualität hatten. Diese musste überwacht werden. Die Konsortien, eine transaktionsgebundene Vereinbarung zwischen den Underwritern zum Zweck der Emission, werden von den Lead Managers geführt. Die Teilnehmer erwarteten ein Reziprozität: Lade ich dich ein, lädst du mich ein. Damit wurden die Beziehungen zwischen den Banken viel enger.

Da der Ruf der Investmentbanken so wesentlich von ihren Kunden abhing, wurde es sehr wichtig, die Kunden zu begleiten und zu beobachten. Am besten eignete sich dafür eine *Vertretung im Verwaltungsrat* (Board of Directors) der Unternehmung sowie eine intime Beziehung als Hauptbank oder Principal Banker. Die Vertretung beschränkte sich hauptsächlich auf die Abwehr schädlichen Verhaltens, die Interessenwahrung der weit gestreuten Investoren[6] und die Sorge für Good Governance, wie man heute sagen würde (Morrison und Wilhelm 2007, 174).

Die dritte Neuerung hängt mit den zwei vorangegangenen eng zusammen. Da die Eisenbahnen ohne viel Verstand und ohne jegliche Koordination expandierten, kam es zu einigen, wenn nicht vielen Konkursen oder bedrohlichen Verhältnissen. Schumpeter (1961, 339) allerdings meinte: „Bei vielen Projekten handelte es sich darum, im kühnsten Sinne des Wortes, zu bauen eh ein Bedarf vorhanden war, und jedermann wusste, dass es darum ging."[7] Es wird geschätzt, dass etwa ein Drittel der Eisenbahnen zwischen 1870 und 1890 betroffen waren. 1894 waren 192 Eisenbahnen in Konkurs mit einer Kapitalisierung von 2,5 Mrd. USD. In den USA fehlte dazumal ein systematisches Konkursrecht, sodass die Anwälte vor allem der Investmentbanken zusammen mit den Gerichten eine Praxis begründeten. Die Bankvertreter dominierten deshalb meist das sogenannte Reorganisation Committee, das vor allem durch Restrukturierung und Vereinfachung der Passivseite, die Zuteilung von Verlusten unter die Klassen von Gläubigern und den allfälligen Verkauf von Vermögensteilen die Firma zu retten versuchte. Da solche Restrukturierungen auch als Folge des Gerangels um Erhalt der Ansprüche sehr lange dauern können, brauchen die Unternehmungen weitere Finanzierungen, um fortbestehen zu können. Dieses Geld muss besonders geschützt werden. Die Banken vertraten auch die Stimmrechte der Gläubiger, was ihre Macht noch weiter steigerte. Die Investmentbanken verdienten Kom-

---

[6] J. P. Morgan soll einem Eisenbahndirektor gesagt haben: „Ihre Eisenbahn? Ihre Eisenbahn gehört meinen Kunden!"

[7] Die Eisenbahnen wurde allerdings auch durch den Staat mit Land subventioniert. Die Northern Pacific gelangte in den Besitz von ca. $160.000\,km^2$, der vierfachen Fläche der Schweiz!

missionen mit den Restrukturierungen. Damit entstand das erste reine *Beratungsgeschäft*, das sehr lukrativ war (Morrison und Wilhelm 2007, 181), d. h. in der Größenordnung bis zu 600.000 USD je Fall.

Im Jahr 1890 ging die Londoner Bank Baring Brothers in Konkurs (und wurde dann von der Bank of England gerettet). Sie war in der Finanzierung amerikanischer Unternehmungen spezialisiert. Deshalb gerieten europäische Gläubiger in Panik und forderten fortan die alleinige Bezahlung der Schulden in Gold, was wiederum die Banksparer bewog, ihr Guthaben von den Banken abzuheben. Das Manko konnte nicht durch die Ausgabe von Zertifikaten gemildert werden. Die Goldreserven waren bei 9 Mio. USD angelangt und eine baldige Zahlung von 12 Mio. USD fällig. Als Konsequenz gingen in einem Jahr mehr als 600 Banken Konkurs und 13 von tausend Unternehmen Pleite. J. P. Morgan vermochte mit europäischen Banken den Präsidenten Grover Cleveland zu bewegen, eine Anleihe von 100 Mio. USD zu begeben. Damit rettete Morgan die USA vor einem Default (Joint Economic Committee 1976, 2).

Nach der Panik, die eine äußerst starke Depression nach sich zog, kam langsam eine *Fusionswelle* in Gang. Von 1895 bis 1904 waren mehr als 150 Fusionen im Industriesektor zu verzeichnen. Ein besonderes Exempel ist United States Steel, das aus acht Firmen zusammengesetzt wurde, die größte Unternehmung weltweit bildete und eine Kapitalisierung von 1,4 Mrd. USD aufwies. Das Konsortium verdiente eine Kommission von 50 Mio. USD, J. P. Morgan & Co. einen Viertel davon. Einige zeitgenössische Kommentatoren fanden diese Beträge völlig unverhältnismäßig, die Banken fanden sie höchst angebracht. Andere berühmte Fälle von Fusionen sind International Harvester, General Electric, DuPont, American Telephone and Telegraph. Procter & Gamble wurde in eine Aktiengesellschaft umgegründet. Hier tat sich ein weiteres *Beratungsgeschäft* auf Kommissionsbasis für die Investmentbanken auf.

Die amerikanische Wirtschaft begann sich 1897 mit der Wahl des Republikaners William McKinley zum Präsidenten und dem Goldrausch in Alaska zu erholen. Die nachfolgenden zehn Jahre waren durch starkes Wachstum gekennzeichnet. Den Abschluss dieser Phase bildete – man ahnt es schon – die nächste Panik, und zwar im Jahr 1907.

Das Management des Knickerbocker Trust Co. verspekulierte die Einlagen; es gab Stürme auf zwei weitere Treuhandbanken und die Investmentbank Moore and Schley stand vor dem Ruin. Wieder ergriff der siebzigjährige J. P. Morgan die Initiative und zwang seine Kollegen, die Banken mit 25 Mio. USD finanziell zu stützen. Die Regierung überzeugte er, 35 Mio. USD in den Banken zu deponieren, und er organisierte ein europäisches Darlehen. Morgan verstand es immer, sich seine großzügigen Taten abgelten zu lassen und einen erklecklichen Profit herauszuschlagen. Sein Preis war die Zustimmung unter Zähneknirschen von Präsident Theodore Roosevelt, die Tennessee Coal & Iron Co. von der United States Steel übernehmen zu lassen, und zwar zu einem lächerlich tiefen Preis, nämlich 74 USD pro Aktie bei einer konservativen Bewertung von 250 USD (Sobel 1999, 319).

Auch amerikanischen Politikern wurde bewusst, dass ihr Banksystem äußerst fragil und instabil war. Ein Vergleich mit den Europäern zeigte, dass deren Systeme, dank schneller

Liquidität von den Zentralbanken, diese Verwerfungen im Entstehen unterdrückten. Nur dank zähen Einsatzes von Senator Robert L. Owen aus Oklahoma gelang die Annahme des *Federal Reserve Bill* 1913, das die Zentralbank aus der Taufe hob und Bankfilialen im Ausland sowie Kredite an Ausländer erlaubte. Es stellte sich aber immer noch die Frage, wer die Währung kontrollieren sollte: Die Banken oder die Regierung? Man geht davon aus, dass diese neue Institution maßgeblich verantwortlich war, die Folgen des Kriegsausbruchs 1914 zu begrenzen, auch wenn die Börse von New York für mehrere Monate geschlossen blieb (siehe Tab. 1.4 in Abschn. 1.3.2.2).

Der Kongress beauftragte Arsène Pujo mit der Untersuchung des amerikanischen Bank- und Finanzsystems, wobei vor allem der Kartellbildung und der Machtkonzentration mit Anhörungen unter Eid nachgeforscht wurde. Der Report zeigte, dass mindestens 18 bedeutende Finanzinstitute unter der Kontrolle eines Kartells standen, das von den schon bekannten J. P. Morgan, George F. Baker und James Stillman angeführt wurde. Es kontrollierte geschätzte 2,1 Mrd. USD. Diese Erkenntnisse kontrastierten stark mit dem Bewusstsein der Banker, eine hehre Tätigkeit zum Wohl der Menschheit auszuüben und dafür einen gerechten Lohn zu empfangen. Die Banken wurden allerdings 1953 von Richter Harold R. Medina dann freigesprochen.

Man erkennt deutlich, dass die „Laissez-faire"-Ära zu Ende gegangen ist und dass der Staat mit Institutionen und Regulierungen das Regiment übernimmt.

1.3.2.2 Alte Welt

Wir kehren nach Europa zurück, und zwar rund fünfzig Jahre früher. Die jüdischen Péreire-Brüder waren überzeugt, dass die Industrialisierung große Kapitalbeträge benötige, die nur eine neue Art von Kreditinstitut aufbringen kann. Denn die *Haute Banque* wollte oder konnte dieser Art von Unternehmung nicht genügend Geld ausleihen. Erst das Regime unter Napoleon III, der der Haute Banque misstraute und ein Gegengewicht zu den Rothschilds und den hugenottischen Bankiers bilden wollte, ermöglichte es den Brüdern, ihre Ideen mit der Mobiliarbank[8] (Crédit Mobilier) umzusetzen. Im Jahr 1852 gründeten sie mithilfe von gleich gesinnten Privatbankiers die sogenannte Société Générale de Crédit Mobilier. Die Zielsetzung der Bank war es, dank der reichlichen Sparmenge des breiten Publikums, die Investitionen von Industrieunternehmen und von öffentlichen Werken zu finanzieren, indem sie deren Aktien kauften und ihnen Kredite zu tieferen Zinsen als die Banque de France gewährten. Die Investitionen betrafen vor allem die Eisenbahn, transatlantische Dampfschifffahrt, Versicherung, öffentliche Beleuchtung in Paris, die Weltausstellung etc. Weil sie über geringes Eigenkapital verfügten, begaben sie Schuldtitel ähnlicher Laufzeiten wie ihre Ausleihungen und zinslose Noten.

Unter Führung von James de Rothschild (geb. Jacob Meyer Rothschild) kämpften die Bankhäuser gegen diese neue Art von Bank. Sie warfen ihr vor, als Aktiengesellschaft nur beschränkt zu haften, während sie selber sich mit ihrem ganzen Vermögen verpflichteten.

---

[8] Auf Französisch bedeutet *Valeur Mobilière* Wertpapier, sodass man Mobiliarbank als Effekten- oder Emissionsbank bezeichnen könnte.

Tab. 1.4 Kriege, Krisen und Paniken

Jahr	Name	Auslöser	Folgen
1837	Wirtschaftskrise von 1837	Spekulationsblase in Europa und den USA, die wegen der Einstellung der Konvertibilität von Papiergeld platzte	Minderung des Importvolumens, Preisverfälle und enge finanzielle Verbindungen wirkten sich verheerend auf Frankreich und Deutschland aus. Stagnation und Armut bis 1843
1853	Krimkrieg 1853–1856	Russland kämpft mit dem osmanischen Reich und den westlichen Verbündeten	Versuch Russlands, sein Gebiet zulasten des zerfallenden osmanischen Reiches zu vergrößern
1857	Wirtschaftskrise von 1857	Zahlungsunfähigkeit der Ohio Life Insurance	
1861	Sezessionskrieg 1861–1865	Bürgerkrieg zwischen der Union (Nordstaaten) und der Konföderation (Südstaaten)	Verarmung des Südens
1869	Black Friday	Versuchte Goldpreismanipulation durch Jay Gould und James „Jubilee" Fisk	Große Spekulationsverluste
1870	Deutsch-französischer Krieg 1870/1871	Pressemitteilung Bismarks bezüglich Forderung Frankreichs an Preußen, auf den spanischen Thron zu verzichten	Gründung Deutsches Reich und Ende des Zweiten Kaiserreiches in Frankreich. Große Reparationszahlungen an Deutschland
1873	Gründerkrach	Am 09.05. kam es zum Wiener Börsenkrach, als das asl solide geltende Kommissionshaus Petschek Konkurs anmelden musste. Gleichentags folgten weitere 120 Insolvenzen	Diese Krise weitete sich auch auf Frankreich und die USA aus und führte zum Black Thursday und erreichte im Herbst Deutschland. Es kam zu einer mehrjährigen Stagnation weltweit („große Depression")
1873	Black Thursday	Jay Cooks Bank geht bankrott aufgrund von Spekulationen mit der Northern Pacific Railway	Erstmalige Schließung der New Yorker Börse
1884	Panik von 1884	Maklerfirma von Präsident Grant sowie Marine National Bank gehen bankrott wegen Spekulationen mit Kundengeldern	Bankenrun auf andere Banken, Metropolitan Bank geht bankrott
1893	Panik von 1893	Aufgrund des Bankrotts der englischen Barings Bank wollten europäische Gläubiger nur noch in Gold bezahlt werden. Der Goldabfluss führte zu einer Panik	J. P. Morgan gelingt es mit europäischen Geldgebern die Lage zu stabilisieren
1898	Spanisch-amerikanischer Krieg	Die USA drängen sich in den anhaltenden Unabhängigkeitskrieg der Kubaner gegen die Spanier	Besetzung Kubas, Puerto Ricos, Guams und der Philippinen durch die USA; Spanien verliert seine letzten bedeutsamen Kolonien

Tab. 1.4 (Fortsetzung)

Jahr	Name	Auslöser	Folgen
1907	Panik von 1907 (12.08.)	Die Stadt New York kann eine hoch rentierende Anleihe nicht am Markt platzieren. Die Knickerbocker Trust & Co. geht bankrott aufgrund von Spekulationen mit Kundengeldern	J. P. Morgan organisiert die Bankenrettung mit Beteiligung der Regierung Roosevelt und trotzt dieser den Kauf der Tennessee Coal and Iron durch die United States Steel zu einem lächerlichen Preis ab
1914	Finanzkrise von 1914	Ausbruch des Ersten Weltkriegs	Schließung der New Yorker Börse, um zu verhindern, dass vor allem England seinen sehr hohen Wertpapierbestand verkauft und den Erlös in Gold tauscht. Behinderte Konvertibilität des USD
1929	Börsenkrach	Spekulationsblase platzt; massive Kurseinbrüche bis −89 % während längerer Zeit	Zusammenbruch des Bankensystems, Auslöser für die Große Depression 1929–1941 in den USA und die Weltwirtschaftkrise
1939	Zweiter Weltkrieg 1939–1945	Geplanter Überfall	Enorme Ausweitung der Produktionskapazität mit massivster Zerstörung von Menschen und Sachen
1962	The Kennedy Slide	Zehn Jahre ununterbrochenes Wachstums endet. Gründe unklar	Aktien verloren bis zu 27 % in der Periode von Dezember 1961 bis Juni 1962
1971	Nixon-Shock, Abwertung Dollar	Die massiven Geldflüsse setzten die fixen Wechselkurse unter Druck, die USA zogen sich von der Verteidigung der Währung zurück („benign neglect"). Die USA entschieden unabgesprochen, die Konvertibilität von Dollars in Gold aufzuheben und Importzölle zu erheben	Das bisherige Währungsregime konnte nicht mehr reformiert werden, bis März 1973 wurden die wichtigsten Währungen flottierend
1973	Ölembargo, Rezession bis 1975	Embargo der arabischen Ölförderer gegen die USA und die Niederlande wegen der Unterstützung Israels im Jom-Kippur-Krieg, Kürzung der Fördermengen	Drastischer Preisanstieg des Öls auf den dreifachen Wert, Rezession, Bewusstwerden der Abhängigkeit vom Öl, Einführung von Effizienz- und Sparmaßnahmen in den Industrieländern

Tab. 1.4 (Fortsetzung)

Jahr	Name	Auslöser	Folgen
1982	Lateinamerika-krise	Die internationalen Schulden v. a. von Brasilien, Argentinien und Mexiko werden Not leidend	Umschuldung mittels sogenannter Brady-Bonds (1989), liquider Titel mit Abschlag
1987	19.10. Black Monday	Der Dow-Jones-Industrial-Index verlor 23 % an einem Tag. Als Gründe wurden angegeben: eine Aktienblase, Überreaktion auf Neuigkeiten, automatische Handelsstrategien wie Portfolio Insurance und neue Indexprodukte	Zentralbanken konnten Auswirkungen eindämmen, z. T. große Anlegerverluste, Tausende Entlassungen bei Maklerfirmen, Untergang Drexel Burnham
1997	Asienkrise	Massiver Druck zur Abwertung in den Ländern Thailand, Indonesien, Malaysia, Südkorea und Philippinen, Bankschließungen und Bankensturm infolge großer Staatshaushaltsdefizite, Immobilien- und Börsenblasen	Erholung nach drei Jahren, wobei Wachstum verringert
1998	Beinahe Kollaps LTCM	Die bevorstehende Zahlungsunfähigkeit des besagten Hedgefunds bedrohte aufgrund ihres Ausmaßes das internationale Finanzsystem	Das FED organisierte eine Rettung, die Milliardenverluste für die investierten Banken bedeutete
1998	Russlandkrise	Refinanzierungsschwierigkeiten des Staatsdefizits führen zu Aussetzung der Rückzahlung privater Auslandsschulden und der Einstellung der Bedienung kurzfristiger Staatsanleihen	Abwertung des Rubels, Notverkauf von Staatseigentum, IWF-Kredite, Sparprogramme, neue Regierung
2001	Twin Tower 9/11	Terroristischer Akt gegen die USA: Vier Flugzeuge wurden gekapert, von denen zwei in das World Trade Center krachten und die beiden Türme zum Einsturz brachten. Knapp 3000 Menschen verloren das Leben	Neben einem kurzen Taucher des Dow-Jones-Index wurde der Krieg gegen den Terror lanciert. Das staatliche Defizit wuchs in exorbitante Sphären mit Langzeitwirkung
2007	Finanzkrise	In den vorangehenden Jahren wurden Hypotheken an finanzschwache Käufer vergeben, in der Hoffnung auf Wertsteigerung. Diese Hypotheken wurden als z. T. komplizierte Verbriefungen in Umlauf gebracht. Der steigende Zins brachte die Blase zum Platzen	Riesige Verluste für US-amerikanische Banken, internationale Note Holders, Fonds, Versicherungen und indirekt auch Investoren von Fonds und Pensionskassen

Tab. 1.4 (Fortsetzung)

Jahr	Name	Auslöser	Folgen
2008	Bankrott Lehman Bros., Bankenkrise	Die New Yorker Investmentbank musste im September Insolvenz anmelden. In der Folge liehen sich die Banken untereinander kaum noch Geld. Im Herbst beschlossen nahezu alle Industrieländer, Milliardenhilfen zur Rettung des Bankensystems einzusetzen	Banken misstrauen sich, der Interbankenmarkt funktioniert nicht und muss durch die Zentralbank mit Liquidität geflutet werden. Übergreifen der Finanzierungsprobleme der Banken auf die Realwirtschaft, Einbruch Produktion mit steigender Arbeitslosigkeit
2009–b. a. w.	Staatsschuldenkrise, Eurokrise	Für Portugal, Spanien und Italien wird der Druck der Finanzmärkte auf die steigenden Risikoaufschläge für Staatsanleihen so groß, dass die EZB Staatsanleihen aufkauft, um deren Kurs zu stützen	Fiskalpakt in der EU mit Schuldenbremse und automatischen Sanktionen gegen Defizitsünder. Ankurbelung der Wirtschaft durch fiskalpolitische Politiken sind nicht möglich, durch Zinssenkung der Zentralbank ebenso; zu geringes Wirtschaftswachstum, Spannungen im Eurowährungsraum

Im September 1855 wurde den Péreires verboten, langfristige Obligationen zu emittieren. Damit war die Risikofähigkeit der Bank wesentlich verschlechtert. Die Gebrüder sahen ihr Projekt in Frankreich scheitern und versuchten deshalb, ihr Modell besonders in Hinblick auf die Eisenbahnfinanzierung in ganz Europa zu etablieren und diese Mobiliarbanken in einer zentralen Holding zu gruppieren. Die Rothschilds, und hier sieht man ihre Geschäftstüchtigkeit, übernahmen diese Idee und stachen sie in Österreich, Italien und der Türkei aus, wo sie unter anderem die Credit-Anstalt in Wien gründen. Die Gebrüder Péreire setzten sich hingegen in Spanien, den Niederlanden, in Großbritannien, in Deutschland und in Luxemburg durch. Napoleon III näherte sich wieder den Rothschilds an, denn er musste seinen mexikanischen Krieg finanzieren, und er begann sich über die Macht der Péreire-Brüder zu sorgen. Der Crédit Mobilier wurde zahlungsunfähig, weil die Investitionen überzogen waren und die Rückflüsse sich verzögerten, aber auch die Zinsen durch die Banque de France in den Jahren 1864–1865, während des Sezessionskriegs in Nordamerika, stark anstiegen. Die Regierung verweigerte ihnen die finanzielle Rettung.

In Frankreich entstand die Société Générale und der Crédit Lyonnais nach dem Modell der Mobiliarbank. In Italien wurde die Società Generale di Credito Mobiliare gegründet. In Deutschland sind die Darmstädter Bank für Handel und Industrie („Darmstädter Bank"), die Berliner Handels-Gesellschaft und die Direktion der Disconto-Gesellschaft zu nennen (Tilly 1994). Später wurde die Deutsche Bank als Aktiengesellschaft gegründet, mit der hauptsächlichen Zielsetzung der überseeischen Handelsfinanzierung. In der Schweiz gründete Alfred Escher die Schweizerische Kreditanstalt, weil er sowohl die Rothschilds als auch die Péreires von der Eisenbahnfinanzierung fernhalten wollte (Cassis 1994). Nur wenig später wurden die Bank in Winterthur, die Basler Handelsbank, die Eidgenössische Bank, die Schweizerische Volksbank und der Basler Bankverein (später Schweizerischer Bankverein) gegründet. Alle diese Banken sind heute verschwunden. Die Volksbank kam zur Kreditanstalt (Credit Suisse), die restlichen sind heute in der UBS verschmolzen.

Neben der Finanzierung der Industrie betrieben einige Mobiliarbanken vor allem die zum Teil höchst riskante Aktienspekulation.

Das Referenzlexikon von Meyer (1904, 2–334) schreibt über die Péreires und ihr Bankmodell Folgendes:

> Der von diesen 1852 begründete Crédit Mobilier hat in Frankreich selbst und in andern Ländern des europäischen Kontinents rasch Nachahmung gefunden. Die neugegründeten Banken, deren Zahl namentlich nach 1870 außerordentlich gewachsen war, wurden neben reichen Finanzmännern die ausschlaggebenden Kräfte auf dem ganzen Geldmarkt, an der Börse, beim Abschluss großer Darlehnsgeschäfte, bei der Begründung neuer Aktiengesellschaften etc.

Im Jahre 1866 findet der *Deutsche Krieg* zwischen den Preußen und Österreich statt, gefolgt vom *Deutsch-französischen Krieg* von 1870–1871. Am Ausgang des Krieges hat sich Deutschland („Klein-Deutschland") als Kaiserreich gebildet. Die Franzosen müssen Lothringen und das Elsass abgeben und zusätzliche Reparationszahlungen leisten. Die folgenden Jahre sind als *Gründerepoche* bekannt.

Die Jahrzehnte ab etwa 1860 gelten, zumindest für Europa, als Epoche des Hochliberalismus. Unbehinderter Freihandel, Gewerbefreiheit, freie Landwirtschaft und liberaler Arbeitsmarkt herrschten wie nie zuvor (und danach). Wirtschaft und Politik waren getrennt. Die Industrialisierung des europäischen Kontinents und der USA schritten atemberaubend voran und berührten ganz neue Gebiete des Globus mit dem einhergehenden Welthandel.

Die *Neue Börsenzeitung* schrieb 1873 über die Verhältnisse in Wien, die in anderen europäischen Börsenplätzen wohl nicht wesentlich anders waren (Schmit 2003):

> In einem Tal steht ein verlassener Schornstein, und aus dieser Ruine wird flugs eine Maschinenfabrik. Auf einem Berge steht eine Windmühle, ein altersschwaches Gebäude mit lahmen Flügeln – und sofort ist ein Mühlen-Etablissement auf Aktien fertig. Am Ufer stolpert der Gründer über einen Kahn, und ein Lloyd, ein binnenländischer Lloyd, läßt seine Dampfer hin und her fliegen. Des Gründers Phantasie macht aus einem Zimmermann, der Balken ausschält, ein Liefergeschäft für Baumaterial, aus dem verwegenen Knaben, der eine Rakete aufsteigen läßt, eine chemische Fabrik, und nehmt euch Wäscherinnen in acht! ... laßt sie nicht allein über die Straße gehen, sonst macht sie der Gründer über Nacht zu einer Aktienwäscherei.

In Deutschland reagierte man auf den Krach, indem man die liberalen Verhältnisse zurücknahm.

Im Jahr 1866 wurde das Interkontinentalkabel in Betrieb genommen, das die Telegrafie zwischen den USA und Europa ermöglichte, wenn auch zu enorm hohen Kosten. So änderte sich der physische Handel, weil Produzenten und Rohstofflieferanten direkt kommunizieren konnten. Es wurden die Lagerhaltungen von Großhändlern hinfällig und die

Kommissionseinnahmen von Handelshäusern schmolzen weg. Dies führte dazu, dass viele europäische Handelsbanken sich nur noch auf das Banking, vor allem die Handelsfinanzierung und das Emissionsgeschäft, spezialisierten. Beispiele hierfür sind die Browns, die Barings und J. S. Morgan (Morrison und Wilhelm 2007, 159).

Von 1880 bis zum ersten Weltkrieg herrschte in Europa ein langes, wirtschaftlich günstiges Umfeld, das Eisenbahn, Schwerindustrie und Elektroindustrie voranbrachte und insbesondere die Großprojekte des Suezkanals und der Bagdadbahn darstellte. Bei Letzterer war vor allem die Deutsche Bank neben Krupp, Borsig und Holzmann involviert. Beide Projekte hatten unverhohlen geopolitische Absichten.

1.3.3 Die Kriege: 1913–1945

Einige Historiker, wenn auch eine klare Minderheit, geht so weit zu sagen, dass der Erste und der Zweite Weltkrieg als ein Faktum zu konstruieren seien. Denn der Versailler Vertrag, die Reparationszahlungen Deutschlands, die Hyperinflation und die Verarmung der Mittelschicht bereiteten einen Teil der Grundlage für den zweiten Konflikt. Auch bezüglich der Ursache und der Schuldfrage des „Großen Krieges" gehen die Meinungen weit auseinander, nämlich von der hauptsächlichen deutschen Verantwortung bis zu einem allgemeinen Hineinschlittern. Wie aber die schon erzählte Geschichte gezeigt hat, gibt es ein enges Wechselspiel zwischen Krieg und Finanz. Wie der Name „Weltkrieg" schon impliziert, macht es keinen Sinn mehr, Alte und Neue Welt getrennt zu betrachten. Allerdings unterscheiden sich die Situationen zwischen Gewinnern und Verlierern erheblich, und innerhalb der Gewinnergruppe zwischen den Vereinigten Staaten und den anderen ebenfalls.

Der Erste Weltkrieg
Der Erste Weltkrieg war nicht nur für Europa und Amerika, sondern auch für die Finanzwelt verheerend. Der Ausbruch des Krieges führte geradewegs zu einer Hysterie in den Vereinigten Staaten, denn man befürchtete, sehr wahrscheinlich zu Unrecht, dass der transatlantische Handel zum Erliegen kommen, das Gold abgezogen und in London gehortet würde und die USA ohne europäisches Kapital nicht überleben könnten. Die New Yorker Börse blieb für Monate geschlossen. Bald merkte man, dass es sich ganz anders verhielt: Die massiven Exporte aufgrund der Bestellungen der Ententeländer – Weizen, Fleisch, Baumwolle – hoben die USA aus der Rezession heraus. Die USA, noch neutral, durften keine Anleihen ausgeben, sodass sie die Käufe mit Bankkrediten finanzierten. Später wurden gesamthaft 17 Mrd. USD an „Liberty Loans" von der Regierung ausgegeben.

J. P. Morgan spielte eine wichtige Rolle bei der Finanzierung des alliierten Siegs. Im September 1915 arrangierte die Firma einen 500-Millionen-USD-Kredit für England und Frankreich, die zur damaligen Zeit größte Obligation der Wall Street. Die Firma war zudem auserkoren worden, die alliierten Käufe kriegswichtiger Waren in den Vereinigten Staaten zu finanzieren. Die Einkäufe während des Krieges, von Pferden bis zu Granaten, summierten sich auf 3 Mrd. USD, was ungefähr die Hälfte aller amerikanischen Verkäufe darstellte (Chernow 2010, 188).

Der Krieg war zudem eine Wasserscheide insofern, als aufgrund der Finanzierung Europas die USA von einem Nettoschuldner zu einem Nettogläubiger wurde. Wilkins (1989, 145) zeigt die Schuldenbilanzen vor Ausbruch des Kriegs. Das zerstörte Europa brauchte nach dem Krieg große Darlehen für den Wiederaufbau. In diesem Prozess wurde New York die neue *Welthauptstadt* der Kapitalmärkte und überflügelte London. Ebenso wurde das britische Pfund vom Dollar als Währungsstandard abgelöst. Hobsbawm (1996, 99) meint zum Unterschied zwischen den USA und Großbritannien als Zentrum:

> The world system, it can be argued, did not work, because, unlike Great Britain, which knew that the world payment system rested on the Pound Sterling and saw to it that it remained stable, the U.S.A did not bother to act as a global stabilizer.

Die Profiteure des Kriegs waren die Yankeebanken, während der Konflikt für die jüdischen Banker eine Katastrophe war (Chernow 2010, 195). Dazu siehe man auch nochmals Abschn. 1.3.2.1, Immigranten und Yankees.

Zwischenkriegszeit
Großbritannien und Frankreich waren infolge der Kriegsanstrengung stark verschuldet (die Hälfte und zwei Drittel des nationalen Einkommens) und wollten diese Schuld mit den Deutschland auferlegten Reparationszahlungen tilgen. Die USA hatten die Produktionskapazität ausgeweitet und ein Interesse daran, den Absatzmarkt zu vergrößern, namentlich Deutschland als Abnehmer aufzubauen. Gleichzeitig machten es die hohen Zölle ab 1922 unmöglich, in den USA Dollar zu verdienen. Die als ungerecht und maßlos empfundenen Wiedergutmachungszahlungen führten zu einer exorbitanten *Hyperinflation*, definitionsgemäß mehr als 50 % Wertverlust pro Monat, die auf das uferlose Gelddrucken zurückging. Die einen führten dieses auf eine unerfahrene Weimarer Regierung zurück, andere argwöhnten ein absichtliches Vorgehen, um die Reparationszahlungen zu hintertreiben. Frankreich marschierte im Ruhrgebiet ein, Deutschland leistete passiven Widerstand. Die Mittelschicht verarmte, Spekulanten mit Zugang zu Kapital in fremder Währung kauften massiv Realkapital, d. h. Boden, Immobilien, Unternehmungen, und bereicherten sich maßlos. John M. Keynes argumentierte damals, dass ohne wirtschaftlichen Wiederaufbau Deutschlands ein liberales und stabiles Europa unmöglich und dass die französische Sicherheitspolitik, Deutschland niederzuhalten, kontraproduktiv sei.

Hjalmar Schacht, zuerst Währungskommissar, dann Reichsbankpräsident, führte eine Währungsreform durch, wobei eine Billion Reichsmark gegen eine Rentenmark getauscht wurden. 1924 wurde der *Dawes-Plan*[9] umgesetzt, der vorsah, dass eine internationale Anleihe der Reichsbank gewährt und diese mit Zoll- und Steuereinnahmen besichert werde. Deutschland sollte zahlen, beginnend mit 1 Mrd. Goldmark bis 1928, auf 2,5 Mrd. Goldmark pro Jahr ansteigend.

---

[9] Nach Charles G. Dawes, Banker, Brigadegeneral, US-Vizepräsident und Nobelpreisträger.

J. P. Morgan & Cie. emittierte sagenhafte 6 Mrd. USD an Wertpapieren zwischen 1919 und 1929, ein Drittel für Eisenbahnen, ein Drittel ans Ausland und den Rest für Unternehmungen (Chernow 2010, 256). Bis 1929 gelangten rund 21 Mrd. Mark meist kurzfristiger Kredite ausländischer Banken und Exportfirmen, vor allem aus den USA, nach Deutschland. Mit dem Geld wurde auch an der Börse mit Aktien spekuliert („buying on margin")[10]. Man war dem Risiko eines schnellen Versiegens ausgesetzt, ja Deutschlands Schicksal war den Amerikanern verpfändet. Sautter (1976, 367) sagt: „Der Kapitalexport der USA ermöglichte den Rücktransport der Schulden in Dollar und hatte gleichzeitig wesentliche Anteil am Aufbau eines Kreditgebäudes, dessen Krisenstabilität man schon damals hätte bezweifeln müssen".

Weitz (1998, 120) schreibt in seiner Biografie von Schacht, den er Hitlers Bankier nennt:

> Die immer engeren Beziehungen zwischen dem angeschlagenen Deutschland und der amerikanischen Bankwelt brachten Vorteile, aber auch Probleme mit sich. Die Amerikaner befanden sich damals mitten in ihrer Jazz-Age-Euphorie. Ihr Optimismus und ihre Investitionswut waren kaum zu bremsen. Und wo war das Geld besser angelegt als im redlichen, hart arbeitenden Deutschland, dem dieses Finanzgenie Hjalmar Schacht den Weg wies?

Der Dawes-Plan wurde 1929 durch den *Young-Plan* ersetzt, der im Wesentlichen nur den Zahlungsmodus änderte und zur Gründung der Bank für Internationalen Zahlungsausgleich (BIZ) 1930 führte. Nach LeBor (2013) bezweckte die Bank für Internationalen Zahlungsausgleich BIZ zwar die Abwicklung der Reparationszahlungen – und war als internationale Organisation ausgelegt–, war aber vor allem als Klub von Zentralbankern gedacht, die sich fern von jeglicher Regierungspolitik und noch so schwacher demokratischer Kontrolle austauschen und gegenseitig helfen konnten. Vor allem die europäischen Zentralbanken waren Gründungsmitglieder; für die USA, die sich zu jener Zeit von allen internationalen Organisationen fernhielten, nahmen drei Banken Anteile, unter diesen J. P. Morgan & Co. als herausragender Teilnehmer.

Dem Krieg folgte eine Inflation, welche 1920 die amerikanische Zentralbank willentlich mit einer scharfen Zinserhöhung in eine Depression trieb. Vier Millionen Arbeiter verloren ihre Stelle, fünfhundert Banken gingen Bankrott. Hier begann auch die Landwirtschaftskrise der späteren Jahre. Dazu sehe man Grant (2014) und sein Buch: *The forgotten depression 1921: the crash that cured itself.* Diese heftige Depression hat sich von alleine, ohne Staatsintervention nach 18 Monaten aufgelöst. Danach, ab dem Jahr 1922, folgte ein rechter „Boom" oder Aufschwung, den man mit den Roaring Twenties identifiziert. In Florida kam es zu einer Immobilienblase, die 1926 platzte.

Der Börsenkrach von 1929

In den USA expandierte das Wertpapiergeschäft dramatisch. Denn die Anzahl der Individuen, welche Aktien und Wertpapiere besaßen, weitete sich nach dem Krieg drastisch

---

[10] Wie Weitz (1998, 128) Schacht in den Mund legt: „Wer verkauft, was nicht sein eigen, muss zahlen oder ins Kittchen steigen."

Tab. 1.5 Verlauf Dow-Jones-Index beim Börsenkrach von 1929. Neben diesen extremen Tagesschwankungen darf man aber nicht aus dem Blick verlieren, dass der Verlust sich über Jahre stetig fortsetzte, siehe Abb. 1.7 (Quelle: S&P Dow Jones)

Wochentag	Datum	Schlusskurs DJIA	Änderung
Mittwoch	23.10.1929	305,85	−6,33
Donnerstag	24.10.1929	299,47	−2,09
Freitag	25.10.1929	301,22	0,58
Samstag	26.10.1929	298,97	−0,75
Montag	28.10.1929	260,64	−12,82
Dienstag	29.10.1929	230,07	−11,73
Mittwoch	30.10.1929	258,47	12,34
Donnerstag	31.10.1929	273,51	5,82
Montag	04.11.1929	257,68	−5,79
Mittwoch	06.11.1929	232,13	−9,92
Total			−24,10

aus. Nicht nur Großkunden beteiligten sich an der Euphorie, sondern auch Kleinanleger, die durch die Retail Brokers wie Merrill Lynch, Bache, Dean Witter, Paine Webber, E. F. Hutton kundengerecht bedient wurden. Die Aktienkäufe wurden mit Krediten finanziert, respektive man bezahlte nur 10 % des Preises, während die restlichen 90 % zu einem saftigen Zins geliehen wurden. Auch die Trusts (Fonds) mit dem Zweck der Aktieninvestition türmten Pyramiden von Tochtergesellschaften bis zu sechs Stockwerke hoch, sodass auch hier massive Hebeleffekte spielten.

Galbraith (2010, 89) berichtet von einem Trust, der mit 500 USD Eigenkapital Vermögenswerte von einer Mrd. USD beherrschte und von der Goldman Sachs Trading Corporation, die auch mit Töchtern und Fusionen einen hohen Hebel zugunsten der Aktionäre erzeugte. Es scheint, diese Finanzakrobaten hätten nicht gewusst, dass die Hebelwirkung im Falle sinkender Kurse die Anteilscheine der Trusts wertlos macht. Die ständig steigenden Aktienpreise verdichteten sich zu einer nicht nachhaltigen Blase, die dann auch dramatisch platzte.

Am Donnerstag, den 24.10.1929, verlor der Dow-Jones-Index zur Eröffnung rund 11 %, nachdem am Vortag bereits ein Verlust von über 6 % eingefahren wurde (siehe Tab. 1.5). Die bedeutendsten Banker des Platzes New York versuchten mit Stützkäufen den Absturz zu verhindern, was für den Black Tuesday auch gelang. Alleine nach dem Wochenende ging der Aderlass mit -12,82 % und -11,73 % weiter, die Panik war da. Es folgte anfänglich ein wildes Auf und Ab; bis zur Mitte des Jahres 1932 verlor der Dow-Jones-Index sagenhafte 89 % (siehe Abb. 1.7).

Die Vereinigten Staaten fielen in die schlimmste Depression ihrer bisherigen Geschichte. Mehr als 10.000 Banken gingen Bankrott oder mussten fusionieren und ein Viertel der Bevölkerung verlor ihre Arbeit.

Galbraith (2009, 64), der die Euphorie und die regelmäßige Wiederentdeckung der Hebelwirkung als Gründe für die Paniken betrachtet, schreibt etwas zynisch: „It is difficult not to marvel at the imagination which was implicit in this gargantuan insanity. If there must be madness something may be said for having it on a heroic scale." Sautter (1976,

Abb. 1.7 Verlauf des Dow-Jones-Industrial-Average-Indizes von 1920 bis 1940. Man sieht die massive und anhaltende Wirkung des Börsenkrachs von 1929, die bis Mitte 1933 währte (Quelle: S&P Dow Jones)

369) beschreibt die Befindlichkeit und die Stimmung nach dem Krach und in der Depression:

> Der überschäumende Wagemut des Jahrzehnts wurde durch einen ebenso plötzlichen wie tiefen Pessimismus abgelöst. Und je geringer die Unternehmungslust wurde, desto schwächer wurde die Wirtschaft, desto größer die Zahl der Arbeitslosen, desto tiefer die Not.

Die Auswüchse dieser Zeit und die vielen Bankrotte führten zu einer Flut von neuen Regulierungen während der Präsidentschaft von Franklin D. Roosevelt mit dem Ziel, die Investoren vor betrügerischen Aktienverkäufern zu schützen, indem zuverlässige Information über die Wertpapiere und die Emittenten produziert werden sollte, und das Bankensystem zu stabilisieren. Die Durchsetzung fußt auf der Haftung von Emittent und Verkäufern. Folgende Gesetze wurden verabschiedet:

- Banking Act of 1933 (Glass-Steagall Act),
- Securities Act of 1933 (Securities Act) und
- Securities Exchange Act of 1934 (Exchange Act).

Der Securities Act verlangt eine weitgehende Offenlegung aller relevanten Informationen für die öffentlich platzierten Wertpapiere und die Einreichung eines Prospektes an die Securities and Exchange Commission SEC. Damit wurden das Emissionsgeschäft und die

Emissionsbanken, sprich Investmentbanken nachhaltig reguliert. Noch wichtiger für die Investmentbanker wurde der sogenannte Glass-Steagall Act, der kommerzielle Banken am Verkauf von Wertpapieren und Investmentbanken an der Aufnahme von Einlagen hinderte. Die Kommerzbanken mussten ihre speziellen, im Wertpapiergeschäft tätigen Tochtergesellschaften verkaufen; Universalbanken mussten aufgespalten werden. J. P. Morgen & Co. trennte die Investmentbank unter dem Namen Morgan Stanley ab und verselbstständigte Morgan Grenfell als britische Merchant Bank. Das Glass-Steagall-Gesetz blieb bis 1999 in Kraft.

Zweiter Weltkrieg
Die Geschichte der Investments während des zweiten Megakonflikts ist rasch erzählt. Ein Zitat stehe als Zusammenfassung (Chernow 2010, 471):

> The investment banking business was moribund during the war as the Treasury Department asked underwriters to desist from new bond issues so as not to compete with government war-bond drives.

In Kontinentaleuropa waren die Banken vollständig von den Regierungen und Regimes kontrolliert, wie die ganze Wirtschaft.

Die schon erwähnte BIZ (oder englisch BIS), die sich auch heute noch eine wesentliche Bedeutung für das internationale Finanzsystem erhalten hat, stellte während des Zweiten Weltkriegs mit für Zentralbanker typischer Abgehobenheit unkritisch den Zahlungskanal zwischen dem Hitlerregime und der Welt her. Im Verwaltungsrat und im Management der BIZ saßen tief mit dem Regime verstrickte Figuren, sodass geplündertes und umgeschmolzenes Gold, ja sogar in den Konzentrationslagern erbeutetes Zahngold, angenommen wurde. Die BIZ schrieb aufgrund von Formalien das tschechoslowakische Zentralbankgold der Reichsbank gut, das baltische Gold wurde den Sowjets allerdings nicht überwiesen, da der Fall ja ganz anders lag.

Der Krieg mit seiner industriellen Menschenvernichtung, dem Zusammenprall von Weltanschauungen, den technologischen Fortschritten hat das Schlechteste des Menschen gezeigt. Die Vereinigten Staaten gingen mit geringen Schäden, aber mit um 2/3 erhöhtem Bruttosozialprodukt und einem Anteil an der globalen Produktionskapazität von 2/3 aus dem Konflikt hervor, nachdem diese nach dem ersten Weltkrieg schon 40 % betragen hatte. Die Banker sorgten dafür, dass ihre alten Kredite durch die Aufrechterhaltung der deutschen Industrie, vornehmlich Stahl und Kohle, eine Chance auf Rückzahlung erhielten. Den alliierten Regierungskreisen schwebte anfänglich eine Rückentwicklung Deutschlands zu einem Agrarstaat vor.

1.3.4 Casinozeitalter: 1945 bis heute

Die Zeitspanne vom Ende des Zweiten Weltkriegs bis 1973 ist eine kaum getrübte Erfolgsgeschichte. Die USA alleine konnte aufgrund ihrer überragenden wirtschaftlichen

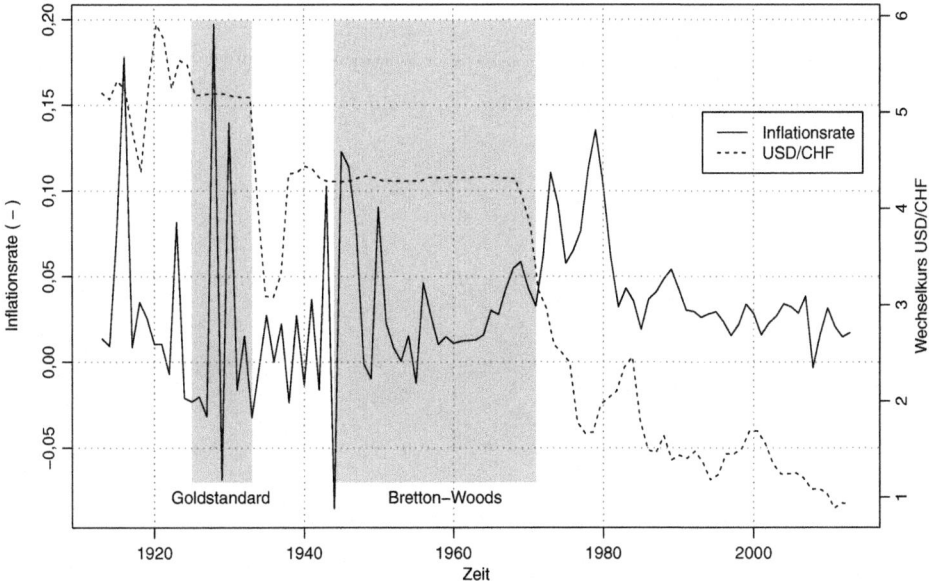

Abb. 1.8 Inflationsraten und Wechselkurse in langfristiger Darstellung (Quelle: Weltbank). *Grau hinterlegt* sind die Perioden mit fixem Wechselkursregime: Die großen Sprünge nach der Aufgabe der fixen Kurse zeigen, dass sie die wirtschaftliche Realität nicht richtig wiedergaben

Verfassung kaum wachsen, die anderen entwickelten Länder, abgesehen von Deutschland und Japan, erreichten schon sehr bald ihre Vorkriegszustände. Um 1960, mit einer Arbeitslosenrate um 1,5 %, wurde der wirtschaftliche Fortschritt spürbar wahrgenommen. Im Londoner Schuldenabkommen von 1953 wurden Deutschland 50 % seiner Schuld von rund 23 Mrd. USD oder 100 % des Bruttoinlandsprodukts erlassen, respektive die Hälfte bis zur allfälligen Wiedervereinigung aufgeschoben. Allein die Sowjetunion hat alle Forderungen verlangt und erhalten. Ohne dieses Abkommen wäre Deutschland bankrott gewesen und hätte sich nicht erholen können. Bei der Wiedervereinigung wurde die Restschuld nicht mehr aufgenommen.

In der Mitte des letzten Jahrhunderts beherrschte das sogenannte *Deal Making* die großen Investmentbanken. Die Beratung von Akquisitionen und Fusionen sowie Börsengängen bildeten den Hauptfokus der Wall Street. Die größten Akteure waren Goldman Sachs, Morgan Stanley, Lehman Brothers und First Boston. Deal Making bedeutet intensive personelle Interaktion mit dem Kunden – Finanzchef, CEO, Verwaltungsrat – sowie Entwicklung von kundenspezifischen Lösungen.

Währungen und Ölpreis, Stagflation
Während in den Sechzigerjahren einzig das unerklärliche Kennedy-Slide das euphorische Wachstum erschütterte, sind die Siebzigerjahre von der massiven Abwertung des US-Dollars, der Aufhebung des Goldstandards und dem freien Floaten der Währungen

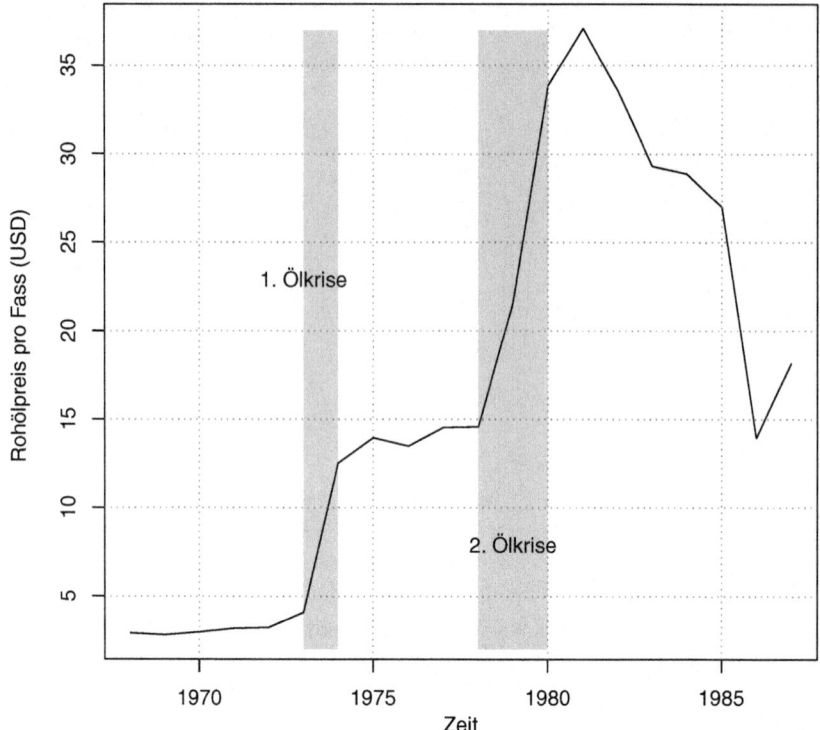

Abb. 1.9 Verlauf des Ölpreises pro Fass in nominalen USD mit den zwei markanten Preissprüngen
(Quelle: U.S. Department of Energy)

gekennzeichnet. Für die Investmentbanken eröffnete sich ein riesiges Geschäftsfeld für
Wechselkursprodukte. Abb. 1.8 zeigt den erratischen Verlauf des Dollarkurses mit der
nicht korrelierten Inflation im Zeitverlauf.

Kriegerische Wirren im Nahen Osten führten dann zu den zwei Ölpreisschocks (siehe
Abb. 1.9), mit denen die arabischen Produzenten auf die Auseinandersetzung mit Israel
reagierten. Das ökonomische Resultat nennt sich „Stagflation", ein Zusammenzug von
Stagnation und Inflation.

In den frühen Achtzigerjahren führte die Deregulierung zu einer Sparkassenkrise in
den USA (Savings and Loans), die zu über 1000 Bankkonkursen führte (siehe Abb. 1.10).
Deregulierung spielt im folgenden Jahrzehnt für die Investmentbanken eine wichtige
Rolle.

Fusionswelle und Geburt des M&A, LBO und Private Equity
In den Sechzigerjahren gab es infolge des Booms und des Trends, aus vermeintlichen Di-
versifikationsgründen Industriekonglomerate zu bilden, viele Fusionen; Goldman Sachs
arrangierte über hundert. Die Hilfe bei Fusionen wurde strikt als unbezahlte Nebentä-
tigkeit für bestehende Kunden innerhalb der intimen Kundenbeziehung gesehen, die vor

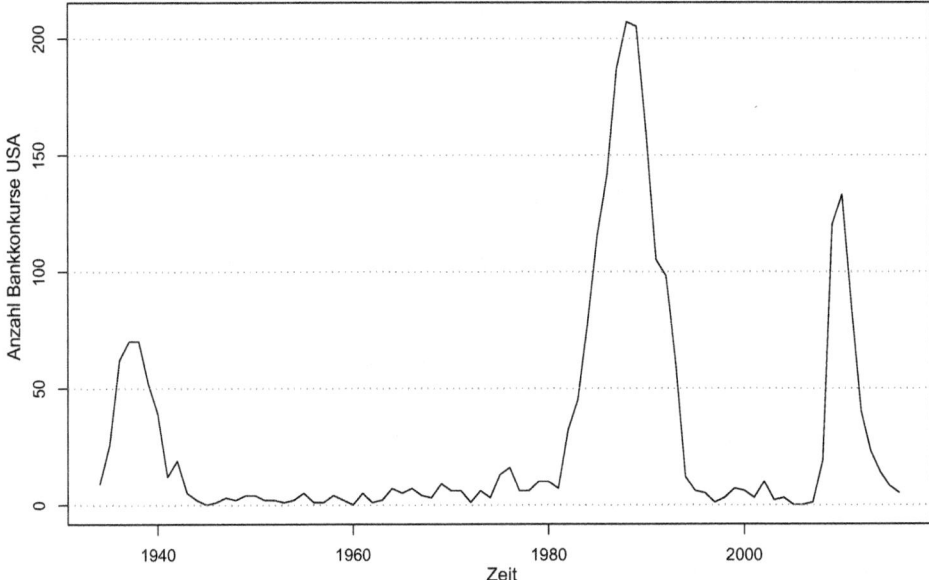

Abb. 1.10 Anzahl bankrotter Banken in den USA (Quelle: Federal Deposit Insurance Corporation)

allem im Emissionsgeschäft lag. Eine neue Betrachtungsweise entwickelte sich in den frühen Siebzigerjahren: Fusionen als eigenständiges Beratungsgeschäft. Knee (2006, 77) schreibt:

> In fact, it was only after the huge number of mindless transactions during the 1960s binge of conglomerate build-ups that investment banks focused on the potential of M&A as an attractive line of business in its own right.

Die Stagflation von 1970–1973 machte Firmenkäufe billiger, als eigene Investitionen zu tätigen. 1974 kam es zum Tabubruch: Morgan Stanley mit seiner Viermann-M&A-Abteilung orchestrierte die erste feindliche Übernahme (Hostile Takeover) von ESB durch Inco (Chernow 2010, 600)[11]. Das Team leitete Robert Greenhill, der Gründer der gleichnamigen Boutiqueinvestmentbank. Goldman Sachs startete mit fünf Mitarbeitern, First Boston mit sieben, geführt von Bruce Wasserstein und Joseph Perella; Eric Gleacher leitete Fusionen bei Lehman Bros. Dass hier einzelne Personen genannt werden, kommt nicht von ungefähr: Die M&A-Leute erlangten den Status von Titanen (Cole 2008) oder Celebrities, auf Augenhöhe mit Hollywoodstars, auch dank der astronomischen Gehälter.

---

[11] Gewisse Autoren sehen die Übernahme von United Gas durch Pennzoil im Jahr 1965 als erste moderne feindliche Übernahme, unterstützt durch die Investmentbank White, Weld & Co. Zur rauen Zeit der Robber-Barons im 19. Jahrhundert waren unfreundliche Übernahmen allerdings an der Tagesordnung.

Fusionsberatung ist und war extrem lukrativ, da die Kommissionen proportional zum Übernahmewert und zudem die Kosten sehr tief sind; denn es braucht keine große Infrastruktur und kein substanzielles Eigenkapital, sondern nur gute Leute mit ausgezeichneten Kommunikationsfähigkeiten, die anhand des notorischen *Pitch Book* eine gute Story erzählen können und am besten offene Türen einrennen.

Während Emissionen zwischen der Investmentbank und dem Finanzchef ausgehandelt werden, kommt man mit Fusionen auf die Stufe von CEO und Verwaltungsratspräsident. Das sind Personen, die sich in ihrer Firma einsam und belagert fühlen und internen Informationen misstrauisch gegenüberstehen. Umso mehr schätzen sie Investmentbanker, die ihnen vermeintlich unabhängige und ungeschönte Fakten präsentieren.

Die logische Weiterführung der Fusionen und Akquisitionen sind die stark fremdfinanzierten Unternehmenskäufe, kurz LBO für *Leveraged Buyout*.

Junk Bonds und Verbriefungen

Am 01.05.1975, „May Day" wegen der verheerenden Folgen, trat die Aufhebung fixer Börsenmaklergebühren in Kraft, sodass die Gebühren verhandelt werden konnten. Fixe Gebühren waren über 183 Jahre üblich oder gesetzlich vorgegeben. Aber offensichtlich schienen diese kartellmäßig überhöht. Die erste Antwort auf diese Änderungen war die Preisdifferenzierung, d. h. institutionellen Kunden wurden tiefere Kommissionen in Rechnung gestellt, wogegen für Privatanleger die Preise gleich oder höher wurden. Dies wiederum führte zu einem neuen Geschäftsmodell, zu den sogenannten Discount Brokers, wie z. B. Charles Schwab. Die traditionellen Häuser versuchten mehr Dienste wie Research anzubieten. Die kleinen Häuser verschwanden, andere versuchten den Marktanteil zulasten der Konkurrenz zu erhöhen oder neue Produkte wie Termingeschäfte und Optionen sowie Warengeschäfte anzubieten. 1966 machten die Erträge des Aktienhandels noch 62 % der Erträge der Effektenhändler aus, 1977 nur noch 59 %, obwohl der Umsatz um 50 % zugenommen hatte. Die bestverdienenden Aktienmakler wurden vom Thron gestoßen.

Mit der Halbierung der Handelskosten begann eine neue Ära im Börsenhandel; die Investitionen in Effekten von Privaten und Institutionellen schnellten in die Höhe. Die neuen Geschäfte, welche die Investmentbanken dringend suchten, kamen dank des Zinsanstiegs mit den Anleihen (Junk Bonds), Asset-backed Securities und mit den Fusionen (Sobel 2000, 61).

In diesem Zeitraum erlebten die *High-yield Bonds*, auch als Junk Bonds bezeichnet, als neue Finanzierungsquellen für Unternehmungen eine stürmische Entwicklung und befeuerten einen Boom bei den Unternehmensübernahmen. Bis dato waren Bonds mit solch schlechtem Rating sogenannte Fallen Angels, vormals als „investment-grade" bewertete Papiere, die im Lauf der Zeit sich stark verschlechtert hatten. Neu war, dass man Papiere von schlechter Qualität emittierte. Michael Milken war der unangefochtene König dieser Papiere; er musste später ins Gefängnis. Die High-yield Bonds sind immer noch ein wichtiges Instrument für die stark fremdfinanzierten Übernahmen (Leveraged Buyouts, LBO).

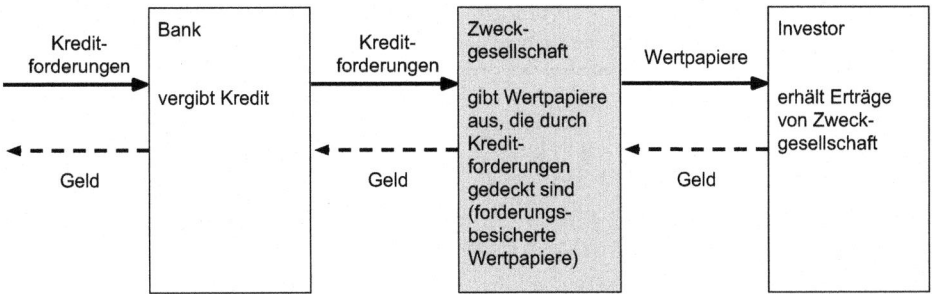

Abb. 1.11 Stark vereinfachte Darstellung zur Verbriefung von Krediten (Quelle: Bundesbank). Die Zweckgesellschaft „transformiert" sozusagen Kredite zu Obligationen und schafft sie aus der Bankbilanz. Nicht mehr die Bank finanziert, sondern der Wertpapierkäufer

Die Fusionswelle und die LBOs führte in den Achtzigerjahren zu einem neuen Kundenverständnis. Chernow (2010, 691) schreibt:

> The Reagan years saw the demise of relationship banking and with it the end of grace and civility on Wall Street. Wall Street was tougher, meaner, smarter and more macho than ever before … There was no longer any agreed-upon etiquette to temper the greedy impulses that always existed in finance.

Es ergaben sich Loyalitätskonflikte, denn es konnte durchaus sein, dass ein Bankkunde einen anderen auf feindliche Art übernehmen wollte. Wem sollte man helfen? Mit der Finanzierung bei den gehebelten Übernahmen machte man sich ebenfalls unbeliebt.

Die Verbriefung als Technik, um Kredite an den Kapitalmarkt zu bringen, begann die Intermediation der Banken neu zu definieren. Abb. 1.11 zeigt vereinfacht die grundlegende Vorgehensweise. Mit den Subprimehypotheken wurde später der Bogen überspannt.

Trading und Eigenhandel

In den Achtzigerjahren war ein neuer Brennpunkt, der sich abzeichnete, der Wertpapierhandel oder *Trading*. Firmen wie Salomon Brothers, Merrill Lynch und Drexel Burnham Lambert betraten die Bühne. Investmentbanken machten immer mehr Profit mit ihrem Eigenhandel, auch proprietärer Handel (*Proprietary Trading*) genannt. Fortschritte in der Computertechnologie, in der automatischen Ausführung von Aufträgen sowie bei den zuverlässigen Pricing-Modellen (Black-Scholes-Formel) intensivierten die Arbitrage und erzeugten neue Gewinne für den Eigenhandel. An dieser Verschiebung kann man auch die Beobachtung festmachen, dass die menschlichen Fähigkeiten, die stillen Kenntnisse, durch kapitalintensive Tätigkeiten – Kosten für Infrastruktur, Kapital für Handelsbestände – verdrängt wurden: vom *Humankapital* zum *Finanzkapital*.

Big Bang und Crash

Die Regierung unter Prime Minister Margaret Thatcher (1979–1990) verfolgte eine neue Grenzziehung zwischen Staat und Privatem mit der Konsequenz des massiven Rückbaus

Tab. 1.6 Rangliste der Hauptakteure am Finanzplatz London 1983 (Augar 2000, 14). Die zwei *fett gedruckten* Banken sind die einzigen, die bis zur Drucklegung als unabhängige Institute überlebt haben

Merchant Banks	Brokers	Jobbers
Morgan Grenfell	Hoare Govett	Akroyd & Smithers
Kleinwort Benson	James Capel	Wedd Durlacher
Schroders	Scrimgeour Kemp Gee	Pinchin Denny
S. G. Warburg	Phillips & Drew	Smith Brothers
Hill Samuel	Cazenove	Bisgood Bishop
Lazards	de Zoete	Charles Pulley
Samuel Montagu	Rowe & Pitman	
N. M. Rothschild	Wood Mackenzie	
County NatWest	Grieveson Grant	
Robert Fleming	Greenwell	
Charterhouse		
Barings		

von gemeinwirtschaftlichen und sozialen Leistungen, Deregulierung und Privatisierung, aber auch Modernisierung, vor dem Hintergrund eines funktionierenden Marktes und Preismechanismus. Der Börsenhandel sollte dereguliert werden. Bekannt ist ihr Spruch: „there is no such thing as society", der an sozial-darwinistische Anschauungen der Individualität grenzt. In dieser Zeit regierte in den USA der Republikaner Ronald Reagan, ein Verwandter im Geiste.

Umgangssprachlich bezeichnet der *Big Bang* die Aufhebung der traditionellen Rollenteilung (Single Capacity) zwischen Börsenmaklern, Brokers und den Market Makers, in Großbritannien „Jobbers" genannt. Damit einhergehend wurden am 27.10.1986 in London auch die elektronische Verarbeitung der Aufträge und die Bildung des FTSE-Index mit Startwert 1000 aufgenommen.

Diese Aufhebung ermöglichte die Schaffung neuer Institutionen, die effizienter und günstiger arbeiteten, und damit auch die Möglichkeit für amerikanische Banken, ihr Tätigkeitsfeld massiv auszuweiten. Dies betrifft vor allem die Kommerzbanken, die außerhalb der USA sehr wohl im Investmentbanking tätig sein konnten. Aber auch Jobber, Broker und Merchant-Banken[12] versuchten sich zusammenzutun.

Sich etablieren kann man auf zwei Arten: Entweder man baut eine Filiale von null auf oder man kauft sich eine bestehende Institution, respektive mehrere unterschiedliche Institutionen. In der Tab. 1.6 sind die damaligen Akteure aufgeführt.

---

[12] Der Begriff *Merchant-Bank* ist unscharf konturiert. In Großbritannien versteht man darunter eigentlich das Investmentbanking; in den USA werden eher die Teilaufgaben der Beteiligung, sprich Private Equity damit umschrieben.

Folgende Strategien konnte man im Vorlauf des Big Bang verfolgen:

1. Kommerzbanken kaufen Makler,
2. Merchant-Banken kaufen Makler (und Jobber),
3. Broker und Jobber tun sich zusammen,
4. Investmentbanken bauen selber auf,
5. man (v. a. Merchant-Bank) bleibt selbstständig.

Die erste Strategie wurde von amerikanischen, britischen und kontinentaleuropäischen Banken verfolgt, um zu diversifizieren und dem Margendruck ihres traditionellen Geschäfts zu entgehen. Die amerikanischen Kommerzbanken durften sehr wohl auch unter dem geltenden Trennbankenregime im Ausland Investmentbanking betreiben. Dies nutzten vor allem Chase Manhattan, Citicorp und Security Pacific sowie die britischen, sogenannten Clearing Banks Barclays, NatWest, Midland und HSBC.

Die zweite Strategie ist der Versuch, aus einer Merchant-Bank eine integrierte Investmentbank zu bilden. Dies wagten S. G. Warburg, Kleinwort Benson, Hill Samuel und Morgen Grenfell. Die ersten zwei haben es noch bis in die Neunziger geschafft; die Letzteren wurden schon nach ein paar Jahren von der Deutschen Bank und der Dresdner Bank aufgekauft. Der Schweizerische Bankverein kaufte S. G. Warburg, die vorher den Broker Rowe & Pitman sowie den Jobber Akroyd & Smithers konsolidiert hatte, und die UBS den Broker Philips & Drew. Warburg hatte äußerst ambitiöse Ziele, hin zu den weltweit führenden Investmentbanken aufzuschließen, aber auch einen wunden Punkt: keine Präsenz in den USA. Deshalb wurde mit Morgan Stanley eine Fusion verhandelt, die aber von John Mack, dem CEO von Morgan Stanley, abrupt und überraschend abgesagt wurde und zuerst zur großen Verunsicherung der Belegschaft und dann zum Massenexodus führte. Warburg konnte sich nur noch in eine Übernahme retten, wobei nur noch die UBS zur Verfügung stand. Sie bezahlte lediglich 108 % des Buchwerts.

Zusammenschlüsse von Makler und Jobber gab es wenige, denn ohne das Corporate Finance und Beratungsbusiness und ohne Research ist es schwierig zu bestehen. Einzig Smith Brothers kaufte den kleineren Broker Scott Goff. Im Jahr 1995 ging die Firma an Merrill Lynch.

Die Investmentbanken, nämlich Morgan Stanley, Goldman Sachs, Merrill Lynch und Salomon Bros., hatten die Erfahrung und die Möglichkeiten, ihr Geschäft in London organisch wachsen zu lassen. Außer Goldman Sachs hatten sich die drei vorher in Aktiengesellschaften verwandelt, um ein stärkeres Wachstum zu ermöglichen (siehe Tab. 1.7). Im Nachhinein ist klar, dass sie als Gewinner hervorgehen mussten, denn das überstürzte Zusammenfügen von unpassenden Teilen zu einem Ganzen, das erst noch einer ganz neuen Herausforderung gegenüberstand, konnte nicht klappen. Nach nur einem Jahr sollte schon der schwere Crash das Gefüge gehörig durcheinander schütteln. Gänzlich unabhängig blieben die zwei Merchant-Banken N. M. Rothschild und Lazard und sind es heute noch. Der Broker Cazenove wurde erst 2009 von J. P. Morgan Chase gekauft. Wenn man das Überleben als Maßstab ansetzt, so war das Danebenstehen eine glückliche Strategie.

Tab. 1.7 Wechsel von Partnership zu Aktiengesellschaft von Investmentbanken in den USA

	Wandlung AG	Exitjahr	Art und Weise
Merrill Lynch	1959	1971	IPO
Smith Barney	1963	1987	Kauf durch Primerica
Kidder Peabody	1964	1986	Kauf durch GE Capital
Morgan Stanley	1970	1986	IPO
Pain Webber	1971	1972	IPO
Lehman Brothers	1972	1994	Spin-out nach Kauf Shearson
Kuhn Loeb	1977	1977	Kauf durch Lehman
Salomon Brothers	keine	1981	Kauf durch Phibro
Bear, Stearns	1985	1985	IPO
Goldman Sachs	1999	1999	IPO
Lazard Frères	2005	2005	IPO

Der Londoner Markt wurde wieder eine bedeutende Finanzdrehscheibe, in ihrer Bedeutung an New York heranreichend. Die Modernisierung war also gelungen und es wurden viele Arbeitsplätze erhalten und geschaffen. Nur sitzen die Amerikaner und andere, aber nicht die alte englische Elite, an den Schalthebeln. Das amerikanische Modell der Investmentbank setzte sich durch, welches das Maklergeschäft dem Beratungs- und Finanzierungsgeschäft unterordnete und Transaktionsbanking vor Relationship Banking setzte (Augar 2000, 298).

Der Big Bang hat aber auch tiefe kulturelle Veränderungen bewirkt. Nicht völlig ironisch schreibt der frühere FSA-Chef Davies (2013):

Erste und offensichtlichste Folge war das Ende der langen Mittagspause. Angefangen mit einem Gin-Tonic kurz nach 12 Uhr und endend mit einem edlen Cognac nachmittags um 15 Uhr, war die Mittagspause vor dem Big Bang häufig der anstrengendste Teil des Tages eines Aktienmaklers. Dieses bequeme Leben endete, sobald die energischen, nassforschen Amerikaner, die sogar während des Frühstücks arbeiteten, über die Stadt hereinbrachen.

Für die Partner der britischen Börsenteilnehmer ist aber auch die Geldflut hereingebrochen, die den ersten Dammbruch des guten Anstands bewirkte. Gemäß Augar (2000, 81) sind 750 Millionäre in damaliger Währung geworden. Auch der Marktwert der gesuchten Angestellten stieg rasant an; die Banker mutierten zu Söldnern.

Der „große Knall" ist der Startpunkt für die Internationalisierung der Investmentbanken und ihrer Handelsgeschäfte, denn neben London wurde auch in Tokio expandiert und damit einhergehend eine massive Expansion und ein Wachstum der Angestelltenzahlen. Der japanische Markt, dominiert von Nomura, Daiwa, Nikko und Yamaichi, wurde durch erheblichen politischen Druck aus den USA und Großbritannien aufgebrochen, Commodore Perry lässt grüßen. Tab. 1.8 zeigt die sechs ersten angelsächsischen und die 16 nachfolgenden ausländischen Firmen mit Börsenmitgliedschaft.

Nach weniger als einem Jahr ereignete sich der schwere Krach von 1987 (Black Monday). In der Woche vom 12.–16.10.1987 verlor der S&P-500-Index rund 9 % aufgrund

Tab. 1.8 Erste ausländische Börsenmitglieder an der Tokioter Börse 1986 bzw. 1988 (durch „;" getrennt)

Herkunftsland	Effektenhändler
USA	Merrill Lynch, Morgan Stanley, Goldman Sachs; First Boston, Kidder Peabody, Prudential-Bache, Shearson Lehman Bros., Smith Barney, Harris Upham, Salomon Brothers
Großbritannien	Vickers da Costa (Citicorp), Jardine Fleming, S. G. Warburg; Barings, County NatWest, Kleinwort Benson, Schroeder
Deutschland	Deutsche Bank, Dresdner Bank
Schweiz	Schweizerischer Bankverein, UBS Phillips & Drew
Frankreich	Société Générale, W. I. Carr

von schlechten Handelsbilanzzahlen und der Ankündigung der Aufhebung von Steuererleichterungen bei Fusionen. Daraus schloss man auf monetäre Maßnahmen wie steigende Zinsen und fallende Unternehmenswerte, sodass viele Institutionelle von Aktien auf Bonds wechselten. Am Montag, den 19.10., herrschte ein starker Verkaufsdruck und viele Titel der Indizes wurden spät eröffnet, sodass darin alte Daten verwendet wurden und die Angaben zu den derivativen Options- und Terminprodukten auseinanderklafften. Damit konnten die Indexarbitrage, der Preisausgleich und die Synchronisierung zwischen Aktienmarkt und Derivatemarkt nicht stattfinden. Um am Kassamarkt die Indizes zu handeln, ist es notwendig, dass die den Index bildenden Aktien im Stapel, d. h. gemeinsam, verarbeitet werden können. Diese elektronische Möglichkeit nennt man Program Trading.

Die Portfolio Insurance genannte Strategie, wonach man mit Aktienindex-Futures oder einer Kombination von Aktien und risikoloser Anlage eine lang laufende Putoption als Absicherung nachbildet, führt bei nachgebenden Preisen zu Verkäufen von Futures oder Aktien, und zwar in einem sich anfachenden Ausmaß (Fabozzi und Modigliani 2009, 379–386). Die Handelsplattformen, z. B. SuperDOT, konnten das riesige Volumen nicht verarbeiten; Benachrichtigungen von ausgeführten Trades erfolgten z. T. mehr als eine Stunde später, was nicht unerheblich zur Konfusion beitrug.

Am Dienstag teilte die Zentralbank FED vor Handelsbeginn mit, dass sie bereit sei, notwendige Liquidität zur Verfügung zu stellen. Dazu tätigte sie auch weitreichende Offenmarktoperationen. Für die Termingeschäfte mussten exorbitante Einschüsse (Margins) eingefordert werden, um die Clearinghäuser liquide zu halten; dadurch verringerten sich die Marktliquidität und das Vertrauen in die Funktionstüchtigkeit der Operateure. Carlson (2007) stellt eine gute Zusammenfassung des Krachs dar, die auch auf die vielen offiziellen Untersuchungen abstützt. Eher eine Reportage ist das Buch von Metz (2003).

Die Abb. 1.12 zeigt den dramatischen Verlauf anhand des Dow-Jones-Indizes. Der Schlusskurs am 19.10. war um 22,6 % tiefer als am vorangehenden Handelstag. Sofort kamen Ängste auf, wonach sich eine Rezession im Stile der Dreißigerjahre entwickeln könnte.

Eine der Erkenntnisse dieses Krachs ist gemäß Hull (2012, 464), dass man keiner spezifischen Handelsstrategie folgen soll, auch keiner Absicherung, wenn viele andere

Abb. 1.12 Verlauf des DJIA-Indizes in der neunten Dekade des 20. Jahrhunderts (Quelle: S&P Dow Jones). Gut zu sehen: der Crash von 1987, von dem man sich am Aktienmarkt zumindest relativ schnell erholen konnte

Marktteilnehmer dasselbe tun. Portfolio Insurance ist auch schlagartig verschwunden. Für die Investmentbanken folgten Entlassungen, enttäuschte Kunden und verbitterte Investoren. Market Making und stark fremdfinanzierter Eigenhandel hinterließen substanzielle Verluste bei den Effektenhändlern. Der Krach war eher ein Schock für die Stabilität des Finanzsystems; die Realwirtschaft hat keine großen Verwerfungen erlebt. Sofort wurde der Glass-Steagall Act als überholt angeprangert, der einer kleinen Anzahl von Instituten eine gefährliches Monopol sichern würde.

Die Neunzigerjahre
Joseph Stiglitz, der Nobelpreisträger, nennt die Neunzigerjahre in seinem Buch (Stiglitz 2011) „the roaring nineties" oder auch „the most prosperous decade". Was man hier als positiv verstehen könnte, meint er allerdings nicht so. Illusion, Verführung, Betrug, Kollusion und Bereicherung sind die offensichtlichsten Blüten. Die Hauptstichworte zu dieser Dekade sind:

- Deregulierung,
- Steuersenkungen,
- kreative Rechnungslegung,
- Globalisierung,
- Interessenskonflikte,
- Stock Options.

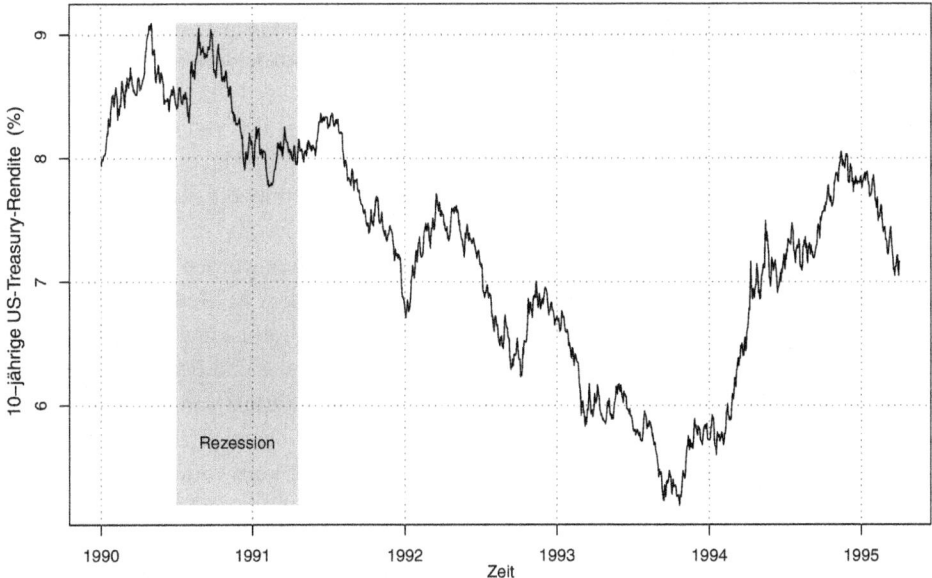

Abb. 1.13 Renditeverlauf der 10-jährigen US Schatzanleihen von der Rezession um 1990 bis nach der starken Korrektur von 1994 (Quelle: Board of Governors of the Federal Reserve System (US))

1994 war für Anleger, Banken und Effektenhändler ein schwarzes Jahr. Aus der Rezession von 1990/1991 mit ständig sinkenden Zinsen (siehe Abb. 1.13), anziehender Beschäftigung und moderatem Wachstum entwickelte sich am Anleihemarkt eine handfeste Blase, die vor allem durch den starken Zinsanstieg zum Platzen gebracht worden ist.

Aufgrund der steilen Zinsstrukturkurve – mit einem Differenzial von über 3 % zwischen kurzfristigen Zinsen und lang laufenden Anleiherenditen – spekulierte man mit einem hohen Hebel auf stabile, wenn nicht sogar weiter sinkende Zinsen. Diese sogenannten Carry Trades funktionieren wie folgt: Ein institutioneller Anleger nimmt 100.000 USD in die Hand, borgt sich weiter 9,9 Mio. USD zu 3,5 % und kauft für 10 Mio. USD Schatzanleihen mit einem Coupon von 6,2 % und einer Laufzeit von zehn Jahren. Dabei macht er einen Gewinn von 273.500 USD p. a.; allerdings trägt er das entsprechende Risiko von Zinsänderungen. Bei einer Wertänderung von 1 % muss der Investor weitere 100.000 USD als Margin einschießen. Wenn die Rendite um 1 % steigt, die Duration ca. acht Jahre beträgt, dann ändert sich der Wert um 8 % und 800.000 USD werden verlangt. Kann dies nicht geleistet werden, werden die Anleihen einbehalten. Wer macht solche Geschäfte auf der Sell Side? Die Primärhändler (siehe Tab. 3.12 in Abschn. 3.3.1), die wiederum die Investmentbanken sind.

Neben dem allgemein hohen verwendeten Hebel ist zu bedenken, dass der Kapitalmarkt in den USA und die Emission von Eurobonds zulasten der Bankfinanzierung enorm gewachsen sind. Einerseits sind auch für schlechte Schuldner Anleihen üblich geworden (High-yield, Junk Bonds), andererseits hat die Verbriefung von Hypotheken, Kreditkarten, Flugzeugen etc. den Markt erweitert. Dazu kam der um sich greifende Einsatz von Derivaten, allen voran Zinsswaps, welche zur Spekulation eingesetzt wurden. Zudem floss weiteres Geld in den Anleihemarkt, weil in Mexico die sogenannte Tequilakrise ausbrach und Geld aus den Schwellenländern abgezogen wurde.

Nur durch dieses Zusammenspiel kann man erklären, dass der von der Zentralbank eingeleitete Zinsanstieg von 25 bp, dann um weitere 75 bp eine solche Verheerung von geschätzten 600 Mrd. USD in den USA hinterlassen konnte, weltweit geschätzte 1,5 Billionen USD.

In diesem Bond-Crash gab es fast nur Verlierer. Hart getroffen wurden neben den notorischen Versicherungen, Pensionskassen, Anleihefonds besonders die Hedgefunds und die Investmentbanken. Goldman Sachs realisierte einen enormen Verlust und baute das Fixed Income stark ab, Bankers Trust, der Derivatespezialist, taumelte und ließ sich dann von der Deutschen Bank auffangen, Salomon Bros. schrieb einen Verlust von 371 Mio. USD.

Im März 1997 brach die *Asienkrise* aus. Von Thailand beginnend erfasste sie auch Indonesien, Malaysia, die Philippinen und sogar Südkorea, das kurz vorher in die OECD aufgenommen wurde. Banken dieser Länder finanzierten sich billig und kurzfristig in japanischer und US-amerikanischer Währung, um damit langfristige Ausleihungen in lokaler Währung zu tätigen (Carry Trades). Das Geld floss vor allem in Aktien und Immobilien und befeuerte stetig die Preise. Da diese lokalen Währungen an den US-Dollar gekoppelt waren, glaubten die Banken, sich nicht absichern zu müssen. Der US-Dollar begann an Wert zum Yen zu gewinnen und zog die asiatischen Währungen über die Anbindung ebenfalls nach oben. Die Produkte verloren an Wettbewerbsfähigkeit, die Leistungsbilanzen wurden negativ, Liquidität floss in die finanzierenden Länder zurück, die Banken bekamen Schwierigkeiten, ihre Kredite zurückzuzahlen. Die Währungen kamen unter Druck, Zentralbanken versuchten, das Finanzsystem zu stützen; aber die Wechselkursbindungen mussten aufgegeben werden und eine massive Abwertung ging mit Konkursen einher. Arbeitslosigkeit und Verarmung vor allem der städtischen Bevölkerung waren sichtbare Folgen. Mithilfe des Internationalen Währungsfonds (IWF) gelang relativ schnell eine Stabilisierung der Wirtschaft, sodass Ende 1998 die Krise überwunden war.

Für die US-amerikanischen Investmentbanken und Beteiligungsgesellschaften (Private Equity) bot sich ein lukratives Feld für Käufe, *Fusionen* und *Restrukturierungen* an. Robertson (2008, 91) zeigt die M&A-Berater und ihre Umsätze in der Krisenregion zwischen 1997 und 2002. Goldman Sachs hat ein Volumen von 350 Mrd. USD erzielt. Es folgen Merrill Lynch mit 219 Mrd. USD, JP Morgan mit 187 Mrd. USD, Morgan Stanley 161 Mrd. USD und Citigroup mit 128 Mrd. USD Volumen sowie die völlige Abwesenheit der japanischen und der europäischen Investmentbanken. Zudem ist ersichtlich, dass sich Citigroup, eine Kommerzbank, in die Liste einreiht, obwohl in der Heimat immer noch das Trennbankensystem herrscht. Die folgenden Berater waren Nomura, Credit Suisse First Boston, Arthur Anderson, UBS und Rothschild.

Wenn man die notorische 7 %-Marge in Ansatz bringt, so folgt ein Ertrag von ca. 70 Mrd. USD. Daneben berieten die Banken die Regierungen beim Verkauf und der Abwicklung von bankrotten Banken. Indonesiens Regierung bezahlte fast 100 Mio. USD an Finanzberater für die Restrukturierung des Bankensektors. Der Verkauf eines koreanischen Alkoholproduzenten bescherte den beteiligten Investmentbanken Kommissionen in der Höhe von 100 Mio. USD (Robertson 2008, 93). Die ausländischen Investoren kauften auch haufenweise Not leidende Kredite auf. Die amerikanischen Investmentbanken haben sehr gut von der Krise gelebt.

Im zweiten Jahr der Asienkrise ereignete sich die Zahlungsunfähigkeit Russlands mit nachfolgender *Russlandkrise*, auch „Rubelkrise", die in den Jahren 1998 bis 1999 währte. Aus der unterschiedlichen Geschwindigkeit der Transformation der Wirtschaft und der Banken nach dem Fall der UdSSR bediente das planwirtschaftliche Bankwesen die billige Kredite nachsuchende Industrie mit folgender monetärer Expansion bei gesteuerten Wechselkursen. Geld flüchtete aus dem Land. Dadurch entstand ein erheblicher Druck auf die Währung. Der Staat konnte keine Steuern eintreiben, das Haushaltsdefizit vergrößerte sich, die unrentablen Staatsbetriebe versuchte man mit Subventionen am Leben zu erhalten und gleichzeitig wollte man die Inflation bekämpfen. Das Resultat waren eine Zahlungskrise – zum Teil durch steuerfreie Tauschwirtschaft ersetzt – und eine massive Abwertung des Rubels. Der Ölpreiszerfall aufgrund der Asienkrise trug ebenfalls zur Verschlechterung der Verhältnisse bei. Alleine die russischen Oligarchen, die sich sehr billig die besten Industriestücke, vor allem im Energiesektor, unter den Nagel reißen konnten, profitierten. Für die Investmentbanken war die Überleitung dieser Krise zum Zusammenbruch des Hedgefonds *Long Term Capital Management* (LTCM) in 1998 von Interesse.

LTCM wurde von John Meriwether, dem früheren Chefbondhändler von Salomon Bros., unter Beteiligung der beiden Nobelpreisträger Myron Scholes und Robert Merton gegründet. Die gefahrene Strategie nennt sich Convergence Arbitrage, wonach zwei Anleihen des gleichen Emittenten, gleicher Fälligkeit und unterschiedlicher Marktliquidität gesucht werden. Die weniger liquide wird gekauft, die liquidere wird leer verkauft. Mit Verkürzung der Endfälligkeit sollten sich die Preise angleichen, sodass aus der Preisdifferenz ein Gewinn entsteht. Soweit die Theorie. Der Ausfall Russlands führte weltweit zur „Flucht zur Qualität" in den Kapitalmärkten, d. h. vor allem zu Staatstiteln, womit natürlich die weniger liquiden Titel der LTCM stark an Wert verloren. Damit kehrte sich das Vorzeichen der Arbitrage um. Da die Positionen fremdfinanziert waren, musste Einschuss geleistet werden, der nur durch den Verkauf der entwerteten Bonds realisiert werden konnte. Damit drückte man die Preise zusätzlich. Im August 1998 standen einem dünnen Eigenkapital von 2 Mio. USD Bonds im Nennwert von 1,25 Bio. USD gegenüber. Aufgrund dieser Situation war eine weltweite Finanzkrise absehbar, sodass die amerikanische Zentralbank nicht nur die Leitzinsen senkte, sondern eine Notfinanzierung mit den führenden Investmentbanken organisierte, welche Kapital in der Höhe von 3,75 Mrd. USD einbrachten. Die kurz vorher fusionierte UBS realisierte einen Verlust von ca. 1 Mrd. CHF. Köpferollen und bessere Risiko- und Rückstellungsmodelle waren die Folgen.

Der Boom und die Dotcomblase
Die Zukunft begann am 09.08.1995, als die Firma *Netscape*, Herausgeber des gleichnamigen Internetbrowsers, an der Börse eingeführt wurde. Maßgeblich daran beteiligt war Frank Quattrone, damals bei Morgan Stanley, der als junger Investmentbanker sein Büro

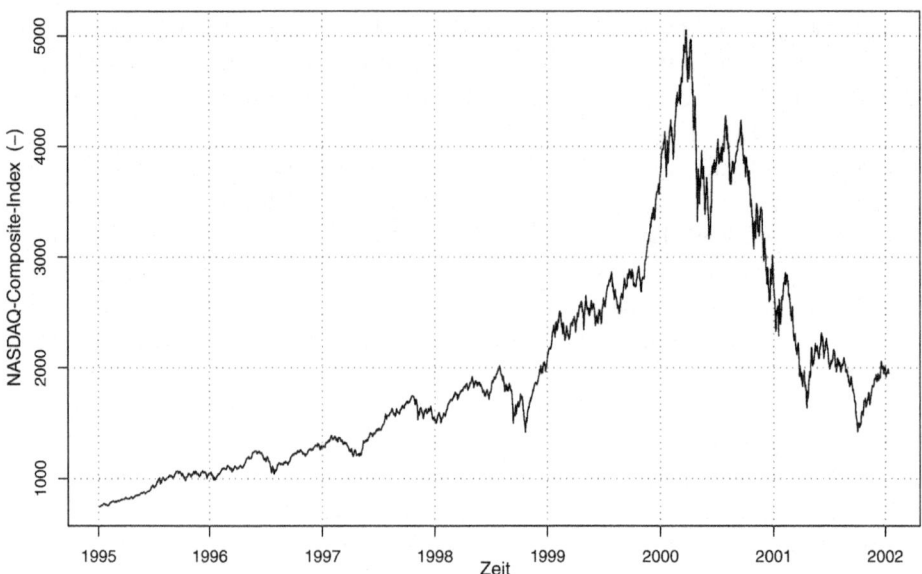

Abb. 1.14 Verlauf des NASDAQ-Index vor und während der Dotcomblase um die Jahrtausendwende (Quelle: NASDAQ OMX Group). Die meisten Technologieaktien sind an der NASD kotiert

vom Außenposten San Francisco nach Menlo Park ins Herz von *Silicon Valley* transferierte, wo schon die Venture-Kapitalisten saßen. Hier war er am Puls der Entwicklungen, die sich mit der Verbreitung des Internets anbahnten.

Das Netscape-IPO war aus verschiedenen Gründen speziell: Die Firma war erst 16 Monate alt, hatte also keinen „Track Record", machte nur Verluste und sah mehr Verluste voraus. Anderseits war da ein riesiger Markt mit stratosphärischen Gewinnaussichten. Mit dem Deal trat das weltweite Web ins Bewusstsein der Menschheit und der Investoren. Althergebrachte Bewertungsmethoden waren nicht mehr anwendbar, schneller Reichtum wurde möglich, alles basierte auf Marktgröße, Marktanteil und Anzahl der Benutzer.

Die Abb. 1.14 zeigt eindrücklich anhand des auf Tech-Aktien spezialisierten NASDAQ-Indizes, wie die Aktien im Frühjahr 2000 um rund einen Viertel an Wert einbüßten, sich leicht erholten, um dann abermals rund 2/3 zu verlieren.

Investmentbanken profitierten ansehnlich in den Boomjahren der Neunziger, insbesondere mit dem Boom und der Blase. Es gelang ihnen mit zum Teil unlauteren Mitteln, nämlich mit falschen Angaben, das Interesse und die Fantasie der Investoren anzufachen. Denn die Analysten der Investmentbanken priesen öffentliche Aktien an, machten allzu positive Aktienbewertungen, obgleich ihnen wohl bewusst war, dass sie nicht werthaltig waren. Anderseits versuchten sie die Firmen dadurch als Kunden für weitere lukrative Geschäfte wie Emissionen zu gewinnen. Dies ist ein klassischer Interessenkonflikt zuungunsten der Investoren. Als dann die Tech-Blase platzte, folgte eine Reihe neuer Gesetze, um die Konflikte innerhalb von Investmentbanken zu verhindern.

Zu kriminellen Machenschaften und den staatlichen Maßnahmen sehe man auch Abschn. 9.2.9. Die notorischen Institute zahlten für damalige Verhältnisse ansehnliche Strafen.

Twin Towers

Am 11.09.2001 griffen Terroristen mit gekaperten Flugzeugen das Weiße Haus, das Pentagon und die Zwillingstürme des World Trade Centers in Manhattan, auch als Symbol für die Wall Street, an. Die zwei Türme kollabierten und rund 3000 Menschen fanden den Tod. Dies ereignete sich während der vorherrschenden Rezession. Psychologisch fühlten sich die USA, insbesondere der Lebensstil der Amerikaner, zutiefst getroffen. Die Börse wurde für vier Tage geschlossen. Bei Wiedereröffnung verlor der Dow Jones mehr als sieben Prozent. Die Kurse erholten sich zwar sehr schnell. Mittel- und langfristig wirkte sich die Attacke massiv auf die Verschuldung des Staates aus. Denn die USA reagierten mit ihrem Krieg gegen den Terrorismus, indem sie Afghanistan bombardierten. Die Ausgaben für das Militär und andere staatliche Einrichtungen für die Bekämpfung des Terrors und den Krieg beliefen sich auf rund 900 Mrd. USD.

Dieses Ereignis hat nicht nur finanzielle Spuren hinterlassen. Die gesellschaftlichen Folgen hinsichtlich des Verhältnisses von Privaten und Staat, der im Namen der Sicherheit auferlegten Beschränkungen und gesammelten Daten sind einschneidend. Geopolitisch hat sich das Image der USA in der Welt – man denke an die zweifelhafte Rechtsstaatlichkeit von Guantánamo – verschlechtert.

In den Abb. 1.15 und Abb. 1.16 sieht man die Spuren dieses Ereignisses dargestellt.

Casino

Ein typisches Casino bietet Roulette und Blackjack an, Pokerspiele haben ebenfalls eine hohe Affinität zu den Glücksspielen. Allen gemein ist der probabilistische Hintergrund, der schon die alten Mathematiker und Spieler wie Pascal, Bernoulli, Fermat und de Méré faszinierte. Beim Kartenspiel, insbesondere Blackjack oder „Siebzehn und Vier", kann man sich durch geistige Buchhaltung der schon gespielten Karten die sich leicht verändernden Wahrscheinlichkeiten und die festen Regeln des Kartengebers zunutze machen, indem man den Einsatz entsprechend anpasst. Thorp (1966), ein Mathematiker, hat nicht nur das beschrieben, sondern als einer der ersten „Quants" vor der Definition einen Hedgefund betrieben, der Preise von Wandelanleihen mit Bonds und Stocks arbitragierte. Sein Buch über den Aktienmarkt (Thorp und Kassouf 1967) lautet: *Beat the market: a scientific stock market system*. Der Mathematikerspieler ist eine wiederkehrende Figur bei den frühen auf Arbitrage gründenden Hedgefunds. Denn der Einsatz von Preismodellen ist eine Voraussetzung, um auch kleine Preisunterschiede zwischen dem Wertpapier und seiner Replikation auszunutzen. Im Laufe der letzten dreißig Jahre sind neue Produkte hinzugekommen, insbesondere Kreditderivate, mit denen man bisher nichtreplizierbare Bonds synthetisieren konnte, und Verbriefungen von finanziellen Forderungen.

Diese quantitativen Hedgefunds findet man als eigenständige Anbieter und als Teil des eigenen Handels und Investments der Investmentbanken. Goldman Sachs hegte über 14

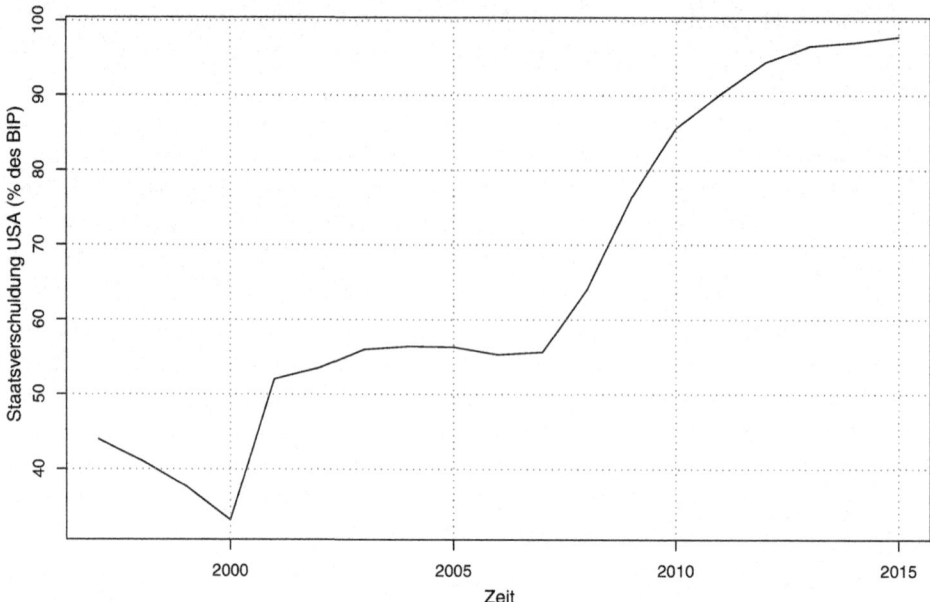

Abb. 1.15 Die Staatsschuld der USA im Zeitablauf (Quelle: OECD). Man erkennt den ersten Sprung („war on terror") von 2001 und die massive Ausweitung nach 2008

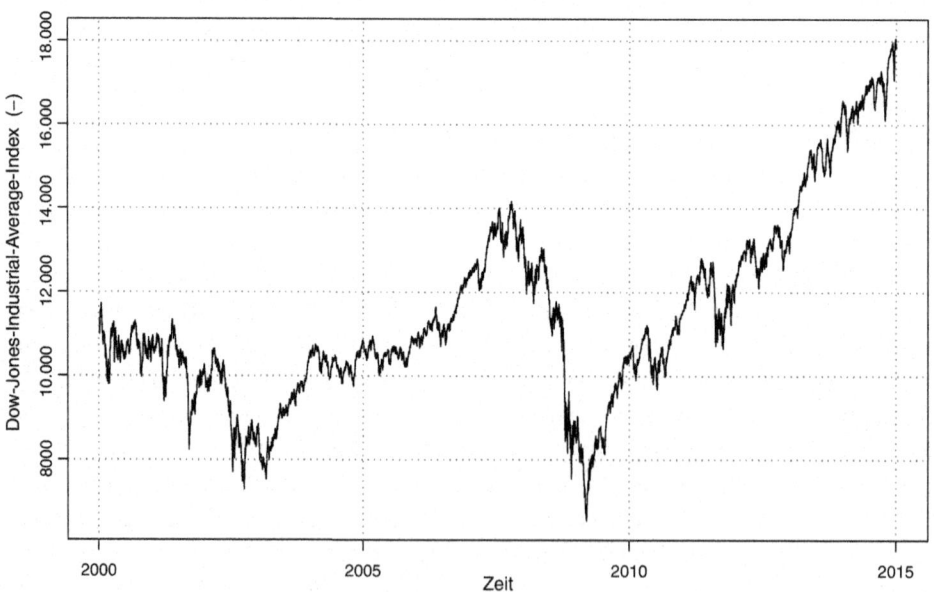

Abb. 1.16 Verlauf des DJIA von 01.01.2000 bis 01.01.2015 (Quelle: S&P Dow Jones). Sichtbar sind die Spuren von der Attacke auf das World Trade Center am 11.09.2001, die Irakkriege um 2003 und die Subprimekrise sowie der Konkurs von Lehman im Oktober 2008 gefolgt von der Börsenhausse aufgrund der Flutung mit Liquidität

Jahre hinweg die Gruppe „Quantitative Investment Strategies QIS", welche die beiden Fonds „Global Alpha" und „Global Equity Opportunities GEO" betrieb. Über die Jahre haben sie das Investment mit einer durchschnittlichen Rendite von 12 % rund verfünffacht. Solche Vehikel sind hochgradig gehebelt, sodass für einen investierten Dollar noch zehn bis dreißig geborgte hinzukommen.

Bei Morgan Stanley hießen der Hedgefund und seine Betreiber „Process Driven Trading PDT", die bis zur Finanzkrise mit wissenschaftlich-quantitativen Modellen Milliarden verdienten. Die Deutsche Bank handelte sehr stark mit Kreditderivaten auf eigene Rechnung. Ihr Star war Boaz Weinstein, ein Schachmeister und fast professioneller Pokerspieler, der für seine Bank Milliarden verdiente. Sein „Saba" genannter Fonds spezialisierte sich auf die „Capital-Structure-Arbitrage"-Strategie. Er verdiente für die Deutsche Bank im Jahr 2006 sagenhafte 900 Mio. USD und sogar 2007 noch 600 Mio. In 2008 allerdings klaffte ein Loch von 1,8 Mrd. USD.

Während Jahren waren es diese verborgenen Investitionen, die einen erheblichen Beitrag zum Jahresergebnis der Investmentbanken leisteten. Mit der Finanzkrise, welche diese Fonds mitverschuldeten oder massiv befeuerten, kam der Umschwung und mit den Volcker-Rules ein noch zu implementierendes Verbot für Investmentbanken.

Diese proprietären Fonds konkurrierten mit häufig von ehemaligen Mitarbeitern gegründeten Vehikeln. Darunter finden sich Namen wie Renaissance Technologies von James Simons 1982, E. D. Shaw von David Shaw 1988, Citadel von Ken Griffin 1990 oder AQR von Cliff Asness, 1998 gegründet.

Im August 2007 begab sich eine vom Publikum kaum wahrgenommene Krise in diesen quantitativen Arbitragefonds. Eine wissenschaftliche Publikation (Khandani und Lo 2008) titelte: „What happened to the quants in August 2007?" In der Woche des 06.08.2007 ereignete sich etwas noch nie Dagewesenes: Die Fonds, die einer marktneutralen „Statistical-Arbitrage"-Strategie folgten und konstruktionsmäßig nicht vom Aktienmarkt abhängig sein sollten, erlitten massive Verluste. Goldman Sachs' Global Equity Opportunities Fund verlor mehr als 30 % seines Wertes in einer Woche. Diese kleine Gruppe von Fondsmanagern, über Jahre mit stratosphärischen Renditen verwöhnt, erlitten massive Verluste, ohne den Grund zu erkennen.

Höchstwahrscheinlich musste ein stark gehebelter Fonds Einschüsse leisten und hat diese mit den liquidesten Aktiven am Markt finanziert. Die Algorithmen der Quant-Fonds haben darauf stark reagiert, indem sie die „guten", im Fall befindlichen Aktien kauften und die „schlechten", steigenden Aktien leer verkauften. Über den Hebel verstärkt sich die Wirkung enorm.

Man kommt nicht umhin, die Parallelen zu LTCM zu erkennen: quantitative, sophistizierte Modelle, eine hohe Hebelwirkung, um kleinste Differenzen auszunutzen, eine unvorhergesehene Änderung der Umwelt, eine starke Vernetzung mit anderen Marktteilnehmern und Investoren, die schnell aussteigen wollen.

Der nächste Schlag folgte mit den Problemen der beiden Vehikel von Bear Stearns mit den umständlich langen Namen „High Grade Structured Credit Strategies Enhanced

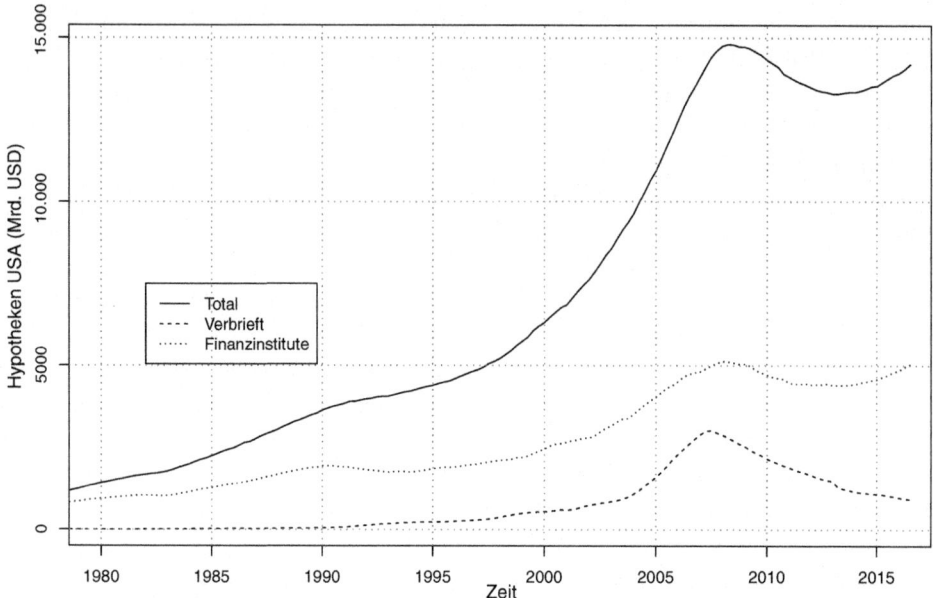

Abb. 1.17 Verlauf der gewerblichen und privaten Hypotheken. Anhand des verbrieften Volumens erkennt man das neue Geschäft, das 2008 abrupt endet. Insgesamt erkennt man den enormen Wertzuwachs der Immobilien in den USA (Quelle: Board of Governors of the Federal Reserve System)

Leverage Fund" und „High Grade Structured Credit Strategies Fund". Der Name ist Programm und es handelte sich vor allem um Bonds von Subprime-Mortgage-Verbriefungen.

Diese Krise ist der Auftakt für die Probleme der Investmentbank Bear Stearns und die folgende Finanzkrise.

Die Finanzkrise

Das Platzen der spekulativen Blase der Immobilienpreise (siehe Abb. 1.17) zusammen mit einem unkritischen Vertrauen auf die Subprimehypothekenkredite hat eine Kaskade von Krisen ausgelöst. Zuerst die Bankenkrise, denn plötzlich mussten Mittel als Sicherheit beigebracht werden. Die Banken misstrauten einander und brachten den Interbankhandel zum Erliegen. Die Zentralbanken öffneten die Schleusen, um die Liquidität zu wahren, und machten sich – die traditionelle Bankenaufsicht überrundend – damit zu den wesentlichen Regulatoren.

Zwei große Investmentbanken, Bear Stearns und Lehman Bros., brachen unter dem Gewicht der ausgefallenen hypothekenbesicherten Wertpapiere zusammen. Während Erstere im März 2008 mit einem Riesenkredit von 30 Mrd. USD der Federal Reserve an J. P. Morgan Chase gerettet, respektive übernommen wurde und auch die Bank of America die trudelnde Merrill Lynch sich einverleibte, unterließen die Behörden die Rettung von Lehman. Es ist anzunehmen, dass niemand damals die Folgen erahnen konnte.

Tab. 1.9 Schicksal der letzten großen US-Investmentbanken

Investmentbank	Gründung	Verlauf	Datum
Goldman Sachs	1869	Umwandlung zur Universalbank (Bank Holding Company)	21.09.2008
Morgan Stanley	1935	Umwandlung zur Universalbank (Bank Holding Company)	21.09.2008
Merrill Lynch	1914	Gekauft von der Bank of America	15.09.2008
Lehman Brothers	1850	Konkursantrag	15.09.2008
Bear Stearns	1923	Gekauft von J. P. Morgan	16.03.2008

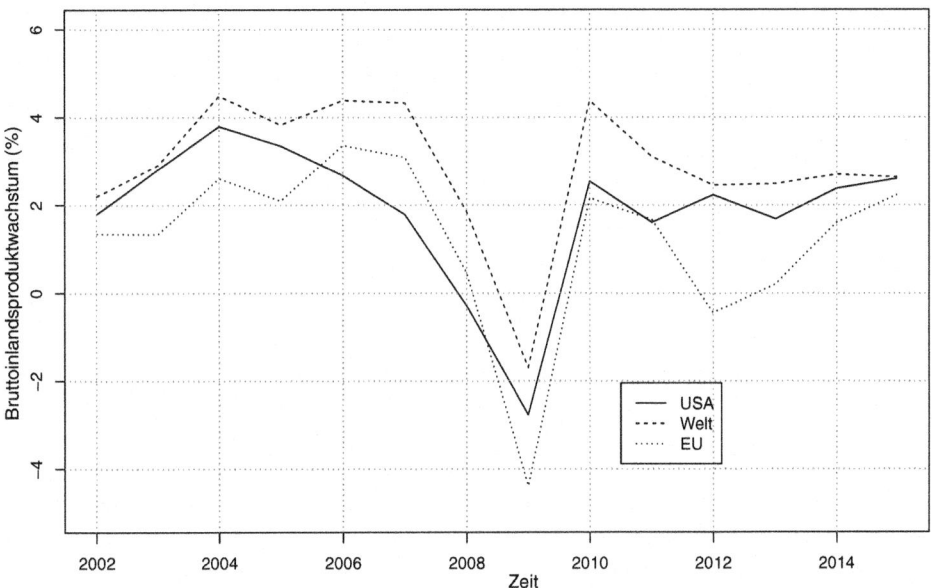

Abb. 1.18 Das Bruttoinlandsprodukt erlitt einen empfindlichen Rückgang im Jahr 2008 und 2009, und zwar global (Quelle: Weltbank)

Die letzten beiden noch bestehenden Investmentbanken im Sinne des Gesetzes, nämlich Goldman Sachs und Morgan Stanley, konvertierten zu kommerziellen Banken, die nun auch Geld bei der Zentralbank und im Publikum aufnehmen können. Man sehe die Tab. 1.9, die das Gesagte synoptisch zusammenfasst.

Sowohl der Ruf als auch die Dominanz der US-Investmentbanken haben durch die jüngste Finanzkrise stark gelitten. Das Wachstum der ausländischen Kapitalmärkte zusammen mit einer Zunahme von Staatskapitalfonds veränderte die Landschaft der Industrie.

Die Finanzierungsprobleme der Banken wirkten sich bald auf die Realwirtschaft aus (siehe Abb. 1.18). Die Auftragslage der Unternehmen weltweit war geschrumpft und die Produktion musste zurückgehen. Im Jahr 2009 stieg die Zahl der Firmeninsolvenzen in ganz Europa sprunghaft an, denn rund 185.000 Betriebe gingen Konkurs, eine Zunahme um 20 % zum Vorjahr. Das Bruttoinlandsprodukt der gesamten Europäischen Union brach um 4,2 % ein, das deutsche sogar ein bisschen mehr, nämlich 4,7 %. Dies stellt eine einschneidende Wirtschaftskrise dar.

Anfänglich unerwartet wurden von den Märkten Zweifel erhoben bezüglich der Bonität gewisser EU-Länder. Im Frühjahr 2010 erklärt Griechenland, es könne seinen Zahlungsverpflichtungen ohne Hilfe der EU nicht mehr nachkommen. Im Spätherbst erwischte es Irland, das mit den Milliardengarantien zur Rettung seiner Banken schließlich überfordert war. Wie bereits angedeutet, besteht die Finanzkrise aus einer Abfolge von Krisen. Zuerst die Hypotheken, dann die Banken, gefolgt von der Staatsschulden- und Eurokrise, besonders in den PIGS-Ländern im Süden Europas, also Portugal, Italien, vormals Irland und Spanien. Aktuell durchleben wir die Krise der EU, die entfernt auch in diese Kaskade gehört und mit dem sogenannten Brexit einen neuen Höhepunkt erreicht hat. Von der Unmöglichkeit, sogar mit negativen Zinsen die Konjunktur wieder anzukurbeln, wollen wir ganz schweigen.

Die regulatorische Anpassung
Wie aus dem bisher Gesagten klar hervorgeht, löst jede Krise ein regulatorisches Nachspiel aus. Denn der Staat ist es dem Publikum schuldig zu zeigen, dass er präsent und auch willens ist, die Volkswirtschaft und die Konsumenten zu schützen. Dieser Mechanismus führt aber leider zu einem Flickenteppich von Maßnahmen und Gesetzen. Da die Finanzindustrie international äußerst eng verwoben ist, sind sowohl staatliche als auch internationale Maßnahmen zu ergreifen. Wer die Arbeitsweise von überstaatlichen Gremien kennt, weiß, wie langsam und wie kompliziert Lösungen erarbeitet werden. Zudem gibt es immer einen Wettstreit der nationalen Interessen. Deshalb resultieren lokale und globale Regulierungen, deren Einhaltung den Banken hohe Kosten auferlegen.

Die Regulierungen um den Frank-Dodd Act und Basel 3 sind so ausladend und detailliert, dass sie die Organisation und die Geschäftsfelder der Banken maßgeblich beeinflussen. Anderseits schrecken sie auch den Neueintritt von neuen Bewerbern ab und schützen die bestehenden Institute, obwohl eigentlich ein Überangebot herrscht.

Die starke Betonung des systemischen Risikos, das heißt die Gefährdung des Finanzsystems als Ganzes, ist viel stärker in den Fokus gelangt. Wenn die Banken einsichtiger wären bezüglich viel höherer Eigenkapitalquoten, wäre eine viel einfachere Regulierung möglich. Denn alles dreht sich um Sicherheit, sprich Eigenkapital und Liquidität, hier Qualität der Aktiven und Zugang zu Finanzierung. Eine weitere Einsicht aus der Krise besteht darin, dass keine vernünftige Betrachtung mehr von einer funktionierenden Selbstregulierung ausgeht. Der jetzige Präsident der USA, Donald Trump, scheint aber willens, die Regulierung wieder aufzuweichen. Denn Basel 3 hat aufgrund wieder aufflammender Diskrepanzen zwischen den USA und Europa nicht nach Fahrplan im Januar 2017 verabschiedet werden können.

Auf die Regulierung werden wir in Abschn. 10.1.4 innerhalb des Industrieausblicks vertieft eingehen.

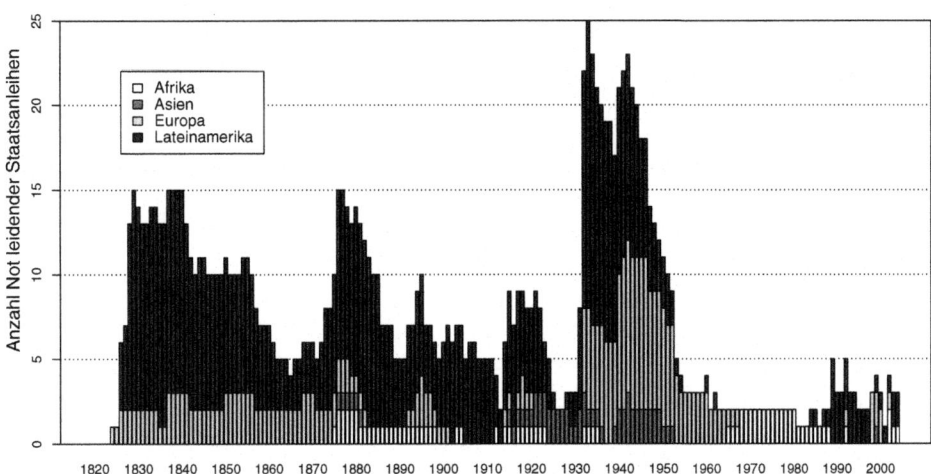

Abb. 1.19 Not leidende Staatsanleihen im Zeitablauf (Quellen: verschiedene)

Jetzt sind wir in der Gegenwart angekommen. *In nuce* kann man angesichts der Abb. 1.19 sagen, dass zumindest die Staatsbankrotte seit dem Zweiten Weltkrieg dramatisch zurückgegangen sind.

1.4 Geschäftsmodell

Um das Funktionieren einer Investmentbank zu verstehen, ist es sehr hilfreich, ein typisches Beispiel für einen Deal zu präsentieren. Der „Deal" ist das wichtigste Element, das operative Modell im Investmentbanking, einem typischen Geschäftsfeld neben dem Effektenhandel. Folgerichtig heißt die viel zitierte Studie „Doing deals: investment banks at work". Wir geben im Folgenden eine Zusammenfassung einer längeren Beschreibung von Eccles und Crane (1988, 11–32) wieder.

Das Geschäftsmodell umfasst neben dem operativen Modell typischerweise die Organisationsform, das Management- und Kontrollsystem, die Kunden und das Anreizsystem für die Mitarbeiter. Diese Elemente dienen auch dazu, die Unterschiede zur bekannten Kommerz- oder Universalbank herauszuarbeiten.

1.4.1 Fallbeispiel

Die involvierten Hauptpersonen sind, wobei VP für Vice-President und MD für Managing Director steht:

- Jamerson, VP, First Boston, Account Manager Union Carbide;
- Stephenson, CFO, Union Carbide;
- Clerico, Treasurer, Union Carbide;
- Kolmer, MD, First Boston, High-yield Sales;
- Freeman, MD, First Boston, Vorgesetzter von Jamerson;
- Calhoun, MD, First Boston, Restructuring Group;
- Bott, MD, First Boston, Co-Head Investment Banking;
- Mayer, MD, First Boston, Senior Member Exec Committee;
- Buchanan, CEO, First Boston;
- Kennedy, CEO, Union Carbide.

Union Carbide, eine US-amerikanische Chemiefirma, hatte in den 60 zurückliegenden Jahren wenige Geschäfte mit Investmentbanken getätigt. Nur sehr sporadisch wurden Obligationen von Investmentbanken privat platziert. Ihre bisher bevorzugte Bank war Morgan Stanley. 1983 ließ Union Carbide die verschiedenen Investmentbanken wissen, dass sie ein Schiff kaufen wolle, und fragte nach verschiedenen Finanzierungsvorschlägen. Dabei gelang es First Boston, den gewinnenden Vorschlag zu machen. Während der folgenden zwei Jahre versuchte Jamerson, ein junger Vice-President von First Boston, ständig mit Union Carbide Kontakt zu halten.

1984 kam es zu einer Explosion bei der Tochtergesellschaft im indischen Bhopal. Dabei trat giftiges Gas aus und 2000 Menschen kamen ums Leben. Dieses Ereignis brachte die Union Carbide an den Rand des Bankrotts nebst heftiger Kritik und gerichtlicher Verfolgung.

Einige Monate später begann die GAF, eine zehnmal kleinere Firma, Aktien von Union Carbide zu kaufen. In nur einem Monat konnte sie fast 10 % der Aktien ansammeln. Die Union Carbide stellte ein Team auf, bestehend aus dem Präsidenten, dem Syndikus und dem Finanzvorstand. Auch der Verwaltungsrat wurde mit einbezogen. Sie wollten diesen Angriff unbedingt parieren.

Es wurde angekündigt, dass 15 % der Arbeiterschaft entlassen, einige Betriebsstätten geschlossen, Geschäftszweige verkauft werden und dass die überdotierte Pensionskassen beitragen werden, eigene Aktien zurückzukaufen. Im Dezember machte GAF eine Offerte, nämlich 70 % der Aktien zu 68 USD zu kaufen. Der Verwaltungsrat lehnte dieses Angebot ab. Morgen Stanley schätzte den Wert einer Aktie auf 85 USD. Auf ihren Vorschlag hin machte der Verwaltungsrat seinen Aktionären ein Tauschangebot: Für jede Aktie sollten sie 20 USD bar bekommen und 65 USD in hochverzinslichen Schuldverschreibungen. Diese Obligationen kamen in drei Tranchen, wobei zwischen 13,25 % und 15 % Zins bezahlt wurde. Neben dem hohen Zins gab es jedoch sehr strikte Kreditklauseln. Würde GAF die Firma erfolgreich übernehmen, so dürfte sie keine Erlöse aus Vermögensverkauf benutzen, um GAF-Schulden zu begleichen.

Nachdem Union Carbide schon 500 Mio. USD an Vermögensbestandteilen verkauft hatte, kündigte sie im Januar an, die Geschäftssparte mit Konsumgütern zu verkaufen, obwohl diese als Motor für das Wachstum galt. Mitte Januar gab GAF den Übernahmeversuch auf. Dabei verdiente sie doch 81 Mio. USD nach Steuern. Union Carbide allerdings verschlechterte sein Rating massiv und wurde Non-Investment Grade.

Nachdem der Pulverdampf sich verzogen hatte, wurde schnell klar, dass sich die Firma tief in die Nesseln gesetzt hatte. Denn sie musste nun nicht nur hohe Zinsen zahlen, sondern auch mit den einschneidenden Kreditklauseln leben. Es zeichnete sich ein Pyrrhussieg ab.

Als Erstes wollte der Finanzchef Clerico die Zinsbelastung senken; er erwartete sinkende Zinsen und erbat von vier Investmentbanken und zwei kommerziellen Banken eine Präsentation über Möglichkeiten und Preise. Jamerson verstand am besten, was Union Carbide wollte und gewann den Auftrag. Dieser führte zu Zinsswaps im Umfang von 700 Mio. USD sowie zu einem regelmäßigen Austausch zwischen Jamerson und Clerico. Union Carbide musste weiter Geld generieren, um die Zinslast weiter zu verringern. Morgan Stanley half bei der Devestition von Vermögensteilen. In Gesprächen versuchte First Boston vergeblich die Finanzleute von UC zu überzeugen, dass man Bonds gegen Aktien austauschen sollte. Interne Gespräche von Jamerson mit der Handelsabteilung von Highyield Debt, geführt von Managing Director John Kolmer, führten zum Vorschlag, Bonds rasch beim nächsten Optionsverfall zurückzukaufen, bevor die Zinsen fallen. First Bosten offerierte, Bonds auf eigene Rechnung zu kaufen und UC die Option einzuräumen, diese zum Tageskurs plus Zinsen und Gebühr zu kaufen. Mit diesem für First Boston wenig lukrativen Geschäft über 200 Mio. USD festigte sie die Beziehung, die Jamerson weiter verwaltete.

Der CEO von Union Carbide, Robert Kennedy, kam zum Schluss, dass das bisherige Klein-Klein keine Lösung war und deshalb einschneidendere Maßnahmen zur Verbesserung der finanziellen Lage verlangte. Die Ziele waren, erstens die Zinslast zu verringern, zweitens die Kreditklauseln zu lockern, ohne die Übernahmeabwehr zu schwächen, und drittens dem neuen CEO Manövrierraum zu schaffen, um Union Carbide fortzuentwickeln. First Bosten sowie Salomon Brothers, Goldman Sachs und Morgan Stanley wurden um Ideen gebeten.

Damit kamen bei First Boston die Aktivitäten auf Hochtouren, es brauchte die Fähigkeit, alle relevanten Abteilungen und Personen zu mobilisieren. Denn der potenzielle Auftrag könnte enorm sein. Es stellt sich die Frage, ob Jamerson als kleiner Vice-President der geeignete Mann war. Freeman und Calhoun, beide Vorgesetzte, erkannten, dass die persönliche gute Beziehung von Jamerson und Clerico nicht zerstört werden durfte, sodass sie nur formell die Verantwortung für den Deal übernahmen und Unterstützung bei der Mobilisierung von Ressourcen zusagten, aber Jamerson gewähren ließen. Ein solcher Auftrag geht quer durch alle Abteilungen.

Die zündende Idee kam von High-yield Finance, die vorsah die nominell 2,5 Mrd. USD Bonds für 3 Mrd. USD zurückzukaufen. Erste Diskussionen zeigten, dass der kommerziellen Bank von UC mit zusätzlichen Bilanzsicherheiten und der Absicht, Vermögensteile im Umfang von rund 1 Mrd. USD zu verkaufen, ein Kredit von 2 Mrd. ausreichen könnte. Interne Abklärungen hatten gezeigt, dass man 500–600 Mio. USD mit einer Kapitalerhöhung erzielen könnte und Privatplatzierungen im Umfang von 300 Mio. USD möglich wären. Der Haken an der Sache: Sie konnte erst dann umgesetzt werden, wenn die Bonds zurückgekauft wären. Neben dem kommerziellen Kredit fehlte also eine Überbrückung von 1 Mrd. USD. Aus der Not entwickelte sich die Idee, dass First Boston selber diesen Kredit gewährte. Dies wäre eine Neuheit, denn bisher wurden nur sehr viel kleinere Kredit gesprochen, aber möglicherweise wäre dies der einzige Vorteil, um Morgan Stanley auszustechen.

Für dieses Unterfangen bedurfte es der Zusage von William Mayer, Mitglied der First-Boston-Geschäftsleitung. Seine Bedenken betrafen die Geschwindigkeit der Abwicklung, die noch vor Jahresende vollzogen werden sollte, um nicht eine Ratingverschlechterung für First Boston zu riskieren. Zudem war ein Brückenkredit für einen anderen Deal im Gespräch, der nur mit zusätzlicher Mittelaufnahme von First Boston simultan ausgeführt werden könnte. Diese Verschuldungskapazität wurde vertieft analysiert und dann als möglich eingestuft. Das Executive Committee von First Boston stellte 1 Mrd. USD zur Verfügung.

Als Nächstes mussten die Kosten des Vorschlags bestimmt werden, vor allem die geschätzten Kosten der zu kaufenden Bonds.

Am 01.10. fand die Präsentation von Jamerson, Calhoun und Kolmer bei Union Carbide statt. Vierzehn Tage später wurde das Angebot vertieft mit UC besprochen. Es hatte sich gezeigt, dass die Mitbewerber zum Teil ganz andere Vorschläge unterbreiteten, die bis hin zur Meinung reichten, dass UC nicht schlagartig seine Situation ändern könne. Das schlagende Argument blieb, dass First Boston bereit war, selber Kapital aufzuwerfen und Risiken einzugehen.

Weiter brauchte es jetzt noch die Einwilligung des Verwaltungsrates von Union Carbide, denn es sollte ja Eigenkapital aufgenommen werden. Dazu gab es eine Präsentation am 03.11. Aufgrund des knappen Zeitplans musste alles schon vor der definitiven Entscheidung vorbereitet sein, insbesondere Prospekte und andere Dokumente für die Emission. Dies hatte die Division Capital Markets zu organisieren. Das Management von Union Carbide hatte darauf bestanden, dass Morgan Stanley Co-Manager der Emission sei, was noch zusätzlichen Aufwand bedeutete. Am Meeting nahm dann von der Seite von First Boston der CEO Peter Buchanan teil, um dem Vorschlag noch zusätzliche Bedeutung beizumessen. Die Präsentation wurde von Stephenson, Jamerson und Clerico vorgetragen. Der Vorschlag wurde einstimmig angenommen.

Die Ausführung begann mit der frenetischen Jagd nach den ausstehenden Bonds, die man kaufen wollte. Dann kam ein Hammerschlag, als ein indischer Richter per Befehl den Kauf stoppen ließ in der Annahme, es handle sich um eine Teilliquidation, welche mögliche Haftungsansprüche der Katastrophenopfer schmälern könnte. Clerico flog nach Bhopal, um an der Anhörung teilzunehmen. Am 30.11. wurde der Befehl aufgehoben. Der Skandal um den Betrüger Ivan Boesky führte dazu, dass Investoren plötzlich Junk Bonds verkaufen wollten. Dies half der Transaktion. Union Carbide musste nun den Kreditvertrag mit ihrer Hausbank unter Dach bringen. Die Privatplatzierung wurde angegangen. Am zähesten gestaltete sich der Überbrückungskredit mit First Boston. Für die Kapitalerhöhung schlossen die Bücher am 10.12., es konnte mit der Preissetzung begonnen werden. Am 17.12. waren 675 Mio. USD einbezahlt. Der Deal war erfolgreich.

Diskussion

Dieses Beispiel, obwohl aus einer schon fernen Zeit, zeigt einige charakteristische Punkte. Erstens erkennt man gut, wie sich die ganze Investmentbank hinter dem Deal schart, unabhängig von der hierarchischen oder divisionalen Struktur. Die Kooperation ist total, denn alle fühlen sich verantwortlich. Man erkennt auch das Fehlen oder zumindest das geringe Gewicht von administrativen Strukturelementen, Weisungen, Zuständigkeiten, Verantwortlichkeitsstufen, Entscheidungskompetenzen usw., die eine traditionelle Bank durchwirken.

Dass der junge Vice-President aufgrund seines guten menschlichen Drahtes zum Kunden, trotz der enorm angewachsenen Bedeutung des Deals, in der Führungsrolle bleibt, ist ein Zeichen großen Pragmatismus und Antikonformismus. Die „wichtigen" Leute halten sich zurück, signalisieren aber indirekt ihre Unterstützung.

Es ist deshalb kein Wunder, dass das „Deal Making" für den traditionellen Teil der Investmentbank, dem Investmentbanking, so bedeutend ist. Alle Beteiligten empfinden die Teilhabe an einem solchen wichtigen Projekt als „Abenteuer".

1.4.2 Managementsystem

Anhand des vorangegangenen Beispiels stellen wir die wichtigsten Eigenheiten der Funktionsweise der traditionellen Investmentbank dar. Wir folgen der Darstellung von Eccles und Crane (1988, 35 ff.). Wir versuchen hier keine akademische Betriebswirtschaft zu betreiben.

Das Managementsystem hat seine Wurzeln in der Natur des Geschäfts. Dazu gehören Fragen nach der Zielsetzung der Bank, deren Zweckbestimmung, ihrer ökonomischen Funktionsweise und der Art und Weise der Leistungserstellung. Daraus ergibt sich eine Strategie, die wiederum Organisation, Steuerungssystem und Anreizsystem definiert. Sodann stellt sich die Frage, wie das Ganze realisiert wird.

Die *Zweckbestimmung* der Investmentbank ist in einem engen Sinn die Mediation zwischen Investoren und den Unternehmungen, damit eine effiziente Allokation von Geld stattfindet. Damit sind auch schon die zwei wichtigsten externen Kundengruppen benannt. Eine ebenfalls wichtige Gruppe sind die Mitbewerber, die häufig auch in kooperativer Art, etwa bei Syndikaten und Emissionskonsortien, zusammenarbeiten. Der Erfolg einer Investmentbank fußt darauf, dass möglichst viele *Verknüpfungen* mit diesen zwei Gruppen bestehen. Diesen externen Verknüpfungen entsprechen die internen, kooperativen und informationellen, die notwendig sind, um ein komplexes Geschäft mit dem Kunden auszuführen. Daraus resultiert die *Netzstruktur* als wichtiges Merkmal. Eccles und Crane (1988, 39) fassen zusammen:

> Thus an investment bank can be regarded as a changing and complex network of internal ties between various functional specialist. Even though many investment banks have become larger and more dispersed firms, there is still an important need for management practices that encourage a network of internal ties that adapts to changes in the external ties.

Dies ist so lange gültig, wie die Investmentbanken in einem innovativen, wechselhaften und unstabilen Umfeld agieren, also immer.

Die *Ökonomik* ergibt sich aus der Abgeltung für sehr komplexe Dienste, die man häufig nicht im Detail aufschlüsseln kann. Anders als Beratungsfirmen werden viele Dienste nebenher erbracht, die nicht verrechnet werden. Wenn sich der Erfolg nicht einstellt, z. B. wenn ein Vorhaben nicht realisiert werden kann, wird nichts in Rechnung gestellt. Dafür müssen die Kernleistungen umso höher vergütet werden, um einen Ausgleich zu schaffen. Es herrscht somit eine *lose Kopplung* zwischen der erbrachten Leistung und dem erzielten Ertrag. Dies trifft umso mehr zu, wenn ein Deal eine Episode aus einer lang währenden Kundenbeziehung darstellt. Dem opportunistischen „Shopping" der günstigsten Transaktionskosten stehen damit gewisse Hindernisse entgegen. Der Ertrag wird umso besser, je größer der Marktanteil einer Investmentbank ist. Denn bei sehr hohen fixen Kosten kann man nur mit viel Umsatz Gewinne erzielen.

Die *Leistungserstellung*, des Investmentbankings zumindest, ist *dealzentriert*. Da jeder Deal individuell ist, arbeitet man wie in einer Manufaktur und sehr viele Mitarbeiter sind direkt im Deal und damit auch mit dem Kunden verbunden. Dies führt zu einem regen Informationsaustausch, der bankenseitig wiederum die internen Verknüpfungen befeuert. Die Deals sind alles Opportunitäten, von denen man nicht genau weiß, welchen Ertrag sie generieren werden. Deshalb sind sie alle prioritär. Dies führt zu einem ständigen Druck auf die Mitarbeiter und dem Gefühl der Dringlichkeit. Das wiederum führt zu einem Verhalten, dass zwischen Wettbewerb und Aggression zu verorten ist. Eccles und Crane (1988, 46) schreiben: „The desire to beat one's competitor ..., together with the compensation at stake, has made investment bankers notoriously aggressive. Customers have mixed feelings about this." Der Leistungserstellungsprozess verstärkt die Ökonomik. Denn wenn die Deals standardisiert werden könnten, dann bräuchte es keine so flexiblen und anpassungsfähigen Organisationen.

Da Produktdifferenzierung schwierig ist und Innovationen sehr schnell von anderen Mitbewerbern aufgenommen werden, wird die Reputation der Bank ein wesentliches Unterscheidungsmerkmal.

1.4.2.1 Strategie

Die klassische Sicht der Strategie basiert auf der Arbeit von Alfred Chandler, die am Beispiel der amerikanischen Großunternehmungen geschärft wurde. Kurz gefasst lautet die Definition (Chandler 2003, 13):

> Strategy is the determination of the basic, long-term goals and objectives of an enterprise, and the adoption of courses of action and the allocation of resources necessary for those goals.

Drei Elemente erkennt man: die langfristigen Ziele, die zu ergreifenden Maßnahmen und den Ressourceneinsatz. Anhand obigen Begriffs kann man gut erkennen, aber auch anhand empirischer Forschung, wieso viele Beobachter, wie etwa Ho (2009, 274–285), behaupten, Investmentbanken hätten gar keine Strategie oder gleichbedeutend die No-Strategy. Ein Zitat (Ho 2009, 277) beschreibt, wie Strategie und hohe Dynamik sich widersprechen: „They [Investmentbanken] cannot achieve continual dynamism if they build longer-term businesses, if they strive for efficiency, rationality, or consistency."

Um die Ziele definieren zu können, benötigt man eine multidimensionale Vorstellung der Zukunft, etwa bezüglich politischer, ökonomischer, sozialer und technologischer Umwelt. Die Investmentbank aber ist opportunistisch, indem sie Strukturen und Geschäftsfelder nach Maßgabe des Marktes und zunehmend der Regulierung anpasst. Diese Flexibilität und hohe Anpassungsfähigkeit erreicht sie, weil das Personal der hauptsächlichste Produktionsfaktor ist und dieses durch finanzielle Abgeltungen schnell entlassen und wieder eingestellt werden kann. Es ist durchaus möglich, ganze Abteilungen anzuwerben, die ihre Kundenbeziehungen mitnehmen. Ho (2009, 348): „The change strategy is to rotate in workers with highly profitable connections, knowledge, and reputations, and rotate out workers whose repertoires are out of favor."

Die Neuausrichtungen geschehen auch auf der Grundlage der von den vielen Außenverbindungen erlangten Marktinformationen. Damit wird die Analyse von Eccles und Crane (1988, 49) verständlich, wonach:

... those closest to the markets are in the best position to make decisions about business strategy. The process of *grass-root strategy formulation* requires a *self-designing organizaton* in which organizational structure is determined by those who develop the business strategies within the broad parameters of organizational design established by the top management.

Damit ist die Gefahr gegeben, dass die *Selbstorganisation* allzu locker ist, kein genügender Fokus erzielt wird. Dagegen hilft ein straffes *Steuerungssystem* vom obersten Management, das für Integration der Anstrengungen sorgt. Mit dem Gesagten wird es schwierig, der Maxime von Chandler, „structure follows strategy", zu folgen. Aber auch bei Investmentbanken gibt es eine Wechselwirkung beider Elemente.

1.4.2.2 Organisation

Der Begriff „Organisation" kann auf verschiedene Arten aufgefasst werden. Zum einen als Struktur mit statischem Aufbau und dynamischem Ablauf. Zum Zweiten als zielgerichtete Institution und zum Dritten als die Tätigkeit des Organisierens.

Wir verfolgen hier den ersten Begriff weiter. Die traditionelle Unterteilung des Aufbaus ist die *Sparte*, die betriebliche Arbeitsvorgänge bündelt und der Maxime der effizienten Geschäftsabwicklung folgt. Dadurch wird die Kooperation für übergreifenden Tätigkeiten erschwert und Nichtroutinevorgänge sind aufwendig. Sparten stehen den marktorientierten Produkt- und Leistungsgruppenstrukturen nahe, bei denen Produktmanager gezielt Märkte betreuen. Die divisionale oder Profit-Center-Organisation geht so weit, dass größere Entscheidungsbefugnis und Gewinnverantwortung bestehen. *Divisionen* oder Teilbanken kann man weitgehend zu einer virtuellen oder sogar echten *Holding* ausgestalten. Weiterführend sehe man Büschgen und Börner (2003, 213 ff.) oder Ringel (1995).

Das bisher Gesagte trifft für traditionelle Banken zu, wie wir sie in Europa kennen. Investmentbanken allerdings, speziell diejenigen, die Investmentbanking betreiben, gehen auf eine Partnerschaft zurück, bei der die sehr nahe Beziehung, das Relationship, mit ausgezeichneten Stelleninhabern des Kunden das Geschäftsmodell bestimmt.

Die Dealzentrierung erfordert den flexiblen Zusammenzug von Spezialisten aus den verschiedenen Fachgebieten, wie dies im obigen Beispiel schön gezeigt wurde. Dies erfordert eine flache Hierarchie und ein Denken über die Abteilungsgrenzen hinweg. Profit-Center-Strukturen sind hinderlich und bewirken suboptimale Leistungsmotivation. Die Koordination eines Deals wird immer vom Relationshipmanager begleitet, aber nicht unbedingt geführt. Er vertritt sozusagen die gesamte Bank dem Kunden gegenüber und ist somit für die Firmenstandards und die Reputation sowie die Balance zwischen Ressourceneinsatz und Kundenbedürfnis zuständig. Er ist die Integrationsfigur. Innerhalb des ad hoc gebildeten Dealteams lösen sich die hierarchischen Strukturen auf. Wie im Beispiel gezeigt, führt derjenige, der die beste Beziehung und das größte Vertrauensverhältnis mit dem Kunden innehat.

Die Organisation ist eher eine Improvisation von Wissensarbeitern mit der ausgeprägten Charakteristik des *Netzwerks*: möglichst viele externe und interne Verknüpfungen mit möglichst guter Ausnutzung der Informationen. Externe Bezugspunkte sind neben den Kunden auch die Mitbewerber, mit denen man bei Emissionen zusammenarbeitet, Regulatoren und die Politik.

Der opportunistische Umbau der Fachgebiete wird wegen der Fokussierung auf das Personal als immaterielles Vermögen nur durch die Geschwindigkeit limitiert, die es braucht, um neue Mitarbeiter zu rekrutieren und anzuleiten oder eben zu entlassen. Die Investmentbanken sind mehr oder weniger im ständigen Umbau.

1.4.2.3 Steuerungs- und Anreizsystem

Die Aufgabe des Steuerungssystems ist es, die Integration und Kooperation der Mitarbeiter sowie den Informationsfluss in der Firma so zu fördern und zu lenken und den hoch qualifizierten Mitarbeitern Orientierung zu geben, dass das Firmenresultat optimiert wird. Im Gegensatz zu Strategie und Struktur ist dieses Führungselement bei Investmentbanken äußerst starr. Die zu Steuernden sind die Mitarbeiter und da diese zu einem hohen Grad auf monetäre Anreize reagieren, ist das *Bonuswesen* ein wesentlicher Teil des Steuerungssystems.

Für die Steuerung der Investmentbank ist vor allem das sogenannte Frontoffice maßgebend; Middle- und Backoffice kommen im Schlepptau hinterher.

Eccles und Crane (1988, 145 ff.) erwähnen vier Reportingsysteme, die Steuerung ermöglichen:

- Kontaktreports (*Call Reports*),
- Beurteilungen der Kunden,
- interne gegenseitige Evaluationen und
- Finanzresultate.

Mit Kontaktberichten, von Telefonaten oder sonstigem Austausch, wird einerseits die Anstrengung des Mitarbeiters dokumentiert, andererseits, und nicht weniger wichtig, die Information vom Kunden verwertbar gemacht. Natürlich ist das eine bürokratische Last, aber für die Ausbeute des Netzwerks unerlässlich. Dieses Steuerungselement fördert den Kundenkontakt und die Informationsbeschaffung.

Die Urteile der Kunden bezüglich der Zufriedenheit mit den Investmentbanken, bis hin zu spezifischen Geschäftsfeldern, werden von spezialisierten Unternehmen, z. B. Institutional Investor, gesammelt und zur Verfügung gestellt. Darin findet man auch den Vergleich mit anderen Investmentbanken.

Die gegenseitige Evaluation von Mitarbeitern und Vorgesetzten ist ein wichtiges Instrument, um zum einen die Qualität einzelner Mitarbeiter zu erheben, zum anderen aber auch, um die Stärke der Vernetzung zu messen. Beispielsweise beurteilen die Relationshipmanager die Produktspezialisten und diese wiederum die Relationshipmanager. Dies unterscheidet sich stark von den traditionellen Zielbeurteilungen durch den Vorgesetzten in den traditionellen Banken und Industrieunternehmungen.

Die Finanzresultate sind schon aus der Natur der Sache heraus quantitativ, ihre Zuordnung auf die Leistungserbringer aber ist deshalb die Steuerungsmechanik. Bei den Händlern und ihrer Organisation nach Handelstischen ist meist eine Verantwortung für eine Gewinn- und Verlustrechnung gegeben, sodass der monetäre Beitrag einfach gemessen werden kann.

Dem Mitarbeiter im Investmentbanking muss eine Zahl zugeordnet werden, die eine Aussage macht über seinen Einsatz und seinen Beitrag an den Deals, an der Informationsbeschaffung, über sein kooperatives Teamverhalten. Wegen der ständig wechselnden Dealteams ist die Messung der zugehörigen Organisationseinheiten nicht zielführend. Deshalb ist eine Profit-Center-Struktur unüblich. Eine einfache Lösung besteht darin, dass jeder Beteiligte den vollen Ertrag auf seine Einheit bucht, denn die Zahlen müssen ja nicht der strikten Buchhaltung genügen. Wechselwirkungen, zum Beispiel ein wenig profitabler Deal, um einen Kunden zu gewinnen, der also einen Akquisitions- und Marketingaufwand beinhaltet, sind schwer zu berücksichtigen.

Weil die Profitabilität so schwierig zu messen ist, vertrauen die Investmentbanken auf ein anderes Maß, dem sie eine hohe Korrelation mit der Rentabilität unterstellen, nämlich den *Marktanteil*. Denn damit geht eine potenziell bessere Kostendeckung einher, mehr Kontakte nach außen sind aktiv und mehr verwertbare Information kann gesammelt werden. Investmentbanken sind besessen von den League Tables.

Eccles und Crane (1988, 164) fassen die Bedeutung des Bonuswesens zusammen, indem sie auf die Stützfunktion für die schwachen Organisations- und Strategieelemente hinweisen:

> The bonus determination process acts as an intergrating device that reinforces the industry's emphasis on flat, flexible, and complex network structures, since it encourages people to take a total organization perspective by forming ties with others in the organization as needed.

Als Erstes muss der zu verteilende Gesamtbonus bestimmt werden. Hier zeigt sich, dass zwischen 40 % und 50 % des Nettoertrags für die Vergütungen aufgewendet werden. Danach werden die Pools für die großen Einheiten gebildet.

Die individuelle Bonuszuteilung ist insgesamt eine sehr subjektive, „diskretionäre" Angelegenheit. Dafür wird enorm viel Managementzeit aufgewendet, um auch zu signalisieren, wie wichtig die Bonifizierung für die Firma ist. Im Investmentbanking stellt der Mitarbeiter ein Memorandum zusammen, wo er seine Leistungen darstellt. Dieses wird mit den Auswertungen der erwähnten Kontaktreports, den gegenseitigen Evaluationen und den Finanzresultaten zusammengetragen. Die Chefs führen auch informelle Gespräche, um ein Gespür für die Mitarbeiter und deren Vernetzung zu bekommen. Dann wird abgeschätzt, was das Salär eines solchen Mitarbeiters auf dem freien Markt wäre. Keine Bank möchte diejenige sein, die unterdurchschnittlich zahlt. Dadurch werden die Zahlen natürlich in die Höhe getrieben. Ein weiteres Kriterium ist die interne Fairness, der Vergleich innerhalb der Bank. Dieses wohlrecherchierte Bild führt dann zur konkreten Zahl. Da der Bonus im Verhältnis zum Grundgehalt sehr groß sein kann und nicht wesentlich von der hierarchischen Position abhängt, sendet er starke Signale aus. Diese Zahlen sind recht transparent.

Das Zusammenfassen von verschiedenen Einheiten in einen gemeinsamen Bonuspool unterstreicht den Willen des Managements, Kooperation zu fördern. Auch die Quersubventionierung von Bereichen unterstreicht ihre Bedeutung für die Zukunft der Bank.

1.4.2.4 Kundenbeziehung

Die Kundenbeziehung ist für Investmentbanken das Wichtigste, denn zum einen vermitteln sie zwischen der einen Kundengruppe, die der Investoren, und der anderen, die der Unternehmungen. Dies ist der quantitative Aspekt. Zum anderen stellt die Qualität der Beziehung die Quelle kostbarer Informationen dar. Eine Beziehung bedingt zwei Parteien, sodass diese von beiden mitgestaltet wird.

Die kleinere Investmentbank Jefferies schreibt 2017 auf ihrer Homepage:

> For 50 years, Jefferies has measured success just one way: We only win when our clients win. What makes this approach so successful today is not just our dedication to it, but that so many others have abandoned these values and this character of work.
>
> There was a time when investment bankers were trusted partners and advisors to their clients. The goal was simple: relentlessly commit to your clients; be hardworking and humble; stay unconflicted in your work and uncompromising in your values. The rest will take care of itself.

Es wird ausgesprochen, dass einige Banken diese Art von intensiver Kundenbeziehung aufgegeben haben.

Die intime Kundenbeziehung ist im Laufe der Zeit durch verschiedene Neuerungen infrage gestellt worden, nämlich:

- die Fusionswellen,
- Finanzinnovationen,
- den aufkommenden Eigenhandel,

um nur ein paar zu nennen. Die Fusionen und Übernahmen, vor allem feindliche, führten zu Loyalitätskonflikten, wenn sowohl Zielunternehmung und Raider bestehende Kunden waren. Goldman Sachs hat deshalb lange nur eigene Kunden verteidigt. Andere, wie Morgan Stanley, haben die Transaktion in den Vordergrund gestellt, was wiederum mit dem Wechsel der Gesellschaftsform von einer Partnerschaft zu einer anonymen Kapitalgesellschaft konsistent war. Finanzinnovationen bereiten für den Anbieter kurzzeitige Einzigartigkeit, die den Kunden veranlassen kann, auch eine andere Investmentbank zu beauftragen. Zum Dritten hat der Eigenhandel der Investmentbanken diese zum Teil in Konkurrenz mit den eigenen Kunden treten lassen. Deshalb kam das Vertrauen unter Druck, was sich negativ auf das Teilen von Informationen auswirkte.

In der fernen Vergangenheit waren es die Banken, die darüber entschieden, wer Kunde sein durfte. Damit einhergehend durfte der Kunde nur eine Bankbeziehung unterhalten. Die Bank übernahm die CFO-Funktion der Unternehmung und kontrollierte den Kunden über ein Verwaltungsratsmandat. Mit der Stärkung der Rolle des Finanzdirektors haben sich neben dem *Sole Banker* weitere Beziehungsmodelle ergeben, nämlich das *Dominant Bank Model* und das *Core Group Model* als Vertreter des vorherrschenden Multibankenansatzes.

Mittelgroße und wenige Großunternehmungen benutzen im *Dominante-Bank-Modell* hauptsächlich eine Investmentbank, mit der sie die meisten Transaktionen ausführen und der sie ungezwungen regelmäßig Informationen, auch vertrauliche, mitteilen im Tausch für Beratung und Hilfestellung. Daneben sind eine oder mehrere Investmentbanken eingebunden, die man als signifikant bezeichnen könnte (Eccles und Crane 1988, 74). Diesen wird ein substanzieller Anteil am Geschäft zugewiesen, wenn das Volumen es gebietet. Sie müssen ein gutes Verhältnis zur dominanten Bank unterhalten. Neben dieser Klasse verwendet der Finanzdirektor auch Institute für routinemäßige Transaktionen und als vierter Kategorie Banken, mit denen sein Unternehmen noch keine Deals gemacht hat, er aber informelle Gespräche über den Markt oder innovative Ideen führt.

Das *Kerngruppen-Modell* setzt voraus, dass die Unternehmung genug Volumen generiert, um das Interesse von mindestens zwei Investmentbanken zu erheischen. Erstere sind typischerweise Großunternehmungen. Eine kleine Gruppe von gleichberechtigten Investmentbanken bildet den Kern. Diese Mitglieder müssen allerdings vom Finanzdirektor bewirtschaftet werden. Zum Teil rotiert er die Führerschaft von einem Institut zum anderen bei einer Emission etc. Auch hier besteht eine recht intime Beziehung, die allerdings nicht so weit gehen kann, wie im obigen Modell. Die Investmentbanken sind die Zusammenarbeit mit Mitbewerbern von den Konsortien her gewohnt.

Wer unterhält die Kundenbeziehung? Es sind alle Mitarbeiter des Frontoffices, die „stufengerecht" mit dem Kunden in ständiger Konversation sind. Bei sehr großen Firmenkunden kann dies bis hundert Personen ausmachen. Auch das oberste Management der Investmentbank ist beteiligt. Der Relationshipmanager ist die Integrationsfigur, der die Bank als Ganze darstellt und koordinierend agiert.

1.4.2.5 Vergleich mit kommerziellen Banken

Das Managementsystem der kommerziellen Banken ist traditionell dem der großen Unternehmungen ähnlich. Die Hauptcharakteristiken sind: divisionale Aufteilung, Profitcenter, gewichtiges Corporate Center mit stark ausgeprägter, vielstufiger Hierarchie. Man denke hier nur an die vielen Direktorentitel, die in der traditionellen Bank vorkommen.

Die zwei Pole von Investmentbank und kommerzieller, traditioneller Bank sind sehr weit auseinander. Für die *organisatorische Struktur* gilt hier eine selbst gestaltende Organisation als flaches, flexibles und komplexes Geflecht, drüben ein hohes und relativ starres hierarchisches Gefüge mit starken Abteilungsgrenzen.

Das *Steuerungssystem* in der Investmentbank basiert stark auf der Messung von Umsatz und Gewinn auf aggregierter Stufe. Gesprächsnotizen, Kundenbefragungen und interne gegenseitige Evaluation, nebst einem wichtigen Risikokontrollsystem für das Underwriting und den Handel. Anderseits herrscht Messung des Gewinns auf aggregierter Stufe, nach Organisationseinheit und nach Kunden vor. Kundenbefragungen sind wichtig sowie ein Kontrollsysteme für Kredit, globale Zinssätze, Wechselkurse und den Handel insgesamt.

Der *Vergütungsprozess* zeigt auch große Unterschiede: hüben ein subjektiver Prozess des oberen Managements mit Boni, die einen großen Anteil der Gesamtvergütung ausmachen, hochvariabel unter den Mitarbeitern sind und wenig von der hierarchischen Position abhängen. Drüben nimmt sich die Führung wenig Zeit, der Bonus ist ohnehin anteilsmäßig kleiner, die Variation zwischen den Mitarbeitern ist gering und die Beträge hängen stärker von der Hierarchiestufe ab.

Die *Kundenbeziehung* als viertes Element zeigt folgende Differenzen: In der Investmentbank sind *Senior People* stark beteiligt. Ihre Rolle variiert nach Maßgabe des Kunden sowie Seniorität des Bankers, der Firmenstrategie usw. Der Mitarbeiter kann oder kann auch nicht die Kundenschnittstelle kontrollieren und Produktverantwortung tragen. Anders bei der kommerziellen Bank: *Senior People* werden wenig eingebunden. Der Kundenberater hat meistens auch Produktverantwortung (Unternehmenskredit) und behält die Kontrolle über die Kundenschnittstelle.

Deshalb ist es keineswegs erstaunlich, dass die Integration einer Investmentbank in eine kommerzielle Bank so schwierig ist. Die typischen Beispiele von Deutscher Bank, UBS und Credit Suisse belegen dies auf beredte Art und Weise. Nach bald dreißigjähriger Integration ist noch kein wirklich kohärentes Managementsystem entstanden. Besonders die Perioden, in denen ein Investmentbanker die Universalbank geführt hat, haben zu negativen Schlagzeilen geführt, die neben exorbitanten Schadenzahlungen vor allem die Saläre betreffen.

Es ist kaum vorstellbar, wie ein auf Dynamik und Agilität ausgerichtetes Unternehmen in eine traditionelle Struktur eingepasst werden kann. Es kommt zu einer Wechselwirkung, denn auch die akquirierte Investmentbank beeinflusst den Rest. So sind zum Beispiel die Gehälter in der alten Bank ebenfalls gestiegen. Investmentbanken müssen nicht nur gut sein, sondern zu den größten gehören. Die mittleren Ränge beliefern die Friedhöfe, die kleinen bilden Nischen. Eine Universalbank muss ein solches Wachstum unterstützen können und wollen.

Anderseits sind die überlebenden Investmentbanken enorm gewachsen, haben das Geschäft in die Buy Side erweitert, sind in die Vermögensverwaltung eingedrungen, betreiben Hedgefunds, ja sind sogar ins Retail-Business expandiert. Damit einhergehend gewinnt das traditionelle Modell von kommerziellen Banken an Bedeutung und schürt Konflikte mit dem typischen Modell das Investmentbankings, dessen Kultur tief verankert ist.

Literatur

Augar, P. (2000). *The death of gentlemanly capitalism: the rise and fall of London's investment banks*. London New York: Penguin Books.

BCBS (2004). Internationale Konvergenz der Eigenkapitalmessung und der Eigenkapitalanforderungen: Überarbeitete Rahmenvereinbarung. Technischer Bericht, Bank for International Settlements: Basel Committee on Banking Supervision, Basel. http://www.bis.org/publ/bcbs107ger.pdf.

Birmingham, S. (1996). *Our Crowd: The Great Jewish Families of New York*. Modern Jewish history. Syracuse, NY: Syracuse University Press.

Boyd (Hrsg.). (1836). *Boyd's Blue Book: A Directory from Selected Streets of Philadelphia and Surroundings*. Philadelphia: C. E. Howe Company.

Büschgen, H., & Börner, C. (2003). *Bankbetriebslehre* (4. Aufl.). Stuttgart: Lucius und Lucius.

Carlson, M. A. (2007). A Brief History of the 1987 Stock Market Crash With a Discussion of the Federal Reserve Response. *Social Science Research Network Working Paper Series*.

Carosso, V. (1987). *The Morgans: private international bankers, 1854–1913*. Cambridge, Mass.: Harvard University Press.

Cassis, Y. (1994). Banks and banking in Switzerland in the nineteenth and twentieth centuries. In M. Pohl & S. Freitag (Hrsg.), *Handbook on the history of European banks* (S. 1015–1135). Brookfield, VT: E. Elgar.

Chandler, A. (2003). *Strategy and structure: chapters in the history of the American industrial enterprise*. Washington, D.C.: Beard Books.

Chernow, R. (2010). *The House of Morgan: An American Banking Dynasty and the Rise of Modern Finance*. New York: Grove Press. Pgw.

Cole, B. (2008). *M & A titans the pioneers who shaped Wall Street's mergers and acquisitions industry*. Hoboken, N.J: John Wiley & Sons.

Davies, H. (2013). Thatcher und der „Big Bang". *Handelszeitung*, (17. Apr. 2013). Zürich.

Eccles, R., & Crane, D. (1988). *Doing deals: investment banks at work*. Boston, Mass.: Harvard Business School Press.

Fabozzi, F., & Modigliani, F. (2009). *Capital Markets: Institutions and Instruments* (4. Aufl.). Prentice Hall, Upper Saddle River, N.J.: Pearson International edition.

Galbraith, J. (2009). *The great crash, 1929*. Boston: Houghton Mifflin Co.

Galbraith, J. (2010). *Eine kurze Geschichte der Spekulation*. Frankfurt, M: Eichborn.

Gordon, J. S. (2011). The High Cost of War. *Barron's Magazine*, (9. Apr. 2011).

Grant, J. (2014). *The forgotten depression: 1921: the crash that cured itself*. New York: Simon & Schuster.

Hautcoeur, P.-C. (2007). *Le marché financier français au XIXe siècle*. Paris: Publications de la Sorbonne.

Ho, K. (2009). *Liquidated: an ethnography of Wall Street*. Durham: Duke University Press.

Hobsbawm, E. J. (1996). *The age of extremes: a history of the world, 1914–1991*. New York: Vintage Books.

Hull, J. (2012). *Risk management and financial institutions*. Hoboken, New Jersey: John Wiley & Sons, Inc.

Joint Economic Committee (1976). The federal reserve system: A study. Technischer Bericht, Congress of the United States, Washington DC.

Khandani, A. E. und Lo, A. W. (2008). What happened to the quants in august 2007?: Evidence from factors and transactions data. Working Paper 14465, National Bureau of Economic Research.

Kleinhenz, J. (2009). Herr Sachs aus Rödelmaier: Lebensdaten vom Vater des Bankengründers erforscht. *Jüdische Allgemeine*, (19. Febr. 2009).

Knee, J. (2006). *The Accidental Investment Banker, Inside the Decade that Transformed Wall Street*. New York: Oxford University Press.

LeBor, A. (2013). *Tower of Basel: the shadowy history of the secret bank that runs the world*. New York: Public Affairs.

Lyon, H. (1920). The work of an investment banking house. *Annals of the American Academy of Political and Social Science, 88*, 34–42.

Metz, T. (2003). *Black Monday: the stock market catastrophe of October 19, 1987*. Washington, D.C.: Beard Books.

Meyer, H. (1904). *Meyers Grosses Konversations-Lexikon* (6. Aufl.). Bd. 7. Leipzig: Bibliographisches Institut.

Morrison, A., & Wilhelm, W. J. (2007). *Investment Banking: Institutions, Politics, and Law*. Oxford New York: Oxford University Press.

Plessis, A. (1994). The history of banks in France. In M. Pohl & S. Freitag (Hrsg.), *Handbook on the history of European banks* (S. 185–279). Brookfield, VT: E. Elgar.

Pohl, M., & Freitag, S. (Hrsg.). (1994). *Handbook on the history of European banks*. Brookfield, VT: E. Elgar.

Pozsar, Z., & Singh, M. (2011). *The Nonbank-Bank Nexus and the Shadow Banking System. IMF Working Paper 11/289*. Washington: International Monetary Fund.

Redlich, F. (1948). Jacques Laffitte and the Beginnings of Investment Banking in France. *Bulletin of the Business Historical Society, 22*(4/6), 137–161.

Redlich, F. (1951). *The molding of American banking: men and ideas*. History of American business leaders, Bd. v (S. 2). New York: Hafner.

Ricardo, D., & Sraffa, P. (1955). *The Works and Correspondence of David Ricardo*. Biographical Miscellany, Bd. 10. Cambridge: Cambridge University Press.

Ringel, J. (1995). Controllingorganisation in Banken. In H. Schierenbeck & H. Moser (Hrsg.), *Handbuch Bankcontrolling* (S. 33–49). Wiesbaden: Gabler.

Robertson, J. (2008). *US-Asia Economic Relations: A Political Economy of Crisis and the Rise of New Business Actors*. Routledge/City University of Hong Kong Southeast Asia Series: Taylor & Francis.

Sautter, U. (1976). *Geschichte der Vereinigten Staaten von Amerika*. Stuttgart: Kröner. Kröners Taschenausgabe

Schmit, J. (2003). *Die Geschichte der Wiener Börse: ein Vierteljahrtausend Wertpapierhandel: Warum es Aktien in Wien immer schon schwer hatten*. Wien: Bibliophile Edition.

Schumpeter, J. (1961). *Konjunkturzyklen: eine theoretische, historische und statistische Analyse des kapitalistischen Prozesses*. Bd. 1. Göttingen: Vandenhoeck & Ruprecht.

Smith, M. (2006). *The emergence of modern business enterprise in France, 1800–1930*. Cambridge, MA.: Harvard University Press.

Sobel, R. (1999). *Panic on Wall Street: A History of America's Financial Disasters*. Washington, D.C.: Beard Books.

Sobel, R. (2000). *Dangerous dreamers: the financial innovators from Charles Merrill to Michael Milken*. Washington, DC.: BeardBooks.

Stiglitz, J. (2011). *The Roaring Nineties: A New History of the World's Most Prosperous Decade*. New York: W. W. Norton.

Supple, B. E. (1957). A Business Elite: German-Jewish Financiers in Nineteenth-Century New York. *The Business History Review, 31*(2), 143–178.

Thorp, E. (1966). *Beat the dealer: a winning strategy for the game of twenty-one: a scientific analysis of the world-wide game known variously as blackjack, twenty-one, vingt-et-un, pontoon, or van-john*. New York: Random House.

Thorp, E., & Kassouf, S. (1967). *Beat the market: a scientific stock market system*. New York: Random House.

Tilly, R. (1994). A short history of the German banking system. In M. Pohl & S. Freitag (Hrsg.), *Handbook on the history of European banks* (S. 299–489). Brookfield, VT: E. Elgar.

von Phillipovich, E. (1919). *Grundriss der politischen Oekonomie* (13. Aufl.). Bd. 1. Wien: J. C. B. Mohr (P. Siebeck).

Weitz, J. (1998). *Hitlers Bankier: Hjalmar Schacht*. München: Europa Verlag.

Wilhelm, H. (2008). Banker aus Franken: Herr Lehmann, Herr Goldmann, Herr Sachs. *Süddeutsche Zeitung*, (20. Sept. 2008).

Wilkins, M. (1989). *The History of Foreign Investment in the United States to 1914*. Harvard studies in business history. Cambridge, MA.: Harvard University Press.

Grundlagen der Investmentbank

Zur Beschreibung der Investmentbank ist es notwendig, Märkte, Produkte, Funktionen und Akteure einzuführen. Hier wollen wir wichtige Begriffe erläutern, die für das Verständnis der späteren Kapitel wesentlich sind. Wie das Wort Grundlage impliziert, werden wir uns eher kurz halten. Finanzinnovationen (siehe Tab. 2.1) vermitteln eine historische Perspektive.

Tab. 2.1 Wesentliche Finanzinnovationen im Zeitverlauf

Jahr	Produkt	Jahr	Produkt
1494	Doppelte Buchhaltung	1960	IPO-Manie
1550	Termingeschäfte in Antwerpen	1967	Erster Geldautomat in London
1602	Aktiengesellschaft (VOC) an Amsterdamer Börse	1970	Verbriefung von US-Hypotheken
1720	Aktienblase (Südseeblase)	1971	NASDAQ erste elektronische Börse
1774	Anlagefonds in den Niederlanden	1973	Black-Scholes-Preisformel für Optionen
1780	Inflation-linked-Bond in Massachusetts	1977	Junk-Bond-Revolution
1792	New York Stock Exchange	ca. 1980	Private-Equity-Wachstum und LBO
1807	Code Napoléon bekräftigt beschränkte Haftung	1982	Gehandelte Aktienindexfutures
1860	Kreditangenturen publizieren Informationen	1987	Black Monday
1863	Erster Investmenttrust in UK	1989	ETF in Kanada
1898	Chicago Mercantile Exchange	1994	Credit Default Swaps
1908	MBA-Programm in Harvard	1995	Onlinebanking
1924	Moderner Anlagefonds		
1946	Geburt Wagniskapitalindustrie		
1949	Hedgefund von Alfred W. Jones		
1955	Leveraged Buyout LBO		

© Springer Fachmedien Wiesbaden GmbH, ein Teil von Springer Nature 2018
C. Franzetti, *Investmentbanken*, https://doi.org/10.1007/978-3-658-20791-5_2

Das Kreditwesen kennt zwei archetypische Instrumente, nämlich die *Beteiligung* und das *Darlehen*. Die Beteiligung bezieht sich auf eine wirtschaftliche Tätigkeit, an deren potenziellen Gewinn man Anteil nimmt, indem man der Unternehmung Kapital zur Verfügung stellt. Das Darlehen ist eine Hingabe einer Sache („datio") mit der Verpflichtung, eine Sache gleicher Quantität und gleicher Beschaffenheit wieder zu bekommen. Bei der verwandten Leihe soll dieselbe Sache zurückgegeben werden. Diese Instrumente bedürfen einer nachvollziehbaren Dokumentation, die entweder ein Vertrag oder ein Wertpapier darstellt.

2.1 Kredit und Schuldverschreibung

Kredit ist die Befugnis zur Verwendung fremder Güter, insbesondere Geld, eingeräumt aufgrund des Vertrauens, dass der Kreditnehmer die entstandenen Verbindlichkeiten bei Fälligkeit erfüllen werde (Meyer 1904, 11–614). Dieses Vertrauen kann sich auf die Person und ihre Zahlungsfähigkeit richten oder auf Sicherheiten, wie z. B. Real- und Personalsicherheiten, stützen. Der Zeitpunkt der Fälligkeit kann bestimmt oder unbestimmt, aber kündbar sein.

2.1.1 Kreditarten

Darlehen bezeichnet die Hingabe *vertretbarer* Sachen (Geld, Wertpapiere, Getreide etc.) zum Eigentum mit der Verpflichtung, dass der Darlehnsempfänger das Empfangene in Sachen von gleicher Art, Güte und Menge zurückerstatten muss. Damit ist ein Darlehen eine spezielle Kreditform (siehe Abb. 2.1). Beim *Diskontkredit* kauft eine Bank noch nicht fällige Wechsel an, die ja nach Qualität bei der Zentralbank wiederum rediskontiert werden können. Der Kaufpreis bemisst sich nach dem Betrag des Wechsels, vermindert um den Diskont oder Abschlag. Der *Kontokorrentkredit* wird als Kreditrahmen auf einem Geschäftskonto gewährt und erlaubt eine limitierte Überziehungsmöglichkeit zur Überbrückung von kurzfristigen Liquiditätsengpässen.

Eine ganz andere Art von Kredit im Gegensatz zur Geldleihe ist die *Kreditleihe* oder der *Verpflichtungskredit*. Hier stellt die Bank ihre Bonität gegen eine Gebühr zur Verfügung, etwa bei Garantien und Bürgschaften speziell beim Akzeptkredit. Es erfolgen also keine A-priori-Zahlungen; nur im Eventualfall muss die Bank zahlen.

Schuldverschreibung, auch Obligation, ist eine Urkunde, in der der Aussteller dem Eigentümer der Urkunde regelmäßig eine bestimmte Geldsumme zu leisten verspricht. Sie ist also Träger eines Forderungsrechts gegen den Aussteller. Durch Gesetz ist den Besitzern einer Schuldverschreibung, also den Gläubigern des betreffenden Schuldners eine rechtliche Organisation gegeben, die es ihnen erleichtert, bei Gefährdung ihrer Interessen dieselben gemeinsam gegenüber dem Schuldner geltend zu machen. Die Organe zur Wahrung der gemeinsamen Interessen sind eine Gläubigerversammlung und allenfalls ein von

Abb. 2.1 Systematik der Kredite. Hier nach den zwei Kriterien Form und Schuldner

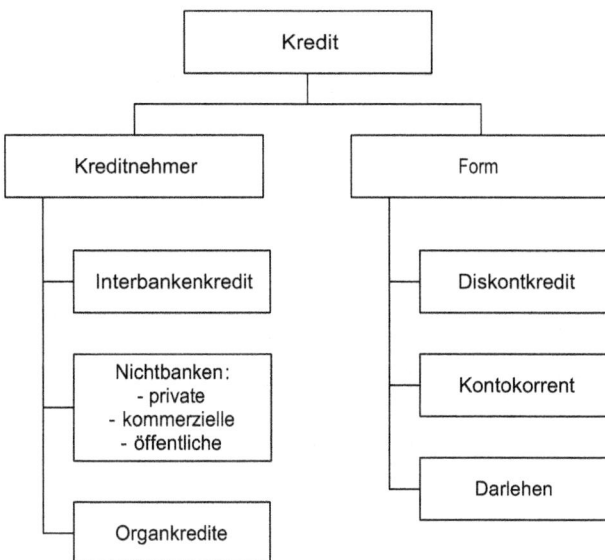

ihr bestimmter Vertreter. Die Gläubigerversammlung wird vom Schuldner berufen, und zwar muss er dies unter Angabe des Zweckes und der Gründe tun.

Ein *partiarisches Darlehen* (Beteiligungsdarlehen) ist eine Sonderform des Darlehens. Als Entgelt für die Überlassung des Darlehens wird ein Anteil am Gewinn oder Umsatz eines Unternehmens oder eines Geschäfts, zu dessen Finanzierung das Darlehen gewährt wurde, vereinbart. Somit heißt partiarisch gewinnabhängig.

Ein wichtiger Unterschied zwischen Kredit (als Bankprodukt) und einer Schuldverschreibung ist die Form. Der Kredit ist ein Vertrag, wogegen die Schuldverschreibung eine sogenannte Verbriefung (oder Verurkundung) ist. Damit wird die Schuld handelbar. Mehr dazu im Abschn. 2.3.

Schuldscheindarlehen sind bilaterale Darlehensverträge, bei denen über die Darlehensforderung häufig, aber nicht zwingend, ein Schuldschein ausgestellt wird. Sie sind keine Wertpapiere und werden nicht börslich gehandelt. Anders als Obligationen gibt es bei Schuldscheindarlehen auch keine „Mark-to-market"-Bewertung nach den akzeptierten Rechnungslegungen. Von Konsortialdarlehen unterscheiden sie sich hingegen unter anderem dadurch, dass die Teilforderungen grundsätzlich uneingeschränkt übertragbar sind.

2.1.2 Bonds – Anleihen

Eine Anleihe oder Schuldverschreibung ist wirtschaftlich ein *Großkredit*, den eine Unternehmung, der Staat oder ein anderer Träger bei Investoren aufnimmt. Die Anleihe wird in Teilbeträge gestückelt, die wiederum als Wertpapiere dargestellt werden. Der Kredit wird verzinst und bei Fälligkeit zurückbezahlt.

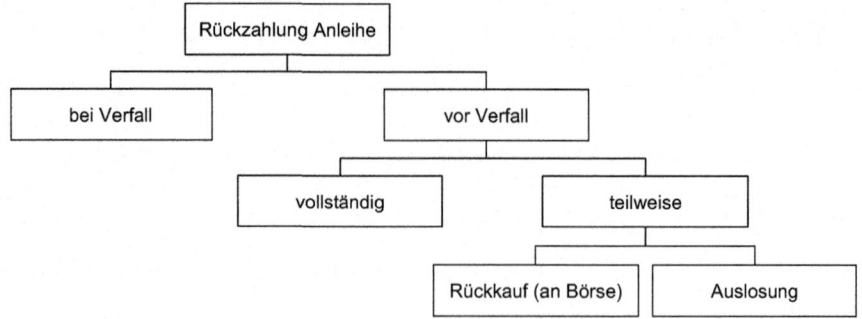

Abb. 2.2 Rückzahlungsvarianten eines Bonds. Je nach Ausgestaltung ist die Laufzeit der Obligation nicht immer vorhersehbar

Der Standard ist der sogenannte Straight Bond, der sich durch eine feste regelmäßige Zinszahlung und eine Rückzahlung zu 100 % des Nennwerts bei mittel- bis langfristiger Laufzeit auszeichnet.

Andere, spezielle Ausgestaltungen, wobei die Aufzählung nur die häufigsten wiedergibt, sind:

- Floating Rate Bond (variabler Zins),
- Zero Bond (Ausgabepreis unter Nennwert anstatt Verzinsung),
- Eurobond (andere Währung als Lokalwährung),
- Doppelwährungsanleihe (unterschiedliche Kauf- und Rückzahlungswährung),
- High-yield Bond (Junk Bonds mit schlechter Bonität) sowie
- Wandel- und Optionsanleihe (enthält Optionselemente).

Abb. 2.2 zeigt die Rückzahlungsmöglichkeiten, welche die Laufzeit der Anleihe beenden.

2.1.3 Syndizierung, Konsortialdarlehen

Eine Konsortialkredit verteilt das Risiko auf mehrere Gläubiger. Denn es handelt sich hier um Größenordnungen, die die Kapazität oder die Tragfähigkeit einer Bank übersteigen. Die Konsorten, also diejenigen, die das Schicksal miteinander teilen, sind durch einen Vertrag gebunden. Dadurch entsteht eine juristische Person. Der Vertrag stipuliert die Rechte und Pflichten der Parteien untereinander, wobei dem Konsortialführer die Vertretung des Konsortiums sowie die Besorgung der laufenden Angelegenheiten (Kontoführung, Servicing) obliegt. Es wird auch festgehalten, wie Beschlüsse gefasst werden und wie Konsortialanteile übertragen und an Unterbeteiligte weitergegeben werden können.

2.1.4 Kreditwürdigkeit

Die Analyse und Prüfung der Kreditwürdigkeit eines potenziellen Schuldners ist so alt wie die Kreditvergabe selbst – hier wird dann regelmäßig auf den Kodex Hammurabi aus dem 18. Jahrhundert vor Christus verwiesen. Die Hauptschwierigkeit bei der Analyse besteht trivialerweise aus der Tatsache, dass keine Informationen aus der Zukunft vorliegen und man aus dem bisherigen Verhalten nicht unbedingt auf das künftige schließen kann.

Die Beurteilung der Kreditwürdigkeit ist eine Mischung von Wissenschaft und Kunst. Zu diesem Thema gibt es eine überreiche Literatur, z. B. Anderson (2007), um nur einen Vertreter zu nennen. Methodisch reduziert sich die Analyse meist zu einem Scoring-modell, bei dem verschiedene Ausprägungen in einer Zahl gefasst, mit entsprechenden Gewichten multipliziert und dann zusammengezählt werden. Die Herausforderung besteht in der richtigen Auswahl der Kriterien und deren Gewicht. An dieser Stelle wollen wir nicht sehr tief in diese Materie einsteigen. Deshalb geben wir nur einen Vorgeschmack in der Form der „fünf Cs".

Gemäß Tirole (2009, 103) sind die fünf Kriterien: (1) *Character*, also persönliche Eigenschaften der Schuldner. Dieses Kriterium gilt eher für Kredite an Kleinkunden; für große könnte man die Qualität des Managements darunter subsummieren. (2) *Capacity*: Die Rückzahlungsfähigkeit steht im Fokus, beurteilt anhand vorliegender Finanzzahlen (Track Record), der Marktleistung, Wettbewerbssituation etc. (3) *Capital Structure*: vor allem das Eigenkapital als Maß der Risikofähigkeit und des Verlustpotenzials oder Konkursferne stehen hier im Vordergrund. (4) *Collateral*: Sicherheiten in der Form von realen oder personalen Sicherheiten, z. B. Hypotheken und Garantien, erhöhen die Aussicht, einen Kredit zu bekommen. Und (5) *Coverage*: für den Kreditgeber ist die Versicherungsdeckung für Unternehmen und Schlüsselpersonen wichtig, um die Unternehmensfortführung zu gewähren.

2.1.5 Loan Agreement – Kreditvertrag

Es wird gesagt, dass Kreditverträge eine Quelle des Missverständnisses und der Konfusion sogar für die Banker seien. In der Tab. 2.2 finden sich die Titel des Mustervertrags der Loan Market Association in London für syndizierte Kredite. Es wird zwischen Krediten im Investment-Grade- und im Non-Investment-Bereich unterschieden, wobei letzterer dann, unglücklicherweise, als Leveraged Finance bezeichnet wird.

Sinn und Zweck des Vertrags ist es, klare Erwartungen an den Schuldner zu kommunizieren, um das geliehene Geld und den geschuldeten Zins zu beschützen. Ein Schuldverhältnis bringt eine relativ enge Begleitung durch die Gläubiger mit sich. Neben den Definitionen und den technischen Einzelheiten des Kredits, sind es vor allem die Titel 18–25, die (i) Informationsrechte, (ii) Wohlverhaltenspflichten, (iii) Kontroll- und (iv) Entscheidungsrechte festlegen. Sie bilden das Herzstück des Vertrages.

Tab. 2.2 Vertragstitel des LMA-Mustervertrags für syndizierte Kredite, illustrativ

Ziffer	Titel	Ziffer	Titel
1	Definitions and Interpretation	19	Representations
2	The Facilities	20	Information Undertakings
3	Purpose	21	Financial Covenants
4	Conditions of Utilisation	22	General Undertakings
5	Utilisation	23	Events of Default
6	Optional Currencies	24	Changes to the Lenders
7	Repayment	25	Changes to the Obligors
8	Prepayment and Cancellation	26	The Role of the Agent and the Arranger
9	Interest	27	Conduct of Business by the Finance Parties
10	Interest Periods	28	Payment Mechanics
11	Changes to the Calculation of Interest	29	Set-off
12	Fees	30	Notices
13	Tax Gross up and Indemnities	31	Calculations and Certificates
14	Increased Costs	32	Remedies and Waivers
15	Other Indemnities	33	Amendments and Waivers
16	Mitigation by the Lenders	34	Confidentiality
17	Costs and Expenses	35	Governing Law
18	Guarantee and Indemnity	36	Enforcement

Erklärungen und Tatsachendarstellungen (*Representations*) sowie Zusicherungen und Zusagen (*Undertakings*) betreffen sowohl den aktuellen Stand der Dinge als auch die Zukunft. Darunter fallen beispielsweise Aussagen, dass man eine juristische Person ist, gewisse Vermögensteile besitzt, wahre Informationen beigebracht hat, nicht in Rechtsstreitigkeiten verwickelt ist und sich keine materiellen Änderungen in der Zwischenzeit ergeben haben.

Andere Zusicherungen sind die *Covenants*, welche vor allem dazu dienen, absehbare Risiken zu mindern. Oberstes Ziel ist die Erhaltung des Schuldners in seinem wirtschaftlichen Vermögen, also der Asset-Qualität, dem positiven Cashflow und einem nachgewiesenen Zustand der Unternehmensfortführung (Going Concern).

Affirmative Zusagen, wie die Einhaltung von gewissen Finanzzahlen oder spezifischer Deckungsgrade, zielen auf die Laufzeit des Vertrages ab. Weiter fallen darunter die Gewährung von Inspektionsrechten, die Pflicht, Leistungsschwächen und Defaults von anderen Verpflichtungen sowie andere Umstände, die eine Rückzahlung gefährden, zu melden. Zugesagt wird auch, dass man die gleichrangigen Gläubiger gleich behandelt („pari passu") und dass der Ausfall einer anderen Schuld die selbige ebenfalls in den Default setzt (*Cross-default Clause*). Die Zusagen sind häufig sogenannte Evergreens, d. h. ständig oder wiederholt einzuhalten.

Negative Zusagen, auch Unterlassungserklärungen, bestimmen, dass der Schuldner in der Zukunft gewisse Aktionen oder Zustände nicht unternimmt oder vermeidet, beispielsweise keine Fusion eingeht, die Vermögenswerte oder eine Tochtergesellschaft nicht verkauft, Dividenden nur im bestimmten Ausmaß ausschüttet. Die sogenannte *Negative Pledge Clause* sieht vor, dass der Schuldner nicht ohne Weiteres Vermögenswerte verpfänden darf, ohne den bisherigen Gläubiger gleichzustellen. Dies ist vor allem bei unbesicherten Darlehen äußerst wichtig. Bestimmte Klauseln bedingen die Zustimmung der Aktionäre.

Die Liste der Ausfalltatbestände (*Events of Default*) beschreibt die hauptsächlichen Leistungsstörungen. Sie werden im nächsten Kapitel behandelt.

Bei einem Default, d. h. einem Bruch der Zusagen oder Eintritt eines Ausfalltatbestandes, gibt es für den Gläubiger drei Möglichkeiten. Erstens kann er auf die Vollstreckung oder andere Maßnahmen verzichten („to waive"). Oder der Kreditvertrag wird zweitens so geändert, dass die neuen Bedingungen besser anwendbar sind. Dabei holen sich die Gläubiger meist striktere Maßgaben heraus (*Amendments*). Drittens, meist wenn nichts anderes zielführend erscheint, wird „akzeleriert", das heißt, der Kredit wird sofort vollumfänglich fällig gestellt und der Schuldner eingeklagt. Diesbezügliche Kosten sind vertraglich geregelt unter „Cost and Expenses".

Häufig wird eine sogenannte Material Adverse Change Clause (MAC) verwendet, um den Gläubigern einen gewissen Schutz vor ungünstigen Umständen beim Schuldner zu gewähren.

2.1.6 Ausfallrisiken

Die *Events of Default*, wie die gedeckten Risiken auch heißen, können vielfältig sein, besonders wenn man den Gestaltungsraum in den Zusagen nutzt. Für emittierte Obligationen und Derivate werden häufig die hier tabellierten Tatbestände gemäß der ISDA (International Swap Dealer Association) aufgeführt:

1. Bankruptcy (Insolvenz und Zahlungsunfähigkeit),
2. Obligation Acceleration (vorzeitige Fälligkeit einer Verbindlichkeit),
3. Obligation Default (Ausfall einer Verbindlichkeit),
4. Failure to Pay (Zahlungsausfall),
5. Repudiation (Ablehnung der Verbindlichkeit de jure oder de facto),
6. Moratorium (Aufschub der Zahlung),
7. Restructuring (Umstrukturierung der Verbindlichkeit).

Die Ausfalltatbestände zielen hauptsächlich darauf ab, bei schwerwiegenden Umständen, insbesondere beim Konkurs, eine tatsächliche, sofort klagbare Forderung und nicht erst in der Zukunft – nämlich bei Endfälligkeit – fällige Ansprüche zu haben. Deshalb ist die sogenannte Cross Default Clause so wichtig, weil sie zu verhindern versucht, dass andere Gläubiger durch fällige Forderungen einen Vorteil erlangen. Ebenso berechtigen die Verstöße gegen die Zusagen den Ausfall zu erklären, im Gegensatz zu kommerziellen Verträgen, bei denen auf Schadenersatz zu klagen ist.

Für weiterführende Einzelheiten sehe man zum Beispiel Vinter (1998, 105–110) und Tirole (2009, 103–106).

2.2 Beteiligungspapiere

Der Urahn der Beteiligungspapiere ist der *Commenda-Vertrag*, mit welchem der Kapitalist Waren kaufte und sie seinem Vertragspartner, dem Kaufmann oder Kapitän, übergab, damit dieser sie weitertransportierte und verkaufte mit dem Ziel, einen gemeinsamen Gewinn zu erzielen. Mit dem Vertrag entstand eine vorübergehende Gesellschaft, die bis zum Wert der Ware haftete. Je nach Risiko wurde der Gewinn aufgeteilt, häufig im Verhältnis von 3 zu 1. In der permanenten Ausgestaltung nennt sich dies heute Kommanditgesellschaft.

Beteiligungspapiere sind Anteilpapiere, also Effekten, die dem Inhaber Beteiligungsrechte am Vermögen der emittierenden Gesellschaft sowie Mitgliedschaftsrechte (Stimmrecht) verbriefen. Zu den Beteiligungsrechten gehört auch ein Anteil am Gewinn der Gesellschaft. Typische Beteiligungspapiere sind Aktien, als besondere Formen sind Aktienzertifikate, aber auch Genussscheine und stimmrechtslose Aktien („Partizipationsscheine") bekannt.

Die Aktie knüpft an die entsprechende Gesellschaftsform an. Die Aktiengesellschaft ist nach dem Gesetz eine Handelsgesellschaft, bei der sich sämtliche Gesellschafter (Aktionäre) nur mit Einlagen beteiligen, ohne persönlich weiter für die im Namen der Gesellschaft eingegangenen Verbindlichkeiten zu haften. Das durch diese Einlagen in Geld oder in anderen Gegenständen (Sacheinlage) zusammengebrachte bzw. gezeichnete Kapital (Grund-, Stammaktienkapital, *Capital Stock*) ist in eine feste Anzahl von Anteilen (Aktien, *Shares*) zerlegt. Mit diesen Anteilen sind auch die Anzahl der Anteilsrechte und das Aktienkapital fest gegeben, während die Anzahl der Mitglieder wechseln kann.

Als reine Kapitalgesellschaft, bei welcher die Persönlichkeit vollständig in den Hintergrund tritt, wird die Aktiengesellschaft (besonders in Frankreich) auch als anonyme Gesellschaft (*Société Anonyme*) bezeichnet.

Die Aktiengesellschaft ist eine Gesellschaftsform des jeweiligen Gesellschaftsrechts (*Corporate Law*). Sie hat folgende Merkmale:

1. eigene Rechtspersönlichkeit mit Organen,
2. ist Kapitalgesellschaft, wobei zum Teil Mindestkapital vorgegeben wird,
3. ihr Kapital ist in Aktien (Anteile) zerlegt,
4. die Aktionäre haften meist beschränkt bis zur Höhe ihres gezeichneten Kapitals,
5. die Willensbildung folgt dem Mehrheitsprinzip nach Maßgabe der Kapitalanteile.

Tab. 2.3 Organe von Aktiengesellschaften verschiedener Wirtschaftsräume

Aufgabe	Deutschland	Schweiz	Societas Europaea (SE)		USA
Willensorgan	Haupt-versammlung	General-versammlung	Hauptversammlung		Shareholders
Kontrollorgan	Aufsichtsrat	Verwaltungsrat	Aufsichtsrat	Verwaltungsrat	Board of Directors
Leitungsorgan	Vorstand	Verwaltungsrat	Vorstand	Verwaltungsrat	Board of Directors
Ausführungs-organ	Vorstand				Officers
Andere		Revision			

Die Geschäftsführung kann auf zwei Arten ausgeübt werden: (1) Entweder führt der Vorstand die Unternehmung und wird dabei vom Aufsichtsrat kontrolliert (dualistisches System) oder (2) ein Verwaltungsrat übernimmt die Leitung der Aktiengesellschaft (monistisches System). Für die Leitung sowie für die Vertretung der „monistischen" Societas Europaea SE muss der Verwaltungsrat geschäftsführende Direktoren bestellen. Diese können aus dem Schoß der Verwaltungsratsmitglieder stammen oder externe Personen sein (siehe Tab. 2.3 als Zusammenfassung).

Es lassen sich in der Geschichte der Aktiengesetzgebung zwei Richtungen unterscheiden. Die eine, welche auf dem europäischen Kontinent vorherrscht, betrachtet die Aktiengesellschaft als eine neue Rechtsbildung, die nur als Ganzes tätig ist, deren Mitglieder in keinem obligatorischen Verhältnis unter sich stehen und den Gesellschaftsgläubigern nicht haftbar sind. Die Mitgliedschaft ist übertragbar, die Ausgabe von Inhaberaktien gestattet. Die andere Richtung ist dem englisch-nordamerikanischen Recht eigen. Diese betrachtet, von besonderen Privilegien abgesehen, die Vereine, deren Kapital von mehreren durch Aktien zusammengebracht ist, als Gesellschaften im Sinne des Zivilgesetzbuchs, bei denen alle Genossen solidarisch für die von den Vertretern der Gesellschaft in deren Namen eingegangenen Verbindlichkeiten haften. Hiernach ist die mit solcher Haftung unverträgliche Inhaberaktie nicht gestattet. Diese Betrachtung ist heutzutage erheblich aufgeweicht worden, wenngleich in den USA kotierte Gesellschaften nur Namenaktien ausgeben dürfen.

Über die bei der Gründung oder Kapitalerhöhungen erfolgten Einzahlungen der Aktionäre werden Dokumente ausgegeben, welche Aktien heißen. Die Aktien können sowohl auf den Inhaber als auch auf eine bestimmte Person (Namenaktie, *Registered Shares*) ausgestellt werden. In letzterem Fall werden sie in das Aktienregister (früher Aktienbuch, *Share Register*) eingetragen. Die Inhaberaktien können nach geleisteter vollständiger Einzahlung, wie die Inhaberpapiere überhaupt, auf andere Personen übertragen werden. Die Übertragung der Namenaktien erfolgt durch Indossament, und zwar, sofern nichts anderes bestimmt ist, ohne dass eine Einwilligung eingeholt zu werden braucht. Doch muss der Übergang des Eigentums auf eine dritte Person im Aktienregister vermerkt werden, da im Verhältnis zur Gesellschaft nur diejenigen als Eigentümer gelten, die in diesem Re-

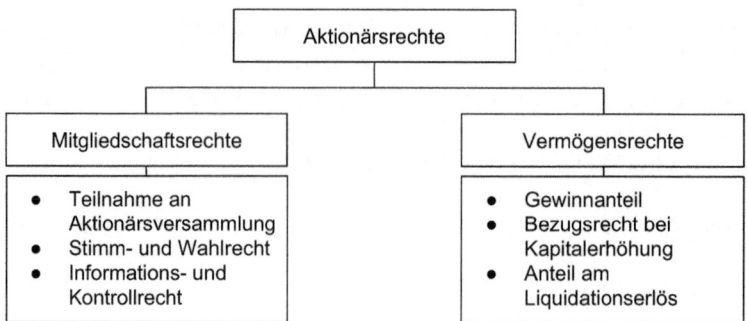

Abb. 2.3 Rechte des Aktionärs, nach Mitgliedschafts- und Vermögensrechte aufgeteilt

gister verzeichnet sind. Jedoch kann bei auf Namen lautenden Aktien die Übertragbarkeit im Gesellschaftsvertrag (Statuten, Satzung, *Certificate of Incorporation*) ausgeschlossen oder beschränkt werden (z. B. erforderliche Zustimmung der Gesellschafter).

Der alljährlich zu ermittelnde Anteil am Reinertrag gelangt nach Maßgabe des Aktienbesitzes als Dividende an die Aktionäre zur Verteilung. Bei etwaigen Verlusten der Unternehmung dürfen Dividenden so lange nicht zur Verteilung kommen, als der Gesamtbetrag der Einlagen (Aktienkapital) nicht wieder bis zu seiner vollen Höhe ergänzt ist. Zur Deckung solcher Verluste ist ein Reservefonds (Rücklage, Reserven) zu bilden.

Das Gesellschaftsvermögen, dessen aktive Bestandteile aus industriellen Anlagen, Grundstücken, ausstehenden Forderungen, Wertpapieren, barem Gelde etc. bestehen, sind die *Aktiven*. An dieses Vermögen können sich die Gläubiger, deren Ansprüche bei einer etwaigen Liquidation denen der Aktionäre vorgehen, halten, während der einzelne Aktionär mit seinem Privatvermögen für Gesellschaftsverbindlichkeiten weiter nicht haftet. Eine Verpflichtung zu weiteren Geldzahlungen außer der Einlage kann den Aktionären nicht auferlegt werden. Eine Zusammenfassung der Aktionärsrechte gibt Abb. 2.3.

Mehr als die Hälfte aller börsennotierten Unternehmen der USA sowie 63 % der Fortune 500 haben ihren Rechtssitz im Bundesstaat Delaware, weil dessen Gesellschafts- und Steuerrecht sehr liberal ist. Auch Goldman, Sachs & Co. ist dort angesiedelt.

An der Börse gibt es neben Aktien auch kotierte Anteile anderer Gesellschaftsformen. In den USA erfreuen sich sogenannte Master Limited Partnerships (MLP) in bestimmten Industrien (Energie und natürliche Ressourcen) größter Beliebtheit, weil sie Steuervorteile erzielen können. Die an der Börse notierten Anteile sind sogenannte Common Units. Das MLP entspricht einer deutschen Kommanditgesellschaft auf Aktien. Ausnahmsweise gibt es auch Private-Equity-Firmen wie Blackstone Group und Fortress Investment Group als MLP.

2.3 Verbriefung und Vertrag

Wertpapier (in der Schweiz auch Wertschrift) ist jede Urkunde, mit der ein Recht derart verknüpft ist, dass es ohne die Urkunde weder geltend gemacht noch auf andere übertragen werden kann. Im Zusammenhang mit Wertpapieren beinhalten sie eine Absicht, vor allem ein Recht zu begründen; sie werden für Beweiszwecke errichtet und lassen den Aussteller erkennen. Wertpapiere sind *Verbriefungen* von privaten Rechten.

Nach dem schweizerischen Bundesgesetz über die Börsen und den Effektenhandel sind *Effekten*: „vereinheitlichte und zum massenweisen Handel geeignete Wertpapiere, nicht verurkundete Rechte mit gleicher Funktion (Wertrechte) und Derivate". Damit sind Effekten Wertpapiere des Kapitalmarktes im Gegensatz zu Wertpapieren des Zahlungsverkehrs (Schecks, Wechsel) oder des Güterumlaufs. Man nennt sie auch *Massenwertpapiere*.

Übertragbare Wertpapiere nennt man die Gattungen von Wertpapieren, die auf dem Kapitalmarkt gehandelt werden können wie:

1. Aktien und andere, Aktien oder Anteile an Gesellschaften, Personengesellschaften oder anderen Rechtspersönlichkeiten gleichzustellende Wertpapiere sowie Aktienzertifikate,
2. Schuldverschreibungen oder andere verbriefte Schuldtitel, einschließlich Zertifikate (Hinterlegungsscheine) für solche Wertpapiere,
3. alle sonstigen Wertpapiere, die zum Kauf oder Verkauf solcher Wertpapiere berechtigen oder zu einer Barzahlung führen, die anhand von übertragbaren Wertpapieren, Währungen, Zinssätzen oder -erträgen, Waren oder anderen Indizes oder Messgrößen bestimmt wird.

Während die obigen Ausführungen das systematische Recht als Hintergrund annehmen lassen (siehe auch Abb. 2.4), definiert das amerikanische Recht den zum Wertpapier affinen Begriff Security vor allem aufzählend. Eine solche „Definition" findet sich im Securities Act of 1933, wo in der Einleitung festgehalten wird: Security meint:

- any note, stock, treasury stock, security future, security-based swap, bond, debenture, evidence of indebtedness, certificate of interest or
- participation in any profit-sharing agreement, collateral-trust certificate, preorganization certificate or subscription, transferable share, investment contract, voting-trust certificate, certificate of deposit for a security, fractional undivided interest in oil, gas, or other mineral rights,
- any put, call, straddle, option, or privilege on any security, certificate of deposit, or group or index of securities (including any interest therein or based on the value thereof), or
- any put, call, straddle, option, or privilege entered into on a national securities exchange relating to foreign currency, or, in general, any interest or instrument commonly known as a „security", or
- any certificate of interest or participation in, temporary or interim certificate for, receipt for, guarantee of, or warrant or right to subscribe to or purchase, any of the foregoing.

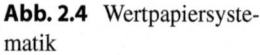

Abb. 2.4 Wertpapiersyste-
matik

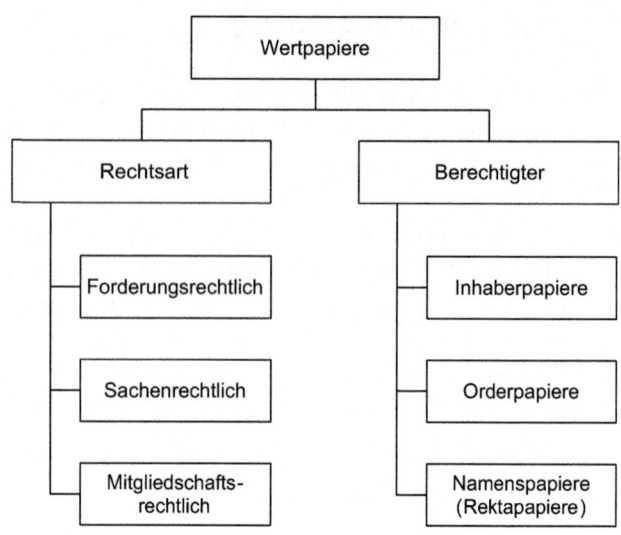

Das Komplement zu den Wertpapieren oder Verbriefungen, die vor allem für den Handel bestimmt sind, bilden die *Kreditverträge*, die mit den Bankkrediten eng verbunden sind. Hierbei erlangt die Bank vertrauliche Informationen, die in der Vertragsgestaltung Eingang finden und der Bank möglicherweise auch weitreichende Eingriffsrechte und dem Schuldner Wohlverhaltenspflichten auferlegen. Häufig wird auch ein Sicherheitenvertrag dazu vereinbart. Im Unterschied zu den Wertpapieren, namentlich den Anleihen, sind der Gestaltung nur die Grenzen des Vertragsrechts auferlegt. Allerdings gibt es einen Druck in Richtung Standardisierung, um auch die Kredite handelbar oder als Grundlage einer Verbriefung (im Sinne von Securitization als CLO) zu verwenden. Konsortialkredite, von einer Arbeitsgemeinschaft von Banken gewährt, sind ebenfalls standardisiert, etwa nach Vorgaben der Loan Market Association (LMA).

2.4 Derivate

Derivate sind in der Zukunft zu erfüllende Finanzkontrakte, deren Wert sich aufgrund einer bei Vertragsschluss bestimmten Referenz ableitet. Die Referenzgröße oder ein Basiswert kann die Preisänderung einer Aktie, eines Indizes, eines Zinses und Wechselkurses, einer meteorologischen Größe oder ein Kreditausfall sein. Bei Vertragsschluss werden keine (z. B. beim Swap) oder nur geringe Zahlungen (z. B. die Optionsprämie) geleistet. Derivate beinhalten für den Käufer zum Teil erhebliche Kreditrisiken bezüglich der Bonität seiner Vertragspartei. Lehman Bros. war Gegenpartei von einem riesigen Volumen von Derivaten. Ein Derivat ist somit meist auch ein Kreditprodukt! Die Definitionen des Begriffs „Derivat" sind aber uneinheitlich.

Die Hauptkategorien der Derivate sind die folgenden drei:

1. Terminkontrakt (Forward und Futures),
2. Option und
3. Swap.

Daraus lassen sich weitere konstruieren, indem man zum einen ein Derivat mit einem derivativen Basiswert wählt (Futuresoption, Swaption) oder zum anderen Serien von Derivaten zu einem Bündel verpackt (Caps, Floors). Des Weiteren kann man Derivate mit traditionellen Produkten kombinieren, um die sogenannten strukturierten Produkte zu erzeugen. Hier befindet sich die große Spielwiese des Financial Engineerings. Die Möglichkeiten sollten eigentlich nur vom Verständnis der Käufer limitiert sein.

2.5 Märkte

Finanzmärkte kann man nach vielen verschiedenen Aspekten kategorisieren, z. B. Fristigkeit, Produkte, Lebensphase der Wertpapiere, Regulierung, Preisfindungsmechanismus, Handelskanäle und Medium. Wir wollen nicht alle gesondert aufzählen, sondern die unserer Meinung nach wichtigsten Unterscheidungen aufzeichnen. Auf alle Fälle grundlegend ist, dass ein Käufer und ein Verkäufer sich für eine Transaktion irgendwie, direkt oder vermittelt, treffen können. Die bestimmende Größe ist der Preis bei gegebener Menge. Eine ausgezeichnete weiterführende Literatur ist (Fabozzi und Modigliani 2009).

2.5.1 Märkte nach Lokation

Abb. 2.5 zeigt den nationalen und den internationalen Markt. Beachtenswert ist der Unterschied zwischen dem Auslands- und dem internationalen Markt. Im Auslandsmarkt begibt ein im Ausland domiziliertes Unternehmen Wertpapiere im Inland oder lässt sie hier handeln. Damit gelten die lokalen Usanzen und Auflagen. Beim internationalen Markt, neben den verschiedenen Namen in der Abbildung auch Außenmarkt oder Exomarkt genannt, werden Wertpapiere weltweit simultan begeben, ohne dass irgendeine Jurisdiktion gelten würde. Der bekannteste ist der sogenannte Eurodollarmarkt, der in den Fünfzigerjahren in London Fuß fasste.

Der Dollar wurde nach dem Zweiten Weltkrieg zur Leitwährung im Handel und entsprechende Guthaben bauten sich vor allem in London auf. Die in den USA geltende Höchstzinsverordnung veranlasste amerikanische Banken, Einlagen außerhalb der USA aufzunehmen, sodass diese Dollars eine rentierliche Anlage suchen mussten.

Neben dem Eurodollarmarkt, der nicht auf US-Dollars beschränkt ist, gibt es analoge Zentren in der Karibik (Bahamas, Cayman Islands), Asien (Tokio, Hongkong, Singapur)

Abb. 2.5 Finanzmarkt
nach Lokation. Aus US-
amerikanischer Perspektive ist
„international" deckungsgleich
mit nicht-US-amerikanisch

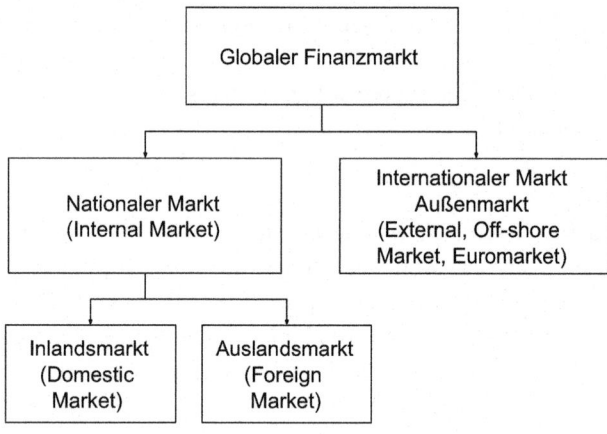

Tab. 2.4 Rangliste der Finanzplätze gemäß GFC-Index
September 2017 (Quelle:
z/Yen)

Rang	Finanzplatz	Rang	Finanzplatz
1	London	11	Frankfurt
2	New York	12	Montreal
3	Hong Kong	13	Melbourne
4	Singapore	14	Luxembourg
5	Tokyo	15	Geneva
6	Shanghai	16	San Francisco
7	Toronto	17	Vancouver
8	Sydney	18	Dubai
9	Zurich	19	Boston
10	Beijing	20	Shenzhen

und Arabien (Bahrain), dort nämlich, wo es keine Bankregulierung und günstige Steuer-
verhältnisse gibt. Tab. 2.4 zeigt die bedeutendsten Finanzplätze.

2.5.2   Märkte nach Phase

Zuerst muss man die Wertpapiere kreieren und in Umlauf bringen. Dann sind sie handelbar. Das sind die zwei wichtigen Phasen im Leben von Effekten. Anleihen sind fast immer
befristet und kündbar, sodass sie vom Markt genommen werden.

Emission, Primärmarkt

Der Primärmarkt, auch als Emissionsmarkt bezeichnet, umfasst die Erstausgabe von
Wertpapieren. Der Primärmarkt dient den Unternehmen, hier Emittent, zur Beschaffung
von Kapital (Außenfinanzierung). Mit der Emission (Ausgabe) von Wertpapieren können
große Investitionsausgaben in kleine Betragseinheiten aufgespalten werden.

Abb. 2.6 Emissionsvolumen und Provisionen des globalen Primärmarktes 2016 (Quelle: ThomsonReuters)

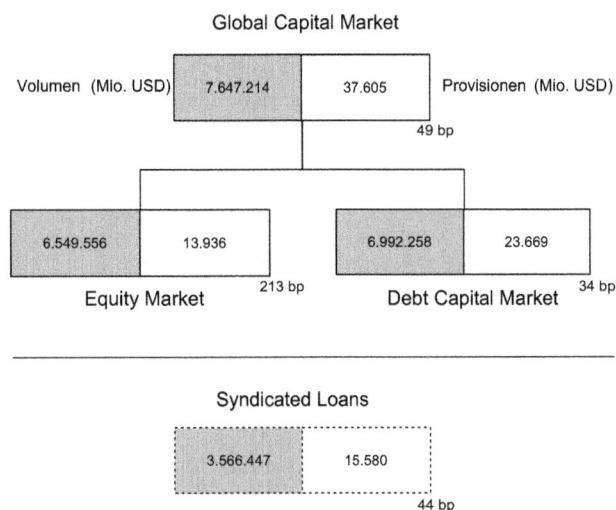

Unternehmen können verschiedene Arten von Wertpapieren ausgeben, d. h. Aktien, Anleihen, Obligationen, Pfandbriefe, Schuldverschreibungen, Warrants etc.

In einem ersten Schritt werden Wertpapiere wie Aktien oder Anleihen vorerst ohne den Einsatz von Börsen direkt bei Investoren oder indirekt via Banken platziert. Die wichtigste Platzierungsform ist die Festübernahme der Emission durch eine Bank oder Bankengruppe. Nach Einsicht in die Geschäftsbücher des Emittenten übernimmt die Bank den gesamten Betrag der Anleihen oder Aktien zu einem festgelegten Preis. Das Platzierungsrisiko liegt damit bei den Banken und der Kapitalnehmer kann über den Erlös der Transaktion verfügen. Alternativ verpflichten sich die Banken bloß, Best Effort bei der Platzierung walten zu lassen.

Ist der Handel an einer Börse gewünscht (Sekundärmarkt), kümmert sich die Bank anschließend um die Fortsetzung des Emissionsprozesses. Dieser umfasst unter anderem die Prospektpflicht, die Zeichnungsfrist und die Einreichung des Kotierungsgesuches bei der Börse. Beim Börsengang einer Aktiengesellschaft wird die Erstausgabe von Aktien auch als Initial Public Offering (IPO) bezeichnet. Mehr erfährt der Leser im Abschn. 3.2.1.

Der Erlös aus der Emission von Aktien bildet oder stockt das Eigenkapital eines Unternehmens auf. Mit der Ausgabe einer Anleihe entsteht oder erhöht sich das Fremdkapital.

In der Abb. 2.6 sind die Emissionsvolumen und die entsprechenden Gebühren synoptisch aufgezeigt. Das Volumen von Anleihen ist rund achtmal größer als dasjenige der Aktien. Die Gebühren sind allerdings vergleichbar, sodass, bezogen auf das Volumen, die Gebühren ebenfalls achtmal höher sind.

Handel, Sekundärmarkt

Als Sekundärmarkt bezeichnet man den Markt für den *Handel* mit Wertpapieren an der *Börse* oder im Freiverkehr („Zirkulationsmarkt"). Die Börse wiederum ist der organisierte Handelsplatz, wo Vermittler (Effektenhändler, Makler, Broker etc.) für Investoren und Emittenten Dienstleistungen anbieten. Waren früher die Börsen Klubhäuser der Makler („Präsenzbörse"), so sind sie heutzutage zum Teil eben keine physischen Orte mehr, sondern bestehen aus einer elektronischen Handelsplattform und einem detaillierten Regelwerk („Computerbörse").

Die Funktionen der Börse lassen sich wie folgt zusammenfassen:

1. Bereitstellung effizienter Handelsplattformen,
2. Erzeugung von Liquidität durch Bündelung von Angebot und Nachfrage,
3. Sicherstellung der Fungibilität (Austauschbarkeit von Wertpapieren),
4. Herstellung einer hohen Transparenz für die Teilnehmer und besonders
5. Bereitstellung von Informationen in Form von Preisen und Umsätzen.

Im Sekundärmarkt sind nicht mehr die Unternehmen auf der Suche nach Kapital, sondern Finanzinvestoren stehen in Beziehung zu anderen Anbietern und Nachfragern von Wertpapieren. Hier beginnt der eigentliche Börsenhandel, in dessen Rahmen ausschließlich Wertpapiere gehandelt werden, die öffentlich und allen zugänglich sind.

Damit Wertpapiere an der Börse gehandelt werden können, muss ein Unternehmen neben einem erfolgreichen Emissionsprozess diverse Anforderungen des Kotierungsreglements erfüllen. Zur Aufrechterhaltung der Börsenkotierung müssen die Emittenten bestimmte Pflichten, wie z. B. die Publikation kursrelevanter Informationen, erfüllen. Deshalb werden fast täglich Nachrichten über kotierte Unternehmen in den Medien veröffentlicht.

Die an den Börsen oder außerbörslich, im Freiverkehr (*Over the Counter, OTC*) gehandelten Produkte sind vor allem:

- Aktien,
- Renten oder Anleihen,
- Derivate,
- Devisen,
- Waren und Rohstoffe,
- Geld.

Als „Third Market" wird das Arrangieren und Handeln von großen Blöcken zwischen den Dealern bezeichnet. Und weiter ist der „Fourth Market" der elektronische Markt, der durch die *Alternative Trading Systems (ATS)* in den USA und synonym *Multilateral Trading Facility (MTF)* in Europa und *Electronic Communications Networks (ECN)* dargestellt wird. Diese Systeme liefern einen Auktionsservice ähnlich einem Börsenparkett (McIntyre 2007, 163). Allerdings ist der begriffliche Anschluss an Primär- und Sekundärmarkt nicht ganz einsichtig.

2.5.3 Produktemärkte

Die Kategorisierung nach Produkten bringt die deutlichste Trennschärfe zwischen den Teilmärkten hervor. Wir folgen hier den oben genannten Produkten.

Equity Market – Aktien, Anteilscheine
Aktien sind einfache Produkte, die an den Börsen gehandelt werden. Börsen sind ja im Kern Plätze, an denen sich die Makler treffen – früher physisch, heute virtuell. Entweder werden Aufträge zur Deckung gebracht oder ein Marktmacher mit einem eigenen Inventar bietet Kauf und Verkauf spezifischer Aktien an. Börsen gibt es immer mehr weltweit, aber die Anzahl an Aktien ist doch mit ein paar Tausend sehr übersichtlich.

Debt Markets – Renten- oder Anleihemärkte
Da nicht nur Unternehmungen, sondern auch andere Körperschaften eine Vielzahl von Obligationen begeben, ist deren Anzahl im Vergleich zu den Aktien sehr viel höher. Obligationen werden zudem häufig bis Endfälligkeit gehalten, sodass der Markt viel weniger liquide und transparent ist. Deshalb ist der Rentenmarkt immer noch ein Over-the-Counter-Markt, was so viel wie bilaterale Vereinbarungen zwischen Dealer und Investor bedeutet.

Derivative Markets – Derivatemarkt
Derivate können an der Börse oder außerbörslich (Over the Counter, OTC, Tafelgeschäft) gehandelt werden (siehe Abb. 2.7). Börsengehandelte Derivate sind nach den Vorgaben der Börsen standardisiert, um somit schnell und liquide gehandelt zu werden und den zentralen Clearingprozess durchlaufen zu können. Derivate an der Börse, wie Futures und Optionen, sind Wertpapiere.

Die größten Derivatebörsen sind die deutsch-schweizerische Eurex, die Chicago Mercantile Exchange (CME), die Korea Exchange (KRX), die britische NYSE Liffe und das Chicago Board of Trade (CBOT). Die ICE Futures U.S. und die New York Mercantile Exchange (NYMEX) sind die großen Warenterminbörsen.

Außerbörslich gehandelte OTC-Derivate werden üblicherweise bilateral stipuliert und geschlossen. Sie weisen oft individuelle Vertragsgestaltungen auf (Kündigungsklauseln, Leistungsbeschreibungen, Sicherheitsleistungen usw.). Die EMIR-Richtlinie (European Market Infrastructure Regulation) verpflichtet Vertragsparteien von außerbörslich gehandelten Derivaten, diese Geschäfte prinzipiell über eine zentrale Gegenpartei (Central Counter Party, CCP) abzuwickeln. Da sich wirtschaftlich nur standardisierte und liquide Derivatkontrakte für das zentrale Clearing eignen, müssen bilaterale Vertragsparteien von OTC-Derivaten, die von der zentralen Clearingpflicht ausgenommen sind, hohen Anforderungen an das Risikomanagement nachkommen.

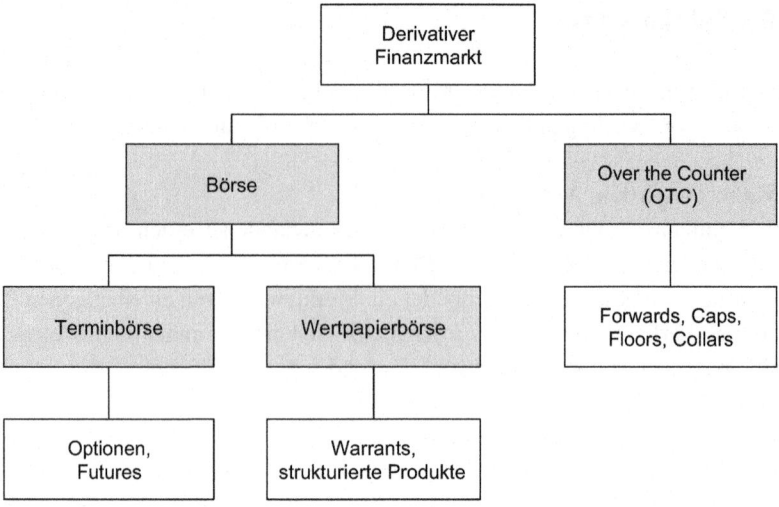

Abb. 2.7 Übersicht und Struktur der Derivate nach Handelsplatz

Foreign Exchange Market – Devisenmarkt

In den Siebzigerjahren ist das Währungssystem des Bretton-Woods-Abkommens zerfal-
len, sodass die Währungskurse sich frei nach Angebot und Nachfrage bilden konnten.
Damit ist auch die Notwendigkeit nach Absicherung von Devisenkursen entstanden.

Der Devisenmarkt ist der Markt, an dem Währungen gehandelt werden. Devisenhandel
ist der weltweit größte Markt, fast 5 Billionen USD an täglichem Umsatzvolumen umfas-
send, wobei die Tendenz wachsend ist (siehe Abb. 6.24 in Abschn. 6.6). Nicht nur ist er der
größte Markt der Welt, er ist auch der liquideste. Es gibt keinen zentralen Marktplatz für
den Austausch von Währung, sondern der Handel wird „over the counter" durchgeführt.
Deshalb bilden die Banken den „Devisenmarkt". Anders als der Aktienmarkt, erfordert
diese Dezentralisierung der Marktteilnehmer, aus einer Reihe von verschiedenen Anbietern auszuwählen und die Preise zu vergleichen. Der Kassamarkt ist 24 Stunden am Tag
geöffnet, fünf Tage die Woche, mit Währungen, die weltweit in allen wichtigen Finanz-
plätzen gehandelt werden.

Devisentransaktionen beinhalten den gleichzeitigen Kauf einer Währung und Verkauf
einer anderen Währung. Die erste Währung eines Währungspaares wird als „Basiswährung" bezeichnet, während die zweite Währung die Gegenwährung darstellt. Das Währungspaar zeigt, wie viel der Gegenwährung benötigt wird, um eine Einheit der Basiswährung zu kaufen. Währungspaare können als eine Einheit, die gekauft oder verkauft werden
kann, gedacht werden. Beim Kauf eines Währungspaares wird die Basiswährung gekauft,
während die Gegenwährung verkauft wird. Das Gegenteil ist der Fall, wenn der Verkauf
eines Währungspaares stattfindet. Es gibt vier Hauptwährungspaare, die am häufigsten im
Devisenmarkt gehandelt werden. Dazu gehören die EUR/USD, USD/JPY, GBP/USD und
USD/CHF.

Neben dem Kassamarkt, der ca. 40 % des Volumens ausmacht, gibt es noch den Derivatemarkt, insbesondere den Terminmarkt, auf dem künftige Tauschtransaktionen von Währungen stattfinden. Weitere Hauptprodukte sind Swaps, eine Kombination von Spot- und Termintausch. Optionen sind ebenfalls erhältlich.

Commodity Market – Warenmärkte
Es stellt sich die Frage, ob Investmentbanken physisch mit Waren handeln sollten. Denn dies bedingt auch die Fähigkeit, Rohstoffe zu finden und zu explorieren sowie eine ganze Infrastruktur an Lager und für den Transport zu besitzen. Diese Diskussion ist vor wenigen Jahren aufgekommen, als plötzlich eine Aluminiumknappheit aufkam und Banken für das Phänomen mitverantwortlich gemacht wurden. Bis in die Neunzigerjahre war es Banken nicht erlaubt, Unternehmungen außerhalb des Finanzsektors zu besitzen. Erst vor wenigen Jahre wurde diese Restriktion für Investmentbanken aufgehoben.

Neben dem direkten Warenhandel sind die Banken an Warenhändlern und an Infrastrukturanbietern beteiligt. J. P. Morgan besitzt Geothermie in Kalifornien und Nevada. Morgan Stanley besitzt Anteile an Heidmar, einen Öltankerreeder, und an TransMontaigne, einem Treibstoffverteiler. Goldman Sachs ist im Besitz von Kohle- und Uranminen, Eisenbahn- und Hafenterminals in Kolumbien sowie mittels Metro International Trade Services von 27 industriellen Aluminiumwarenlagern um Detroit herum. Plötzlich dauerte die Auslagerung von Aluminium nicht mehr sechs Wochen, sondern 16 Monate, mit entsprechenden Lagergebühren. Die Bestände wurden mehrmals täglich von einem Lager zum anderen geschippert, sodass keine Kapazität für die Auslagerung bestand. Es wurde berechnet, dass Autoteile und die Aluminiumdosen, von denen jährlich 90 Mrd. produziert werden, um 5 Mrd. USD überteuert wurden.

Im Jahr 2013 begann eine Verkaufswelle; auch aufgrund der Kapitalhinterlegung und Wiedererwägungen der Aufsicht wurden einige Handelsaktivitäten verkauft.

Der Warenhandel findet hauptsächlich an der Terminbörse in der Form von Futures statt. Dies stützt sich auf Basiswerte in den Kategorien Landwirtschaft, Metalle, Energie und Forstwirtschaft, wie man in Tab. 2.5 eingehend nachschauen kann.

Money Market – Geldmarkt
Der Geldmarkt ist der Teil des Finanzmarktes, auf dem kurzfristige Forderungen und Verbindlichkeiten mit *Zentralbankgeldguthaben* gehandelt werden. Angebot und Nachfrage werden vom Geldmarktzins gesteuert. Der Geldmarkt im engen Sinne umfasst nur die Geldaufnahme und -leihe bei der Zentralbank mittels Diskontkredit, Lombardkredit und Swaps sowie die kurzfristige Geldanlage mittels Tages- und Termingeld zwischen Geschäftsbanken (Interbankenmarkt).

Im weiten Sinn kommen noch andere Akteure und Instrumente hinzu, sodass Zentralbanken, Kreditinstitute, Finanzintermediäre wie Versicherungen, Pensionskassen, große Industrieunternehmen, aber auch öffentliche Institutionen und finanzstarke Privatanleger am Markt teilnehmen (siehe Tab. 2.6 für einige Staatsfonds).

Tab. 2.5 Traditionelle Basiswerte der Warentermingeschäfte, Auszug

Agricultural Products	
Foods	Potatoes, peannuts, feed peas, coffee, cocoa, oranges, ..., sugar, milk, shrimp
Fibers	Cotton, silk, wool
Grains, Oils, and Oilseeds	Barley, corn, oats, soybean oil, flaxseed, palm oil, ...
Meat and Livestock	Live cattle, boneless beef, pork bellies, ...
Energy Products	
	Electricity, crude oil, gas oil, heating oil, natural gas, propane, ...
Metals	
Precious Metals	Gold, silver, platinum, palladium, ...
Industrial Metals	Aluminium, copper, lead, nickel, tin, zinc, ...
Forest Products	
	Rubber, board lumber, plywood, wood pulp, ...

Tab. 2.6 Die größten Staatsfonds per August 2016 nach Anlagevolumen in Mrd. USD (Quelle: Sovereign Wealth Fund Institute, SWFI)

Rang	Land	Name	Betrag	Gründung
1	Norway	Government Pension Fund – Global	954	1990
2	Abu Dhabi	Abu Dhabi Investment Authority	828	1976
3	China	China Investment Corporation	814	2007
4	Kuwait	Kuwait Investment Authority	524	1953
5	Saudi Arabia	SAMA Foreign Holdings	514	n/a
6	Hong Kong	Hong Kong Monetary Authority Investment Portfolio	457	1993
7	China	SAFE Investment Company	441	1997
8	Singapore	Government of Singapore Investment Corp.	359	1981
9	Qatar	Qatar Investment Authority	320	2005
10	China	National Social Security Fund	295	2000
11	Dubai	Investment Corporation of Dubai	210	2006
12	Singapore	Temasek Holdings	197	1974
13	Saudi Arabia	Public Investment Fund	183	2008
14	South Korea	Korea Investment Corporation	122	2005
15	Abu Dhabi	Abu Dhabi Investment Council	110	2007
16	Australia	Australian Future Fund	102	2006
17	Iran	National Development Fund of Iran	91	2011
18	Russia	National Welfare Fund	72	2008
19	Libya	Libyan Investment Authority	66	2006
20	Abu Dhabi	International Petroleum Investment Company	65	1984
		Total	6725	

Die Geldmarktinstrumente sind zusammengefasst mit Ausnahme der nicht dazugehörigen Zahlungsinstrumente wie Schecks:

- Tages- und Termingelder,
- Repo- und Leihegeschäfte,
- kurzfristige Wertpapiere (Schatzanweisungen, Einlagenzertifikate und Commercial Papers),
- Fazilitäten der Zentralbank (z. B. Hauptrefinanzierungsinstrument der EZB),
- Geldmarktderivate (Forward Rate Agreements, Overnight Index Swaps, Geldmarktfutures) sowie
- Bankakzepte (*Bankers' Acceptances*) und Wechsel (*Bills of Exchange*).

Vom Kapitalmarkt unterscheidet sich der Geldmarkt durch eine kürzere Fristigkeit der Kapitalüberlassung. Die Grenze zwischen beiden Märkten wird in der Regel bei Fristigkeiten von einem Jahr gezogen. Schuldtitel werden nicht verzinst, sondern diskontiert.

2.5.4 Märkte nach Fristigkeit

Der Kapitalmarkt umfasst den Markt für langfristige Kredite (Rentenmarkt) und Beteiligungskapital (Aktienmarkt) und dient Unternehmen und staatlichen Institutionen zur Finanzierung von Investitionen.

Die maßgebliche Frist ist das Jahr. Unterjährige Schuldtitel bilden den Geldmarkt, längerfristige Debt Instruments stellen mit den unbefristeten Aktien den Kapitalmarkt dar. Unterjährige Schulden werden meist als Buchforderungen ausgestaltet und mit einem Abschlag versehen, der den Zins für die Überlassung des Geldes verkörpert (siehe auch oben und Abb. 2.8).

Abb. 2.8 Kapitalmarkt nach Fristigkeit

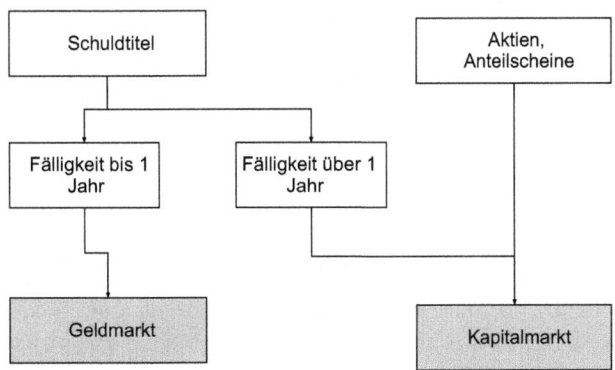

2.5.5 Märkte nach Regulierung

Der Handel mit Wertpapieren erfolgt nach verschiedenen Methoden, die man wiederum auch unterschiedlich kategorisieren kann. Häufig unterscheidet man nach *Auktions-* und *Market-Maker*-System.

In Auktionsbörsen werden die Aufträge bis zu einem bestimmten Zeitpunkt in einem Orderbuch (Central Limit Order Book CLOB) gesammelt. Dann wird der Preis nach dem sogenannten Meistausführungsprinzip von einem Kursmakler oder Sensalen – einem Vermittler – als amtlicher Kurs festgelegt, zu dem alle Aufträge des Buchs, die mit diesem Preis vereinbar sind, ausgeführt werden. Diese Art von Preisfindung ist sehr transparent. Die traditionelle Börse mit festen Handelszeiten, Anwesenheit der Händler und amtlicher Kursfestsetzung ist den modernen Gegebenheiten von Globalisierung und Computerisierung nicht gewachsen. Die systematische Weiterentwicklung dieser Art von Handel und Preisermittlung findet sich in den computerisierten Handelssystemen, wie es als erstes von der Börse in Toronto entwickelt wurde. CATS, kurz für Computer Assisted Trading System, wurde 1977 mit 90 Titeln in Betrieb genommen. Wie bei der Auktion handelt es sich um ein Order-driven-System.

Eine Order ist ein Kauf- oder Verkaufsauftrag mit Angabe von Preis und Menge zu einem spezifischen Titel. Dies sind sogenannte Limitorders, wonach eine Käuferin mindestens ihren Preis verlangt oder ein Käufer höchstens seinen Preis zu zahlen bereit ist. Damit der Markt aber funktioniert, braucht es Bestensaufträge, wonach eine Transaktion den Preis eines Anbieters akzeptiert. Nur das Übereinstimmen von Limitorder mit Bestensauftrag (Market Order) führt zur Ausführung einer Transaktion.

Marktmachersysteme sind dagegen „quote-driven". Marktmacher sind Institutionen, die für spezifische Titel also bereit sind, Geld- und Briefkurse zu stellen, und zu diesen Konditionen auch willens, sowohl zu kaufen als auch zu verkaufen. Hier braucht es zum Abschluss eines Vertrags keinen gegenläufigen Auftrag, weil der Marktmacher als Gegenpartei auftritt. Wer also Unmittelbarkeit (Immediacy) und damit Liquidität im Handel sucht, ist mit dieser Methode besonders bei wenig liquiden Titeln besser bedient. Market Making ist bei den Over-the-Counter-Geschäften die Regel. Die NASDAQ ist eine nach diesem System organisierte Börse.

Market Maker sind vor allem im Handel mit Schuldverschreibungen tätig, denn hier sind über 150.000 Titel in Europa alleine emittiert und handelbar. Im Vergleich dazu sind ca. 7000 Titel an regulierten Börsen kotiert. Dieses System absorbiert zeitliche Ungleichgewichte von Angebot und Nachfrage und dient der stabilen Preisermittlung. Hinzu kommt die Möglichkeit, ohne erhebliche Preisverwerfungen auch große Pakete von Wertschriften verkaufen zu können, wie es *Dark Pools* ermöglichen.

Die Computerisierung hat dazu geführt, dass die Auktionen kontinuierlich ausgeführt werden, d. h. nun durch ein *Matching* ersetzt werden, wenn Kauf- und Verkaufsorder übereinstimmen. Da die Marktteilnehmer in den Neunzigerjahren mit der Geschwindigkeit und der schleppenden Vernetzung der Börsen nicht zufrieden waren, entstanden private Han-

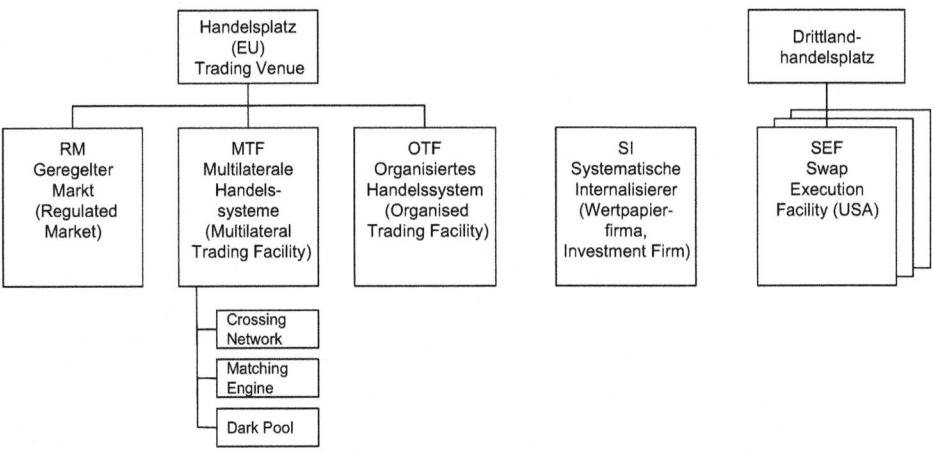

Abb. 2.9 Handelsplätze gemäß EU-Richtlinie, resp. Frank-Dodd Act in den USA

delssysteme, die man heute *Electronic Communication Networks* (ECN) oder *Alternative Trading Systems* (ATS) nennt. Anfänglich konnten sie ohne regulatorische Beaufsichtigung sowie Zulassungsstandard und damit billig produzieren. Wie man sehen wird, ist dieser Zustand behoben worden.

Die in der Europäischen Union eingeführte zweite MiFID-Richtlinie sieht deshalb vor, Handelsplätze (Trading Venues) in drei Kategorien einzuteilen:

- geregelte Märkte,
- multilaterale und
- organisierte Handelssysteme.

In der Abb. 2.9 sieht man noch zusätzlich die *systematischen Internalisierer* und das vom Dodd-Frank Act eingeführte Swap Execution Facility. Systematische Internalisierer sind (oder werden) vor allem die von Investmentbanken betriebene Dark Pools, sofern diese nicht von besagter Richtlinie gezwungen werden, MTFs zu sein. Ein Internalisierer ist eine Wertpapierfirma, die in organisierter und systematischer Weise häufig in erheblichem Umfang Handel für eigene Rechnung treibt, wenn sie Kundenaufträge ausführt (und selber kein MTF betreibt).

Ein „geregelter Markt" ist ein multilaterales System, das die Interessen einer Vielzahl Dritter am Kauf und Verkauf von Finanzinstrumenten innerhalb des Systems und nach seinen nichtdiskretionären Regeln in einer Weise zusammenführt oder das Zusammenführen fördert, die zu einem Vertrag in Bezug auf *zugelassene Finanzinstrumente* führt.

Ein „multilaterales Handelssystem" (MTF) ist ein von einer Wertpapierfirma oder einem Marktbetreiber betriebenes multilaterales System, das die Interessen einer Vielzahl Dritter am Kauf und Verkauf von *Finanzinstrumenten* innerhalb des Systems und nach nichtdiskretionären Regeln in einer Weise zusammenführt, die zu einem Vertrag führt.

Ein „organisiertes Handelssystem" (OTF) ist ein multilaterales System, bei dem es sich nicht um einen geregelten Markt oder ein MTF handelt und das die Interessen einer Vielzahl Dritter am Kauf und Verkauf von *Schuldverschreibungen, strukturierten Finanzprodukten, Emissionszertifikaten* oder *Derivaten* („Nichteigenkapitalinstrumente") innerhalb des Systems in einer Weise zusammenführt, die zu einem Vertrag führt. Die obigen Formulierungen sind Paraphrasen der EU-Richtlinie und damit wohl technisch ausgereift, aber nicht sehr plastisch.

In Deutschland werden die Marktsegmente auch nach drei Transparenzniveaus unterschieden, nämlich General Standard, der mit Prime Standard noch einen Teilbereich enthält, in dem noch höhere Anforderungen an die Transparenz gelten. Der selbstregulierte Markt muss dem Entry Standard genügen.

2.6 Research & Analysis

In den Researchabteilungen von Investmentbanken erstellen Analysten Studien über Unternehmen, Industriezweige, Märkte oder ganze Volkswirtschaften. Diese Analysen enthalten Hintergrundwissen und aktuelle Nachrichten zum untersuchten Objekt, zu Wachstums- und Gewinnprognosen und für Unternehmen zusätzlich Kursziele der dazugehörigen Aktien. Die Researchabteilungen unterstützen die übrigen Bereiche des Investmentbankings.

Salesmitarbeiter nutzen die Informationen der Researchabteilungen, um ihren Kunden die neuesten Investmentideen mit plausibel erscheinenden Argumenten näherbringen zu können. Trader und Fondsmanager informieren sich über neueste marktbewegende Nachrichten und die Mitarbeiter von Capital Markets ziehen Analysten zurate, um eine angemessene Bewertung für die zu emittierenden Wertpapiere zu finden. Auch für die M&A-Abteilung bietet das Research Hilfestellungen, da Erfolg und Misserfolg von Fusionen und Übernahmen auch stark von Konjunktur- und Branchenentwicklungen abhängen. Ein Teil der Researchstudien wird in der Regel auch den Kunden gegen Entgelt oder als kostenlose Serviceleistung zur Verfügung gestellt.

Die Researchobjekte sind, hier am Beispiel von Goldman Sachs, die folgenden:

- Equity (Aktien),
- Credit,
- Economics,
- Portfolio Strategy,
- Commodities,
- Public Policy.

Die Aktienanalyse ist das traditionellste Feld des Research. Hier beurteilt man anhand von Fundamentalanalysen der Makroumwelt, von Sektor- und Unternehmensdaten die

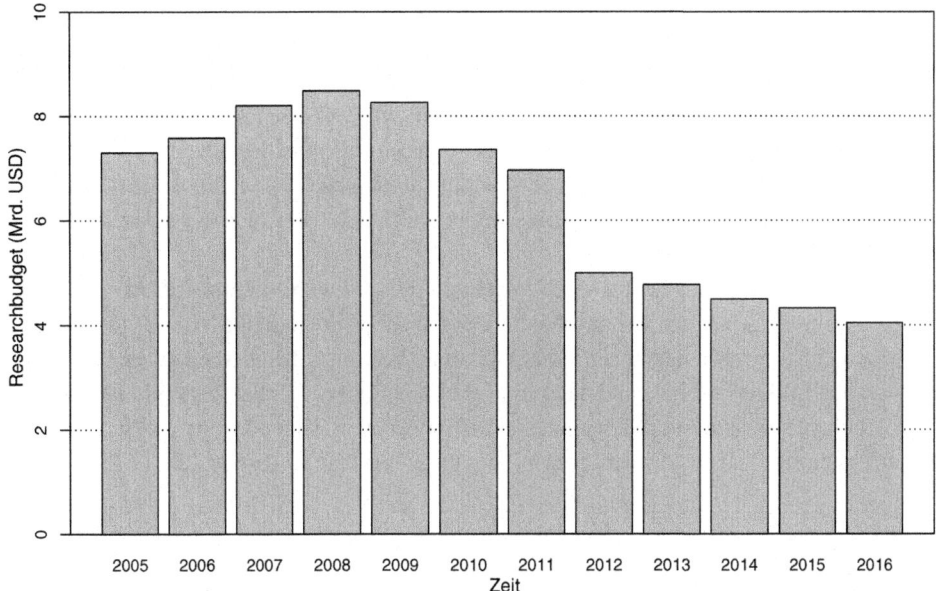

Abb. 2.10 Die Budgets für Research der größten Investmentbanken (Quelle: Frost Consulting)

Aussichten und Opportunitäten, die mit den Titeln einhergehen. Credit unterbreitet Investmentratschläge bezüglich Unternehmensanleihen und Kreditderivaten von Emittenten. Economics befasst sich mit der Vorhersage von Konjunktur, Zinssätzen und Wechselkursen, also makroökonomischen Entwicklungen.

Die Portfolioanalyse thematisiert vor allem die Allokation von Geldern in verschiedene Märkte und Sektoren. Die Analyse von Rohstoffen konzentriert sich auf Öl und Gas, Metalle und Edelmetalle sowie Landwirtschaft. Da diese Objekte miteinander verschränkt sind, muss man eine gewisse gemeinsame Sicht erarbeiten, um nicht beim Kunden für Verwirrung zu sorgen.

Die Public-Policy-Gruppe adressiert nicht hauptsächlich den Investorkunden, sondern Regierungen und Regulatoren (Policy Makers) weltweit. Neben Analysen bieten sie sich auch für entsprechende High-level-Beratung an.

Das Research arbeitet sowohl für die Investoren durch die Handelsabteilung als auch für die Emittenten durch das Investmentbanking. Dadurch entstehen Interessenskonflikte, die schon zu großen juristischen Problemen geführt haben.

In einem Artikel über die abnehmende Bedeutung der Aktienanalyse schreibt die Zeitschrift Economist (2017) ernüchternd:

MiFID 2 . . . will force asset managers to disclose how much they spend on research. So banks will have to „unbundle“ their services, billing clients for research and trading separately.

Diese Regeln seien hoch disruptiv für eine höchst ineffiziente Industrie. Banken würden die Briefkästen ihrer Kunden mit Myriaden von Berichten fluten, die nie gelesen würden. Natürlich ist es schwierig, originelle Einsichten über große Unternehmungen zu verfassen, wenn Dutzende von Analysten dasselbe versuchten. Wenn nun den Kunden eine Rechnung dafür präsentiert werde, zeigt es sich, wie wertvoll diese Produkte sind.

Research wird zwar noch weiter an Bedeutung abnehmen, aber nicht verschwinden. Es ist auch ein Indikator, wie gut eine Investmentbank vernetzt ist und Kontakte innerhalb der Industrie herstellen kann.

In Abb. 2.10 erkennt man die Aufwendungen der globalen Investmentbanken für Research. Die Summen sind nicht unerheblich, betragen sie doch einige Mrd. USD pro Jahr. Weiter erkennt man den negativen Trend. Seit dem Ausbruch der Krise, dem Höchststand, hat sich das Budget halbiert, und da es eine personalintensive Arbeit darstellt, ist die Anzahl Arbeitsplätze in diesem Segment auch berührt worden. Hinzu kommt die Substitution durch Werkzeuge aus der Künstlichen-Intelligenz-Ecke, wie in Abschn. 10.1.3.1 angedeutet.

2.7 Financial Engineering

Sharpe (1995, 18) zitiert folgende Definition für Financial Engineering: „Es ist die Entwicklung und die kreative Anwendung von Finanztechnologien, um Finanzprobleme zu lösen und um finanzielle Gelegenheiten auszunutzen." Diese Opportunitäten entstehen aus Arbitragemöglichkeiten, dem Handelbarmachen von Krediten und von anderen isolierten Risiken sowie von Marktunvollkommenheiten und Informationsasymmetrien. Es kann durchaus gelingen, auch von Steuerarbitrage zu profitieren, wenn die Zahlungsmuster zwar identische sind, aber eine andere rechtliche Betrachtung vorherrscht.

Das theoretische Fundament ist die Arbitragefreiheit, wonach die exakte Nachbildung eines Finanzinstruments dessen Preis aufweisen muss. Hieraus entstand das geflügelte Wort: „There is no free lunch." Mit Computern kann man die Funktionsweise solcher neuer Finanzprodukte testen, gestützt auf stochastische Modelle und Differentialgleichungen, numerische Lösungen oder Simulationen. Wenn neue, bisher nicht gehandelte Risiken verpackt werden, entsteht die Möglichkeit, neue Produkte zu deren Absicherung zu entwerfen. Beispielsweise hat man Multifaktorenoptionen geschaffen, die wiederum Korrelationsrisiko beinhalten. Dieses kann man mit einer Korrelationsoption absichern.

Das ingenieurmäßige Erschaffen von neuen Instrumenten gründet auf drei Techniken: zum einen das Kombinieren von einfachen Bausteinen, das Zerlegen von Produkten in Einzelteile sowie die Anwendung bestehender Produkte auf neue Risiken (Smithson und Smith 1995, 359).

Die *Bausteine* sind zum einen die grundlegenden Derivate, nämlich Termingeschäft, Option und Swap. Die Kombination von Bausteinen bildet auch eine Strategie. Fasst man sie zu einem Produkt zusammen, entsteht ein neues Produkt. Nur schon Optionsstrategien sind Legion. Als Beispiele mögen der Straddle, Strangle, Collar und Condor dienen.

Details findet man vielerorts, unter anderen bei Sorenson et al. (1998) oder Hull (2012, 246).

Die Zerlegung oder Aufspaltung (Unbundling) kennt man schon länger, beispielsweise das Stripping von Zinsen oder das Herauslösen von eingebetteten Optionen aus Wandelanleihen.

Die erweiterte Anwendung von einfachen Derivaten auf neue, *komplexere Basiswerte* führt zu Optionen auf zwei Aktien, auf einen Aktienkorb bis zu Indexoptionen, Swaptions, Optionen auf Swaps, Compound Options, d. h. Optionen auf Optionen etc. Der Basiswert kann auch eine Funktion eines Basiswertes sein, zum Beispiel der Durchschnittspreis einer Aktie in einem bestimmten Zeitraum (Asian Option). Auch um Derivate billiger zu machen, werden dem Käufer gewisse Risiken aufgebunden. Häufig trifft man auf die pfadabhängigen Merkmale wie Knock-in und Knock-out, die wie Schalter das Derivat aktivieren oder deaktivieren. Exchange-Traded-Funds-Produkte kann man auch als Resultat dieser Technik ansehen.

Neben den Produkten für das Riskmanagement und den Handel verwendet man Financial Engineering im Bereich Structured Finance, im Wesentlichen für die Projektfinanzierung sowie die Finanzierung mit Verbriefungen (Asset Backed Securities ABS). Bei der Projektfinanzierung beraten die Investmentbanken ihre Kunden in Bezug auf die finanzielle Strukturierung von individuellen Großprojekten; bei Verbriefungen wird ein Forderungspool bis hin zu synthetischen Kreditderivaten an verschiedene Investoren verkauft. Aufgrund des individuellen Charakters der Projekte gibt es verschiedenste Gestaltungsspielräume der rechtlichen, steuerlichen und finanzwirtschaftlichen Strukturen.

Financial Engineering wird zusammenfassend in den Bereichen Handel mit Kapitalmarktprodukten, im Corporate Finance bei der Umstrukturierung von Unternehmungen, in der Projektfinanzierung und im Asset-Management verwendet.

2.8 Technologie

Gartner, eine Researchfirma und Beratung für Informationstechnologie, sagt etwas plakativ, dass heute jede Firma eine IT-Firma ist. Investmentbanken lebten und leben von Informationen, die sie gewinnbringend nutzen. Man denke an die Digitalisierung der Börsen und des Handels, die Visualisierung von Massendaten, das Pricing von Tausenden von Produkten, die Modelle der Quants, die Algorithmen der Flash Traders, aber auch die umfangreichen Berichte an die Aufsicht. Deshalb ist Informationstechnologie sehr wichtig.

Wie bei den meisten Banken hat sich im Laufe der Jahre eine Vielzahl überholter IT-Systeme angesammelt, deren Abbau und Ersatz durch den beschleunigten Wandel und die vermehrte Ausrichtung auf den Kunden eine eigene Wissenschaft ist. Das Amlaufenhalten alter Systeme und dieses Außerdientstellen (Decommissioning) überholter Systeme macht den überragenden Anteil der IT-Kosten aus. Die Deutsche Bank hat mit HP einen Milliardendeal abgeschlossen, damit diese die Kernsysteme übernehmen und die Altsysteme auf die Cloud bringen.

Die stattfindende digitale Umwälzung betrifft Investmentbanken besonders stark. Die Themen sind die Vernetzung mittels *Plattformen* zu sogenannten Ökosystemen mit einhergehenden neuen Market Places, *Distributed Ledger*, d. h. im Internet verifizierte und identifizierte Buchungen mittels der Blockchain-Technologie, und neue Tiefe des Kundenzugangs über die verschiedensten *Devices*. Hinzu kommen die Kryptowährungen wie Bitcoin, die potenziell ein Game Changer sind. Dies sind nur ein paar Stichworte. Durch die explosionsartige Vermehrung von FinTech-Start-ups werden viele bisherige Gewissheiten infrage gestellt.

Die Universalbank UBS arbeitet mit QxBranch, einem Start-up, zusammen in der möglichen Anwendung von *Quantenalgorithmen* für den Devisenhandel. Quantencomputer nutzen die merkwürdigen Effekte von subatomaren Teilchen, wie sie in der Quantenmechanik beschrieben werden. Falls man diese Technologie für den Einsatz tauglich machen kann, eröffnen sich ungeheure Möglichkeiten bezüglich der Rechenleistung. Aber wie sagte schon der geniale Physiker Richard Feynman: „I think I can safely say that nobody understands quantum mechanics."

Investmentbanken kennen die *FinTech*-Szene gut, denn die Finanzierung solcher Start-ups gehört ins Portefeuille der Bank. Somit sind sie in der günstigen Lage, aufstrebende Unternehmungen sich einzuverleiben, anstatt selber Technologie zu entwickeln.

Die digitale Technologie wird vom Sozialen dominiert. Deshalb muss eine Institution ein neues Verhältnis mit dem Kunden aufbauen. Man vertiefe bei Skinner (2014, 141).

Literatur

Anderson, R. (2007). *The credit scoring toolkit: theory and practice for retail credit risk management and decision automation*. Oxford: Oxford University Press.

Economist (2017). Banks' equity-research operations are in decline. *The Economist*. 30. März 2017.

Fabozzi, F., & Modigliani, F. (2009). *Capital Markets: Institutions and Instruments* (4. Aufl.). Prentice Hall, Upper Saddle River, N.J: Pearson International edition.

Hull, J. (2012). *Options, futures, and other derivatives*. Boston: Prentice Hall.

McIntyre, H. (2007). *How the U.S. securities industry works* (3. Aufl.). New York: The Summit Group Press.

Meyer, H. (1904). *Meyers Grosses Konversations-Lexikon* (6. Aufl.). Bd. 7. Leipzig: Bibliographisches Institut.

Sharpe, W. F. (1995). Nuclear Financial Economics. In W. Beaver & G. Parker (Hrsg.), *Risk management: problems & solutions* (S. 17–35). New York: McGraw-Hill.

Skinner, C. (2014). *Digital bank: strategies to launch or become a digital bank*. Singapore: Marshall Cavendish Business.

Smithson, C. W., & Smith, C. W. (1995). *Managing financial risk: a guide to derivative products, financial engineering, and value maximization*. Burr Ridge, Ill: Irwin Professional Pub.

Sorenson, E. H., Miller, K. L., & Cox, D. E. (1998). *The Salomon Smith Barney Introductory Guide to Equity Options*. New York: Salomon Smith Barney. Report

Tirole, J. (2009). *The Theory of Corporate Finance*. Princeton: Princeton University Press.

Vinter, G. (1998). *Project finance: a legal guide*. London: Sweet & Maxwell.

Capital Markets Financing – Finanzierungsgeschäft

3

In diesem Kapitel beschäftigen wir uns mit einem Teil des Investmentbankings, jenem ursprünglichen Tätigkeitsfeld, das den Investmentbanken den Namen gegeben und sich nach dem Börsenkrach von 1873 weiter ausgebildet hat (siehe Abschn. 1.3.2.1, Nach dem Börsenkrach), nämlich Finanzierung am Markt durch Emission, Beratung bei Fusionen und Firmenrestrukturierungen neben aktiver Interessenvertretung durch Beteiligung. Somit ist Financing and Advisory eine kurze Zusammenfassung des Begriffs Investmentbanking. Wie man unschwer erkennt, handelt es sich um *Kommissionsgeschäft*, das auch als bilanzunabhängiges Geschäft bezeichnet werden kann. Die Erfolgsfaktoren sind somit *immaterielle* Vermögen, d. h. eine sehr gute Reputation, Fähigkeiten und Erfolge, Kreativität, Hingabe und Kundenzentrierung, Innovation etc. Die Risiken bestehen vor allem im Verlust dieser Vermögensteile (Assets).

Im Ursprung beschäftigte sich das Investmentbanking mit der Finanzierung von Staaten und anderen Gebietskörperschaften sowie von Unternehmungen. In einer großen Investmentbank sind diese zwei Bereiche getrennt, weil sehr unterschiedliche Fähigkeiten gefragt sind. Besonders bei der Finanzierung von Staaten sind die Produkte gegeben. Es ist von viel größerem Interesse, die benötigten Gelder bei seiner Kundschaft beschaffen und die Papiere platzieren zu können.

Im Bereich der Unternehmungen besteht das Ziel, „optimale" Kapitalstrukturen zu entwickeln, und zwar für eine Kundschaft, die vom patronalen Mittelstandsunternehmen bis hin zum international tätigen, börsennotierten Konzern reicht.

Es gibt keine universelle Theorie, welche die optimale Struktur, respektive die optimale Mischung von Finanzierungsinstrumenten oder nur schon die beste Verschuldungsquote beschreibt (Brealey et al. 2014, 472). Die gängigsten Theorien sind die folgenden. Die *Trade-off-Theorie* orientiert sich am Austauschverhältnis von Kosten und Ertrag einer zusätzlichen fremdfinanzierten Geldeinheit, die *Pecking-order-Theorie* geht davon aus, dass zuerst Innenfinanzierung angestrebt wird, dann Fremdkapital und zuletzt Eigenkapital aufgenommen wird. Die *Agency-Theorie*, die ja ein durchaus negatives Menschenbild wiedergibt, besagt, dass trotz der Insolvenzgefahr ein hoher Verschuldungsgrad eines

© Springer Fachmedien Wiesbaden GmbH, ein Teil von Springer Nature 2018
C. Franzetti, *Investmentbanken*, https://doi.org/10.1007/978-3-658-20791-5_3

Unternehmens dessen Wert erhöht, falls die freien Cashflows die profitablen Investitions-
opportunitäten übersteigen (Jensen und Meckling 1976).

Die Kapitalstruktur ist auch eine Funktion der Strategie. Will man eine Unternehmung
umbauen, vergrößern, verkleinern, die Besitzverhältnisse neu ordnen, neue Finanzierungsquellen anzapfen, so muss man häufig auf die Dienste des Investmentbankings zurückgrei-
fen.

Ganz allgemein gilt jedoch, dass die Finanzseite einer Unternehmung nicht die Quelle
der Rentabilität einer Firma sein kann; denn der unternehmerische Gewinn muss aus der
Aktivseite, der produktiven Seite, der Bilanz erzeugt werden und kann nicht nachhaltig
durch Einsparung von Finanzierungs- und Liquiditätskosten, Standort- und Steueropti-
mierung etc. erfolgen.

3.1 Investmentbanking

In diesem und im folgenden Kapitel werden wir das Beratungs- und Finanzierungsgeschäft darstellen (Abb. 3.1). Da dieser Bereich häufig auch einer Division als organisatorischer Einheit entspricht, kann man das Geschäft auch aus dieser Warte betrachten. Die
entsprechende Division besteht aus drei Dimensionen (siehe Abb. 3.2):

1. Produkten,
2. Industriegruppen („coverage") und
3. geografischen Gruppen.

Die Staatsfinanzierung wird häufig als Industriegruppe geführt. Daneben gibt es natürlich Kundenberater, welche traditionell die Banker repräsentieren. In der folgenden Dar-

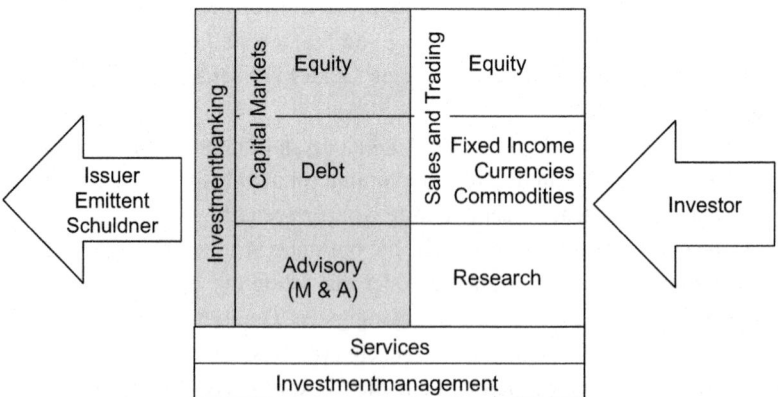

Abb. 3.1 Schematik der Abteilungen der Investmentbank. In diesem Kapitel befassen wir uns mit
den Themen, welche die Schnittstelle zu den Emittenten darstellen

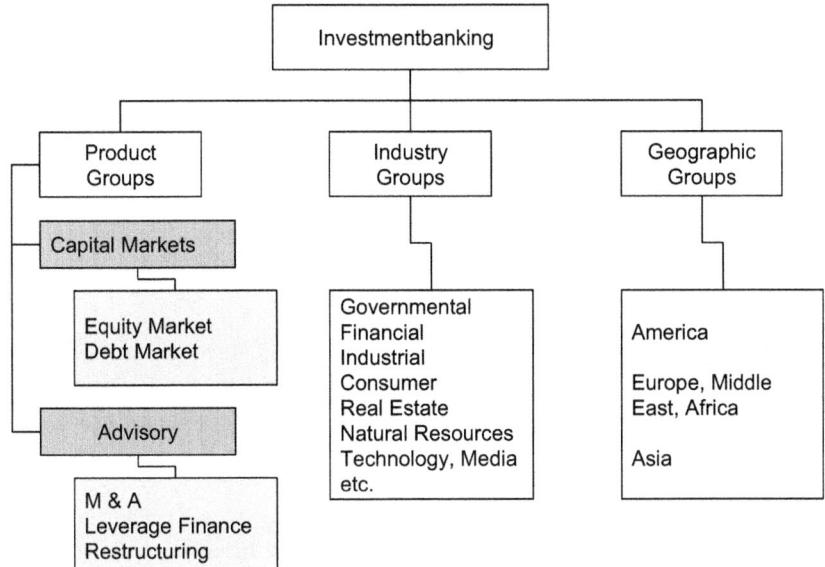

Abb. 3.2 Die drei Dimensionen des Investmentbankings. Die Darstellung dieses Kapitels folgt hauptsächlich der Produktesicht

stellung werden wir den Produkten folgen. Allerdings muss man wissen, dass hier mit Produkten eigentlich bestimmtes Fachwissen gemeint ist, beispielsweise:

- Equity Capital Markets,
- Debt Capital Markets,
- Fusionen und Akquisitionen,
- Leveraged Finance,
- Restrukturierung,
- Securitized Products,
- Syndicated Loans.

Für spezifische Aufträge (Deals) wird intern eine Arbeitsgruppe gebildet, die Mitarbeiter aus all diesen Gruppen zusammennimmt (siehe Abb. 3.3). Der Banker ist meist besorgt, allfällige Brückenkredite zu organisieren. Der Kundenberater aus der Industriegruppe leitet meistens den Auftrag, außer er ist zu beschäftigt, sodass die Produktegruppe übernimmt.

Diese Finanzierungsspezialisten arbeiten häufig eng mit der Distribution im Bereich von Sales & Trading zusammen, um neu geschaffene Papiere zu verkaufen.

In gewissen Organisationen ist das Private Equity, auch LBO genannt, ein Bereich des Investmentbankings. Der Übersicht halber und einer eher historischen Perspektive

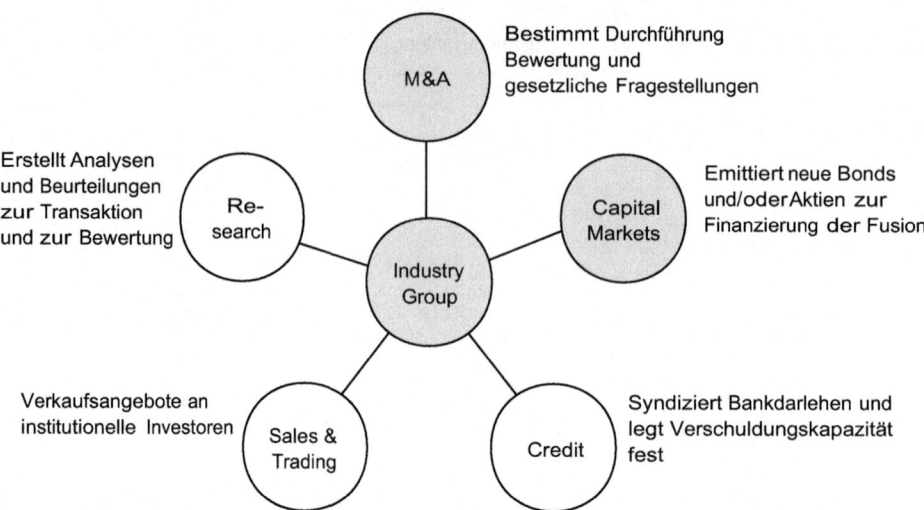

Abb. 3.3 Ein typisches Dealteam bei einem Fusionsauftrag. Die Industriegruppe dient meist als Nabe im Zentrum

folgend, werden wir das Private Equity an einem anderen Ort beschreiben, nämlich in Abschn. 8.1.

Die Abb. 3.4 zeigt plakativ die Größenordnung der Erträge der zehn stärksten Investmentbanken nach Produktgruppen. Zum einen erkennt man, dass das Beratungsgeschäft, hier kurz als Merger & Acquisition bezeichnet, mit der Aktienemission und der Emissionsabteilung für Forderungspapiere mithält. Anderseits ist der Umfang der Konsortialkredite staunenswert. Kredite gehören nicht zum altehrwürdigen Geschäft. Es hat sich aber vor allem im Zusammenhang mit den stark fremdfinanzierten Unternehmenskäufen und Übernahmen etabliert. Das Syndication Desk ist deshalb auch in der Nähe oder als Teil des Leveraged Finance anzutreffen. Die Kredite sind entweder kurzfristige revolvierende Fazilitäten oder mittel- bis langfristige Festkredite.

Der Bereich *Capital Markets* führt die Emission von Eigenkapital (Equity Capital Markets) und Fremdkapital (Debt Capital Markets) durch. Die Investmentbanken beraten dabei den Emittenten und sind maßgeblich an dem Verkauf der Wertpapiere an die verschiedenen Investoren beteiligt (siehe Abb. 3.5). Die Banken unterstützen den Emittenten auf Roadshows und Promotionsveranstaltungen für die zu emittierenden Wertpapiere. Während der Bereich Advisory (auch Corporate Finance) im Wesentlichen an der Schnittstelle zum Kapitalnehmer agiert, spricht der Bereich Capital Markets auch die Kapitalgeberseite an.

Der Bereich *Mergers & Acquisitions* umfasst sowohl Fusionen als auch Übernahmen von Unternehmen oder Unternehmensteilen. Die Investmentbanken sind dabei in einer Berater- und Vermittlerfunktion tätig. Eine Investmentbank kann ihre Kunden dabei sowohl auf der Käufer- (Übernahme eines anderen Unternehmens oder eines Unternehmens-

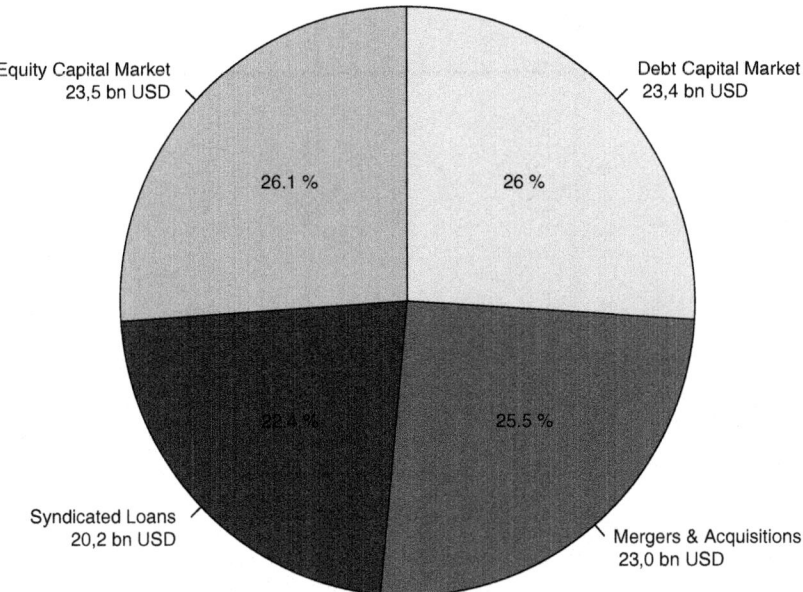

Abb. 3.4 Kommissionseinnahmen der Lead-Banken nach Hauptgruppen des Investmentbankings 2014 (ThomsonReuters). Bemerkenswert ist die Tatsache, dass man vier ähnlich große „Produkte" ausmachen kann. Allerdings betrifft dies die 10 größten Institute

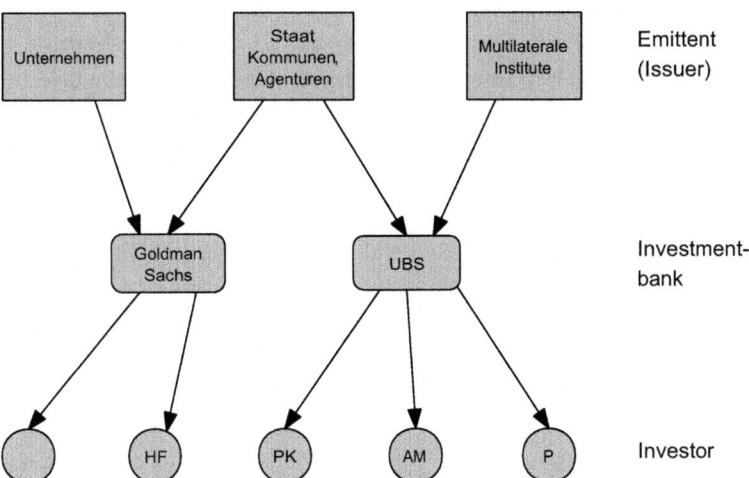

Abb. 3.5 Am Primärmarkt finanzieren sich Unternehmen, Hoheitsgebiete und multilaterale Institute; die Investoren sind Hedgefunds, Pensionskassen, Asset-Manager und andere institutionelle Anleger sowie private Haushalte

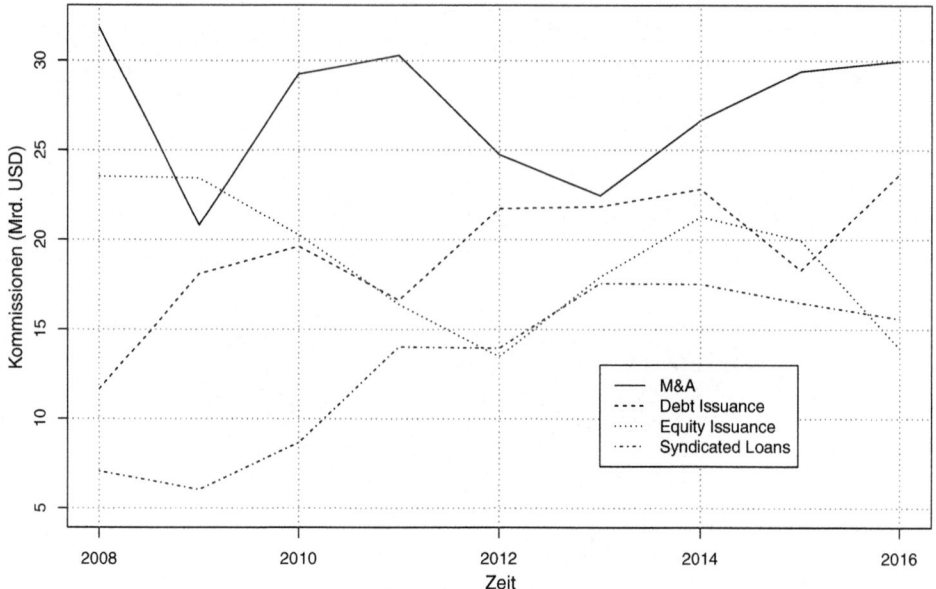

Abb. 3.6 Kommissionseinnahmen weltweit nach den vier Hauptprodukten (Quelle: ThomsonReuters)

teils) als auch auf der Verkäuferseite (Verkauf einzelner Unternehmensteile) unterstützen. Dabei sind zunächst geeignete Fusionspartner, Übernahmeobjekte oder Kaufinteressenten zu identifizieren. Anschließend erstellen die Investmentbanken Unternehmensbewertungen, führen im Auftrag ihrer Kunden Verhandlungen und gestalten die Verträge sowie die Finanzierung der jeweiligen Transaktion. Die M&A-Abteilungen einer Investmentbank unterstützen ihre Kunden außerdem bei der Abwehr von feindlichen Übernahmen. Die Vergütung der Investmentbanken ist bei jedem Deal im Wesentlichen vom Transaktionsvolumen abhängig.

Abb. 3.6 zeigt die Kommissionseinnahmen der Finanzierung mit Aktien und Festverzinslichen sowie die Konsortialkredite und das Beratungsgeschäft, hier kurz „M&A" genannt. Die zehn Topbanken machen rund 50 % der Einnahmen aus. Das Beratungsgeschäft ist das einträglichste. Die Ausgaben von Unternehmen für Beratungsleistungen können enorm sein. Abb. 3.7 zeigt dieses Phänomen exemplarisch. Zum wiederholten Mal erkennt man, dass es sich lohnt, die richtigen Kunden zu haben.

Capital Markets, die wir im nächsten Kapitel behandeln werden, ist eine von vielen Bezeichnungen, wie etwa *Origination*, *Financing*, für das Emissionsgeschäft, das auf die Kapitalaufnahmen am Markt abzielt. Die zwei großen Kategorien von Instrumenten sind Beteiligungs- und Forderungspapiere. Entsprechend wird zwischen Equity und Debt unterschieden.

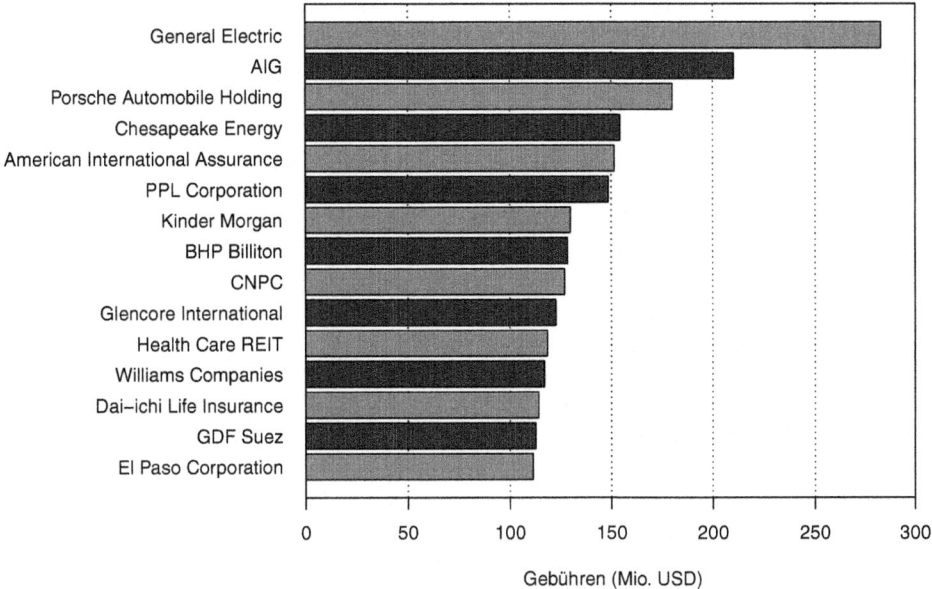

Abb. 3.7 Die größten Gebührenzahler im Dreijahresdurchschnitt (Quelle: ThomsonReuters)

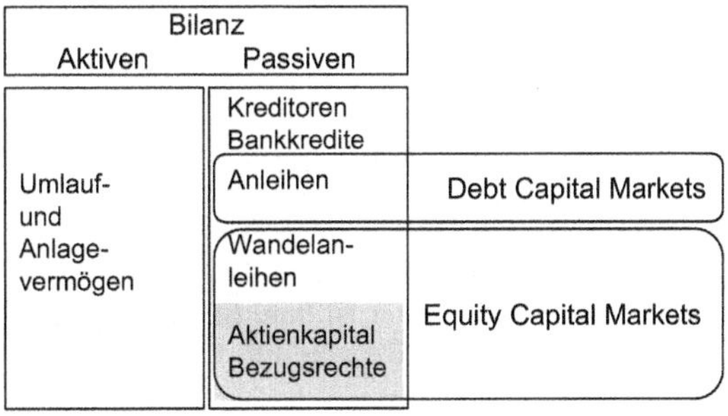

Abb. 3.8 Schematische Darstellung der beiden Kapitalmärkte in Bezug auf die bilanzielle Einordnung bei einem Unternehmenskunden

Aus der Perspektive einer Unternehmung besteht die Finanzierungsstruktur vor allem aus der Passivseite der Bilanz und allfälligen außerbilanziellen Verpflichtungen (siehe Abb. 3.8). In der Rechnungslegung unterscheidet man bei den Passiven zudem zwischen Fremdkapital (Liabilities) und Eigenkapital (Shareholder's Equity). Weiter differenziert man zwischen Innen- und Außenfinanzierung, wobei Erstere sich auf die Reservebildung aus Gewinnen bezieht. Mit der Gewinnverwendung steuert die Unternehmung in einem eher geringeren Teil die Passivseite.

Das Eigenkapital ist je nach Form der Kapitalgesellschaft auszugestalten. Es dient vor allem als Risikopuffer und spiegelt die Besitzverhältnisse wider. Das Fremdkapital hingegen dient der Finanzierung des Umlauf- und des Anlagevermögens.

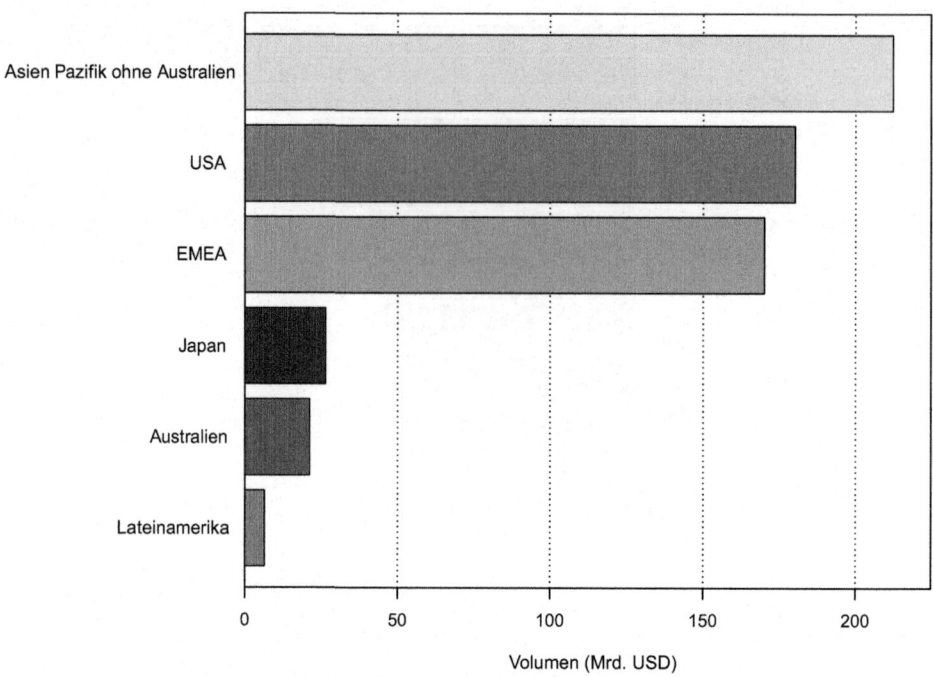

Abb. 3.9 Equity-Emission nach Regionen 2016 (Quelle: ThomsonReuters)

Wie es aus einem Verkaufsprospekt der Boutique Houlihan Lokey heißt:

Die weltweiten Kapitalmärkte sind einem immer schnelleren Wandel unterworfen, ihre Strukturen werden immer komplexer. Umso wichtiger ist es für Sie, einen erfahrenen und vertrauenswürdigen Berater an Ihrer Seite zu wissen, der seit Jahren erfolgreiche individuelle Finanzierungslösungen entwickelt.

Die Finanzierungsquellen kann man übersichtshalber folgendermaßen zusammenfassen:

- Fremd- und Anschlussfinanzierungen,
- Mezzaninkapital,
- Hochzins- und
- Wandelanleihen.

Nun gehen wir vertieft der Emission von Beteiligungskapital nach, nachdem wir noch die ökonomischen Aspekte für die Investmentbank streifen.

Die Kommissionseinnahmen sind gemäß der gängigen Praxis zwar gestaffelt und von der Underwriting-Rolle abhängig, aber insgesamt summarisch als proportional zum Volumen anzusehen. Wie man sieht, machen die Erträge für die besten für Equity alleine rund 1 Mrd. USD aus. Emission ist eines von drei Standbeinen der traditionellen Investmentbank. Wie man der Abb. 3.9 entnehmen kann, sind drei Hauptregionen für die Emission wesentlich, nämlich USA, Europa und Asien-Pazifik.

3.2 Equity Capital Markets – Aktienemission

Die Division Equity Capital Markets befasst sich mit dem Primärmarkt und damit mit dem Emissionsgeschäft von Aktien, aktienähnlichen Instrumenten, z. B. Anteile an Master Limited Partnerships, und Wandelanleihen. Diese Emissionen nennt man auf Englisch „equity-linked issuances". Privatplatzierungen von Beteiligungsrechten sind ebenfalls hier angesiedelt. Abb. 3.10 zeigt den Primärmarkt als Entstehung der Wertpapiere durch Emission, welche dann dem Handel zur Verfügung stehen. Im Sekundärmarkt kann eine an der Emission beteiligte Investmentbank gezwungen sein, anfänglich den Kurs des Papiers durch Käufe und Verkäufe zu unterstützen.

Im Detail sehen die zu emittierenden Produkte wie folgt aus:

- IPOs – Börsengang, Ersteinführung,
- Follow-on Offerings – Kapitalerhöhung,
- Rights Issues – Bezugsrechte,
- Convertible/Exchangeable Bonds – Wandel- und Umtauschanleihe,
- Block Trades – Blockhandel,
- Private Placements – Privatplatzierung.

Die Kunden des Emissionsgeschäfts sind Unternehmungen, die sich neu oder stärker am Kapitalmarkt finanzieren wollen. Kapitalmarktfähig sind eher die größeren Unternehmungen. Bei Emissionen mit großem Volumen vertraut sich der Emittent einer Führungsgruppe von Investmentbanken an, sogenannte Lead und Co-Lead Manager, die wiederum eine Gruppe von Underwritern führen. Um die Reichweite der Emission zu vergrößern, kann noch eine Gruppe von Verkäufern (Selling Group) verpflichtet werden (siehe Abb. 3.11). Tab. 3.1 zeigt die League Table für die Aktienemission. Es sind nur rund acht Institute, die beherrschende Stellungen einnehmen.

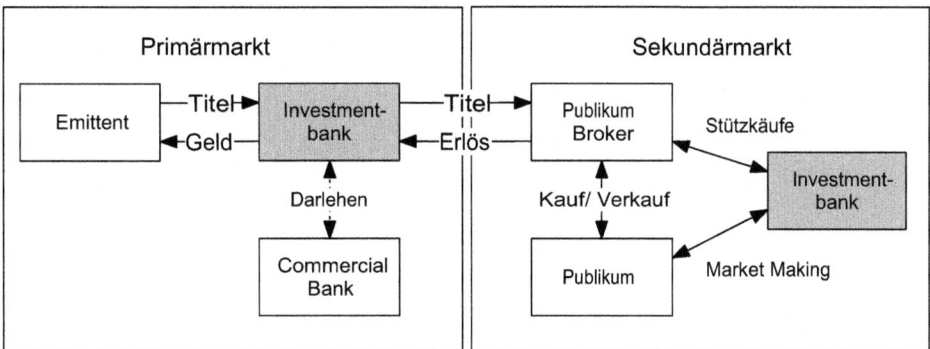

Abb. 3.10 Am Primärmarkt werden die Wertpapier, u. a. Aktien, zur Finanzierung der Unternehmung emittiert; dann sind die Wertpapiere am Sekundärmarkt handelbar. Die Investmentbank hilft der Emission, indem sie anfänglich nötigenfalls zur Kurspflege den Preis stützt

Abb. 3.11 Übersicht der
Underwriting-Rollen nach
Bühler et al. (1989, 138). Die
Führungsgruppe umfasst die
Manager der Emission, die Ga-
rantiegruppe die Underwriter
und die Verkaufsgruppe die
Broker

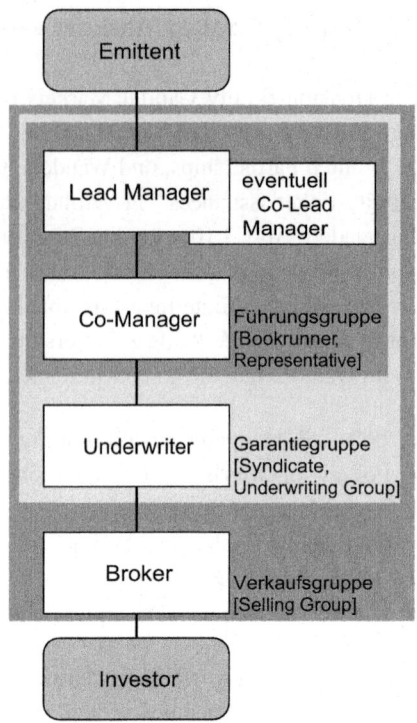

Tab. 3.1 Global Equity and Equity-related 2016 Emissionsvolumen (Quelle: ThomsonReuters)

Rang	Bookrunner	Volumen (Mio. USD)	Anzahl	Fees (Mio. USD)
1	JP Morgan	56.128	335	1069,70
2	Morgan Stanley	47.789	264	870,5
3	Goldman Sachs	47.304	256	762,2
4	BofA Merrill Lynch	32.703	222	701,7
5	Citi	29.865	234	580,0
6	Credit Suisse	27.747	206	536,0
7	Deutsche Bank	26.940	156	370,0
8	UBS	22.799	172	364,7
9	Barclays	20.367	145	384,4
10	CITIC	12.593	62	223,4
	Total Top 20	404.120	2778	7675,2
	Gesamt total	654.956	4669	13.936,0

Tab. 3.2 Die größten IPOs nach Emissionsvolumen per Oktober 2017 (Quelle: verschiedene)

Rang	Firma	Jahr	Underwriter	Volumen (Mio. USD)
1	Alibaba	2014	Credit Suisse	21.767
2	NTT Mobile	1998	Goldman Sachs	18.099
3	Visa	2008	J. P. Morgan	17.864
4	AIA	2010	Citi	17.816
5	ENEL SpA	1999	Merrill Lynch	16.452
6	Facebook	2012	Morgan Stanley	16.007
7	General Motors	2010	Morgan Stanley	15.774
8	ICBC	2006	Merrill Lynch	15.774
9	Deutsche Telekom	1996	Goldman Sachs	13.034
10	Dai-ichi Mutual Life Insu	2010	BofA Merrill Lynch	10.986
11	AT&T Wireless Group	2000	Goldman Sachs	10.620
12	Rosneft Oil Company	2006	ABN AMRO	10.421

3.2.1 Ersteinführung, Börsengang

Die Börsenersteinführung, auch Börsengang und englisch „initial public offering" (IPO) oder „going public" genannt, besteht darin, die Aktien einer Kapitalgesellschaft oder andere Anteilsscheine an einer Börse zum Handel zuzulassen. Damit ist unter anderem eine wesentliche Änderung der Besitzerstruktur der Firma unvermeidlich. Tab. 3.2 zeigt einige Megadeals.

Die positiven Effekte eines Börsengangs sind unter anderem folgende:

• Verbesserung der Eigenkapitalausstattung,
• Steigerung der Bonität und des Bekanntheitsgrads,
• laufende Bewertung der Unternehmenspolitik, Struktur und Strategie,
• höhere Attraktivität als Arbeitgeber,
• einfachere Übertragbarkeit der Aktien (Fungibilität),
• höhere Transparenz (Rechnungswesen, Controlling und Reporting),
• Zugang zu weiteren Finanzierungsinstrumenten,
• einfachere Nachfolgeregelung,
• Privatisierung von öffentlichen Betrieben.

Ein Börsengang hat somit wesentliche Vorteile, einzelne Aspekte können aber auch als problematisch oder gar nachteilig für das Unternehmen empfunden werden. Dies betrifft vor allem die strengen Publizitäts- und Rechnungslegungsvorschriften, die laufenden Kommunikationserfordernisse und die – etwa in der Segmentberichterstattung oder im Beteiligungsspiegel – doch sehr weitgehende Transparenz. Gerade diese (vermuteten) Nachteile können sich in der Realität aber als vorteilhaft erweisen.

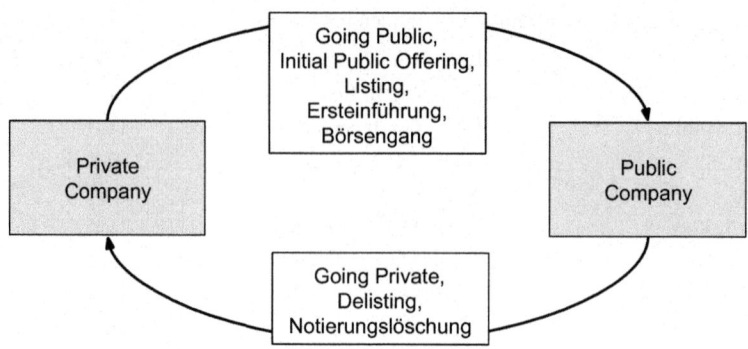

Abb. 3.12 Übergang von privater zu öffentlicher Gesellschaft

Den umgekehrten Weg, nämlich die Aktien aus dem Handel zu nehmen, gibt es auch, und zwar teilweise oder gänzlich. Man nennt dies Delisting oder Going Private (siehe Abb. 3.12).

In der Tab. 3.3 sind die vier Phasen eines Börsengangs aus der Sicht der Unternehmung dargestellt. Sobald der Entschluss zum Börsengang gefasst und ein Projektteam bestimmt ist, muss die sogenannte Börsenreife erreicht werden.

Man kann die *Börsenreife* weiter in rechtliche, wirtschaftliche und organisatorische Aspekte unterteilen. Zudem muss das Management ebenfalls börsenreif sein. Rechtlich müssen die juristische Gesellschaftsform stimmen, die Organe bestellt sein, die Gesellschaftsstatuten angepasst werden, eine Geschäftsordnung verfasst, die betriebsnotwendigen Aktiva in die Gesellschaft eingebracht, ein Risikomanagementsystem eingeführt sein, nach anerkannten Rechnungslegungsprinzipien testierte Jahresabschlüsse vorliegen usw.

Wirtschaftlich ist wichtig, dass eine überzeugende Führungsmannschaft, ein klares Businessmodell sowie eine nachvollziehbare Unternehmensstrategie, stabile Erträge, ein nachgewiesenes Wachstumspotenzial, ein erkennbares Engagement von Management und bisherigen Eigentümern für das Unternehmen sowie eine abgestützte Vorstellung zur Bewertung bestehen.

Organisatorische Aspekte beziehen sich stark auf die zentralen Funktionsbereiche, wie Planungssysteme, Controlling und Risikomanagementsysteme, internes und externes Rechnungs- und Berichtswesen etc. Diese müssen den Erfordernissen der Zulassung genügen.

Das Management einer Publikumsgesellschaft muss mit den neuen Stakeholdern kommunizieren und dadurch das Unternehmen bei den Kapitalmarktteilnehmern positionieren können. Die Wahrnehmung des Managements und auch seiner Orientierung an der Börsenperformance ist für Anleger und Analysten wichtig. Die Managementkompetenz kann man anhand des Track Record abschätzen.

An zwei Beispielen, eines eine Privatisierung, wollen wir die wesentlichen Aspekte eines IPOs darstellen.

Tab. 3.3 Die vier Phasen des Börsengangs gemäß Wiener Börse (2012)

Phase 1: Die Grundsatzentscheidung
1.1 Information über die relevanten Aspekte und Effekte einer Börseneinführung 1.2 Festlegung der Ziele 1.3 Beschlussfassung 1.4 Einrichtung eines Projektmanagement-Teams
Phase 2: Unternehmensinterne Vorbereitung auf die Börse
2.1 Evtl. Rechtsformumwandlung in eine AG oder SE 2.2 Vorbereitung auf die Börsenreife 2.3 Beseitigung Defizite (Einführung internationaler Rechnungslegung etc.) 2.4 Dokumentation von Börsenreife und Attraktivität in einem Bankenexposé
Phase 3: Vorbereitung und Strukturierung der Transaktion

3.1 „Beauty Contest"/Auswahl der Investmentbank
3.2 Ausarbeitung von Emissionskonzept und -strategie
        Projektplanung und Timing
        Emissionsvolumen/Herkunft der Aktien
        Zulassung/Einbeziehung und Marktsegment
        Platzierung- und Zuteilungsstrategien
3.3 Durchführung der Due Diligence
3.4 Erstellung des Emissionsprospekts
3.5 Entwicklung der Kommunikationsstrategie und -maßnahmen

Phase 4: Umsetzung der Börseneinführung und Aktienplatzierung
4.1 Analysten-Meeting und Analyseerstellung 4.2 Pre-Marketing 4.3 Bookbuilding/Roadshow 4.4 Aktienplatzierung

Royal Mail

Anhand des Beispiels der Royal Mail wollen wir den Börsengang (Inital Public Offering) nachzeichnen, der von National Audit Office (2014) sehr gut beschrieben wird. Die britische Post war ursprünglich ein öffentlich-rechtliches Unternehmen, das an die Börse gebracht werden soll. Es handelt sich somit um eine Privatisierung, wobei der Staat eine Minderheitsbeteiligung halten wird.

Die Motive für diesen Schritt waren darin zu finden, dass die Royal Mail im Vergleich zu europäischen und anderen Konkurrenten, die sich schon früher eine Modernisierung unterzogen hatten, weniger effizient war. Zudem erhoffte man sich durch private Eigentümer mehr Disziplin und weniger Druck im Kampf um Regierungsressourcen mit den anderen öffentlichen Unternehmungen. Eine Expertenkommission machte den Vorschlag, die Pensionsverpflichtungen von Royal Mail an die Regierung zu übertragen, die Preisbeschränkung für den Postdienst freizugeben und schließlich privates Kapital für Royal Mail aufzunehmen. Die Royal Mail muss auch nach ihrem Börsengang einen universellen Postdienst aufrechterhalten. Der Börsengang sollte zudem sicherstellen, dass 10 % der Aktien an die Mitarbeiter verteilt werden. Das übergeordnete Ziel war, ein positives finanzielles Resultat für den Steuerzahler.

Um den Verkauf vorzubereiten, wurden einige Maßnahmen getroffen, die Bilanz von Royal Mail zu verbessern. Zum einen wurden die unterfinanzierten Pensionsrückstellungen an die Regierung gegeben, die insgesamt ein Defizit von 8,6 Mrd. GBP aufwiesen. Zum Zweiten wurden die Liegenschaften analysiert, von denen im Wert von 500 Mio. GBP verkauft wurden. Zum Dritten durfte die Royal Mail ihre Preise erhöhen, was durch eine neue Regulierung ermöglicht wurde. Insgesamt konnte auch die Royal Mail vom zunehmenden Paketversand profitieren. Somit gelang es für das Jahr 2012/2013, einen freien Cashflow von 334 Mio. GBP zu generieren. In den Jahren zuvor wurden insgesamt 2 Mrd. GBP in die Transformation von Royal Mail gesteckt.

Die Passivseite der Bilanz musste neu strukturiert werden, indem ein langfristiger Kredit von der Regierung durch private Kredite ersetzt wurde. Dabei untersuchte man fünf Optionen mit unterschiedlichem Verhältnis zwischen Nettoschuld und Ertrag. Je nach vorgesehenem Betrag würde das Rating zwischen BBB+ und BBB- zu liegen kommen. Man entschied sich, 848 Mio. GBP aufzunehmen und damit den Kredit der Regierung in gleicher Höhe abzulösen.

Nach diesen vorbereitenden Maßnahmen bildete das Finanzamt ein Team mit Mitarbeitern, welche die professionelle Erfahrung mit komplexen Restrukturierungen und ähnlichen Transaktionen hatte. Es verpflichtete auch ein multidisziplinäres Team von Beratern. Dies schien aufgrund der höheren Komplexität der Transaktion angezeigt. Im April 2013 verpflichtete das Finanzamt Lazard & Co. als ihren ausschließlichen unabhängigen Finanzberater, der vor dem Verkauf beraten und den Verkaufsprozess überwachen sollte. Das Finanzamt delegierte wichtige Verantwortlichkeiten an Lazard, darunter eine Prüfung von strategischen Optionen, den Prozess zur Auswahl der Syndikatsbanken, Beratung zur Finanzausstattung und Kapitalstruktur, eine unabhängige Bewertung von Royal Mail und Beratung zum Preis und zur Anteilszuteilung. Die Gebührenstruktur war vom erfolgreichen Abschluss der Transaktion abhängig (siehe Tab. 3.4 für die hier ausgereichten Honorare).

Das Syndikat umfasste sieben Investmentbanken: Barclays, Bank of America Merrill Lynch, Goldman Sachs, Investec, Nomura, Royal Bank of Canada und UBS. UBS und Goldman Sachs wurden zu den *Joint Global Coordinators* ernannt. Alle Syndikatsmitglieder bekamen zum einen eine Basiskommission von 0,9 % und einen diskretionären Bonus von bis zu 0,3 % der Bruttoeinnahmen, damit sie den Wert und die Anzahl zu verkaufender Aktien maximieren würden. Diese Kommission ist tief im Vergleich zum Marktdurchschnitt. Syndikatsmitglieder weisen häufig eine Vermögensverwaltungstochter auf. Damit keine Interessenkonflikte zwischen dem Vermögensverwalter und dem Investmentbanking aufkommen, müssen Informationen beschränkt, legale und physische Trennung vorgenommen sowie regulatorische und vertragliche Vorkehrungen getroffen werden. Von den sieben Investmentbanken im Syndikat haben doch mindestens fünf Aktienzuteilungen für ihre Vermögensverwalter und deren Kunden bekommen. Keinem Mitarbeiter, der an der

Tab. 3.4 Honorare für den Royal-Mail-Börsengang 2013 in Mio. GBP (National Audit Office 2014, 26)

Role	Adviser	Fee (Mio. GBP)
Independent Corporate Finance Adviser (from 2013)	Lazard & Co.	1,5
Independent Corporate Finance Adviser (until 2013)	UBS	0,3
Financial Accounting	Deloitte	0,7
Investment Banking Syndicate (total)		12,7
a) Global Coordinators and Book Runners	Goldman Sachs, UBS	
b) Book Runners	Barclays, Merrill Lynch	
c) Co-lead Managers	Investec, Nomura, Royal Bank of Canada (RBC)	
Retail Offer	Solid Solutions	0,5
Legal Adviser	Freshfields	1,8
Communications	Citigate Dewe Rogerson	0,5
Total		18,0

Transaktion mitgearbeitet hat, und keiner Investmentbank wurden Anteile verkauft. Total 13 Mio. Anteile wurden an Kunden alloziert, die von Syndikatsmitgliedern vertreten wurden. Das ist so üblich, um den Börsengang vermarkten zu können.

Das Finanzamt musste den Wert für den Steuerzahler schätzen unter der Prämisse, dass man Royal Mail behalten oder dass man sie verkaufen würde. Bei allen Börsengängen ist die Bewertung der Unternehmung schwierig, im Gegensatz zu einer Folgefinanzierung. Das Finanzamt war deshalb auf professionelle Beurteilung durch seine Berater angewiesen.

Voraussetzung für eine Bewertung sind die Kenntnisse der Geschäftspläne, Verständnis des Geschäfts an und für sich, Kenntnisse über die Industrie und über die Verhältnisse bei Mitbewerbern etc. Lazard gab im April 2013 eine erste Schätzung ab, und zwar auf einen Anteil umgerechnet zwischen 212 Pence und 262 Pence per Anteil, nachdem ein typischer Abschlag für den Börsengang in der Höhe von 10 % vorgenommen worden war. Verschiedene Bewertungsmethoden kommen typischerweise zum Einsatz, sodass man die Werte bei unterschiedlichen Unwägbarkeiten vergleichen kann (siehe Tab. 3.5). Im Fall der Royal Mail stützte man sich vor allem auf den Dividendenertrag (*Dividend Yield*) und in zweiter Linie auf Umsatzvielfache (*Earnings Multiples*). Man nahm an, dass die Royal Mail ein Dividendenäquivalent zwischen 6 % und 8 % des Aktienpreises auszahlen sollte. Die belgische Post als Vergleich hatte eine Dividendenrendite von 7 %. Die erwartete Dividende der Royal Mail für das Jahr 2014 lag bei 200 Mio. GBP, die Anzahl der Aktien betrug eine Milliarde Stück. Formell lautet die Berechnung:

$$\text{Dividendenertrag} = \frac{\text{erwartete Dividende}}{\text{Börsenwert}}$$

Tab. 3.5 Pricing-Methoden im Fall des Börsengangs der Royal Mail (National Audit Office 2014, 50)

Metric	What it means	How it is used to do a valuation	Main valuation assumptions
Dividend yield (Expected dividend/share price)	Expresses the dividend income that investors would expect to receive from owning shares as a percentage rate. Higher yields imply lower growth of earnings and higher risk	Peer benchmarks used to estimate the dividend yield. Dividend yield is applied to the forecast dividend to get the share price	Expected full year dividend of GBP 200 million in 2014 published in the prospectus. Most valuations set a yield as a premium to bpost and a discount to Deutsche Post
Earnings multiples (Enterprise value/Earnings before interest, tax, dividends and amortisation)	Expresses the value of the business as a multiple of its forecast next year's earnings. Higher multiples imply higher growth of earnings and lower risk	Peer benchmarks used to estimate the multiple. Multiplied by EBITDA to derive enterprise value. Net debt is deducted to estimate the share price	Valued Royal Mail based on forecast 2014 EBITDA. Most valuations set a yield as a premium to bpost and a discount to Deutsche Post
Sum of the parts	Allows for different valuations of separate parts of the business	Separate calculations of dividend yield and earnings multiples for the letters and parcels business	GLS (global parcel delivery) is worth higher earning multiples than the core letter business
Discounted cash flow analysis	The present value of the future cashflow generated by the company	Uses forecast free cash flows (cash generated before interest and dividends). Discounted by the estimated weighted cost of capital for the company. Net debt is deducted to estimate the share price	The adviser used the company's business plans for 2013–2016. The analysts used their own forecasts of cash flows. Higher ranges were produced by those that discounted post-transformational cash flows
Leveraged buy-out	The value of the business to a private investor	Discounted cash flows after deducting interest payments for increased levels of debt	Only undertaken as part of valuing the company for a sale to a private investor. Various assumptions of debt
Market value of property	The estimate of proceeds from selling a property at a given date	Gross development value is adjusted by a number of assumptions to derive a market value estimate	Details not available

und daraus umgeformt

$$\text{Börsenwert} = \frac{\text{erwartete Dividende}}{\text{Dividendenertrag}}. \tag{3.1}$$

Daraus folgt der höhere Wert zu 200 Mio. GBP$/0{,}06 = 3333$ Mio. GBP oder 333 Pence pro Aktie. Wenn man die $0{,}06$ durch $0{,}08$ ersetzt, bekommt man 2,5 Mrd. oder 250 Pence pro Aktie als den tieferen Wert der Spanne. Die Deutsche Post wies ein *Earnings Multiple* von 6,7 auf. Bei einem EBITDA[1] von ca. 625 Mio. GBP hätte sich bei einem Abschlag von 30 %, also $0{,}7 \times 6{,}7 = 4{,}69$ ein Wert von 2,9 Mrd. GBP ergeben, gemäß der Formel:

$$\text{Börsenwert} = \text{Earnings Multiple} \times \text{EBITDA}.$$

Dieser Wert plausibilisiert die obige Spanne. Der Abschlag zur Deutschen Post wurde mit dem unterschiedlichen Mix des Geschäfts begründet, erwirtschaften die Deutschen doch 70 % ihres Ertrages im Ausland. Im Juni gaben die UBS und Goldman Sachs eine Schätzung zwischen 265 Pence und 365 Pence ab. Am 12.09.2013 bewerteten die Aktienanalysten der Syndikatsbanken die Emission zwischen 300 Pence und 510 Pence, was einem Gesamtwert von 3–5,1 Mrd. GBP entspricht. Diese Schätzungen wurden die Schlüsselwerte für die Festlegung der Preisspanne, da sie ja die letzten erhältlichen Zahlen und Meinungen über Dividenden, Kapitalstruktur und Vermögenswerte darstellten.

Die eigene Schätzung des Finanzamts, unter der Annahme, dass man die neue Mail wie bisher weiterführen würde, war bei 30–100 Pence. Diese Schätzungen müssen als sehr vorsichtig betrachtet werden und können auch so verstanden werden, dass ein Börsengang bevorzugt wurde. Das Finanzamt stand unter einem gewissen politischen Druck, diesen Verkauf erfolgreich durchzuführen.

Als weitere Bewertungsvariante wurde die Methode *Discounted Cash Flows* verwendet, bei der die freien künftigen Cashflows abgezinst werden. Anstatt auf die freien Cashflows abzustellen, kann man äquivalent die Dividendenzahlungen diskontieren. Ausgangspunkt ist der Firmenwert P_t zum Zeitpunkt t als Barwert der Dividente D_{t+1} und des Firmenwertes P_{t+1} mit dem Diskontfaktor $1/(1 + k)$ zum Zeitpunkt $t + 1$, also

$$P_t = \frac{D_{t+1}}{1 + k} + \frac{P_{t+1}}{1 + k}.$$

Durch rekursives Einsetzen erhält man

$$P_t = \sum_{i=1}^{n} \frac{D_{t+i}}{(1 + k)^i} + \frac{P_{t+n}}{(1 + k)^n}. \tag{3.2}$$

---

[1] EBITDA, Earnings Before Interest, Taxes, Depreciation and Amortization, deutsch Gewinn vor Zinsen, Steuern, Abschreibungen auf Sachanlagen und Abschreibungen auf immaterielle Vermögensgegenstände. Es gibt die operative Leistungsfähigkeit vor Investitionsaufwand wieder.

Wie die Gl. 3.2 zeigt, steht man vor der Schwierigkeit, alle künftigen Dividenden und den Endwert zu schätzen sowie einen angemessenen Diskontsatz zu wählen. Den Dividendenstrom modelliert man häufig mit

1. einer konstanten Wachstumsrate g bis in die Ewigkeit,
2. einer konstanten Wachstumsrate für ein bestimmte Anzahl Jahre, gefolgt von einer industrietypischen Wachstumsrate,
3. einer anfänglich konstanten Rate, gefolgt von einer abnehmenden Rate in einer zweiten Periode und dann wieder einer konstanten Gleichgewichtsrate.

Wenn man in der Gl. 3.2 D_{t+i} durch $D_t \cdot (1+g)^{i-1}$ ersetzt und n gegen unendlich streben lässt, so ergibt sich der Firmenwert einfach zu

$$P_t = \frac{D_{t+1}}{k-g}$$

und man ist wieder bei der Gl. 3.1 angelangt (Elton und Gruber 1995, 453).

Fazit: Je sophistizierter die Methode, desto mehr Angaben und damit Annahmen muss man beibringen. Physiker würden eine Fehlerrechnung machen, um den relativen Fehler aus der geschätzten Genauigkeit der Annahmen zu schätzen.

Die Anzahl zu verkaufender Aktien berechnete sich aus der Maßgabe, dass die Angestellten 10 % erhalten sollten, und damit der Staat maximal 49 % behielt, sollte das Angebot mindestens 41 % betragen. Eine sogenannte Mehrzuteilungsoption (Over-Allotment-Option oder Greenshoe) von 6 % aller Aktien (oder 15 % der offerierten) wurde bereitgestellt, in deren Umfang die Regierung auch Stützkäufe in den ersten 30 Tagen nach Handelsbeginn tätigen würde, respektive von der UBS ausführen ließe. Zum Angebot kam dann schließlich eine Offerte über 52 % plus 8 % mit einem staatlichen Anteil von 38 %.

Wie man sieht, haben wir es mit zwei Spannen zu tun, eine für den Preis und eine für die Menge. Versinnbildlicht man sich diesen Sachverhalt in einer mikroökonomischen Angebots-Nachfrage-Kurve, so findet man ein Rechteck im Diagramm, durch das die Nachfrage gehen muss (siehe Abb. 3.13). Einen zu tiefen Preis und eine zu geringe Menge des Angebots kann man bewältigen. Allerdings vergibt man sich die mögliche Zusatzrente.

Um die Nachfrage zu erzeugen, veranstaltete das Bankensyndikat eine weitreichende globale Marketingübung. Das Marketing sah folgende typischen Phasen vor:

1. frühe Sondierung,
2. Verfeinerung der Verkaufsargumente,
3. Pilot Fishing,
4. Aufklärung der Investoren,
5. Book Building.

Insgesamt wurden 140 potenzielle Vorzugsbieter getroffen sowie 590 weitere. Von diesen 140 wurden 21 ausgewählt, die den Vorgaben am besten zu entsprechen schienen. Um

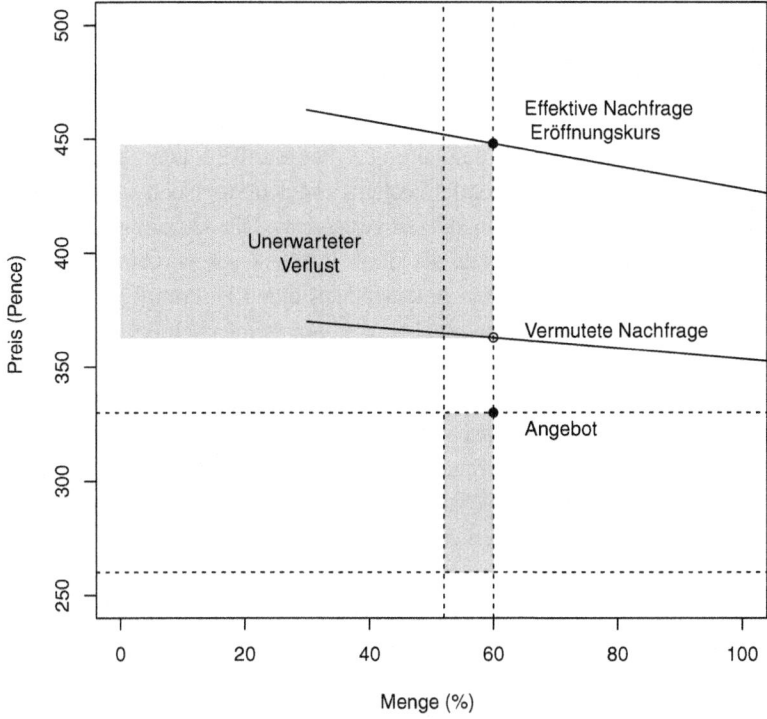

Abb. 3.13 Angebot und Nachfragekurven beim Underwriting. Den effektiven Eröffnungskurs richtig zu schätzen, minimiert den Verlust

schon vor Öffnung der Bücher und Publikation des Prospekts zuverlässige Informationen zu sammeln, werden in der Pilot Fishing genannten Phase bei einzelnen ausgewählten Investoren Preis-Mengen-Angaben gesucht. Dieser Prozess ist in den USA nicht erlaubt; dort muss zwingend der Prospekt vorliegen.

Bis zum definitiven Angebot befindet man sich in einem subtilen Suchprozess. Mit anfänglichen Vorstellungen suchen die involvierten Investmentbanken qualifizierte institutionelle Anleger auf, um erste Reaktionen und Meinungen zu erfahren. Dabei muss man beachten, dass man sich in einem heiklen juristischen Kontext befindet. Es darf nicht der Eindruck entstehen, man mache ein Angebot oder gebe Informationen preis, welche die Gesprächspartner zu Insidern machen. In einem sehr volatilen Marktumfeld ist aber die Platzierbarkeit einer Emission eine äußerst wichtige Information. Der Emittent möchte sehr früh erfahren, ob der Verkauf erfolgreich sein kann, und so mögliche Kosten sparen. Die Banken anderseits weisen darauf hin, dass die Meinungen keine Zusagen sind und diese sich je nach Marktlage schnell ändern können.

Das Finanzamt wandte für die Offerte das sogenannte Book Building an, das in den letzten 20 Jahren die Standardmethode darstellt. Die Alternative ist der Kauf durch ein Banksyndikat mit einem wesentlichen Abschlag (Bought Deal). Man nennt dies *Festpreis-*

verfahren. Die Syndikatbanken versuchen schon seit Längerem, das Emissionsrisiko bei null zu halten, auch wenn gute Gewinnaussichten bestünden.

Das Book-Building-Verfahren ähnelt einem Auktionsprozess. Der Verkäufer macht dabei eine nichtbindenden Offerte zu Beginn, wobei er die Anzahl der Anteile angibt und die Preisspanne, zu der er zu verkaufen bereit ist. Potenzielle Käufer geben dann die maximale Anzahl der Anteile, die sie kaufen wollen, und den Preis, den sie bezahlen wollen, bekannt. Bieter können ihr Angebot jederzeit verbessern. Die Aktion wird im Auftrag des Verkäufers von den Investmentbanken als Book Runners vorgenommen, die im Syndikat zusammenarbeiten. Sie versuchen potenzielle Kunden zu ermutigen, ihre Angebote zu verbessern. Wenn der Verkäufer glaubt, er könne seine Anteile zu einem höheren Preis als der anfänglichen Preisspanne platzieren, kann er den Verkaufspreis erhöhen. Aber er muss den Investoren 48 Stunden Zeit geben, um ihre Angebote zurückziehen zu können. Das Book Building selbst verlangt erhebliches Urteilsvermögen hinsichtlich Bewertung, Preisspanne, zu platzierender Anteile, Offerte und der Bedingungen, einen funktionierenden Markt nach dem Verkauf zu gewähren. Es ist üblich, ein Übernachfrage von mindestens dem Doppelten der verfügbaren Anteile zu suchen und einen typischen Preisabschlag in der Größenordnung von 10–15 % für den Börsengang zu gewähren.

Das Finanzamt beabsichtigte ein Kernaktionariat mit stabilen Langzeitinvestoren von 70 % zu bilden. Dies ist aufgrund der schnellen Abstoßung der Aktien nicht gelungen, resp. die Investoren konnten dem schnellen Gewinn nicht widerstehen.

Für ein erfolgreiches Book Building musste das Finanzamt genügend Nachfrage für die Anteile erzeugen, sodass alles verkauft und ein maximaler Preis erzielt würde. Das war eine Herausforderung, da dieser Börsengang eine der größten Transaktionen dieser Art war.

Das Book Building währte acht Arbeitstage mit einer Preisspanne von 260–330 Pence pro Anteil. Es gab zwei Offerten. Das Banksyndikat bediente die institutionellen Investoren und das Finanzamt machte eine Offerte an das allgemeine Publikum. Das institutionelle Interesse nahm schnell zu; bis zum Ende des ersten Tages war die Nachfrage 3,6-mal größer als das Angebot und zwar am oberen Ende der Preisspanne. Bis zum Ende der Book-Building-Periode sollte es bis 24-mal überzeichnet werden. Schon die im Pilot Fishing befragten Kunden füllten das Buch komplett. Wenn das Angebot nicht ausreicht, die Nachfrage zu decken, werden die Zuteilungen gekürzt. Wenn bekannt ist, dass die Nachfrage das Angebot bei Weitem übersteigt, ist es nachvollziehbar, dass man das Angebot weiter steigert, um dann am Schluss auf die angepeilte Anzahl zu kommen. Eine Überzeichnung des Angebots um das 24-Fache ist sonst kaum nachvollziehbar.

Diese starke Nachfrage während des Book Building hätte dem Finanzamt die Möglichkeit gegeben, die Preisspanne zu erweitern. In einem solchen Fall muss man den Investoren anbieten, binnen 48 Stunden sich zurückziehen zu können. Unter den gegebenen Umständen hielt das Finanzamt es für zu riskant dies umzusetzen. Auch die globalen Koordinatoren rieten dazu, eine Erhöhung von höchstens 10 Pence vorzuschlagen. Die anderen Banken rieten gänzlich davon ab. Es ist zudem schwierig, vom Angebot bei einem festen Preis auf das Angebot bei einem höheren Preis zu schließen.

Das Finanzamt hatte auch keine Möglichkeit, weniger Anteile zu verkaufen, als es ursprünglich beabsichtigte. Die endgültige Zuteilung der 60 % von Royal Mail sah wie folgt aus: 22 % wurden an die 16 prioritären Institutionellen gegeben zu einem Preis von 330 Pence. Weitere 17 % gingen an 94 Investoren, die im Pre-Deal-Marketing angegangen wurden, weitere 3 % gingen an 180 Investoren, die als von hoher Qualität angesehen wurden. Weitere 506 Institutionelle erhielten gar nichts. Rund 16 % der Anteile wurden an 690.000 individuelle Investoren, ohne Angestellte, abgegeben.

Am ersten Handelstag, dem 11.10.2013, öffneten die Aktien bei 448 Pence. Also 36 % über dem Verkaufspreis. Der Schlusskurs am ersten Tag lag bei 455 Pence, ein Zuwachs von 38 %. Damit flossen 750 Mio. GBP wertmäßig an die neuen Aktionäre! Am ersten Handelstag an der London Stock Exchange wechselten 253 Mio. Aktien, was 42 % der handelbaren Aktien entspricht, die Hand. In den ersten fünf Monaten lag der Preis für die Aktien zwischen 455 Pence und 615 Pence. Von den 21 Prioritätsinvestoren haben während der ersten Wochen zwölf alle oder die Mehrheit ihrer Aktien verkauft, vier haben ihre anfängliche Ausstattung beibehalten und drei haben zum Teil stark dazugekauft.

Aufgrund des doch recht massiven Zugewinns der Aktionäre kam es zu einer parlamentarischen Untersuchung dieses Börsengangs. Die 38 % sind zwar nicht völlig unüblich, aber dennoch weit über dem Durchschnitt der Börsengänge.

Dieses Beispiel zeigt exemplarisch, wie wichtig, aber auch wie schwierig die Bewertung einer Unternehmung ist. Aufgrund der wenigen gewissen Zahlen verblüfft die Einfachheit der Berechnungen. Eine scheinbar genauere Methode, wie etwa die abgezinsten freien Cashflows (DCF), benötigen sehr viel mehr ungewisse Annahmen.

Die Investmentbanken haben eine natürliche Tendenz, etwas unter dem vermuteten Maximalpreis zu bleiben. Damit versichern sie sich dagegen, dass die Emission nicht genügend gezeichnet wird. Wenn sie selber Anteile zum Verkauf übernehmen, möchten sie auch keinen systematischen Verlust riskieren. Die Zeiten sind vorbei, als die Banken für eine fette Kommission von 7 % die ganze Emission kauften (Festpreisverfahren).

Facebook
Als zweites Beispiel wollen wir den Börsengang von Facebook von 2012 beschreiben. Damit ist es möglich, die Verhältnisse in den USA ein wenig zu beleuchten. Neben den Investmentbanken, die über Jahre hinweg Beziehungen zum Unternehmen unterhalten haben, werden auch andere eingeladen, Offerten in der typischen Form des Pitch Book einzureichen. Aufgrund der Offerten, aber auch der Beziehung und der Erfahrungen sowie der Reputation beschloss das Unternehmen über die Auswahl und die zugedachten Rollen, d. h. Book Runner oder Co-Manager (siehe Abb. 3.11).

Normalerweise hat man zwei Book Runners und ein paar Co-Manager. Im Fall von Facebook, aufgrund der Größe und der Notorietät, bestand das Syndikat aus zwölf Banken. Morgan Stanley, als erste und damit links aufgeführt, ist der Lead-Left Book Runner, dann folgen J. P. Morgan und Goldman Sachs, schließlich Bank of America Merrill Lynch, Barclays, Allen & Co., Citigroup, Credit Suisse, Deutsche Bank, Royal Bank of Cananda und Wells Fargo als Co-Manager. Michael Grimes, Co-Head of Global Technology Banking bei Morgan Stanley, im Silicon Valley beschäftigt, hat aggressiv mit dem Finanzchef von Facebook, David Ebersman, den IPO geführt, indem sie die anderen Syndikatsbanken wenig involvierten.

Nach der Wahl der Syndikatsbanken findet ein Kick-off-Meeting statt, an dem das Management der Unternehmung, die Banken, Wirtschaftsprüfer, die Juristen und wer sonst noch im Börsengang involviert ist, teilnehmen. Inhalte, Zeitpläne, Aufgaben werden besprochen und koordiniert. Um eine Offerte zu machen, braucht es die zu verkaufenden Aktien. Die von Facebook selbst gehaltenen Aktien im Umfang von 180 Mio. Stück sowie 241.233.615 Anteile von Altaktionären, vornehmlich von den Gründern und Sponsoren, wurden zur Verfügung gestellt.

Danach begannen die *Due Diligences* im Hinblick auf Markt und Industrie, Verträge und Intellectual Property, Finanzen und Steuern usw. Mit den Kunden wurden Telefongespräche geführt, wobei diese im Fall von Facebook vor allem Werber und Technologiepartner waren und nicht etwa Private mit einem Account.

Nun kann die Unternehmung das *Registration Statement on Form S-1* beim SEC, der zuständigen Behörde, gemäß Securities Act of 1933 einreichen. Es handelt sich um den zu vervollständigenden Prospekt, der auf dem Titelblatt den roten Schriftzug „PROSPECTUS (Subject to Completion)" trägt. Das Formular ist öffentlich. Es wurde am 01.02.2012 eingereicht. Im Fall von Facebook umfasste das Dokument 150 Seiten. Es gibt vergangene Jahresrechnungen und Managementdiskussionen, Angaben zum Geschäftsmodell, die Organisation, die zu verkaufenden Anteile und vieles mehr, wie zum Beispiel einen Brief von Mark Zuckerberg, wieder. Die Behörde stellt während 30 Tage Fragen und macht Kommentare. Bis die Registrierung stattfindet, verstreicht die sogenannte Quiet Period, in der die Kommunikation mit dem Publikum eingeschränkt ist. Das Gesetz sieht ein einzureichendes Dokument vor, das *Preliminary Offering Memorandum* (Red Herring) heißt. Es soll als knapper, vorläufiger Wertpapieremissionsprospekt für die Information potenzieller Investoren dienen. Preis und Menge der Emission bleiben unbekannt.

Am 7. Mai begann die *Roadshow*, die Werbetour bei großen Investoren. Und wiederum eine Woche danach erhöhte Facebook die Preisspanne für die Aktie auf 34–38 USD von zuvor 28–35. Als sich abzeichnete, dass eine hohe Nachfrage bestand, organisierte der CFO von Facebook mehr zu verkaufende Aktien bei den Altaktionären. Nur drei Tage vor dem Börsengang erweiterte Facebook das Angebot um einen Viertel.

Facebook musste seine Umsatzprognosen senken, und es war klar, dass dies im Prospekt zu erwähnen war. Drei kurze Textpassagen, in drei Seiten von 150 versteckt, enthielten die neue Information. Da die involvierten Banken während 40 Tage nach Handelsbeginn keine öffentlichen Kommentare zu den eingeführten Aktien machen dürfen, gelangten nur Institutionelle in den Genuss dieser Neuigkeit. Einige gewichtige Hedgefunds der Westküste haben im großen Stil *à la baisse* spekuliert und damit den Preis gedrückt. Während die Werbetour lief, wurde bekannt, dass General Motors keine Werbung mehr auf Facebook schalten würde, weil sie nicht wirksam sei. Einige fragten sich öffentlich, ob das Geschäftsmodell von Facebook tauglich sei.

Der Prospekt (Abb. 3.14) wurde am 17.05.2012 vom SEC bewilligt, am 18.05.2012 war der erste Handelstag. Die Aktie eröffnete zwar bei 42,05 USD. Während sich die Notierung der Aktie am ersten Tag mit Stützungskäufen der Banken noch knapp über dem Ausgabepreis von 38 USD halten konnte, gab es danach kein Halten mehr. Am Montag stürzte der Kurs um 11 % ab, am Dienstag ging es um weitere 8,9 % nach unten. Der Börsengang, der bisher größte eines US-Internetunternehmens, hat vielen Anlegern kräftige Verluste beschert. Am 04.09.2012 betrug der Schlusskurs nur noch 17,73 USD, weniger als 47 % des Verkaufspreises. Erst im August 2013 stieg der Kurs wieder über 38 USD.

Anleger sahen die Ursache für den Wertzerfall in der massiven Aufstockung des Angebots noch kurz vor der Offerte, die der CFO mit Zustimmung des Lead-Managers durchgedrückt hatte. Die Nichtkommentare zu den Geschäftsaussichten waren auch nicht hilfreich. Im Mai 2011 ging LinkedIn an die Börse und hier schloss die Aktie bei 94,25 USD bei einem Verkaufspreis von 45 USD, also um 109 % höher! Auch das war das Werk von Morgan Stanley.

In der Tab. 3.6 sind die verkauften Aktien Class A mit den daraus fließenden Kommissionen aufgelistet. Die Class-B-Aktien sind nicht verkauft worden, denn sie sollen durch ihre zehnfache Stimmkraft die Verfügungsmacht der Altaktionäre über die Firma, sprich Mark Zuckerberg, sichern. Er persönlich hält nach dem IPO einen Stimmrechtsanteil von 55,9 %.

Zusammenfassend kann man festhalten, dass der Suchprozess nach dem richtigen Schnittpunkt von Angebot und Nachfrage, und damit vor allem mit der richtigen Preissetzung, der wichtigste Aspekt des Börsengangs ist. Die feste Übernahme als Modell ist nicht mehr in Gebrauch, die *echte Auktion* wird nur in wenigen Ländern, wie Frankreich, Japan etc., praktiziert, obwohl es handfeste Vorteile hat. Je nach Spielart bezahlt jeder Bieter seinen gebotenen Preis oder alle bezahlen den Preis, der das Angebot räumt. Am üblichsten ist das Book Building, eine Art Pseudoauktion, wo alle Beteiligten nicht wissen, was herauskommt. Die Investoren müssen eine Strategie fahren, um die gewünschte Zuteilung zu bekommen. Dazu müssten sie eigentlich wissen, wie stark die Emission überzeichnet ist und wie die Book Runners Zuteilungen machen. Psychologisch ist man mit dem *Winner's Course*-Phänomen konfrontiert, d. h., wenn man die Auktion gewinnt, kommen einem Zweifel, ob man nicht zu viel bezahlt hat oder die anderen Teilnehmer über zusätzliche Informationen verfügen. Das Syndikat unterliegt anderseits den typischen Problemen der Gruppendynamik. Je nach Zusammensetzung hinsichtlich charakterlicher Züge, kann die Gruppenmeinung durch extreme Ansichten beeinflusst sein. Emissionsbanken laufen Gefahr, dass ihre *Chinese Walls* nicht standhalten, d. h. die mit der Emission Beauftragten Informationen mit ihren Researchanalysten austauschen oder Insidertatbestände begehen, indem sie nichtöffentliche Informationen weitergeben, selber verwenden oder andere verleiten diese zu nutzen.

Generell kann man sagen, dass Börsengänge für Investoren nicht automatisch zu Gewinnen führen. (Wie könnte es auch anders sein?) Betrachte dazu Tab. 3.7. Die spezifischen Gesetze zu Emission, Wertpapierhandel, Publizität etc. können natürlich keinen wirksamen Schutz gegen Verluste bieten. Investoren sind auch nur menschliche Wesen,

424B4 1 d287954d424b4.htm FILED PURSUANT TO RULE 424(B)(4)

Table of Contents

Filed Pursuant to Rule 424(b)(4)
Registration No. 333-179287

PROSPECTUS

421,233,615 Shares

CLASS A COMMON STOCK

Facebook, Inc. is offering 180,000,000 shares of its Class A common stock and the selling stockholders are offering 241,233,615 shares of Class A common stock. We will not receive any proceeds from the sale of shares by the selling stockholders. This is our initial public offering and no public market currently exists for our shares of Class A common stock.

We have two classes of common stock, Class A common stock and Class B common stock. The rights of the holders of Class A common stock and Class B common stock are identical, except voting and conversion rights. Each share of Class A common stock is entitled to one vote. Each share of Class B common stock is entitled to ten votes and is convertible at any time into one share of Class A common stock. The holders of our outstanding shares of Class B common stock will hold approximately 96.0% of the voting power of our outstanding capital stock following this offering, and our founder, Chairman, and CEO, Mark Zuckerberg, will hold or have the ability to control approximately 55.9% of the voting power of our outstanding capital stock following this offering.

Our Class A common stock has been approved for listing on the NASDAQ Global Select Market under the symbol "FB."

We are a "controlled company" under the corporate governance rules for NASDAQ-listed companies, and our board of directors has determined not to have an independent nominating function and instead to have the full board of directors be directly responsible for nominating members of our board.

Investing in our Class A common stock involves risks. See "Risk Factors" beginning on page 12.

PRICE $38.00 A SHARE

	Price to Public	Underwriting Discounts and Commissions	Proceeds to Facebook	Proceeds to Selling Stockholders
Per share	$38.00	$0.418	$37.582	$37.582
Total	$16,006,877,370	$176,075,651	$6,764,760,000	$9,066,041,719

We and the selling stockholders have granted the underwriters the right to purchase up to an additional 63,185,042 shares of Class A common stock to cover over-allotments.

The Securities and Exchange Commission and state regulators have not approved or disapproved of these securities, or determined if this prospectus is truthful or complete. Any representation to the contrary is a criminal offense.

The underwriters expect to deliver the shares of Class A common stock to purchasers on May 22, 2012.

MORGAN STANLEY   J.P. MORGAN   GOLDMAN, SACHS & CO.

BofA MERRILL LYNCH   BARCLAYS   ALLEN & COMPANY LLC

CITIGROUP   CREDIT SUISSE   DEUTSCHE BANK SECURITIES

RBC CAPITAL MARKETS   WELLS FARGO SECURITIES

May 17, 2012

Abb. 3.14 Deckblatt des Prospektes des Facebook-Börsengangs. Man findet die beteiligten Underwriter unten (Quelle: SEC)

Tab. 3.6 Underwriting von Facebook 2012, Beträge in Mio. USD (Quelle: SEC)

Underwriter	Anzahl	Betrag	Kommission
Morgan Stanley	162.174.942	6162,6	67,8
J. P. Morgan	84.878.573	3225,4	35,5
Goldman, Sachs	63.185.042	2401,0	26,4
Merrill Lynch	27.380.185	1040,4	11,4
Barclays	27.380.185	1040,4	11,4
Allen	8.424.672	320,1	3,5
Citigroup	9.477.755	360,2	4,0
Credit Suisse	9.477.755	360,2	4,0
Deutsche Bank	9.477.755	360,2	4,0
RBC	4.212.336	160,1	1,8
Wells Fargo	4.212.336	160,1	1,8
Andere	10.952.079	416,2	4,6
Total	421.233.615	16.006,9	176,1

Tab. 3.7 Kursentwicklung deutscher Börsengänge größer als 50 Mio. EUR, in Mio. EUR und Prozent (Quelle: Dealogic)

Jahr	IPO-Volumen	1 Monat	6 Monate	1 Jahr	13. Juni
2004	1915	0,3	22,8	53,6	5,3
2005	3835	8,8	45,9	21,3	−9,2
2006	6744	4,7	9,8	19,0	−40,0
2007	7256	3,0	−17,0	−37,3	−61,2
2008	420	−13,8	−47,6	−26,1	−67,6
2009	0	–	–	–	–
2010	2526	1,3	4,5	13,0	24,4
2011	1397	−4,5	−21,4	2,0	8,1
2012	1966	4,2	19,1	–	12,4
2013	1465	−2,2	–	–	−14,5

die nach dem Spruch von Julius Caesar gerne das glauben, was sie glauben wollen[2]. Die Emissionsbanken mit ihren Gebühren sind fast immer die Gewinner. Allein die Reputation und deren Verlust sind starke Motive, sich untadelig zu verhalten.

3.2.2 Follow-on Offerings – Folgefinanzierung, Kapitalerhöhung

Follow-on Offerings, Folgefinanzierungen, sind Aktienverkäufe börsennotierter Unternehmungen, die nach dem IPO erfolgen. Die Verkäufe können durch Aktien aus dem Besitz von Insidern, bestehender Großaktionäre, Wagniskapitalisten oder Private-Equity-Firmen erfolgen oder die Aktien können gegen Einlagen von der Unternehmung selbst verkauft werden. Diese Kapitalerhöhungen werden als weniger riskant als IPOs angese-

---

[2] Fere libenter homines id quod volunt credunt.

Tab. 3.8 Die größten IPOs und Follow Offerings nach Emissionsvolumen in 2016 (Quelle: Dealogic)

Rang	Typ	Emittent	Betrag (Mio. USD)	Börse
1	IPO	Postal Savings Bank of China	7625	Hongkong
2	Convertible Bond	SoftBank Group Corp.	6600	New York SE
3	IPO	Innogy SE	5204	Frankfurt SE
4	Convertible Bond	Bayer Capital Corp. BV	4301	Frankfurt SE
5	IPO	JR Kyushu	3994	Tokyo SE
6	Follow-on	Saipem SpA	3944	Borsa Italiana
7	Follow-on	China Yangtze Power Co. Ltd.	3734	Shanghai SE
8	Follow-on	Air Liquide SA	3672	Paris
9	Follow-on	TransCanada Corp.	3315	Toronto SE
10	Follow-on	ArcelorMittal SA	3164	Amsterdam, Luxembourg, New York SE

hen, weil ja schon eine Historie an Preisen und Notifizierungen besteht und die institutionellen Anleger ein Gefühl für die Aktien entwickelt haben.

Bemerkenswert ist das Volumen dieser Folgefinanzierungen, welches das IPO-Volumen um mehr als das Dreifache übersteigt. Im Jahr 2012 betrug das Volumen rund 150 Mrd. USD in den USA. Die Finanzierung ist aber eine sehr zyklische Aktivität. Siehe Tab. 3.8 für einen Vergleich.

Abb. 3.15 zeigt für das Jahr 2014 die Erträge für Aktienemissionen. Aus Obigem folgt, dass die Folgefinanzierung im Verhältnis zum Volumen einiges billiger ist als eine Erstnotierung. Dennoch steuert das Follow-on-Geschäft über 50 % der Erträge bei. Rund 9 % werden mit der Emission von Wandelanleihen erzielt, die wiederum vom Marktzyklus abhängen. Auch hier gilt, je weniger standardisiert das Produkt oder das zu lösende Problem, desto höher der Preis.

Die Anteile der Master Limited Partnerships (MLP), die wie Aktien gehandelt werden, machten im Jahr 2012 ein Gesamtemissionsvolumen, Ersteinführung und Folgefinanzierung, von 23 Mrd. USD mit 78 Deals aus.

3.2.3   Rights Issues – Bezugsrechtesemission

Bei der *ordentlichen Kapitalerhöhung* gegen Einlagen, die von der Aktionärsversammlung beschlossen wurde, muss den bisherigen Aktionären ein (gesetzliches) Bezugsrecht für die neuen Anteile gewährt werden, sodass sie die Möglichkeit haben, denselben Anteil an der Firma zu besitzen wie vor der Kapitalerhöhung. Damit will man verhindern, dass eine zwangsläufige Änderung der Stimmrechtsverhältnisse folgt. Üblicherweise ist der

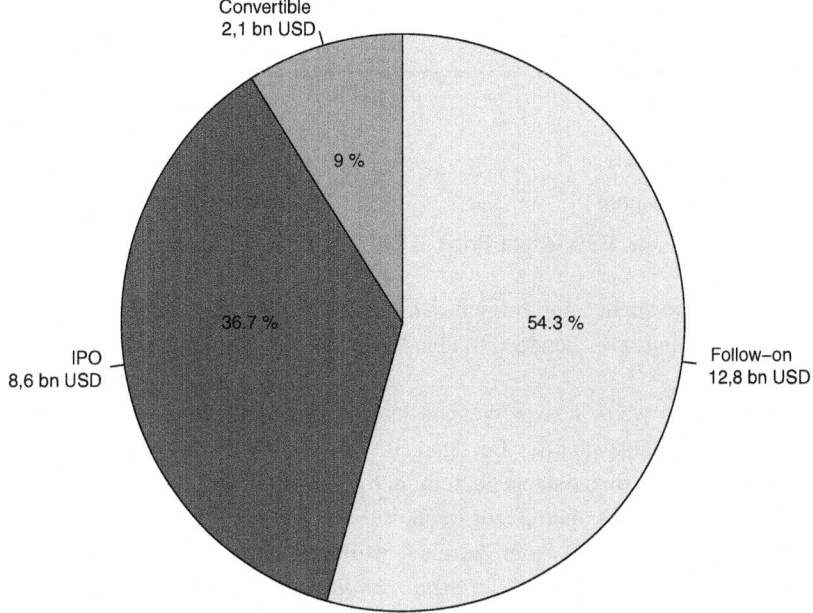

Abb. 3.15 Kommissionserträge der obersten 25 Investmentbanken bei Aktienemissionen für das Jahr 2014 (Quelle: ThomsonReuters)

Bezugspreis tiefer als der vorherrschende Aktienkurs. Damit soll der Verkauf gesichert werden.

Wie sich der Aktienkurs nach der Erhöhung entwickeln wird, hängt davon ab, wie die Neumittel verwendet werden. Geht man davon aus, dass die zusätzlichen Investitionen besser rentieren als die bis anhin eingesetzten Mittel, so sollte der Kurs steigen. Tatsache ist jedoch, dass im Durchschnitt der Kurs um ca. 3 % nachlässt.

Weil man die neuen (oder jungen) Aktien zu einem festen Preis anbietet und nicht zum vorherrschenden Aktienpreis der alten Aktien, entstehen werthaltige Bezugsrechte, mit denen man junge Aktien zum Bezugspreis kaufen kann.

Wenn die Neumittel in der Form von n neuen Aktien im Wert des Bezugspreises N zufließen und bisher a alte Aktien zu einem aktuellen Kurs von A bestanden, so ergibt sich ein Mischpreis für die $n + a$-Aktien von E gemäß

$$E = \frac{a \cdot A + n \cdot N}{a + n}.$$

Diesen Mischkurs nennt man im Englischen TERP für *Theoretical Ex-Right Price*. Weil $N < A$ ist, folgt, dass auch $E < A$ sein muss. Die Differenz $A - E$, übrigens gleich

$E - N$, ist der Wert des Bezugsrechts B, nämlich

$$B = A - E = \frac{a}{a + n}(A - N) = \frac{A - N}{1 + \frac{n}{a}},$$

A = Aktienkurs, $\qquad\qquad\qquad a$ = Anzahl alte Aktien,

N = Bezugspreis, $\qquad\qquad\qquad n$ = Anzahl neue Aktien,

E = Theoretical Ex-Right Price (TERP), $\quad B$ = Bezugsrechtswert.

Da die Neuemission nicht zum Anfang des Geschäftsjahrs ausgegeben wird, wird die junge Aktie einen auszugleichenden Dividendenvorteil aufweisen. Dies reflektiert sich im Bezugsrechtswert.

Die Bezugsrechte werden zwei Wochen lang an derselben Börse gehandelt wie die Aktien. Am ersten Handelstag des Bezugsrechts wird der Kurs der alten Aktien um den rechnerischen Wert des Bezugsrechts bereinigt. Sie bekommt den Zusatz *Ex* um zu signalisieren, dass dies der Preis ohne Bezugsrecht ist.

Das Verhältnis von alten zu neuen Aktien $\frac{a}{n}$ wird mit kleinen Zahlen gebildet, z. B. 5/1 (und nicht 39/24), um Rundungsdifferenzen zu minimieren. Wenn eine Aktionärin 200 Aktien besitzt, so bekommt sie 40 Bezugsrechte; hätte sie aber 197, so ergäben sich 39,4 Bezugsrechte, von denen sie 39 bekommt. Die 0,4 bleiben beim Emittenten.

Bei einer *bedingten Kapitalerhöhung* wird das Recht auf Bezug von neue Aktien nur Mitarbeitern oder Besitzern von Wandel- und Optionsanleihen eingeräumt. Bei Ausübung der Wandlung wird der Aktienwert mit der Anleihe verrechnet, bei Optionen kommt es zu einer Einlage. Hierbei haben die Altaktionäre kein Bezugsrecht, wie es auch bei sehr geringen Kapitalerhöhungen ausgeschlossen werden kann.

Andere Arten von Kapitalerhöhung sind in der Abb. 3.16 dargestellt. Namentlich die *genehmigte* Kapitalerhöhung ermächtigt das oberste Führungsgremium, binnen gegebener Fristen innerhalb einer Höchstgrenze selber Aktienkapital zu emittieren. Damit soll der ansonsten schwerfällige Prozess beschleunigt werden. Die Kapitalerhöhung aus *Gesellschaftsmitteln* hat meist eine Verbesserung der Kreditwürdigkeit zum Ziel, führt dem Unternehmen aber keine flüssigen Mittel zu.

3.2.4 Block Trades – Blockhandel

Bei den Block Trades handelt es sich um Ankäufe großer Anteile von Aktien zum Zweck des Wiederverkaufs. Verkäufer können den Erlös des Verkaufs sofort realisieren, während die kaufende Bank das Preisrisiko, im besten Fall nur „overnight" trägt, bevor sie die Aktien im Markt verkauft oder bei Institutionellen platziert. Der potenzielle Gewinn ergibt sich aus der Spanne von Verkauf- und Kaufpreis. Verkäufer können Unternehmungen sein, die weiteres Kapital aufnehmen oder Besitzer großer Aktienpakete, wie etwa Private-Equity-Häuser, die ihre Bestände weiter versilbern.

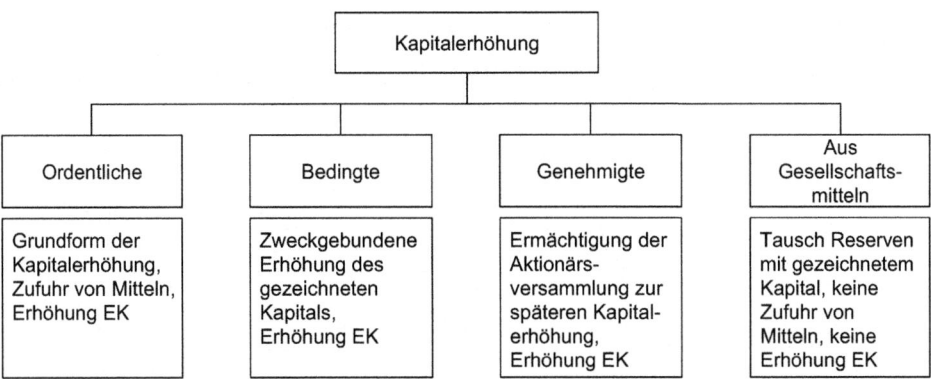

Abb. 3.16 Die verschiedenen Arten von gesetzlichen Kapitalerhöhungen, wobei EK = Eigenkapital

Block Trades sind in den USA, abgesehen von Ausnahmen, bei der Börsenaufsicht zu registrieren. Denn die Aktienpakete stammen einerseits aus bewilligtem Kapital, das als Shelf Registration auf Vorrat bei SEC gemeldet wurde, und anderseits von kontrollierenden Aktionären (Affiliate Selling Securityholders). Für Due Diligence und Marketing bleibt dem Underwriter wenig Zeit. Er wird versuchen, zwischen Börsenschluss und Börseneröffnung des nächsten Tags die Aktien platziert zu haben.

Normalerweise konkurrieren die Investmentbanken um die Blöcke zu einem vorgegebenen Preis bevor sie die Aktien zum höheren sogenannten Re-offer-Preis verkaufen. Mit diesem Geschäftszweig bedrängen sie ihr traditionelles Underwriting auf die Gefahr hin, sich im erzielbaren Verkaufspreis zu verschätzen. In Zeiten geringen Profits oder in Umgehung einengender Regeln zum Eigenhandel (z. B. Frank-Dodd Act) ist dies auch eine Möglichkeit, mit eigenen Mitteln Profit zu generieren.

Im Jahr 2013 sind einige große Block Trades ausgeführt worden. KKR und Bain Capital, zwei Private-Equity-Sponsoren, verkauften Aktien des Spitalbetreibers HCA, den sie zwei Jahre zuvor an die Börse gebracht hatten, an Morgan Stanley im Umfang von 1,06 Mrd. USD und 1,8 Mrd. USD an Citigroup und Barclays. Bei letzterem Deal kauften die Banken 50 Mio. Aktien zu 35,87 USD und verkauften sie weiter zu 36 USD. Dabei blieben 6,5 Mio. USD als Marge. Weiter verkaufte Apollo als Block von 1,5 Mrd. USD Aktien der niederländischen Firma LyondellBasell Industries an Barclays. Barclays und Credit Suisse zahlten 30,10 USD pro Aktie für ein Paket von 30 Mio. Anteilen der NXP Semiconductors und verkauften dieselben für 30,35 USD mit einem Bruttogewinn von 7,5 Mio. USD.

Die Margen bewegen sich um die 3–4 %. Der durchschnittliche Umfang der Block Trades liegt bei ca. 19 Mrd. USD bei einem Bruttogewinn von ca. 620 Mio. USD für das Jahr 2013.

Man beachte, dass der Begriff Block Trade auch als privat ausgehandelter, außerhalb der Börse oder eines regulierten Marktes stattfindender Verkauf (auch von Derivaten) verwendet wird.

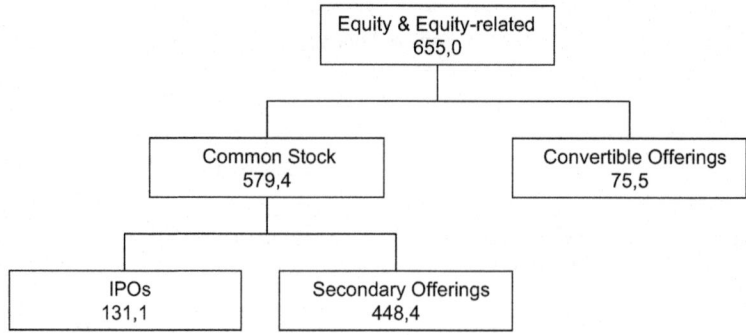

Abb. 3.17 Emissionsvolumen von Wandelanleihen weltweit für das Jahr 2016 in Mrd. USD (Quelle: ThomsonReuters)

3.2.5   Convertible/Exchangeable Bonds – Wandel- und Umtauschanleihe

Traditionell werden Wandel-, Options- und Umtauschanleihen als nicht zum Anleihemarkt, sondern zum Aktienmarkt gehörig betrachtet. Diese Papiere kann man sehr vereinfacht als Anleihen, als Fixed-Income-Papiere oder Aktie (Wandelanleihe) oder als Anleihe plus Aktienoption (Optionsanleihe) betrachten. Die Aktienoption, also der Link zum Equity (Equity-linked Bond), weist das Papier dem Equity Market zu. Volumenmäßig machen die Wandelanleihen knapp 12 % des gesamten Volumens aus (siehe Abb. 3.17).

Wandelanleihen sind meistens vom Emittenten zu einem vorgegebenen Preis, häufig um 130 % des anfänglichen Aktienkurses, kündbar („callable"), sodass sie je nach Aktienpreis die Wandlung forcieren können. Die Option setzt wiederum das Vorhandensein von potenziellem Eigenkapital in der Form von Aktien voraus, das von den Aktionären mit qualifizierter Mehrheit bewilligt wurde. Außerdem kommen auch noch zusätzliche Rückgabeoptionen (Bondholder Put) zur Anwendung, mit welchen der Investor den Bond einlösen kann. Mit all diesen Eigenschaften wird das Pricing einer Wandelanleihe eine sehr komplizierte Angelegenheit. Wandelanleihen kommen immer dann zum Zug, wenn der Finanzbedarf durch Anleihen nicht befriedigt werden kann. Dies ist meist bei hohen Zinsen der Fall, die für die Firma einen übermäßigen Abfluss von Cashflow bedeuten. Da der Coupon um die Optionsprämie verringert ist, muss weniger Liquidität zum Schuldendienst aufgewendet werden. Anstelle der Verringerung des Zinsendienstes kann auch die Aktienkapitalerhöhung im Vordergrund stehen, die nur „durch die Hintertür" machbar ist. Für Firmen mit durchschnittlicher Qualität und angeblichem positiven Ausblick ist dies die billigste Methode, um das Grundkapital zu erhöhen. Für Investoren, so wird in einem Agency-Theory-Setting argumentiert, ermöglicht die Wandelanleihe das Risiko zu mindern, dass das Management oder die Besitzer Risiken zulasten der Gläubiger umverteilen. Somit kann der Missbrauch von asymmetrischer Information verringert werden.

Weil das Pricing von Wandelanleihen früher sehr schwierig war, bot es reiche Beute für quantitative Hedgefonds, die Bewertungsalgorithmen entwickelten und Arbitragemöglichkeiten aufspürten.

3.2.6 Private Placements – Privatplatzierung

Eine Privatplatzierung bietet Emittenten eine einfache, kostengünstige, flexible und schnelle Finanzierungsmöglichkeit am Kapitalmarkt, ohne öffentlichen Börsenhandel und seine Auflagen erfüllen zu müssen. Dabei werden Schuldnerobligationen direkt an ausgewählte, meist institutionelle, in- und ausländische Großinvestoren ausgegeben. Privatplatzierungen eignen sich vor allem für Schuldner mit geringerem Kapitalbedarf, da sie keine Mindestgrößen aufweisen müssen. Meist ergänzen sie bestehende Obligationsanleihen und Bankkredite.

Die Investmentbank profitiert von einem hochwertigen Netzwerk von potenziellen Investoren, die sie mit den Kapitalnachfragern zusammenführt. Dabei werden die Investoren zu spezifischen Informationsveranstaltungen eingeladen. Eine effiziente Plattform ermöglicht den Kontakt zu Hedgefunds, Private-Equity-Firmen, Versicherungen, Pensionskassen, Family Offices, Staatsfonds und firmeninternen proprietären Investoren (Proprietary Principle Investment).

Die Kapitalnachfrager sind vor allem Privatfirmen in fortgeschrittenem Stadium (Latestage Private Companies), öffentliche Entitäten, Spin-offs von Unternehmungen und Firmen im Akquisitionsprozess.

Die verwendeten Finanzierungsprodukte reichen von Aktien über hybride Produkte zu Schuldverschreibungen.

3.3 Debt Capital Markets – Renten- oder Anleihemarkt

Den quantitativen Umfang des Emissionsmarktes für Anleihen und einen Vergleich zum Aktienmarkt kann man der Tab. 3.9 entnehmen.

Die westlichen Anleihemärkte können generell folgendermaßen untergliedert werden, wobei einerseits nach Typ von Emittent und nach anderen, praktischen Gesichtspunkten geordnet wird (siehe Abb. 3.18):

1. Staatsanleihen,
2. Kommunalanleihen,
3. Unternehmensanleihen,

Tab. 3.9 Anleihenemissionsvolumen und Kommissionen 2016 (Quelle: ThomsonReuters). Kursive Zahlen sind geschätzt. Volumen und Fees in Mrd. USD

Debt Type	Proceeds	Fees	Basispoints
Investment Grade Corporate Debt	3376,5	13,71	40,6
High Yield Corporate Debt	305,8	*4,07*	*133,1*
Emerging Markets Corporate Debt	267,1	*2,19*	*82,0*
Agency, Sovereign and Supranational Debt	2091,7	*1,42*	*6,8*
Mortgage-backed Securities	477,8	1,21	25,3
Asset-backed Securities	295,7	1,06	35,8
Total	6814,7	23,67	34,7

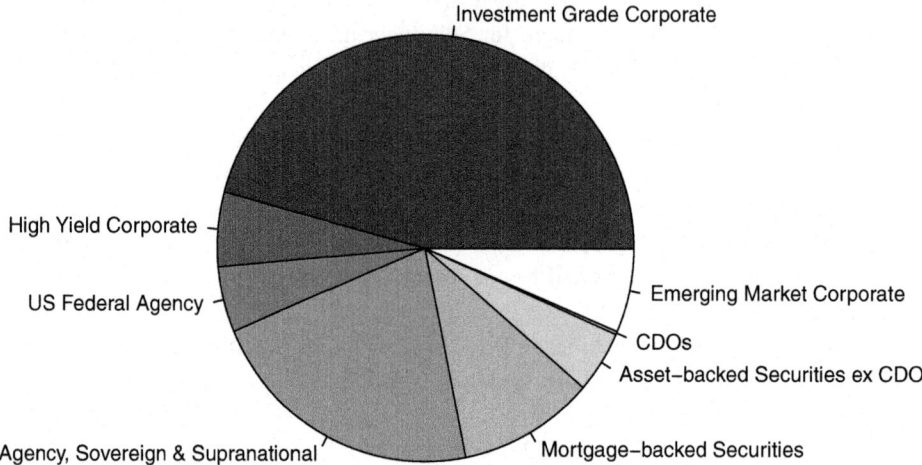

Abb. 3.18 Bondemission nach Typ 2012 (Quelle: ThomsonReuters)

und nach einer anderen Logik kategorisiert:

4. besicherte Anleihen,
5. internationale Anleihen (Eurobonds) sowie
6. Anleihen von Schwellenländern (Emerging Markets).

Hier sprechen wir vom *Primärmarkt*, der Emission und damit dem Erzeugen von handelbaren Schuldtiteln. Diese Emissionen werden in der Investmentbank je nach Bedarf und Ressourcen organisatorisch zugeteilt. So ist es dann auch häufig, dass besicherte Anleihen in Produkteinheiten wie Securitization, Structured Products, wie in der Aufzählung in Abschn. 3.1 dargestellt, bearbeitet werden.

In der Tab. 3.9 sind das globale Emissionsvolumen und Kommissionnen für das Jahr 2016 dargestellt. Die staatlichen und substaatlichen Geldaufnahmen machen rund einen Drittel des Ganzen aus. Da die Kommissionen eher von der Bonität des Schuldners abhängen, sind diese sehr tief.

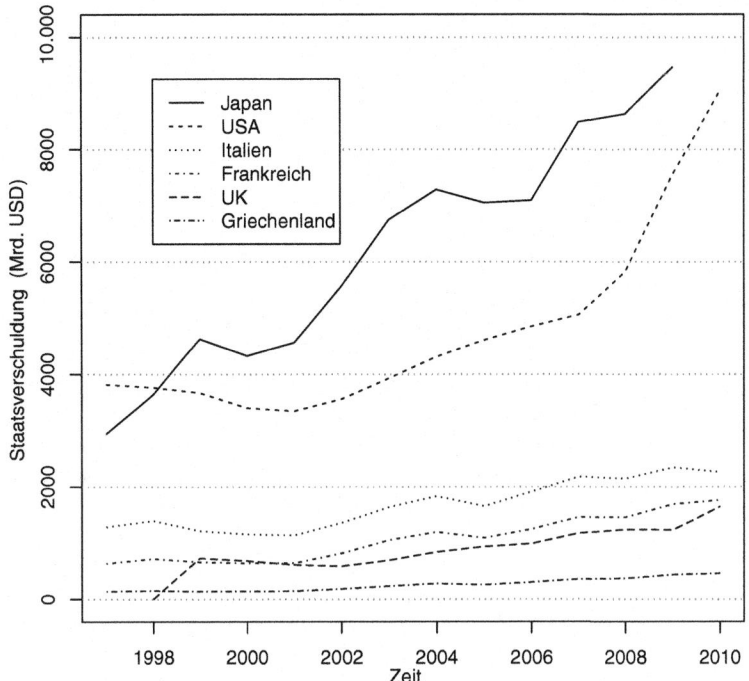

Abb. 3.19 Staatsverschuldung einiger OECD-Länder in absoluten Beträgen; im Verhältnis zum Bruttosozialprodukt sehen die Kurven natürlich anders aus (Quelle: OECD)

3.3.1 Sovereign Debt – Staatsanleihen

Hier knüpfen wir wieder an die Ausführungen über den napoleonischen Krieg von Abschn. 1.3.1 an, wo die Emission des britischen Schatzamts für die Finanzierung des Konflikts beschrieben wird. Im Ganzen sind die Mechanismen immer noch die gleichen, die Finanzierungszwecke hingegen viel differenzierter. Die Staatsverschuldung hat in den letzten Jahren stetig und beunruhigend zugenommen (Abb. 3.19), sodass das Emissionsvolumen gewachsen ist.

Staatsanleihen sind Anleihen, die von den Zentralregierungen ausgegeben werden. Damit überbrücken sie die Lücke zwischen Steuereinnahmen und Staatsausgaben, zahlen bestehende Schulden zurück oder beschaffen zusätzliches Kapital. Staatsanleihen galten bis vor Kurzem als die qualitativ hochwertigsten Anleihen auf dem Markt, da sie von den Staatsregierungen gesichert werden. Die Bonität fußt auf der Fähigkeit, Steuersubstrat zu mobilisieren, und damit schließlich auf dem Volksvermögen. Eine Ausnahme bilden Anleihen in Schwellenländern, wo in vielen Fällen ein hohes Ausfallrisiko besteht, und neuerdings hoch verschuldeter Länder der Eurozone wie Portugal, Irland, Italien und Griechenland. Die jüngsten Fälle sind in der Tab. 3.10 wiedergegeben.

Tab. 3.10 Staatsbankrotte seit dem Jahr 2000, Beträge in Mrd. EUR

Datum	Land	Betrag	Umstände
2012	Griechenland	138	Kein Staatsüberschuss seit 1973, seit den 1980er-Jahren enorme Budgetdefizite gepaart mit unglaublicher Steuerhinterziehung („Nationalsport"); neugewählter Präsident veröffentlicht auf Druck der Finanzmärkte wahre Finanzzahlen, d. h. 410 Mrd. EUR Staatsschuld; Erlass von 138 Mrd. EUR Schuld durch Private, Bail-out der EU mit 110 Mrd. EUR gegen harte Austeritätsmaßnahmen
2010	Jamaika	7,9	Beinahe Verdoppelung der Staatsschuld in 13 Jahren; Zinsdienst in der Höhe von 13 % des BSP rsp. 45 % des Staatshaushalts; Initiative zur Restrukturierung der Schuld
2008	Ecuador	3,2	Der populistische Präsident Correa wollte eine Zahlung von 31 Mio. USD aus der Umschuldung vom Bankrott 1999 aus angeblich moralischen Gründen nicht zahlen. Der Default war nicht zwangsläufig, da genügend Mittel vorhanden waren. Zurück am Kapitalmarkt nach Zurückkauf der Schuld 2014
2001	Argentinien	82	Erstarkung USD, an den der Peso gebunden war, verringert Einnahmen aus Rohstoffen zusätzlich; Abwertung brasilianischen Reals verringert fremde Investitionen; wachsendes Fiskaldefizit verdrängt private Investments mit hohen Zinsen; Weigerung des IWF eine vereinbarte Zahlung von 1,3 Mrd. USD zu leisten

Die Finanzierung geschieht mit Instrumenten, die einen weiten Bereich des Laufzeitspektrums abdecken (siehe Tab. 3.11). Kurzfristig bis zwei Jahre sind es meist zinslose Papiere, d. h. Diskontpapiere wie Eigenwechsel oder Treasury Bills. Mittelfristig, von über zwei Jahren bis sieben Jahren sind es zinstragende Obligationen und darüber hinaus begeben die Finanzagenturen der Staaten Anleihen von bis zu 50 Jahren, in Großbritannien sogar ewige *Perpetuals*. Seit den Neunzigerjahren werden auch inflationsgeschützte, indexierte Anleihen emittiert. Damals grassierte eine hohe Inflation mit sehr hohen Nominalzinsen (siehe Abb. 3.20). In Zeiten tiefer Preissteigerungen sind diese Anleihen nicht attraktiv, denn der Kapitalschutz wird mit einem tieferen Zins erkauft. Ebenso nicht mehr in der Gunst der Stunde sind variabel verzinste Anleihen. Durch die häufige Emission von Anleihen sind Obligationen kontinuierlicher Restlaufzeiten in Umlauf. In den USA nennt man die aktuellste „on the run", die maßgeblich als Referenz für die Zinssätze aller „Off-the-run"-Anlagen dienen. Denn diese sind die liquidesten Zinstitel, sodass die daraus konstruierte Zinskurve die am wenigsten verfälschte ist.

Der Markt für Staatsanleihen ist äußerst liquide. Der jährliche Umsatz kann bis das Fünffache des Bestandes betragen.

Die Emission staatlicher Anleihen wird vom Schatzamt oder einer eigenen Finanzagentur über die sogenannten Primärhändler (*Primary Dealers*) organisiert. Die Mitglieder dieser akkreditierten Gruppe nehmen an der Auktion teil, indem sie Mengen und Preise für die Emissionen elektronisch einreichen, in Deutschland über das „Bund Bietungs-System" (BBS) der Bundesbank. Diese Plattform soll eine schnelle, komfortable und stabile Durch-

Tab. 3.11 Einige Beispiele von staatlichen Finanzierungsinstrumenten. Es bedeuten: a = Jahr, m = Monat und w = Woche

Deutschland	Italien
Unverzinsliche Schatzanweisungen (6 m, 12 m)	Buono Ordinario del Tesoro BOT (3 m, 6 m, 12 m)
Bundesschatzanweisungen Schätze (2 a)	Certificato del tesoro zero-coupon CTZ (24 m)
Bundesobligationen Bobls (5 a)	Certificato di credito del tesoro CCT (7 a)
Bundesanleihen Bunds (10 a, 30 a)	Buono del Tesoro Poliennale BTP (3 a, 5 a, 7 a, 10 a, 15 a, 30 a)
Inflationsindexierte Bundeswertpapiere	BTP indicizzati all'inflazione europea (5 a, 10 a, 15 a, 30 a)
Spanien	Frankreich
Letras del Tesoro (3 m, 6 m, 9 m, 12 m)	Bons du Trésor à taux fixe et à intérêt précompté BTF (3 m, 6 m, 12 m)
Bonos del Estado (3 a, 5 a)	Bons du Trésor à taux fixe et intérêts annuels BTAN (2 a, 5 a)
Obligaciones del Estado (10 a, 15 a, 30 a)	Obligations Assimilables du Trésor OAT (7 a … 50 a)
Bonos y Obligaciones indexados (10 a)	Verbraucherpreisindex gekoppelte OAT, BTAN
Großbritannien	USA
Treasury Bills (3 m, 6 m, 12 m)	Treasury Bills (4 w, 13 w, 26 w)
Conventional Gilt (5 a, 10 a, 30 a)	Treasury Notes
Undated Gilts (Perpetual)	Treasury Bonds
Index-linked Gilt	T-Inflation Protected Securities (TIPS)

führung der Emissionstender des Bundes ermöglichen. In den USA besteht die Gruppe aus den Mitgliedern laut der Tab. 3.12. Im Anhang A in der Tab. A.1 sind die deutschen Primärhändler aufgeführt. Alle namhaften Investmentbanken sind in diesem Geschäftszweig involviert. Man erkennt auch leicht, dass die Händler meist als Tochtergesellschaften der Banken organisiert sind.

Die Pflichten der Primärhändler beschränken sich nicht nur auf die Teilnahme an der Emission. Am Beispiel Frankreichs und ihrer Agentur „Agence France Trésor" kann man die Aufgaben exemplarisch wie folgt darstellen:

- die Unterstützung des reibungslosen Verlaufs der Versteigerungen: vor der Transaktion die Gesamtnachfrage am Markt beurteilen und der Agence France Trésor mitteilen, aktiv Beteiligung an sämtlichen Versteigerungen (im Jahresverlauf im Schnitt mindestens 2 % der versteigerten Volumina),
- Sicherstellung einer hohen Liquidität der französischen Staatspapiere: Jeder Primärhändler muss einen signifikanten Beitrag zu den Transaktionen am „grauen" Markt und am Sekundärmarkt der Staatspapiere leisten und die gesamte Palette der von der Agence emittierten Produkte sowie des Markts der Pensionsgeschäfte relativ homogen abdecken;

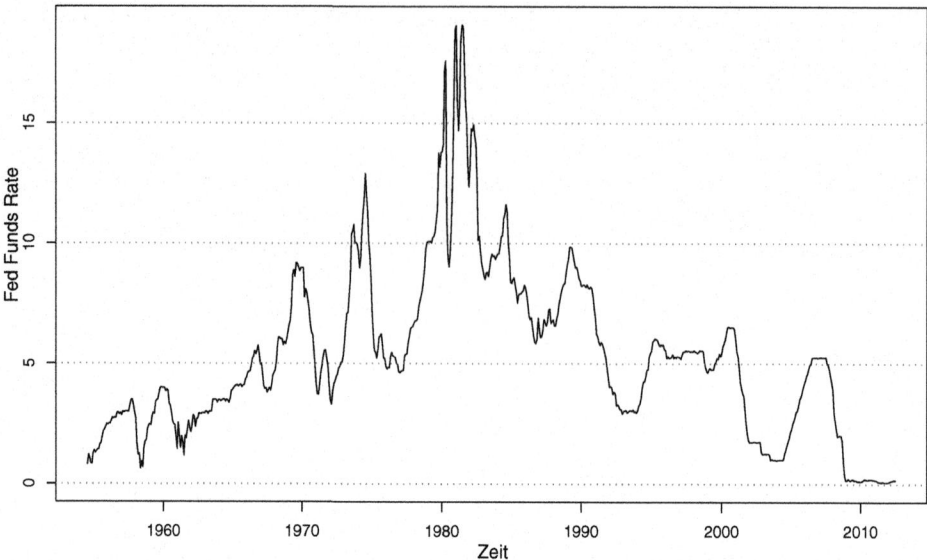

Abb. 3.20 Fed-Funds-Zinssätze, monatliche Erhebung (Quelle: Board of Governors of the Federal Reserve System)

Tab. 3.12 Primary Dealers des Fed am 31.12.2011 (Quelle: Federal Reserve Bank of New York)

Firma	Firma
Bank of Nova Scotia, New York Agency	HSBC Securities (USA) Inc.
BMO Capital Markets Corp.	Jefferies & Company, Inc.
BNP Paribas Securities Corp.	J. P. Morgan Securities LLC
Barclays Capital Inc.	Merrill Lynch, Pierce, Fenner & Smith Inc.
Cantor Fitzgerald & Co.	Mizuho Securities USA Inc.
Citigroup Global Markets Inc.	Morgan Stanley & Co. LLC
Credit Suisse Securities (USA) LLC	Nomura Securities International, Inc.
Daiwa Capital Markets America Inc.	RBC Capital Markets LLC
Deutsche Bank Securities Inc.	RBS Securities Inc.
Goldman, Sachs & Co.	SG Americas Securities LLC
	UBS Securities LLC

- Verpflichtung, die Geld- und Briefkurse der wichtigsten Linien in jeder Marktsparte ständig zu publizieren und Förderung der Liquidität mittels verschiedener elektronischer Notierungssysteme,
- regelmäßige Unterrichtung der Finanzagentur über die Entwicklung der Märkte und das Volumen der von ihnen getätigten Transaktionen.

Diese Aufgaben richten sich offensichtlich sowohl an das Emissionsgeschäft (Capital Markets) als auch an den Sekundärhandel von Sales and Trade.

Tab. 3.13 Synopsis der multilateralen Entwicklungsbanken. Bei Faure et al. (2015, 5) findet man noch Angaben zu den spezifischen Zweckbestimmungen. Concessional Financing, auch Soft Loans, sind Kredite mit begünstigten Bedingungen, z. B. tiefen Zinsen, langen tilgungsfreien Fristen

Global Banks	
World Bank	The International Development Association (IDA; Concessional Window) and the International Bank for Reconstruction and Development (IBRD; Non-concessional Window)
NDB	New Development Bank

Regional Banks	
ADB	Asian Development Bank, including the Asian Development Fund (ADF; Concessional Window) and Ordinary Capital Resources (Non-concessional Window)
AfDB	African Development Bank (Non-concessional Window) and the African Development Fund (AfDF; Concessional Window)
AIIB	Asian Infrastructure Investment Bank
EBRD	European Bank for Reconstruction and Development
EIB	European Investment Bank
IADB	Inter-American Development Bank
IsDB	Islamic Development Bank

Sub-Regional Banks	
BOAD	Banque Ouest Africaine de Développement
CABEI	Central American Bank for Economic Integration
CAF	Development Bank of Latin America (Corporación Andina de Fomento)
EADB	East African Development Bank
PTA	Eastern and Southern African Trade and Development Bank, or the Preferential Trade Area Bank

3.3.2   Municipal Debt – Kommunalanleihen, substaatliche Emittenten

Anleihen auf dem Markt für Kommunalanleihen werden einerseits von (i) Regierungen unterhalb der Staatsebene (substaatliche Emittenten), z. B. Regionen, Provinzen, Bundesländer, Städte und Gemeinden, ausgegeben, anderseits von (ii) staatlichen Agenturen, wie z. B. der Kreditanstalt für Wiederaufbau (KfW), und (iii) überstaatlichen Organisationen, wie der Weltbank und der Europäischen Investitionsbank (EIB; siehe Tab. 3.13).

3.3.2.1   Substaatliche Emittenten

Wer die Finanzierung der öffentlichen Aufgaben, wie Infrastrukturinvestitionen in Straßen und Brücken, Krankenhäuser, Schulen, Kommunikationsmittel wie Post, Telefon und Eisenbahn etc., wahrnimmt, hängt von der Staatsorganisation und dem Verhältnis zu den Privaten ab. Neben der Delegation von Kompetenzen vom obersten Kompetenzträger, dem Zentralstaat oder der Konföderation, an substaatliche Kompetenzträger spielt es zum Beispiel in der Europäischen Gemeinschaft eine wichtige Rolle, wie die Schulden konsolidiert werden. Denn es bestehen vertragliche Abmachungen bezüglich der Neuverschuldung und der Verschuldung im Verhältnis zum Bruttosozialprodukt eines EU-Mitglieds (Verschuldungsgrenze). Aus dieser Sachlage heraus konnte man ein erhebliches Anwachsen von kommunalen Emissionen erleben.

Der Markt für Kommunalanleihen in Europa erfährt eine geringere Beteiligung von privaten Anlegern als der in den USA. Denn US-amerikanische Einzelanleger in „Munis" genießen erhebliche Steuervergünstigungen für ihre Investitionen. Es gibt jedoch gewisse Länder in Europa, wie z. B. Deutschland, in denen auch private Anleger investieren.

Kommunalanleihen oder -kredite werden zu einem großen Teil von Pfandbriefbanken refinanziert, sodass die Anleihen als Deckungsmaße für sogenannte öffentliche Pfandbriefe dienen.

3.3.2.2 Agenturen und Quasibehörden

Welche Aufgaben dem Staat und welche den Privaten zufallen, hängt von historischen und weltanschaulichen Traditionen sowie gesellschaftspolitischen Umständen ab. Der „Laissez-faire"- oder Nachtwächterstaat begnügt sich mit einem Minimum an Rahmenbedingungen; die soziale Marktwirtschaft versucht einen weitergehenden Ausgleich zwischen den Anspruchsgruppen. In einer globalisierten Welt ist man jedoch gezwungen, für den Wettbewerb effiziente Mittel verfügbar zu machen. In der jüngsten Krisenzeit herrschen sogenannte unorthodoxe Eingriffe vor, die Währungen, Geldmenge, Zinssätze etc. betreffen, denn die bisherigen Mittel haben ein Herauswachsen aus der Krise nicht ermöglicht.

Die häufigsten Bereiche im Finanzwesen, auf die sich die Regierungen konzentrieren, sind Hypothekenkredite zur Sicherung erschwinglicher Immobilien, Studentenkredite für Ausbildungszwecke, Kredite an spezifische Branchen wie landwirtschaftliche Betriebe oder Mittelstandsunternehmen, aber auch die Förderung des Exports durch Kredite und Garantien.

Zur Finanzierung dieser Aufwendungen kann eine Staatsregierung eine Agentur (*Agency*) einrichten, die sich durch Ausgabe von Anleihen außerhalb des Staatshaushalts finanziert. Da sie indirekt oder direkt von der Regierung garantiert werden, werden diese Anleihen als *Agency-Anleihen* bezeichnet. Solche Agencies können entweder gemein- oder privatwirtschaftlich geführt sein. Beispielsweise garantiert der deutsche Staat Anleihen, die von der Kreditanstalt für Wiederaufbau (KfW) ausgegeben werden, die wiederum Immobilien- und Mittelstandskredite anbietet. Die US-Regierung wendet eine gemischte Strategie an und garantiert einige hypothekarisch abgesicherte (Ginnie Mae) und andere nichtabgesicherte (Fannie Mae und Freddie Mac) Anleihen. Zudem gibt es beinahe in jedem Land eine Exportkreditagentur (*Export Credit Agency*, ECA). Maßgebend für die Bonität des Schuldners ist die Qualität der vorhandenen Garantien und des garantierenden Staates.

3.3.2.3   Überstaatliche Institutionen

Eine überstaatliche Institution wird von zwei oder mehr Staatsregierungen gegründet, um die Konjunkturentwicklung der Mitgliedsstaaten zu fördern. Überstaatliche Einrichtungen finanzieren ihre Aktivitäten durch die Ausgabe von Anleihen und werden als Teil des Marktes für Kommunalanleihen angesehen. Einige bekannte überstaatliche Einrichtungen sind die Weltbank, die Europäische Bank für Wiederaufbau und Entwicklung, die Europäische Investitionsbank, die Asiatische Entwicklungsbank und die Interamerikanische Entwicklungsbank. Weitere Institute findet man in der Tab. 3.13.

Überstaatliche Einrichtungen verkaufen ihre Anleihen auf den Märkten der Mitgliedsstaaten und auf dem Euromarkt.

3.3.3   Corporate Bonds – Unternehmensanleihen

Der Bereich der Unternehmensanleihen ist der zweitgrößte nach den Staatsanleihen (siehe Abb. 3.21). Nach Angaben von Merrill Lynch sind nahezu 30 % aller Anleihen, die sich auf den weltweiten Märkten im Umlauf befinden, Unternehmensanleihen. In Europa wachsen und entwickeln sich die Märkte für Unternehmensanleihen ständig weiter, obwohl sich das Wachstum in jüngster Zeit durch die Marktschwankungen verlangsamt hat.

Einzelinvestoren in Europa nehmen weniger direkt am Markt für Unternehmensanleihen teil als in den USA. Derzeit investieren Einzelanleger in Europa häufiger in Rentenfonds und andere kollektive Anlageformen als in einzelne Unternehmensanleihen.

Es gibt zwei Kategorien der Unternehmensanleihen für Investoren: Investment-Grade-Unternehmensanleihen, „empfohlene Anleihen", und Speculative-Grade-Anleihen, auch „Schrottanleihen", High Yield oder Junk Bonds. Speculative-Grade-Anleihen werden von Unternehmen ausgegeben, denen ein geringeres Maß an Kreditqualität zugesprochen wird, im Vergleich zu den Investment-Grade-Unternehmen, die ein besseres Rating erhalten. Speculative Grade verweist auf die Tatsache, dass Banken ursprünglich nicht in Anleihen außerhalb der vier Investment-Grade-Ratings investieren durften, da diese als zu spekulativ und riskant angesehen wurden. Die Speculative-Grade-Kategorie besitzt sechs Ratings. Die Ratingtabelle findet sich in Abschn. 6.3.1 (Tab. 6.4).

Tab. 3.14 zeigt ein typisches Term Sheet für eine Unternehmensanleihe als Teil eines amtlichen Prospekts.

Zu den Organisationen, die hochverzinsliche Anleihen ausgeben, zählen viele unterschiedliche Arten von Unternehmen: neuere Unternehmen, Unternehmen in besonders schwierigen Wirtschaftszweigen, Unternehmen, die sich mit fremdfinanzierten Firmenkäufen beschäftigen, mittelständische Unternehmen, die vor einer Übernahme, Fusion oder Umstrukturierung stehen, „gefallene Engel", Unternehmen, die früher Investment-Grade-Ratings erhielten, aber wirtschaftlich nicht bestehen konnten.

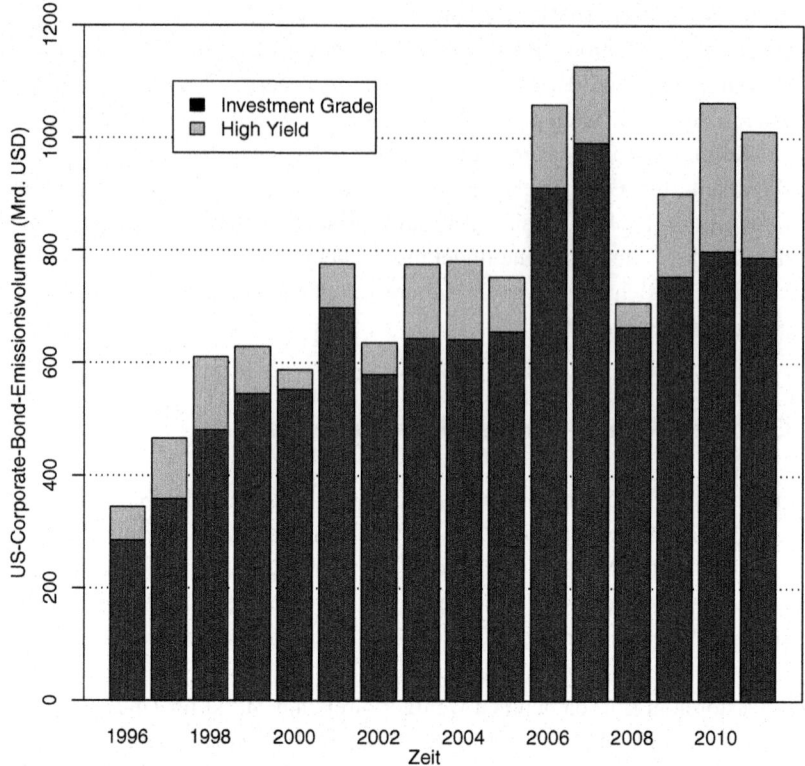

Abb. 3.21 Emissionsvolumen von US Corporate Bonds (Quelle: ThomsonReuters)

Der Markt für hochverzinsliche Unternehmensanleihen erfährt ein starkes Wachstum, zum Teil weil diese Wertpapiere einer Vielzahl an Investoren bei der Erfüllung ihrer Bedürfnisse behilflich sein können.

3.3.4   Nationale und internationale Anleihen

Die *nationalen* Anleihenmärkte bestehen zum einen aus allen Anleihen, die in jedem Land durch staatliche oder kommunale Institutionen, Agencies, Bausparkassen oder Unternehmen, die in dem Land ansässig sind, in dem die Anleihen gehandelt werden, ausgegeben werden (man konsultiere Abb. 2.5 in Abschn. 2.5.2). Zum anderen gehört der Auslandsmarkt dazu, an dem Anleihen von ausländischen Kreditnehmern im Inland ausgegeben werden. *Auslandsanleihen* entsprechen der Währung des Landes, in dem ein nichtansässiger oder ausländischer Emittent die Anleihe ausgibt. Diese Anleihen werden ähnlich wie die Anleihen auf dem heimischen Markt des Landes, in dem sie ausgegeben werden, gehandelt. Bulldog Bonds zum Beispiel sind Anleihen, die in Großbritannien von einem nichtbritischen Emittenten in Pfund Sterling ausgeben werden. Yankee Bonds sind

Tab. 3.14 Term Sheet Boeing-Anleihe: Summary of Final Terms from Issuer Free Writing Prospectus (Quelle: SEC)

Issuer	The Boeing Company
Principal Amount	$300.000.000,00
Trade Date	02/14/2017
Settlement Date (T+2)	02/16/2017
Maturity Date	03/01/2047
Treasury Benchmark	2,875 % due November 15, 2046
Treasury Price/Yield	96-11+/3,062 %
Spread to Treasury	+85 bps
Re-offer Yield	3,91 %
Price to Public	95,39 %
Gross Fee Spread	0,88 %
Coupon (Interest Rate)	3,65 %
Interest Payment Dates	March 1 and September 1
First Interest Payment Date	09/01/2017
Call Provision	MWC[a] @ T +15 bps at any time prior to September 1, 2046 (six months prior to maturity); par call at any time on or after September 1, 2046
CUSIP/ISIN	097023 BV6/US097023BV68
Joint Book Running Managers	Citigroup Global Markets Inc.
	J. P. Morgan Securities LLC
	Wells Fargo Securities LLC
	Barclays Capital Inc.
	Morgan Stanley & Co. LLC
	MUFG Securities Americas Inc.
Senior Co-Managers	Barclays Capital Inc., …
Co-Managers	ANZ Securities, Inc., …
Junior Co-Managers	Blaylock Beal Van, LLC, …

[a] Make-whole Call.

auf US-Dollar lautende Anleihen, die in den USA von einem nicht-US-amerikanischen Emittenten ausgegeben werden. Rembrandt Bonds werden in den Niederlanden ausgeben, Matador-Anleihen in Spanien etc.

Am wichtigsten für die Begebung von Auslandsanleihen ist der US-Dollar-Markt.

Der *internationale* Anleihenmarkt besteht vor allem aus dem Markt für Euroanleihen (Eurobonds). Der Name ist irreführend, da er vermuten lässt, dass es bei Euroanleihen um die Anleihenmärkte in Europa oder um die europäische Währung, den Euro, geht. Tatsächlich sind sie Anleihen, die nicht der Währung des Emissionslandes entsprechen und normalerweise in mehr als einem Land ausgegeben und in den internationalen Finanzzentren gehandelt werden.

Überstaatliche Organisationen und Unternehmen sind wichtige Emittenten auf dem Euroanleihenmarkt. Überstaatliche Organisationen (wie z. B. die Weltbank oder die Europäische Bank für Wiederaufbau und Entwicklung) nutzen solche Anleiheemissionen zur Finanzierung der Entwicklung von Schwellenländern oder zur Unterstützung von Entwicklungsländern. Unternehmen, einschließlich Banken und multinationaler Konzerne, nutzen die Emission von Euroanleihen für vielfältige Zwecke, u. a. zur Finanzierung von Investitions- und anderen Projekten. Die Regulierung der Euroanleihen erfolgt nicht durch das Land, dessen Währung die Anleihen entsprechen. Der Euroanleihenmarkt ist hauptsächlich ein institutioneller Markt und die Anleihen befinden sich im Besitz großer Institutionen.

3.3.5   Emerging Markets – Anleihen von Schwellenländern

Schwellenländer sind solche, deren Wirtschaft sich in der Entwicklung befindet. Zu den Schwellenländern werden einige Länder in Afrika, Asien, Südamerika, Nahost, Russland und Ost- und Südeuropa gezählt. Anleihen aus Schwellenländern beinhalten normalerweise Staatsanleihen, Kommunalanleihen und Unternehmensanleihen. Inländische Schwellenländeranleihen – Anleihen, die innerhalb eines Schwellenlandes ausgegeben werden – machen ungefähr 3/4 der Schuld in den Märkten für Schwellenländeranleihen aus. Da es jedoch aus einer Vielzahl von Gründen schwierig sein kann, inländische Anleihen zu handeln, sind diejenigen, die sich im Besitz ausländischer Investoren befinden, meistens Auslandsanleihen oder externe Schwellenländeranleihen. Die Mehrheit davon sind Staatsanleihen.

Der Markt für Schwellenländeranleihen ist ein globaler Markt. Obwohl er in den Achtzigerjahren hauptsächlich schwache Volkswirtschaften umfasste, enthält der weltweite Markt für entsprechende Anleihen heute eine große Vielfalt an Schuldverschreibungen, die von Investment Grade bis Speculative Grade eingestuft werden. Der Anteil der Investment-Grade-Schuldverschreibungen auf diesem Markt liegt nun, wie von einigen Hauptindizes gemessen wurde, zwischen 25 % und 50 %.

3.3.6   Collateralised Debt – Besicherte Anleihen

Collateralised Debt ist im vergangenen Jahrzehnt zu einer der sich am schnellsten entwickelnden Anlageformen geworden und basiert auf der Vorstellung, dass ein Kredit gewährt werden kann, je nachdem welches Pfand, welche Sicherheit oder Ausfallsentschädigung der Kreditnehmer zur Rückzahlung des Kredites nutzen kann. Das Pfand bzw. die Sicherheit kann aus einer oder mehreren Quellen bezogen werden, wie z. B. Hypotheken, Kredite, Anleihen oder durch Vermögenswerte abgesicherte Wertpapiere.

Die Geschwindigkeit, mit der sich dieses Konzept in Europa um die Wende zum 21. Jahrhundert ausgebreitet hat, schuf einen wichtigen europäischen Markt für dieses komplexe Anleiheprodukt. Es handelt sich dabei um einen größtenteils institutionellen Markt, da die Produkte eine sehr komplexe Struktur und ausgeprägte Größe besitzen.

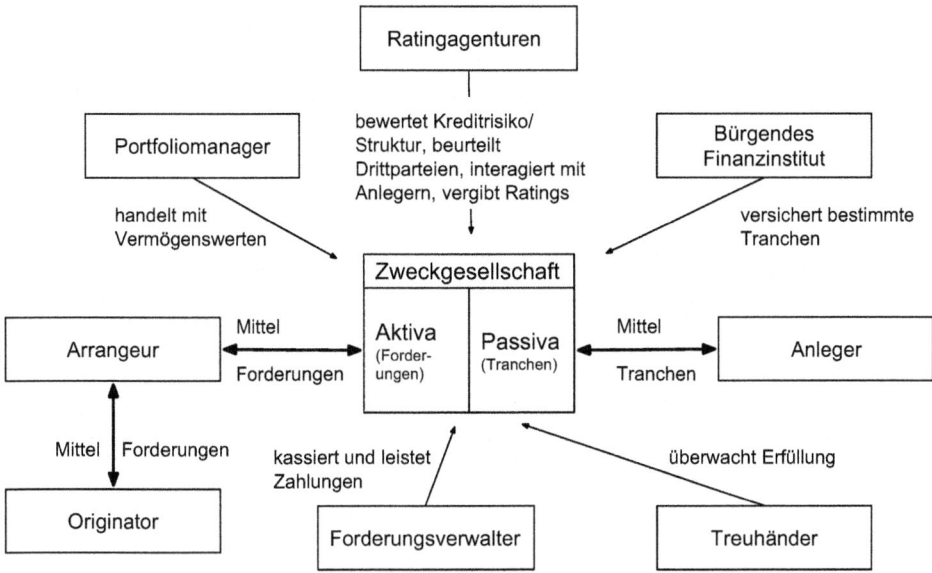

Abb. 3.22 Die Teilnehmer an einer Verbriefung. Neben Originator, Zweckgesellschaft und Investor sind noch weitere Akteure involviert (Fender und Mitchell 2005, 81)

Der Markt für Collateralised Debts ist einer der Märkte, die seit dem Sommer 2007 am schwersten von Unruhen betroffen waren.

3.3.6.1 Securitization – Verbriefungen

Unter Securitization verstehen wir die Verbriefung im weiteren Sinn, also nicht nur die Einkleidung einer Forderung in ein Wertpapier (siehe Abschn. 2.3), sondern die Erzeugung von Titeln aus der Deckung genau spezifizierter Vermögenswerte. Daraus folgt auch der Begriff Asset-backed Securities (ABS), auf Deutsch „forderungsunterlegte Wertpapiere", der wiederum eine besicherte Anleihe beschreibt.

Genau betrachtet handelt es sich um eine *Refinanzierung*, denn ein Originator erzeugt zuerst die Forderungen und damit eine Finanzierung, die er an eine Zweckgesellschaft verkauft, die wiederum sich am Kapitalmarkt mit Anleihen refinanziert. Das Beziehungsdreieck zwischen Originator, Zweckgesellschaft und Investor ist in Abb. 1.11 in Abschn. 1.3.4 aufgezeichnet, respektive in Abb. 3.22 mit noch weiteren Teilnehmern dargestellt. Die Investmentbank ist meist der Arranger, im Subprimehype, aber auch der Originator.

Da die Forderungen eine Fälligkeit aufweisen, kommt es laufend zur Verringerung des Bestandes. Um eine Verbriefung länger am Laufen zu halten, gibt es die Variante mit der Wiederauffüllung des Forderungsbestands, sogenannte nichtamortisierende Verbriefungen.

Neben der Verbriefung mit Forderungsverkauf, die man True Sale Securitization nennt, gibt es die sogenannte synthetische. Die Forderungen werden nur als Referenz für einen

Credit Default Swap verwendet; die durch die Ausgabe von Obligationen eingenommenen Mittel werden in risikolose zinstragende Papiere angelegt. Kommt es zu Kreditausfällen im Referenzportfolio, so bezahlen dies die Anleger aufgrund des Swaps. Für die Risikotragung nimmt die Zweckgesellschaft eine Prämie ein. Hier stehen also nicht die Refinanzierung, die Bilanzerleichterung und die Verbesserung der Eigenmittelerfordernisse des Originators im Fokus, sondern das maßgeschneiderte Konfektionieren von *Kreditderivaten*.

In den Neunzigerjahren begann J. P. Morgan mit dem sogenannten BISTRO-Programm. Die Abkürzung steht für Broad Index Synthetic Trust Offering, mit welchem sie für ihre Asset-Managementtochter eine Absicherung von Obligationen schuf. Dabei fungierte das Portefeuille als Referenz für die Versicherung gegen Ausfälle. Nachdem sie mit der Verbriefung eigener Bestände fertig war, begann J. P. Morgan entgeltlich die Technik für die Verbriefung von Forderungen anderer Banken zu verwenden.

In Abb. 3.23 ist die berüchtigte Abacus-Verbriefung von Goldman Sachs dargestellt. Im April 2007 beauftragte der Investor John Paulson Goldman Sachs, ein Vehikel zur Spekulation auf die Kreditverschlechterung von Hypothekarkrediten zu produzieren. Dazu setzte man eine synthetische Verbriefung auf, deren Zweckgesellschaft einen CDS verkaufte. Der hauptsächliche Investor und damit Kreditversicherer des Referenzpools war die deutsche Mittelstandsbank IKB. Da sich die Hypotheken massiv verschlechterten, verlor der Investor fast seine gesamte Investition von rund 150 Mio. USD. Was den Deal anrüchig machte, war die Tatsache, dass Paulson den Referenzpool mitbestimmt hatte und dies dem Investor verborgen blieb. Paulson persönlich hat rund 3,7 Mrd. USD an der Subprimekrise verdient. Das Vehikel erlaubte also eine Wette „Zusammenbruch des Häusermarkts" gegen „anhaltenden Boom des US-Immobilienmarkts". Es handelt sich um ein Nullsummenspiel, wobei der Arranger sicher verdient.

Die Zweckgesellschaft kann nicht Konkurs gehen, weil die Gläubiger per Konditionen alle Risiken tragen. Deshalb gibt es einen Pro-forma-Aktionär mit einem nur symbolischen Eigenkapital. Die emittierten Obligationen, hier Credit-linked Notes genannt, sind in verschiedene *Tranchen* aufgeteilt. Wie bei einem römischen Brunnen mit verschiedenen Becken wird zuerst das oberste mit den Einkünften des Forderungspools gespeist, der Überlauf speist den nächst unteren Behälter und so fort (Waterfall). Man kennt diese Figur aus dem Konkursrecht, wo der Rang des Gläubigers maßgebend ist. Zur Verteilung kommen Einkünfte aus Zinsen, Kapitalzahlungen, Swap-Zahlungen, Prämien, Verwertungserlöse etc.

Die Tranchen bestehen, geordnet nach abnehmender Bonität, aus:

- einer Superseniortranche,
- einer oder zwei Seniortranchen mit AAA-Rating,
- Mezzaninetranchen,
- einer subordinierten Juniortranche und
- einem First-loss Equity.

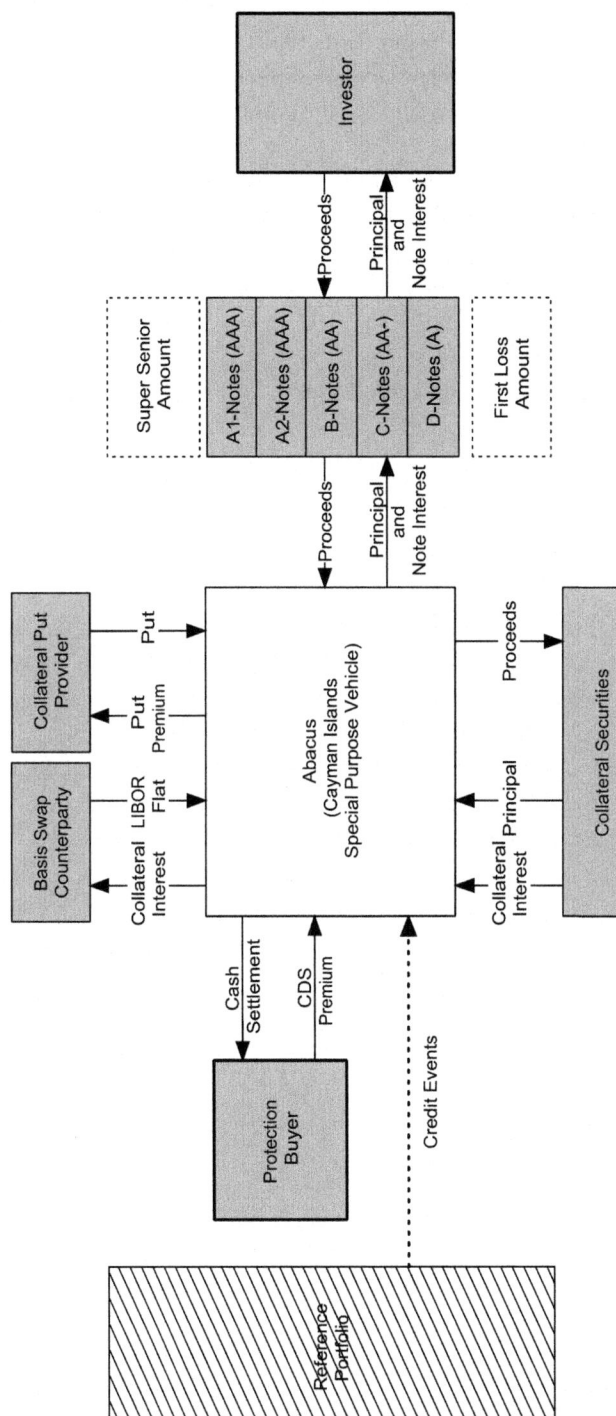

Abb. 3.23 Synthetische Verbriefungsstruktur, wie sie auch Goldman Sachs als „Abacus" verwendete. Die Sicherheiten zusammen mit den Puts sollen die gewünschte Auszahlung der Notes sicherstellen

Die Superseniortranche ist normalerweise, d. h. nicht bei einer Finanzkrise, jenseits von der Bestmarke „AAA" und verdient entsprechend einen ganz dünnen Zins. Die schlechtesten Tranchen werden häufig von spekulativen Hedgefonds gekauft, sofern sie überhaupt auf den Markt kommen. Die Tranchen sind kaum standardisiert. Verbriefungen sind also auch strukturierte Produkte.

Die Namen für die Verbriefungen sind vielfältig, wie Abb. 3.24 zeigt. Der Überbegriff Collateralized Debt Obligation (CDO) wird nach Loans CLO (Kredite), Bonds CBO (Obligationen) und Mortgages CMO (Hypotheken) differenziert.

Zur Verbriefung gelangen Forderungen aus (siehe auch Abb. 3.25 und 3.26):

* Fahrzeugleasing (Automobile),
* Kreditkartenrechnungen (Credit Card Receivables),
* Anlageleasing (equipment),
* vorfabrizierten Häusern (Manufactured Homes),
* Studentenkrediten (Student Loans),
* Lieferungen und Leistungen (Receivables),
* Musiktantiemen etc.

Als Beispiel dient die Transaktion des verstorbenen Popstars David Bowie von 1997. Er verkaufte die Einnahmen seiner 25 Alben für die kommenden 10 Jahre an eine Firma, die wiederum diese Forderungen mit einem Bond verbriefte. Dieser wies einen Kapitalbetrag von 55 Mio. USD auf bei einem Zins von 7,9 %.

Wie schon gesagt, ist die Investmentbank meist der Arranger, zum Teil der Originator und der Underwriter der Emission. Sie plant, organisiert und strukturiert gemeinsam mit dem Originator die gesamte Verbriefung.

Die dabei wichtigsten Beratungsaufgaben sind:

* Struktur des Vehikels,
* Auswahl der Forderungen,
* Einbezug der Bedürfnisse von Originator und Investoren,
* Errichtung der Zweckgesellschaft,
* Dialog mit den Ratingagenturen,
* Emission und Platzierung der Obligationen.

3.3.6.2 Strukturierte Produkte

Die synthetische Verbriefung eines Kreditpools mittels Credit Default Swap und Emission einer sogenannten Credit-linked Note ist ein typisches strukturiertes Produkt. Nach dem gleichen Strickmuster kann man andere Produkte erzeugen. Namentlich Obligationen oder Securities oder nach Laufzeit eben Notes:

* Market-linked Notes,
* Equity-linked Notes,

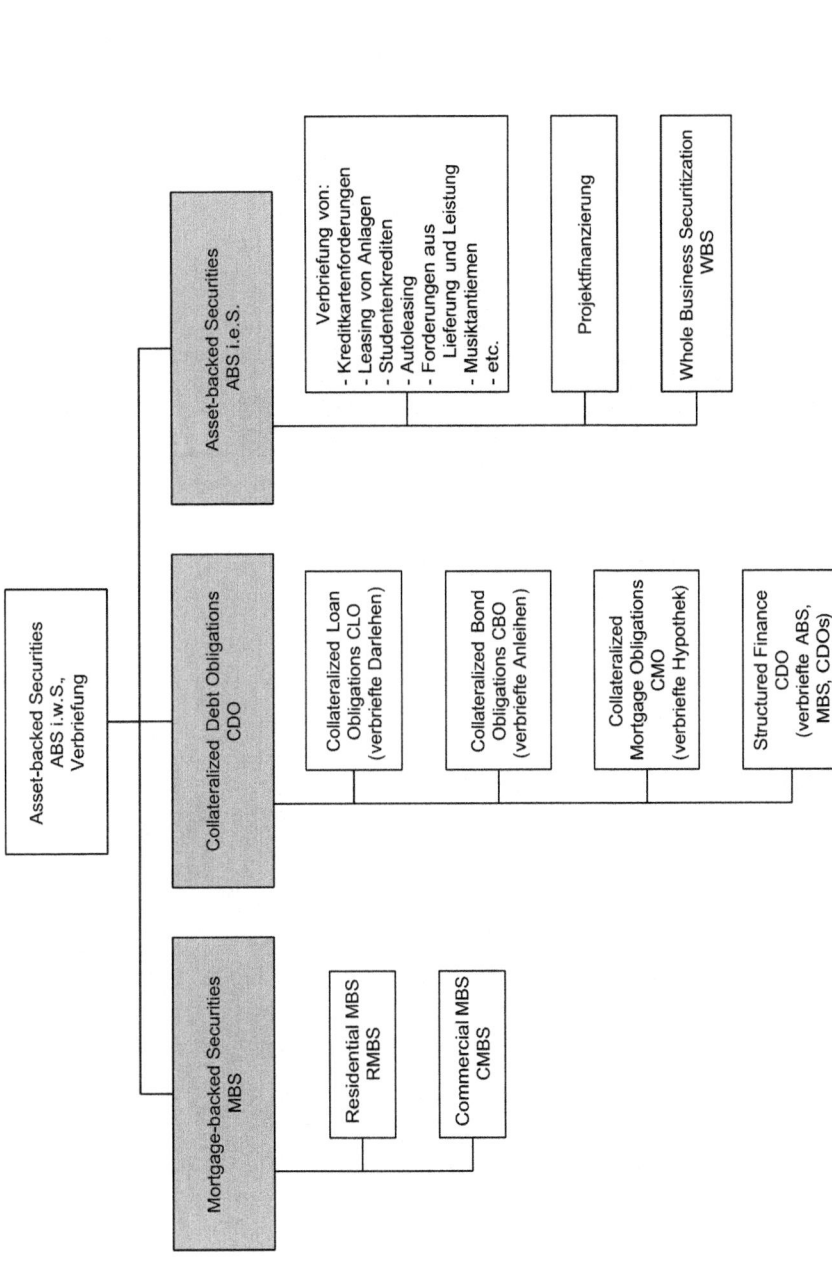

Abb. 3.24 ABS-Struktur. Die Klassifizierung dreht sich um die zwei Begriffe „backed" und „collateralized", die eigentlich das Gleiche aussagen. Diese Begriffe sind historisch gewachsen, weshalb die Übersicht nicht wirklich kohärent ist

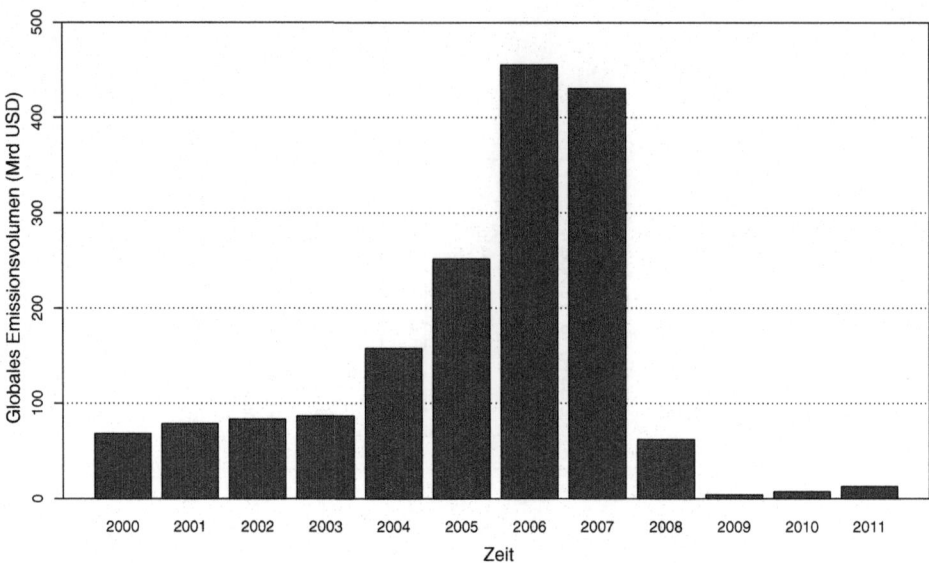

Abb. 3.25 Globales Emissionsvolumen von CDOs (Quelle: ThomsonReuters)

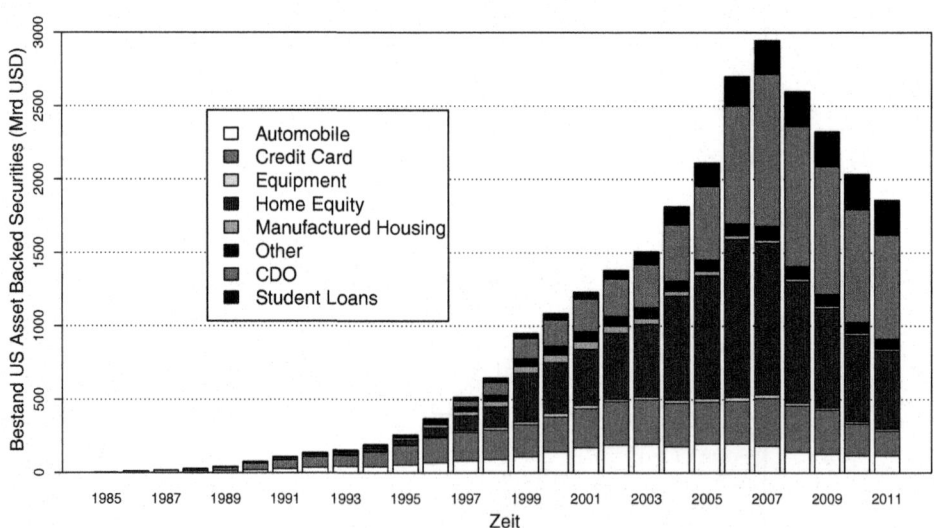

Abb. 3.26 Volumen der US-amerikanischen Verbriefungen im Zeitverlauf (Quelle: Bank for International Settlements)

Abb. 3.27 Generische Darstellung einer Linked Note. Zum einen besteht eine Obligation oder ein Bond mit typischer Kapital- und Zinszahlung. Dazu kommt ein Derivat, das mit einer Referenz verbunden ist. Deren Ausprägung bestimmt den Coupon und z. T. auch die Kapitalrückzahlung über eine Formel

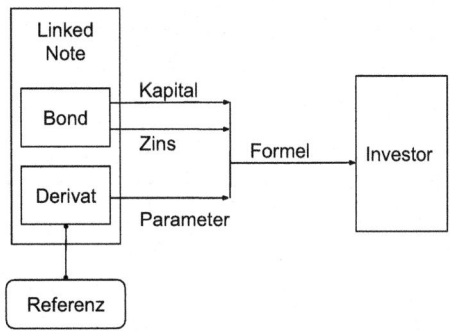

- Interest Rate-linked,
- Rate-linked,
- Credit-linked Notes,
- Commodity-linked Notes,
- Currency-linked Notes,
- Insurance-linked Securities (ILS).

Der Überbegriff Market-linked Notes greift über die anderen, die davon eine Teilmenge bilden. Die Credit-linked Notes haben wir schon bei obigen Verbriefungen besprochen. Sie besichern ein Kreditderivat. In der Abb. 3.27 ist vereinfacht die häufig anzutreffende Struktur nachgezeichnet. Das darin erwähnte Derivat kann eine Option, ein Future, ein Swap oder auch eine Absicherung sein. Smithson und Smith (1995, 406–430) beschreiben ausführlich solche Konstrukte unter dem Namen Hybrid Securities. Sie nennen eine Emission der mexikanischen Erdölfirma Pemex im Jahre 1973 als ersten strukturierten Bond, der ein Erdölfuture einbettete.

Equity-linked Securities haben wir schon in der Form von Wandel- und Optionsanleihen kennengelernt (Absch. 3.2.5), die im Bereich von Equities herausgegeben werden. Für Vermögensverwalter zum Beispiel werden Notes begeben, deren Verzinsung von einem Aktienindex abhängt.

Machen wir ein Beispiel: Eine fünfjährige Note zahlt bei Fälligkeit den Nominalbetrag von 1000 USD plus das Größere von einerseits null und andererseits dem relative Zuwachs des S&P-500-Index mal Nominalwert mal eine Paticipation Rate von 105 %. Bei Emission lag der Index bei 1250, bei Fälligkeit ist er auf 2315 gestiegen. Formel:

$$\text{Pay-out} = 1000 + 1000 \times 1{,}05 \times \max\left(0; \frac{2315 - 1250}{1250}\right)$$
$$= 1894{,}60.$$

Ein anderes Beispiel misst einen Indexwert jährlich über die fünfjährige Laufzeit zu: 1603, 1417, 1396, 1290 und 1169. Der Mittelwert beträgt 1375. Die Auszahlung am Ende der

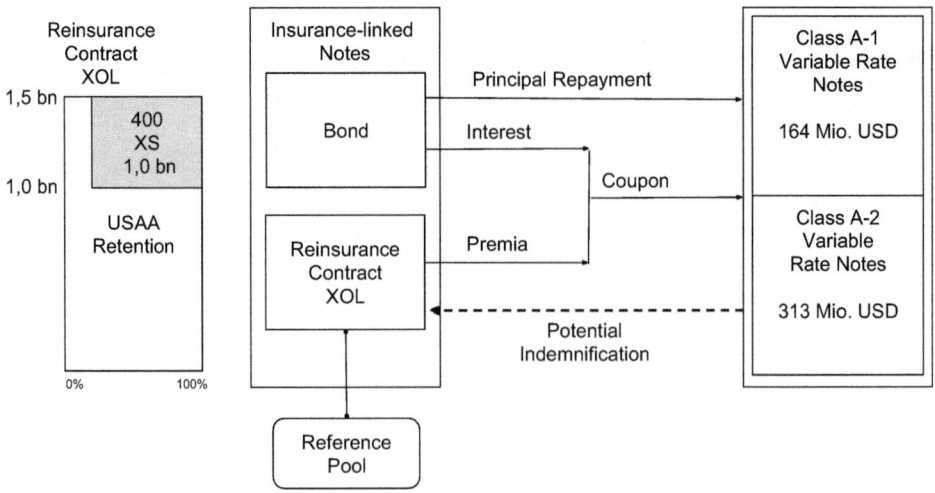

Abb. 3.28 Erste Verbriefung 1997 von Naturkatastrophen der United Services Automobile Association mittels Verbriefung und Emission von Insurance-linked Notes. Die Verknüpfung besteht aus einem Rückversicherungsvertrag der Zweckgesellschaft (Residential Re) mit dem Versicherer

Laufzeit sieht Folgendes vor:

$$\text{Rate} = \frac{\text{Average Level} - \text{Starting Level}}{\text{Starting Level}} = \frac{-228}{1603} = -0,14$$

$$\text{Interest} = \min\left(\max(0,07, \text{Rate} \times \text{Participation Rate}), 0,135\right)$$
$$= 1070.$$

Ein Interest-Rate-linked-Note-Angebot der Bank of America sieht folgende monatliche Zinszahlung für den Monat t vor, wobei die Partizipation 123 % beträgt:

$$\text{Interest}_t = \text{Principal} \times \text{Participation Rate} \times \max\left(0; \frac{\text{CPI}_{t-3}}{\text{CPI}_{t-15}} - 1\right) \times \frac{1}{12}.$$

Dieses Instrument stützt sich auf den US-Konsumentenpreisindex CPI und versucht, die Inflation einzufangen.

In Abb. 3.28 ist der erste *Katastrophenbond* schematisch dargestellt, wobei die als Rückversicherer lizenzierte Zweckgesellschaft, mit der der Sicherheitenfonds aus den Emissionserlösen gespeist wird, weggelassen wurde. Man denke sich die Struktur der Abb. 3.23, bei welcher man den CDS mit dem Rückversicherungsvertrag ersetzt hat.

Wir konzentrieren uns auf die zwei Klassen von Obligationen, die dem Investor zur Verfügung stehen. Die Class A-2 Notes erzielen einen Zins von Libor +576 bp ohne Schutz von Kapital und Zins, während die Class A-1 Notes einen Zinssatz von Libor +276 bp versprechen, wobei das Kapital bis 50 % des Nennbetrags geschützt ist. Die relativ hohen

Zinsen erklären sich aus der eingenommenen Prämie (23 Mio. USD) für den Rückversicherungsvertrag. Dieser sieht vor, dass die Gläubiger den Überschaden (Excess of Loss, XOL) bei Gebäuden der Versicherung USAA von 1 Mrd. bis 1,5 Mrd. USD mit einem Deckungssatz von 80 % begleichen (Darstellung links in der Abb. 3.28). Das Risiko sind die Wirbelstürme der Klasse 3, 4 und 5 im Südosten der USA. Im schlimmsten Fall müssen die Gläubiger 400 Mio. abschreiben. Die Konstruktion mit der Zweckgesellschaft führt zum Bareinschuss der Mittel, die im Schadenfall herangezogen werden können.

Diese Transaktion wurde von Merrill Lynch als Book Runner und Goldman Sachs sowie Lehman Bros. als Co-Lead Placement Agents begleitet.

ILS sind der Versuch, den Rückversicherer durch den Kapitalmarkt zu ersetzen. Neben der Deckung von Naturereignissen werden auch Lebens- und Schadenversicherung verpackt für die Risiken der extremen Mortalität oder der Langlebigkeit etc. Für Investoren sind diese Notes interessant, weil sie keine Korrelation mit anderen gängigen Instrumenten aufweisen („zero beta"). Bekanntermaßen sind die Versicherungsprämien sehr zyklisch und hängen von der jüngsten Prämienerfahrung ab.

Diese Arten von strukturierten Produkten können entweder aus einer Zweckgesellschaft emittiert oder direkt von einer Bank oder Nichtbank ausgegeben werden. Im ersteren Fall ist das Kreditrisiko dem Schuldner gegenüber gering, denn der Bareinschuss ist in einem Sicherheitenfonds angelegt. Im zweiten Fall sind die Darlehen von der Bilanz des Emittenten und somit von seiner Bonität abhängig. Dabei kommt einem sogleich die Bank Lehman in den Sinn.

Aufgrund der Komplexität von strukturierten Produkten sind sie nur sehr selten in Privatanlegerportfolios oder Fondsangeboten enthalten. Ihre Existenz verdanken diese Produkte vor allem dem Umstand, dass dem Investor ein Exposure angeboten werden kann, das sonst nicht existiert, und dem Emittenten die Möglichkeit erwächst, ein anders nicht transferierbares Risiko zu mindern. Es gibt daneben aber auch noch steuerliche und Rechnungslegungsgründe.

3.3.6.3 Covered Bonds – gedeckte Schuldverschreibungen, Pfandbriefe

Pfandbriefe, als Hauptkategorie der gedeckten Schuldverschreibungen, sind Obligationen, die von Banken ausgegeben werden und die vollständig durch private oder gewerbliche Hypothekenkredite oder durch Kredite an öffentliche Schuldner abgesichert sind. Pfandbriefe besitzen normalerweise die höchsten Kreditratings. Schuldverschreibungen bieten mehr Schutz für Investoren als eine durch Vermögenswerte abgesicherte Schuld, da zusätzlich zum Sicherheitenbestand die ausgebende Bank für die Rückzahlung haftet. Das zentrale Merkmal der gedeckten Schuldverschreibungen ist der zweifache Schutz für die Anleger, wie in Abb. 3.29 dargestellt.

Pfandbriefe sind das zweitgrößte Segment des europäischen Anleihenmarktes nach den Staatsanleihen (siehe Abb. 3.30). Deutschland, das Pfandbriefe 1770 zur Finanzierung von öffentlichen Bauprojekten entwickelte, ist führend bei den Emissionen auf dem Pfandbriefmarkt in Europa. Weitere 24 europäische Länder geben Pfandbriefe aus, um ihre Hypothekenmärkte zu finanzieren; die wichtigsten sind die *Realkreditobligationer* in

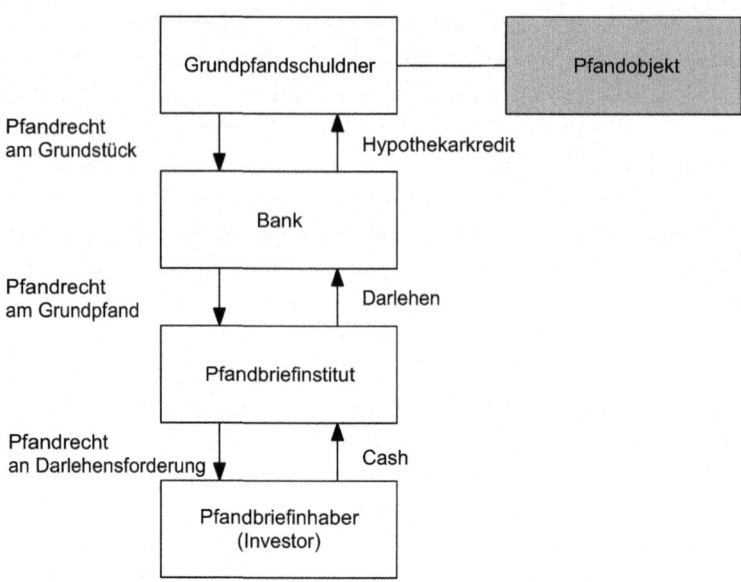

Abb. 3.29 Pfandbrief: Sicherheitenstruktur. Beim Investor kumulieren sich die Sicherheiten, denn die Schuldner sind in Serie geschaltet

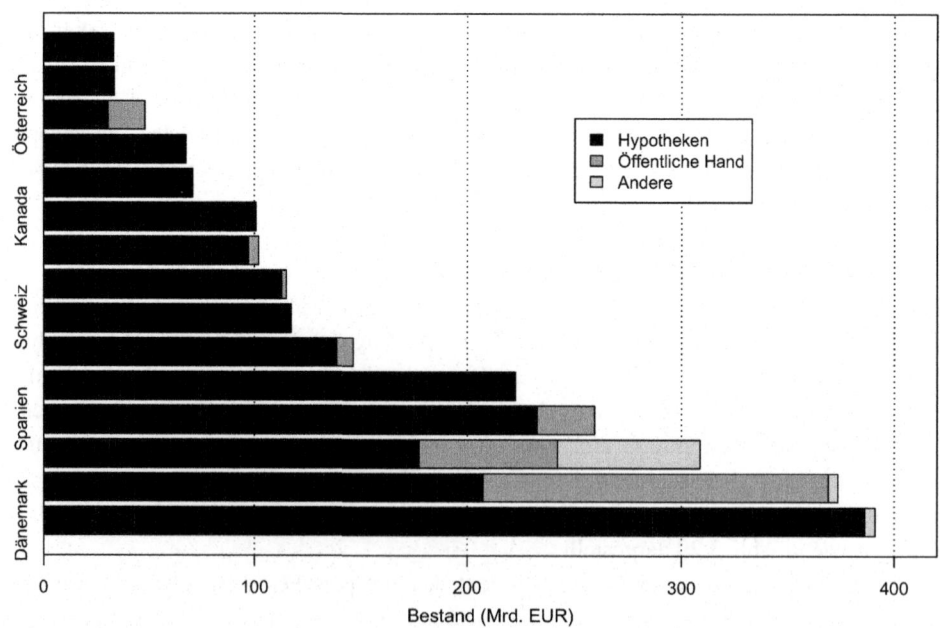

Abb. 3.30 Bestand Pfandbriefe Ende 2016 (Quelle: European Mortgage Federation – European Covered Bond Council, EMF-ECBC)

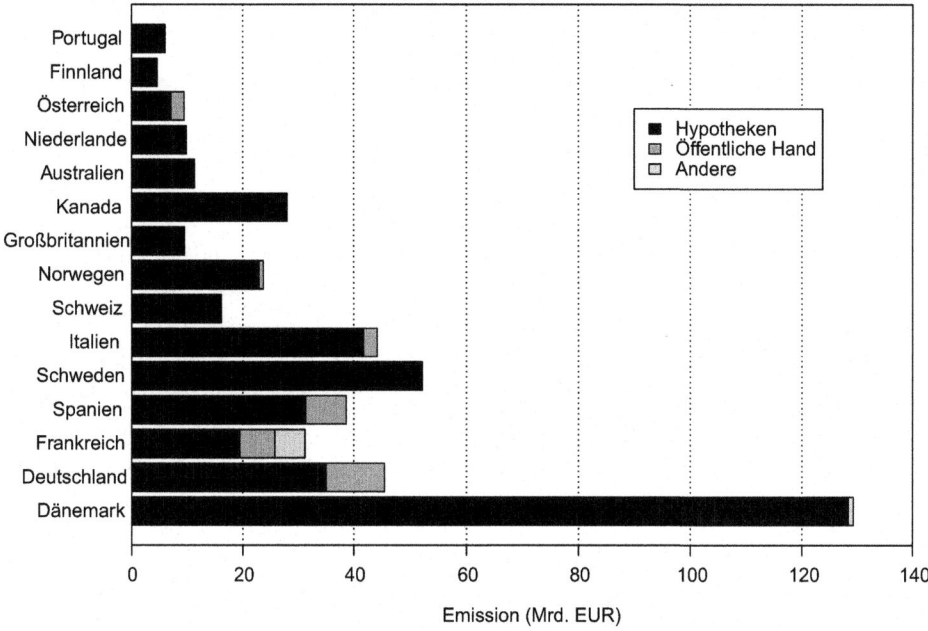

Abb. 3.31 Emissionsvolumen Pfandbriefe 2016 (Quelle: European Mortgage Federation – European Covered Bond Council, EMF-ECBC)

Dänemark mit einem Marktanteil von 16 %, die *Obligations Foncières* in Frankreich mit 7 %, die *Cedula Hipotecarias* in Spanien mit 9 % und die *Säkerställda Obligationers* in Schweden mit 5 %.

Es gibt zwei Arten von Pfandbriefen, nämlich solche, die relevanten staatlichen Gesetzen unterliegen, und andere, die es nicht tun und „strukturierte Pfandbriefe" genannt werden. Da Pfandbriefe an Bedeutung zunehmen, werden gewisse Grundstrukturen mit Techniken der Absicherung durch Verbriefung kombiniert. In Ländern mit Pfandbriefgesetzen regeln diese, welche Vermögenswerte für die Besicherung von Pfandbriefen geeignet sind, die Mindestanforderungen für die Vermögenswerte, und wie die Investoren im Falle einer Insolvenz der Emissionsbank geschützt werden. Die Gesetzgebung schreibt nicht vor, dass der entsprechende Staat die Rückzahlung der Anleihe garantiert, sondern legt fest, wie das Sicherheitengrundgerüst funktionieren muss. Alle Länder mit Pfandbriefgesetzen erlauben hypothekarisch abgesicherte Schuldverschreibungen.

Je nach Laufzeiten der Hypotheken ergibt sich aus dem Bestand das jährliche Emissionsvolumen. Abb. 3.31 zeigt dieses anschaulich.

3.4 High Yield Finance – Hochzinsfinanzierung

Darlehen werden aufgrund von Sicherheiten und der Bonität der Schuldner gepreist. Dabei wird bis zu einer bestimmten Schwelle das Risiko abgegolten. Jenseits der Schwelle wird eine Bank das Risiko zerteilen, indem sie ein Konsortium bildet und möglicherweise Ausleihungen kontingentiert.

Bei Hochzinsfinanzierungen gelangt man an den Kapitalmarkt mit Anleihen, die von Emittenten mit hohen Verschuldungsquoten, dem Verhältnis von Fremd- zu Eigenkapital, begeben werden. Diese hohe Quote ist der Hebel, das Lever, das den englischen Begriff beschreibt.

Entsprechende Obligationen sind meist im Verhältnis zu anderen Schulden nachrangig, das heißt im Konkursfall benachteiligt, sodass sie schon eine leichte Eigenkapitalfärbung haben. Noch mehr Affinität zu den Aktien besitzen die Mezzanineinstrumente, die zwischen Fremd- und Eigenkapital positioniert sind und deshalb auch Hybride genannt werden.

3.4.1 High-yield Bonds – Hochzinsanleihen

High-yield-Anleihen tragen, wie es der Name schon sagt, einen hohen Coupon oder Zins. Dieser wiederum spiegelt die Tatsache, dass eine hohe Risikoprämie enthalten ist, die eine Aussage über die Bonität und die Sicherheit der Anleihe darstellt. Das Kompliment zur Hochzinsanleihe ist die Investment-Grade-Obligation, sodass Erstere auch als Speculative Grade bezeichnet werden. Wie die meisten Unternehmensanleihen sind sie unbesichert („unsecured").

Definitorisch ist somit eine Hochzinsanleihe ein Bond einer Firma, die schlechter als BBB, resp. BAA, kategorisiert ist und eine Zinsspanne von mehr als 125 Basispunkten zum Libor aufweist.

Die Laufzeiten bewegen sich zwischen 5 und 10 Jahren, der Coupon ist meist fest. Generell gelten leichtere Kreditklauseln (Convenants) im Vergleich zu den Bankkrediten. Dies wird mit einem höheren Zins bezahlt.

Bis in die Siebzigerjahre wurden keine Anleihen begeben, die keine Investment-Grade-Bonität aufwiesen. Die in Umlauf befindlichen spekulativen Anleihen gingen alle auf eine massive Verschlechterung der wirtschaftlichen Lage von Emittenten zurück. Darum nennt man solche Obligationen oder deren Emittenten auch Fallen Angels. Anfang der Achtzigerjahre änderte sich die Lage, als junge, schwach kapitalisierte Unternehmungen mit der Hilfe von ambitionierten Investmentbankern an den Bondmarkt mit sogenannten Junk Bonds, zu Deutsch Schrottanleihen, herantraten. Investoren begannen solche Anleihen zu kaufen, denn sie beurteilten die Ausfallrisiken im Einklang mit den hohen Renditen, speziell wenn ein diversifizierender Portfolioansatz gefahren wurde, als tragbar.

Michael Milken, der Junk-Bond-König von der Investmentbank Drexel Burnham Lambert propagierte das Leveraged-Buyout-Modell, bei dem ein finanzschwacher Käufer mit-

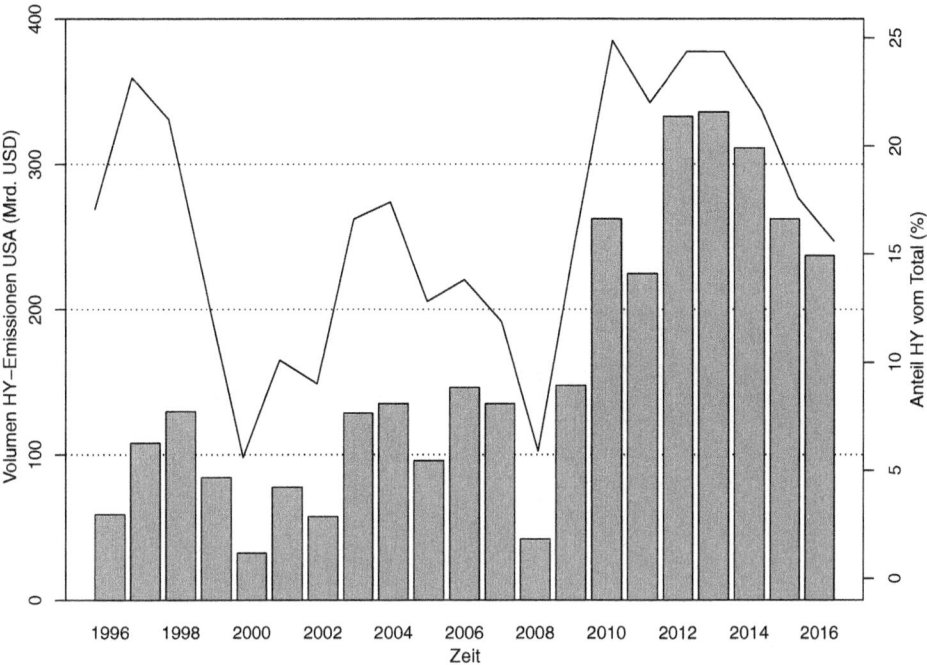

Abb. 3.32 Emissionsvolumen von High-yield Bonds in den USA (Quelle: Board of Governors of the Federal Reserve System)

tels solcher Bonds Firmenübernahmen finanziert, die er dann mit Mitteln der übernommenen Firma honoriert. Man spricht hier von Asset-Stripping.

Die Junk Bonds sind um 1990 stark zurückgegangen und später zurückgekehrt. In Abb. 3.32 erkennt man das Volumen im Zeitablauf. Markant sieht man die Zyklen und das enorme Anwachsen in der zweiten Dekade des jetzigen Jahrhunderts. Anteilsmäßig bewegen wir uns bei rund 20 % des gesamten Emissionsvolumens für Unternehmen in den USA.

Schätzungsweise 50 % werden für Übernahmen eingesetzt im Gegensatz zur allgemeinen Unternehmensfinanzierung. Aufgrund der Definition, die am Rating anknüpft, werden zum Teil auch Schwellenländeranleihen unter dem Begriff High-yield subsumiert.

3.4.2 Mezzanineinstrumente

Ein weiteres zentrales Instrument bei stark fremdfinanzierten Transaktionen, insbesondere bei Leveraged Buyouts, sind Mezzanineschulden. Der Begriff stammt aus der Architektur, wo er ein Zwischengeschoss in einem mehrstöckigen Gebäude meint. Mezzaninkapital ist

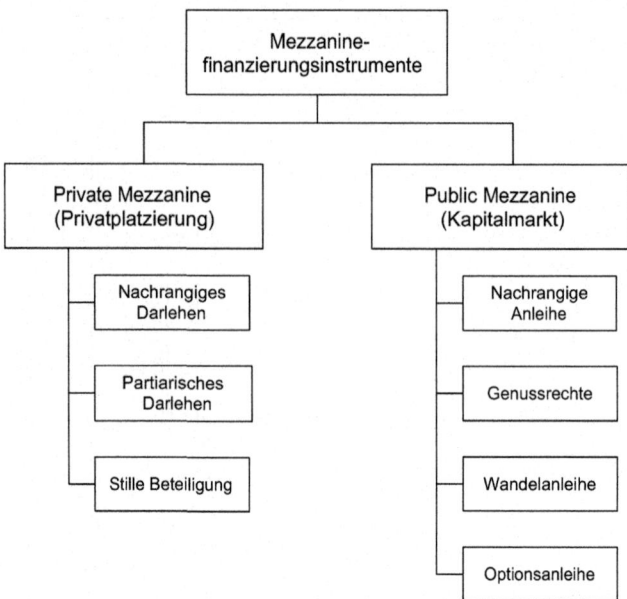

Abb. 3.33 Mezzanineinstrumente. Das partiarische Darlehen erhält keinen Zins, sondern eine gewinnabhängige Ausschüttung. Die stille Beteiligung oder stille Einlage ist je nachdem, ob der Ertrag vor Verlust geschützt ist, eine Verbindlichkeit oder Eigenkapital

seit Langem von Mid-Cap-Unternehmen in Europa und den USA als Finanzierungsalternative zu High-Yield-Anleihen oder Bankkrediten verwendet worden.

Das Produkt ist risikomäßig zwischen Bankschuld und Eigenkapital angesiedelt, deshalb auch die Bezeichnung „Hybridkapital". Entsprechende Investoren nehmen höhere Risiken als Anleihekäufer und möchten somit aktienähnliche Renditen im Bereich von 10 % und 20 % erzielen.

Für kleine Unternehmungen werden nachrangige Darlehen gewährt, die dann in Fonds verpackt und als kollektive Anlagen zu den Investoren kommen. Für marktfähige Unternehmungen kommt Public Mezzanine gemäß Abb. 3.33 infrage, also nachrangige Anleihen und Anleihen mit Equity Kicker: Optionsanleihen, Anleihen mit zusätzlicher Option, und Wandelanleihen. Banken emittieren zur Steuerung ihres regulatorischen Kapitals sogenannte CoCo-Bonds, Contingent Convertible Bonds, die durch einen Trigger automatisch in Eigenkapital gewandelt werden und deshalb in gewissem Umfang regulatorisch anrechenbar sind.

Für die Investoren ist wichtig, dass substanzielles Eigenkapital vorhanden ist und hoher freier Cashflow die Zinsen decken kann.

Meist werden die Mezzaninefinanzierungen als Teil einer ganzen Struktur eingesetzt, bei der noch andere Fremdkapitalinstrumente miteinander orchestriert werden.

3.5 Syndicated Loans – Konsortialkredite

Die Vergabe von Krediten ist kein eigentliches Geschäft der Investmentbanken, sondern traditionell die Domäne der kommerziellen Banken. Im Zusammenhang mit dem Beratungsgeschäft, insbesondere der Fusion und Akquisition, und hier auch bei stark fremdfinanzierten Transaktionen, rundet die Beteiligung an der Vergabe von Überbrückungskrediten die Dienstleistungen ab. Die Zusammenarbeit mit anderen Banken war ja schon mit den Emissionskonsortien zur Genüge geübt worden.

Zur Kreditvergabe muss man sich allerdings selber refinanzieren. Und hier hat die Aufhebung des Trennbankensystems dazu geführt, dass Investmentbanking und kommerzielles Banking zusammengekommen sind.

Schätzungsweise ein Viertel der Konsortialkredite wird für Zwecke des Investmentbankings vergeben. Diese sind:

- Acquisition Financing,
- Leveraged Buyout,
- Sponsored Buyout,
- Project Finance und
- Spin-offs.

Der mehrheitliche Teil der Konsortialkredite wird für allgemeine Unternehmensfinanzierungen verwendet, ein kleiner Teil für Refinanzierung von Bankschulden oder als Umlaufvermögen.

Tab. 3.15 zeigt die größten Konsortialkredite des Jahres 2016. Obwohl die Kredite für die Finanzierung der Akquisitionen nur einen geringen Teil ausmachen, in den USA rund 17 %, sind aber die volumenstärksten fast ausschließlich für diesen Zweck bestimmt. Es handelst sich vor allem um Überbrückungsfinanzierungen (Bridge Loans), die relativ kurz laufen. Der Bayer-Kredit von 57 Mrd. USD dient der Übernahme von Monsanto, die 66 Mrd. USD kosten soll. Insgesamt beteiligen sich 27 Kreditgeber für diesen zwölf Monate laufenden Kredit. Die Arranger sind angeblich Bank of America, Credit Suisse, Goldman Sachs, HSBC und JPMorgan Chase.

Der Überbrückungskredit im Umfang von 40 Mrd. USD an AT&T dient der Übernahme von Time Warner. Dieser Kredit soll durch verschiedene Anleihen am Kapitalmarkt refinanziert werden. Von 40 Mrd. kommen 25 Mrd.von JPMorgan Chase und der Rest von Bank of America. Dies sind völlig unüblich hohe Beträge. Im Allgemeinen sind die Maxima bei rund 4 Mrd. USD pro Konsorte. Die Kosten für den Schuldner betragen 100 Basispunkte über dem Libor plus eine Bereitstellungsgebühr (Committment Fee). Man geht davon aus, dass die zwei Banken zwischen 110 Mio. und 130 Mio. USD an Kommissionen einstreichen. Die Marge ergibt sich aus dem A-Rating von AT&T. Diese Fazilität steht unter der Bedingung, dass die Verschuldungsquote das 3,5-Fache des Ebitda[3] nicht übersteigt.

---

[3] Ebitda: Earnings before interest, taxes, depreciation and amortization.

Tab. 3.15 Die größten Konsortialkredite des Jahres 2016, Beträge in Mrd. USD (Quelle: Thomson-Reuters)

Rang	Schuldner	Zielmarkt	Betrag	Verwendung
1	Bayer AG	Deutschland	56,9	Finanzierung Akquisition
2	AT&T Inc.	USA	40,0	Finanzierung Akquisition
3	Syngenta AG	Schweiz	20,2	Finanzierung Akquisition
4	Dell International LLC	USA	20,1	Finanzierung Akquisition
5	GE	USA	20,0	Allg. Unternehmensfinanzierung
6	Shire PLC	Irland	18,0	Finanzierung Akquisition
7	Abbott Laboratories	USA	17,2	Finanzierung Akquisition
8	Avago Technology Finance	USA	16,1	Finanzierung Akquisition
9	21st Century Fox Inc.	Großbritannien	15,2	Finanzierung Akquisition
10	Toyota Motor Credit Corp.	USA	15,0	Allg. Unternehmensfinanzierung

Tab. 3.16 Globale Konsortialkredite 2016 (Quelle: ThomsonReuters)

Rang	Arranger	Volumen (Mrd. USD)	Fees (Mio. USD)
1	Bank of America Merrill Lynch	300,5	1292,6
2	JP Morgan	273,3	1137,3
3	Citi	214,5	789,1
4	Mitsubishi UFJ Financial Group	185,8	567,8
5	Mizuho Financial Group	170,7	474,9
6	Wells Fargo & Co	168,2	666,8
7	Barclays	131,3	749,6
8	Deutsche Bank	130,6	734,9
9	Sumitomo Mitsui Finl. Grp. Inc.	117,4	403,7
10	HSBC Holdings PLC	104,0	439,4
11	BNP Paribas SA	101,6	443,8
12	Goldman Sachs & Co	93,1	561,5
13	Credit Suisse	85,3	628,8
14	RBC Capital Markets	85,0	416,5
15	Industrial & Comm Bank China	68,8	293,8
	Gesamttotal	3990,6	17.707,3

Je größer eine Übernahme, desto komplizierter und zeitraubender die Bewilligung von Kartellbehörden und anderen möglichen Behörden. Damit wird der Zeitpunkt der Benutzung des Kredits ungewiss. Daraus erklären sich auch die Bereitstellungskosten.

Tab. 3.16 vermittelt einen Überblick über die Industriestruktur, den Markt und die Erträge. Zwei Banken, BofA und JP Morgan haben im Jahr 2016 mehr als eine Milliarde USD an Kommissionen kassiert. Eine kursorische Rechnung ergibt eine durchschnittliche anteilige Kommission von 44 bp für den Arranger, die etwas höher liegt als bei Anleihen.

Literatur

Brealey, R., Myers, S. C., & Allen, F. (2014). *Principles of corporate finance*. US, New York: McGraw-Hill Inc.

Bühler, W., Feuchtmüller, W., & Vogel, M. (Hrsg.). (1989). *Investment-Banking*. Wien: Service, Fachverlag an der Wirtschaftsuniversität Wien.

Elton, E., & Gruber, M. (1995). *Modern portfolio theory and investment analysis*. New York: Wiley.

Faure, R., Prizzon, A., & Rogerson, A. (2015). *Multilateral development banks: A short guide*. *Report*. London.: Overseas Development Institute.

Fender, I., & Mitchell, J. (2005). *Strukturierte Finanzierungen: Komplexität, Risiken und die Rolle von Ratings. BIZ-Quartalsbericht*. Basel: Bank for International Settlements: Basel Committee on Banking Supervision.

Jensen, M. C., & Meckling, W. H. (1976). Theory of the firm: Managerial behavior, agency costs and ownership structure. *Journal of Financial Economics, 3*(4), 305–360.

National Audit Office (2014). *The Privatisation of Royal Mail*. London.: House of Commons Report, Department for Business, Innovation & Skills.

Smithson, C. W., & Smith, C. W. (1995). *Managing financial risk: a guide to derivative products, financial engineering, and value maximization*. Burr Ridge, Ill: Irwin Professional Pub.

Wiener Börse (Hrsg.). (2012). *Der Börsengang*. Wien: Wiener Börse AG.

Advisory – Beratungsgeschäft

4

Wie wir bereits gesehen haben, hat sich das Beratungsgeschäft als eigenständige Geschäftseinheit erst in den Siebzigerjahren etabliert (siehe Zitat in Abschn. 1.3.4 unter Fusionswelle und Geburt des M&A, LBO Private Equity) als die Fusionen von Unternehmungen rasant zunahmen. Vorher stand die Beratung immer im Dienst der Kapitalaufnahme, die, sofern sie zustande kam, für alle Leistungen bezahlte.

Die Beratungsdienstleistungen kann man in die folgenden Kategorien einordnen, die allerdings im Jargon als „Produkte" bezeichnet werden:

1. Fusion und Akquisition,
2. Übernahmeabwehr,
3. Leveraged Finance,
4. Abstoßung und
5. Restrukturierung.

Wie in Abb. 3.3 in Abschn. 3.1 schon gesagt, wird der Dienst im Team erbracht, das Produkt-, Finanzierungs- und Bankingspezialisten umfasst.

Die oben aufgezählten Themen werden auch Market for Coporate Control genannt, denn bei der Zerschlagung und Rekombination von Unternehmensteilen stehen die Kontrolle und damit auch die Führung des neuen Gebildes im Vordergrund. Etwas unschön wird auch M&A mit diesem Oberbegriff gleichgesetzt.

Gemäß Coates (2015) lautet die gängige Definition für Merger: „the core of M&A is a deliberate transfer of control and ownership of a business organized in one or more corporations", und zur Abhebung von der Restrukturierung: „M&A typically refers to the transfer of control of a business as an *entirety*, even if the buyer may consequently choose to restructure the target or itself." Anderseits definiert man Restructuring (Coates 2015): „is a deliberate, significant and unusual alteration in the organization and operations of a business, commonly in times of financial or operational distress, typically accompanied by changes in ownership or finance, as when a company merges two divisions, or sells

© Springer Fachmedien Wiesbaden GmbH, ein Teil von Springer Nature 2018
C. Franzetti, *Investmentbanken*, https://doi.org/10.1007/978-3-658-20791-5_4

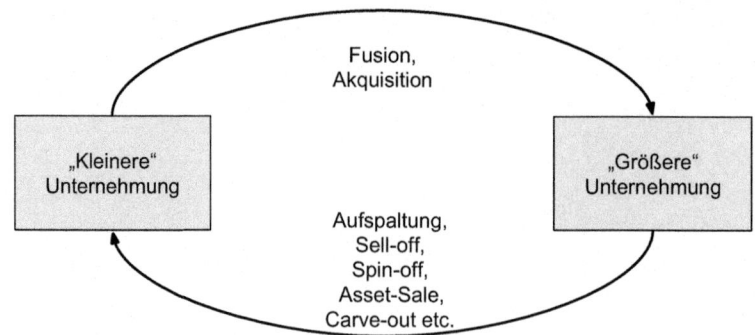

Abb. 4.1 Systematik der Strukturierungsleistungen des Investmentbankings

off a business unit." Damit ist auch schon angesprochen, dass Fusion und Zerschlagung häufig gemeinsam auftreten.

In Abb. 4.1 ist dargestellt, wie die Produkte zum einen Unternehmen zusammenführen, zum anderen geradewegs umgekehrt die Unternehmen zerlegen. Für beide Aktivitäten gibt es gute, aber auch schlechte Gründe. Nicht selten kommen beide Prozedere zum Tragen, dann nämlich wenn bei einer Fusion die zu übernehmende oder die übernehmende Firma für eine Neukonfiguration restrukturiert wird.

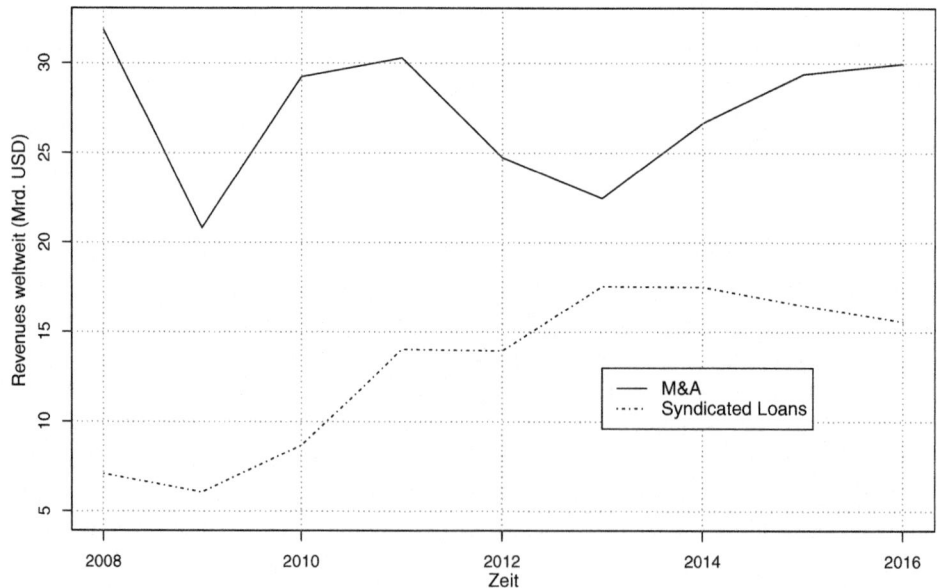

Abb. 4.2 Kommissionseinnahmen weltweit für das Fusionsgeschäft und die Konsortialkredite (Quelle: ThomsonReuters). Wie man sieht, ist das Geschäftsfeld recht volatil mit jährlichen Änderungsraten von bis zu einem Drittel

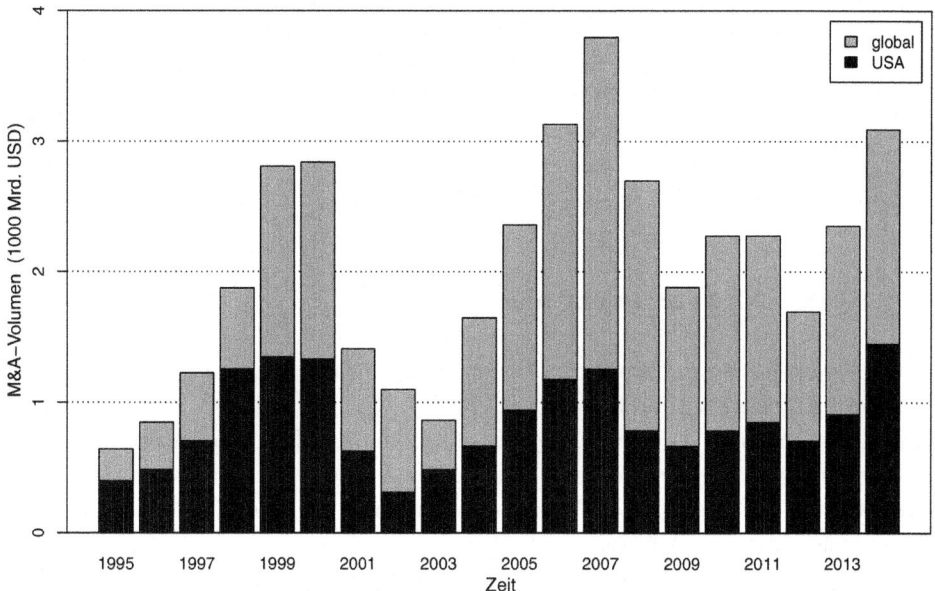

Abb. 4.3 Das M&A-Volumen der letzten Jahre (Quelle: Dealogic)

Abb. 4.4 Die drei Dimensionen des Beratungsgeschäfts

Aus Abb. 3.4 in Abschn. 3.1 sieht man, dass M&A eine ganz wesentliche Einnahmequelle für die Investmentbanken darstellt. Die zehn größten Investmentbanken generierten
im Jahr 2014 Einnahmen in der Größenordnung von 23 Mrd. USD. Neben den Fusionen
sind auch die Konsortialkredite in derselben Division beheimatet, die bei den gehebelten
Finanzierungen verwendet werden. Deshalb ist ein Vergleich der Einnahmen sinnvoll, wie
er in Abb. 4.2 wiedergegeben wird. Abb. 4.3 zeigt das M&A-Volumen. Die Volatilität ist
erheblich, sodass Investmentbanken Erträge nur mit variablem Personalbestand stabilisieren können. Denn die Personalkosten machen rund 50 % der Kosten aus.

Im Folgenden gehen wir von den Produkten aus (Abb. 4.4), ergänzen dann noch mit
ein paar Beispielen zu den Product Groups und fügen noch ein paar Marginalien zur
Geografie an.

4.1 Mergers & Acquisitions – Fusionen und Übernahmen

Mergers and Acquisitions, also Fusionen und Übernahmen, werden oft in einem Atemzug genannt, obwohl doch Unterschiede bestehen. Zudem wird M&A auch für das ganze Beratungsgeschäft verwendet, weil es bei einigen Instituten den überwiegenden Teil der Beratung ausmacht.

4.1.1 Unterschied Fusion und Akquisition

Sowohl bei der Fusion als auch bei der Übernahme, die häufig in einem zweiten Schritt zu einer Fusion führt, erfolgt ein Kontrollwechsel.

Deshalb betrachten wir eine *Fusion* oder Merger als Verschmelzung zweier Unternehmungen. Der typische Mechanismus ist in Abb. 4.5 dargestellt. Eine *Übernahme* oder Akquisition ist der Erwerb einer Unternehmung mit nachfolgender Eingliederung in den Unternehmensverbund als Tochtergesellschaft.

Die Typologie nach legalen Gesichtspunkten geht von (1) der Vermögensübertragung (Asset Purchase), (2) dem Aktienkauf (Stock Purchase) und (3) der Fusion (Merger oder auch Scheme of Arrangement) aus. Was nicht Fusion ist, ist Übernahme. Bei der Fusion geht man idealtypisch davon aus, dass sich ungefähr gleich große Unternehmungen einvernehmlich verschmelzen und die jeweiligen Aktien für Aktien der neuen Firma hingeben. Man nennt diese Konstellation auch Merger of Equals. Die damalige Fusion von Daimler-Benz und Chrysler zur neuen DaimlerChrysler wurde als solches dargestellt; die dann folgenden Querelen führten zur erneuten Aufspaltung. Diese Deals sind meist Fiktionen, denn bei gleichberechtigten Partnern sind die meisten obersten Führungs- und Aufsichtsratsposten redundant, was nach einer anfänglichen Periode von Zusammenarbeit in Machtkämpfen ausartet.

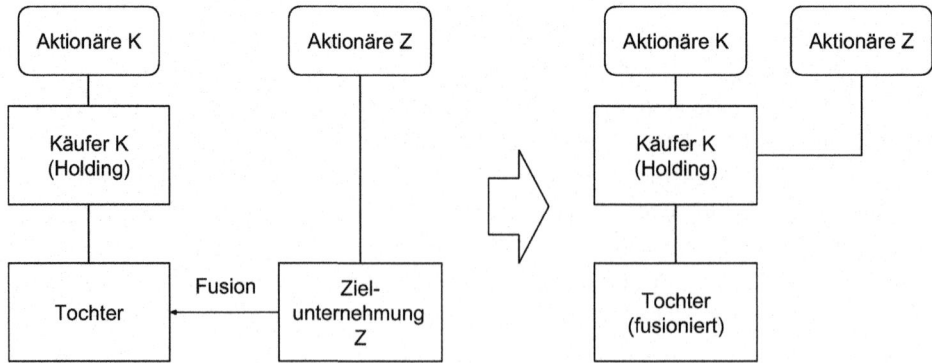

Abb. 4.5 Fusion in Dreieckkonstellation. Die hierfür gegründete Tochter absorbiert die Zielunternehmung („forward triangular"), wobei es auch umgekehrt vorkommt („reverse triangular"). Die Finanzierung erfolgt in Aktien

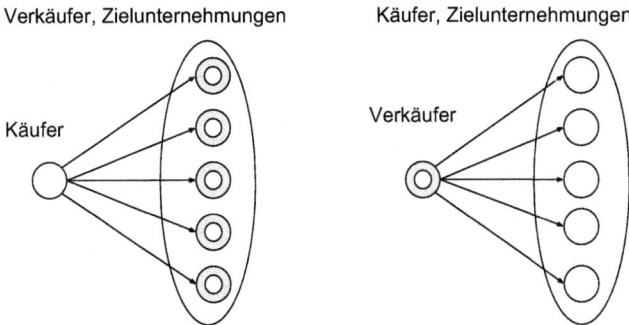

Verkäufer, Zielunternehmungen   Käufer, Zielunternehmungen

Käufer   Verkäufer

Abb. 4.6 Zwei Standardsituationen: Ein Käufer sucht eine Zielunternehmung oder ein potenzieller Verkäufer sucht einen Käufer

Realistischer ist die Betrachtung, wonach einer der Partner der stärkere ist und die andere Firma, entweder einvernehmlich oder feindlich, käuflich übernimmt. Das nennt man nun eine Übernahme oder Akquisition. Die feindliche Übernahme nennt man Take-over. Die gekaufte Firma verschwindet und geht in der übernehmenden Unternehmung auf. Da somit die Kauftransaktion des einen gleichzeitig den Verkauf des anderen bedeutet, müssen beide Partner bei einer einvernehmlichen Transaktion in ihrer strategischen Analyse zu diesem Rollenverständnis gefunden haben. In Abb. 4.6 sind die zwei Suchhandlungen plakativ aufgezeichnet. Diesen Suchprozess können die Investmentbanken wirkungsvoll begleiten. Für sie ist die Unterstützung des suchenden lohnenswerter als die Beratung der Zielunternehmung, denn hier hat man die größere Ungewissheit bezüglich des Zustandekommens des Deals.

Die Situation ist nicht so symmetrisch, wie sie scheint, denn ein Käufer kann immer versuchen, eine Zielfirma entgegen ihrem Willen zu erobern.

Ob ein Kauf einer ganzen Unternehmung als Fusion oder Akquisition benannt wird, hängt auch davon ab, ob die Übernahme einvernehmlich oder feindlich ist. Feindlich wiederum beschreibt das Empfinden von Aktionariat, Management und Mitarbeiter der übernommenen Unternehmung. In diesem zweiten Fall spricht man immer von Akquisition.

Um die Begriffe abzurunden, geben wir die Definition der EU nach deren Fusionskontrollverordnung von 2004 wieder:

Ein Zusammenschluss wird dadurch bewirkt, dass eine dauerhafte Veränderung der Kontrolle in der Weise stattfindet, dass
    a) zwei oder mehr bisher voneinander unabhängige Unternehmen oder Unternehmensteile fusionieren oder dass
    b) eine oder mehrere Personen, die bereits mindestens ein Unternehmen kontrollieren, oder ein oder mehrere Unternehmen durch den Erwerb von Anteilsrechten oder Vermögenswerten, durch Vertrag oder in sonstiger Weise die unmittelbare oder mittelbare Kontrolle über die Gesamtheit oder über Teile eines oder mehrerer anderer Unternehmen erwerben.

Tab. 4.1 Beliebige Nachrichtenzeilen zu Fusionen eines Tages im Jahr 2014 aus einem Wirtschaftsblatt

Schlagzeile
Actavis kurz vor Übernahme von Botox-Hersteller Allergan
Halliburton übernimmt Baker Hughes für knapp 35 Milliarden Dollar
Hasbro liebäugelt mit Übernahme von Dreamworks
Afrikas reichste Frau will Portugal Telecom kaufen
Monte dei Paschi di Siena steht zum Verkauf
Werbe-Riese Publicis kauft US-Digitalagentur Sapient
Aktionäre billigen Fusion der Reisekonzerne Tui und Tui Travel
Gerücht um Blackberry-Kauf durch Lenovo fasziniert Investoren
Fusion der Düngemittelfirmen Yara und CF geplatzt
Pharmakonzern Abbvie überdenkt 54-Milliarden-Übernahme von Shire

Als Schlussfolgerung kann man als Praktiker mitnehmen, dass man am besten von M&A oder generisch von „Zusammenschluss" spricht.

Fusionen und Restrukturierungen, der Markt für die Unternehmenskontrolle, sind ein wichtiger und lukrativer Markt für die Berater. In jeder beliebigen Woche gibt es Schlagzeilen, wie sie in der Tab. 4.1 wiedergegeben werden. Man ist beeindruckt von den involvierten Größenordnungen, hier 54 Mrd. für eine Übernahme und eine andere für 35 Mrd. USD.

4.1.2 Motivation

Fusionen kommen in Wellen, wie die Tab. 4.2 zeigt. Hinzu kommt, dass Klumpen nach Sektoren auftreten. Damit ist auch schon gesagt, dass sie vom wirtschaftlichen Umfeld, der Konjunktur abhängen, und zweitens, dass es Ereignisse in den verschiedenen Industrien gibt, die zu einer gehäuften Fusionstätigkeit führen. Bekannte Beispiele sind etwa Innovationsschübe und Deregulierung. Eine weitere Erklärung bietet der Herdentrieb, denn nach einer ersten Fusion werden Marktinformationen erzeugt, welche die strategischen Analysen der Unternehmen beeinflussen.

Die wirtschaftliche Logik des M&A wird durch die Erwartung wiedergegeben, wonach der Wert der verschmolzenen Unternehmungen höher sei als die Summe der Einzelbewertungen. Formel mit V als Bewertungsformel:

$$V(A + B) > V(A) + V(B)$$

oder

$$\text{Synergie} = V(A + B) - V(A) - V(B).$$

Den Mehrwert nennt man Synergie.

Tab. 4.2 Fusionswellen. Die Jahreszahlen variieren nach Autoren. Die innovativste Welle war die vierte mit den feindlichen Übernahmen

Wave	Periode	Charakteristik
1	1883–1904	Erholung aus der Depression, horizontale Mergers mit quasimonopolistischen Unternehmungen
2	1916–1929	Große Konglomerate aufgrund vertikaler Integration (Antitrustgesetzgebung in Kraft)
3	1965–1969	Hochkonjunktur und großes Wachstum, z. B. General Motors, IBM, John Deere; v. a. Diversifikationsstrategien
4	1984–1989	Unfreundliche Übernahmen, Leveraged Buyout mit Junk Bonds, z. B. RJR Nabisco; Übernahmegesetzgebungen erlassen
5	1993–2000	Hohe Anzahl von Fusionen, meist strategisch motiviert, internationale Megafusionen aufgrund Globalisierung, Börsenboom und Deregulierung; ExxonMobile, GlaxoSmithKline und in Banking und Telekommunikation
6	2003–2008	Globalisierung, Private-Equity-Hype und Aktionärsaktivismus
7	2014–	BRICS-Staaten, d. h. Brasilien, Russland, Indien, China und Südafrika, erleben M&A-Boom

Eine andere Logik steht im Zusammenhang mit unterbewerteten Unternehmungen, bei denen sich ein Kontrollwechsel und besseres Management positiv auswirkt. Unter diesen Voraussetzungen resultiert ein Buyout.

Folgt man den Überlegungen der pessimistischen *Agency-Theorie* (Jensen und Meckling 1976), so sind die Ziele der Manager für Akquisitionen bestimmend. Diese müssen nicht mit denen der Aktionäre des Unternehmens übereinstimmen. Das Streben nach Ansehen, Macht oder Prestige kann dazu führen, dass freier Cashflow nicht an die Eigner ausgeschüttet, sondern in den Kauf weiterer Unternehmen investiert wird (Jensen 1986).

4.1.3 Synergie

Synergie ist die magische Ingredienz, welche die meisten Fusionen antreibt. Deren Realisierung schwankt zwischen vernünftiger Erwartung und kompletter Träumerei. Berechtigte, häufig genannte Gründe für die Existenz von Synergien sind:

1. Personalabbau: Im Versorgungsbereich der Firmen entstehen Überschneidungen, die zu Personalentlassungen führen. Marketing, Finanzen und Personalwesen sind bevorzugte Bereiche. Aber auch in Forschung und Entwicklung müssen überschneidende Bereiche als Centers of Competency gegeneinander antreten. Höhere Kader werden vorsorglich entlassen und gleichzeitig zu Anstellungsgesprächen geladen, wo sie sich wieder behaupten müssen. Topkader können häufig mit einem guten Compensation Package die Firma verlassen.

2. Skaleneffekte: Skaleneffekte entstehen dort, wo die marginalen Kosten für eine zusätzliche Outputeinheit abnehmen, resp. der Ertrag zunimmt. Fixe Kosten können breiter verteilt werden und Deckungsbeiträge steigen.

3. Innovation: Große Firmen tun sich schwerer, technologisch an der Spitze zu bleiben und innovative Produkte zu erzeugen. Durch den Kauf einer spezialisierten Firma können Wissen und Technologie und andere immaterielle Vermögensteile einverleibt werden. Beispiel: Banken kaufen FinTechs.

4. Marktzugang: Die fusionierte Firma ist neu auf den Märkten beider ursprünglichen Firmen präsent und erkennbar. Marketing- und Verkaufsorganisation werden effizienter und schaffen weitere Verkaufsmöglichkeiten.

5. Erhöhte Verhandlungsmacht: Sie besteht darin, dass die fusionierte Unternehmung aufgrund ihrer Größe in Verhandlungen bessere Konditionen durchsetzen kann (Preisbeeinflussung, Rabatte etc.).

6. Cash Slack: Besteht bei einem Fusionspartner ein Liquiditätsüberhang, so kann der andere cash-ärmere Teil damit kostengünstiger Investitionen tätigen.

7. Steuervorteile: Bei transnationalen Fusionen stellt sich immer die Frage nach dem Domizil der neuen Gesellschaft. In letzter Zeit häufen sich die Vorkommnisse, wonach US-Firmen mittels Fusion oder Übernahme den Sitz in steuergünstige europäische Länder verlegen, in denen der eine der Fusionspartner schon ansässig ist.

8. Höhere Bonität: Die fusionierte Unternehmung kann eine verbesserte Bonität aufweisen, sodass einerseits die Verschuldungskapazität erhöht als auch die Kapitalkosten vergünstigt werden.

9. Diversifikation: Diversifikation ist zwar für Anleger ein hohes Gut; es bleibt aber die Frage, ob die Firma oder der Investor diversifizieren soll. Bei Streubesitz der Firma ist es eher kontraproduktiv; bei großen Aktionärsblöcken vielleicht noch vertretbar.

Synergien zu realisieren ist nach den empirischen Befunden nicht so leicht. Häufig existieren sie nur in den Köpfen der Beteiligten. Für den CEO oder den Vorsitzenden des Verwaltungsrats des Bieters ist eine große Fusion meistens der Höhepunkt seiner Karriere und somit nicht frei von Eitelkeiten. Auch andere Akteure, wie Investmentbanken, haben ein einseitiges Interesse, eine Fusion eher positiv darzustellen, denn erst bei Vollzug derselben werden sie entlohnt. Der Markt allerdings antizipiert dies, indem seine Teilnehmer dies wieder eskomptieren.

Die Integration ist der schwierige Teil, denn dann prallen mögliche Kulturunterschiede aufeinander. Es sind die Mitarbeiter, die hier den Ton angeben.

4.1.4 Typen von Fusionen

Fusionen kann man nach verschiedenen Aspekten kategorisieren. Hier gehen wir von (1) dem Zweck, (2) der Synergie und (3) der Finanzierung aus. Eine erste Typisierung ist dreiteilig gemäß Grinblatt und Titman (1998, 669–671), wobei sie auf den *Zweck* abstützt:

- strategische Fusion,
- finanzielle Fusion und
- Diversifikationsfusion.

Die *strategische Fusion* ist der Versuch, aus Eins und Eins Drei zu machen, d. h. durch das Zusammengehen Synergien zu heben. Das ist der Standard für die Fusionen. Dieser Typ ist in den letzten Jahrzehnten zur vorherrschen Grundform geworden. Er befolgt den Grundsatz: „Die Zeiten ändern sich, und wir ändern uns in ihnen.“

Die *finanzielle Fusion* basiert nicht auf verborgenen Werten, sondern auf einer vermeintlichen Unterbewertung der Zielfirma. Dabei muss es nicht zu einer Verschmelzung mit einer Firma des Käufers kommen, sodass auch keine Synergien entstehen. Das Ziel ist ein Kontrollwechsel. Diese Situation wird durch einen Leveraged Buyout realisiert, wobei meist das besser informierte Management miteinbezogen ist. In den Achtzigerjahren waren diese Deals groß im Mode. Wir werden später noch darauf eingehen (siehe Abschn. 4.3).

Die *Diversifikationsfusion* (Conglomerate Acquisition) involviert Firmen, die keine offensichtlichen operativen Synergien ergeben. Ihre Motivation liegt eher bei finanziellen Synergien, die aus tieferen Finanzierungskosten, Steuervorteilen u. Ä. bestehen. Die Bildung von Konglomeraten war eine fixe Idee aus der späten Mitte des vorigen Jahrhunderts. Diversifikation kann der Anleger selber erzeugen.

Versucht man die Fusionen nach *Synergiequelle* oder dem gegenseitigen Bezug zu unterteilen, so resultiert folgende Kategorisierung:

1. Horizontale Fusion: Zwei Firmen, die direkt miteinander konkurrieren und somit denselben Markt mit gleichen Produkten bedienen
2. Vertikale Fusion: Die Firmen ergänzen sich vertikal, d. h. eine Firma mit ihrem Lieferanten oder Absatznehmer, benachbarte Firmen in einer Lieferkette
3. Markterweiterungsfusio: Die zwei Firmen sind im gleichen Geschäftsfeld tätig, aber auf verschiedenen Märkten
4. Produkterweiterungsfusion: Zwei Firmen, die zusammenhängende Produkte auf demselben Markt verkaufen oder zum Teil unterschiedliche Produkte anbieten
5. Diversifikationsfusion: Zwei Firmen, die keine überlappenden Geschäfte betreiben (siehe auch oben)

Die Zusammenschlüsse kann man auch nach der Art und Weise klassifizieren, wie sie *finanziert* werden. An einem Ende des Spektrums kann eine Verschmelzung stattfinden, bei welcher kein offensichtlicher Finanzierungsbedarf besteht, dann nämlich, wenn die Firmen konsolidiert und die Aktionäre beider Firmen weiterhin Aktionäre der neuen Firma werden. Das Austauschverhältnis, das die Werte der Firmen vergleicht, ist für die Anteile maßgeblich. Man nennt diese Art auf Englisch „consolidation merger“. Am anderen Ende des Spektrums liegt der bare Kauf mittels öffentlichen Übernahmeangebots (Purchase Merger). Zwischen den Extremen gibt es die Möglichkeit, diese zwei Arten zu mischen.

Die Steuerimplikationen sind nicht unerheblich, lässt sich doch beim echten Kauf abzuschreibender Goodwill bilanzieren. Der Kauf aller Vermögensteile als Alternative zum Zusammenschluss (Asset Deal) sei hier nur kurz erwähnt.

Der Reverse Merger bezweckt den Kauf einer kotierten Mantelgesellschaft, um sich als private Unternehmung nicht eigens an der Börse einzuführen zu müssen.

4.1.5   Akteure

Eine Fusion ist eines der einschneidendsten Ereignisse im Leben einer Unternehmung. Zudem sind Fusionen gesetzlich geregelt, sodass eine mehrere Rechtsräume umspannende Transaktion nicht einfach sein kann. Typischerweise sind deshalb verschiedene Berater involviert, nämlich je nach Spezialisierung:

1. Strategieberater,
2. Investmentbanken (Financial Advisor),
3. Wirtschaftsprüfer,
4. Steuerberater und
5. spezialisierte Rechtsanwälte.

Strategieberater speziell für Fusionen sind in der Tab. 4.3 aufgeführt. Es handelt sich um die üblichen Verdächtigen. Aus der Werbung eines Topstrategieberaters liest man über sein Angebot für Unternehmungen:

• Entwicklung einer strategischen Logik für die Akquisition,
• Suche nach potenziellen Kandidaten für eine M&A-Transaktion,
• Beurteilung möglicher Wertschaffungsquellen,
• Unterstützung bei Verhandlungen, Angebotsabgabe und endgültiger Entscheidung (einschließlich rechtlicher und aufsichtsrechtlicher Anforderungen),
• Umsetzung der Integration des akquirierten Unternehmens nach dem Zusammenschluss.

Juristische Berater sind einerseits für die Erstellung von Verträgen und Erklärungen zuständig. Darunter fallen die Verträge mit den Beratern, Vertraulichkeitserklärungen, Absichtserklärungen (Letter of Intent) usw. Das Hauptgericht ist natürlich der *Fusionsvertrag* zwischen Käufer und Verkäufer. Die zweite Arbeitsdomäne ist die juristische Sorgfaltsprüfung betreffend alle Verträge mit Externen und Internen, die Beurteilung von hängigen oder potenziellen Rechtsfällen, die Durchsetzbarkeit und Werthaltigkeit von Rechten usw. Ziel ist es, durch angemessene Berücksichtigung der Risiken die Transaktion weniger anfällig für Anfechtungen zu machen. Am Ende der Prüfung werden ein entsprechender Bericht (Diligence Memorandum) und andere Zusammenfassungen erstellt.

Die Übernahmewelle bewirkte einen regelrechten Aufruhr bei den Rechtskanzleien. Chernow (2010, 600) schreibt:

Tab. 4.3 Die Topstrategie-
berater gemäß Forbes 2016.
Es sind nur die zwei obersten
Kategorien gezeigt

Klasse	Strategieberater
1	Bain & Company
	Deloitte Consulting
	McKinsey & Company
2	Accenture
	EY Advisory Services
	KPMG (Consulting Practice)
	PricewaterhouseCoopers Advisory Services
	The Boston Consulting Group

Whatever its other consequences, the trend in hostile takeovers democratized the New York legal world and provided an opening in Wall Street for Jewish lawyers. Both Joe Flom and Marty Lipton of Watchell, Lipton, Rosen, and Katz profited from the early refusal of old-line Wasp firms to sully their hands with takeovers.

Tab. 4.4 zeigt eindrückliche Zahlen für die spezialisierten juristischen Berater.

4.1.6 Fusionsprozess

Den Ablauf einer Fusion kann man in eine Vor-, eine Haupt- und eine Nachphase gliedern. Etwas detaillierter und doch summarisch ist der Prozess in Tab. 4.5 dargestellt.

4.1.6.1 Strategische Analyse

Im Vorfeld und als ständige Übung sollte sich eine Unternehmung einer *strategischen Analyse* unterziehen, am besten gleichzeitig mit der Budgetphase. Die Nullstrategie ist natürlich immer, nichts zu unternehmen, respektive organisch sich zu entwickeln und

Tab. 4.4 Rangliste juristische Berater nach Wert der M&A-Deals im Jahr 2016 (Werte in Mrd. USD, Quelle: ThomsonReuters)

Rang	Legal Advisor	Wert	Anzahl	Durchschnitt
1	Skadden	637,9	222	2,9
2	Sullivan & Cromwell	602,7	134	4,5
3	Simpson Thacher & Bartlett	567,0	147	3,9
4	Davis Polk & Wardwell	535,3	140	3,8
5	Cravath, Swain & Moore	476,2	71	6,7
6	Freshfields Bruckhaus Deringer	468,9	237	2,0
7	Latham & Watkins	452,7	364	1,2
8	Watchell Lipton Rosen & Katz	428,9	90	4,8
9	White & Case LLP	427,2	295	1,4
10	Cleary Gottlieb Steen & Hamilton	366,8	102	3,6
	Total	3235,4	34.504	0,094

Tab. 4.5 Phasen bei einer Fusion nach Hauptakteuren getrennt

	Verkäufer	Verkäufer und Käufer	Käufer
1		Strategische Analyse	
2	Separationsplanung		Fusionsplanung
3	Verkaufsvorbereitung		(Kaufvorbereitungen)
4		Verkaufsprozess	
5			Finanzierung
6			Strukturierung
7		Verhandlung	
8	Fairness Opinion		(Fairness Opinion)
9		Signing	
10		Closing	
11			Integration
12	Verwendung Mittel		

Maßnahmen zu treffen, dass man nicht Opfer einer ungewollten Übernahme wird. Oder die Firma wird redimensioniert und schrumpft, um sich den Marktgegebenheiten anzupassen. Die anderen Extreme sind Akquirieren und Zukaufen oder Abstoßen und Verkaufen.

Die typischen Resultate der Analyse sind plakativ ausgedrückt die Folgenden:

1. nichts zu tun,
2. organisch zu wachsen,
3. organisch zu schrumpfen,
4. zu kooperieren,
5. zu kaufen oder
6. zu verkaufen.

Mit dieser Aufzählung soll auch deutlich gemacht werden, dass es außerhalb der Fusion Alternativen gibt, insbesondere *Kooperationen*. Dazu gehören Interessengemeinschaften, Konsortien und Arbeitsgemeinschaften, strategische Allianzen, Joint Ventures etc.

Die Analyse wird typischerweise von einer internen Abteilung „Unternehmensentwicklung" oder ähnlich mit einem externen Strategieberater dargestellt.

Die Hilfsmittel zur Erarbeitung einer strategischen Analyse sind vielfältig und zu einem großen Teil industrie- und firmenspezifisch. Eine interne Analyse führt schnell zu einer SWOT-Matrix mit Stärken, Schwächen, Chancen und Gefahren. Die Organisation wird mittels PARC, für *People, Architecture, Routines* und *Culture* beurteilt (Roberts 2004, 17) oder mit dem Konzept der 7S von Peters und Waterman (1982). Die Umwelt und den künftigen Kontext der Firma beschreibt man anhand von den Hauptdimensionen von PEST („political, economic, social, technologiocal"). Dabei ist eine detaillierte Darstellung der Konkurrenzsituation entscheidend. Mit dem Gesagten wollen wir nur ein paar

Stichworte geben, denn weiterführende Literatur ist Legion. Möglicherweise besitzt der Strategieberater eine proprietäre Methodik.

Idealtypisch trennen sich hier potenzielle Käufer von potenziellen Verkäufern. Die Verkäufer kommen häufig zur Überzeugung, dass sie eigenständig langfristig nicht überleben können.

4.1.6.2 Planung und Vorbereitung

Ist die Firma zum Schluss gekommen, dass eine Fusion oder Akquisition der richtige Weg zur Zukunftssicherung und Steigerung des Shareholder Value ist, folgt die Planung der Umsetzung.

Sell Side, Verkäufer

Der Verkäufer bestimmt, ob er einen, wenige oder mehrere potenzielle Käufer ansprechen will. Im letzteren Falls soll ein *Auktionsverfahren* ins Auge gefasst werden, bei dem ein guter Preis erwartet wird.

Zuerst werden die Berater ausgewählt, für die der juristische Berater die Verträge aufsetzt. Die Wahl kann das Resultat eines Beauty Contest sein, in dem die Investmentbanken ein Angebot (Pitch) präsentiert haben.

Zum Abschluss der Vorbereitungen muss die Firma in die richtige Rechtsform gebracht werden, sofern sie es noch nicht ist. Denn Fusionieren kann man nur gleichartige Gesellschaftsformen. Falls die Zwischenabschlüsse älter als sechs Monate oder wesentliche Tatsachen aufgetreten sind, muss eine aktualisierte Darstellung von Bilanz, Gewinn- und Verlustrechnung sowie Mittelflussrechnung nach anerkannten Prinzipien kompiliert werden.

Buy Side, Käufer

Der potenzielle Käufer kann nur sehr viel opportunistischer agieren, da er zwar ungefähr weiß, was er sich wünscht, aber nicht weiß, was alles verfügbar ist.

4.1.6.3 Due Diligence, Sorgfaltsprüfung

Die Voraussetzung für eine Sorgfaltsprüfung, oder besser eine sorgfältige Prüfung, ist der sogenannte *Data Room*. Althergebracht handelt es sich um einen physischen Raum, in dem alle wesentlichen Dokumente zusammengetragen worden sind. Meist befindet er sich nicht im Haus des Verkäufers, denn man möchte die Mitarbeiter so wenig wie möglich ablenken. Ein Verlust an Produktivität gerade während der Fusionsverhandlungen ist sehr ungünstig. Heute sollte man einen elektronischen Datenraum erwarten können, in dem alle Dokumente durchsuchbar verfügbar sind. Alte Dokumente müssen eingelesen und mittels OCR-Verfahren umgewandelt werden. Nur so kann man den Zugriff nachverfolgen und dokumentieren und anderseits der Wust an Daten verarbeitet werden.

Tab. 4.6 Rangliste nach Anzahl der Fairness Opinion Provider global 2016 (Quelle: ThomsonReuters). Der Wert bezieht sich auf den Wert des Zusammenschlusses

	Opinion Provider	Anzahl	Wert (Mrd. USD)
1	Duff & Phelps	57	8,90
2	J. P. Morgan	54	118,5
3	Gram Capital	50	7,2
4	China Merchants Securities Co	47	21,4
5	China Securities Co Ltd	45	31,01
6	CITIC	42	52,1
7	GF Securities	41	9,8
8	Huatai Securities Co Ltd	35	36,6
9	Morgan Stanley	31	182,3
10	Stout Risius Ross Inc	31	0,6
	Industrietotal	1362	–

Die Prüffelder sind vor allem die Folgenden:

1. Finanzen,
2. Recht,
3. Steuern,
4. Altlasten,
5. Markt und
6. Organisation.

Erst durch die Due Diligence ist es möglich, Verhandlungen über den Kaufpreis zu konkretisieren.

4.1.6.4   Fairness Opinion

Das Erstellen einer Fairness Opinion, eines finanziellen Gutachtens, zu Händen der Verwaltungsräte der involvierten Firmen und der Öffentlichkeit ist ein eigenständiges Mandat, das meist an eine Investmentbank gelangt. Es wird separat vergütet und muss nicht vom prozessverantwortlichen Financial Advisor erstellt werden. Bei einer großen Transaktion kann ein solches Gutachten schnell 1 Mio. USD kosten (Stowell 2010, 69).

Wenn der Finanzberater das Gutachten anfertigt, der ja nur dann bezahlt wird, falls der Deal vollzogen wird, ergeben sich gewisse Interessenkonflikte. Anderseits kennt ein externer Gutachter wiederum die Situation nicht so gut, dass die Qualität der Aussage darunter leiden könnte.

Tab. 4.6 zeigt die Rangliste der Berater von Fairness Opinions. Unter den ersten zehn findet man nur zwei bekannte große Investmentbanken. Andere Namen unter den ersten 25 sind KPMG, Bank of America Merrill Lynch und Evercore. Es wird nicht unterschieden nach alleinstehender Opinion und solchen, die im Finanzberatungsmandat integriert sind. Insgesamt handelt es sich um ein Beratungsnischenprodukt.

Das Gutachten besagt, gestützt auf die Bewertungen, dass, von einem finanziellen Standpunkt aus, die Transaktion „fair" ist, also *angemessen*. Das heißt aber nicht, dass ein positives Gutachten eine Kaufempfehlung ist oder gar eine Garantie für den wirtschaftlichen Erfolg der Transaktion. Dennoch vermittelt es das Vertrauen, dass die Bewertung nach üblichen, angemessenen Methoden ausgeführt wurde.

4.1.6.5 Verhandlung und Abschluss

Die Verhandlungen kreisen vor allem um die in der Sorgfaltsprüfung erhobenen Tatsachen und die in der Fairness Opinion geäußerten Meinungen, die wiederum maßgeblich die Bewertung und damit den definitiven Preis bestimmen. Häufig ist es einfacher, sich über ein Bewertungsschema zu einigen und dann über die Parameter zu streiten. Zum Preis kommen die Zusagen und Gewährleistungsklauseln und mögliche Vorbedingungen hinzu, die erfüllt sein müssen. Das Ziel der Verhandlungen ist der Kaufvertrag. Der Käufer gerät in eine asymmetrische Position, weil ein Abbruch ertragswirksame Kosten bedeutet, wogegen ein nichtoptimaler Kauf die Kosten als Goodwill auf die Bilanz trägt.

Verhandeln ist eine eigene Wissenschaft. In der entsprechenden Literatur kommen sehr viele Beispiele aus der Geschäftswelt vor, insbesondere aus Fusions- und Übernahmeverhandlungen. Bazerman und Neale (1992) geben einen guten Überblick über all die typischen Fehler (Fallacies). Häufig kollidieren die Egos der obersten Involvierten und führen die Verhandlungen ins Irrationale. Gute Begleitung ist deshalb Gold wert.

Ist der Vertrag vereinbart, kann er unterschrieben werden (Signing). Der Vollzug (Closing) kann auch einiges später erfolgen, dann nämlich, wenn alle Vollzugsbedingungen erfüllt sind, insbesondere eine allfällige Genehmigung von den Kartellbehörden vorliegt.

4.1.6.6 Post-Merger-Integration

Die harte Arbeit beginnt hier. Für den Finanzberater, die Investmentbank, bietet die Integration ein weiteres Arbeitsfeld, denn bei der Fusion sind die Spitzenunternehmungen einer Holdingstruktur primär betroffen. Große Unternehmungen besitzen viele, bis weit über hundert Tochterunternehmungen, sodass im Nachgang zur Fusion potenziell sehr viele Centers of Competencies definiert und weitere Fusionen vollzogen werden müssen.

Die effektive Hebung der operativen Synergie und die Durchsetzung einer neuen Unternehmenskultur sind Angelegenheit der fusionierten Firma.

4.1.7 Bewertung

Ein Kontrollwechsel muss finanziert werden. Dabei wird konsequenterweise ein „Kaufpreis" bestimmt, der dann je nach Ausgestaltung mit verschiedener Münze bezahlt wird, nämlich als Tausch oder mit Barmitteln oder mit einer Mischform.

Für den Käufer ist der Wert (1) der zu fusionierenden Unternehmung sowie (2) der erwarteten Synergie zu ermitteln. Für den Verkäufer sind die vernünftige Bewertung der eigenen Unternehmung sowie ein Anteil an den Synergien ausschlaggebend.

Die Bewertung stützt sich auf dasselbe Instrumentarium, um ein Projekt oder eine große Investition zu tätigen. Günstig kommt hinzu, dass hier meist ein Vergleichswert in der Form der Börsenkapitalisierung vorliegt, die ja fundamentale Wertelemente besitzt. Ist eine mögliche Fusion am Markt ruchbar, so muss man von der Börsenkapitalisierung möglicherweise den Erwartungswert einer Fusionsprämie in Abzug bringen:

Börsenkapitalisierung $=$ operativer Wert

$+$ Übernahmewahrscheinlichkeit $\times$ Übernahmeprämie.

Die Kapitalisierung ist eine externe Sicht, die nicht gut genug ist, um den Wert einer Unternehmung darzustellen. Für den Käufer A der Zielfirma B stellt sich der Kaufpreis, oder besser der Höchstpreis, wie folgt zusammen:

$$\text{Kaufpreis} \le \text{Wert Zielfirma} + \text{Wert Synergie} - \text{Kosten}$$
$$\le V(B) + V(S) - K$$
$$\le V(A + B) - V(A) - K$$
$$= \text{Marktwert B} + \text{Goodwill}.$$

Käufer und Verkäufer haben aufgrund ihrer Interessenlage unterschiedliche Preisvorstellungen, aber verstehen die verfügbaren, üblichen Ansätze. Die Unternehmensbewertung ist ein wiederkehrendes Thema, von Bedeutung für Investoren am Aktienmarkt, Besitzern bei einem Börsengang und eben beim Verkauf einer Firma. In der Tab. 3.5 in Abschn. 3.2.1 sind schon ein paar Methoden erwähnt. Sie lassen sich folgendermaßen zusammenfassen:

1. Vergleichszahlen: Diese werden für ähnliche Firmen, den Industriedurchschnitt oder Ähnliches erhoben und mit einem Multiplikator versehen. Als Beispiele:
   a. Kurs-Gewinn-Verhältnis (KGV): Der Preis ergibt sich als Vielfaches der Gewinne oder Erträge der Zielunternehmung
   b. Enterprise-Value-zu-Umsatz (EV/Sales): Der Umsatz ist der Treiber, d. h. die Kosten sind ausgeklammert. Dieser wird mit dem als angemessen betrachteten Multiplikator versehen
   c. Dividendenertrag: Der Vergleich fußt auf der (mehrjährigen) Dividendenrendite
2. Wiederbeschaffungswert: Dieser Ansatz ist als Indikation für die verarbeitende Industrie eher angebracht, aber nicht für Dienstleister, bei denen das Personal und Ideen den größten Vermögenswert ausmachen
3. Discounted Cash Flow (DCF): Der Nettobarwert aller künftigen freien Cashflows ist intellektuell eine ansprechende Methode, aber in der Praxis mit der Schätzung ferner Ergebnisse meist scheingenau. Die Methode hinkt an den vielen Schätzungen. Die Abzinsung erfolgt mit dem gewichteten Kapitalkostensatz. Aus dem vorhandenen Zahlenmaterial kann man auch die *Internal Rate of Return* IRR oder eine Hürdenrate berechnen
4. Vergleichbare Transaktionen: Ähnliche Transaktionen können mit spezifischen Modifikationen als Benchmark herangezogen werden

Es ist selbstverständlich, dass möglichst viele unterschiedliche Methoden angewendet werden, um die Streuung derselben zu erheben und daraus die Parameter zu diskutieren. Der Preis wird verhandelt. Dazu braucht es einen Kompromiss. Die Differenz zwischen Preis und Firmenwert ist der Wert der Synergien. Der Käufer muss überzeugt sein, diesen Wert auch erzielen zu können. Während ein Preis von 110–130 % des Marktwertes als angemessen gelten kann, ist ein Mark-up von 50 % schon sehr zweifelhaft.

4.1.8 Stock Purchase – öffentliches Übernahmeangebot

Bei einem freundlichen Kaufgebot für eine börsennotierte Unternehmung (Bid oder Tender Offer) treffen sich Management und Bieter und besprechen unter anderem den Mindestpreis für ein Angebot. Der Verwaltungsrat der Zielgesellschaft empfiehlt den Aktionären die Annahme des öffentlichen Angebots.

Bestehen spezielle Übernahmegesetze oder sonstige Regulierungen, so ist meist die Absicht einer Behörde zu melden, welche die erstellte Dokumentation prüft. Die gesetzliche Regelung bezweckt primär, die Lauterkeit und Transparenz der Transaktion sowie die gebotene Gleichbehandlung der Aktionäre sicherzustellen. Die Meldung wird dann öffentlich gemacht.

In gebotener Frist wird ein formelles Angebotsprospekt aufgelegt, in dem die Bedingungen für die Übernahme veröffentlicht werden. Es stipuliert, wie viele Aktien gekauft werden sollen, etwa 100 % oder weniger, zu welchem Preis und wie dieser abgegolten werden soll, d. h. bar oder als Tausch mit anderen Aktien usw. Bevor die Angebotsfrist beginnt, wird eine Ruheperiode eingelegt, damit sich die Besitzer ohne Druck entscheiden können. Am Ende der Angebotsfrist wird das Ergebnis bekannt gemacht.

War es nicht erfolgreich, so kann der Bieter vom Angebot zurücktreten und das Verfahren wird abgebrochen. War es hingegen erfolgreich oder will die Anbieterin das öffentliche Übernahmeangebot trotzdem vollziehen, so folgt eine Nachfrist, während der auch die widerspenstigen Aktionäre ihre Anteile nochmals andienen können. Der Bieter veröffentlicht das Endergebnis. Sodann erfolgt der Vollzug mit Übertragung der Beteiligungspapiere der Zielgesellschaft an den Bieter bei gleichzeitigem Überweisen des Angebotspreises.

Falls ein hundertprozentiger Anteil beabsichtigt war, dieser aber nicht zustande gekommen ist, kann man unter bestimmten Bedingungen die restlichen Beteiligungspapiere der Zielgesellschaft kraftlos erklären lassen. Man nennt dies einen Squeeze-out. Zweck solcher Regulierung ist wiederum die Absicht, alle Aktionäre gleich zu behandeln und keine Widerstandsprämie zu gewähren.

4.1.9 Chancen und Risiken

Die Untersuchung über die Erfolge und Misserfolge von Fusionen und Zusammenschlüssen sind Legion. Da die Fusionen und Neugliederungen so vielfältig sind, die gefassten

Ziele sich stark unterscheiden können und eine angemessene Zeitspanne vergehen muss, bis eine Abwägung Sinn macht, zwischenzeitlich sich die Welt aber geändert hat, ist die Messung methodisch äußerst schwierig. Anderseits muss etwas an der Fusion dran sein, wenn es schon so lange ein Geschäftsfeld ist. Eine weitere Störquelle ist die Tatsache, dass die Involvierten ein starkes Interesse haben, den Erfolg herbeizureden.

Bei großen, transnationalen Fusionen sind bei rund zwei Dritteln der Transaktionen die Erwartungen enttäuscht worden. Es ist zum Teil eine Eitelkeit des abgehobenen Managements. Die Synergien werden häufig verpasst, weil der Fokus zu stark auf die Kosteneinsparung gerichtet wird.

Ein solch komplexes Unterfangen kann man nicht so leicht beurteilen. Bruner (2005) gibt einen guten Überblick über die Fusionen von 1995 bis 2001 und die Frage, wieso der Erfolg von Fusionen methodisch so schwierig zu messen ist.

4.2 Take-over Defense – Übernahmeabwehr

Dieses „Produkt" wird meist bei einem unfreundlichen Übernahmeversuch (Take-over) nachgefragt.

Die Antwort einer Zielunternehmung bei einem Übernahmeangebot kann unter anderem die Folgende sein:

1. Angebot annehmen: Das Management und die Aktionäre sind mit dem Angebot einverstanden, sodass die Transaktion fortgesetzt werden kann
2. Verhandeln: Falls der gebotene Preis nicht genügend scheint oder andere Bedingungen des Angebots unattraktiv oder gar inakzeptabel sind, falls das Management um seine Stellung fürchtet usw., kann versucht werden, die Bedingungen zu verhandeln, das heißt andere appetitlichere Vorschläge für das Management oder die Aktionäre einzubringen. Sind mehrere Bieter vorhanden, ist die Verhandlungssituation viel günstiger als bei einem einzigen Bieter
3. Abwehren: Die Abwehr besteht aus einem ganzen Arsenal von Maßnahmen, wobei die einen eher schwach sind, andere bis zur Selbstzerstörung wirksam (siehe Abschn. 4.2).
4. Weißen Ritter suchen: Eine Alternative bietet eine Partei, die man als günstigeren und damit wohlgelittenen Bieter ansieht. Er sollte einen gleichen oder höheren Preis anbieten oder klaren synergetischen Mehrwert vermitteln. Zum Teil ist dies die einzig gesetzlich zulässige Handlung des Managements.

Maßnahmen zur Übernahmeabwehr sind solche, die zumindest Widerstand gegen die Akquisition leisten. Solche Maßnahmen lassen sich in zwei Kategorien einteilen: (1) solche, die schon vorsorglich getroffen wurden (präventiv), und (2) solche, die bei Bekanntwerden des Übernahmeversuchs getroffen werden (aktiv).

Das Unternehmensrecht der USA und jenes in Europa sind bezüglich des Verständnisses von Unternehmenskontrolle und Struktur der Besitzverhältnisse ziemlich unterschiedlich.

In den *USA* geht man von einem breiten Streubesitz aus, sodass eine gewisse Aktionärsapathie vorherrscht. Das Management, versinnbildlicht durch das Board of Directors, entscheidet deshalb meist über eine potenzielle Fusion. Es ist nicht einer Neutralität gegenüber den Besitzern verpflichtet, sondern zum Teil sogar angehalten, eine Übernahme zu verhindern. Das Management wird also einer Übernahme nur zustimmen, wenn es überzeugt ist, dass es im Interesse der Firma ist, oder wenn es aufgrund der sogenannten Revlon Duties gezwungen wird, das höchste Angebot anzunehmen, auch entgegen anderen guten Gründen. Dieser zweite Aspekt stammt von einem juristischen Präzedenzfall von 1985, in dem ein Gericht die treuhänderischen Pflichten des Managements dahin gehend interpretierte, dass die kurzfristigen Gewinne der Besitzer dem langfristigen Überleben der Firma vorgingen. Die Aktionäre hätten das Recht, ihre Aktien zum Verkauf anzubieten oder eben nicht.

Die Motive des Managements, sich zu widersetzen, sind drei (siehe Ruback (1988)):

1. es glaubt an verborgene Werte der Firma,
2. es denkt, Widerstand erhöhe das Gebot,
3. seine Mitglieder möchten ihre Stellung bewahren.

In *Europa*, das hier plakativ als Einheit vereinfacht wird, sind die Unternehmensgesetze eher der Idee eines starken Aktionariats verhaftet, gibt es doch einige Länder, in denen Familien großen Einfluss auf einzelne Firmen ausüben. Deshalb gibt es Vorkehrungen, das Kleinaktionariat vor den Mehrheitseignern zu schützen. Der Entscheid über die Übernahme liegt also bei den Aktionären, außer diese hätten die entsprechenden Befugnisse ausdrücklich delegiert. Das Management muss sich also neutral verhalten bis auf die Suche nach einem besseren Angebot. Das Management ist dem Wohl der Firma, der Aktionäre, der Mitarbeiter, der Gläubiger und der Öffentlichkeit verpflichtet. Die USA und Europa unterscheiden sich also diametral, denn die einen müssen sich wehren, während die anderen es ausnahmsweise tun.

Ein weiterer logischer Unterschied liegt darin, dass in den USA ein beliebiger Anteil gekauft werden darf, wogegen in Europa beim Erreichen eines Schwellenwertes ein Gebot an alle Aktionäre gemacht werden muss, auch wenn der Bieter nicht alle Aktien kaufen wollte. Jede Aktie wird also gleich behandelt. Hält der Bieter allerdings 95 % des Grundkapitals, kann er die Übertragung der übrigen Aktien beantragen. Man nennt dies einen übernahmerechtlichen Squeeze-out.

Vor einigen Jahren konnte man im Handelsblatt über Hochtief im Zusammenhang mit der Ankündigung einer Übernahme lesen:

> Der Essener Baukonzern hat die US-Bank Goldman Sachs engagiert. So soll die US-Bank für Hochtief eine Abwehrstrategie gegen den Übernahmeversuch des spanischen Großaktionärs entwickeln.

Es zeigt sich, dass vor allem das Management den Deal ablehnte, die Altaktionäre aber durchaus die Übernahme günstig beurteilten. Das Management hatte es nicht geschafft, den Kurs der Aktie so in die Höhe zu treiben, dass eine Übernahme uninteressant gewesen wäre.

4.2.1 Präventive Maßnahmen

Die vorsorglichen Maßnahmen finden ihren Niederschlag vor allem in den Unternehmenssatzungen, wo entsprechende Klauseln festgelegt sind. Die Zulässigkeit wird natürlich von der jeweiligen Jurisdiktion bestimmt. Darunter fallen etwa (Ruback 1988):

- gestaffelte Wahlen (Staggered Board),
- qualifizierte Mehrheit (Super Majority),
- Einheitspreis (Fair Price),
- Emission Stimmrechtsaktien (Dual Class Recapitalization),
- Stimmrechtsbeschränkung (Restricted Voting Rights).

In den USA ist es üblich geworden, den Verwaltungsrat je zu einem Drittel alle drei Jahre zu erneuern. Damit soll verhindert werden, dass ein Bieter sogleich in den Genuss kommt, das oberste Management in einem Handstreich zu ersetzen. Damit wird die Firma ein bisschen unattraktiver. Die Wirkung ist allerdings eher gering.

Die Statuten können vorsehen, dass es für die Übernahme einer Stimmenmehrheit von beispielsweise 80 % bedarf. Das führt dazu, dass der Bieter einen solchen Anteil erwerben muss, um das Geschäft auszuführen. Es kann zudem vorgesehen werden, dass das Management eine solche Klausel aufheben darf.

Eine Klausel kann vorsehen, dass eine hohe qualifizierte Mehrheit aufgehoben wird, wenn der Bieter allen Aktionären den gleichen Preis andient. Damit will man verhindern, dass der Käufer mit dem Kauf von 2/3 der Aktien die Mehrheit erhält, sodass das restliche Drittel einen tieferen Preis bekommt. Denn ohne Vorkehrung würde man schneller andienen, um einen höheren Preis zu sichern.

Die Rekapitalisierung mit Stimmrechtsaktien, die das zehnfache Stimmrecht beinhalten, aber nur einen geringen Vermögensanteil verkörpern, indessen in normale Aktien gewandelt werden können, wird an die Aktionäre ausgegeben. Weil die Stimmrechtsaktien auch wegen der schlechten Handelbarkeit für die Besitzer wenig attraktiv sind, werden sie umgetauscht. Das Management allerdings kann durch Halten seiner Aktien seinen Einfluss massiv steigern und so eine Übernahme vereiteln.

Gewisse Statuten sehen vor, dass gewisse Großaktionäre nur bis zu einer bestimmen Schwelle stimmberechtigt sind. Beispielsweise kann vorgesehen werden, dass niemand mehr als 15 % der Stimmen einlegen darf, wenn über eine Übernahme zu entscheiden ist.

Weitere nichtstatutarische vorsorgliche Maßnahmen sind:

- Goldener Fallschirm (Golden Parachute),
- Poison Pill und
- Poison Put.

Beim Goldenen Fallschirm handelt es sich um Klauseln im Anstellungsvertrag des obersten Managements, wonach bei einem Kontrollwechsel der Unternehmung infolge Übernahme dem Angestellten eine großzügige Abgangsentschädigung zuteilwird, falls er die

Stelle verliert. Damit soll ein Agency-Problem gelöst werden, das darin besteht, dass das Management aus Eigeninteresse eine Übernahme ablehnt, obwohl es im Interesse des Besitzers ist. Allerdings sind mit dieser Maßnahme zum Teil erhebliche Vermögensverschiebungen zuungunsten des Managements verbunden.

Hinter dem Begriff „Giftpille" oder Poison Pill verbergen sich mehrere Ausprägungen. Frühe Formen spielen mit Bezugsrechten, die mit einem hohen Agio an die Altaktionäre, Bieter ausgeschlossen, ausgegeben werden, sobald ein Aktionär eine gewisse Anteilsschwelle überschritten hat. Damit wird der Anteil des Bieters stark verwässert. Diese Variante nennt sich Flip-in. Mit Flip-over ist eine Strategie verbunden, die bei vollzogener Übernahme den Aktionären der übernommenen Firma ein verbilligtes Bezugsrecht des Bieters garantiert. Dieses Recht muss die Übernahme überleben. Um „Heuschrecken" abzuwehren, können Firmen auch vorsehen, bestimmte Vermögenswerte in eine Stiftung oder eine Tochtergesellschaft auszulagern, die man von Kontrollpflichten der Mutter entbindet. Damit will man verhindern, dass ein Bieter die Filetstücke zur Übernahme verwertet.

Ein Poison Put ist eine Maßnahme, die weder die Aktienzahl noch deren Stimmrechte beeinflusst, sondern die Übernahmefinanzierung erheblich erschwert. In emittierenden Anleihen wird eine Klausel stipuliert, wonach die Anleihe fällig wird, sobald eine Übernahme stattfindet. Damit entsteht zum Zeitpunkt der Übernahme ein akuter Refinanzierungsbedarf, den der Bieter zu stemmen hat. Dies kann Bieter von einem Angebot zurückschrecken lassen, wenn sie nicht über ausreichend Cash verfügen.

In einigen Jurisdiktionen sind gewisse Abwehrmechanismen nicht erlaubt. Präventive Maßnahmen sind nicht wirklich die Domäne der Investmentbanken.

4.2.2 Aktive Maßnahmen

Bei der Übernahme eines an der Börse kotierten Unternehmens sind verschiedene Gesetze tangiert, nämlich das Aktienrecht, das Börsenrecht sowie ein mögliches Übernahme- und Kartellrecht. Ist eine Investmentbank involviert, beispielsweise als Parkplatz für Cashoptionen, so kommt noch das Bankengesetz zum Zug. Aus legaler Sicht sind Übernahmen ein „gefundenes Fressen".

Die folgenden Maßnahmen werden nach einem konkreten Übernahmeangebot getroffen, um die Übernahme abzuwenden, wenn die präventiven Maßnahmen keinen Erfolg versprechen (siehe Iannotta 2010, 155–161):

- Greenmail,
- Stillstandsabkommen (Standstill Agreement),
- Asset Restructuring,
- Liability Restructuring,
- weißer Ritter (White Knight),
- Rechtsstreit (Litigation),
- Pac-Man-Abwehr,
- Suicide Pill.

Tab. 4.7 Rangliste nach Wert der M&A-Deals im 2016 (Quelle: ThomsonReuters)

Rang	Financial Advisor	Wert (Mrd. USD)	Anzahl	Kommissionen
1	Goldman Sachs	1162,6	300	2495,90
2	Morgan Stanley	994,6	298	2076,9
3	J. P. Morgan	829,3	284	1869,90
4	Bank of America Merrill Lynch	812,8	185	961,6
5	Barclays	636,0	181	910,9
6	Citi	587,0	198	940,6
7	Lazard	585,0	241	1049,70
8	Credit Suisse	523,3	187	876,9
9	Deutsche Bank	505,9	144	578,4
10	Centerview Partners LLC	420,0	48	558,9
11	UBS	293,8	158	548,7
12	Rothschild	293,1	315	913,5
	Total	3235,4	34.504	29.967,5

Ein gezielter Rückkauf eines substanziellen Aktienpakets durch die angegriffene Firma nennt man Greenmail in Anlehnung an das englische Wort für Erpressung (Blackmail). Der Bieter erzielt einen überhöhten Preis, der nur ihm angeboten wird.

In einer Standstill-Vereinbarung verpflichtet sich der Bieter der Zielfirma gegenüber einen zusätzlichen Anteil weder zu kaufen noch zu verkaufen. Häufig wird zudem vereinbart, dass beim Scheitern einer Übernahme innerhalb einer bestimmten Frist kein weiteres Gebot gemacht wird.

In Europa sind viele Taktiken verboten mit Ausnahme der Suche nach einem freundlichen und genehmen, konkurrierenden Bieter, *Weißer Ritter* genannt. Amerikanisch nennt man ihn White Knight. Damit wird zwar die Übernahme nicht abgewendet, aber immerhin in eine zweitbeste Lösung verwandelt, sofern ein solcher Bieter gefunden werden kann. Findet man einen Bieter, der zwar ein großes Paket übernimmt, aber nicht so groß, dass ein Kontrollwechsel stattfindet, nennt man den Bieter White Squire.

Es ist nicht selten, dass ein *Rechtsstreit* angefangen wird, wobei die Klagen sich um Betrug und Verstöße gegen Wertschriftengesetze und Kartellrechte drehen. Damit werden dem Bieter Rechtskosten und Zeitversäumnis aufgebunden. Zum einen erlaubt es Dritten, bessere Angebote zu machen, und zum anderen kann ein erhöhtes Angebot das Verfahren niederschlagen.

Ältere Semester erinnern sich an die Anfänge der Videospiele, hier 1981, insbesondere an *Pac-Man*. Diese Spielfigur muss in einem Labyrinth Punkte fressen, wird allerdings von Gespenstern verfolgt, die sie wiederum fressen. Verspeist der Pac-Man eine Spezialpille, dreht er sich um und frisst die Verfolger. Diese plötzliche Umkehr der Rollen ist der Namensgeber für die Verteidigungsstrategie. Die angegriffene Unternehmung lanciert ein Gebot auf den Bieter mit dem Ziel, dass dieser sich zurückzieht.

Ein Suicide Pill, ein Selbstmord durch Medikamente, ist die Steigerung der „Verbrannte-Erde"-Strategie (Scorched Earth Policy). Es kann einem verzweifelten Management in den Sinn kommen, Verhältnisse herbeizuführen, die für die Firma so negativ sind und sie so unattraktiv machen, dass ein Bieter sich zurückzieht. Man erinnere sich an das Beispiel von Union Carbide in Abschn. 1.4.1, das enorme Mühe bekundete, aus einer selbstverschuldeten Situation wieder herauszufinden.

Aus den Zeiten des Relationship Banking ist diese Art von Unterstützung den Investmentbanken wohl vertraut. Denn damals unternahm die Investmentbank alles für seine Kunden.

In der Tab. 4.7 sieht man eine typische Momentaufnahme im Bezug auf die Rangliste der M&A-Deals. Typischerweise gibt es schnell einen Rückgang zwischen den ersten paar Spitzenplätzen und den nachfolgenden.

4.3 Leveraged Finance – Stark fremdfinanzierte Transaktionen

Leverage, die Hebelwirkung, sagt es bereits: Leveraged Finance dreht sich um die Finanzierung bei Fusionen, Rekapitalisierungen, Auskäufen usw., bei denen der Käufer über wenig eigene Ressourcen verfügt und deshalb weitere Gelder borgt. Dadurch kann auch die Rendite auf das eingesetzte Kapital enorm ansteigen, denn diese ist auf nur wenig Eigenkapital zu beziehen.

Leveraged Finance im Beratungsgeschäft ist eine Abteilung, die Produkte und Finanzierungsstrukturen für eher bonitätsmäßig schwache oder junge Unternehmungen mit hohen Wachstumsperspektiven sowie vor allem Kontrollwechsel von Unternehmungen durch finanzschwache Investoren betreut. Sie ist organisatorischer Teil, der am Arrangieren, Emittieren und Verteilen, wenn nicht gar am Handel, teilnimmt.

Im lockeren Sprachgebrauch wird „Lev Fin" mit Private Equity als Bankabteilung synonym verwendet. Das ist ein Fingerzeig auf die Tatsache, dass PE-Firmen häufig Sponsoren von gehebelten Finanzierungen sind.

4.3.1 Buyouts

Unter Leveraged Buyout versteht man den Kauf einer Zielunternehmung durch eine neu geschaffene Unternehmung (Erwerber), die sich überwiegend, d.h. zu mehr als 50 %, mit Fremdkapital finanziert. Die Kaufgründe sind rein finanziell und nicht strategisch; ein lohnenswerter Verkauf wird in drei bis fünf Jahren angepeilt.

Der erste Schritt ist die Feststellung des angemessenen Kaufpreises. Da man von latenten Mehrwerten der Unternehmung ausgeht, die von einem neuen Management gehoben werden können, muss eine Prämie, die zwischen Käufer und Verkäufer aufgeteilt wird,

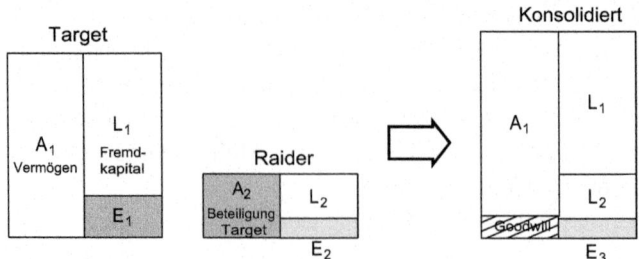

Abb. 4.7 Leveraged-Buyout-Mechanik: Die wesentlich kleinere Raider-Unternehmung „tauscht" gedanklich ihre Beteiligung A_2 gegen das Eigenkapital E_1, sodass ein Goodwill in der Höhe von $G \approx A_2 - E_1$ entsteht und das konsolidierte Eigenkapital auf $E_2 \approx E_3$ sinkt, unter der Annahme, dass A_2 ungefähr dem Kaufpreis entspricht

vorhanden sein. Allerdings ist der Kaufpreis auch von der Finanzierung abhängig, die den wesentlichen Anteil am Erfolg ausmacht, und vom angestrebten Exit sowie dem geschätzten dereinstigen Firmenwert.

Die Rolle der Investmentbank ist deshalb vielfältig und umfasst folgende Beratungsleistungen für die Käufer („Sponsoren"):

- Beurteilung Target-Unternehmungen,
- Exitstrategie und Firmenbewertung,
- Finanzierungskonzept mit Modell und Szenarien,
- Organisieren Überbrückungskredit,
- Arrangieren Konsortial- und andere Kredite,
- Underwriting und Distribution von Fremd- und Mezzaninetranchen, High-yield Bonds.

In der Abb. 4.7 ist eine konsolidierte bilanzielle Darstellung des LBOs gegeben. Im Wesentlichen wird die als Raider bezeichnete, überwiegend mit Fremdkapital finanzierte Firma errichtet, die als einziges Aktivum die hundertprozentige Beteiligung an der Zielfirma hält. Konsolidierend wird das Eigenkapital der Zielfirma mit der Beteiligung des Raiders saldiert, sodass ein Goodwill resultiert. Dies ist gerechtfertigt, da der Käufer die Zielfirma höher bewerten sollte als der Besitzer und deshalb eine Prämie bezahlt. Zusammen resultiert ein Konzern mit deutlich geringerem Eigenkapital. Weniger Eigenkapital und mehr Fremdkapital bedeuten eine höhere Zinsbelastung.

Tatsächlich werden die Transaktionen mit mehreren Holdingunternehmungen strukturiert. In Abb. 4.8 sieht man eine Staffelung mit drei Holdinggesellschaften. Die Anzahl dazwischengeschalteter Firmen ist je nach Rechtsraum unterschiedlich. In den USA kann es auch nur eine Holding geben, in Großbritannien sind es zwei oder mehr. Es kann später zur Vereinfachung auch eine Fusion stattfinden. Was kompliziert anmutet, bezweckt eine starke *strukturelle Rangordnung* der Finanzierungen, die die Subordination im Konkursrecht untermauert.

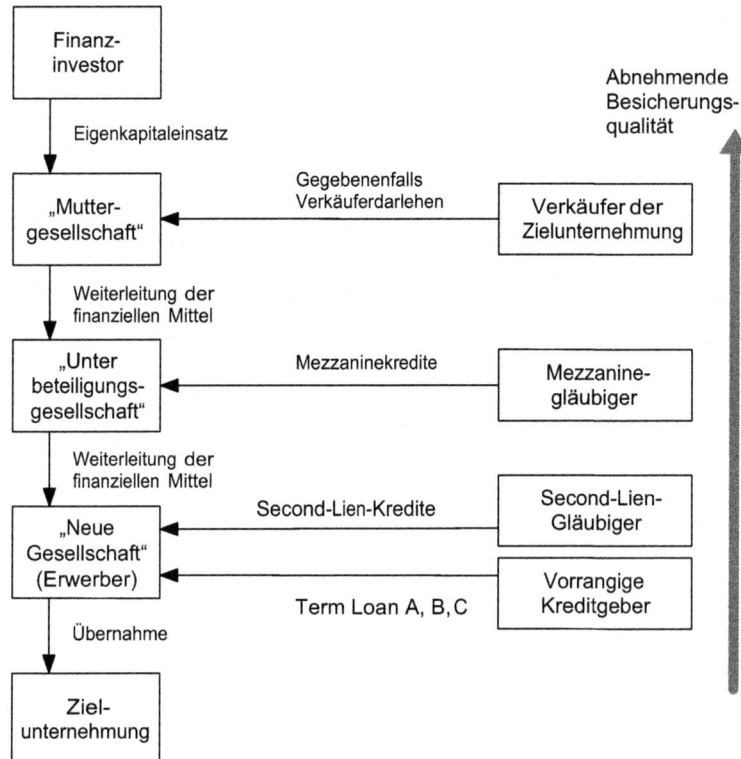

Abb. 4.8 Leveraged-Struktur (Bundesbank 2007, 16). Die mehrfache Verschachtelung kann man als strukturelle Seniorität oder Rangordnung bezeichnen. Eine solch aufwendige Konstruktion ist nicht zwingend und je nach Rechtsraum auch einfacher zu gestalten

4.3.1.1   Target-Unternehmungen

Für den Leveraged Buyout sind nur Firmen geeignet, die bestimmte Merkmale aufweisen. Dies sind unter anderem (Rosenbaum et al. 2009, 168):

- hohe und stabile freie Cashflows,
- Tätigkeit in reifen, wenig wachsenden Märkten,
- Fokus auf mehrere unterschiedliche Produkte (Mischkonzern),
- hoher Marktanteil,
- gutes Management, geringe Abhängigkeit von Schlüsselpersonen,
- geringer Investitionsbedarf,
- besicherbare Vermögensteile,
- geringer operativer Leverage.

Das operative Leverage ist die Sensitivität des Gewinns bezüglich des Umsatzes. Für den LBO sind Firmen mit geringem Leverage besser geeignet, da ein möglicher Umsatzrückgang sich nicht mit Hebelwirkung äußert, also ein 10 %iger Umsatzschwund nicht einen 80 %-Gewinnrückgang bewirkt.

Mit einer solchen Liste kann man schon einen Algorithmus zur Suche von LBO-Kandidaten programmieren.

4.3.1.2 Finanzierung

Die Finanzierung mittels Hochzinsprodukte wird auch als Folge von drei Zahlen beschrieben, wie etwa: „50–20–30". Es bedeutet, dass 50 % Senior Debt, 20 % Mezzanine und 30 % Eigenkapital sein sollen. Die Zahlen ändern sich immer wieder und sind somit mit einer Prise Salz zu verstehen. Die Finanzierung besteht also aus einem abgestimmten Paket von verschiedenen Produkten unterschiedlicher Subordination. Neben der Wahl der Produkte sind einige Parameter zu justieren: Besicherung, Laufzeiten, Margen, Amortisationen, Tilgungsprofile sowie auch Kreditklauseln, Kündigungsrechte oder Covenants für Bonds.

Weiters erkennt man in der Abb. 4.8 schematisch die Finanzierung des Erwerbers mit den typischen Instrumenten:

1. Festkredite,
2. zweitrangige Kredite,
3. High-yield Bonds,
4. Mezzaninekredit, allenfalls
5. Verkäuferkredit und
6. Eigenkapital.

Um die Finanzierung zu beschleunigen, ist es notwendig, eine Brückenfinanzierung zu organisieren, die dann später durch die definitive Struktur abgelöst wird. Häufig wird der Kredit für den Kauf verwendet, dabei aber in der geschätzten Höhe der nichtbetriebsnotwendigen und liquidierbaren Vermögenswerte ausgereicht.

Da die Investmentbank kein typischer Kreditgeber ist, wird sie die Kredite für eine Weiterreichung an Banken, institutionelle Investoren und Fonds ausgestalten. Bei substanziellen Beträgen werden Darlehen als Konsortialkredite ausgereicht, die ähnlich wie beim Underwriting von Bonds arrangiert werden.

4.3.1.3 Modellierung

Die Arbeit der Berater beinhaltet eine ausgiebige Modellierung der Firmenentwicklung. Eine sehr ähnliche Konstellation findet sich bei der Projektfinanzierung, die in Abschn. 8.3.1 besprochen wird. Die Modelle verknüpfen die Elemente der Rechnungslegung, d. h. Bilanz, Gewinn- und Verlustrechnung, die Mittelflussrechnung und andere Kalkulationen zum Budget. Den Mittelflüssen, vor allem den freien Cashflows, wird besondere Beachtung zuteil.

Der freie Cashflow ist die Hauptquelle des Zinsendienstes und ermöglicht die gehebelte Finanzierung. Eine sekundäre, aber weniger verlässliche Quelle, sind die Zuflüsse aus Restrukturierung, Rekapitalisierung und dem Verkauf von Vermögensteilen.

Eine erste Abschätzung der Lebensfähigkeit der neuen Firma bieten Kennzahlen mit Mindestanforderung zur Verschuldung, beispielsweise:

$$\frac{\text{Nettoverschuldung}}{\text{Operativer Cashflow}} > 3{,}5$$

oder

$$\text{Zinsdeckung} = \frac{\text{EBIT(DA)}}{\text{Zinsaufwand}} > 3.$$

Das detaillierte Modell beinhaltet drei Stufen: (1) das Finanzmodell vor dem LBO, (2) die Transaktionsstruktur und (3) das Modell nach dem LBO. Damit lassen sich die vielen möglichen Varianten unter verschiedenen Annahmen testen. Das Resultat liefert die Bewertung der zu kaufenden Unternehmung, die „bestmögliche" Finanzierung und die erhofften Exitbewertungen. Solche Modelle, in höchst unübersichtlichen Spreadsheets implementiert, findet man etwa in Rosenbaum et al. (2009) und Bodmer (2014). Eher quantitativ ausgerichtete Berater erstellen auch probabilistische Modelle, die Wahrscheinlichkeitsverteilungen simulatorisch für verschiedene Variablen produzieren.

4.3.1.4 Rolle des Sponsors

Die Finanzsponsoren sind die Eigenkapitalgeber, die häufig auch das neue Management bestellen. Dieses kann aber auch aus Mitgliedern des bestehenden Managements rekrutiert werden; dann spricht man von einem Management-Buyout.

Typischerweise sind die Sponsoren Folgende:

- Private-Equity-Firmen,
- das Management und
- der Verkäufer.

Das Interesse des Sponsors ist die relative Wertmehrung bis zum Exit. Er optimiert also die Rendite und damit die Restriktionen von möglichst wenig Eigenkapital und der Darstellbarkeit der Fremdfinanzierung, die wiederum auch von der Bonität (Kosten der Finanzierung) und damit vom Eigenkapital abhängt.

Es wird geschätzt, dass rund die Hälfte aller Buyouts von Private-Equity-Firmen unternommen werden, die wiederum neben Beteiligungsfirmen auch Fonds sein können.

Falls das Management einer nicht optimal geführten Unternehmung selber genügend Kapital aufwerfen kann, wird es zum Sponsor des sogenannten *Management-Buyouts*. Meistens überzeugt es aber einen Spezialisten, gemeinsam den Auskauf zu unterstützen.

Der Verkäufer der Unternehmung kann zur Machbarkeit des Deals allenfalls ein Darlehen geben. Wenn er als Sponsor auftritt, dann sucht er über den späteren Exit seine Firma zu verkaufen. Auch kann er als Rückbeteiligung einen geringeren Anteil halten und am Erfolg des Buyouts teilhaben.

Der Exit ist der Zeitpunkt, an dem der Sponsor den Buyout ganz oder teilweise realisiert. Als Strategie kommen infrage:

- Börsengang (IPO),
- Trade Sale,
- Secondary Buyout,
- Leveraged Recapitalization.

Der Börsengang ist selbsterklärend, setzt also voraus, dass die Firma börsenfähig ist. Die Sponsoren und Besitzer können sich zurückziehen. Beim *Trade Sale* wird die Unternehmung an eine dritte Partei veräußert, die häufig in besagtem Business tätig ist. Beispielsweise kaufte die indische Tata den britischen Teehersteller Tatley von einem Private-Equity-Sponsor. Dies ist häufig der einfachste und lukrativste Deal. Das Risiko ist allerdings, dass das Management des Targets um seine Stelle fürchtet und den Deal ablehnt. Zum anderen kann der Deal auch die Bonität des Käufers negativ beeinflussen, vor allem wenn seine Bilanz mit Fremdkapital beladen wird.

Der *Secondary Buyout* stellt den Weiterverkauf der Firma an einen anderer PE-Sponsor dar. Die Firma ist noch nicht reif für den Börsengang oder einen Trade Sale, andere Spezialinvestoren sehen aber weiteres Entwicklungspotenzial und der Verkäufer verfolgt andere Ziele.

Die *Leveraged Recapitalization* ist ein partieller Rückzug, indem die Firma weiter Fremdkapital aufnimmt, um einen Teil der eigenen Aktien aufzukaufen. Damit realisiert der Sponsor einen Teil seiner anfänglichen Investition, behält aber immer noch die Kontrolle über die Firma.

4.4 Divesture – Abstoßung

In diesem Abschnitt diskutieren wir die Verkleinerung, Zerlegung von größeren Unternehmungen. Dieser zur Fusion umgekehrte Weg ist meist aus einer gewissen Notlage geboren oder dem Wunsch starker Aktionäre, den Ertrag ihrer Investitionen zu erhöhen. Dabei kommt die umgekehrte Logik zum Tragen, wonach die Teile mehr wert sind als das Ganze. Hierzu wurde auch schon der Begriff „Dysergie" im Sinne von negativer Synergie verwendet. Symbolisch kann man schreiben:

$$V(A + B) < V(A) + V(B)$$

$$\text{oder}$$

$$\text{Dysergie} = |V(A + B) - V(A) - V(B)|.$$

Die Abstoßung von Teilen der Firma wird im Jargon oft als Restrukturierung bezeichnet, wie sie häufig vor oder im Konkursfall zwangsweise durchgeführt werden muss. Man unterscheidet auch eine Restrukturierung der Aktivseite, hier „Abstoßung", und eine Restrukturierung der Passivseite. Letztere verändert die Fremd- und Eigenkapitalcharakteristiken: Verkürzung der Laufzeiten, Wandlung von Schulden in Eigenkapital etc. Wir diskutieren hier fünf Arten von Abstoßung, also vor allem aktivseitig, nämlich (Stowell 2010, 75; Iannotta 2010, 187):

- Veräußerung von Vermögensteilen,
- Sell-offs,
- Spin-offs,
- Ausgliederung und
- Spartenaktien.

Die Unterschiede zwischen diesen Methoden sind zum Teil recht technisch. Häufig spielen neben der ökonomischen Betrachtung steuerliche Aspekte eine wichtige Rolle. Deshalb sind diese Transaktionen von der anzuwendenden Rechtsprechung abhängig.

4.4.1 Motivation

Die Beweggründe für eine Abstoßung lassen sich wie immer in Vor- und Nachteile gruppieren. Wenn man aber nicht mehr frei in der Entscheidung ist, handelt es sich um eine überlebenswichtige Notwendigkeit.

Vorteile
Die Abspaltung kann starke *motivatorische Kräfte* bei den Mitarbeitern freisetzen und gleichzeitig das Management der Mutter auf die Kernaufgaben fokussieren.

Durch die finanzielle Rechnung der abgespaltenen Unternehmung verbessert sich die *Information* für die Aktionäre ungemein. Dies ist umso wichtiger, wenn die Geschäftsfelder von Tochter und Mutter sich stark unterscheiden. Die Mutter profitiert ebenfalls, weil ihr Ausweis auch besser und klarer wird, sodass sie neue Investoren und letztendlich mehr Kapital anziehen kann.

Das Abtrennen einer Tochtergesellschaft kann den schädlichen innerbetrieblichen *Wettstreit* um finanzielle Ressourcen stoppen. Denn damit gehen Diskussionen einher, welche die Einheit und die Produktivität negativ beeinflussen können. Neue Opportunitäten können weniger behindert angegangen werden.

Die Mitarbeiter der neuen Firma können unmittelbarer auch mit *Aktien* der eigenen Firma belohnt werden. Die mittelbare Mutter ist häufig zu weit weg, um einen direkten Anreiz schaffen zu können, und die eigenen Leistungen verschwinden im großen Topf und werden in der Gesamtperformance verdünnt.

Abb. 4.9 Veräußerung, Asset
Sale in bilanzieller Darstellung. Vermögensteile werden
mit Barmitteln getauscht

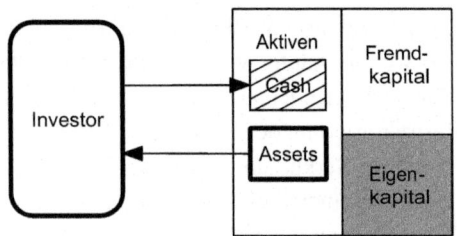

Nachteile

Mit der Abstoßung verringert sich die Größe der Unternehmungen, so dass mögliche *Skaleneffekte* hinfallen und zentrale Dienste wie Marketing, Administration, Forschung und
Entwicklung etc. neu aufgebaut respektive verkleinert werden müssen.

Die verringerte Größe kann es schwerer machen, genügend *Investoreninteresse* zu erzeugen und damit die Finanzierung günstiger zu gestalten. Bei kotierten Unternehmen
kann sich die Gewichtung in einem Index verringern und so an Attraktivität verlieren.

4.4.2 Asset Sales – Veräußerung

Die Veräußerung von Vermögensteilen dient primär der Beschaffung von Liquidität und
der Möglichkeit, Schulden zurückzuzahlen. Die Vermögensteile müssen aber nicht nur
isolierte Sachen wie ein Gebäude, eine Fahrzeugflotte oder Ähnliches sein. Sie können
auch immaterielle Assets, ganze Produktionslinien oder Geschäftsfelder umfassen, die als
Division, aber nicht als Tochterunternehmung geführt wurden. Dabei gehen die zentralen
Dienste nicht mit.

In Abb. 4.9 sieht man die Wirkung des Verkaufs auf die Bilanz. Es kommt zu einem
sogenannten Aktivtausch und Liquiditätseinschuss.

4.4.3 Sell-offs

Ein Sell-off ist der einfache Verkauf einer Tochterunternehmung. Normalerweise werden
Töchterunternehmen verkauft, weil sie nicht mehr in die Kernstrategie der Mutter passen.
Das Management kann oder Aktionäre können zum Schluss gelangen, dass die Tochter
vom Markt zu negativ bewertet wird oder dass mit einem anderen Besitzer größere Synergien zu erzielen sind. Die Tatsache, dass die Tochter eine eigene legale Entität darstellt,
macht den Verkauf aus technischer Sicht recht einfach.

Wie man der Abb. 4.10 entnehmen kann, wird ebenfalls Liquidität ins verkaufende
Unternehmen gespült. Liquidität kann verwendet werden, um die Schulden zur verringern.
Dies ist eine notorische Notwendigkeit bei den gehebelten Firmenkäufen (Buyouts), um
die Akquisition zu finanzieren. Wenn deutliche Synergien bestehen, ist dies ein schlechtes
Omen für die Transaktion.

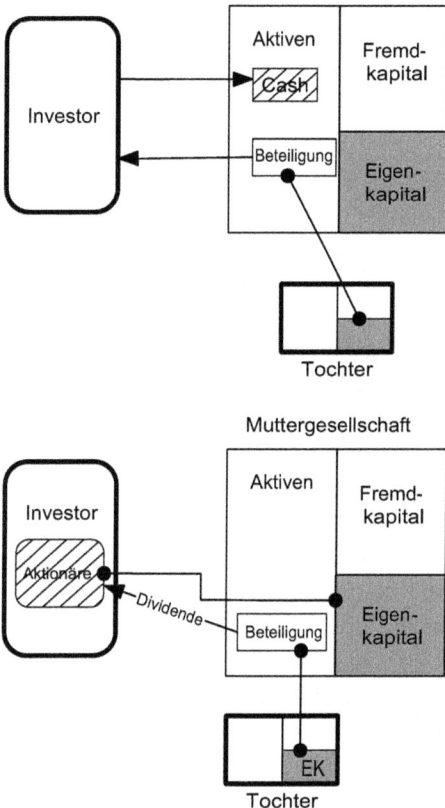

Abb. 4.10 Sell-off in bilanzieller Darstellung. Die Beteiligung der Mutter entspricht dem Eigenkapital der Tochter, die verkauft wird

Abb. 4.11 Abspaltung, Spin-off in bilanzieller Darstellung. Die Übertragung an die Aktionäre bewirkt eine Verringerung des Eigenkapitals der Muttergesellschaft

4.4.4 Spin-offs – Abspaltung

Ein Spin-off ist eine Übergabe der Aktien einer bisher selber als Beteiligung gehaltenen Tochter an die Aktionäre. Wie Abb. 4.11 zeigt, gelangt das Eigentum an der Tochter über eine Aktiendividende an die Altaktionäre. Oberflächlich betrachtet ändert sich nichts am Gesamtwert von Mutter und Tochter; der Aktionär hat aber mehr Freiheiten, um seine Investitionen zu verwalten.

Zudem ist ersichtlich, dass keine Liquidität erzeugt wird, die Muttergesellschaft erhält keine zusätzlichen Mittel.

Wenn die Aktionäre sich über den Wert der Tochter im Unklaren sind oder befürchten, dass mit dem Spin-off eine hochverschuldete, wenig erfolgreiche Tochter abgespalten wird, werden sie versucht sein, die Aktien schnell loszuschlagen und so den Preis zu drücken.

Abb. 4.12 Ausgliederung,
Carve-out in bilanzieller Darstellung. Die Wirkung ist
dieselbe wie beim Spin-off,
nur hier besteht (noch) keine
Tochtergesellschaft

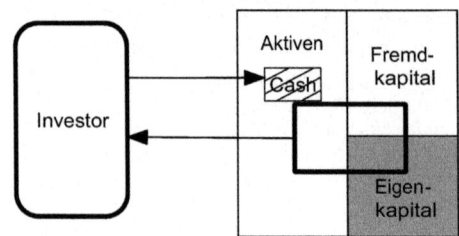

4.4.5 Equity Carve-outs – Ausgliederung

Ausgliederungen werden häufig verwendet, um den sogenannten Shareholder-Value zu
steigern (siehe Abb. 4.12). Ein Teil des Geschäfts wird in eine Aktiengesellschaft verpackt
und an die Börse gebracht (IPO). Dabei behält die Mutter einen kontrollierenden Anteil
an der kotierten Firma.

Eine Ausgliederung ist ein strategischer Schachzug, der häufig dann gespielt wird,
wenn ein Geschäftsfeld wesentlich schneller wächst als die anderen und deshalb möglicherweise eine bessere Bewertung finden würde. Der Carve-out erzeugt Liquidität, denn
die Aktien werden ans Publikum verkauft und zum Teil zur Kontrolle von der Mutter gehalten. So kann es sein, dass ein Teil der Verwaltungsräte bei der neuen Firma Einsitz
nehmen und somit eine starke Bindung aufrechterhalten.

Anderseits werden aber auch Teile ausgegliedert, die zu geringe Renditen abwerfen
und für die Unternehmung eine Last darstellen. Der ausgegliederte Teil muss allerdings
auch lebensfähig sein oder werden können, denn sonst funktioniert das Vorhaben nicht.

Die neue Tochter kann Anlass zu Reibungen sein, wenn ihre Manager plötzlich auch
den Aktionären gegenüber Rechenschaft ablegen müssen.

4.4.6 Split-off

Gemäß Abb. 4.13 ist diese Variante eine Kombination von Carve-out und Spin-off. Wieder wird eine Tochter aus dem Verbund der Mutter herausgelöst und die entsprechenden
Aktien werden an die bestehenden Aktionäre abgegeben. Nur müssen diese entscheiden,
ob sie die Aktien der Tochter oder der Mutter behalten wollen. Es findet ein Tausch statt.
Diesem geht ein IPO voraus, auch um den Tauschwert festzustellen.

4.4.7 Tracking Stock – Spartenaktien

Tracking Stocks (Spartenaktien, Geschäftsbereichsaktien) sind ein modernes, innovati-
ves Instrument der amerikanischen Börsenpraxis zur Strukturierung der Finanzierung für
Konzerne und Joint Ventures (siehe Abb. 4.14). Gesellschaftsrechtlich gewähren sie einen

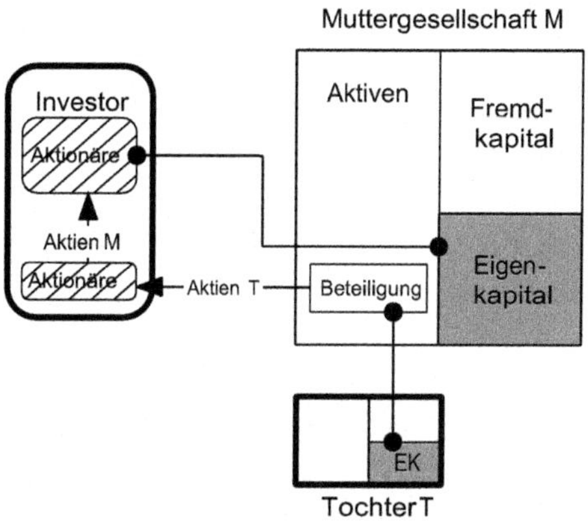

Abb. 4.13 Abstoßung, Split-off in bilanzieller Darstellung. Eigentlich wird das Aktionariat umstrukturiert

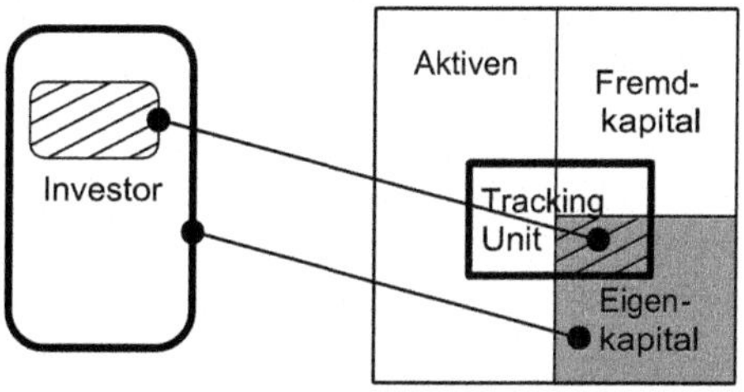

Abb. 4.14 Spartenaktien, Tracking Stock in bilanzieller Darstellung

Anteil an einem Gesamtunternehmen, aber nur mit einem auf einen abgegrenzten unselbst-ständigen Unternehmensbereich oder eine Tochtergesellschaft (Tracked Unit) beschränkten Profit.

Die Höhe der Vermögensrechte bestimmt sich aufgrund einer besonderen Rechnungs-legung für die Tracked Unit. Auf diese Weise ist es möglich, einen Unternehmensteil zu finanzieren, ohne dass zwangsläufig eine rechtliche Aufspaltung des Unternehmens erfor-derlich ist. Tracking Stocks werden auch zur gezielten Kapitalaufnahme bei Joint Ventures und Akquisitionen eingesetzt.

In Deutschland verhinderten in der Vergangenheit die nicht hinreichend geklärten gesellschafts- und steuerrechtlichen Rahmenbedingungen die Realisierung von Tracking Stocks bei börsennotierten Anteilen.

Eine Spartenaktie ist eine spezielle Art von Aktie, denn sie soll den Wert einer Sparte eines Unternehmens wiedergeben. Damit kann der Investor unterschiedliche Teile auch unterschiedlich bewerten. Ähnlich wie beim Carve-out sind wachstums- und renditemäßig unterschiedliche Sparten vorhanden, deren Wert besser beurteilt werden soll.

Die Spartenaktie zielt auf dieselben Vorteile einer echten Abspaltung. Die Unterneh-mung will aber die Kontrolle nicht abgeben und vorhandene Synergien nicht aufgeben. Falls die Unternehmung selber Besitzer von Spartenaktien ist, kann sie sie verwenden, um Akquisitionen zu tätigen.

Spartenaktien besitzen meist ein vermindertes Stimmrecht, das von einer Hälfte bis zu null gehen kann.

4.5   Restructuring, Distressed M&A – Restrukturierung, Übertragung

Die Restrukturierung ist ein Beratungsfeld, das vor allem von den kleinen Boutiqueinvestementbanken betrieben wird. Tab. 4.8 zeigt die Hauptakteure. Das gesamte restrukturierte Volumen beträgt für das Jahr 2016 rund 350 Mrd. USD bei einer Anzahl von 336 abgeschlossenen Deals. Die zwei führenden Institute, Houlihan Lokey und Moelis, machen rund 50 % des Volumens aus. Somit ist das Business höchst konzentriert.

Aus der Tabelle lässt sich schließen, dass häufig mehrere Finanzberater bei einem Deal involviert sind. Dies erklärt sich aus der Tatsache, dass sich Schuldner und Gläubiger gegenüberstehen, die von Beratern vertreten werden.

Houlihan Lokey vermeldet für 2016 einen Ertrag von 202 Mio. USD bei einem Gewinn von 55 Mio. im Restrukturierungssegment. Damit ergibt sich eine Marge von 0,13 % oder 13 Basispunkten.

Die Industrie hat sich seit der Finanzkrise stark verändert, denn die großen, Bulge-Bracket-Investmentbanken haben sich stark zurückgenommen und tauchen in den League Tables nicht mehr auf.

Auch Kommerzbanken besitzen Restrukturierungsabteilungen, die aber selber ausgereichte Kredite umgestalten. Man muss also Kredit- und Firmenrestrukturierung auseinanderhalten.

4.5.1   Unternehmenskrise

Restrukturierung einer Unternehmung ist meist die Folge einer tatsächlichen oder absehbaren Notlage (siehe Abb. 4.15). Diese wiederum rührt primär und vordergründig immer von einem *Liquiditätsproblem* her, das eine Überschuldung oder Unterbilanz maskiert. Erkenntlich wird die Krise anfänglich durch einen Auftrags- und Umsatzrückgang, der dann einen Ertragsrückgang bewirkt. Eine *Überschuldung* liegt vor, wenn das Vermögen der

Tab. 4.8 Global-Distressed-Debt- und Bankruptcy-Restructuring-Rankings 2016, Mehrfachzählungen verfälschen das Total (Quelle: ThomsonReuters)	Rang	Finanzberater	Restrukturierungswert (Mrd. USD)
	1	Houlihan Lokey	155,20
	2	Moelis & Co.	152,70
	3	Lazard	107,30
	4	PJT Partners LP	105.20
	5	Rothschild & Co.	74,70
	6	AlixPartners LLC	57,90
	7	Alvarez & Marsal	54,20
	8	Centerview Partners LLC	48,80
	9	Evercore Partners	47,30
	10	Perella Weinberg Partners LP	42,90
		Gesamttotal	346,50

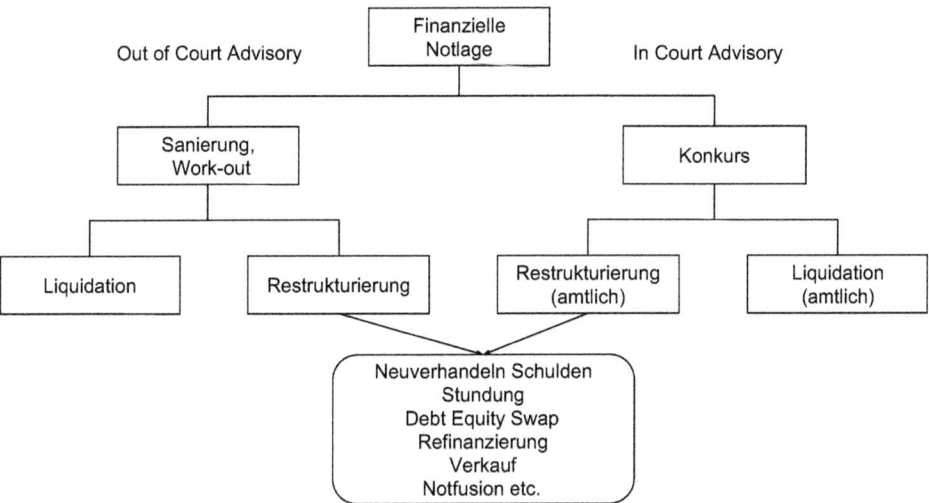

Abb. 4.15 Synoptik der Restrukturierung bei Insolvenz oder Konkursnähe. Die Darstellung suggeriert eine gewisse Symmetrie, die dem Paar Liquidation-Restrukturierung innewohnt

Unternehmung die Schulden nicht mehr vollständig überdeckt. Dabei stellt sich die Frage
nach der Bewertung, die man ansetzt. Es soll die Fortführungsbewertung gelten, wenn die
Geschäftsfortführung den Umständen nach überwiegend wahrscheinlich scheint.

In jeder Jurisdiktion gibt es ein Konkurs- oder Insolvenzrecht (Bancruptcy Law), das
die Rechte von Gläubigern zu schützen versucht. Das Wort Bankrott stammt vom Gebrauch, den insolventen Geldwechslern ihre Tafel oder ihren Tisch zu zertrümmern. Heute
assoziiert man mit dem Wort eher den betrügerischen Konkurs, der geahndet wird.

4.5.2   Sanierung

Die verschiedenen Konkursgesetze unterscheiden sich recht stark, und zwar in der Gewichtung zwischen Gläubigerschutz und werterhaltender Fortführung. In Deutschland
überwog der Gläubigerschutz sehr lange andere Interessen, denn in der alten Konkursord-
nung von 1877, im Nachgang zur Gründerkrise, führte das Verfahren fast ausschließlich
zur Liquidation und sehr selten zu einem Akkord, einer Vereinbarung zwischen Schuldner
und Gläubiger. In den USA hingegen, wo das Konkursrecht Ende des 19. Jahrhunderts
bei den Eisenbahnen zur Anwendung kam, ist es stark an der Sanierung der in Schieflage
gelangten Unternehmung interessiert. Denn die Zuweisung eines Stücks Schienenstrangs
an einen Gläubiger ist sinnlos; nur die Erhaltung des Streckennetzes kann werthaltig sein.

In den USA ist das Konkursrecht in Kapiteln unterteilt; Kapitel 11 (Chapter 11) betrifft die Restrukturierung oder Sanierung von Unternehmungen, Kapitel 7 (Chapter 7)
die Liquidation. In Deutschland gilt die *Insolvenzordnung*.

Ganz plakativ und summarisch kann man das Verfahren wie folgt darstellen: Als Erstes stellt man einen Antrag an das zuständige Gericht. Ein Gläubiger kann, der Schuldner muss unter Strafandrohung zum Gericht, wenn eine Zahlungsunfähigkeit oder eine Überschuldung vorliegt. Sind die Voraussetzungen gegeben, wird ein vorläufiges Insolvenzverfahren eingeleitet, bei welchem der vorläufige Verwalter das Vermögen des Schuldners sichert und verwaltet sowie den Geschäftsbetrieb bis zur Entscheidung über die Eröffnung des Verfahrens möglichst fortführt. Zur Sicherung der Masse, d. h. des Vermögens, wird meist ein allgemeines Veräußerungsverbot erlassen, sodass die Verfügungsbefugnis auf den vorläufigen Insolvenzverwalter übergeht. Der Verwalter prüft, ob tatsächlich ein Insolvenzgrund vorliegt. Er prüft darüber hinaus, ob ausreichend Masse vorhanden ist, die die Kosten des Verfahrens deckt.

Ist nicht genügend Masse für die Kosten des Verfahrens vorhanden, so wird die schuldnerische Unternehmung liquidiert, andernfalls wird das Insolvenzverfahren eröffnet. Dabei gibt es zwei Varianten, den Regelfall nach Maßgabe des Gesetzes oder das *Insolvenzplanverfahren*, bei welchem nach einem ausgehandelten und bewilligten Plan vorzugehen ist. Ist der Insolvenzplan zustande gekommen, hebt das Gericht das Insolvenzverfahren auf. Der Insolvenzplan ist dann die Richtschnur, nach der unter Überwachung des Verwalters vorgegangen wird. Der Schuldner selbst erhält das Verfügungsrecht zurück.

Das deutsche Insolvenzverfahren führt zu drei möglichen Resultaten:

- der Liquidation,
- der übertragenden Sanierung oder
- der Sanierung.

Die übertragende Sanierung, oder Übertragung, meint die Veräußerung des Unternehmens als Ganzes oder in Teilen an einen Dritten, etwa eine Auffanggesellschaft. Auf Englisch nennt man dies in etwa Distressed M&A.

Beratungsleistungen zur Restrukturierung (siehe Abb. 4.16) ergeben sich auch aus den Konkursverfahren und umfassen somit:

- Beurteilen der Überlebensfähigkeit von Unternehmen,
- Bewerten von Unternehmen und Wertpapieren,
- Vermitteln einvernehmlicher Sanierungslösungen,
- außergerichtliche Sanierung und Liquidation organisieren,
- Erarbeiten und Verhandeln von Restrukturierungsplänen,
- Beschaffen von Notliquidität und Finanzmitteln,
- Verkauf von Aktiven durchführen,
- Verkauf bedienter und Not leidender Kredite tätigen,
- Restrukturieren von Fremd- und Eigenkapital,
- Erarbeiten von Wandlungsangeboten (debt-equity-swap) und Fremdkapitalrückkäufen,
- Beraten beim Verkauf von Unternehmen und Teilen davon,
- übertragende Sanierung orchestrieren.

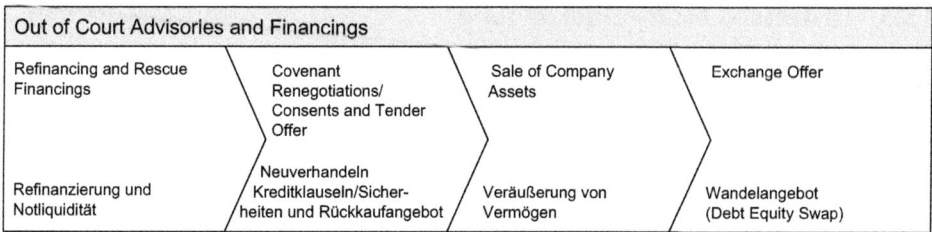

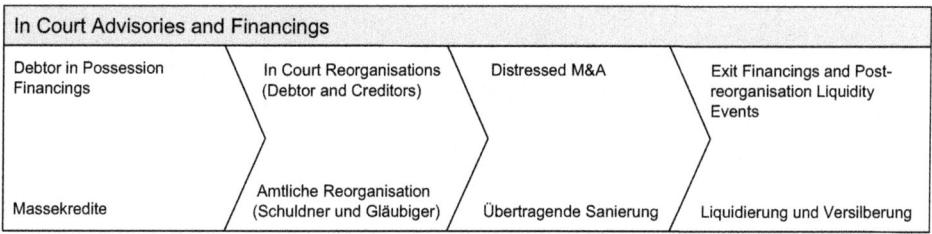

Abb. 4.16 Überblick der Finanzierung und Beratung beim Insolvenzverfahren und der außergerichtlichen Sanierung, als Beispiel der Barclay Capital's Restructuring and Finance Group. Das Insolvenzverfahren hängt vom entsprechenden Konkursrecht ab

Tab. 4.9 Größte Konkurse der ersten Dekade in den USA, Werte in Mrd. USD (Quellen: verschiedene). Die Verluste variieren mit dem Betrachtungszeitpunkt

Rang	Unternehmung	Vermögen (Mrd. USD)
1	Lehman Brothers Holdings Inc.	691,1
2	Washington Mutual Inc.	327,9
3	WorldCom Inc.	103,9
4	General Motors Corporation	91,0
5	CIT Group Inc.	80,4
6	Enron Corp.	63,5
7	Conseco Inc.	61,4
8	Chrysler LLC	39,3
9	Thornburg Mortgage Inc.	36,5
10	Pacific Gas & Electric	36,2

Die Insolvenz großer, internationaler Unternehmungen bedingt eine fundierte Kenntnis der verschiedenen Rechtsprechungen und kann deshalb nur von global aufgestellten Beratungsunternehmungen und Investmentbanken durchgeführt werden. Tab. 4.9 zeigt die größten Konkurse aller Zeiten (bis 2010). Größe schützt vor Untergang nicht.

Die Finanzkrise hat über die Bankregulierung ein Quasiinsolvenzverfahren für systemisch wichtige Banken geschaffen, z. B. mit der Umsetzung der europäischen Sanierungs- und Abwicklungsrichtlinie SAG. Hier spricht man eher von Abwicklung und Sanierung und nicht von Konkurs und Insolvenz. Die Banken müssen im Voraus Sanierungspläne erarbeiten, die von den Aufsichtsbehörden bewilligt werden. Die Gläubiger sind angehalten, sich an den Kosten zu beteiligen.

4.5.3 Distressed M&A – Übertragung

In diesem Tätigkeitsfeld beraten Investmentbanken Kontrollwechsel, Beteiligungsverkäufe sowie Fusionen und Übernahmen für in finanzielle Notlage geratene Firmen. Mitunter beinhaltet das den zügigen Verkauf eines Unternehmens oder einzelner Unternehmensteile, nicht selten vor dem Hintergrund eines anhängigen Rechtsstreits.

Krisengeschüttelte M&A-Kandidaten stehen dabei meist vor folgenden Herausforderungen:

- Wandel in der Branche,
- rückläufige operative Rendite und sinkender Cashflow,
- drohender Abgang von wichtigen Mitarbeitern,
- überhöhte Verbindlichkeiten und Gesamtverschuldung,
- akute Liquiditätsengpässe,
- einschneidende Kreditklauseln,
- Zahlungsausfälle bei Verpflichtungen,
- Konflikte zwischen den verschiedenen Anspruchsberechtigten oder Anteilseignern,
- fehlende Kooperation vorrangiger Kreditgeber,
- begrenzter Zugang zu frischem Kapital,
- drohendes oder bereits eingeleitetes Insolvenzverfahren.

Falls die Krise nicht gerade in die Liquidation führt, sondern die optimale Werterhaltung in der Sanierung der betroffenen Unternehmung besteht, kommt es meistens nach der Restrukturierung und Aussonderung zu einem Verkauf von Vermögensteilen oder zu einer Fusion mit einer Auffanggesellschaft. In diesem Zusammenhang spricht man von Distressed M&A. Die Fusion ist sozusagen aus der Not geboren.

4.6 Industry Coverage Groups – Industriegruppen

Das Investmentbanking ist, wie bereits gesagt, in drei Dimensionen organisiert, nämlich nach „Produkten", Industriegruppen und nach geografischen Gesichtspunkten. Um die Kunden möglichst gut zu unterstützen, werden für Deals Ad-hoc-Teams gebildet, wie es in Abb. 3.3 dargestellt ist.

Der Deal ist meist um den Mitarbeiter in der Industriegruppe aufgebaut, der von Produktspezialisten, Emissionsmitarbeitern, Handelsspezialisten von Sales-&-Trade- sowie Researchmitarbeitern ergänzt wird.

Die Industriespezialisten sind, wie es der Name schon sagt, die Kontaktstellen für die Kunden in den entsprechenden Wirtschaftszweigen. Tab. 4.10 gibt eine sehr ausführliche Aufteilung wieder. Rein organisatorisch sind in den Banken Abteilungen vorhanden, die wiederum Untersektoren umfassen. Es ist von Bank zu Bank unterschiedlich, wie die Aufteilung geschieht. Die meisten Institute weisen zwischen sieben und zwölf Gruppen auf.

Tab. 4.10 Typische Industriegruppen (Coverage) in detaillierter Darstellung

Bauwesen	Building and Construction
Dienstleistungen	Business Services
Energie	Energy
Fahrzeuge	Automotive
Financial Sponsors	Financial Sponsors
Finanzdienstleistung	Financial Institutions
Gesundheitswesen	Healthcare
Immobilien, Gastgewerbe und Freizeit	Real Estate, Lodging & Leisure
Industrie	Industrials
Investitionsgüter	Capital Goods
Kosumgüter, Nahrungs- und Einzelhandel	Consumer Food & Retail
Luft- und Raumfahrt, Verteidung	Aerospace and Defence
Medien und Telekommunikation	Media & Telecom
Natürliche Ressourcen	Natural Resources
Öffentliche Hand	Government, Public Sector
Papier, Forstwesen und Verpackung	Paper, Forest Products and Packaging
Technologie	Technology
Transport und Logistik	Transportation & Logistics
Vermischte Industrie	Diversified Industrials
Versorger	Utilities

Als Beispiel nehmen wir den Pitch (Angebot) für einen Börsengang eines Tech-Unternehmens. Der Banker aus der Industriegruppe stellt das Bluebook zusammen. Er setzt den Marktüberblick mit seinen entsprechenden Folien her und steuert die Berechnungen und die Bewertungen bei. Der Produktspezialist von Equity Capital Market zeigt die letzten erfolgten Tech-IPOs und kommentiert deren Erfolg. Er fügt die Standardfolien für den Börsengang an. Die Bewertung und die entsprechenden Slides erstellt der Industriebanker mithilfe vom Emissionsgeschäft. Genauso holt er die Due Diligence ein. Die Unterlagen für den Verkauf, Sales Force Memo, macht wiederum ECM, da es den direkten Anschluss zum Handel besitzt. Für den Prospekt sowie die Registrierungen zeichnet der Industrievertreter zusammen mit der Produktegruppe verantwortlich. Auch die Roadshow wird vor allem von den Mitarbeitern der Industriegruppe wahrgenommen.

Im Folgenden gehen wir auf drei Gruppen näher ein, eine Auswahl, um die Breite und die Spezialisierung der Abdeckung darzulegen. Die Auswahl hätte auch anders ausfallen können.

4.6.1 TMT

Die Abkürzung TMT steht für *Technology, Media and Telecommunication*. Sie umfasst zahlreiche Subsektoren wie etwa Mobiltelefonie, Kabel, Software.

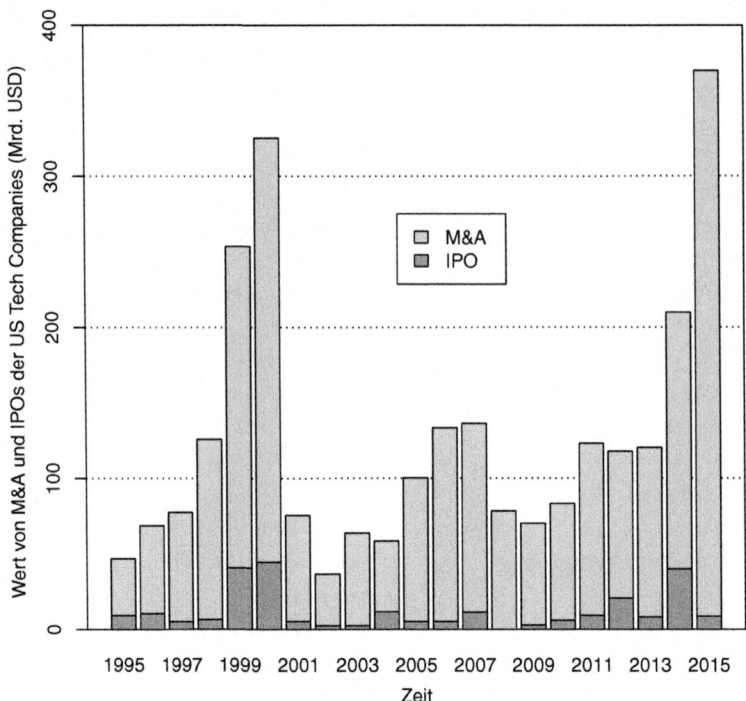

Abb. 4.17 Die Totalwerte von M&A-Transaktionen und von Börsengängen der US-amerikanischen Technologieunternehmungen im Zeitablauf. Charakteristisch sind die zwei Boomphasen von 1999/2000 und 2014/15. Bei Akquisitionen sind viel größere Summen im Spiel (Quelle: Dealogic)

Diese Branche ist in den Neunzigerjahren explodiert aufgrund einiger technischer Neuerungen, wie dem WW-Web, dem Internet mit dem Browser Netscape Navigator, Mobiltelefonie, E-Mail und SMS, E-Commerce (Amazon.com, eBay etc.), billige und schnelle Chips, Spielkonsolen wie die PlayStation von Sony. Die hohe Rechenleistung ermöglichte auch die Sequenzierung der DNS im Bereich der sogenannten Life Science. Die billige und weitverzweigte Kommunikation hat der *Globalisierung* zum Durchbruch verholfen.

Der größte Teil der Tech-Firmen ist im Silicon Valley südlich von San Francisco in Kalifornien, also an der Westküste angesiedelt; der andere Teil findet sich an der Ostküste um Boston herum, wo das Massachusetts Institute of Technology und die Harvard-Universität ihren Einfluss vor allem im Biotech-Bereich zur Geltung bringen. FinTech-Firmen finden sich wiederum eher in der Nähe von Finanzzentren.

In der Abb. 4.17 kann man erkennen, dass in den zwei Jahren um die Jahrtausendwende rund 80 Mrd. USD mit Börsengängen von Investoren eingesammelt wurden. Die Hauptprodukte sind Fusionen und Börsengänge, die zum Tragen kommen, nachdem Start-ups von Wagniskapitalgebern finanziert wurden.

Tab. 4.11 Die größeren Deals von Frank Quattrone. In der ersten Welle von 1999/2000 standen vor allem Börsengänge sehr junger Unternehmungen im Fokus, in der zweiten Welle von 2014/15 vielmehr die Akquisitionen (Quelle: Dealogic)

IPOs erste Welle (Mio. USD)			M&A zweite Welle (Mrd. USD)		
1993	Intuit	35	2011	Motorola Mobility	12,9
1995	Netscape Comm.	161	2011	Autonomy	11,7
1997	Amazon.com	62	2013	BMC Software	7,0
1999	Informatica	48	2014	Concur Technologies	8,6
2000	McData	403	2015	KLA-Tencor	10,6

Tab. 4.12 Die beliebtesten Deal Makers in TMT im Silicon Valley gemäß einer Kundenbefragung von Nellis und Schulz (2016)

Firma	Typ und Adresse
Allen & Company	Boutique Investment Bank, New York, 1922
FT Partners	Investment Banking Firm, San Francisco, 2001
Goldman Sachs	TMT, San Francisco
J. P. Morgan	San Francisco
Morgan Stanley	Menlo Park, CA
Code Advisors	Investment Banking Firm, San Francisco, 2010

Der wichtigste Deal Maker für TMT-Börsengänge war Frank Quattrone, der mit seinem ganzen Team, am Schluss rund hundert Mitarbeiter, von Morgan Stanley über die Deutsche Bank bei der Credit Suisse First Boston landete. In einem Jahr führte er CSFB von der Nummer 19 zur Spitze. Eine altbekannte und nicht ganz legale Art, sich das Geschäft zuzuführen, bestand im Zuteilen von Anteilen seiner Börsengänge an die sogenannten Friends of Frank. Darin waren vor allem CEO und Wagniskapitalgeber im Silicon Valley aufgeführt, die absehbare Mandate zu vergeben hatten. Die Bank überließ ihm 2–4 % der Aktien zum Verteilen. Diese Praxis gab es bereits in den Zwanzigerjahren als Preferred List von J. P. Morgan (siehe Abschn. 9.2.9). Um die Aktion abzusichern, helfen eher tief angesetzte Emissionskurse. Dies ist ein massiver Interessenskonflikt. Aber die jungen Technologieaktien machten meist riesige Sprünge nach oben. Banks (2014, 133) schätzt für die Periode von Juli 1998 bis Dezember 2000 einen aggregierten Kursgewinn von CSFB-Emissionen von 10 Mrd. USD in den ersten fünf Tagen, sodass 2–4 % stattliche 200–400 Mio. USD darstellen. Er selbst hat rund 200 Mio. USD in wenigen Jahren verdient. 2004 wurde er wegen Behinderung der Justiz – er hatte angeordnet, gewisse E-Mails zu löschen – zu 18 Monaten Haft verurteilt. Das Urteil wurde 2006 kassiert.

Wie man der Tab. 4.11 entnehmen kann, hat Quattrone eine zweite Karriere mit einer eigenen Firma erfolgreich fortführen können. Auch an der Tab. 4.12 kann man erkennen, dass man für dieses Business nicht unbedingt die geballte Kraft der großen Investmentbanken braucht. Diese aber haben die Ressourcen, um die besten Leute, vorübergehend zumindest, anzustellen. Dass die Personen so wichtig sind, zeigt, dass diese Art von Beratung eben ein Beziehungsgeschäft ist.

Tab. 4.13 Venture-backed Private Companies: höchstbewertete Start-ups nach Branche (Quelle: Dow Jones VentureSource 21.01.2016)

Industry	Company	Lates Valuation (Mrd. USD)	Equity Funding (Mrd. USD)	Valuation Date
Consumer Internet	Uber	51,0	7,4	2015-08
Hardware	Xiaomi	46,0	1,4	2014-12
Software	Palantir	20,0	1,0	2015-10
E-Commerce	China Internet Plus	18,0	3,3	2016-01
Space	SpaceX	12,0	1,1	2015-01
Real Estate	WeWork	10,0	1,0	2015-06
Financial Services	Lufax	9,6	0,5	2015-03
Healthcare	Theranos	9,0	0,8	2014-02
Energy	Bloom Energy	2,9	1,2	2011-09
Games	Galena Online	2,5	n. a.	2015-03

4.6.2 Financial Sponsors

Die Financial Sponsors sind Beteiligungsfirmen, die in Eigenkapital investieren. Die Abdeckung der Financial Sponsor Group umfasst folgende typische Kundengruppen:

- Private-Equity-Investoren,
- Hedgefunds,
- Sovereign Wealth Funds und
- schwere Family Offices.

Die Private-Equity-Investoren sind meist daran interessiert, zuerst in geeignete Unternehmungen mit einem großen Finanzhebel zu investieren und nach Verbesserung der wirtschaftlichen Lage der beteiligten Unternehmung einen optimalen Exit zu erreichen. Der Exit aus der Investition kann einen Verkauf an einen strategischen Investor bedeuten oder einen Börsengang. Tab. 4.13 zeigt die sogenannten Einhörner, die teuersten von Wagniskapitalgebern finanzierten Start-ups. Man beachte die Bewertungen, die viele gestandene Unternehmungen um das Vielfache übertreffen. Solche Unternehmungen warten auf einen Börsengang, der für die Sponsoren den Exit bedeutet.

Je nach Konjunktur ergibt sich die Lage, wonach zu investierende Gelder im Überfluss vorhanden sind (Dry Powder). Investmentbanken helfen Sponsoren, sogenannte Special Purpose Acquisition Companies (SPAC) zu gründen und mittels IPO Aktien in Umlauf zu bringen mit der Absicht, künftig in Private Equity zu investieren. Es ist sozusagen ein Blankoscheckvehikel für eine Absicht. Die Investmentbank, insbesondere die Division Equity Capital Market, ist dann mit der Emission betraut. Der Erfolg solcher Firmen ist gemischt. Dass solche Vehikel nicht klein zu sein brauchen, zeigt der von Goldman Sachs organisierte Börsengang von einem auf Energie fokussierten SPAC namens Silver Run Acquisition, das 450 Mio. USD einnahm. Damit kaufte es dann eine Beteiligung zu 89 % von Centennial Resource Production, einer Öl- und Gasfirma in Delaware. Danach wurde Silver Run II aufgelegt, das über eine Milliarde USD an der Börse aufnahm.

4.6.3 Governmental – Öffentliche Hand

Die öffentliche Hand, also Staat, substaatliche Hoheitsträger und öffentlich-rechtliche Unternehmungen, finanzieren sich neben dem Steuersubstrat am Kapitalmarkt. Dabei gibt es traditionelle Finanzierungsprogramme, die über die Primärhändler (Primary Dealers) abgewickelt werden. Neben den Standardprogrammen sind Projektfinanzierungen häufig.

Dieses Finanzierungsgeschäft wird in den Investmentbanken unterschiedlich organisiert. Die einen hängen es der Division Debt Capital Market an, andere im Investmentbanking und wieder andere im Sales & Trade.

Die weitaus interessantere Tätigkeit befasst sich mit den höchsten Staatsgremien, der Regierung und dem Finanzministerium, um über die Staatsfinanzierung und die Fiskalpolitik, die makroökonomischen Pläne, Privatisierungen, Finanzmarktpolitik, Staatsfonds, Förderbanken usw. zu diskutieren. In dieser Liga spielt die Sovereign Advisory Group von Lazard. Boutiquebanken sind deshalb vertrauenswürdigere Partner, weil sie keine riesigen Handelsaktivitäten betreiben, die mit den Mandaten Interessenskonflikte heraufbeschwören können. Lazard war in der Restrukturierung der argentinischen Staatsschuld involviert und in einigen Mandaten in Afrika. 2011 wurde Larzard von Griechenland mandatiert, um die 200 Mrd. EUR Schuld neu zu verhandeln.

Die eher unrühmliche Seite dieser Beratung wird von den Produkten dargestellt, welche sich die Investmentbanken ausdachten, um gewisse gefährdete Länder für den Euro zu qualifizieren. Von einer Wall-Street-Bank sind einige *Swap-Konstruktionen* bekannt, mit dem Ziel, einen Kredit als Devisen Swap darzustellen. Damit ließ sich die zusätzliche Verschuldung, ein Hauptparameter der Maastrichter Kriterien, maskieren (Story et al. 2010). Anscheinend handelte es sich um Goldman Sachs und Italien. Neben Swaps wurden viele *Verbriefungen* von öffentlichen Einnahmen, Flughafengebühren usw. verbrieft, um sofortige Einnahmen mit späteren Ausgaben zu tauschen. Ein mutiger Beamter namens Piga (2001) hat einen umfangreichen Bericht verfasst. In Abschn. 1.3.4 sind Beratungsleistungen im Nachgang zur Asienkrise festgehalten.

Diese Nähe zu den Regierungen hat eine lange Tradition. J. P. Morgans Thomas W. Lamont sicherte Benito Mussolini in den Zwanzigerjahren einen 100-Mio.-USD-Kredit und versuchte über Jahre hinweg, die Bonität des Regimes in den USA zu stützen (siehe Chernow 2010). In der aktuellen Regierungsmannschaft von Donald Trump sind ein halbes Dutzend oder mehr ehemalige Goldman-Sachs-Mitarbeiter zu finden.

4.7 Geografische Abdeckung

Die Geografhie ist die dritte Dimension, wobei die anderen zwei die Produkte und die Industriegruppen sind. Die großen Investmentbanken sind global. Doch gerade „global" muss erklärt werden.

Das Wort „global" wird bei näherer Betrachtung nicht als „überall auf dem Globus" interpretiert. Es wird zum einen als die überall geltenden Mechanismen und Produkte verstanden, die in den Zentren von New York und London entwickelt wurden. Dies ist

Tab. 4.14 Regionale Abdeckung der Morgan Stanley 2014

The Americas	Asia	Europe	Africa
Canada	Australia	Belgium	South Africa
Latin America	China	Central and Eastern Europe (CEE)	
U.S. - Eastern Region	Hong Kong	France	
U.S. - Midwest Region	India	Germany and Austria	
U.S. - Southwest Region	Indonesia	Greece	
U.S. - Western Region	Japan	Iberia	
	Korea	Israel	
	Malaysia	Italy	
	New Zealand	Middle East North Africa (MENA)	
	Philippines	Netherlands	
	Singapore	Nordic	
	Taiwan	Russia	
	Thailand	Switzerland	
	Vietnam	Turkey	
		United Kingdom and Ireland	

gekoppelt mit dem neoliberalen Verständnis eine eher angelsächsischen Weltsicht. Zum anderen aber als flexible Fähigkeit, überall sein zu können, wenn sich die Gelegenheiten ergeben. Diese sind dort, wo reale Märkte, große Finanzinstitute und reiche Individuen sitzen (Ho 2009, 310). Dies sind nun mal die Finanzmärkte der entwickelten Länder und der Schwellenländer.

Beispielsweise unterhält Goldman Sachs knapp 20 Bürolokationen in den USA und nur eine in Afrika, nämlich Johannesburg. In Südamerika sind es drei, nämlich Santiago, Buenos Aires und Sao Paulo. Länder und Industrien wie Venezuela, Kolumbien und Peru werden von der Latin America Coverage Group betreut, wo kulturelle und sprachliche Fähigkeiten wichtig sind. In der Tab. 4.14 sieht man die Welt nach Morgan Stanley, die kapillarer verteilt ist.

Die Konzernstrukturen sind bei solch globalen Unternehmungen immer kompliziert, mit zum Teil Hunderten von Töchtern. Gemäß Offenlegungsbericht der Goldman Sachs AG, Frankfurt am Main zum 31.12.2015 gelten folgende Verhältnisse:

> Die Goldman Sachs AG gehört zum Goldman Sachs Konzern und wird zu 100 % in den Konzernabschluss der The Goldman Sachs Group, Inc. mit Sitz in Wilmington, Delaware, USA, einbezogen. Die Aktionäre der Goldman Sachs AG sind mit 1 % die Goldman, Sachs & Co. Finanz GmbH mit Sitz in Frankfurt am Main sowie mit 99 % die Goldman Sachs (Cayman) Holding Company mit Sitz in George Town, Kaimaninseln.

Wie man unschwer erkennt, gehen rechtliche Aspekte und wirtschaftliche auseinander und sind Frucht von Optimierungsanstrengungen.

Literatur

Banks, E. (2014). *The failure of Wall street: how and why Wall street fails – and what can be done about it*. New York: St. Martin's Press.

Bazerman, M., & Neale, M. A. (1992). *Negotiating rationally*. New York, Toronto: The Free Press.

Bodmer, E. (2014). *Corporate and project finance modeling: theory and practice*. Hoboken, New Jersey: Wiley.

Bruner, R. (2005). *Deals from hell: M & A lessons that rise above the ashes*. Hoboken, N.J: Wiley.

Bundesbank (2007). Leveraged-Buyout-Transaktionen: die Rolle von Finanzintermediären und Aspekte der Finanzstabilität. Monatsbericht April 2007, Deutsche Bundesbank, Frankfurt a. M.

Chernow, R. (2010). *The House of Morgan: An American Banking Dynasty and the Rise of Modern Finance*. New York: Grove Press. Pgw.

Coates, J. C. (2015). Mergers, Acquisitions and Restructuring: Types, Regulation, and Patterns of Practice. In J. Gordon & W.-G. Ringe (Hrsg.), *The Oxford handbook of corporate law and governance* (S. 49–68). Oxford, United Kingdom: Oxford University Press.

Grinblatt, M., & Titman, S. (1998). *Financial Markets and Corporate Strategy*. New York: Irwine/McGraw-Hill.

Ho, K. (2009). *Liquidated: an ethnography of Wall Street*. Durham: Duke University Press.

Iannotta, G. (2010). *Investment Banking: A Guide to Underwriting and Advisory Services*. Springer.

Jensen, M. (1986). Agency costs of free cash flow, corporate finance, and takeovers. *American Economic Review*, *76*(2), 323–329.

Jensen, M. C., & Meckling, W. H. (1976). Theory of the firm: Managerial behavior, agency costs and ownership structure. *Journal of Financial Economics*, *3*(4), 305–360.

Nellis, S. und Schulz, P. (2016). Silicon Valley's Most Popular Dealmakers. *The Information*, (28. Jan. 2016).

Peters, T., & Waterman, R. (1982). *In Search of Excellence: Lessons from America's Best-Run Companies*. Collins Business Essentials. New York: HarperCollins.

Piga, G. (2001). *Derivatives and Public Debt Management*. Report. Zürich: International Securities Market Association ISMA.

Roberts, J. (2004). *The modern firm: organizational design for performance and growth*. Oxford New York: Oxford University Press.

Rosenbaum, J., Pearl, J., & Perella, J. (2009). *Investment Banking: Valuation, Leveraged Buyouts, and Mergers and Acquisitions*. Wiley Finance. Hoboken, N.J: John Wiley.

Ruback, R. S. (1988). An Overview of Takeover Defenses. In A. Auerbach (Hrsg.), *Mergers and acquisitions* (S. 49–68). Chicago: University of Chicago Press.

Story, L., Thomas, L., und Schwartz, N. D. (2010). Wall St. Helped to Mask Debt Fueling Europe's Crisis. *The New York Times*, (13. Febr. 2010).

Stowell, D. (2010). *An Introduction to Investment Banks, Hedge Funds, and Private Equity*. Elsevier Science: Academic Press.

Global Equities – Sales & Trading

5

Der Name ist Programm: *Sales* macht die Distribution und den Verkauf von neuen und bestehenden Wertpapieren, *Trading* besorgt den Handel und die Preisstellung. Zusätzlich produziert *Research* die Informationsaufbereitung und Ideen. Dabei erfinden die *Strukturierer* passende kundenspezifische Lösungen. Das ganze geschieht unter den wachsamen Augen von *Operations*, das die Risiken und die Einhaltung von Vorgaben kontrolliert. Dies ist das Frontoffice, das vom etwa doppelt so großen Middle- und Backoffice unterstützt wird. Diese Konfiguration findet man sowohl bei Global Equity Market als auch bei Global Debt Market.

Das Sales und Trading von Equities, der Aktienhandel und Handel von aktienähnlichen Produkten und Derivaten, bildet den Anschluss an die institutionellen Investoren, die auf dem Sekundärmarkt kaufen und verkaufen wollen (siehe Abb. 5.1). Das Produkteangebot kann man aus der Abb. 5.2 ablesen.

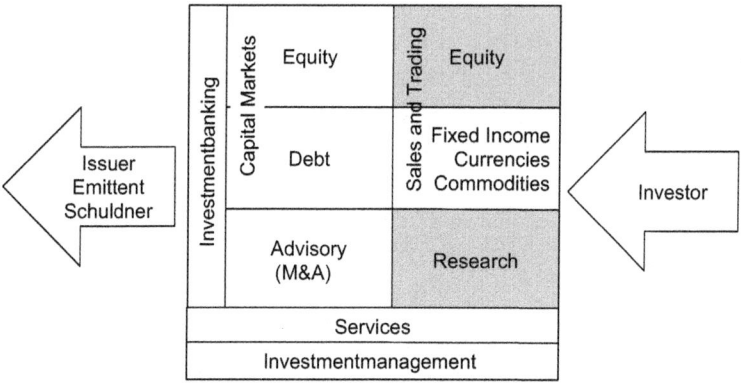

Abb. 5.1 Verortung von Global Equities Sales & Trading. Die *Pfeilrichtung* symbolisiert den Geldfluss. Services, wie Prime Brokerage werden separat diskustiert

© Springer Fachmedien Wiesbaden GmbH, ein Teil von Springer Nature 2018
C. Franzetti, *Investmentbanken*, https://doi.org/10.1007/978-3-658-20791-5_5

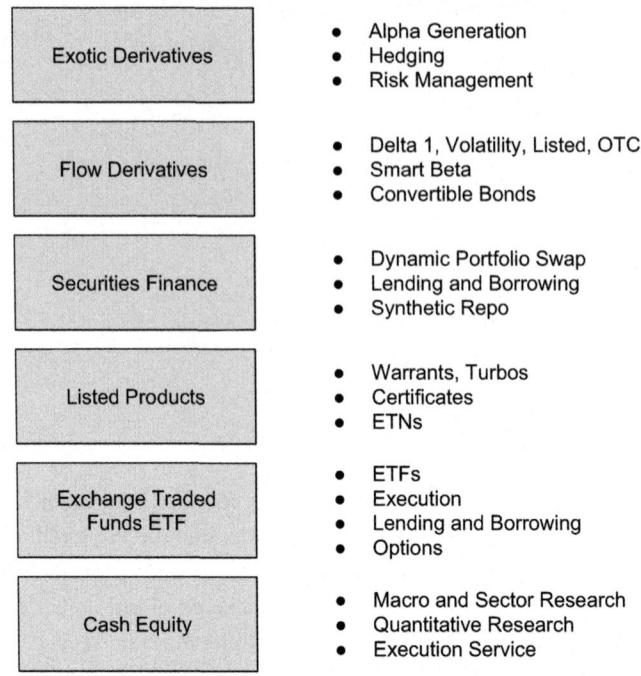

Abb. 5.2 Produkteangebot von Equity Sales & Trade am Beispiel einer französischen Investmentbank. Die Komplexität des Angebots nimmt von *unten* nach *oben* zu. Die Produkte und Dienste sowie die Zielsetzung in der *zweiten Spalte* (Lending, Repos, Execution) verraten, dass bei diesem Institut das Brokerage beim Handel angesiedelt ist

Tab. 5.1 Equity-Handelserträge in Mrd. USD der großen Investmentbanken 2015 (Quelle: UBS)

Rang	Equity Trading		
	Bank	Ertrag	Anteil (%)
1	Morgan Stanley	6,3	17,5
2	Goldman Sachs	6,0	16,7
3	J. P. Morgan Chase	4,6	12,8
4	Credit Suisse	4,1	11,4
5	Bank of America	3,5	9,7
6	UBS	3,4	9,5
7	Deutsche Bank	2,8	7,8
8	Barclays	2,6	7,2
9	Citigroup	2,6	7,2

S&T arbeitet in zwei Modi: als Dealer und als Broker, also kurzgefasst als Broker-Dealer. Zum einen ist die Division Makler und damit Intermediär zwischen Käufer und Verkäufer und deren Makler. Anstatt Brokerage spricht man auch von Agency Business. Zum anderen kauft und verkauft der Dealer aus einem eigenen Inventar. Je nach Ausgestaltung ist er entweder Market Maker oder Proprietary Trader. Diese zweite Art ist durch die Volcker-Rules stark beschnitten worden (siehe Abschn. 10.1.4.2).

Wie man Tab. 5.1 entnehmen kann, ist der Aktienhandel ein tragender Pfeiler bei den Erträgen der großen Investmentbanken. Intern liegt der Vergleich zu den Handelserträgen der Fixed Income Division immer nahe.

5.1 Organisation und Funktionen

Dieses Unterkapitel behandelt die Akteure und die Strukturen im Handel und im Verkauf (Sales and Trading), wobei anstatt Verkauf etwas nobler Distribution gesagt wird. Diese Darstellung trifft also nicht nur für die hier behandelten Beteiligungstitel, sondern auch für die im nächsten Kapitel behandelten Forderungspapiere zu.

5.1.1 Die Kunden

Die externen Kunden von Global Equity Sales & Trade sind vor allem in drei Gruppen zu finden, nämlich:

- institutionelle Investoren,
- Wealth-Management und
- Retail-Broker.

Institutionelle Kunden weisen unterschiedliche Geschäftsmodelle, Sophistizierung, Transaktionsvolumen und -geschwindigkeiten usw. auf. Die einen werden von Verkäufern bedient, die vor allem Research und Ideen vermitteln und die Relationship verwalten, andere haben ein technischeren Zugang zu Mittelsleuten, die nahe bei den Tradern sind, und wiederum andere habe einen Direktzugang, sogenannte Direct Access Clients (DAC).

Die großen Investmentbanken bedienen die Retail-Kunden nicht generell, aber vor allem die kotierten Zertifikate, ETF und ETN werden auch für Kleinkunden erzeugt und gehandelt.

5.1.2 Die internen Akteure

In der Handelsabteilung sind verschiedene Rollen zu finden. Prominent sind die Tätigkeiten, die nahe beim Kunden sind. Auch wenn man sie häufig in der Darstellung weglässt, braucht der Handel eine enorme unterstützende Infrastruktur und einen Versorgungsbereich, der schon sprachlich etwas abwertend als Backoffice bekannt ist. Es wird auch etwas netter als Operations bezeichnet. Im Folgenden werden das Front- und das Middle-Office ausgeleuchtet.

Sales

Im Frontoffice bilden die Verkäufer von Sales anzahlmäßig die größte Gruppe. Sie sind für die Kundenbeziehung zuständig und versuchen, den Kunden Analysen und Ideen des Research zu vermitteln, um so Geschäfte zu tätigen. Dafür sind detaillierte Kenntnisse der Ziele und Möglichkeiten der Kunden sowie ihrer Portfolios notwendig. Die Kunden diskutieren mit ihren Vertrauensleuten in der Bank ihre täglichen und längerfristigen Bedürfnisse. Diese Verkäufer sind den Händlern sehr nahe, um Preise, Marktverhältnisse und Ausführungsmethoden abfragen zu können. Verkäufer sind häufig nach Kundengruppen organisiert.

Eine zweite Abteilung innerhalb von Sales ist Institutional Sales, deren Mitarbeiter vor allem die neu emittierten Wertpapiere verkaufen, hier also Aktien und andere Beteiligungstitel. Die Zielgruppe sind die Institutionellen, also Pensionskassen, Fonds, Lebensversicherungen etc. Bei Emissionen, bei denen die Nachfrage das Angebot übersteigt, werden hier die Zuteilungen vorgenommen, häufig mit Bevorzugung der besten Kunden. Verkäufer sind bei den Roadshows und Investorenmeetings anwesend, sind für ihre Arbeit also auch unterwegs.

Trader

Händler sind Teil ihres Trading Desks, das zwischen 5 und 25 Händler umfassen kann. Die Trader sind zum Teil auch geografisch an mehreren Standorten angesiedelt. Die Händler sowie Assistenten, Praktikanten, Sekretäre und andere unterstützende Funktionen sitzen physisch am Trading Floor, einem riesigen offenen Raum. Anekdotisch sei angemerkt, dass die UBS ihren 8625 Quadratmeter großen Trading Floor in Stamford Ende 2016 zum Verkauf angeboten hat. Es haben 44 Tennisplätze darin Platz. Die Bank hat die damit einhergehenden Ambitionen erheblich eingedampft, wobei einige Arbeitsplätze heute im Servergehäuse ruhen.

Nach Kuznetsov (2007, 46) ist der Handelstisch eine Art Sonnensystem: In der Mitte der Händler, umgeben von den Assistenten. Im nächsten Orbit die Verkäufer, die meistens mit dem entsprechenden Desk arbeiten. Dann kommen die Quants oder Technologen, die den Desk unterstützen.

Händler oder Trader führen die Transaktionen der Bankkunden nach deren Auftrag aus. Es ist ihre Pflicht, dies auf möglichst günstige und risikoarme Weise zu besorgen. Der Verkäufer hat den Kunden überzeugt, eine bestimmte Transaktion auszuführen. Deshalb übermittelt er dem Händler einen Trade Request. Dieser muss nun eine Preisangabe liefern, wobei er den Markt, seine Order und die Positionen analysiert, die Bedeutung des Kunden abschätzt und dafür sorgt, dass ein vernünftiger Gewinn übrigbleibt. Die Angaben gehen zum Kunden zurück und falls dieser damit einverstanden ist, kommt es zu einer Transaktion.

Das Trading übernimmt das Market Making bei öffentlich gehandelten und OTC-Wertpapieren (ETN, Zertifikate) und börsengehandelten Fonds (ETFs). Vor allem Marktmacher sind von Algorithmen abgelöst worden, denn solche Programme können schneller arbeiten und mehr Transaktionen, insbesondere die riesige Zahl von ETNs und ETFs, bewältigen.

Je nach Größe des Instituts führen die Trader auch proprietäre Transaktionen durch. Bei den Großen ist diese Funktion sogar physisch getrennt vom Trading Floor.

Sales Trader

Sales Trading ist der direktere Weg eines qualifizierten institutionellen Kunden zum Händler, ein „communication conduit, Augen und Ohren des Kunden am Markt", wie es die Credit Suisse bezeichnet. Die Zusammenarbeit mit dem Kunden konzentriert sich auf die bestmögliche Ausführung von Aufträgen. Der Weg zur Benutzung von elektronischen Plattformen durch den Kunden ist nicht weit. Tatsächlich laufen hier die Aufträge der Onlinekunden zusammen.

Structurer

Die Wünsche eines Institutionellen mit einem komplexen und großen Portfolio nach Umstrukturierung, Absicherung, Risikonahme etc. lassen sich nicht effizient mit Standardprodukten des Marktes umsetzen. Je genauer die Anforderungen und je präziser die Risikoprofile, desto billiger das Produkt. An dieser Schnittstelle kommen die Finanzingenieure oder Structurer ins Spiel. Sie müssen effiziente kostengünstige und schnell umzusetzende kundenspezifische Lösungen erarbeiten, welche die Bank wiederum zu einem vernünftigen Ausmaß andernorts wieder absichern kann.

Die Lösungen sind folglich strukturierte Produkte und damit wiederum Derivate. Jedes neue Produkt muss eingehend geprüft, dokumentiert und erklärt werden.

Research

Damit dies hier klar gesagt ist: Research ist nicht eine akademisch-wissenschaftliche Übung, oder zumindest fast nie. Würde man den Begriff Sales Research verwenden, wäre damit einiges mehr ausgesagt. Research analysiert mikro- und makroökonomische Trends, einzelne Firmen und Titel und leitet daraus Prognosen ab, die den Kunden helfen sollen, fundierte Anlageentscheide zu treffen. Das Research unterstützt alle anderen Divisionen und Bereiche, wobei zwischen Anlageempfehlungen und Emission strikte Trennung herrschen sollte. Da sind potenzielle Interessenkonflikte verborgen. Händler und vor allem Verkäufer stützen ihre Arbeit auf diese Grundlagen.

Operating Officer, Risk Control und Management

Geld verdient man für Dienste, aber auch für die Übernahme von Risiken, anderseits verliert man kein Geld, wenn man wenig Fehler macht. Deshalb ist der Handel auch ein Risikomanagement, das wiederum die Risikokontrolle umspannt. Chief Operating

Tab. 5.2 Die Gewinn- und Verlustrechnung eines Market Maker (CGFS 2014, 8). Die Erträge stammen aus der Handelsspanne und der Wertänderung des Inventars und deren Erträge

+ Bid-Ask-Spread - (Broker Fees, Clearing and Compensation Costs)	+ Change in Price + Carry of the position
	- (Funding/ Borrowing Cost from Repo or CFO) - (Hedging Cost) - (Capital Cost, i.e. for Credit risk, VaR etc.)
= Facilitation Revenus	= Inventrory Revenues
= Gross Profit & Loss	
Other Revenues - (Other Cost, i.e. IT, Compliance, Admin etc.)	
= Net Profit & Loss	

Officers sind auf allen Niveaus des Handels tätig, um sicherzustellen, dass die Prozesse und Anweisungen befolgt werden sowie die vorgesehene Organisation stattfindet. Diese Funktion interagiert also mit allen Beteiligten, den Händlern, Verkäufern, Strukturierern usw.

Die zu begrenzenden Risiken umfassen Limiten zu Markt- und Kreditrisiken sowie operationelle Risiken um Betrug und Fehler, technische Systemprobleme, das Personal etc. Zudem sind Metakontrollen vorhanden, also Kontrollen zu den Kontrollen. Es handelt sich hier um ein sehr anspruchsvolles Berufsbild, das wenig Glamour ausstrahlt.

Seit wenigen Jahre hat sich eine Funktion, oder ein Desk, Credit Value Adjustment (CVA) etabliert, die den Händlern eine Art Kreditversicherung verkauft oder als Kosten auferlegt (siehe die G&V des Händlers in Tab. 5.2). Sie geht auch am Markt Kreditderivate ein, um die Investmentbank abzusichern (Sutherland und Court 2013, 25, 65).

Administration

Die Administration ist eine wesentliche Komponente der Organisation. Sie besorgt die notwendige, umfangreiche Dokumentation zu den einzelnen Transaktionen. Auch Margenkonti der Kunden müssen überwacht werden. Zudem ist sie zuständig für die Aktualisierung und Einhaltung der legalen Vorgaben zum Wertpapierhandel. Sie administriert auch die Personalangelegenheiten.

Die Gewinn- und Verlustrechnung der Händler muss validiert und zu Marktwerten bewertet werden. Den Verkäufern stehen Credit Points zu für ihre erfolgreichen Vermittlungen.

Die Unterschiede zwischen den älteren OMS und den EMS sind am Verschwinden. Grob gesagt umfassen die OMS folgende Funktionen:

Tab. 5.3 Elektronische Handelssysteme nach Hauptfunktionalität

Execution Management Systems	Order Management Systems	Network Connectivity
Bloomberg	Advent/Moxy	
EMSX	Bloomberg (AIM, POMS, SSEOMS)	Autex
Fidessa	Charles River	NYFIX
Flextrade	Eze Castle	Radianz
GL Trade	Fidessa	TNS
Inforeach	ITG XIP	
Instinet/Newport	Latent Zero/Minerva	
ITG/Radical	Linedata/Longview	
ITG/Triton	Mixit	
Neovest	Patsystems	
Orc Software	SunGard/Brass	
Portware	Tradeware	
RealTick	Trading Technologies	
REDIPlus		
TradingScreen		
UNX		

- Positionen,
- Ordereingabe,
- Gewinn und Verlust (P&L),
- Audit-Trail und Compliance,
- Reporting und
- Workflow.

Ergänzend dazu die Funktionen der EMS:

- Execution-Management,
- Market Data und
- Positions.

Die Vielfalt erkennt man aus der Tab. 5.3. Das OMS ist im Middle-Office angesiedelt ist, wogegen das EMS im Frontbereich eingesetzt wird.

5.1.3 Handelsmotive

Auf der Buy Side, also bei den institutionellen Investoren, kann man die Motivation für den Handel auf zwei reduzieren (Scott-Quinn 2012, 184):

- Liquidität und
- Information.

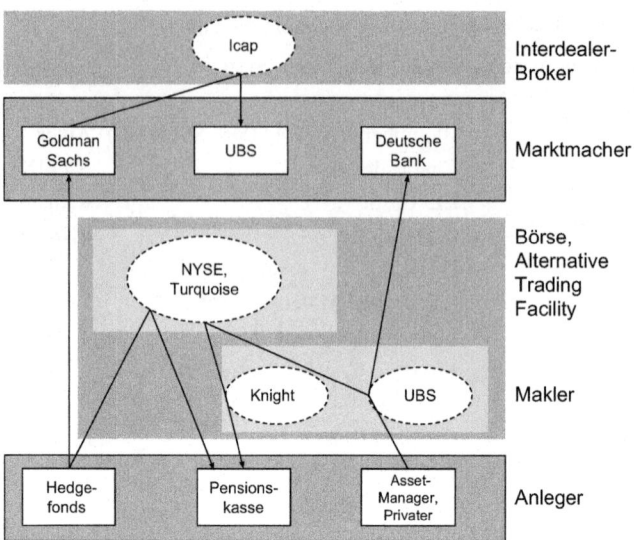

Abb. 5.3 Organisation des Sekundärhandels. *Pfeile* stellen Transaktionen dar. Makler und Börsen (*Ovale*) vermitteln, nehmen selber aber keine Positionen. Käufer und Verkäufer (*Rechtecke*) treten in Geschäfte ein. Makler sind zum Teil auch Marktmacher (Broker-Dealer), die Positionen halten

Liquidität meint die Tatsache, dass ein Investor aus ganz spezifischen, idiosynkratrischen Gründen entweder *Liquidität* entbehren kann oder beschaffen muss. Es stecken keine Gewinnabsichten dahinter. Seine Preisstrategie bezeichnet man als Price Taker; er akzeptiert den angebotenen Preis, denn er will die Liquiditätsposition verändern.

Das zweite Motiv unterstellt, dass der Investor eine Überzeugung erlangt hat, möglicherweise fundamental analysiert oder von einem Verkäufer angetrieben, wie sich der Preis der Position ändern wird. Portfoliomanager handeln mit vermeintlich billigen oder zu teuren Effekten, um ihre Performance, auch relativ zu einem Benchmark, zu verbessern. Sie sind deshalb Price Maker.

Die Sell Side, die nur vermittelt, handelt nicht, verdient aber an der optimalen Vermittlung einer Kommission. Die Dealer sind eher an der Geld-Brief-Spanne interessiert, die Haltekosten und -erträge des notwendigen Inventars sind eher nebensächlich. Sie sind an ungeduldigen Partnern interessiert, die für die Liquidität zahlen. Die Market Maker erzeugen die *Preisentdeckung*, indem sie die Preise nach dem Trend der letzten Transaktionen ausrichten unter Wahrung des Inventars innerhalb vorgegebener Höhe.

5.1.4 Die Handelsfunktionen

Abb. 5.3 zeigt die verschiedenen Instanzen, die den Sekundärmarkt, d. h. den Wertpapierhandel, ausmachen. Dabei wird zwischen Verkaufseite und Kauf unterschieden. Das Bild dient als Leitfaden für dieses Kapitel.

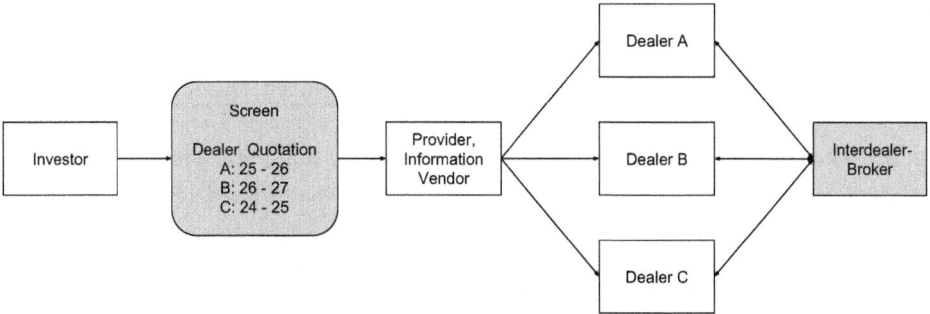

Abb. 5.4 Konzentrierter, wettbewerblicher Dealermarkt dank Konsolidierung und Interdealer-Broker. *Dealer C* verkauft aufgrund der Quotes an *A* und *B* über den Broker

5.1.4.1 Broker-Dealer

Auf der Verkaufseite gibt es Makler (Broker), die Transaktionen vermitteln, selber aber nicht ins Geschäft eintreten. Nimmt man die Makler zusammen, so entsteht eine Börse. Makler und Börse sind eng miteinander verbunden. Der Dealer, auf Deutsch mit „Händler" nicht gut beschrieben, ist eine Kontrahent, der eine Seite der Transaktion übernimmt, als Käufer oder Verkäufer eintritt. Als dritte Figur ist der Broker-Dealer zu nennen, der beide Fähigkeiten vereint. Investmentbanken sind offizielle Broker-Dealer, da der Begriff auch eine Legaldefinition besitzt.

Der Dealer ist ein Liquiditätslieferant (Liquidity Provider), denn als Marktmacher stellt er für bestimmte Titel Kauf- und Verkaufspreise zu bestimmten Mengen. Er ist bereit, unmittelbar zu handeln. Diese Unmittelbarkeit (Immediacy) ist die Liquidität.

Liquidität zu beschaffen ist besonders für nicht liquide Märkte wichtig. Dort wo sich Käufer und Verkäufer nicht oft und schnell finden, sind die Marktmacher zur Stelle. Handelsgüter sind hier vor allem OTC-Geschäfte und Bonds, die bilateral verhandelt und abgeschlossen werden. Die Möglichkeit, die Preise bei einem Datenkonsolidierer zu publizieren, führt zu einer höheren Transparenz und zu mehr Wettbewerb. Der Kunde sieht also die Quotes der Dealer zusammen an einem Ort; die Dealer erkennen, ob ein Ausgleich über einen Interdealer-Broker möglich ist (Scott-Quinn 2012, 208). Abb. 5.4 dient als Illustration.

Umgekehrt sind Makler und ihre Börse für liquide und standardisierte Titel optimal. Bis vor rund gut zehn Jahren gab es teilweise Monopole, d. h., Titel konnten von Gesetzes wegen nur an einer Börse gehandelt werden. Diese Vorgabe führt zur sogenannten positiven Externalität, jeder neu hinzukommende Kontrahent verbessert die Liquidität der vorhandenen. Monopole sind aber meist träge und teuer. Mit der Computerisierung ergab sich ein neues Optimum in der Form von vernetzten, wetteifernden elektronischen Börsen. Diese Fragmentierung hat zur Kostenreduktion und zu immer kleineren Losen geführt. Sie war aber auch die Voraussetzung für ein neues Phänomen, die Hochfrequenzhändler.

5.1.4.2   Interdealer-Broker

Wie der Name richtig suggeriert, sind Interdealer-Broker Institutionen, die Maklerdienste
für die Dealer, also Wertschriftenhändler und Investmentbanken, leisten. Es sind sozusagen die Grossisten unter den Brokern. Sie funktionieren wie eine Börse. Zwar könnten
Dealer bilateral handeln, aber dies kann nicht anonym geschehen. Durch diesen Dienst
kann ein Ausgleich zwischen den Dealern erzielt werden, wenn eine Bank nur Kauforders
bekommt, eine andere nur Verkaufsaufträge.

Eine sehr kleine Anzahl an Firmen dominiert dieses Geschäft. Der größte, Voice-and-
electronic-Interdealer-Broker ist Icap in London. Sodann folgt Tullett Prebon, ebenfalls
in London. Ende 2016 hat Tullet den Brokerageteil von Icap gekauft und firmiert jetzt als
TP Icap und umfasst 3425 Broker. Sodann findet man Tradition, eigentlich Compagnie
Financiere Tradition SA, eine schweizerische Unternehmung, sowie in New York BGC
Partners, ein Spin-off von Cantor Fitzgerald. Zuletzt kommt GFI Group in New York, die
eher auf Derivate spezialisiert ist.

Broker können gut verdienen, denn sie behalten einen konsistenten Anteil der Kommissionen. Im Skandal um das Libor-Fixing sind die Interdealer-Broker ebenfalls involviert
gewesen.

5.1.4.3   Central Counterparty CCP

Beim Effektenhandel an der Börse kommt immer im Lebenszyklus des Handels die Abwicklung, Clearing and Settlement, die von den Clearing Houses ausgeführt wird. Seit
rund 15 Jahren habe die Clearing-Häuser auch die Rolle von zentralen Kontrahenten,
Central Counterparties, die zwischen die Handelspartner in das Geschäft eintreten. Sie zerteilen das Geschäft. Dies scheint eine Verkomplizierung darzustellen, hat aber den Vorteil,
(1) die Transaktion zu anonymisieren und (2) durch Saldierung (Netting) und Margining
das Exposure und Erfüllungsrisiko zu verringern. Die Übernahme dieser Funktion durch
schon vorhandene Institutionen ist relativ einfach zu bewerkstelligen.

Im Nachgang zur Finanzkrise sollen nach dem Wunsch der Regulatoren auch die OTC-
Geschäfte mit zentralen Kontrahenten und speziellen Handelsplätzen (z. B. OTF, SEF)
stattfinden. Anstatt eines nach ISDA-Credit-Support-Annex-Rahmen ausgestalteten Si-
cherheitenvertrags bestimmten die CCP darüber. Die regulatorichen Kapitalerfordernisse
gehen von der Investmentbank zur CCP, die Sicherheiten einfordert. In Abschn. 7.1.2 gehen wir weiter auf die Sicherheiten ein.

Abb. 5.5 zeigt die enormen Bestände der OTC-Produkte als Nominalwerte, die als systemisch gefährlich angesehen werden.

5.1.4.4   Börse, Handelsplatz

In Abschn. 2.5.5 haben wir die zwei Marktmodelle Börse und Marktmacher besprochen.
Zur Erinnerung: Börsen als Zusammentreffen der Makler führt zu periodischen oder ständigen Auktionen, wo die Orders so abgeglichen werden, dass das höchste Handelsvolumen entsteht. Tab. 5.4 gibt einen Überblick über die größten Handelsplätze. Tab. 5.5 und

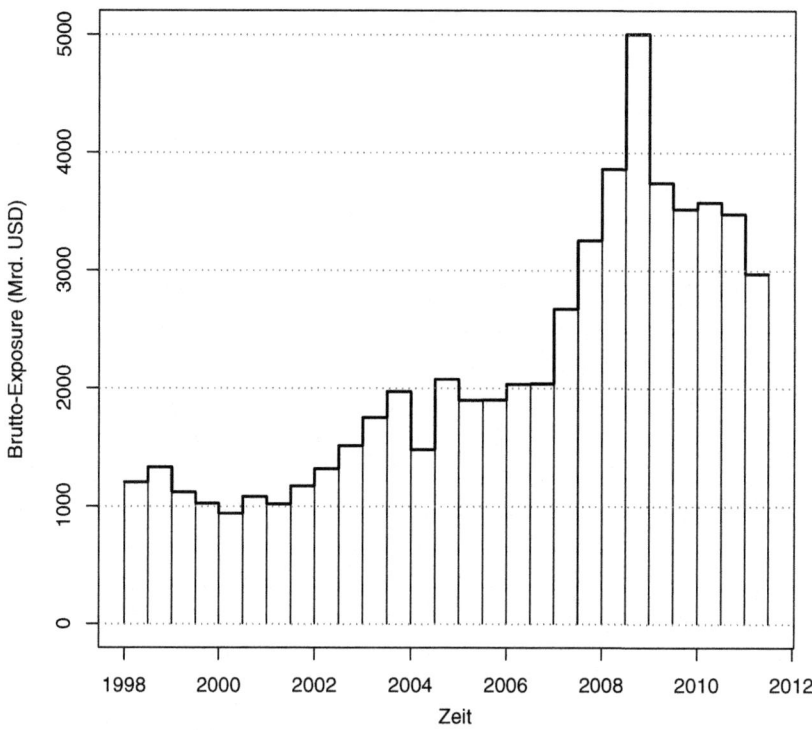

Abb. 5.5 OTC-Brutto-Exposure (Quelle: Bank for International Settlements)

Tab. 5.4 Handelsplätze, Auszug: Struktur. Mit der MiFID-2-Richtlinie wird das Angebot möglicherweise restrukturiert

Regulated Markets	Multilateral Trading Facilities		Systematic Internalizers
	Lit (l) and Dark (d)	Dark Pools, Crossing Networks	
Deutsch Börse	BATS Europe (l)	Alpha x Europe	ABN Amro
Euronext	Burgundy (l)	CA Chevreux Alternative	BNP Parisbas
London SE	Chi-X (l)	Citi LIQUIFI	Citigroup
NASDAQ	Chi-X Delta (d)	Credit Suisse CrossFinder	Credit Suisse
NYSE	Instinet Block Match (d)	Crossing Engine	Danske Bank
OMX	Liquid net (d)	Goldman Sachs Sigma X	Deutsche Bank
	NYFIX Euro (d)	Knight Match	Goldman Sachs
	NYSA Arca Europe (l)	Merrill Lynch MLNX	Knight EM
	Pipeline Block Board (d)	Morgan Stanley Pool	Nomura
	Posit (d)	Société Générale	Nordea
	Smart Pool (d)	UBS PIN	UBS
	Turquoise (l)		
	Turquoise Mid Point Cross (d)		

Tab. 5.5 Jahresumsätze[a] Aktienhandel nach Börsen für das Jahr 2015 (Quelle: World Federation of Exchanges)

Rank	Exchange	Share Value (Billion USD)
1	Shanghai SE	21,21
2	Shenzhen SE	19,56
3	Intercontinental Exchange Inc./NYSE	17,48
4	BATS Global Markets	14,22
5	Nasdaq – US	12,52
6	Japan Exchange Group	5,54
7	BATS Chi-X	3,16
8	Hong Kong Exchanges and Clearing	2,13
9	Euronext	2,08
10	Korea Exchange	1,93
11	Deutsche Börse AG	1,55
	Global	110,7

[a] aus dem elektronischen Orderbuch

Tab. 5.6 geben Auskunft über die Umsätze und die Anzahl gehandelter Effekten. Die beliebtesten Basiswerte der Derivate sind Indizes gefolgt von einzelnen Aktien.

Marktmacher bieten bilaterale Transaktionen an, die aus den publizierten Quotes, also Kauf- und Verkaufspreis bei gegebenem Mindestvolumen, hervorgehen. Da Marktmacher häufig durch Algorithmen ersetzt werden – man denke an die vielen Emissionen und Angebote von ETN und ETF und die Erhöhung von Transparenz durch die Screens von Datenkonsolidierern –, werden die bilateralen Transaktionen nicht mehr anders als die Order-driven-Markets wahrgenommen. Denn inhaltlich ist eine Quote dasselbe wie zwei Limitorders, die sagen: „Ich kaufe höchstens zu X" und „ich verkauf mindestens zu Y". Entsprechend organisiert entsteht in Analogie zum Central Limit Order Book ein sogenanntes Market Maker Book. Bilaterale Transaktionen sind eigentlich „fill or kill", d. h., es ist zu den Angaben des Marktmachers zu handeln. Aber auch dies kann man an einer elektronischen Börse erweitern.

5.1.5   Die Mechanik

5.1.5.1   Limit Order – Limitierter Auftrag

Mit dem Wort Order signalisieren wir, dass wir uns im Handelsuniversum der Börse und der Makler befinden. Der limitierte Auftrag belegt die Kauf- oder Kaufabsicht mit einem Höchstpreis für den Kauf und mit einem Tiefstpreis für den Verkauf. Da man auf den Preis fixiert ist, muss man mit Wartefristen rechnen oder mit der Tatsache, dass die Transaktion nicht zustande kommt. Will der Investor aber nicht warten und sicher sein, dass die Transaktion stattfindet, muss er einen sogenannten Bestensauftrag aufgeben oder es mit einer Limitorder zum aktuell besten Preis versuchen.

Tab. 5.6 Globale Jahresumsätze in Anzahl Kontrakten des Derivatehandels für das Jahr 2011 in Mio. (Quelle: World Federation of Exchanges)

Underlying	Options	Futures
Single Stock	4144,8	1289,5
Stock Index	5711,3	2641,4
ETF (Exchange Traded Funds)	1875,1	0,0
STIR (Short Term Interest Rate)	491,5	1422,1
LTIR (Long Term Interest Rates)	167,8	1381,3
Currency	289,4	2854,0
Commodity	171,8	2579,7
Exotic	100,9	89,8

Damit Transaktionen stattfinden, muss es ungeduldige Price Takers geben. Ein Deal kommt nur zustande, wenn ein Bestensauftrag (Market Order) auf einen limitierten Auftrag stößt. Abb. 5.6 zeigt ein Orderbuch. Auf der linken Seite sind die Angebote und die Nachfragen preislich geordnet. An der Grenze befinden sich das billigste Angebot (Best Offer) und die teuerste Nachfrage (Best Bid). Weil es auf beiden Seiten mehrere Teilnehmer gibt, die untereinander konkurrieren, nennt man dieses Verfahren auch „doppelte Auktion" (Double Auction).

GOLDMAN SACHS GROUP INC COM	Orders Accepted	62.638		Last updated 10:47:12	
	Total Volume	99.366		1/21/2014	

TOP OF BOOK		LAST 10 TRADES		
SHARES	**PRICE**	**TIME**	**PRICE**	**SHARES**
300	173,85	10:46:52	173,57	100
100	173,82	10:46:52	173,60	200
200	173,80	10:46:52	173,61	100
100	173,78	10:46:48	173,62	100
Asks 100	173,75	10:46:23	173,62	100
Bids 100	173,55	10:46:15	173,64	32
300	173,50	10:46:15	173,64	68
200	173,45	10:46:11	173,62	100
100	173,42	10:46:09	173,65	100
100	173,39	10:45:48	173,66	100

Abb. 5.6 Stilisierter Screen eines Orderbuchs mit Angebot und Nachfrage und den letzten Transaktionen

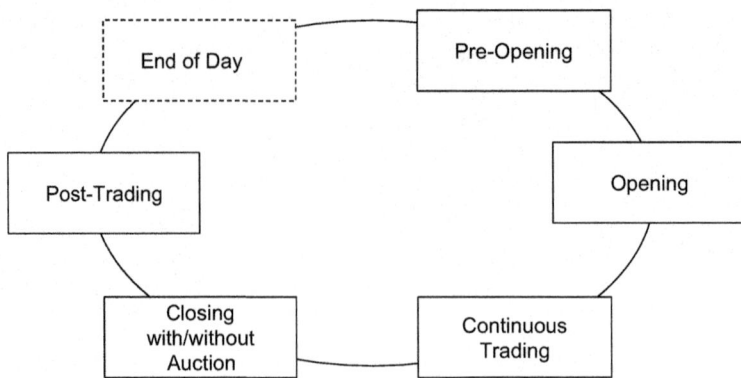

Abb. 5.7 Die verschiedenen Phasen eines Börsentages, im Uhrzeigersinn. Die Kästen bedeuten Phasen und Zeitpunkte

In der Abb. 5.7 sieht man die typischen Phasen eines Börsentags. Während des Pre-Opening füllt sich das Orderbuch, ohne dass Transaktionen stattfinden. Bei Opening kommt es zur Auktion, wobei der Preis sich so einstellt, dass möglichst viele Abschlüsse möglich sind. Dann kommt der ständige Handel. Bei Closing wird für die Order-driven-Effekten eine Schlussauktion veranstaltet, deren Preis sehr wichtig ist, da er von vielen Teilnehmern für die Bewertung ihrer Positionen herangezogen wird. Würde man einfach den letzten bezahlten Preis nehmen, so wäre der Manipulation Tür und Tor geöffnet.

5.1.5.2   Quotes

Das auf Quotes von Marktmachern basierende Modell ist von der NASDAQ und früher von der Londoner Börse (LSE) verwendet worden. Es legt großen Wert auf die Unmittelbarkeit und somit auf verfügbare Liquidität. Dort, wo mehrere Dealer für die gleichen Effekten Preise in der Form von Quotes stellen und diese auf einer elektronischen Plattform gebündelt werden, ist sehr oberflächlich kein Unterschied zur Börse feststellbar. In der Tab. 5.7 sieht man, wie eine Börse als Unternehmung beide Modelle nebeneinander fährt. Man erkennt auch durch das Wort Book, dass neben den Quotes auch nicht augenblicklich auszuführenden Aufträge bestehen. Ein doch wesentlicher Unterschied ist die Tatsache, dass für die Titel im Marktmachermodell keine Schlussauktion stattfindet.

Die hauptsächlichen Produkte, die vom Marktmacher betreut werden, sind solche, die sein Institut als Emittent selber ausgegeben hat.

5.1.5.3   Order Flow

Aufgrund der Fragmentierung der Märkte und der Konkurrenz unter den Anbietern ist ein Auftrag eine komplizierte Suche nach Liquidität. Je breiter die Suche, desto mehr Spuren werden hinterlassen, die wiederum von schnellen Marktteilnehmern interpretiert werden. Die Hauptdeterminanten für institutionelle Kunden sind:

Tab. 5.7 Produkte und dazugehöriges Marktmodell einer mittleren Börse: Order oder Quotes (Marktmacher)

Central Limit Order Book (CLOB)	Market Maker Book (MMB)
Blue-Chip-Aktien	Sponsored Foreign Shares
Mid-/Small-Cap-Aktien	Anleihen – Nicht-CHF
Sekundärkotierte Aktien	Exchange Traded Funds (ETF)
Separate Handelslinien	Exchange Traded Structured Funds (ETSF)
Anleihen – CHF	Exchange Traded Products (ETP)
Anlagefonds	Sponsored Funds
Anrechte und Optionen	Strukturierte Produkte

- Kommissionen,
- Geld-Brief-Spanne und
- Market Impact Cost.

Die Market Impact Cost entstehen für große Transaktionen, weil *eo ipso facto* sie, falls von den Marktteilnehmern entdeckt, ausgenutzt werden können. Aber schon gemäß Abb. 5.6 ist ersichtlich, dass eine Transaktion über 800 Stück „bestens" einen Preis von 173,81 bedeutet.

Die Motivation der Broker, die ähnlich der der professionellen Trader, also Hochfrequenzhändler, ist, orientiert sich an den Kommissionen und speziell an den Rabatt- und Discountangeboten. Nur so können alternative Marktplätze Liquidität anziehen. Ein erfolgreiches Preisschema ist als Maker Taker Pricing bekannt, wobei „make" und „take" sich auf die Liquidität beziehen. Diejenigen, die Limitorders platzieren und damit Liquidität anbieten, werden belohnt, während Bestensaufträge für die Liquidität zahlen müssen. Beispielsweise zahlt der Bestenshändler 1, von dem 2/3 dem Limithändler zugesprochen werden. Das ist eine Einladung für die Hochfrequenzhändler.

Wohin kann nun ein Auftrag eines Institutionellen bei einem Broker-Dealer gehen? Potenziell infrage kommen (siehe auch Abb. 5.8):

- eine Gegengeschäft im Haus,
- der Internalizer,
- der eigene Dark Pool,
- ein Liquidity Provider,
- ein fremder Dark Pool,
- ein Alternative-Trading-System und
- eine Börse.

Wenn man es genau nimmt, sind Dark Pools auch ATS. In den USA gibt es 13 Börsen und rund 30 ATS. Aufgrund dieser Struktur sucht man nach einem sogenannten Smart Order Routing (SOR), das auch den Vorgaben von Regulation NMS (USA) und MiFID, Best

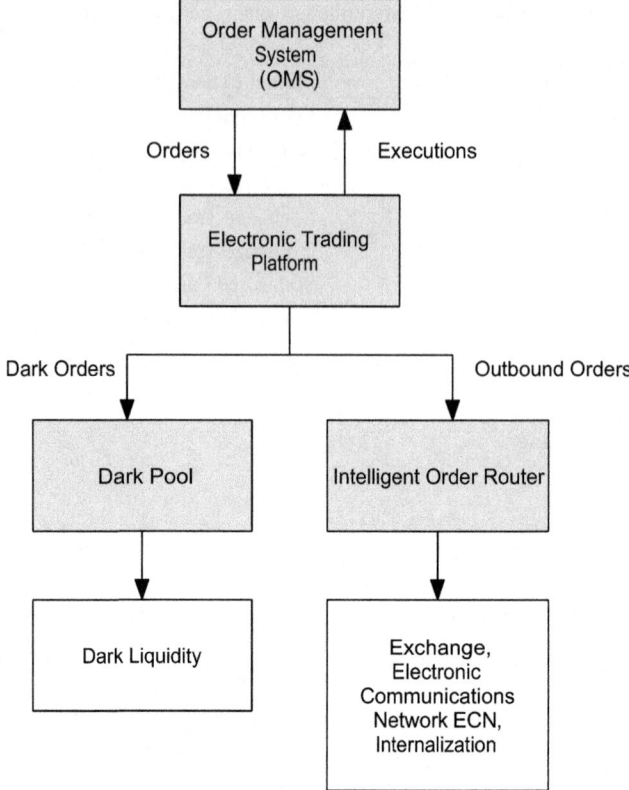

Abb. 5.8 Die Orderabwicklung oder das Routing kann einerseits in Handelsstrukturen im Haus erfolgen oder aber in die Vielzahl von Handelsmöglichkeiten fließen. Dabei geht es um eine optimale Wahl der Zuweisung: geringe Kosten, schnelle Ausführung und geringes Leakage. Dazu braucht man eine Strategie und Algorithmen

Execution, entspricht. Das Routing besorgt natürlich ein Server mit einem ausgeklügelten Algorithmus, der bei den Flash Traders ebenfalls einen Teil ihrer Software ausmacht. Summarisch lässt sich das Routing nach Abb. 5.8 darstellen. Gestaltungsspielraum für die Order besteht bezüglich folgender Parameter:

• Ordergröße,
• Ordertyp,
• Broker, Anbieter und Markt.

Die Größe kann man leicht durch Aufteilen in Suborder variieren. Die Anzahl der Titel in einem Los ist in den letzten Jahren dramatisch gesunken. Die Größe bietet keine Vorteile mehr. Bei einem Monopol musste ein voluminöser Auftrag ganz erfüllt werden, sobald er

Tab. 5.8 Beispiele von im FIX-Format wiedergegebenen Orders

Order	FIX-Format
New Order Single BUY 100 CVS MKT DAY	8=FIX.4.2| 9=145| 35=D| 34=4| 49=ABC_DEFG01| 52=20090323-15:40:29| 56=CCG| 115=XYZ| 11=NF 0542/03232009| 54=1| 38=100| 55=CVS| 40=1| 59=0| 47=A| 60=20090323-15:40:29| 21=1| 207=N| 10=139|
Order Acknow-ledgement	8=FIX.4.2| 9=226| 35=8| 128=XYZ| 34=4| 49=CCG| 56=ABC_DEFG01| 52=20090323- 15:40:35| 55=CVS| 37=NF 0542/03232009| 11=NF 0542/03232009| 17=0| 20=0| 39=0| 150=0| 54=1| 38=100| 40=1| 59=0| 31=0| 32=0| 14=0| 6=0| 151=100| 60=20090323- 15:40:30| 58=New order| 30=N| 207=N| 47=A| 10=149|
Closing Offset SL 1000 RRC LMT @55.36 DAY	8=FIX.4.2| 9=156| 35=D| 34=124| 49=ABC_DEFG04| 52=20100208-18:51:42| 56=CCG| 115=XYZ| 11=NF 0015/02082010| 54=2| 38=1000| 55=RRC| 40=2| 44=55.36| 59=0| 1=ABC123ZYX| 21=1| 207=N| 47=A| 9487=CO| 10=050|
Closing Offset	8=FIX.4.2| 9=253| 35=8| 128=XYZ| 34=124| 49=CCG| 56=ABC_DEFG04| 52=20100208-18:51:42| 55=RRC| 37=NF 0015/02082010| 11=NF 0015/02082010| 17=0| 20=0| 39=0| 150=0| 54=2| 38=1000| 40=2| 44=55.3600| 59=0| 31=0| 32=0| 14=0| 6=0| 151=1000| 60=20100208-18:51:42| 58=New order| 30=N| 1=ABC123ZYX| 207=N| 47=A| 10=037|

zuoberst im Orderbuch stand, bevor die weiteren zum Zug kamen. Heute geht man einfach zu einem anderen Anbieter.

Die von den Anbietern zur Verfügung gestellten Ordertypen sind sehr vielfältig. Neben den schon besprochenen Bestens- und Limitaufträgen führen wir nur episodisch ein paar weitere auf. Die Ordertypen sind in den sogenannten Rule Books der Börsen oder ATS beschrieben. Eine *Reserve Order* oder Iceberg Order zeigt nur einen Teil des Volumens, der andere Teil geht ins Dark Book. Eine *Non-displayed Order* ist selbsterklärend. Zusätzlich wird auch die zeitliche Dimension gesteuert mit Angaben wir „fill or kill" (auch „immediate or cancel"), „good till market close", „good till cancelled" usw. Für Auktionsbörsen kann man auch die Auktion bestimmen, etwa On-close Orders.

Die ATS haben zum Teil fast unverständliche Orders, beispielsweise „hide don't slide", deren Funktion man erst erahnt, wenn man weiß, dass der besagte ATS auch ein Hochfrequenzhändler ist. Damit spielen sie sich in die eigenen Hände.

Die Investmentbanken bieten ihren Kunden sogenannte Ausführungsberatung an (siehe Abschn. 7.1.4). Anderseits bieten auch die Handelsplätze eine Routing-Strategie an, man suche die Parallel Strategies von Bats.

Für die technisch Interessierten zeigen wir in Tab. 5.8 ein paar industrieübliche, FIX-codierte Order. Der Delimiter ist eigentlich ein nichtdruckbares Zeichen. Es gibt eine neuere Version in der Form einer Mark-up Language.

5.1.6 Prime Services

Prime Services bezeichnen die Dienstleistungen, die für Prime-Kunden, also erstklassige Adressen, erbracht werden. Diese Kundengruppe besteht hauptsächlich aus den Hegdefonds. Die Dienste umfassen vor allem:

- Prime Brokerage und
- Prime Financing.

Brokerage wird in Abschn. 7.1 ausführlich behandelt, zum Prime Financing sind die Themen von Abschn. 7.1.1 und Abschn. 5.5, Wertpapierleihe und Repos relevant. Die Finanzierung von Hedgefonds dient vor allem der Hebelwirkung. Neben der Aufnahme von Mitteln kann man den Hebel auch synthetisch erzeugen, nämlich innerhalb der Produkte, also mit gehebelten Produkten. Das wird zum Teil, eher unglücklich, als Synthetic Financing bezeichnet. Es wird also Leverage durch Finance ersetzt.

Studien zeigen, dass bei Hedgefonds das finanzielle Leverage im Mittel rund 2 ist, während das synthetische beinahe 30 beträgt. Daraus ergibt sich ein Total von rund 60 Gross Leverage (FCA 2015, 19). Die Unterschiede sind, je nach Strategie der Fonds, groß, dennoch muss man sich vor Augen führen, dass beispielsweise 20 Mrd. USD Assetsunder-Management sich so verhalten, als hätte man 1,2 Billionen USD eingesetzt.

5.2 Cash Equities

Im Zusammenhang mit den Kapitalmarktemissionen von Aktien und Bezugsrechten ist die beteiligte Investmentbank verpflichtet als Marktmacher die Aktien zu pflegen.

5.2.1 Stock – Aktien

Dass Aktien Beteiligungstitel sind und somit Teilhabe am residualen Gewinn der Unternehmung verkörpern, haben wir schon weiter vorne gesagt. Aktien können als Inhaberoder Namensaktien ausgestaltet sein, wobei Letztere einen Eintrag des Eigentümers im Aktienregister bedeutet. Weiter wird zwischen Stammaktien (Common Stock) und Vorzugsaktien (Preferred Stock) unterschieden. Die Stammaktien gewähren die Stimmrechte, Vorzugsaktien bedienen die Eigentümer vorrangig mit Dividenden in Bezug auf die Stammaktien. In den USA können die Vorzugsaktien auch gekündigt und zu normalen Stammaktien konvertiert werden.

Aktien unterliegen möglichen Kapitalmaßnahmen (Corporate Actions), denn gewisse Ereignisse betreffen die Kapital- und Eignerstruktur einer Aktiengesellschaft. Die Einfachste ist die Ausschüttung der Dividende. Weiter sind Kapitalerhöhungen mit

	Rang	Name	Umsatz (Mio. EUR)
Tab. 5.9 Die am meisten gehandelten Titel in der EU gemessen am durchschnittlichen Tagesvolumen (Quelle: ESMA 31.10.2013)	1	Siemens AG NA	856,9
	2	Royal Dutsch Shell A	651,9
	3	BASF SE NA O.N.	625,2
	4	SAP AG O.N.	617,4
	5	Daimler AG NA O.N.	612,7
	6	Banco Santander, S.A.	586,0
	7	Allianz SE VNA O.N.	542,0
	8	Bayer AG NA	540,9
	9	Deutsche Bank AG NA O.N.	529,9
	10	E.ON SE NA	439,8

Bezugsrechten und Verwässerungsschutz, Ausgabe von Wandelanleihen, Nennwertänderung, aber auch die Änderung des Firmennamens mit Auswirkung auf den Börsenhandel zu nennen.

Der Handel an der Börse ist wohl technisch das einfachste Geschäft und auch eines der ältesten. Da seit Langem die festen Kommissionen verschwunden sind und die Beauftragung meist elektronisch erfolgt, besteht der Mehrwert für die Broker vor allem in der Akquisition von Informationen, die sie bis vor Kurzem auch für den Eigenhandel nutzen konnten. Anderseits sind die exotischen oder die großen Pakete eher eine Herausforderung, wenn es darum geht, diese zu günstigen Bedingungen zu handeln. Dies setzt voraus, die Pakete allenfalls zu splitten oder in Dark Pools zu leiten, dorthin, wo die Liquidität haust. In diesem Prozess ist es wünschenswert, die Leakage, die Diffusion der Information bezüglich der Transaktion, unter Kontrolle zu haben. Dies ist aber mit der Liquiditätssuche unverträglich.

Die Investmentbanken, die als Underwriter für die Aktienemissionen oder Kapitalerhöhungen tätig waren, sind meist verpflichtet als Market Maker für die Aktie zu wirken. Dabei führen sie notgedrungenermaßen ein Inventar an Aktien.

Tab. 5.9 zeigt die am häufigsten in Europa gehandelten Aktien, alles bekannte Bluechips. Die aktivsten Broker am Beispiel der New York Stock Exchange zeigt die Tab. 5.10. „The usual suspects", ist man geneigt zu sagen.

5.2.2 Depository Receipts – Hinterlegungsscheine

Aufgrund der die Investoren sehr behütenden Wirtschaftsgesetze in den USA ist es den meisten, nicht speziell qualifizierten Investoren nicht erlaubt, in nicht-US-amerikanische Wertpapiere, hier Aktien, zu investieren. Diese Absicht wird durch die Hinterlegungsscheine (Depository Receipts, DR) auf legale Weise schon seit 1927 umgangen. Denn diese Scheine werden von der Börsenaufsicht SEC als amerikanische Wertpapiere betrachtet, die in den Vereinigten Staaten gehandelt werden.

Tab. 5.10 Die größten Broker an der NYSE gemessen an gehandelten Aktien per 28.12.2011. Die Anzahl ist ein sogenanntes Twice Total Volume (TTV), Kauf und Verkauf werden separat gezählt (Quelle: NYSE Euronext)

Broker	Gehandelte Aktien (Mio.)	% Total
Morgan Stanley	163,3	7,06
Goldman Sachs	151,0	6,52
Merrill Lynch	120,6	5,21
Knight Capital Markets	105,2	4,55
Credit Suisse	85,7	3,7
Barclays Capital	73,4	3,17
J. P. Morgan Securities	72,8	3,15
UBS	67,1	2,9
Citigroup	58,3	2,52
Société Générale	40,1	1,73
Summe	937,6	40,51

Amerikanische Hinterlegungsscheine übertragen die wirtschaftliche Berechtigung (Beneficial Ownership) an den hinterlegten Aktien einer nichtamerikanischen Aktiengesellschaft an den Besitzer des Scheins. Dieser wird von einem Verwahrer, wie etwa der Transaktionsbank der Deutschen Bank, gekauft und ins Depot genommen. Dann stellt sie den Hinterlegungsschein in US-Dollars aus, der dem Investor entgeltlich ausgehändigt wird. Die verwahrende Bank nimmt für den Besitzer alle administrativen Aufgaben wahr, etwa die Weiterleitung von Dividenden, Dokumentationen zum Geschäftsbericht, Corporate Actions, Stimmrechtsformulare, Berichterstattung an die Aktiengesellschaft bezüglich der DR-Programme, Rücknahme von Hinterlegungsscheinen.

Die in USD denominierten Scheine werden wie normale Aktien gehandelt. Allerdings sind manche DR nicht sehr liquid.

5.3   Vanilla-Optionen

In Anlehnung an das Angebot einer Eisdiele, die immer Vanille vorrätig hat, aber nicht unbedingt jede exotische Geschmacksrichtung, wird zwischen Plain-Vanilla-Optionen und exotischen unterschieden.

Ein Finanzprodukt ist immer auch ein Vertrag. Die meisten sind sogenannte *aleatorischen Verträge*, nämlich solche, deren Wertentwicklung maßgeblich von Zufallsergebnissen abhängt. Gigerenzer et al. (1989, 3) schreiben über das Wirtschaftsrecht des 16. und 17. Jahrhunderts, das solche Verträge immer mehr anwendete:

> Jurist defined such agreements as the exchange of a present and certain value for a future, uncertain one – staking a gamble, puchasing an annuity, taking out an insurance policy, bidding on next year's wheat crop, or buying the next cast of a fisherman's net.

Für einfache Aktienoptionen ist es vor allem der zufällige Aktienkurs, der den künftigen, ungewissen Wert bestimmt.

Abb. 5.9 Die vier Kombinationen von einfachen Optionen mit identischem Strike Price X. Der vertikale Versatz zur x-Achse ist die kassierte oder bezahlte Prämie. Put und Call ergeben sich durch Spiegelung zur vertikalen Achse, Kauf und Verkauf durch Spiegelung an der x-Achse. Als Verkäufer kann man unlimitierte Verluste erleiden

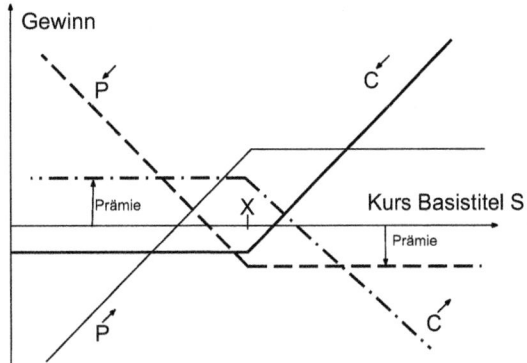

5.3.1 Grundlagen

Eine Option ist das Wahlrecht des Käufers, ohne Verpflichtung einen Basiswert innerhalb einer bestimmten Frist oder zu einem bestimmten Zeitpunkt zu einem vorbestimmten Preis gegen sofortige Bezahlung einer Prämie zu kaufen oder zu verkaufen. Der Preis oder Wert der Option leitet sich vom Preis des Basistitels ab, wodurch sich der Begriff Derivat einbürgerte.

Die Ausübung kann während einer bestimmten Periode erfolgen (amerikanische Option), nur zum Verfall (europäische Option) oder zu einer Serie von Zeitpunkten (Bermuda-Option).

Gesamthaft haben wir vier Elemente (siehe Abb. 5.9), die da sind: Käufer und Verkäufer, Kaufoption und Verkaufsoption. Die Situation von Käufer und Verkäufer ist ziemlich asymmetrisch, denn der Käufer zahlt den Certain Value und bekommt den Uncertain Value, der auch null sein kann. Der Verkäufer nimmt die festgelegte Prämie und muss in der Zukunft den ungewissen Betrag zahlen. Während der Käufer höchstens die Prämie verliert, muss der Verkäufer unter Umständen beliebig viel bezahlen.

Im Gegensatz dazu müssen bei Swaps, zu denen auch Termingeschäfte gezählt werden können, je nach zufälligem Ergebnis beide Parteien zahlen. Dafür muss keiner dem anderen eine Prämie entrichten.

Die Bestimmung der Prämie, des Certain Value des aleatorischen Vertrags, hat jahrhundertelang die besten Mathematiker beschäftigt, die daraus die Wahrscheinlichkeitstheorie entwickelt haben. Der richtige Preis für Optionen wurde schon zu Beginn des 20. Jahrhunderts gut beschrieben, aber nicht wahrgenommen. Erst mit der Formel von Black und Scholes hat die Derivatewelt einen enormen Sprung nach vorne gemacht. Mit einem primitiven Taschenrechner und einer Tabelle der Standardnormalverteilung kann man die Option bewerten und weitere Kenngrößen berechnen. Die BS-Formel kann man auch benutzen, um aus den Preisen beispielsweise die implizite Volatilität zu bestimmen.

Wie man auch Abb. 5.10 entnehmen kann, verlagert sich der Preis mit der Zeit in Richtung Hockey Stick, dem durch zwei Strahlen begrenzten Zahlungsprofil. Somit besteht

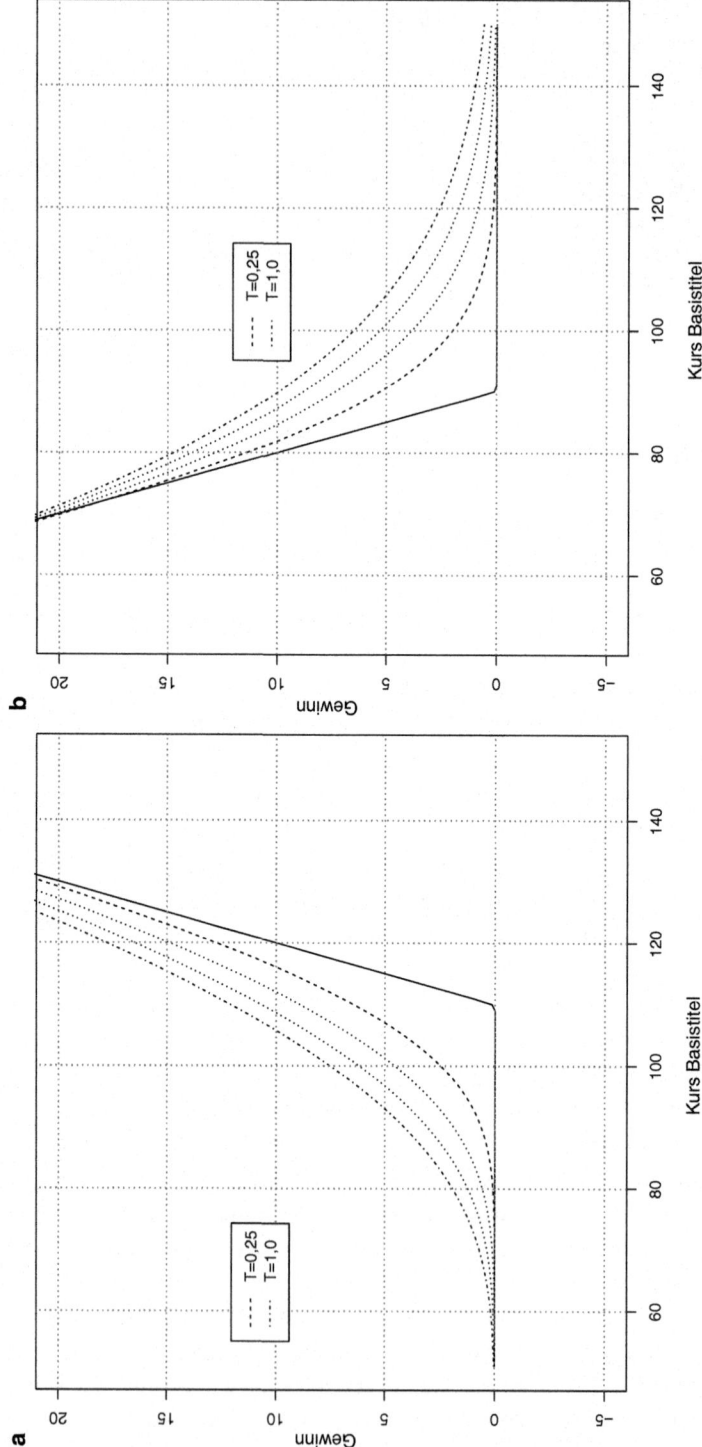

Abb. 5.10 Die Preise oder Werte von Call (**a**) und Put (**b**) schmiegen sich mit der Zeit an das Auszahlungsprofil an, sodass der Aufpreis zum Zeitpunkt des Verfalls verschwindet

vor dem Verfall die Prämie (oder Wert) der Option aus einem sogenannten Zeitwert und dem inneren Wert:

$$\text{Optionspreis} = \text{Innerer Wert} + \text{Zeitwert}$$
$$= \max(S - X, 0) + \text{Zeitwert}.$$

Die Black-Scholes-Formel bestimmt den Preis einer Kauf- oder Verkaufsoption (Call oder Put) als Funktion von:

1. Basiswert S (hier Kurs der Aktie, Underlying),
2. dem Ausübungspreis (Strike Price) X,
3. dem Ausübungszeitpunkt T (Expiry Date),
4. der Volatilität der Kursänderung σ,
5. dem risikofreien Zinssatz r sowie
6. allfälligen Dividenden.

Zum Zeitpunkt T ist das Gewinnprofil bekannt, das aus der Differenz der Kosten der Ausübung der Option und dem entsprechenden Kurs des Basiswerts besteht. Ist der Kurs zum Ausübungszeitpunkt S und der Strike X, dann ist der Gewinn des Käufers einer Kaufoption $C = \max(S - X, 0)$ und für die Verkaufsoption $P = \max(X - S, 0)$. Diese Gewinne sind mit null limitiert, denn niemand übt eine Option aus, die einen Verlust herbeiführt.

Zur Übersichtlichkeit wollen wir einen Pfeil einführen, der Folgendes bedeuten soll (Franzetti 1995): Zeigt er nach unten links, so bezeichnet er den Käufer; zeigt er nach oben rechts, dann meinen wir den Verkäufer. Also sind die Gewinne folgendermaßen:

- $\overset{\swarrow}{C} = \max(S - X, 0)$ und $\overset{\nearrow}{C} = -\max(S - X, 0)$,
- $\overset{\swarrow}{P} = \max(X - S, 0)$ und $\overset{\nearrow}{P} = -\max(X - S, 0)$.

Wenn man also $\overset{\swarrow}{C}$ und $\overset{\nearrow}{P}$ kombiniert, dann ergibt sich daraus[1] $S - X$ und analog $\overset{\nearrow}{C}$ und $\overset{\swarrow}{P}$ führt zu $X - S$.

Die max-Funktionen führen grafisch zu den bekannten Hockey-Stick-Kurven, wie man in Abb. 5.9 gut sieht.

Wie ändert sich der Preis oder Wert der Option, wenn sich die unabhängigen Variablen, wie Volatilität, Zinssätze oder der Kurs des Basistitels, ändern? Für kleine Änderungen kann man dies ziemlich gut näherungsweise beantworten, wenn man eine Formel für den Preis, wie eben die Black-Scholes-Formel, kennt. Technisch gesprochen bestimmt man das Differenzial ΔB und behält die Terme, die einen wesentlichen Einfluss haben. Diese

---

[1] Denn $\max(S - X, 0) - \max(X - S, 0)$ kann man mit $+X - X$ und $+S - S$ erweitern zu $\max(S, X) - X - \max(X, S) + S$, das gleich ist wie $S - X$.

sind als „the greeks" bekannt, obwohl nicht alle Namen griechischen Buchstaben entsprechen (z. B. Vega, der Klarname von Zorro). Die Begründung für die Greeks findet man im Anhang im Abschn. B.2.1. Man kann für die Änderung des Preises schreiben:

$$\Delta B \approx \begin{cases} \text{Delta} \times \Delta S + \text{Gamma} \times \Delta S^2 + \ldots \\ \text{Theta} \times \Delta T + \ldots \\ \text{Rho} \times \Delta r + \ldots \\ \text{Vega} \times \Delta \sigma + \ldots \end{cases}$$

Die Änderung des Zinssatzes hat eine geringe Wirkung auf den Optionswert, ΔT nimmt kontinuierlich zu, da sich die Option laufend dem Ausübungszeitpunkt nähert. Die Änderung der Volatilität, besser die Erhöhung derselben, erhöht den Wert von gekauften Optionen. Abb. 5.11 zeigt den Verlauf der Greeks einer bestimmten Call-Option.

Die wichtigsten Sensitivitäten sind Delta und Gamma. Delta wird auch Hedge Ratio (HR) genannt. Es nimmt beim gekauften Call Werte zwischen 0 und 1 an: „out of the money" ($S \ll X$) ist es in der Nähe von 0, „at the money", wenn also $S \approx X$ ist, ungefähr bei 0,5 und „in the money" ($S \gg X$) geht es gegen 1 (siehe Abb. 5.11). Wenn der Kurs des Basistitels S viel größer als der Strike ist, verhält sich die Option wie der Basistitel selbst.

Die Hebelwirkung, Leverage, der Option ersieht man aus der Elastizität, nämlich aus dem Verhältnis der relativen Änderung von Optionspreis ΔB und Basistitel ΔS, formell:

$$\text{Leverage} = \Omega = \frac{\Delta B}{B} \Big/ \frac{\Delta S}{S} = \frac{\Delta B}{\Delta S} \times \frac{S}{B} = \text{Delta} \times \text{Gearing}.$$

Es zeigt sich, dass „at the money", also bei *Delta* $\approx$ 0,5, das Leverage vernünftig groß ist. Besonders kurz vor dem Ende der Laufzeit kann der Hebel in den Bereich von 30, 50 oder mehr gelangen. Somit kann der Investor mit relativ wenig Geld eine gewagte *Spekulation* eingehen.

Neben der Spekulation ist die kostengünstige *Absicherung* von bestehenden Anlagen ein wichtiges Einsatzgebiet von Optionen. Angenommen wir besitzen eine Aktie, deren Wertsteigerung sich möglicherweise langsam totläuft. Eine Möglichkeit besteht im Kaufen einer Put-Option, die ja an Wert gewinnt, wenn der Aktienpreis unter den Ausübungspreis fällt. Während der Laufzeit der Option gilt also das Muster $S + \max(X - S, 0) = \max(X, S)$. Der Wert dieser Kombination ist also bei X nach unten begrenzt. Je kleiner X, desto billiger die Absicherung, aber auch desto tiefer der garantierte Wert. Störend ist die Tatsache, dass die Option ein Expiry Date hat, also zeitlich limitiert ist.

Als weitere Möglichkeit werden Optionen eingesetzt, um unerwünschte Komponenten einer Anlage zu neutralisieren. Beispielsweise kann man bei einer Investition in einen Index in Fremdwährung dieses Währungsrisiko mindern.

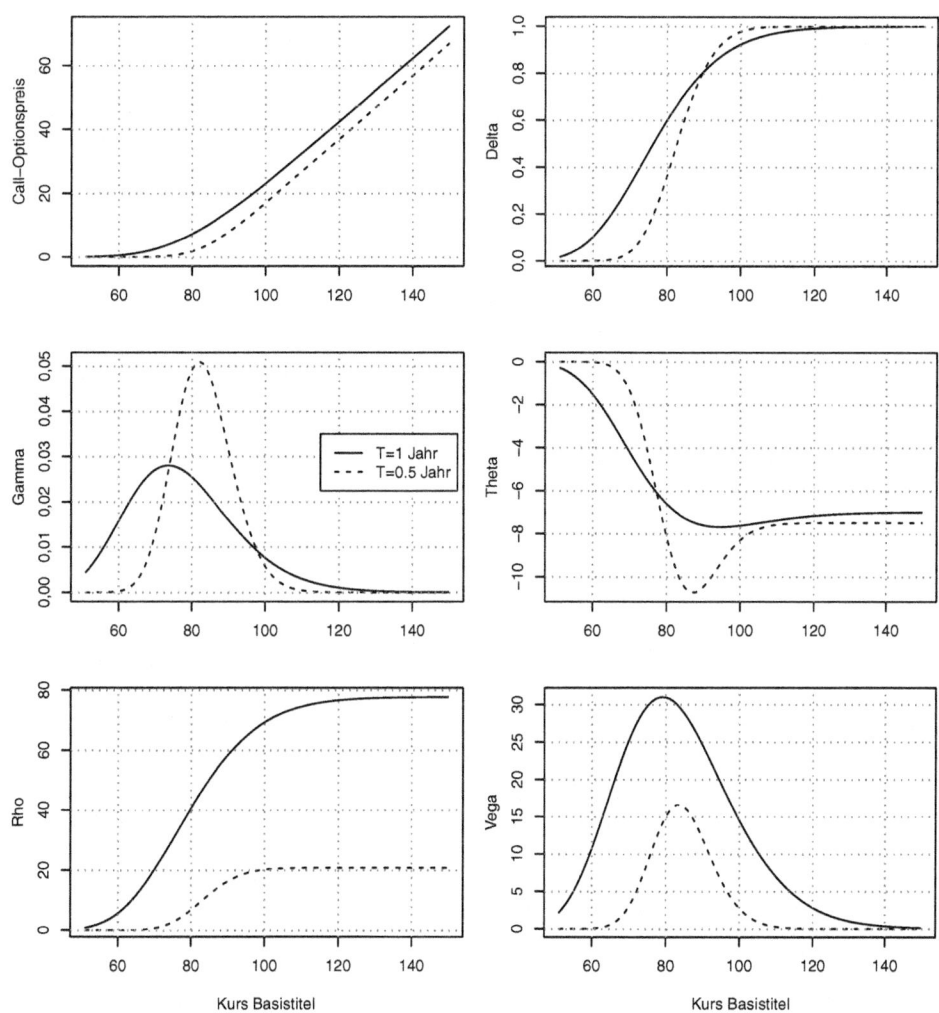

Abb. 5.11 Die „Greeks" einer Kaufoption zu zwei verschiedenen Zeitpunkten mit Strike = 80.

Neben dem Ändern des Risiko-Rendite-Profils sind Transaktionen in Optionen ein echtes *Substitut* für den Handel des Basistitels. Zum Beispiel ist es viel leichter, über Optionen Leerverkäufe zu tätigen als am Kassamarkt.

Wichtige internationale Optionsbörsen oder Terminbörsen, an denen standardisierte Optionen gehandelt werden, sind:

- Chicago Board Options Exchange (CBOE),
- American Stock Exchange (AMEX), New York,
- London International Financial Futures and Options Exchange (LIFFE),
- EUREX, Frankfurt und Zürich.

5.3.2 Indexoptionen

Das bisher über einzelne Aktien Gesagte gilt auch für Indizes. Ein Index ist eigentlich ein spezielles Portfolio von Aktien, das mehr als 25 Titel aufweisen sollte. Die Zusammenstellung und Gewichtung der Indexbestandteile kann nach verschiedenen Kriterien erfolgen. Erstens gibt es drei Gewichtungsschemata:

- Börsenkapitalisierung,
- Aktienkurs und
- Gleichgewichung.

Zum Zweiten kann man arithmetisch oder geometrisch mitteln. Die arithmetische Mittelung sieht wie folgt aus[2]:

$$I = w_1 \times P_1 + w_2 \times P_2 + \ldots + w_n \times P_n,$$

wobei P_i der Preis der Aktie i ist, w_i die Gewichtung und I der Indexwert. Es gilt $w_1 + w_2 + \ldots + w_n = 1$. Damit erkennt man auch, dass der Index mit einer Währung verbunden ist. Zum Dritten unterscheiden sich die Indizes bezüglich der Behandlung der Dividenden. Die einen vernachlässigen sie vollständig, während die anderen sie im Preis kumulieren. Somit ist eigentlich nicht der Preis der Aktien maßgeblich, sondern die totale Rendite (Total Return) oder Performance.

Instrumente, die einen Index als Basiswert aufweisen, eigenen sich speziell, um diversifizierte Exposures zu erlangen oder eigene Portfolien abzusichern.

5.3.3 Strategien

Einfache Optionen kann man kunstvoll kombinieren wie Legosteine, um spezielle Risiko- und Gewinnprofile zu kreieren. Gewisse *Kombinationen* sind so häufig anzutreffen, dass sie einen eigenen Namen tragen. Die Hauptingredienzen sind Kauf- und Verkaufsoptionen sowie Basistitel. Sorenson et al. (1998) geben einen sehr guten Überblick, den wir hier nur auszugsweise darstellen.

Entweder sichert man ab oder man spekuliert. Bei den Spekulationen stehen die Basiswerte oder deren Volatilität im Vordergrund. Im ersteren Fall spricht man von Directional Strategy und im zweiten Fall von Non-directional. Zur Erinnerung: Jeder Kauf einer Option beinhaltet einen Kauf von „Volatilität".

Die Replikation ist eine alternative Möglichkeit, eine Strategie, billiger oder überhaupt, auszuführen. Abb. 5.12 zeigt zwei Beispiele.

---

[2] Geometrische Mittelung ist folgendermaßen: $I = P_1^{w_1} \times P_2^{w_2} \times \ldots \times P_n^{w_n}$.

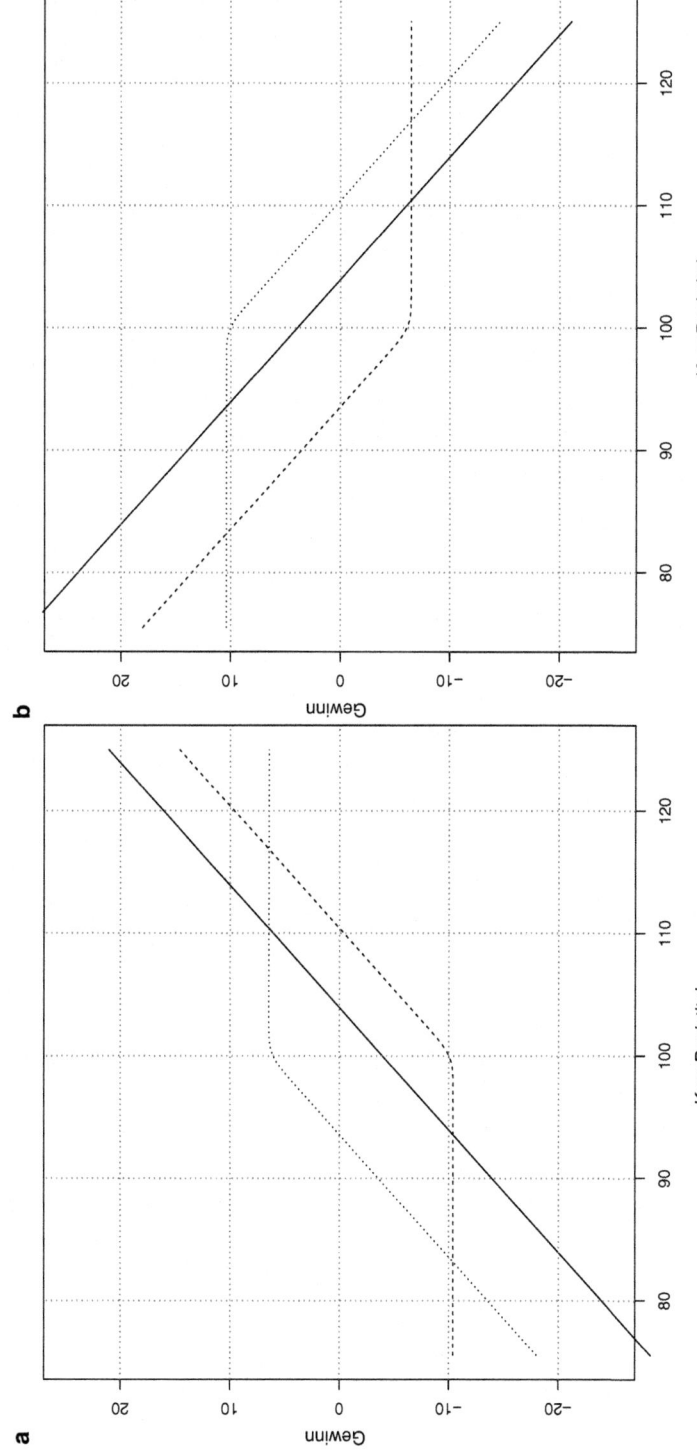

Abb. 5.12 **a** Einen Kauf einer Aktie oder eines Basistitels kann man durch einen gekauften Call (X = 100) und einen verkauften Put (X = 100) replizieren. **b** Ein synthetischer Leerverkauf des Basistitels ergibt sich aus einem gekauften Put (X = 100) und einem verkauften Call (X = 100)

5.3.3.1   Absicherungsstrategien

Für den Einsatz von Absicherungsstrategien wird ein Abzusicherndes vorausgesetzt. Dieses kann ein Basiswert im Depot sein oder die Verpflichtung, einen Titel liefern zu müssen, also im Nachgang zu einem Leergeschäft. Man nennt diese Situation auch Covered Strategy.

Besitzt man das Underlying $\overset{\diagup}{S}$ und kauft man eine Verkaufsoption $\overset{\diagup}{P}$ mit Strike X hinzu, dann resultiert ein Auszahlungsmuster nach $S + \max(X - S, 0) = \max(X, S)$. Damit ist der Wert der Aktie bei X gesichert.

Eine nur partielle Absicherung ergibt sich aus der gehaltenen Aktie zusammen mit dem Verkauf eines Calls mit Strike X. Es resultiert $S - \max(S - X, 0) = -\max(X - S, 0)$, also ein verkaufter Put. Soll die Absicherung in jedem Zeitpunkt erfolgen, also nicht nur für das Verfallsdatum, so muss man ein dynamisches Hedging anwenden. Wie man aus der Abb. 5.10 erkennt, verändert sich der Preis einer Option mit dem Verstreichen der Zeit. Deshalb verändern sich auch die Greeks, insbesondere das Delta und das Gamma. Möchte man alle Zeit (bis zum Verfall) kein Preisrisiko tragen, so muss man in erster Näherung die richtige Anzahl Optionen hinzunehmen, um das Delta des Portfolios bei null zu halten. Das Delta des Portfolios ist die Summe der Deltas der Bestandteile. Das Delta der Aktie ist immer genau 1. Angenommen wir haben $n_S = 100$ Aktien im Portfolio und möchten sie mit Optionen mit Delta $= -0,4$ absichern, so müssen wir folgende Anzahl Optionen n_{CP} kaufen:

$$\Delta_{\text{Portfolio}} = n_S \times 1 + n_{CP} \times 0,4 = 0$$

und daraus

$$n_{CP} = -\frac{n_S}{0,4} = 2,5 \times n_S = -250.$$

Wir haben die Wahl, 250 Optionen zu verkaufen mit einem Delta von 0,4 oder 250 zu kaufen mit einem Delta von −0,4.

Will man auch das Gamma absichern, so muss man eine zweite Option hinzunehmen. Es gilt, so viele unterschiedliche Produkte einzusetzen, wie man Sensitivitäten steuern will. Wir verfügen über einen Put mit Strike $= 95$, Delta $= -0,217$ und Gamma $= 0,0218$ sowie einen Call mit Delta $= 0,516$ und Gamma $= 0,0297$. Das Gamma der Aktien ist gleich null, ihr Delta gleich der Anzahl im Portfolio. Somit ergibt sich ein Gleichungssystem:

$$0,516 \cdot n_C - 0,217 \cdot n_P = 100,$$
$$0,0298 \cdot n_C + 0,0218 \cdot n_P = 0.$$

Mit den Lösungen (die Determinante ist gleich 0,0177):

$$n_C = \frac{2,18}{0,0177} = 123,$$
$$n_P = \frac{-2,98}{0,0177} = -168.$$

Somit muss man für diese Absicherung 123 Calls kaufen und 168 Puts verkaufen. Dies dürfte allerdings nicht sehr wirtschaftlich sein.

5.3.3.2 Gerichtete Strategien

Gerichtete Strategien beziehen sich auf eine Erwartung hinsichtlich eines Anstiegs des Kurses (Bullish Outlook) oder eines Niedergangs (Bearish Outlook).

Minimalistisch beschrieben, kann man sagen, dass gerichtete Strategien ein Auszahlungsprofil aufweisen, das keine Spiegelungsachse parallel zur y-Achse aufweist, also nicht rechts-links-symmetrisch ist. Dies gilt für jede alleinstehende Vanilla-Option, aber auch für die Spreads in Abb. 5.15a oder Abb. 5.13.

Es ist durchaus üblich, mehrere Optionen verschiedener Basistitel zu kombinieren. Ein Investor hegt die Erwartung, dass der asiatische Markt sich wesentlich besser entwickelt als der amerikanische. Deshalb kombiniert er je zwei Call-Optionen des Nikkei und des S&P-500-Index.

Spot-Kurs	Typ	T	X	Vola	Mult	Bemessung	Preis
15.500	Short Call	17.06.2017	17.670	0,186	66	1023000	3604
15.500	Long Call	17.06.2017	15.810	0,184	66	1023000	−28.198
1945	Short Call	17.06.2017	1984	0,1406	515	1001675	−144
1945	Long Call	17.06.2017	2217	0,1084	515	1001675	19.092

Die gesamten Finanzierungskosten belaufen sich auf 5,646 USD, da der Investor sich mit dem Verkauf von Optionen finanziert.

Das Gewinn- und Verlustprofil ist eine zweidimensionale Fläche, wie sie in Abb. 5.14 dargestellt ist.

5.3.3.3 Ungerichtete Strategien

Diese Strategien setzen keine Erwartung bezüglich des Preises voraus, sondern zielen auf die Volatilität der Option ab. Entweder es geschieht im betrachteten Zeitraum nicht viel, das heißt, der Preis bleibt stabil, oder aber man rechnet mit großen Ausschlägen, ohne sich um die Richtung zu kümmern.

Diese Strategien sind bezüglich der y-Achse des Auszahlungsprofils symmetrisch, wie etwa der Straddle in Abb. 5.15b oder der Strangle in Abb. 5.16b. Die erhöhte Volatilität bewirkt, dass der Kurs des Basistitels sich möglicherweise stärker vom Strike wegbewegt resp. bei Verringerung eher am Ort bleibt.

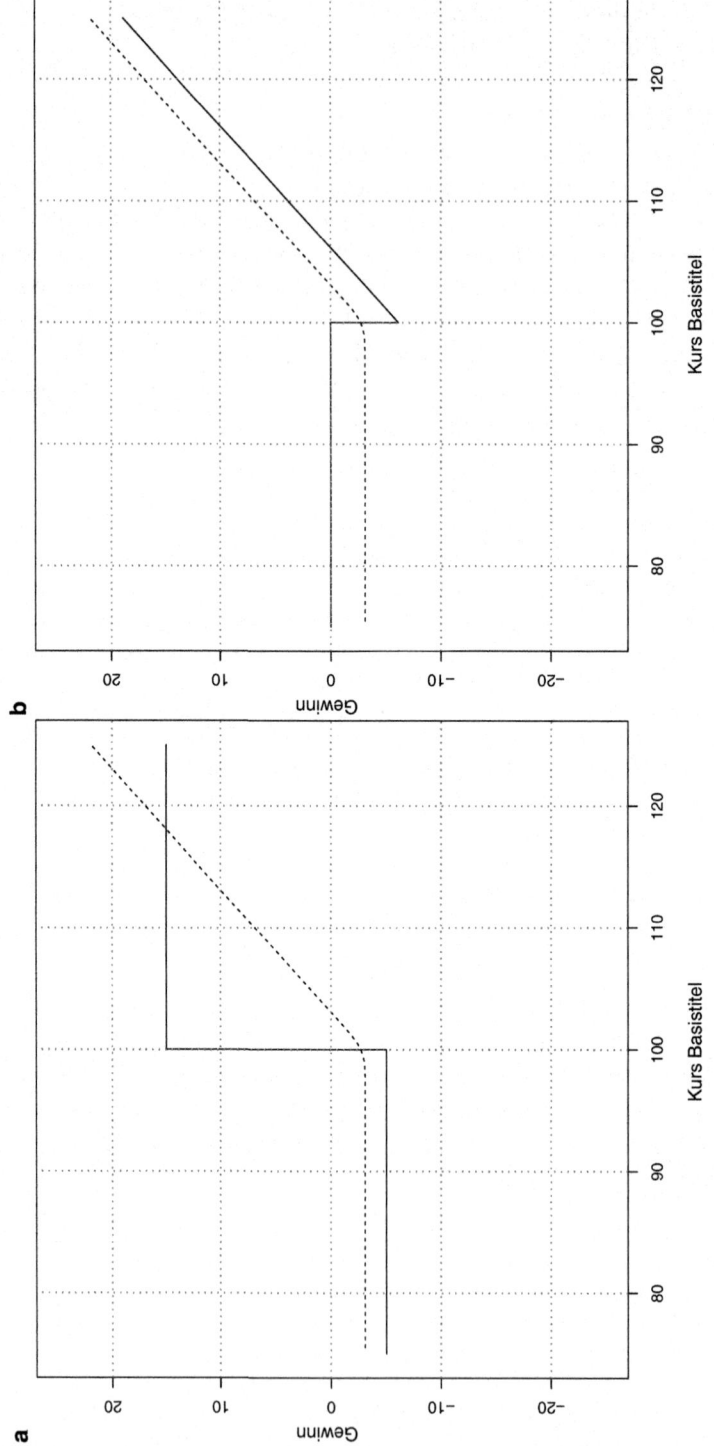

Abb. 5.13 **a** Binary Option Payoff. **b** Contingent Premium Option, die Prämie ist nur fällig, wenn die Option „in the money" endet

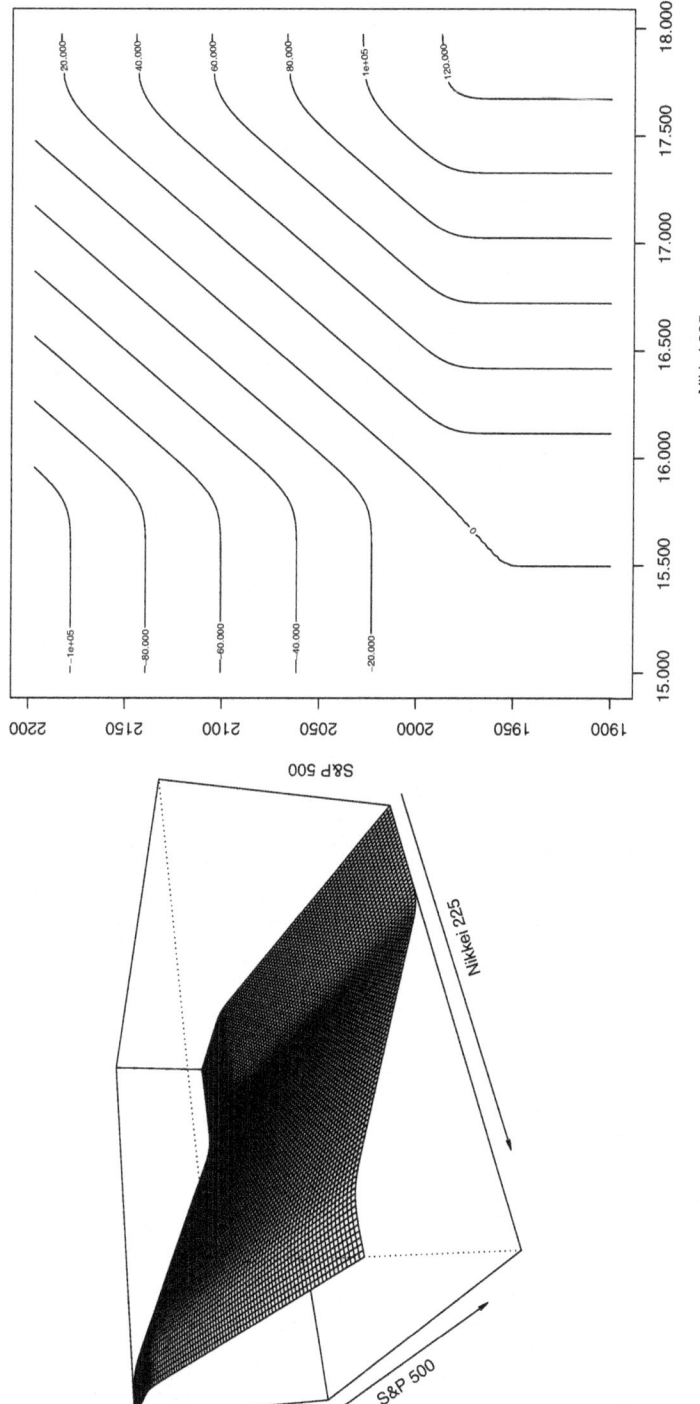

Abb. 5.14 Kombinierte Strategie: Wie man den Grafiken entnehmen kann, resultiert ein Gewinn, wenn der Nikkei kräftig zulegt und der S&P 500 nachgibt oder zumindest nicht stark wächst

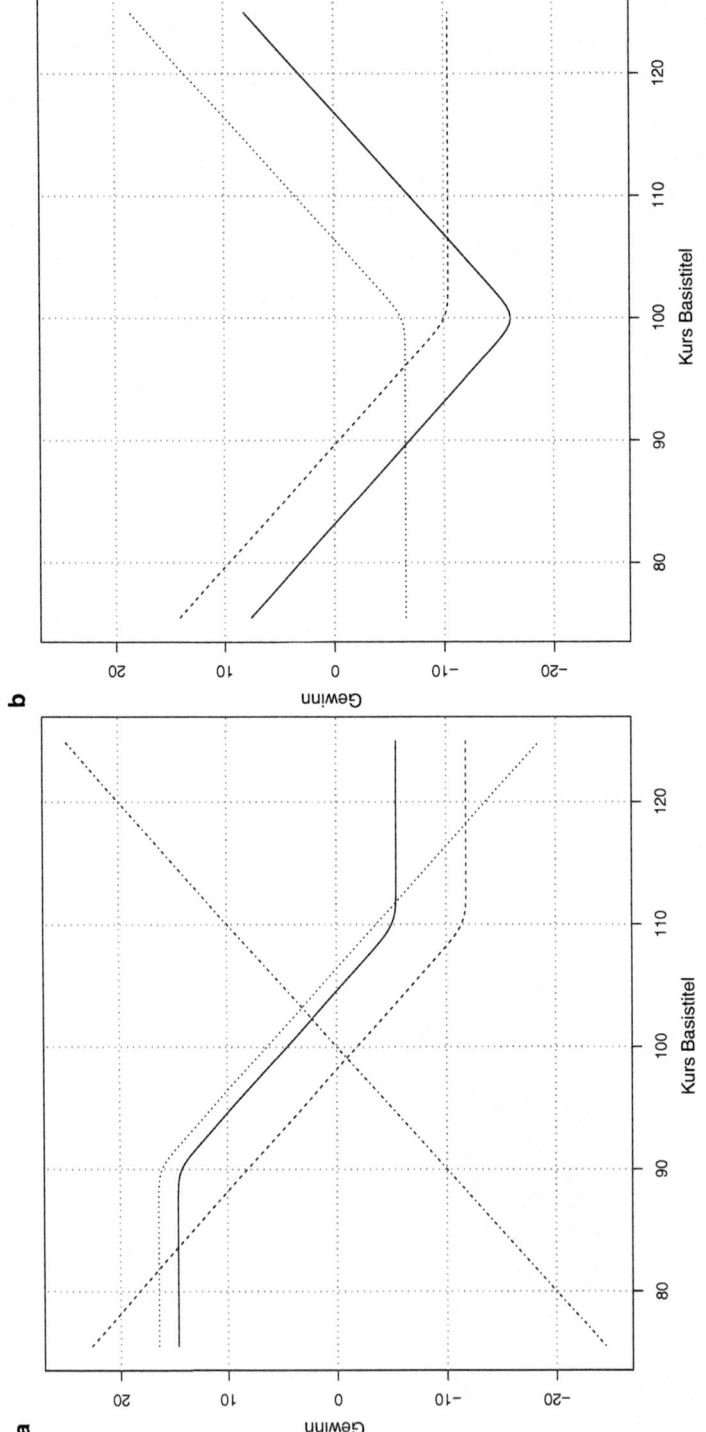

Abb. 5.15 **a** Besitz eines Basistitels, verkaufter Put (X = 110) plus verkaufter Call (X = 90) führt zu Short Collar. **b** gekaufter Call (X = 100) mit gekauftem Put (X = 100) führt zu Long Straddle

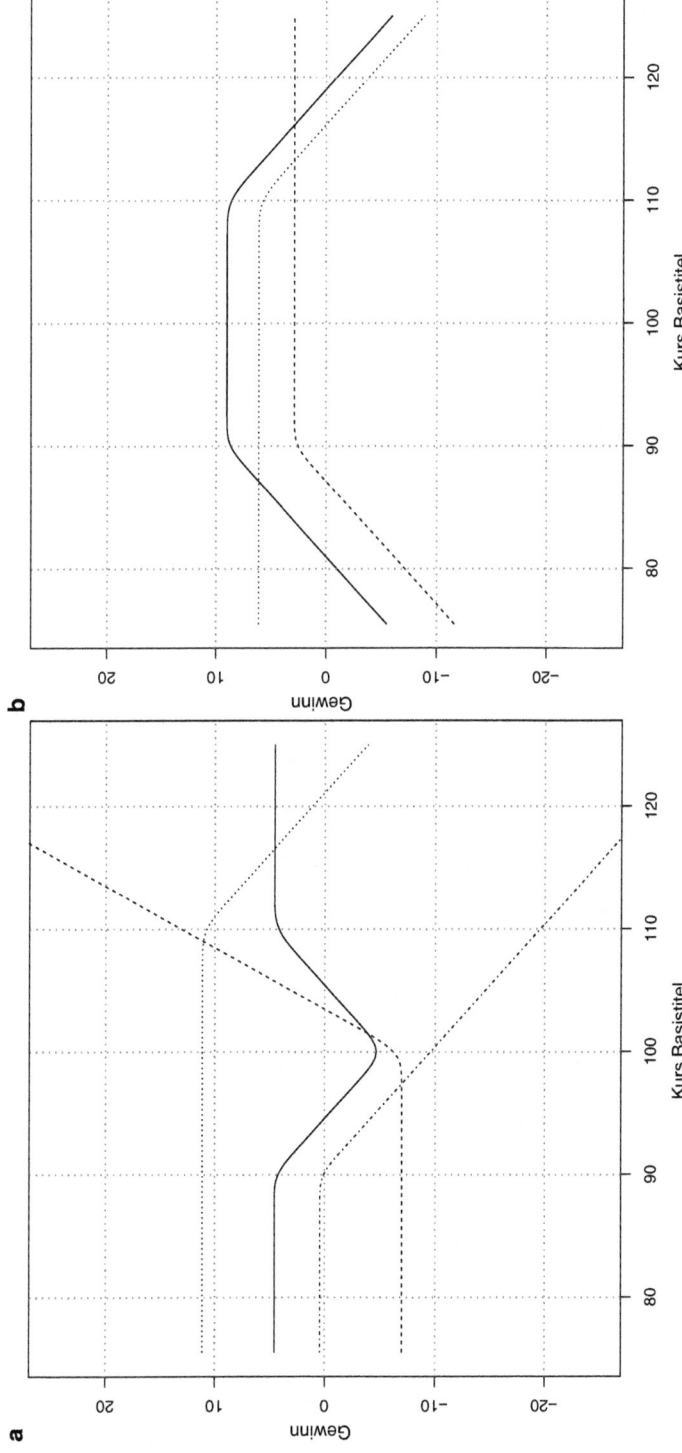

Abb. 5.16 **a** Zwei gekaufte Calls (X = 100), ein verkaufter Call (X = 110) und ein verkaufter Call (X = 90) ergeben Short Butterfly Call Spread. **b** Kombination von verkauftem Put (X = 90) und verkauftem Call (X = 110) ergibt Short Strangle

5.4 Kotierte Produkte

Kotierte Produkte sind solche Wertpapiere oder Bescheinigungen, die an einer elektronischen Börse gehandelt und für die Kauf- und Verkaufspreise gestellt werden. Es ist die klare Absicht der Regulatoren, soviel wie möglich weg von den Tafelgeschäften an transparente Märkte zu bringen.

5.4.1 Zertifikate und Fonds

Das Zertifikat ist eine Beglaubigung, die ein Wertpapier vertritt. Soviel für den Juristen. Im allgemeinen Finanzverständnis ist ein Zertifikat ein *strukturiertes Produkt*, das einer von der Bank emittierten Obligation ein spezifisches Rückzahlungsprofil verspricht. Deshalb gehen Zertifikate mit dem Emittenten- oder Kreditrisiko des Herausgebers einher, der sich mit Zertifikaten refinanziert. Speziell Indexzertifikate, aber auch Warrants, bilaterale Optionen, sind Derivate.

Als Beispiel sei die Verpflichtung des Emittenten laut einem Term Sheet für einen Warrant aufgeführt:

> The Warrants will constitute direct, unsecured and unsubordinated obligations of the Issuer ranking pari passu among themselves and pari passu with all other unsecured and unsubordinated obligations of the Issuer except for any obligations preferred by law.

Im Gegensatz dazu sind *Fonds*, ob traditionell oder als Anteilscheine an der Börse handelbar, kollektive Anlagen, die gesondert vom Vermögen des Managers verwahrt werden.

5.4.2 Exchange Traded Funds – ETF

Exchange Traded Funds sind kollektive Anlagevehikel, die an einer Börse notiert sind (siehe Abb. 5.17). Damit sie börsenfähig sind, müssen sie eine entsprechende Form aufweisen, die vertragsrechtlich, gesellschaftsrechtlich oder nach angelsächsischer Manier in einer Trustform ausgestaltet sein kann. Die fungiblen Anteilscheine repräsentieren ein anteilsmäßiges Besitzverhältnis an einem Portfolio von Vermögenstiteln. Während der Börsenzeiten gibt der Preis eines Anteilscheins ungefähr den Nettoinventarwert des Portfolios wieder.

Diese Fonds und die verwaltende Gesellschaft unterliegen einer Bewilligungspflicht, welche die Kollektivanlagen und den Börsenhandel betrifft. Da neue Investoren hinzukommen und alte die Investition verlassen können, sind die Vehikel meist offen („open end") und zeitlich nicht limitiert. Diese Anlagen werden meist passiv verwaltet, weil sie einen bestimmten Index oder einen Korb von Titeln nachbilden.

Der Vorteil für Investoren ist die schnelle Verfügbarkeit von Investitionen und Exposures in einem breiten Markt, die anderweitig nicht zu erhalten sind, geringe Kosten und

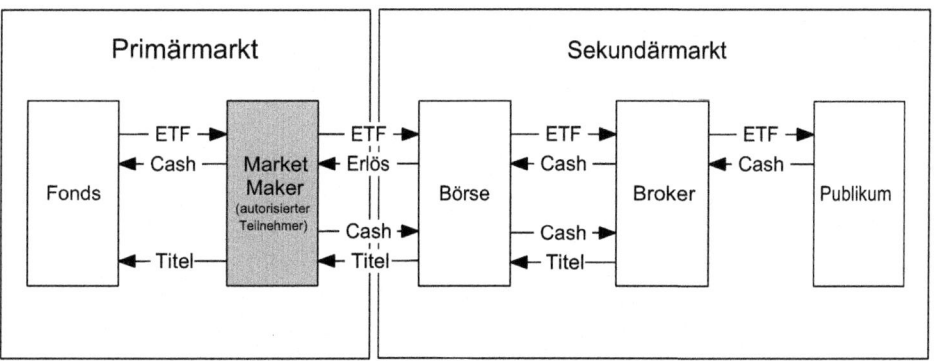

Abb. 5.17 Emission und Handel von ETFs. Der Emittent ist auch der Marktmacher

Tab. 5.11 Die fünf größten ETFs, per 23.10.2017. Das Einfachste ist auch das Gängigste. iShare von Blackrock verwaltet zu diesem Zeitpunkt rund 1,2 Billionen USD (1200 Mrd. USD) in ihren Fonds (Assets under Management AuM)

Rang	Emittent	Objekt	AuM (Mrd. USD)
1	State Street	S&P 500	254
2	iShares (Blackrock)	S&P 500	131
3	Vanguard	CRSP US Total Market Index	87
4	iShares	MSCI EAFE Index	82
5	Vanguard	S&P 500	76

hohe Flexibilität sowie teilweise Steuereffizienz. Letztere ergibt sich aus der Tatsache, dass bei einer allfälligen Rücknahme die Anteile physisch („in kind", in natura) erstattet und Kapitalgewinne minimiert werden. Da die Werte als Sondervermögen vorhanden sind, besteht ein sehr geringes Kreditrisiko. Die Handelbarkeit dieser Anteile in Analogie zu Aktien bringt es mit sich, dass man die Anteile auch leer verkaufen und sie „on margin" kaufen kann.

Man kann diese Produkte auch als Disintermediation von Anlageberatern verstehen. Die ständig wachsenden Fonds können erhebliche Nettoinventarwerte anhäufen, siehe dazu Tab. 5.11. Abb. 5.18 zeigt die zwei archetypischen Konstruktionspläne der ETFs. Das Beispiel bildet den S&P-500-Index nach und verspricht dem Investor, die entsprechende Rendite zu bescheren. Der eine Plan sieht die *Replikation* des Index vor. Es wird ein Portfolio gebildet, das die Elemente des Index richtig gewichtet enthält. Für Indizes mit wenig Elementen (DJIA) ist dies relativ einfach, für sehr umfassende, wie den S&P 500, behilft man sich mit Vereinfachungen. Damit entsteht das Risiko der Tracking-Abweichung.

Die zweite Bauweise sammelt das Geld ein und investiert es in zum Teil vom abzubildenden Basiswert sehr abweichende Titel. Dies ist zur Sicherung gedacht. Hinzukommt ein Swap, der das effektive Investment mit der Rendite des angegebenen Basiswertes tauscht. Damit ist der Tracking Error minimiert. Allerdings erkauft man sich dies mit dem Kreditrisiko des Swaps. Die Swap-Gegenpartei ist häufig das emittierende Institut.

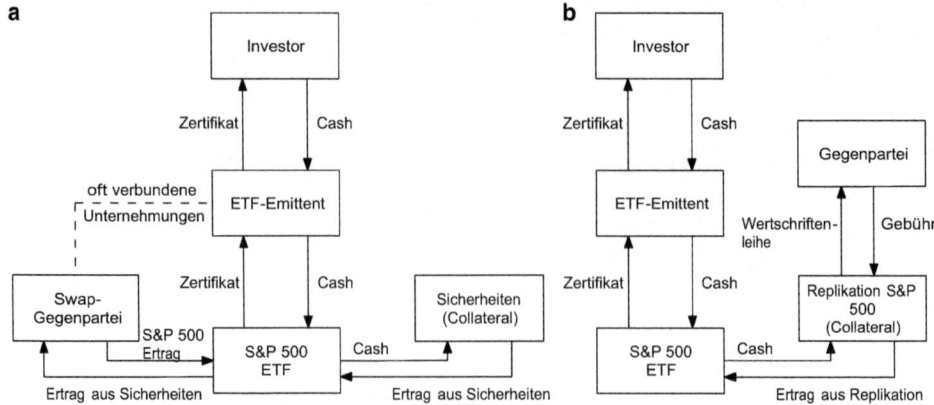

Abb. 5.18 Die innere Struktur der ETFs. Links sieht man die Variante mit Swap und Sicherheiten (**a**), rechts die echte Replikation mittels Erwerb der Indexbestandteile (**b**). Über die Frage, welche Konstruktion die sicherere sei, wurde schon heftig gestritten

Es gibt epische Diskussionen über die Qualität und Sicherheit der beiden Baupläne. Für den Emittenten ist am Schluss die Frage relevant, wie er den Gewinn maximiert.

5.4.3 Exchange Traded Notes – ETN

Obwohl der Name sehr ähnlich klingt, unterscheiden sich die Notes erheblich von den Funds. Denn Erstere sind Schuldverschreibungen des Emittenten und keine kollektive Anlage. Damit geht das Kreditrisiko des Emittenten mit dem Papier einher. Die Notes sind „senior unsecured", also unbesichert.

Die Auflegung eines ETC oder ETN dauert dagegen im Extremfall nur wenige Minuten. Zudem fallen die Emissionskosten eines Zertifikats kaum ins Gewicht. Die neuen Produkte bedürfen in der Regel keiner gesonderten Zulassung.

Im Unterschied zu Zertifikaten ist es nicht nur der Emittent, der für einen Markt und damit Liquidität sorgt. In der Abb. 3.27 haben wir schon eingehend von den Market-linked Bonds gesprochen. In den obigen Beispielen sind die Mechanik und die Vorzüge von börsengehandelten Papieren zur Sprache gekommen. Deshalb können wir hier zu anderem weiterfahren.

5.4.4 Exchange Traded Vehicles, Commodities – ETV, ETC

Die Nomenklatur um die börsengehandelten Produkte ist verwirrend. Während die einen ETP, „P" für Products, als Oberbegriff verwenden, hat man dasselbe schon für Vehicles, also ETV, gesehen, die aber eigentlich eher ETC, als Replikationen von Commodities und Währungen, heißen sollten. Damit ist alles geklärt.

ETV replizieren die Rendite von Rohstoffen einerseits auf einer individuellen Basis, z. B. Gold oder Rohöl, anderseits Indizes, also Energie, Landwirtschaftsprodukte etc. Mit diesen Instrumenten hat man die Vorteile des Börsenhandels, d. h. laufende Preise, Liquidität, und nicht die Nachteile von Termin- oder Kassageschäften. Zudem kann man auch „shorten", das heißt auf den Preisrückgang spekulieren. Wie bei ETFs handelt es sich um passive Produkte, bei denen kein Manager eingreifen muss. Die Emittenten hinterlegen zum Teil die ETVs mit dem entsprechenden Vermögenswert, z. B. Gold, oder kaufen an den Terminmärkten entsprechendes Exposure. Auch hier gilt für den privaten Investor, die Prospekte und Term Sheets genau zu lesen.

Emittenten sind Lead Market Maker; Liquidity Provider sorgen zusätzlich für Liquidität mittels Geld-Brief-Spannen und Minimalvolumen.

5.4.5 Warrants, Turbos, Minifutures

Warrants sind von Banken begebene Optionsscheine, die als börsengängige Optionen ausgestaltet sind. Das emittierende Institut ist die Gegenpartei und damit auch das Kreditrisiko für den Investor. Es verpflichtet sich in „normalen" Zeiten, eine Brief-Geld-Spanne anzubieten, zu der es gewillt ist zu handeln.

Warrants sind Hebelprodukte, die mit Barriereeigenschaften ausgestattet werden können, d. h. Knock-ins etc. Für Retail-Investoren sind sie einfacher handelbar als Optionen an der Börse.

Die Turbos, von einer Bank auch Warrant Alternative Vehicel genannt, um auf den Optionscharakter hinzuweisen, sind Warrants, die stärker gehebelt sind.

Die Minifutures als strukturierte Produkte sind nicht mit den E-Minifutures der CME, die $1/5$ der Standardfutures betragen und elektronisch gehandelt werden, zu verwechseln. Minifutures sind synthetische Replikationen eines Kaufs eines Basistitels mit entsprechender Finanzierung und der Vorkehrung, dass dem Emittenten kein Verlust entsteht resp. der Käufer keinen Einschuss leisten muss. Letzteres wird durch einen Knock-out realisiert, der den Kontrakt beendet. Das Stop-Loss-Level wird vom Emittenten so gesetzt, dass beim Beenden des Kontrakts noch ein wenig Reserve für den effektiven Verkaufspreis bleibt. Ist dieser höher als das Finanzierungslevel, so geht die Differenz an den Investor zurück. Die Finanzierung ist wie ein virtueller Kredit mit Anfangshöhe des Initial-Financing-Levels F_0. Er wird laufend aufgezinst gemäß:

$$F_t = F_{t-1} \cdot \left(1 + \frac{(r_{t-1} + m) \cdot d_{t-1}}{365} \right),$$

wobei r_{t-1} der vorherrschende Zinssatz ist, m eine Marge, hier 3 %, und d_{t-1} die Anzahl der Tage, also 1 für einen Wochentag und 3 für das Wochenende, darstellen. Die „Bedienung" dieses Kredits bewirkt, dass der Gewinn um die Zinsen geschmälert wird. In Zeiten von Seitwärtsbewegungen, also nur mit dem Verstreichen der Zeit, macht man

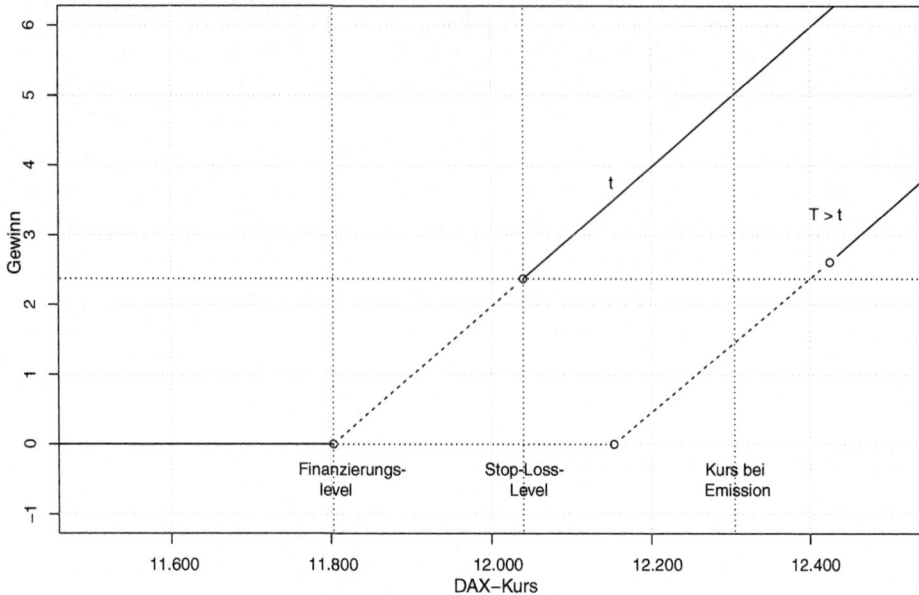

Abb. 5.19 Gewinnprofil eines Minifutures. Die Finanzierungkosten verschieben mit der Zeit die Kurve nach rechts, gleichzeitig nimmt das Stop-Loss-Level zu

Verluste. Der Emittent anderseits sichert das Kursrisiko am Markt ab und verdient einen anständigen Zins.

In der Abb. 5.19 findet sich das Gewinnprofil des Minifutures, auch wieder ein Hockey-Stick, hier mit DAX-Kurs bei Ausgabe von 12.305 Punkten, dem Finanzierunglevel von 11.803 und dem Stop-Loss-Wert von 12.040. Der Preis beträgt $(12.305 - 11.803)/100$ in Euro, d. h. 5,08 EUR. Die Hebelwirkung ergibt sich als:

$$
\begin{aligned}
\text{Hebel} &= \frac{\text{Kurs Basiswert} \times \text{Bezugsverhältnis}}{\text{Kurs Minifutures}} \\
&= \frac{\text{Kurs Basiswert} \times \text{Bezugsverhältnis}}{\text{Kurs Basiswert} - \text{Finanzierungslevel}} \\
&= \frac{12.305 \cdot 0{,}01}{5{,}08} \\
&= 24{,}22,
\end{aligned}
$$

was nicht gerade wenig ist. Man erkennt, dass der Hebel umso größer ist, je näher der Kurs dem Finanzierungslevel kommt. Oder anders: kleine Preise, großer Hebel. Mit dem Hebel wächst aber auch die Gefahr eines Totalverlusts. Die besagte Emission erfolgte im Umfang von rund 1 Mio. EUR, aber Kleinvieh macht auch Mist.

Die unter kotierten Produkten rubrizierten Instrumente sind typische Retail-Investitionen: Hunderte von Angeboten, die nur mit Computerunterstützung sinnvoll verwaltet werden können.

5.5 Securities Finance

Die zusätzliche Finanzierung über die Besicherung von Aktien und ganzen Portfolios ist ein typischer Anwendungsfall für die Hedgefonds, die ja meistens einen Hebel ansetzen, um die Renditen zu steigern. Der Hebel kann finanziell oder synthetisch sein. Der Hebel, der durch die besicherte Finanzierung möglich ist, wird durch die Überbesicherung (Haircut) und die Einbringung von Margen beschränkt. Finance wird ähnlich verstanden wie Leverage.

Diese Dienste im Securities Finance werden vor allem für Hedgefonds im Rahmen des Prime-Brokerage erbracht.

5.5.1 Dynamic Portfolio Swaps

Der Dynamic Portfolio Swap ist zu aller erst ein sogenannter Total Return Swap (auch Total Rate of Return Swap, TROR), wobei der Basiswert des Swaps ein sich in der Zeit, nach Maßgabe von vordefinierten Regeln veränderbares Portfolio von Titeln, hier vor allem Aktien, aber nicht nur, ist. In dieser Hüllkonstruktion können auch weitere Swaps und multiple Asset-Klassen ummantelt sein. J. P. Morgan nennt sein entsprechendes Produkt „MasterSwap".

Ein TROR tauscht die gesamte Rendite, bestehend aus Wertmehrung und Dividenden, gegen einen variablen Zinssatz zuzüglich Marge. Wie bei den meisten Swaps werden die Konditionen so gewählt, dass am Anfang keine Zahlung erfolgt, der Preis ist null. Und gerade darin liegt der große Hebel. Die eine Partei (Receiver) sucht Exposure, die andere ist möglicherweise ein Hedger. Für den Payer sind die vergleichsweise hohen Zinsen interessant. Hält er das entsprechende Portfolio, so würde er es mittels Repo finanzieren.

Die dynamische Komponente lässt es zu, dass der Käufer sein Portfolio innerhalb der Abmachung bewirtschaften und umstellen kann. Für weitere Grundlagen zum TROR sehe man Tavakoli (1998, 19–55).

5.5.2 Contract for Differences CFD

Ähnlich den obigen Portfolio-Swaps, sind CFDs eine Art Total Return Swap. Aber sie sind enger gefasst in der Ausgestaltung, z. B. ist der Basiswert meist eine spezifische Aktie. Sie bergen generell geringe operationelle Risiken. Da sie meist vom Prime-Brokerage betreut werden, erkennt man auch schon die Hedgefonds als Kunden. Das Motto ist ebenfalls viel Exposure mit wenig Geld. Dass jeder Hebel auch die Verluste multipliziert, ist eine triviale Tatsache.

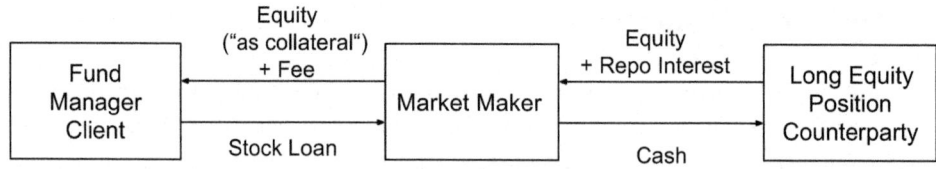

Abb. 5.20 Eine Equity-Repo-Transaktion zur Finanzierung einer Gegenpartei, die Aktien hält, durch einen Fonds, der flüssige Mittel anlegen will. Gezeigt ist der Starting Leg am Anfang, zum Closing Leg kehrt der Verkauf um

Ein CFD ist eine Vereinbarung, wonach der Verkäufer dem Käufer die Differenz zwischen dem heutigen Preis eines Titels und dem künftigen ausgleicht. Bei negativem Wert geht der Ausgleich in die andere Richtung.

Meyers Konversationslexikon (Meyer 1908, 1) kennt das *Differenzgeschäfte* bereits: „Zeitgeschäfte, die nicht auf wirkliche Lieferung von Waren oder Effekten, sondern nur auf Herauszahlung des Unterschiedes zwischen dem vereinbarten Satz und dem Kurs des Erfüllungstages gerichtet sind". Damals gab es unter Umständen den Einwand des Spiels.

5.5.3   Equity Repos

Die Pensionsgeschäfte, kurz Repos, sind im Obligationenmarkt seit Langem sehr stark verankert. Die Verwendung von Aktien für Repos ist eine logische Konsequenz, auch wenn das Volumen erheblich hinter den Bonds hinterherhinkt. Besitzer von großen Aktienbeständen, die ihre Performance aufbessern oder einen finanziellen Hebel erzeugen wollen, Market Maker von Aktien, d. h. Investmentbanken, die kleinere Inventare halten wollen oder Kunden bedienen, die Leerverkäufe zu tätigen beabsichtigen: Sie alle motivieren die Existenz eines Equity-Repo-Programms.

In Abb. 5.20 sieht man ein Anwendungsbeispiel zur kurzfristigen Finanzierung eines Aktienbesitzers durch einen flüssigen Fonds nach Choudhry (2010, 375). Die Repo-Rate, hier Fee genannt, hängt von der Sicherheit ab. Um den Markt zu vereinfachen, bieten Investmentbanken in Anlehnung zum General Collateral der Bonds gleiche Konditionen für Aktien, die im FSTE 100 oder CAC 40 enthalten sind.

Über den Haircut und die verfügbaren Sicherheiten wird das maximale Volumen von Repos und anderen Krediten bestimmt. In der Abb. 5.21 sieht man das Volumen von Sicherheiten.

Repos werden wir noch vertieft in Abschn. 6.5.5 behandeln.

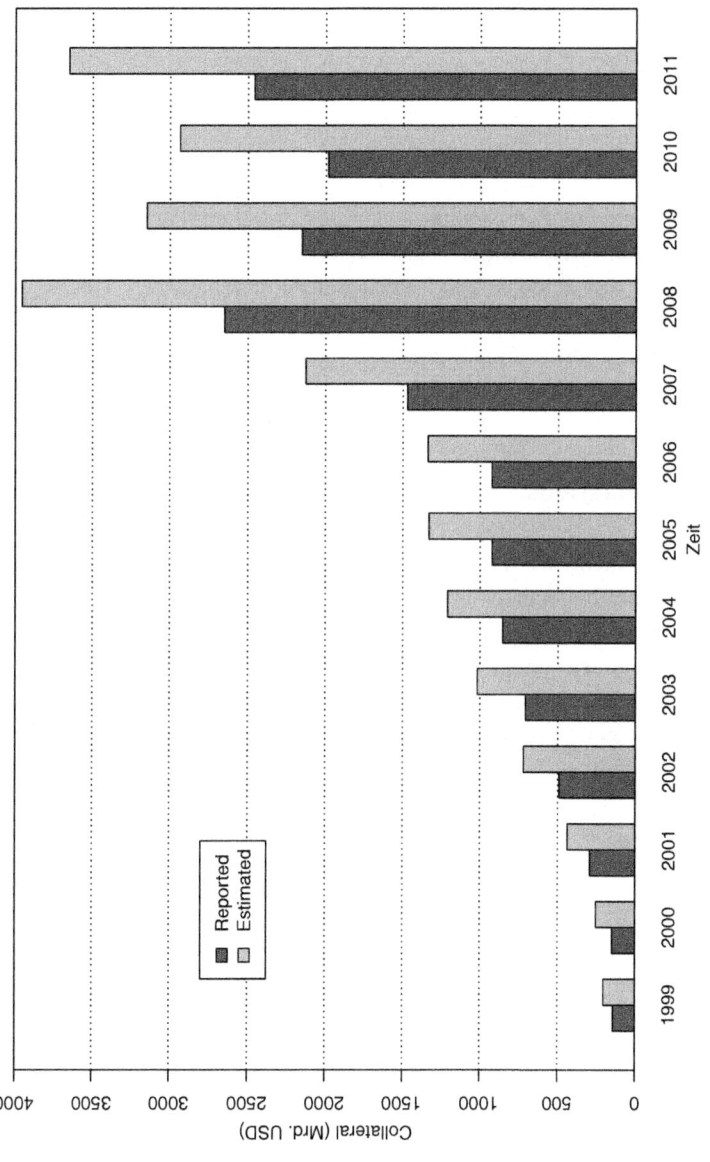

Abb. 5.21 Bestand an globalen Sicherheiten (Quelle: Bank for International Settlements)

5.6   Flow Derivatives

Der Begriff Flow Derivatives bezeichnet die relativ liquiden Produkte, die an einer elektronischen Börse kontinuierlich gehandelt und damit bepreist werden. Sie stehen im Gegensatz zu den strukturierten OTC-Vehikeln. Konkret umfassen sie:

- börsengehandelte Optionen und Futures,
- ETFs,
- Nachbildungen von Equity Swaps und Optionen, die auch „over the counter" gehandelt werden,
- Variance Swaps und Dividend Swaps,
- Swaps basierend auf Martsektoren und kundenspezifische Aktienkörbe,
- einfache (Vanilla-)Dispersions- und Korrelationsderivate.

Diese Produkte weisen eine nicht geringfügige Standardisierung auf, die sie von spezifischen Kundenprodukten abheben.

5.6.1   Equity Derivatives

Aktienderivate sind solche Wertpapiere oder Zertifikate, die ihren Wert von Aktien ableiten. Je nach Konstrukt beinhalten sie ein Kredit- oder genauer ein Emittentenrisiko, das aber an transparenten Börsen minimiert oder eliminiert wird. Ein Index als Basiswert ist für sich alleine genommen schon ein Derivat.

Da Derivate meist die Basiswerte als Investitionsziel ersetzen, kann der Handel mit dem entsprechenden Risiko mit der Aktie selbst oder mit dem Derivat erfolgen.

Als Aktieninvestoren, als Käufer derselben, treten folgende Gruppen auf:

1. Langfristinvestoren,
2. Spekulanten,
3. Hedger und
4. Arbitrageure.

Langfristige Investoren und Hedger sind Endverbraucher. Spekulanten versuchen mit technischen oder Fundamentalanalysen die Preisentwicklung vorwegzunehmen. Arbitrageure, häufig spezialisierte Hedgefonds, nutzen kleinste Abweichungen zwischen Märkten oder verschiedenen Darstellungen desselben Risikos, um Preisdifferenziale zu realisieren. Paradoxerweise synchronisieren sie damit die Preise und sorgen für Arbitragefreiheit.

Ein Investor besitzt meist ein Portfolio, eine Zusammenstellung von Aktien. Deshalb ist der Hedger beispielsweise an Produkten interessiert, die effizient sein gesamtes Portfolio absichern. Der Spekulant extrahiert aus den Marktdaten sogenannte Faktoren, die unterschiedlich in den Aktienpreisen enthalten sind. Deshalb ist er an „Faktorprodukten" interessiert, welche die Effizienz der Spekulation steigern. Darunter kann man auch die Volatilitätsprodukte subsumieren, die makroskopische Faktoren darstellen.

Die Vorzüge vom Handel mit Optionen und Futures, den häufigsten Derivaten im Aktienmarkt, sind u. a. Folgende:

- kapitalschonende und effiziente Teilhabe an Aktien,
- geringere Transaktionskosten im Vergleich zum Basistitel,
- gehebelte Risikonahme,
- hohe Liquidität und einfacher Handel,
- günstige Portfoliodiversifikation,
- Möglichkeit des Leerverkaufs.

Die Möglichkeit, auch auf den Wertverlust zu spekulieren, wird durch Derivate wesentlich vereinfacht. Früher musste man sich Titel leihen, um diese zu verkaufen und dann später wieder zu beschaffen.

5.6.2 Delta One

Delta One ist eine Bezeichung für eine organisatorische Einheit, die bestimmte Produkte bearbeitet. Aufgrund zweier schwerwiegender Vorfälle bei der Société Générale und bei der UBS ist deren Handelsaktivität in den Fokus des spezialisierten Publikums gelangt.

Der Name Delta One leitet sich von Finanzinstrumenten ab, die ein Delta oder Hedge Ratio von 1 im Verhältnis zu Basiswerten aufweisen. Das Delta ist die Sensitivität des Preises eines Instruments bezüglich des Preises eines Basistitels. Instrumente, welche diese Eigenschaft aufweisen, sind Forwards und Futures, Tracker-Zertifikate und viele ETFs, Swaps etc. Da sie definitionsgemäß keinen synthetischen Hebel beinhalten, galten sie lange als ziemlich gut beherrschbar.

Wir werden die Produkte, die man dem Delta One zuspricht, separat behandeln.

5.6.2.1 Futures and Forwards – Termingeschäfte

Im Englischen gibt es zwei Begriffe, denen im Deutschen nur einer entgegensteht. Den Unterschied werden wir gleich auflösen.

Futures, meist im Plural, sind ein standardisierter Vertrag zwischen zwei Parteien über den Kauf und Verkauf eines spezifizierten Assets von standardisierter Qualität und Quantität zu einem künftigen Zeitpunkt und zu einem zum Vertragsschluss festgelegten Lieferpreis (Delivery Price). Futures werden an organisierten Märkten, d. h. Börsen gehandelt, wo der aktuelle Preis der Futures nach Angebot und Nachfrage gebildet wird. Am Liefertermin (Delivery Date) hat der Käufer die vertragliche Pflicht, die Lieferung anzunehmen. Wie man sieht, ist Standardisierung das Schlüsselwort zu Futures. Bei Futures wird täglich abgerechnet (Marked to Market), d. h., die Differenzen von Terminkurs und Lieferpreis

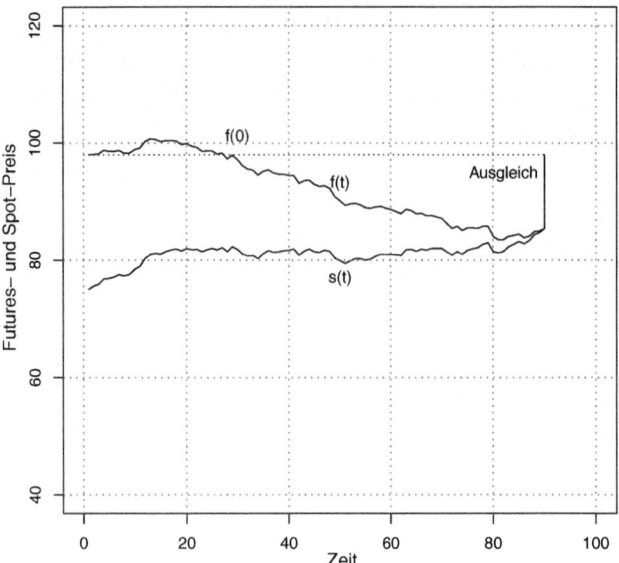

Abb. 5.22 Preisverlauf von Futures und Spot. Zum Ende der Laufzeit wird der Ausgleich in der Höhe von Lieferpreis und Spot-Preis fällig

sind täglich auszugleichen. Denn beim Eintritt in einen Futureskontrakt stimmen Futurespreis und Lieferpreis überein. Mit diesem Einschuss wird das Kreditrisiko minimiert.

Ein *Forward* ist ein nichtstandardisierter Vertrag zwischen zwei Parteien, einen Vermögenswert zu kaufen oder zu verkaufen zu einem zum Vertragsschluss festgelegten Datum und Preis. Da die Lieferung in beiden Fällen in der Zukunft liegt, handelt es sich um Termingeschäfte. Das Komplement ist das Kassageschäft (Spot Contract), bei dem Zug um Zug Ware gegen Geld getauscht wird.

In einen Futureskontrakt einzutreten kostet anfänglich nichts. Der Lieferpreis ist der Futurespreis bei Abschluss des Kontrakts (siehe Abb. 5.22), der vom aktuellen Kassapreis abweicht. Für börsengehandelte Futures ist anfänglich ein Initial Margin zu leisten, dann während der Laufzeit ständig ein Maintenance Margin zu halten (siehe Abb. 5.23). Fällt das Konto aufgrund eines fallenden Futurespreises unter diese Schwelle, so ist Einschuss zu erbringen. Zum Liefertermin sollte der auszutauschende Betrag sichergestellt sein.

Beim Forward, dem bilateralen Pendant zu Futures, sind die Verhältnisse kundenspezifisch. Es kann vorgesehen werden, dass die Position täglich zum Marktwert bewertet wird und je nachdem zusätzliche Sicherheiten beizubringen sind.

5.6.2.2 Equity Swaps

Ein Equity Swap ist eine vertragliche Vereinbarung zwischen zwei Parteien, periodisch Zahlungen auszutauschen, wobei ein Zahlungsstrom von der Rendite eines Aktienindex,

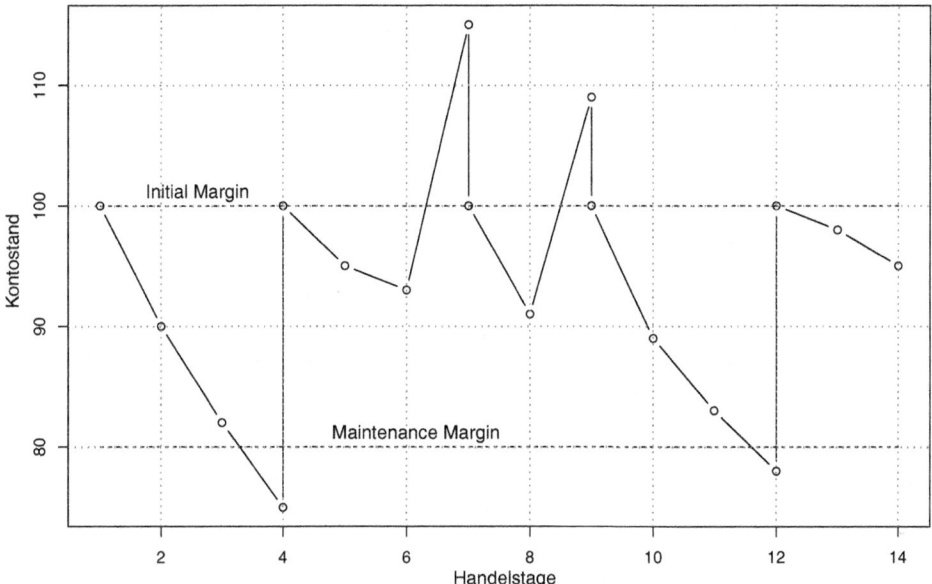

Abb. 5.23 Verlauf des Margenkontos mit Einschüssen (Duffie 1989, 67). Liegt der Kontostand über dem Initial Margin, so kann der Überschuss abgezogen werden, fällt er hingegen unter den Maintenance Margin, so muss bis zum Initial Margin einbezahlt oder hinterlegt werden

eines Aktienkorbs oder einer einzelnen Aktie abhängt. Die Zahlungen haben eine feste Bemessungsgrundlage und besitzen eine bestimmte Laufzeit.

Eine Motivation für solche Tauschgeschäfte sind die Kosten, die beim Kauf und Verkauf am Kassamarkt entstehen würden. Zum anderen kann die Investmentbank als Partei im flexiblen Vertrag auf die speziellen Kundenwünsche eingehen. Hat der Endkunde gar kein abzusicherndes Geschäft, kann er mit einem solchen Swap billig eine *Hebelwirkung* erzielen.

Im Vorfeld einer Übernahme kann ein Raider solche bar abgegoltenen Swaps auf den Kursverlauf seines Übernahmeziels mit einem Konsortium von Banken abschließen. Diese werden sich durch Aktienkäufe absichern, sodass bei Endfälligkeit ein großes Aktienpaket bereitsteht, das dem Raider allenfalls angeboten wird. Ein bekanntes Beispiel dieser gefährlichen Strategie ist der Versuch von Schäffler, die Firma Continentale zu übernehmen. Geht nämlich der Kurs entgegen der Erwartung zurück, muss der Verlust von der einen Partei zuzüglich des Libor bezahlt werden.

Die Mechanik der periodischen Ausgleichszahlungen kann man für einen Total Return Equity Swap wie folgt errechnen:

$$\text{Ausgleich} = \text{Bemessung} \times (\text{relative Wertänderung} - \text{Libor} - \text{Marge}).$$

Je nachdem, welches Vorzeichen der Ausgleich aufweist, fließt die Zahlung in die entsprechende Richtung. Die Liborzahlung wird vom „Käufer" getätigt, der den „Verkäufer" für die Absicherung entschädigt.

5.6.2.3 Dividend Swaps

Ein Dividenden-Swap tauscht die in einem bestimmten Zeitraum zu erwartenden Dividenden einer Aktie, eines Korbs oder eines ganzen Index mit einer fixen Zahlung. Der Verkäufer kauft sich Gewissheit und bezahlt mit dem Risiko, höhere Rendite als erwartet zu verpassen. Die fixe Zahlung orientiert sich an der impliziten Dividende, der dann die effektive entgegengehalten wird.

Im Jahr 2008 hat die Eurex einen standardisierten Kontrakt aufgelegt, den sogenannten Dow Jones EURO STOXX 50 Index Dividend Future. Dass er ein Future ist und nicht Swap heißt, hängt damit zusammen, dass er nur eine Zahlung beinhaltet, sodass beide Namen dasselbe bezeichnen.

Den Barwert $B()$ der Dividenden D kann man aus der Call-Put-Parität von Optionen eruieren, wenn man mit X den Ausübungspreis und S den Basiswert sowie C, P die Optionspreise bezeichnet:

$$B(D) = S + P - C - B(X).$$

Der Barwert der Dividenden ergibt sich durch Abzinsen mit dem risikolosen Zinssatz für die Restzeit.

5.6.3 Smart Beta, Indizes

Unter diesem Titel werden Exchange Traded Products erzeugt, die auf grundlegende Risikofaktoren abstellen. Dies ist eine altbekannte Methodik, die als Verallgemeinerung des sehr populären Capital Asset Pricing Model (CAPM) verstanden werden kann. Dieses besitzt nur einen Faktor, genannt „Beta", der als Risikomaß für das nicht diversifizierbare Risiko gilt.

Faktoren, die sich über lange Zeit bewährt haben, sind etwa die folgenden „Stylefaktoren", die man wiederum für ein Portfolio kombinieren kann:

- Minimum Volatility,
- Value,
- Size,
- Quality,
- High Dividend Yield,
- Weighted by Risk, Equal Size, Value,
- Momentum etc.

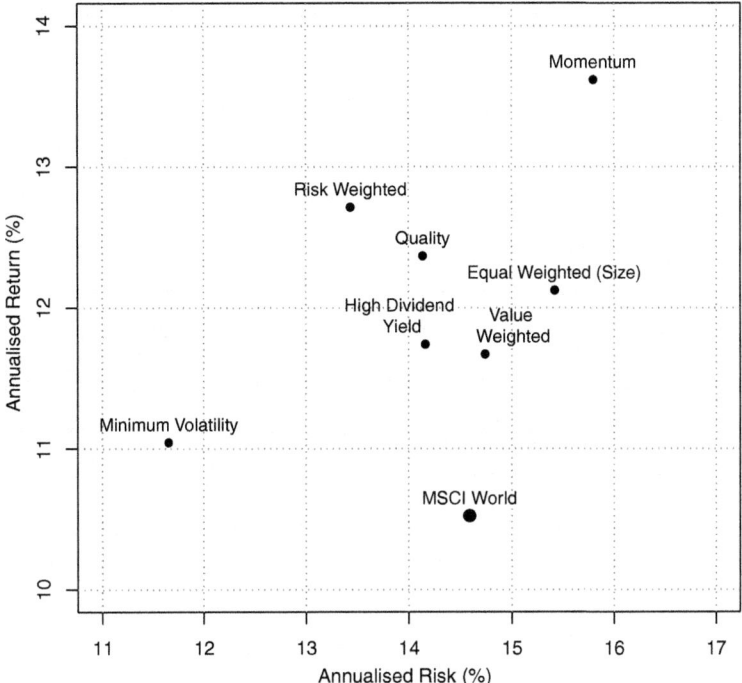

Abb. 5.24 Rendite-Risiko-Profil für verschiedene Faktoren im Vergleich zum MSCI-Weltindex. Aggregationsperiode von November 1975 bis Juni 2015 (Quelle: Blackrock). Nach dieser Darstellung wären die nordwestlichsten Faktoren die besten und der Index am schlechtesten

Diese plakativen Faktoren werden durch objektive Maße operationalisiert. Beispielsweise wird Quality gemessen als: Return on Equity, Stabilität des Gewinns und des Dividendenwachstums, Verschuldungsquote, Qualität des Managements, freier Cashflow etc. Value wird identifiziert mit: Buch- zu Marktwert, Kurs-Gewinn-Verhältnis, Nettogewinn, Dividenden, Cashflow usw. Operationalisierungen sind für alle Faktoren darstellbar.

Wie traditionelle Indexstrategien folgen die Smart-Beta-Produkte einer deterministischen Regel für die Selektion von Titeln, die Portfoliozusammenstellung und das Rebalancing, d. h. die Korrektur der Allokation aufgrund von Verletzungen der Vorgaben. Das Angebot an Smart Beta ETPs umfasst heutzutage rund 1000 Produkte. Diese haben den Vorteil der passiven Anlagen, nämlich geringe Kosten, und der regelbasierten, automatischen Neuallokation.

Abb. 5.24 zeigt die Renditen der Faktoren im Vergleich zum breit diversifizierten MSCI-Weltindex in USD. Die Zahlen sind über den langen Zeitraum von November 1975 bis Juni 2015 aggregiert. Die nordwestlichsten Punkte sind die besten, also „kleinste Volatilität" und „risikogewichtet".

5.6.4   Volatilität und Korrelation

Volatilität ist ein Phänomen, das meistens mit der Standardabweichung oder der Varianz gemessen wird. Dies sind zwei statistische Konzepte, die auf der gleichen Basis erhoben werden wie die Korrelation, die man als normierte Varianz (oder Kovarianz) verstehen kann.

5.6.4.1   Variance und Volatility Swaps

Die Varianz ist ein statistisches Maß für die Streuung, hier der Renditen. Sie ist die klassische Angabe der Volatilität und des Risikos in den Kapitalmarktmodellen nach Markowitz, wobei das Quadrat zu nehmen ist. Ein Variance Swap ist ein Over-the-counter-Derivat, das aufgrund der Differenz von der historischen, über eine gewisse Messperiode realisierten Varianz eines Basiswertes mit der vereinbarten (Strike Price) seinen Wert bestimmt. Der Ausübungspreis wird meist als implizite Volatilität bestimmt. Da die relative Wertänderung des Basistitels zugrunde gelegt wird, ist die Varianz dimensionslos, d. h. einfach eine Zahl. Diese wird mit einem Nominalbetrag multipliziert. Der auszutauschende Betrag (Final Payoff) ergibt sich nach folgender Formel:

$$\text{Final Payoff} = \text{Variance Amount} \times (\text{Final Realized Volatility}^2 - \text{Strike Price}^2).$$

Als Zahlenbeispiel: Es realisiert sich eine Volatilität von 0,295 bei einem Ausübungspreis von 0,25 und einem Nominalbetrag von 100.000:

$$\text{Final Payoff} = 100.000 \times (0{,}295^2 - 0{,}25^2) = 2452{,}5.$$

Der Zweck dieses Instruments ist vordergründig die Spekulation auf die Änderung der Volatilität, eines Einzeltitels, eines Index oder gar einer Währung. Das Instrument wird aber auch gebraucht, um Korrelation zu handeln.

Die Volatilität wird direkt gehandelt, sodass dynamische Repositionierungen, wie sie bei Kombinationen von Calls und Puts notwendig sind, wegfallen.

Mit diesen Swaps kann man auch auf die Differenz der Varianz zweier korrelierter Indizes setzen, indem man einen Kontrakt kauft und einen anderen verkauft. Beispielsweise kauft man den Swap auf die dreimonatige Varianz des DAX und verkauft den Euro Stoxx 50.

Der Volatility Swap ist analog zum Variance Swap, wobei anstatt der Varianz dessen Wurzel, die Standardabweichung und somit die „Volatilität" die Maßgabe des Tausches liefern. Hiermit kann man reines Exposure oder Absicherung auf die Volatilität erlangen, ohne Seiteneffekte berücksichtigen zu müssen. Häufig werden diese Instrumente für Währungen eingesetzt.

Noch einfacher kann man die Volatilität mit dem seit Längerem existierenden Volatilitätsindex VIX managen. Er basiert auf dem S&P-500-Index. Futures wurden an der CBOE im Jahr 2004 eingeführt, Optionen zwei Jahre später. Der Index gilt als erste Adresse, um die Stimmung an den Börsen zu messen. In Abb. 5.25 sieht man den Verlauf in der Zeit.

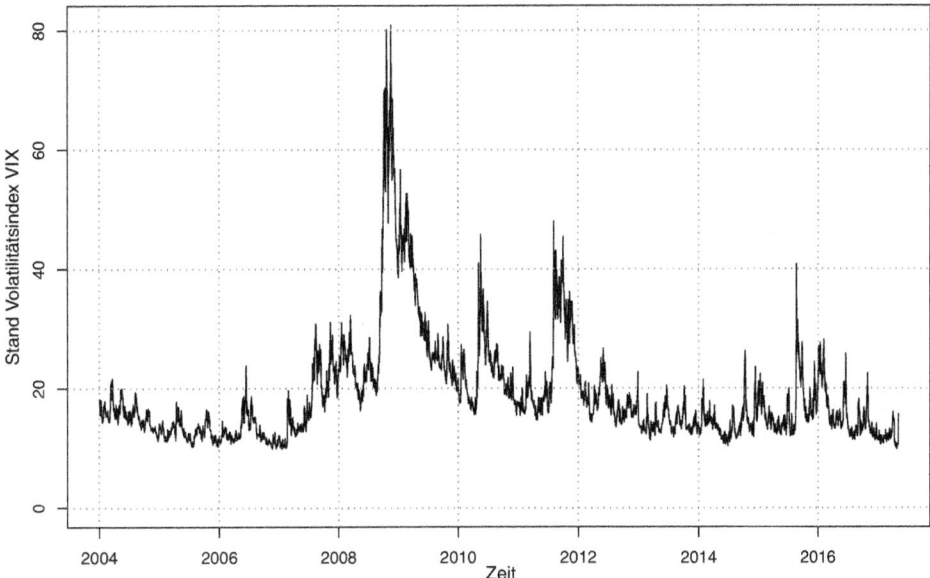

Abb. 5.25 Volatilität im Zeitverlauf. Der extreme Ausschlag erfolgte im Herbst 2008 mit der vom Lehman-Bankrott induzierten Krise (Quelle: Chicago Board Options Exchange). Aus offensichtlichen Gründen wird der VIX auch „Angstindex" genannt

5.6.4.2 Correlation Trading, Korrelations-Swap

Beim Handel mit Korrelationen oder Kovarianzen versucht man Exposure auf die mittlere Korrelation eines Index zu erlangen (Spekulation) oder zu transferieren (Absicherung). Die Korrelation ist ein Maß für die Diversifizierung in einem Portfolio von Titeln. Je geringer die Korrelation der Portfoliobestandteile, desto geringer die Volatilität des Portfolios.

Es ist eine mathematische Tatsache, dass die Varianz eines Portfolios von Titeln nicht gleich der Summe der Varianzen der Titel ist. Der Unterschied ist die gewichtete Korrelation zwischen den Titeln. Zur Illustration ein einfaches Beispiel: Je zu einem Drittel besteht das Portfolio X aus drei Titeln x_i mit den Varianzen σ_{ii} und den Kovarianzen σ_{ij}. Die Portfoliovarianz ist:

$$\mathrm{Var}(X) = \frac{1}{9}(\sigma_{11} + \sigma_{22} + \sigma_{33} + 2\sigma_{12} + 2\sigma_{13} + 2\sigma_{23}).$$

Will man die Korrelation isolieren, so muss man die Varianzen der einzelnen Titel, diejenigen σ mit den Indizes $_{jj}$, subtrahieren, also:

$$\mathrm{Var}(X) - \frac{1}{9}(\sigma_{11} + \sigma_{22} + \sigma_{33}) = \frac{2}{9}(\sigma_{12} + \sigma_{13} + \sigma_{23}).$$

Folglich erlangt man Exposure auf die „Korrelation" eines Index, indem man einen Variance Swap auf den Index kauft und Variance Swaps auf die Bestandteile im richtigen Ausmaß verkauft. Man erkennt leicht, dass solche Strategien nicht ganz einfach sind.

Ein solches Paket von Variance Swaps kann man nun wiederum als Swap ausgestalten, indem seine Rendite zu einem bestimmten Zeitpunkt gegen einen vordefinierten Wert (Strike) getauscht wird. Die Investmentbank verkauft also die sich realisierende Korrelation dieses Korbs gegen einen fixen Betrag. Beispielsweise die Korrelation des Euro Stoxx 50 in einem Jahr auf einem Betrag von 1 Mio. EUR pro Prozentpunkt mit einem Strike von 0,43. Ist dereinst die effektive Korrelation 0,41, so zahlt der Käufer 2 Mio. EUR, ist sie aber 0,45, so bekommt er 2 Mio. EUR.

Häufig wird *Dispersion* mit Korrelation gleichgesetzt, was aber ziemlich falsch ist. Die Korrelation besagt etwas über die gemeinsame Bewegung der einzelnen Indexbestandteile. Für gewisse Investoren oder Vermögensverwalter ist aber die Spannweite (Dispersion) zwischen den besten und den schlechtesten Aktien von Bedeutung. Aktive Investoren, Stock Picker, können in Märkten, in denen große Unterschiede in den Renditen klaffen, potenziell eher den Index schlagen als bei geringer Dispersion. Diese wird als Standardabweichung des Index gemessen.

Um einen Rückgang der Dispersion abzusichern, gibt es eine recht ausgeklügelte Strategie. Sie besteht im Verkauf einer Indexoption sowie im Kauf von Optionen auf die Bestandteile bei gleichzeitiger Wertabsicherung (Delta Hedge). Diese Strategie ist ziemlich populär.

Entgegen der eingangs gemachten Aussage, Flow-Produkte seien standardisiert, handelt es sich hier um OTC-Derivate, die auch auf Rohstoffe, Währungen, Zinssätze oder eben Aktienindizes Anwendung finden.

5.6.5   Convertible Bonds – Wandelanleihen

Wandelanleihen sind mitunter die komplexesten Produkte, die es gibt. Fälschlicherweise wird angenommen, es handle sich um eine Schuldverschreibung *plus* eine Option, d. h., es gelte ein Superpositionsprinzip, wonach man beide Basisprodukte einfach addieren könnte. Dies ist im Gegensatz zu den Optionsanleihen ganz anders. Die korrekte Betrachtung ist, dass es sich um eine *komplexe Option* handelt.

Die Komplexität erkennt man sehr schnell, wenn man eine solche Option, die allerdings juristisch eine Schuldverschreibung ist, versucht zu bepreisen. Fünf Felder von Eingabedaten sind notwendig, nämlich die Spezifikation des Bonds sowie der Zinsstrukturkurve, der Aktie, der Optionseigenschaften und der numerischen Berechnungsparameter.

Der Bond zeichnet sich durch Laufzeit, Coupon, Nennwert sowie die Tabelle von Kündigungsdaten und Rücknahmepreise aus. Die Zinsstrukturkurve mit ihrer Volatilität

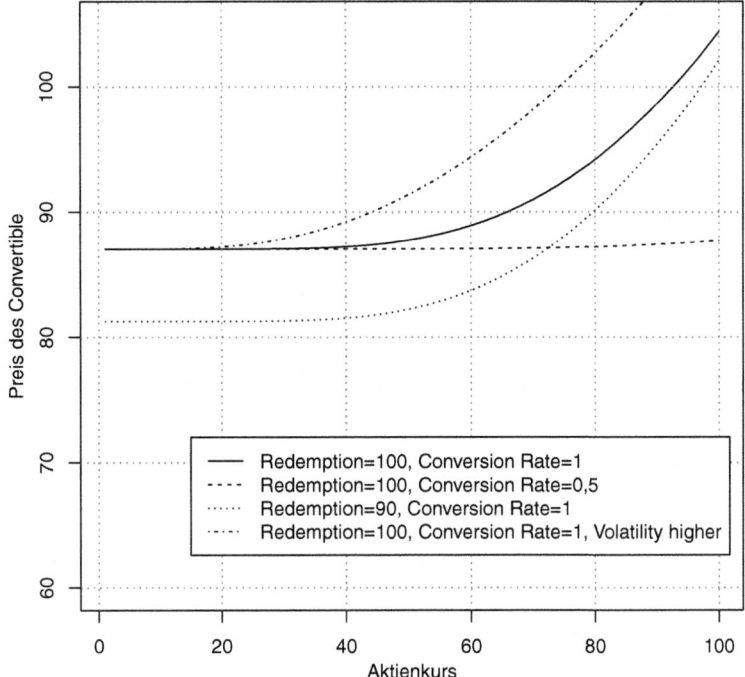

Abb. 5.26 Preisverlauf der Wandelanleihe in Abhängigkeit von Wandlungsrate, Rückzahlung und Volatilität, schematisch

kann durch verschiedene Modelle dargestellt werden. Die Aktie wird durch ihren aktuellen Wert, ihre Volatilität, die Dividenenrendite oder eine Tabelle von Dividenden und Ausschüttungszeitpunkte repräsentiert. Die Optionseigenschaften bestimmen den Wandlungszeitraum oder Zeitpunkte, das Wandlungsverhältnis sowie Anzahl der Aktien, die pro Bond eingelöst werden. Zu den numerischen Parametern gehören Schrittlängen von Binomialbäumen, Interpolationsmechanismen etc.

Abb. 5.26 zeigt ein paar Convertible-Preise in Funktion des Aktienpreises. Klar erkennt man den Kaufoptionscharakter am Verlauf. Der Strike, also der Knickpunkt der Hockey-Stick-Form, hängt unter anderem von der Volatilität ab. Dies genügt, um die Komplexität zu belegen.

Patterson (2010) beschreibt ausführlich, wie der Mathematikprofessor, Spieler und Hedgefondsbetreiber Edward Thorpe schon früh mit eigenen Modellen erfolgreiche Arbitrage zwischen Convertibles und anderen marktgängigen Produkten betreiben konnte. Seine Modelle waren allerdings proprietär. Arbitragestrategien mit Wandelanleihen sind die *Raison d'Être* für einige quantitative Hedgefonds.

5.7   Exotic Derivatives

In diesem Abschnitt gehen wir zuerst auf die exotischen Optionen ein und gelangen weiter zu den strukturierten Produkten und letztlich zu den Produkten für Endkunden.

5.7.1   Exotische Optionen

Exotische Optionen sind solche, deren Ausgestaltung und Abhängigkeiten wesentlich komplizierter sind als die der Vanilla-Optionen. Durch diese zusätzlichen Merkmale wird die Standardisierung schwieriger, sodass der Einsatz vor allem kundenspezifisch und damit „over the counter" erfolgt. Exotische Optionen sind *Designer-Derivate*. Das führt oft dazu, dass die Eigenschaften auf den ersten Blick verblüffend unverständlich erscheinen. Dennoch haben die Exoten ihre Nische gefunden, sodass eine ausreichende Nachfrage vorherrscht. Die ersten Käufer solcher Optionen waren die Unternehmens-Treasurer, die innovative Wege suchten, um Zinsen und Währungen abzusichern.

Der Wunsch nach solchen Optionen ist Anfang der Neunzigerjahre entstanden, als mit dem Zusammenbruch der kommunistischen Systeme auch das Investment viel globaler wurde. Derman (2004, 221) schreibt:

> By the early 1990s, the Soviet Union had collapsed, the end of history was ostensibly upon us, and global capitalism was rampant. In equity derivatives, the era of exotic options had begun. Exotics seemed the preferred way for investors in one country to gain just the exposure they wanted to the markets in others.

Die Besonderheiten lassen sich in drei Klassen einteilen. Zum einen betreffen die Modifikationen die *Preisfunktion* des Basistitels. Bei der Standardoption ist die finale Auszahlung vom Preis zum Verfallstag abhängig, bei diesen Exoten kann der maßgebliche Preis zum Beispiel vom Verlauf des Preises abhängen und damit „pfadabhängig" sein. Beim Einsatz als Absicherung kann damit das Risikoprofil des Abzusichernden besser dargestellt werden.

Bei der zweiten Kategorie ist der Basistitel ein Korb von mindestens zwei Titeln, sodass deren wechselseitiges Preisverhalten an Bedeutung gewinnt. Wir nennen diese Exoten deshalb *portfolioabhängig*.

Die Optionen der dritten Kategorie versuchen die *Volatilität* der Basistitel zu verändern, denn die Volatilität hat einen großen Einfluss auf den Preis der Option. Man trachtet häufig danach, die Option billiger zu machen.

Dem Lesenden ist klar, dass wir hier nicht alle Arten von Optionen darstellen können, die ja potenziell unbegrenzt sind. Falls man sich einen weiteren Überblick verschaffen will, so kann man als Einstieg das Inhaltsverzeichnis von Haug (2006) betrachten, dem Buch, das als „Optionsbibel" durchgehen könnte. Weitere Quellen sind Hull (2012) und Jarrow und Turnbull (1996).

5.7.1.1 Preis

Ein Absicherer möchte nur eine Ausgleichszahlung, wenn der Preis unter ein bestimmtes Niveau fällt, ein anderer will nicht für die Sicherheit zahlen, wenn der Preis während einer bestimmten Periode über einem bestimmten Wert bleibt. Damit kann der Preis der Absicherung wesentlich kleiner ausfallen.

Barrier Options

Barrier Options hängen vom Touchieren der Barriere ab. Wenn der Preis die Barriere berührt, dann wird die Option entweder ein- oder ausgeschaltet. Das Berühren kann von oben oder von unten erfolgen. Damit ergeben sich vier Konstellationen, die man „down and in", „down and out", „up and in" und „up and out" nennt. (Wenn man noch Put und Call hinzunimmt, sind es acht Möglichkeiten.) Eine Up-and-in-Option wird dann aktiviert, wenn der Preis des Basiswertes soweit steigt, dass die Barriere erreicht wird. Für die anderen Konstellationen gilt das Analoge.

Mit der Distanz zur Barriere kann man den Preis nachhaltig steuern.

Binary Options

Bei der Binary-Option ist die Auszahlung entweder null oder ein fixer Betrag. Der Preis des Basistitels bestimmt nur, ob bezahlt wird. Da es zwei Endzustände gibt, wurde der entsprechende Name gewählt. Alternativ spricht man auch von digitaler Option.

Ein Investor fürchtet eine mögliche Zinserhöhung durch die Zentralbank, die alle Aktien verbilligen würde. Er ist sich über das Ausmaß der Wirkung im Unklaren, sodass ihn nur der Eintritt des generellen Verlusts umtreibt. Die Binäroption ist eine Möglichkeit, billiger an ein gewisses Maß von Schutz zu gelangen.

5.7.1.2 Portfolio

Basket Option

Basket-Optionen sind einfache Kauf- oder Verkaufsoptionen, deren Basistitel ein Aktienkorb mit spezifischer Gewichtung ist. Wenn ein Investor Exposure zu einem ungewöhnlichen Wirtschaftssektor und einer Industriegruppe oder in einem Schwellenland absichern möchte, dann muss er mit standardisierten Indexoptionen einen großen Tracking Error, Basisrisiko, in Kauf nehmen. Diese Situation kann er mit einer spezifischen Basket-Option lösen. Alternativ könnte er Standardoptionen für die hauptsächlichen Bestandteile des Portfolios suchen. Damit gehen aber viel zu hohe Kosten einher.

Die Basket-Option kann als kundenspezifische Indexoption angesehen werden. Indizes bestehen meist aus mehr als 25 Titeln. Bei der Basket-Option muss man sich auch über Gewichtung, Dividenden etc. einig werden.

Quanto Option

Ein globaler Investor mit einem breit diversifizierten Portfolio in ausländischen Aktien unterliegt zwei separaten Risiken: zum einen dem Risiko des Aktienmarkts, zum anderen dem Risiko der Währungsschwankung. Diese zwei Risiken sind möglicherweise miteinander korreliert, sodass eine zusätzliche Währungsabsicherung keinen vollständigen Schutz bieten kann.

Angenommen ein US-amerikanischer Investor mit einem negativen Ausblick auf den britischen Aktienmarkt kauft eine zweimonatige Verkaufsoption auf den FTSE-100-Index. Falls der Index um 5 % während der Laufzeit der Option steigt, dann soll der Investor einen Gewinn von 1000 GBP einstreichen. Fällt in dieser Zeit der Wechselkurs um 10 %, dann fällt der Gewinn um denselben Betrag.

Eine Quanto-Option ist eine Option, deren Basistitel in einer Währung denominiert ist, während ihre Auszahlung in einer anderen Währung erfolgt. Die Währungsabsicherung wird laufend an die benötigte Quantität angepasst, woher sich der Name möglicherweise ableitet. Indem das Risiko im Produkt ausgeschaltet wird, kann der Investor das Aktienkursrisiko, zu viel oder zu wenig abzusichern, isolieren. Die ausgebende Bank muss dann wissen, wie sie dieses variable Risiko absichert.

Contingent Barrier

Bei einer Contingent-Barrier-Option hängen der Preis und die Auszahlung von zwei Titeln oder Referenzen ab. Der eine ist der Basistitel und der andere ist der Referenztitel. Die Option wird ein- oder ausgeschaltet in Abhängigkeit des Referenztitels, der während der Laufzeit eine vorbestimmte Barriere berühren muss.

Angenommen ein Aktieninvestor fürchtet einen plötzlichen Anstieg der Zinssätze, die wiederum das allgemeine Niveau der Aktien drückt. Ein S&P-500-Put soll den dreißigjährigen US-Treasury-Bond-Zinssatz als Referenz besitzen. Sobald dieser einen bestimmten Wert überschreitet, soll die Verkaufsoption zum Leben erweckt werden.

Rainbow Option

Bei den Rainbow-Optionen hängt das Auszahlungsprofil von der Renditedifferenz zweier zugrunde liegender Titel während einer bestimmten Periode ab. Die Auszahlung errechnet sich als die Renditedifferenz, die mit einem Nennbetrag multipliziert wird. Nimmt ein Investor an, dass binnen der nächsten sechs Monate Small Caps renditemäßig die Bluechips übertreffen werden, so kann er sich eine solche Spread-Option konfigurieren lassen, der die Renditedifferenz zwischen dem S&P-500-Index und dem Russell-2000-Index beinhaltet. Nennbetrag können 1.000.000 USD sein und die Laufzeit der Option sechs Monate betragen.

Sind die zwei Referenztitel einzelne Aktien, so spricht man von einer Better-of-Option. Die Wette betrifft also die Art Performance einer Aktie im Verhältnis zu einer anderen Aktie. Analog hierzu gibt es die First-of-Option, bei welcher die Differenz von der schlechteren zur besseren für die Auszahlung herangezogen wird. Der Preis einer Better-of-Option ist zwar höher als der Preis der einzelnen Vanilla-Optionen, aber tiefer als der Preis beider Option zusammen.

Nahe verwandt mit der Out-Performance-Option ist die Exchange-Option, die dem Optionskäufer die Möglichkeit bietet, einen Titel mit einem anderen zu tauschen.

5.7.1.3 Volatilität

Es gibt vier Optionstypen, welche mit ihren spezifischen Merkmalen die Wirkung der Volatilität des Basistitels modifizieren.

Asian Option

Eine Asian-Option, speziell die Average-Price-Option, gewährt eine potenzielle Auszahlung, die sich aus dem Durchschnittswert des Kurses des Basistitels während einer bestimmten Zeitspanne bestimmt. Die Art und Weise, wie der Durchschnitt gebildet wird, ist ein Teil der Spezifikation der Option. Ein Investor kann ein Interesse an einer solchen Option haben, wenn er wiederkehrende Exposures des Basistitels trägt. Beispielsweise ein Exporteur, der laufende Zahlungen aus dem Ausland erhält, ist mit einer solchen Option zur Währungsabsicherung gut bedient. Die Durchschnittsbildung führt dazu, dass die Volatilität erheblich verringert wird und damit auch die Kosten für die Option.

Bei einer Average-Strike-Option wird die Differenz zwischen dem Endwert des Basistitels und seinem Durchschnitt während der Laufzeit zur Berechnung der Auszahlung herangezogen.

Look-back Option

Der Strike-Preis einer Look-back-Option wird zum Verfall dem höchsten, während der Laufzeit erreichten Kassakurs des Basistitels gleichgesetzt. Zur Auszahlung kommt also die Differenz des Kurses des Underlying und dieses Höchstbetrags. Bei einer Put-Option entspricht der Strike-Preis dem tiefsten Wert, der während der Laufzeit notiert wurde. Die Prämie dieser Option ist immer teurer als eine äquivalente Standardoption, denn nur im Fall, dass das Minimum oder das Maximum am Verfall realisiert wird, ist die Auszahlung 0. In allen anderen Fällen gibt es eine positive Zahlung.

Look-back-Optionen sind für die Investoren geeignet, die widersprüchliche Erwartungen hinsichtlich der kurzfristigen und langfristigen Preisentwicklung eines Basistitels hegen. Ein Investor, der an einen kurzfristigen Rückgang des Marktes glaubt, bevor dieser sich wieder kräftig erholt, möchte sich den tiefsten Preis sichern, der während der Laufzeit eintritt. Ähnlich kauft sich jemand einen Look-back Put, um sicherzugehen, dass er zum höchstmöglichen Preis seine Anlagen verkaufen kann, nachdem sich der Markt möglicherweise zuerst verschlechtert hat.

Compound Option

Die Compound-Option ist eine Option zum Kauf oder Verkauf einer anderen Option. Der Basistitel ist also eine Option. Logischerweise gibt es vier Konstellationen, nämlich Kauf-Kauf-Option, Kauf-Verkauf-Option, Verkauf-Kauf-Option und Verkauf-Verkauf-Option. Eine Kaufoption auf eine Kaufoption gibt dem Käufer das Recht, später die grundlegende Kaufoption zu erwerben.

Nimmt man die Prämien beider Optionen zusammen, dann ist der Wert höher als die Prämie nur einer Vanilla-Option, die von Anfang an bis zum Ende der zweiten Option läuft. Die Prämie einer Compound-Option ist aber sehr gering.

In einem anderen Kontext erschließt sich die Sinnhaftigkeit dieser Option relativ schnell. Angenommen ein Exporteur nimmt an einem Bietungswettbewerb teil und weiß somit nicht, ob er mit seiner Leistung zum Zug kommt. Dann könnte er mit einer Compound-Option sich die Möglichkeit erkaufen, später eine Option zur Absicherung seiner Grundgeschäfte zu erwerben. Damit erreicht er eine höhere Planbarkeit. Aber auch ein Aktieninvestor, der einen Abschwung befürchtet, kann sich sehr günstig eine Absicherung beschaffen. Weil diese Prämien tief sind, bieten die Investmentbanken nur sehr große zugrunde liegende Volumen an, zum Beispiel 5 Mio. EUR, oder verlangen eine Minimumprämienhöhe.

Chooser Option

Eine Chooser-Option ist ebenfalls eine Option auf eine Option. Das erste Wahlrecht allerdings bezieht sich auf die Wahl zwischen Kauf- oder Verkaufsoption zum Laufzeitende der Chooser-Option. Der Käufer erwirbt also die Möglichkeit, vorerst abzuwarten, wie der Markt sich entwickelt, und dann die Wahl zwischen Kauf- und Verkaufsoption zu treffen.

Der exotischen Optionen sind es noch viele und da sie für Kunden spezifisch erstellt werden, sind es folglich große institutionelle Investoren, denen solche Produkte angeboten werden. Je komplexer die Wünsche und die Lösungen, desto schwieriger ist die Preisfindung speziell für den Käufer zu durchschauen, insbesondere wenn es keinen liquiden Referenzmarkt gibt. Zum anderen gibt es Finanzierungssituationen von Unternehmungen, bei denen der Optionen-Desk mit der Konstruktion von speziellen Derivaten hilfreich sein kann. Dies geschieht in Zusammenarbeit mit einem Dealteam, das von Advisory, der Beratung innerhalb des Investmentbankings, geführt wird.

5.7.2   Structured Products – Strukturierte Produkte

Wir haben bereits von strukturierten Produkten im Zusammenhang mit der Emission von Obligationen aus Verbriefungen und anderen Linked Notes gesprochen. Hier im Handel sind die bunten Angebote an die privaten Anleger gemeint, welche die Investmentbanken, sei es als kollektive Anlagen, also ETFs, oder als eigene Emissionen mit speziellen Renditeformeln als Tafelgeschäft (OTC), herausgeben.

Da auch weniger kundige Anleger beworben werden, sind die Produkte im Sinne des Konsumentenschutzes in Risikoklassen eingeteilt. Die European Securities and Markets Authority (ESMA) verlangt im Rahmen der Regulierung „Packaged Retail and Insurance-based Investment Products" von allen Finanzproduktanbietern künftig den Ausweis eines Gesamtrisikoindikators (Summary Risk Indicator, SRI). Dieser soll sämtliche Risikoinformationen eines Produkts für Privatinvestoren durch die Einordnung in eine von sieben Risikoklassen zusammenfassen.

Beispielsweise hat man bisher in der Schweiz die Zertifikate grob in vier Klassen geschieden, wobei das Risiko nach unten zunimmt:

1. Kapitalschutz,
2. Renditeoptimierung,
3. Partizipation und
4. Hebel.

Die einzelnen Emissionen sind sehr klein, dafür ist aber die Anzahl der Angebote riesig. Die Produkte werden im Geiste der Abb. 5.27 am Laufband erzeugt. Die fünf Aspekte sind:

- die möglichen Investorenziele,
- die Basiswerte,
- der Zeithorizont der Anlage,
- die potenzielle Markterwartung und
- die Verkaufsziele des Finanzanbieters.

Auch ist das Angebot an das Marktgeschehen anzupassen, beispielsweise muss man ständig neue Warrants herausgeben, wenn sich die Kurse ständig in dieselbe Richtung bewegen. Da die Bank für alle Produkte den Markt machen muss, sind die vielen Brief-Geld-Spannen nur durch Computeralgorithmen zu bewältigen.

In diesem Bereich liegen die wenigen Berührungspunkte mit den Privaten, die mit einer industriellen Produktion von Angeboten realisiert werden. Denn ansonsten ist die Investmentbank ja ganz auf institutionelle Kunden ausgerichtet.

Die Produkte sind so ausgestaltet, dass sie möglichst einfach zu handeln sind und keine komplizierten Margenkonti benötigen. Für gewisse Risikoprofile kann man das erreichen, indem die Produkte mittels Knock-out beendet werden.

5.7.3 Hedging, Risk Management

Die Verkäufer der Handelsabteilung sind täglich mit ihren zugewiesenen institutionellen Kunden im Gespräch, kennen deren Positionen und deren Risikotoleranz und -appetit. Große Portfolien kann man nur anhand der Sensitivitäten des Portfolios bezüglich einer reduzierten Anzahl an Risikofaktoren verstehen und überwachen. Die Portfoliosteuerung setzt auch an den Faktoren an. Die Steuerung ist die Mutter des Risikomanagements, das wiederum auch das Hedging als eine mögliche Maßnahme beinhaltet.

Für sophistizierte Kunden mit komplexen Anlagen und sehr spezifischen Absichten kann die Handelsabteilung mit ihrer Research sowie den Strukturierern und Finanzingenieuren ganz individuelle Strategien und dazugehörige Vehikel konzipieren und anbieten. Die beschriebenen, sehr vielfältigen Produkte lassen sich in neue, bilaterale Kontrakte einbauen.

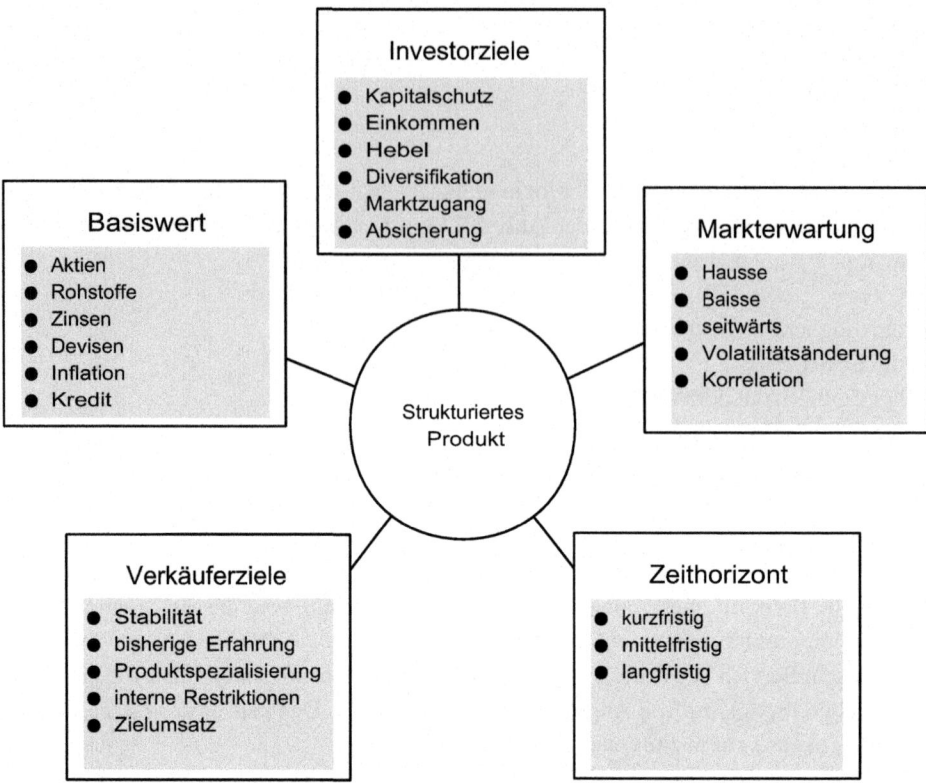

Abb. 5.27 Die fünf Zutaten der strukturierten Produkte. Die Ausgestaltung erfolgt meist als Fonds oder als Linked Bond

5.8 Proprietary Trading – Aktieneigenhandel

Eigenhandel ist in einem gewissen Sinn eine Schimäre zwischen Market Making und eigenen Investitionen. Wie wir aus der Gewinn- und Verlustrechnung des Traders gesehen haben, gibt es zwei Einnahmequellen, nämlich die Spanne zwischen Brief- und Geldkurs und die Rendite aus dem Inventar der betreuten Produkte. Aus dem Eigenhandel zu profitieren hieße, den beim Händler unerwünschten Ertrag dennoch anzustreben. Anderseits ist die Investmentbank der Informationssammler erster Güte, sodass hier auch ein großes Gewinnpotenzial resultiert.

Die bedeutenden Eigenhändler sind heutzutage die Hochfrequenzhändler, die mit sophistizierten Algorithmen aus dem Wertpapierhandel substanzielle Gewinne herausschlagen. Dasselbe gilt für die Investmentbanken, die hier ebenfalls tätig sind.

Die Volcker Rules des Dodd-Frank Acts versuchen den Eigenhandel bei Banken zu unterbinden, bekunden aber auch Mühe, eine scharfe Abgrenzung zum Market Making zu definieren.

5.8.1 Program Trading – Programmhandel

Die New Yorker Börse definiert Programmhandel (Program Trading) als eine große Palette von Portfoliohandelsstrategien, die den Kauf und Verkauf von mindestens 15 verschiedenen Aktien mit einem minimalen Marktwert von einer Million USD oder mehr umfassen. Das Programm ist sozusagen die Liste oder der Stapel mit den einzelnen Positionen, die zusammen gehandelt werden sollen.

Die klassische Strategie ist die *Indexarbitrage* zwischen dem Kassa- und Terminmarkt mittels Kauf und Leerverkauf. Die wirtschaftlich sehr wichtige Aufgabe der Arbitrageure ist die Synchronisation der Märkte, sodass überall derselbe Preis für ein identisches Wertpapier oder einen Risikotreiber besteht. Dies wird erreicht, indem man Preisdiskrepanzen aufspürt und sie mit einer profitablen Transaktion zum Verschwinden bringt. Man versucht so, Profite aus kurzfristigen Verschiebungen im Kursverhältnis zwischen dem Kassamarkt, an dem das Programm gehandelt wird, und dem Terminmarkt auszunutzen. Das „Programm" umfasst meist ein Aktienpaket auf dem Kassamarkt und einen Aktienindexfuture. Da Preisdifferenzen meist sehr klein sind, erzielt man nur eine substanzielle Rendite, wenn die bewegte Masse groß ist.

In der Tab. 5.12 sind die Statistiken für ein Woche wiedergegeben. Der Umsatz betrug rund 2 Mrd. Aktien, die beinahe gesamthaft von 20 Wertpapierhändlern umgesetzt wurden.

Programme, die von der New Yorker Börse geregelt sind, werden fast ausschließlich durch Computer ausgeführt. Anstatt ein Programm als solches an die Börse zu schicken, kann man alternativ den Korb auf verschiedene Makler aufteilen oder aufteilen lassen. Die Aufteilung nach Eigenhandel und Makleraufträgen ist im Verhältnis von rund 40 % zu 60 %. Das proprietäre Trading ist also ziemlich prominent. Zu diesem Tag sind die Aufträge zur Ausführung von Arbitrage allerdings recht gering, nämlich nur ein halbes Prozent.

Auch wenn der Programmhandel nach computergenerierter Strategie riecht, sind die Absichten und Strategien, die mit diesen Paketen verbunden sind, meist nicht von Algorithmen bestimmt, sondern von Hand gemacht. Die Absichten können aus einem Neugewichten eines Portfolios, einer Intraday-Strategie oder einer langfristigen Ausrichtung bestehen.

Dort, wo Algorithmen im Spiel sind, handelt es sich um gut gehütete Geschäftsgeheimnisse, die Secret Sauce, wie man zu sagen pflegt.

Im Krach von 1987 wurde dieser Programmhandel zum Teil für die Verwerfungen verantwortlich gemacht. Im Nachgang hat die Börse eine breite Palette von Maßnahmen und Regeln angeordnet, die einen solchen Einfluss auf den Gesamtmarkt unterbinden sollen. Heutzutage geht man eher von einem wichtigen und nützlichen Mechanismus aus.

Tab. 5.12 Wochenstatistik der NYSE zum Program Trading von 6.–10.07.2015, Angaben in Mio. Aktien (Quelle: NYSE)

Teilnehmer[a]	Index Arbit-rage	Non-Index	Principal	Agency	Non-CS2[b]	CS2	Total
MORGAN STANLEY	0,3	328,5	85,3	243,5	328,8	18	346,8
GOLDMAN SACHS		224	196,6	27,4	224,0	10,4	234,4
BARCLAYS CAPITAL		170,7	14,9	155,8	170,7	1,3	172,1
LATOUR TRADING		160,6	160,6		160,6		160,6
J. P. MORGAN		79,4	33,9	45,5	79,4	78,5	157,9
SG AMERICAS		156,7	84,8	71,9	156,7		156,7
INSTINET	2,6	129,2		131,8	131,8		131,8
DEUTSCHE BANK		126,4	48,6	77,8	126,4		126,4
MERRILL LYNCH		100,5	49,7	50,8	100,5	20,1	120,6
UBS		98,0	2,4	95,5	98		98
CREDIT SUISSE	0,3	82,8	46,3	36,8	83,1		83,1
BNP PARIBAS		71,1		71,1	71,1		71,1
SIG BROKERAGE		52,6		52,6	52,6		52,6
CITIGROUP GM		11,6	2,2	9,4	11,6	26,8	38,4
ITG		34,3		34,3	34,3		34,3
IMC CHICAGO, DBA IMC		22,4	22,4		22,4		22,4
TWO SIGMA		19,6	19,6		19,6		19,6
INTERACTIVE BROKERS	3,8	10,8		14,7	14,7		14,7
SANFORD C. BERNSTEIN		13,5		13,5	13,5		13,5
RBC CAPITAL MARKETS	2,4	6	6,9	1,4	8,3		8,3
Total for 20 Member Firms	9,4	1898,7	774,2	1133,8	1908,1	155,1	2063,3
Total for All Reporting	9,9	1912,1	776,4	1145,5	1922,0	155,1	2077,2
% of Total	0,50 %	92,10 %	37,40 %	55,10 %	92,50 %	7,50 %	100,00 %

[a] aus Platzgründen z. T. Gruppenname.
[b] Crossing Session 2.

5.8.2 High Frequency Trading – Hochfrequenzhandel

Da sich bis jetzt keine allgemein akzeptierte Definition des Hochfrequenzhandels etabliert hat, wird er durch folgende Eigenheiten charakterisiert:

- proprietäres Trading,
- sehr kurze Haltedauern,
- sehr hohe Anzahl an Aufträgen, die sofort storniert werden,
- neutrale Positionen am Ende des Handelstages,
- Minimierung der Latenz durch Kollokation und Proximity Services.

Tab. 5.13 Charakteristiken des Datentransfers zwischen New York (New Jersey) und Chicago. Die relative Geschwindigkeit bezieht sich auf die Lichtgeschwindigkeit im Vakuum (Adler 2012)

Name	Öffentliches Netz	Spread Networks	McKay Bros.	Tradeworx
Technologie	Erdverlegtes Glasfaserkabel	Erdverlegtes Glasfaserkabel	Mikrowellen-strahl	Mikrowellen-strahl
Länge (km)	1609	1328	1197	1176
Kürzeste Zeit Rundreise (ms)	14,5	13,1	9,0	8,5
Fertigstellung	Ende 1980	Aug. 2010	Juli 2012	Winter 2012
Relative Geschwindigkeit (–)	0,37	0,34	0,44	0,46

Der Hochfrequenzhandel lebt davon, langsame Handelsteilnehmer überholen zu können, und deshalb verwenden sie Mietleitungen, die wenigen zu sehr hohen Preisen zur Verfügung gestellt werden. Diese speziellen Leitungen verbinden die Börsen rund um New York mit Chicago. In New York findet der Kassamarkt statt, in Chicago befindet sich der Termin- und Derivatemarkt. Letzterer leistet die Preisentdeckung, sodass Arbitrageure die Preise von Chicago nach New York bringen müssen. In der Tab. 5.13 sind die schnellsten Leitungen aufgeführt, die von den High Frequency Traders verwendet werden. Angeblich hat die Leitung der Spread Networks rund 300 Mio. USD gekostet, die sie in zwei Jahren amortisieren musste, um gewinnbringend zu sein. Sie umfasst 200 Leitungen. Als Zweiter anzukommen ist nicht gut genug.

Allerdings besteht die Verarbeitung einer Order aus der Routenwahl und dem Lesen und Anwenden eines Algorithmus, also Tätigkeiten, die von Software ausgeführt werden. Diese Elemente müssen ebenfalls so schnell wie möglich arbeiten. Selbstverständlich müssen die eigenen Server unmittelbar neben den Servern der Börse oder der Dark Pools stehen, ein Mietgeschäft der Betreiber. Man nennt dies „Kollokation". Abb. 5.28 zeigt die Zunahme von Kollokationen an der Deutschen Börse. Im Jahr 2012 haben über 140 High Frequency Trader also ihre Server bei den Computern der Börse platziert. Man erkennt eine Abnahme des Wachstums.

Eine Figur im Buch von Lewis (2016, 180) sagt bezeichnend zur Philosophie der Quants, die hinter dem Hochfrequenzhandel stecken:

Aus der Sicht der raffiniertesten Händler war der Aktienmarkt kein Mechanismus, über den produktive Unternehmen Kapital erhalten, sondern ein Glücksspiel, dessen Regeln man durchschauen und geschickt verwenden musste.

5.8.2.1 Voraussetzungen

Bis noch vor 15 Jahren herrschte die Meinung vor, die beste Liquidität und damit die besten Ausführungbedingungen würden durch möglichst zentralisierte Börsen erreicht. Sie waren entweder im Besitz der Börsenmitglieder oder staatlich organisiert. Da die-

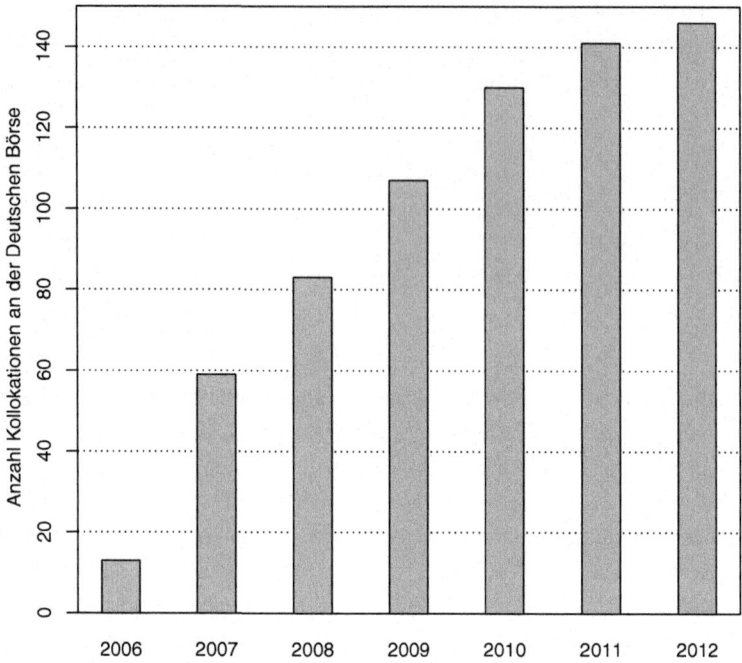

Abb. 5.28 Kollokationen von Servern der High Frequency Trader an der Deutschen Börse (Quelle: Deutsche Börse)

se aber den technischen Möglichkeiten hinterherhinkten und neue Anbieter mit besseren Kostenstrukturen Transaktionen anzogen, entstand eine Vielzahl elektronischer Börsen und die bestehenden wandelten sich Mitte der Neunzigerjahre in gewinnorientierte Publikumsgesellschaften um. Um die Vorteile zentraler Börsen zu erhalten, bestimmt die Regulierung in den USA (Regulation NMS), dass überall der beste Preis, der im System zu finden ist, angeboten werden muss. Ähnlich forderte in der EU die MiFID-1-Direktive die Fragmentierung. Mit der Strukturänderung ging auch eine Änderung der Ertragsstruktur der „Börsen" einher. Mittels Discount und Preisanreize für Makler, der Entlohnung von Liquiditätsanbieter etc. wurde die optimale Ordersteuerung zu einem wesentlichen Erfolgsfaktor. Die Börsen und die Dark Pools verkaufen auch die Nähe von Servern an Kunden und lassen Händler direkt auf die Plattformen.

Neben der Fragmentierung der Handelsplätze hat sich eine Zweiteilung in „dark" und „lit" herausgebildet. Sie unterscheiden sich darin, dass „pre-trade", vor der Ausführung, transparente Informationen vorliegen oder eben nicht.

Handelsplätze besitzen Regularien, worin auch die möglichen Ordertypen, die verarbeitet werden können, angegeben sind. Mit der Vielzahl von Handelsplätzen sind die neben der traditionellen Bestens- und Limitorder bestehenden Ordertypen ins Unübersichtliche gewachsen. Nur da gewisse Handelsplatzbetreiber gleichzeitig über eine affiliierte Gesellschaft auch Hochfrequenzhandel betreiben, sind gewisse Orders verständlich. Beispielsweise gibt es Orders, die eine Weiterleitung an andere Börsen oder das Zuordnen eigener Kauf- und Verkaufsorders verhindern.

Auch aus diesen Gründen ist nur eine summarische Beschreibung der Praktiken möglich, die ihren Nutzen aus tief verborgenen Prozeduren im Programmcode ziehen, die im Wechselspiel mit den Börsenregeln und -gesetzen Vorteile suchen.

5.8.2.2 Strategien

Die Strategien werden von Algorithmen, von Computerprogrammen, ausgeführt, die Quants erstellt haben. Es fällt deshalb schwer, die Verantwortung für mögliche Vergehen oder Umgehungen zu ahnden. Wenn gewisse Strategien von Händlern physisch ausgeführt werden, dann kann es durchaus zu gesetzlicher Verfolgung kommen. Es scheint ein gewisser rechtsfreier Raum geschaffen zu werden, weil die Nachvollziehbarkeit möglicher Vergehen allzu schwierig ist und auch die Gesetze möglicherweise nicht auf die Programme zugeschnitten sind. Im Folgenden sind die Strategien, an IIROC (2012) angelehnt, dargestellt (siehe Tab. 5.14).

Momentum Ignition or Layering

Diese Strategie versucht durch geschicktes Platzieren von Aufträgen und ausführen von Transaktionen andere Marktteilnehmer anzustiften, zu verführen an einen Trend zu glauben und diese zu verleiten, zu überteuerten Kursen zu kaufen oder zu billig zu verkaufen. Layering ist eine mögliche Technik, um diese Strategie umzusetzen. Auf einer Börse werden gutgläubige Orders aufgegeben und gleichzeitig andernorts verschiedene Schichten von schlechtgläubigen (*mala fide*) Aufträgen platziert. Diese dienen dem Locken und sind nicht gedacht, ausgeführt zu werden. Die Schnelligkeit der HF-Trader erlaubt die Stornierung vor der Ausführung. Durch die Preisänderung soll die gutgläubige Order des Traders profitieren. Es wird vorgegeben, dass mehr Liquidität im System vorhanden ist.

Quote Stuffing

Das „Stopfen" der Handelssysteme mit Kauf- und Verkaufaufträgen für einen spezifischen Titel und sofortiger Stornierung, das Fluten der Marktteilnehmer mit Informationen, soll die Verarbeitung derselben so verlangsamen, dass auszunutzende Arbitragemöglichkeiten entstehen.

Spoofing

Spoofing bedeutet auf Deutsch so viel wie reinlegen, beschwindeln, täuschen. Dabei werden nicht auszuführende Limitaufträge übermittelt, um Preise zu manipulieren. Insbesondere versuchen die Trader in der Opening-Auktion oder beim Close einzugreifen, auch um Icebergs, also große Orders zu entdecken. Unter demselben Begriff wird ein Verleiten benannt, falsche Preise zu stellen. Man kann folgenden Vorgaben (also ein Algorithmus) folgen (Hope 2015):

Tab. 5.14 Typische Algorithmen im Handelsbereich, angelehnt an Danish FSA (2016, 9–11)

Name	Beschreibung	Zweck
Execution Algorithm	Der Algorithmus zerlegt große Aufträge in kleinere und verteilt die Ausführung über die Zeit, um die sogenannte Market Impact Cost zu verringern	Die vielen möglichen Strategien kann der Leser in Abschn. 7.1.5 finden
Banking Algorithms	Ausführungen von Transaktionen als Teil des normalen Betriebs, beispielsweise das Rebalancing eines Portfolios aufgrund von bestimmten Kriterien oder die Absicherung eines Marktmachers	Ziel sind die Effizienzsteigerung des Betriebs und zusätzliche Sicherheit
Market Making	Algorithmen, die automatisch Geld-Brief-Spannen für Marktmacher stellen	Neben der Spanne können für die Liquiditätsbereitstellung Vergünstigungen vom Markt kassiert werden
Arbitrage	Ausnutzung von kurzzeitigen Fehlpreisen auf verschiedenen Börsen für eine spezifische Anlage oder unterschiedlicher Korrelationen	Risikofreier Gewinn durch Festmachen einer Preisdiskrepanz für ein Produkt oder für die Cashflowreplikation eines Produktes mit einer Kombination verschiedener Instrumente
Statistische Korrelation	Arbitrage für nicht perfekt korrelierte Instrumente	Strategie, die Basisrisiko enthält
Direction-based, News-based	Algorithmen, die kurzfristig Prognosen über Kursverläufe aufgrund neuer Informationen im weitesten Sinn produzieren	Gewinne entstehen für diejenigen, welche neue Informationen als Erste richtig verwerten können. Dies ist für die optimale Ausführung bestehender Orders wichtig
Sniffing Algorithms	Aufspüren von Liquidität, also versteckten Iceberg Orders, in den Börsen oder den Dark Pools. Kleine Aufträge können Teile von großen sein. Abfangen von Aufträgen, um sozusagen Front Running zu betreiben	Geschicktes Ausnutzen von versteckter Information bezüglich künftiger potenzieller Kursbewegungen. Bessere Preise können erzielt werden, wenn versteckte Orders bekannt werden
Momentum Ignition, Trend Initiating	Schnelles Platzieren von schlechtgläubigen Aufträgen, um einen Kurstrend zu initiieren. Das ist oder grenzt an Kursmanipulation	Gewinn auf dem Rücken anderer Marktteilnehmer, die dem Trend folgen
Spoofing, Layering	Platzieren von kleinen Kauf-(Verkauf-)Aufträgen, um danach große Verkauf-(Kauf-)Aufträge zu setzten. Vorgaukeln unechter Liquidität und Verschieben der Geld-Brief-Spanne. Klare Kursmanipulation	Ausnutzen manipulierter Preise

1. Teil:
   a) Spoofer bietet ein großes Volumen zum Verkauf an zum Preis von 45,03,
   b) andere Verkäufer folgen, denn sie werden verleitet zu denken, der aktuelle Preis
      von 45,05 sei zu hoch,
   c) der Spoofer storniert seine Order und kauft gleichzeitig zu 45,03.
2. Teil (anschließende Umkehrung von 1):
   d) Spoofer gibt einen großen Kaufauftrag zu 45,04 auf,
   e) andere Käufer folgen dem Preis,
   f) Spoofer storniert den Auftrag und verkauft zu 45,04.

Netto ist ein Gewinn von scheinbar geringen 0,01 USD pro Kontrakt entstanden. Für eine Ordergröße von 10.000 springen 100 USD raus. Der Trick bei der Sache ist, dass ein Programm diesen Algorithmus 25.000-mal pro Tag ausführt. Angenommen diese Taktik ist in 50 % der Fälle erfolgreich, dann sind wir schon bei einem Tagesgewinn von 1,25 Mio. USD. Ganz legal ist dies nicht, aber eine Straftat aufgrund eines Programms zu verfolgen, ist auch nicht ganz leicht.

Wer trägt den möglichen Schaden? Für einen Manager, der ein Milliardenportfolio betreut, fallen die vermeintlichen Kosten nicht ins Gewicht. Nur wenn ein Offizialdelikt vorliegt, wird eine Verfolgung stattfinden.

Abusive Liquidity Detection

Während des Pre-Opening (siehe Abb. 5.7) können Order platziert oder storniert werden, aber es finden keine Transaktionen statt. Es werden große Orders sichtbar („displaid" oder „lit") oder verdeckt („dark") aufgegeben und wieder storniert oder *Sondierungsorders* (Pinging Order) platziert, um indirekt Informationen über die Orders zu erlangen. „Abusive" deutet auf einen Missbrauch hin, entweder des Anstandes oder der Regeln. Erlangte Informationen werden dann genutzt, um vor der ausgespähten Order zu handeln.

Das Vorgaukeln von Liquidität wird mit sogenannten Wash Trades erreicht, indem man mit sich selber ständig kauft und verkauft.

Quote Manipulation

Diese weitere Spielart von Manipulation zielt mit spezifischen Aktionen und *Mala-fide-*Orders im „Lit" Market darauf ab, den Preis in verdeckten („dark") Märkten zu beeinflussen. Denn die nichtsichtbaren Orders übernehmen die Preise aus den gezeigten Orderbüchern. Absicht ist eine Transaktion im Dunkeln zu einem besseren Preis.

Bevor der Eindruck entsteht, die Hochfrequenzhändler seien alle Betrüger, muss man ehrlicherweise zugeben, dass die häufigsten Strategien sich um die *Arbitrage* drehen und um die kurzfristige, gerichtete Positionsnahme. Arbitrage wird als für die Liquidität der Märkte wichtiger Mechanismus gesehen und als Argument den Kritikern von Hochfrequenzhandel entgegengehalten.

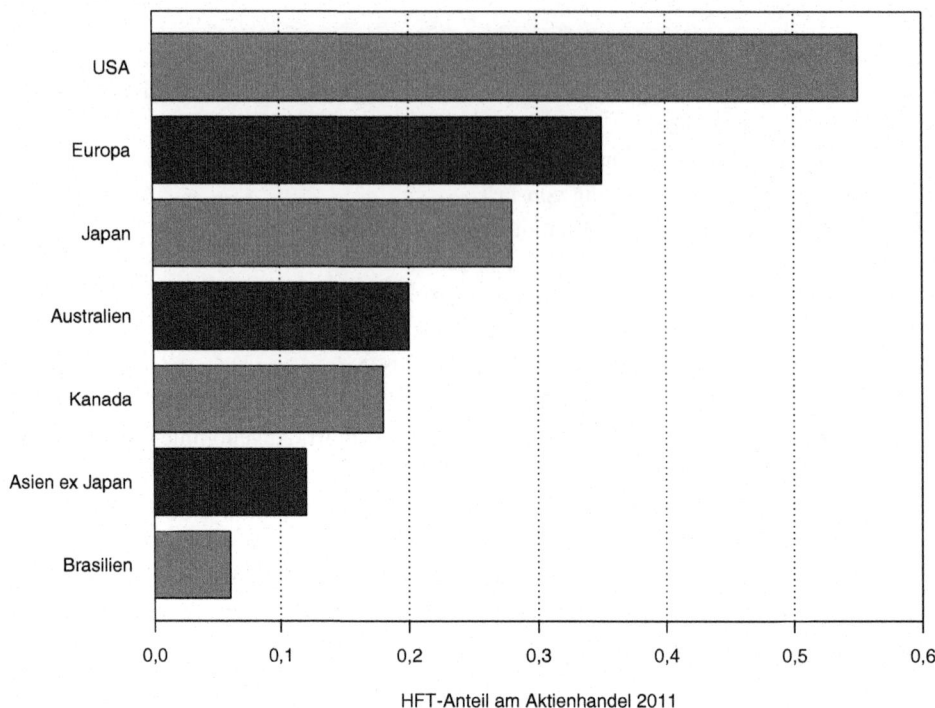

HFT-Anteil am Aktienhandel 2011

Abb. 5.29 Der Anteil von Hochfrequenzhandel nach Geografie im Jahr 2011 (Quelle: u. a. Hedge-funds Journal)

5.8.2.3 Schnelligkeit genannt „Latenz"

Latet heißt auf Lateinisch, „es ist verborgen". Im technischen Sprachgebrauch bedeutet Latenzzeit die Verzögerung zwischen einem Input und einem Output. Eine kurze Zeit wird als Schnelligkeit verstanden. Weiter oben haben wir schon von den technischen Möglichkeiten und dem entsprechenden Businessmodell gesprochen, wonach unternehmerischen Marktplätzen Kollokation, das Aufstellen von Kundenservern in unmittelbarer Nähe der Börsenserver, angeboten wird und andere Anbieter ultraschnelle Verbindungen zwischen Handelszentren vermieten.

Wie kann man vom Geschwindigkeitsunterschied zwischen „langsamen" und „blitz-schnellen" Marktteilnehmern profitieren? Die entsprechenden Verfahren nennt man Front Running, ein alter Bekannter, und Flash Trading, der neue Hype.

Für die Vorstellung ist es einfacher, den Prozess wesentlich verlangsamt zu betrachten, denn der Umgang mit Mikro- und Nanosekunden ist nicht intuitiv. In Abschn. 1.3.2.2 haben wir vom 1866 in Betrieb genommenen Kabel gesprochen. Die Analogie besteht in einer per Schiff aufgegebenen Order, die am Hafen abgehört wurde und per Telegramm und Kabel unter dem Ozean eine Börse erreicht. Der Institutionelle mit der schriftlichen Order wünscht eine große Anzahl einer bestimmten Aktie zu kaufen. Der Späher sorgt

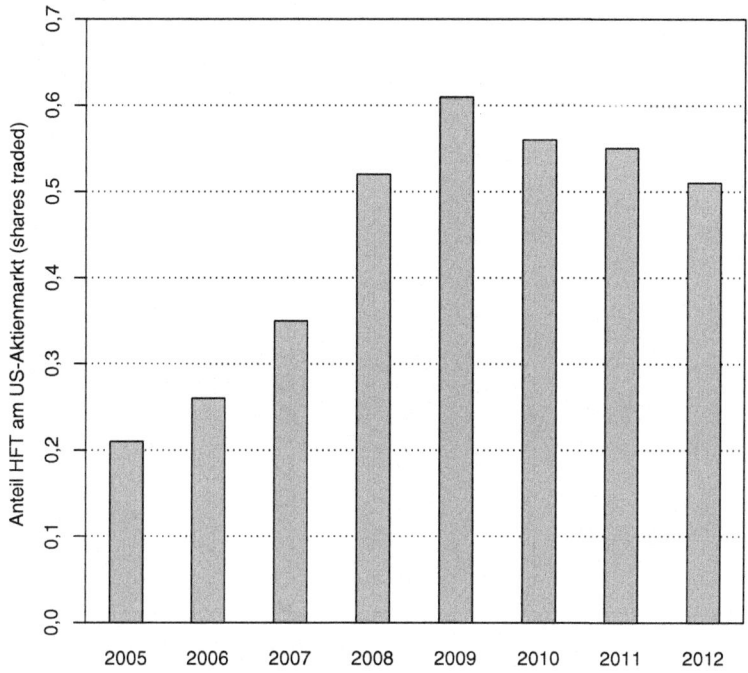

Abb. 5.30 Anteil HFT am US-amerikanischen Aktienhandel (Quelle: Tabb Group). In den Jahren 2013–2016 ist der Anteil konstant geblieben bei knapp unter 50 %

dafür, dass er noch billig einkaufen und die Aktien zu einem höheren Preis anbieten kann. Dieser Prozess ist automatisiert, sodass er eben häufig, mit hoher Frequenz, ausgeführt werden kann. Geschwindigkeitsunterschiede bestehen auch in der Berechnung von konsolidierten Preisen, wie etwa die National Best Bid Offer (NBBO), die im US-Hoheitsgebiet tiefsten Geld- und höchsten Briefkurse. Dazu sammelt eine offizielle Stelle (Security Information Processor) die entsprechenden Quotes ein, verifiziert sie und gibt sie an den Markt zurück. In Europa gilt der EBBO (European Best Bid Offer). Rechteinhaber oder Provider von Indizes müssen diese ebenfalls ständig aufgrund der Preise ihrer Elemente neu berechnen. Schnelle Marktteilnehmer, die große Orders vorbeiziehen sehen, können zum Teil die Indizes oder Preise schneller berechnen als der offiziell Beauftragte. Damit entstehen Arbitrageopportunitäten.

In der Abb. 5.29 erkennt man die Bedeutung von Hochfrequenzhändlern. Denn in den USA beträgt der zahlenmäßige Anteil am Effektenhandel mehr als 50 %. Damit ist auch schon gesagt, dass ein gesunder Markt nur die positiven Seiten des Hochfrequenzhandels braucht. Die Regulierung spiegelt die Komplexität des Handels, damit ist sie ähnlich byzantinisch.

Beim Aktienhandel in den USA (Abb. 5.30) erkennt man allerdings einen kleinen Rückgang der Aktivität. Dies könnte durchaus dem Wirken der Regulierung oder der ordnenden Hand des Wettbewerbs zuzuschreiben sein.

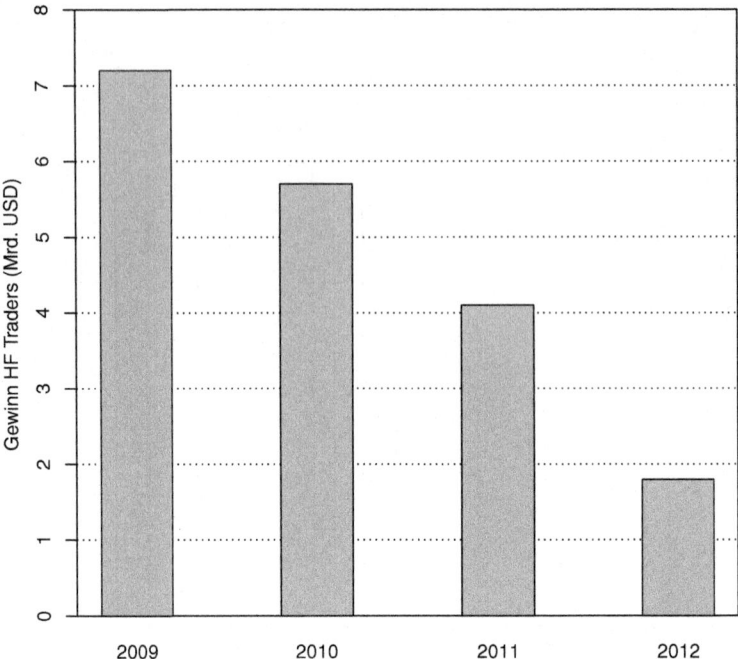

Abb. 5.31 Gewinn der Hochfrequenzhändler konsolidiert (Quelle: Tabb Group)

In der Abb. 5.31 erkennt man einen dramatischen Rückgang des sehr wahrscheinlich nur näherungsweise bestimmten Gewinns der Händler. Man sieht sich an die klassischen Lehren der Ökonomie erinnert, die ja postulieren, dass die Gewinne, volks-, aber nicht betriebswirtschaftlich gegen null gehen. Hier herrscht noch ein ausgeprägter Wettbewerb zwischen den Algorithmen.

Literatur

Adler, J. (2012). Raging Bulls: How Wall Street Got Addicted to Light-Speed Trading. *Wired*, (8. März 2012).

CGFS (2014). Market-making and proprietary trading: industry trends, drivers and policy implications. CGFS Papers 52, Bank for International Settlements: Committee on the Global Financial System, Basel.

Choudhry, M. (2010). *The REPO handbook*. Oxford Boston: Butterworth-Heinemann.

Danish, F. S. A. (2016). *Algorithmic trading on the NASDAQ Copenhagen. Report.* Copenhagen: Danish Financial Supervisory Authority; Finanstilsynet.

Derman, E. (2004). *My life as a quant: reflections on physics and finance*. Hoboken, N.J: Wiley.

Duffie, D. (1989). *Futures markets*. Englewood Cliffs, N.J: Prentice Hall.

FCA (2015). Hedge Fund Survey. Survey Report, Financial Conduct Authority, London.

Franzetti, C. (1995). *Finanzmärkte: Akteure, Mechanik, Produkte*. Zürich: Orell-Füssli.

Gigerenzer, G., Swijtink, Z., Porter, T., Daston, L., Beatty, J., & Krüger, L. (1989). *The Empire of chance: how probability changed science and everyday life*. Cambridge England New York: Cambridge University Press.

Haug, E. (2006). *The Complete Guide to Option Pricing Formulas*. New York: McGraw-Hill.

Hope, B. (2015). As Spoof Trading Persists, Regulators Clamp Down. *The Wall Street Journal*, (22. Febr. 2015).

Hull, J. (2012). *Risk management and financial institutions*. Hoboken, New Jersey: John Wiley & Sons, Inc.

IIROC (2012). Proposed Guidance on Certain Manipulative and Deceptive Trading Practices. Rules Notice, Investment Industry Regulation of Canada, Ottawa.

Jarrow, R., & Turnbull, S. (1996). *Derivative securities*. Cincinnati, Ohio: South-Western College Pub.

Kuznetsov, A. (2007). *The complete guide to capital markets for quantitative professionals*. New York: McGraw-Hill.

Lewis, M. (2016). *Flash Boys Wie Insider die Börse manipulieren*. München: Goldmann Verlag.

Meyer, H. (1908). *Meyers Grosses Konversations-Lexikon* (6. Aufl.). Bd. 4. Leipzig: Bibliographisches Institut.

Patterson, S. (2010). *The quants: how a small band of math wizards took over Wall St. and nearly destroyed it*. New York: Crown.

Scott-Quinn, B. (2012). *Commercial and investment banking and the international credit and capital markets: a guide to the global finance industry and its governance*. Houndmills, Basingstoke New York, NY: Palgrave Macmillan.

Sorenson, E. H., Miller, K. L., & Cox, D. E. (1998). *The Salomon Smith Barney Introductory Guide to Equity Options*. *Report*. New York: Salomon Smith Barney.

Sutherland, A., & Court, J. (2013). *The front office manual: the definitive guide to trading, structuring, and sales*. New York, NY.: Palgrave Macmillan.

Tavakoli, J. (1998). *Credit derivatives: a guide to instruments and applications*. New York: Wiley.

Global Fixed Income – Sales & Trading

6

Der Bereich Sales & Trading ist für die Sekundärmarktaktivitäten einer Investmentbank verantwortlich. Heute arbeiten hier im Wesentlichen drei verschiedene Berufsgruppen im Frontoffice: Sales (Verkäufer), Trader (Händler) und Structurer (Strukturierer).

Die Sales-Mitarbeiter arbeiten eng mit den Kunden zusammen und beraten sie hinsichtlich ihrer Anlagestrategien und Portfolioumschichtungen. Dabei regen sie auch aktiv den Kauf oder Verkauf bestimmter Wertpapiere und Finanzprodukte an.

Die Trader führen zum einen die Wertpapiergeschäfte aus, die über den Sales durch den Kunden erfolgen. Zum anderen handeln Investmentbanken auch auf eigene Rechnung (Proprietary Trading). Dabei versuchen die Trader durch Arbitrage oder Spekulation Gewinne für die Bank zu erzielen.

Infolge hoher Verluste im Proprietary Trading im Zuge der Finanzkrise haben viele Investmentbanken die Anzahl ihrer Proprietary Trader allerdings stark zurückgefahren.

Die Structurer versuchen mithilfe moderner Finanzinstrumente maßgeschneiderte Kundenlösungen zu entwickeln. Dabei greifen sie in der Regel auf verschiedene Arten von Derivaten zurück. Die zunehmende Komplexität und die damit häufig auftretende Intransparenz von Finanzprodukten gelten als eine der Ursachen der aktuellen Finanzkrise (Gorton (2012) und Duffie (2010)). Die wesentlichen Asset-Klassen, in denen Investmentbanken aktiv sind, sind heute Equity (Aktien), Rates (Zinsen), Foreign Exchange (Währungen), Commodities (Rohstoffe) und Credit (Kredite).

Zur Erinnerung: Die Abb. 5.3 zeigt zum einen die zwei Seiten des Sekundärmarktes, die Verkäuferseite und die Käuferseite. Als Käufer treten typischerweise Hedgefonds, Pensionskassen, Vermögensverwalter und private Investoren auf. Die Pfeile stellen Aufträge dar. Börsenaufträge können vom Investor an Makler gehen und von diesen an die Börse, von gewissen Investoren direkt an einen Händler und von Händlern zu Interdealer-Brokers. Diese spezialisierten Makler vermitteln Geschäfte zwischen den Händlern. Sie können sicherstellen, dass die einzelnen Händler nicht erkannt werden. Zudem sind sie in der Lage, größere Aufträge zu vermitteln. Der Markt für Interdealer-Brokers ist natürlicherweise ziemlich eng, es gibt 5 solcher Makler, die zusammen einen Marktanteil von

© Springer Fachmedien Wiesbaden GmbH, ein Teil von Springer Nature 2018   271
C. Franzetti, *Investmentbanken*, https://doi.org/10.1007/978-3-658-20791-5_6

Tab. 6.1 Handelserträge in Mrd. USD der großen Investmentbanken 2015 (Quelle: UBS)

Rang	Bond Trading			Equity Trading		
	Bank	Ertrag	Anteil [%]	Bank	Ertrag	Anteil (%)
1	J. P. Morgan Chase	10,0	19,2	Morgan Stanley	6,3	17,5
2	Citigroup	9,1	17,5	Goldman Sachs	6,0	16,7
3	Deutsche Bank	7,2	13,8	J. P. Morgan Chase	4,6	12,8
4	Bank of Amerika	6,9	13,2	Credit Suisse	4,1	11,4
5	Goldman Sachs	5,9	11,3	Bank of America	3,5	9,7
6	Credit Suisse	3,8	7,3	UBS	3,4	9,5
7	Morgan Stanley	3,8	7,3	Deutsche Bank	2,8	7,8
8	Barclays	3,7	7,1	Barclays	2,6	7,2
9	UBS	1,7	3,3	Citigroup	2,6	7,2

Tab. 6.2 Jahresumsätze[a] von Bonds nach Börsen für das Jahr 2011 in Mrd. USD (Quelle: World Federation of Exchanges)

Rank	Exchange	Total	Domestic Private Sector	Domestic Public Sector	Foreign
1	BME Spanish Exchanges	17.345,4	7613,4	9732,0	0,0
2	London SE Group	5386,1	104,3	4939,4	342,4
3	Johannesburg SE	2883,4	71,7	2811,5	0,2
4	NASDAQ OMX Nordic Exchange	2700,1	1569,5	1094,1	36,5
5	Colombia SE	912,7	176,8	734,9	1,0
6	Korea Exchange	746,0	5,8	740,2	0,0
7	Oslo Børs	592,0	63,7	527,8	0,5
8	Gretai Securities Market	519,9	40,6	478,9	0,5
9	IMKB	512,0	4,9	456,6	50,5
10	MICEX	298,1	175,4	121,4	1,3
	Global	29.905,8			

[a] Electronic Order Book und Negotiated Deals.

85 % erreichen. Diese sind: ICAP, Tullett Prebon, BGC, Tradition und GFI. Man erkennt an der Abbildung auch, dass Börsen eigentlich Zusammenschlüsse von Maklern sind.

Um ein Gefühl für die Dimensionen der Handelserträge zu erlangen, schaue man sich die Tab. 6.1 an. Das Bond-Trading ist lukrativer als der Handel mit Aktien. Bei den 9 größten ist das Verhältnis von 6 zu 4, also um rund 50 % höher bei den Bonds. Dazu muss man allerdings sagen, dass es pro gehandelte Aktie rund 200 Bonds gibt.

Zweitens sieht man, dass die Institute eher das eine als das andere bevorzugen; es gibt eine Spezialisierung. Drittens, wie abermals konstatiert, sind die ersten paar Institute wesentlich ertragreicher als die folgenden. Bonds werden hauptsächlich „over the counter" gehandelt, sodass die Tab 6.2 zu relativieren ist. Tab. 6.2 zeigt aber auch Umsätze an Börsen, wobei die spanische führend ist. Es gibt also lokale Unterschiede, denn Bonds sind

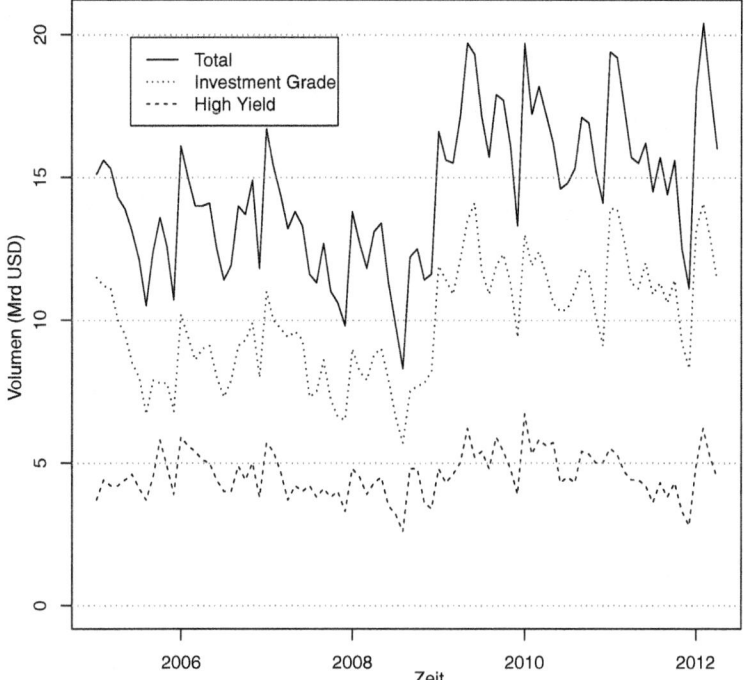

Abb. 6.1 US-Bond-Handelsvolumen, täglicher Umsatz (Quelle: Board of Governors of the Federal Reserve System)

im Vergleich zu Aktien auch eher lokal. In den USA sehen die täglichen Umsätze gemäß Abb. 6.1 aus.

6.1 Produktegliederung

Der Handel mit Forderungspapieren, Fixed Income wird mit Rohwaren (Commodities) und Devisen (Currencies) angereichert, wodurch die übliche Bezeichnung FICC resultiert. Die Festverzinslichen sind aber nicht immer festverzinslich, was man aber geflissentlich übersehen darf.

Forderungspapiere sind eigentlich allesamt *Derivate*, denn sie hängen, meist in einer nichttrivialen Art, von Zinsen ab. Meistens ist die Abhängigkeit umgekehrt proportional, d. h., eine Erhöhung der Zinsen führt zu einer Wertminderung des Zinstitels. Obligationen werden somit immer *relativ* zu anderen Bonds bewertet. Die Zinsen werden maßgeblich von den Zentralbanken gesteuert. Deshalb sind die in Rates gehandelten Risiken vor allem *makroökonomisch*.

Neben dem Zins gibt es noch die Bonität des Emittenten, die sich als Kreditspanne (Credit Spread) manifestiert. Das Kreditrisiko muss abgegolten werden. Staatspapiere von den G10-Ländern gelten als risikolos, während Unternehmungen und Schwellenländer als riskant betrachtet werden. Unternehmungen unterliegen anderen Einflüssen als Staaten, nämlich firmeneigenen (idiosynkratischen), industriespezifischen und konjunkturellen sowie globalen Risiken. Diese Unterschiede äußern sich in der Organisation des Handels.

Investmentbanken unterscheiden deshalb zwischen Rates, wo die Staatspapierund beinahe risikofreien Anleihen gehandelt werden, die von den Zinsen oder besser der Zinsstrukturkurve abhängen. Riskante Forderungspapiere, von Unternehmungen vor allem, werden in einer Abteilung Credit behandelt. Kredit als Distanz zur Insolvenz verstanden, hat wiederum eine hohe Affinität zu Equities.

Wir beschreiben den Handel von FICC anhand folgender Kategorien:

- Rates (Fixed Income),
- Credit (Fixed Income),
- Emerging Markets (Fixed Income),
- Money Markets (Fixed Income),
- Currencies,
- Commodities.

Die Produktekategorien weisen sodann die zwei Dimensionen von Basistitel, z. B. eine Schuldverschreibung, und Derivaten auf.

Die Risiken drehen sich grob gesprochen um die drei Hauptkategorien (i) Liquidität, (ii) Zinsänderung und (iii) Ausfallsrisiko. Letzteres ist in den besten Staatstiteln verschwindend. Zinsen enthalten makroökonomische Risikotreiber, Ausfallsrisiken enthalten sowohl makroökonomische Treiber, wie die „Konjuktur", und firmentypische, idiosynkratische Risiken, wie etwa ein ungetreuer Geschäftsführer.

6.2 Rates – Zinsprodukte

Rates im Umfeld von Zinspapieren sind äquivalent zu risikofreien Anlagen. Diese stehen im Gegensatz zu risikobehafteten, die wiederum den Unternehmensanleihen gleichgesetzt werden.

6.2.1 Zinsen und Bewertung

Zinssätze und die Preise von Zinstiteln sind wechselseitig abhängig. Zum einen werden Zinse gehandelt, sodass die Werte als Derivat verstanden werden können, andersseits werden Titel, wie z. B. Swaps, gehandelt, die wiederum die Zinsen determinieren.

Abb. 6.2 Transmission der
Zentralbankzinssätze ins Publi-
kum über zwei Kanäle (Quelle:
Nomura)

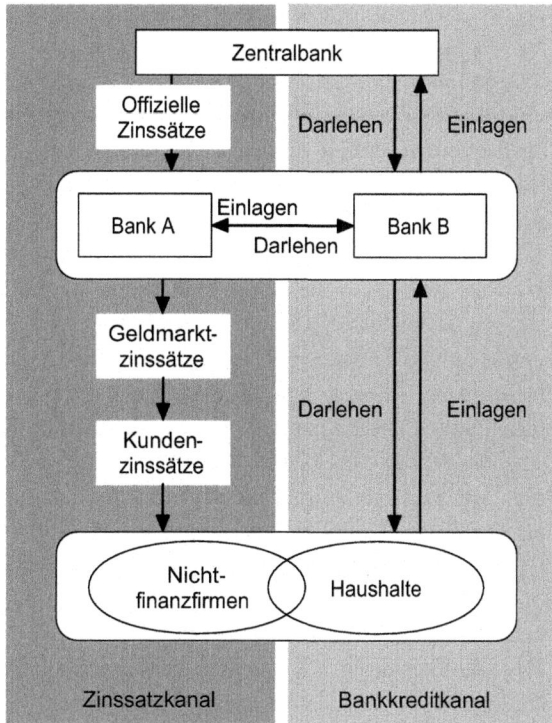

6.2.1.1 Zinssätze

Die *Zentralbanken* spielen eine wichtige Rolle bei der Festlegung der Zinssätze, denn
aus den offiziellen Zinssätzen leiten sich alle weiteren Zinssätze ab, beispielsweise die
Interbankensätze (Libor), Swaps-Sätze und Kundensätze. In Abb. 6.2 sind die Verhältnisse vereinfacht dargestellt, und zwar als Übertragung durch zwei Kanäle, die Zinsen und
die Bankkredite. Der *Geldmarkt* im engen Sinn ist der Tausch unter der Zentralbank und
den kommerziellen Banken. Die Zentralbanken sind in erster Linie der Preisstabilität verpflichtet, die häufig als Eingabelung der Inflation in ein bestimmtes Intervall betrieben
wird. Weitere Ziele sind Beeinflussung der Wechselkurse und zum Teil die Bekämpfung
der Arbeitslosigkeit.

Der Zinskanal funktioniert wie folgt: Banken brauchen Zentralbankgeld, zum einen um
den Bargeldbedarf ihrer Kundschaft befriedigen zu können, zum anderen zur Abwicklung
des Zahlungsverkehrs und drittens zum Halten von Mindestreserven. Um sich das benötigte Zentralbankgeld zu beschaffen, sind die Banken in normalen Zeiten darauf angewiesen,
dass die Zentralbank dem Bankensystem über „Refinanzierungsgeschäfte" Kredite gewährt, für die sie den als *Leitzins* bezeichneten Zinssatz der Zentralbank zahlen. Die
Europäische Zentralbank EZB steuert die Geldmarktzinssätze (Hauptrefinanzierungssatz,
Spitzenrefinanzierungssatz und Einlagesatz). Der effektive Geldmarktzinssatz bewegt sich

meistens zwischen Spitzenrefinanzierungssatz und Einlagesatz, die den „Zinskorridor" einhegen. Angebot und Nachfrage von Zentralbankgeld für bestimmte Fristen bilden letztlich den effektiven Satz.

Erhöht die Zentralbank diese Zinssätze, heben die Banken meist auch ihrerseits die Zinssätze an, zu denen sie selbst Kredite an Kunden oder unter den Banken vergeben, sowie verzinsen mittels Einlagenpolitik Kundengelder. Es kommt zu einem allgemeinen Anstieg des Zinsniveaus.

Zinssätze sind das wichtigste Steuerungsinstrument der Wirtschaft. Je höher der Zinssatz, desto profitabler müssen Projekte sein, um realisiert zu werden. Auch eine Hurdle Rate oder ein Internal Rate of Return (IRR) hängen am Zinssatz und damit auch der Firmen- und Aktienwert. Der Zinssatz als Preis für die Überlassung von Geld ist der Mechanismus zur Allokation von Geld.

Der Zins ist das Entgelt für die Überlassung von Kapital, das wiederum aus künftigen Geldzahlungen besteht. Die Währung für den Zins ist der Zinssatz, eine dimensionslose Größe, die *per annum* angegeben wird. Wie schon bei der Umgehung des Zinsverbots kann der Zinssatz implizit sein, indem ein Kapital von 100 % vereinbart wird, aber nur ein geringerer Teil ausbezahlt wird. Dieser Zins wird als Diskont bezeichnet. Diese Methode wird bei kurzfristigen Instrumenten eingesetzt, wo auch bis zur Endfälligkeit keine Zwischenzahlungen erfolgen.

Der Zins bestimmt sich aus dem Kapitalbetrag, der Laufzeit und allfälligen Zwischenzahlungen und dem Zinssatz. Bei der Berechnung der Laufzeit gibt es verschiedene Methoden, die vor allem im unterjährigen Bereich von Bedeutung sind.

Für internationale nichtvariabel verzinste Bonds rechnet man mit der 30/360-Zinsusanz. Dabei verwendet man (B.3) in Anhang B.1.2.

Damit hat man auch das Problem mit den Schalttagen gelöst. Die Berechnung der Zinsperiode ist eine eigene Wissenschaft, die wir hier nicht weiter erörtern wollen. Die Usanzen bestimmten, was ein Jahr ist und wie die Tage berechnet werden. Deshalb nennt man Usanzen z. B. „30/360", „A/A" oder „A/365", wobei A für „actual" steht, die effektive Anzahl der Tage (siehe Anhang B.1.2).

Der Mathematiker hat sich die Darstellung vereinfacht, indem er von einer kontinuierlichen Verzinsung ausgeht, die auch die Problematik umgeht, dass in gewissen Ländern Bonds halbjährlich Zinsen zahlen, wogegen in anderen diese jährlich erfolgen. Die Formel für einen mehrjährigen Bond ist in Anhang B.1.1 zu finden.

In der Abb. 6.3 sind mehrere Zinsstrukturkurven wiedergegeben. Die Spot Rate ist die Zero Coupon Yield Rate, die zur risikofreien Abzinsung zu verwendende Kurve. Dahinter findet man die Par Yield Curve, diejenigen Effektivzinsen, die einen Bond mit Coupon zum Par-Wert von 100 % abzinsen. Der Unterschied zu vorigen Kurve ist der Couponeffekt. Die Renditekurve soll zeigen, dass die Kurven nicht glatt sind, weswegen man schmiegsame Kurven für die Modelle optimiert. Die Euribor und Swap-Kurve liegen höher als die anderen, weil hier das Kreditrisiko der Banken enthalten ist. Zudem erkennt man im unterjährigen Bereich, dass die Konventionen und Usanzen anders sind. Die richtige Verwendung von Zinskurven ist eine kritische Angelegenheit.

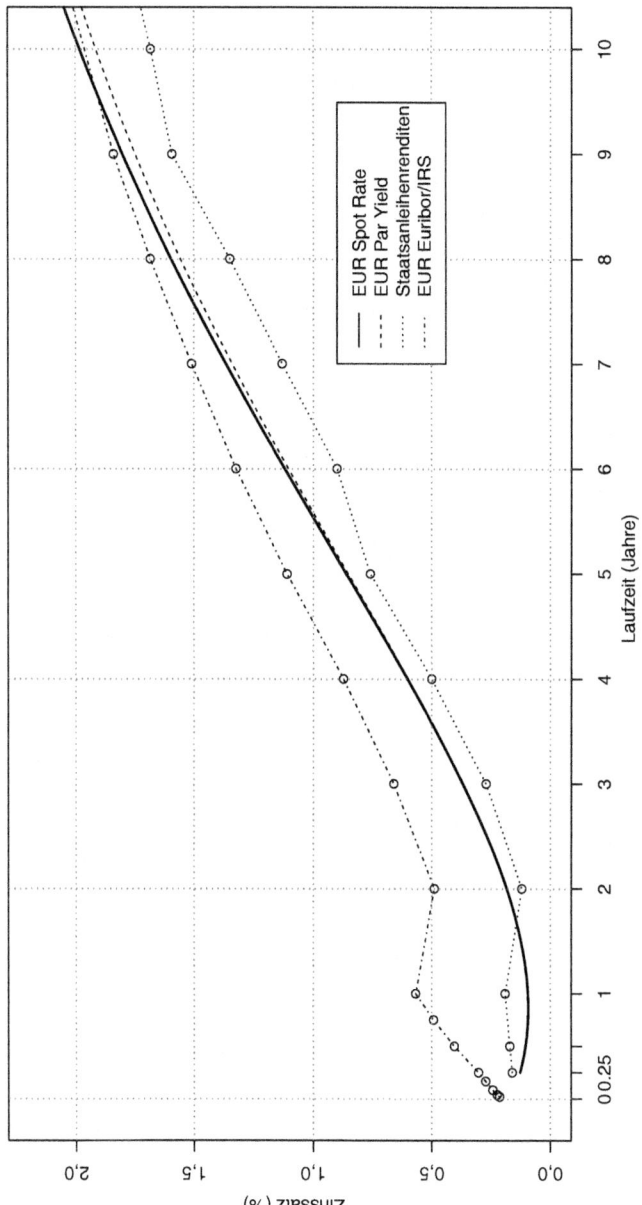

Abb. 6.3 Zinsstrukturkurven. Es gibt nicht nur eine Zinskurve, sondern mehrere. Die Unterschiede ergeben sich rechnerisch aus der Definition und aus dem Risiko, d. h. Staat oder Banken etc. Typisch, aber nicht zwingend, sind die Zinsen für langen Verzicht auf Liquidität höher. Die Darstellung bezieht sich auf einen Zeitpunkt, als die Zinsen noch einigermaßen normal waren

6.2.1.2 Bewertung

Der Wert von Zahlungsströmen hängt vom Betrachtungszeitpunkt ab. Den heutigen Wert einer künftigen oder heutigen Zahlung nennt man Barwert und auf Englisch treffend Present Value. Die Bewertung einer Zahlung A im Zeitpunkt t_A zu einem Zeitpunkt t wird durch die Aufzinsung ($t > t_A$) oder die Abzinsung ($t < t_A$) erreicht. Dafür gibt es verschiedene Konventionen resp. Usanzen. Der entsprechende Betrag wird mit einem Faktor gemäß folgender Tabelle multipliziert, wobei τ die Differenz der Zeitpunkte geteilt durch die Jahrestage nach Maßgabe der Usanz bestimmt wird.

Methode	Aufzinsen Zinsfaktor $b(t, r)$	Abzinsen Diskontfaktor $v(t, r)$	Einsatz
Einfache	$(1 + r_1 \cdot \Delta\tau)$	$(1 + r_1 \cdot \Delta\tau)^{-1}$	Geldmarkt
Exponentielle	$(1 + r_2)^{\Delta\tau}$	$(1 + r_2)^{-\Delta\tau}$	Effektivzins (ISMA)
Kontinuierliche	$e^{r_3 \cdot \Delta\tau}$	$e^{-r_3 \cdot \Delta\tau}$	Finanzmathematik

Um denselben Barwert zu errechnen, müssen die Werte je nach Methode leicht unterschiedlich sein. Bei der exponentiellen Methode kann die implizierte Periode auch kürzer als ein Jahr sein. Angenommen die Zinsen werden gemäß Konvention hälftig nach sechs Monaten bezahlt, so ist der Faktor $(1 + r_2/2)^{\Delta\tau \cdot 2}$ und allgemein $(1 + r_2/n)^{\Delta\tau \cdot n}$. Die für die entsprechende Laufzeit maßgeblichen Zinssätze entnimmt man der Zinsstrukturkurve (Abb. 6.3).

Will man den Zeitwert einer künftigen Zahlung A im Zeitpunkt t_1 für den Zeitpunkt t_2 hochrechnen, zinst man zuerst auf heute, also t ab, und dann von hier wieder hoch. Das ergibt $Z(A, t_2) = A \cdot v(t_1, r_1) \cdot b(t_2, r_2)$ oder $A \cdot v(t_2, r_2)/v(t_1, r_1)$. Damit ist der sogenannte Forward-Zinssatz bestimmt. Je nach Methode ergibt sich der Forward-Zinssatz $f(t_1, t_2)$ zu (generell):

$$f(t_1, t_2) = v(t_2, r_2)/v(t_1, r_1) - 1,$$

exponentiell:

$$f_e(t_1, t_2) = (b_2 \cdot v_1)^{\frac{1}{t_2 - t_1}} - 1$$

oder (kontinuierlich)

$$f_c(t_1, t_2) = \frac{r_2 \cdot t_2 - r_1 \cdot t_1}{t_2 - t_1}.$$

Bei vielen Fixed-Income-Papieren sind Optionalitäten eingebettet. Bonds können vom Emittenten gekündigt werden (Callable Bond), vom Investor zurückgegeben werden (Puttable Bond) oder eingetauscht werden (Convertible und Exchangeable Bond). Die aber am schwierigsten zu berechnenden Instrumente sind häufig die amerikanischen Hypotheken. In Europa dient eine Liegenschaft zwar als Sicherheit für einen Kredit, dieser ist aber vollständig zu bedienen. In USA kann man hingegen die Liegenschaft schuldbefreiend hingeben; der Verlust des Kreditnehmers an der Liegenschaft ist auf seinen Anteil beschränkt. Zudem kann er die Hypothek für bessere Konditionen kündigen.

Tab. 6.3 CDS-Spreads für exemplarische Schuldner, 22.07.2014 (Quelle: IHS Markit)

Land	Spread (bp)	Firma	Spread (bp)
Deutschland	21,84	Bristol Myers Squibb	21,97
Neuseeland	27,94	Mitsui Sumitomo Insurance	25,29
Japan	36,86	Deutsche Bank	73,72
Frankreich	42,51	LG Electronics	77,75
Mexico	72,42	Banco Santander	79,11
Kolumbien	82,04	Banco Bilbao Vizcaya Argentaria	83,02
Brasilien	132,97	Commerzbank	90,85
Kasachstan	150,19	Air France	128,42
Russland	207,95	Banco Bradesco	204,88
Argentinien	1784,35	Dexia Crédit Local	216,65

6.2.2 Sovereign Bonds – Staatsanleihen

Die hier gemeinten Staatsanleihen beziehen sich auf die besten Qualitäten, die als beinahe risikolos betrachtet werden. Diese Staaten können auf ihr Steuersubstrat, d. h. Steuererhöhungen, setzen, um die Anleihen abzusichern. Als risikolos werden die elf Staaten der G10 betrachtet, die da wären: Die USA, Kanada, Großbritannien, Frankreich, Deutschland, Italien, Belgien, die Niederlande, Schweden, Japan und die Schweiz. Italien, Belgien und Frankreich haben allerdings sehr hohe Verschuldungsquoten und haben die Krise angesichts der hohen Arbeitslosigkeit noch nicht überwunden. Mit der Einführung des Euro sind die Eurostaaten hier im Fokus des Interesses.

Country Risk bezeichnet die Risiken im Zusammenhang mit den Aktionen des Staates, wie Enteignung, Kapitalverkehrskontrollen, Zahlungsmoratorien etc. Darüber hinaus bezeichnet Sovereign Risk das Kreditrisiko des Staates, wenn er beispielsweise Anleihen nicht honoriert. Dies sind Spielarten des Kreditrisikos. Kreditrisiko wird quantifiziert als sogenannte Kreditmarge oder Credit Spread. In Tab. 6.3 sieht man die Margen für ein paar Staaten und Unternehmungen.

Die Investmentbanken sind die sogenannten Primary Dealers für die Staaten, die damit über eine effiziente Mechanik verfügen, um die staatlichen Obligationen in Umlauf zu bringen (siehe Tab. 3.12).

Die meisten Staatsanleihen werden von institutionellen Anlegern, wie Pensionskassen und Versicherungsgesellschaften, bis zur Endfälligkeit gehalten. Auch wenn sich der Preis nach Maßgabe des Zinssatzes ändert, zum Laufzeitende wird man den Nennwert bekommen. Im Vergleich zu den Unternehmensanleihen sind die Staatsanleihen dennoch viel liquider, denn sie sind relativ standardisiert mit wenigen Typen, zum größeren Teil an elektronischen Börsen gehandelt und als Sicherheiten (Collateral) für Finanzierungen wie Pensionsgeschäfte (Repos) sehr gefragt. Sie sind auch das Liefergut für standardisierte, börsengehandelte Derivate.

6.2.3   IR Derivatives – Zinsderivate

Zinssätze differenzieren sich nach Instrument, Laufzeit und involvierten Parteien. Allen ist aber eine Anbindung an einen fiktiven risikolosen Zinssatz eigen.

Wir haben bereits in Abschn. 5.7 die exotischen Derivate dargestellt. Man kann davon ausgehen, dass die Exoten in allen drei Märkten ähnlich sind, nämlich bei den Aktien, den Zinspapieren und den Devisen. Deshalb genügt eine ausführliche Darstellung und ein jeweiliger *Pro-memoria*-Verweis (siehe Abb. 6.4).

6.2.3.1   Interest Rate Swaps

Der *Zinssatz-Swap* ist ein Tausch von regelmäßigen Zinszahlungen auf der Basis von festen oder variablen Zinssätzen. Dabei werden nur Zinsen getauscht, keine Kapitalbeträge. Das Kapital dient lediglich als Berechnungsbasis für die Zinsen.

Ein Zinssatz-Swap ist eine Transaktion in einer Währung. Mit ihr kann man kurzfristige und deshalb variable Zinsströme, z. B. 6-Monats-Libor, in längerfristige, fixe Zinsströme von ein bis zehn Jahren Dauer umwandeln.

Die Cashflows aus den Liborzahlungen sind abhängig von den jeweiligen Liborfixings und somit bis auf den Zinssatz für die erste Periode nicht bekannt. Die Liborfixings finden halbjährlich zwei Londoner Bankwerktage vor der nächsten Zinsperiode statt. Die Libor-Zahlungen sind am Ende jeder 6-Monats-Periode fällig.

Die Zahlung eines solchen, wegen der Einfachheit ebenfalls Vanilla genannten Swaps sieht also folgendermaßen aus:

$$\text{Nettoaustausch} = \text{Nennwert} \times \text{Periodenlänge} \times (\text{Libor} + \text{Marge} - \text{Fixzinssatz}).$$

Die Berechnung des Preises oder Wertes setzt die Modellierung der variablen Zinssätze voraus. Eine erste Näherung sind die Forward-Sätze. Wird ein variabler Zinsstrom, z. B. Libor, mit derselben Kurve, also Libor, diskontiert, dann resultiert immer ein Barwert von 1. Ein zehnjähriger Swap, der alle sechs Monate Zinsen tauscht, kann somit eine Duration von zehn Jahren aufweisen und deshalb einen großen Hebel darstellen.

Ein *Overnight Index Swap* (OIS) (siehe Abb. 6.5) ist ein Zins-Swap, bei dem sich der variable Zinssatz auf einen Overnight-Index bezieht. Diese Referenzsätze sind je nach Währung die Fed-Funds-Swap-Rate, der EONIA-Index für den Euro, der SONIA für das Pfund und der TOIS für den Schweizer Franken. In der Schweiz ist der Ersatz des TOIS durch den SARON in der Diskussion, weil zu wenige Banken am Fixing teilnehmen möchten, sodass man auf effektive Marktdaten zurückgreift. Diese Zinssätze werden als die risikoneutralen betrachtet.

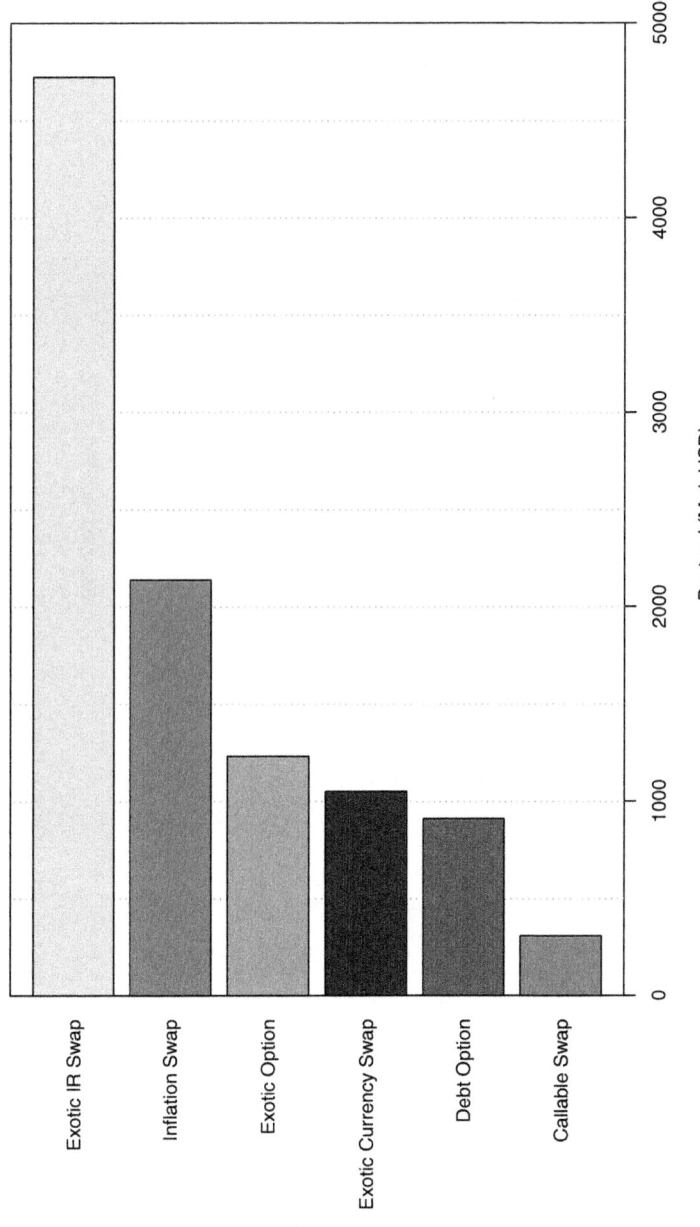

Abb. 6.4 Bestand der übrigen Zinsderivate für das Jahr 2011 (Quelle: Bank for International Settlements)

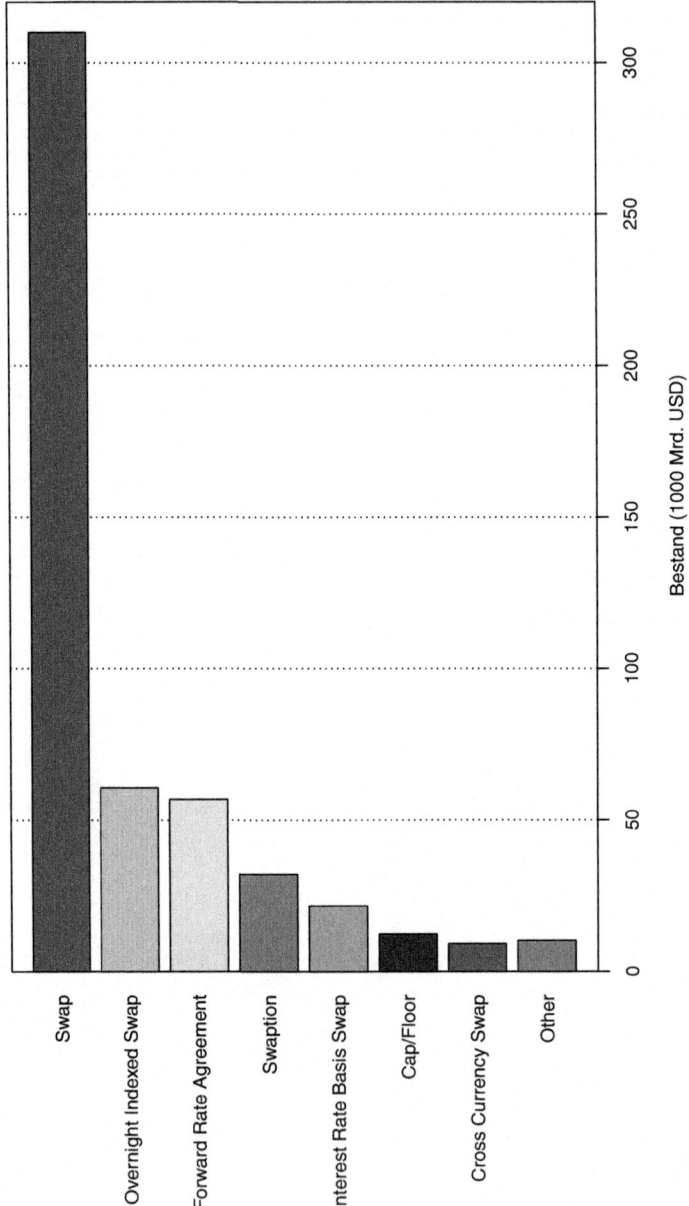

Abb. 6.5 Bestand Zinsderivate für das Jahr 2011 (Quelle: Bank for International Settlements)

Der Zinssatz für die variable Zahlung ergibt sich aus der täglichen Verzinsung nach folgender Formel (hier EONIA):

$$R = \frac{360}{D}\left(\left(1 + \frac{r_1 \cdot d_1}{360}\right) \cdot \left(1 + \frac{r_2 \cdot d_2}{360}\right) \cdot \ldots \cdot \left(1 + \frac{r_n \cdot d_n}{360}\right) - 1\right),$$

wobei r_i der für i gültige Satz ist, d_i die Anzahl der Tage der Verzinsung, unter der Woche ein Tag, für das Wochenende 3, und D ist die Summe der Tage $d_1 + d_2 + \ldots d_n$.

Der Handel wird an einem spezialisierten Desk betrieben, wobei meist Verantwortlichkeiten für kurz-, mittel- und langfristige Swaps bestehen. Die Händler von Swaps verwenden zum Pricing der Transaktion ihre Swap-Kurve und buchen für ihre G&V die Cashflows in einer riesigen Datenbank. Ihre Positionen sind nicht einfach die Anzahl der Titel mal ihr letzter Preis; die Nettoposition besteht aus dem Barwert der Zahlungen. Diese wird nach Handelsschluss bestimmt. Um das Risiko der Positionen abzuschätzen, werden die Zinskurven leicht verändert, um die Sensitivität des Bestandes zu schätzen.

Wie die Abb. 6.5 suggeriert, gibt es eine weitere Spielart von Zins-Swaps, nämlich den *Interest Rate Basis Swap*. Dieses Instrument sieht den Tausch von zwei variablen Zinssätzen vor, etwa den Fed-Funds-Satz mit einem Libor oder den 3-Monats-Libor mit dem 6-Monats-Libor. Zielsetzung dieser Swaps ist, das sogenannte Basisrisiko zu mindern, d. h. den nichtperfekten Hedge vollständig zu machen. Bestehen unterschiedliche Zinszahlungshäufigkeiten, so gibt es zwei Lösungen: Entweder zahlt der eine Strom monatlich und der andere alle drei Monate, im Beispiel von oben, oder der häufigere wird verzinst und mit dem weniger häufigen synchronisiert. Basis-Swaps sind in den USA üblicher als in Europa, weil mehr Refenzzinssätze verwendet werden.

Die Marge zwischen den Zinssätzen wird nur einem „Bein" ganz zugeschlagen, also Libor „flat" versus Fed-Funds plus Marge. Da dieselbe Währung zugrunde liegt, kann die Ausgleichszahlung saldiert werden.

Cross Currency Interest Rate Swap – Währungs-Swap
Anders als beim Interest Rate Swap werden beim Währungs-Swap die Zinsen von zwei unterschiedlichen Währungen getauscht. So zahlt zum Beispiel eine Partei fix die USD-Zinsen für sieben Jahre und erhält fix die Zinsen für sieben Jahre in CHF. Die entsprechenden zugrunde liegenden Kapitalbeträge werden am Anfang und am Ende der Laufzeit ausgetauscht.

Vom Währungs-Swap zu unterscheiden ist der Devisen-Swap, auf den wir in Abschn. 6.6.2.2 kurz eingehen werden.

Inflation Swap
Systematisch nicht ganz sauber beschreiben wir hier den Inflation Swap, der zwar auch eine Rate zur Basis hat, allerdings keinen Zinssatz. Der Tausch betrifft die Inflationsrate gegen einen festen Zinssatz. Der Swap kann ein Zero Coupon sein, was heißt, dass nur ein Ausgleich am Ende einer eher kürzeren Laufzeit stattfindet. Im Gegensatz nennt man die Swaps mit mehrmaligen Tauschzeitpunkten auch „year on year".

Es sei der Index I der Harmonised Indices of Consumer Prices in der EU. Dessen Änderung wird mit einem fixen Zinssatz k getauscht, berechnet auf einem Nennwert N mit Perioden Δt. Häufig sind die Inflationszahlen mit einer Verspätung von b Perioden erhältlich. Also:

$$\text{Nettoaustausch} = N \times \Delta t \times \left(\frac{I(t_{i-b})}{I(t_{i-1-b})} - 1 - k \right).$$

Solche Swaps sind auch in ETFs oder in Index-linked Notes strukturiert, wie wir es schon in Abschn. 3.3.6.2 für Interest Rate-linked Notes beschrieben haben.

6.2.3.2   Forward Rate Agreements

Ein Forward Rate Agreement (FRA) zwischen zwei Parteien betrifft eine künftige Geld-marktanlage, die von t_1 bis t_2 laufen soll. Der Käufer möchte heute, in t_0, sicherstellen, dass er im Zeitpunkt t_1 den Differenzbetrag erhält, der dann zu den vorherrschenden Be-dingungen angelegt, den erwarteten Zins in t_2 abwirft. Das heißt, dass in t_1 die Differenz zwischen dem vorherrschenden Marktzinssatz und dem vereinbarten Zinssatz verglichen wird. Da der Zins der Geldmarktanlage erst in t_2 fällig wird, muss die Ausgleichszahlung noch abgezinst werden. Das klingt ein wenig verwirrlich.

Ein Beispiel kann hilfreich sein. Die Bankkundin vereinbart einen FRA für drei Monate gegen zwölf Monate. In drei Monaten soll der Ausgleich stattfinden für eine Geldmarkt-anlage, die neun Monate laufen soll. Der vereinbarte Zinssatz sei 1,5 %, der Nennwert 5 Mio. EUR. Nach drei Monaten steht der entsprechende Zinssatz bei 1,4 %. Die Käufe-rin bekommt den Barwert ausgeglichen, den sie wiederum zu 1,4 % anlegen kann, sodass sie neun Monate später den Betrag besitzt, der mit 1,5 % verzinst worden wäre, nämlich $5.000.000 \times 0{,}015 \times 3/4 = 56.250$. Zusammenfassend kann man schreiben:

$$\text{Ausgleich} = 5.000.000 \times \left(\frac{1 + 0{,}015 \times \frac{3}{4}}{1 + 0{,}014 \times \frac{3}{4}} - 1 \right) = 3711 \text{ EUR}.$$

Wäre anderseits der Zinssatz auf 1,6 % gefallen, so müsste sie 3705,55 EUR bezahlen.

6.2.3.3   Zinsfutures

Während für Devisen, Aktien oder Rohwaren der Unterschied zwischen Forward und Fu-tures die Standardisierung, der tägliche Einschuss und der Börsenhandel sind, gibt es bei den Zinsen einen weiteren Unterschied: Beim Future ist der Basiswert nicht der Zins, sondern der Preis eines Zinspapiers.

Der Börsenhandel der Zinsfutures bringt es mit sich, dass diese in regelmäßigem Rhythmus fällig werden, aber zur physischen Lieferung eben nicht jeweils entsprechende Zinspapiere aufgelegt werden. Um dieses Problem zu lösen, ist der Basiswert des Futures-kontrakts eine fiktive Obligation, für die dann zum Liefertermin ein Korb von lieferbaren Obligationen festgelegt wird. Diese Anleihen sollten dem fiktiven Basiswert bezüglich

Restlaufzeit und Zinssatz sehr ähnlich sein. Die Preise der lieferbaren Obligationen werden mit einem Konversionsfaktor multipliziert, um die Differenzen auszugleichen. Dennoch gibt es im Korb die billigste Anleihe, die man „cheapest to deliver" nennt. Die physische Lieferung soll einen starken Konnex zum realen Anleihemarkt schaffen, auch wenn die meisten Verträge verlängert oder vorher verkauft werden.

Für zehnjährige Obligationen als Basis sind der Bundfuture an der Eurex und der T-Note-Future an der CBoT die am meisten gehandelten. Beim Bundfuture besteht das fiktive Underlying aus einer Anleihe der Bundesrepublik Deutschland mit einem festen Coupon von 6 % und einer Laufzeit von zehn Jahren. Lieferbar sind dann Bundesanleihen mit einer Restlaufzeit zwischen 8,5 und 10,5 Jahren, wobei die Emission mindestens 5 Mrd. EUR betragen musste.

Fälligkeitsmonate sind März, Juni, September und Dezember, wobei am zehnten Monatstag die Lieferung erfolgt und zwei Tage vorher der Handel endet. Die längste Laufzeit des Futures ist neun Monate.

Zinsfutures eigenen sich besonders, um eine Position abzusichern, oder noch besser, um die Duration, die Sensitivität eines Portfolios in Bezug auf eine Zinssatzänderung zu verändern. Angenommen ein Institutioneller hält ein Bondportfolio mit Staatstiteln im Umfang von 50 Mio. EUR mit einer Portfolio-Duration von 7,9, erwartet mögliche Zinssatzerhöhungen und möchte deshalb auf 4,3 hinunterfahren. Die Duration des Futures ist 8,7, sodass die Duration des bisherigen Portfolios plus der Duration der Futures die Ziel-Duration ergibt, also:

$$4,3 \cdot 50.000.000 = 7,9 \cdot 50.000.000 + x \cdot 8,7 \cdot 100.000.$$

Nach x, der Anzahl Kontrakte, aufgelöst ergibt sich:

$$x = \frac{(4,3 - 7,9) \cdot 50.000.000}{8,7 \cdot 100.000} \approx -207.$$

Das Vorzeichen deutet auf den Verkauf solcher Futures hin.

6.2.3.4 Zinsoptionen

Allgemein ist eine *Option* ein Kontrakt zwischen zwei Parteien in Bezug auf den Kauf oder Verkauf eines Basistitels während einer bestimmten Zeitspanne zu einem im Voraus festgelegten Preis. Die eine Partei zahlt eine Prämie, damit sie das Recht, aber nicht die Pflicht, erwirbt, den Basistitel zu kaufen (Kaufoption, Call) oder zu verkaufen (Verkaufsoption, Put). Der Preis und der Wert der Option leiten sich vom Preis des Basistitels ab, woraus sich der Begriff Derivat einbürgerte.

Die Ausübung kann während einer bestimmten Periode erfolgen (amerikanische Option), nur zum Verfall (europäische Option) oder zu einer Serie von Zeitpunkten (Bermuda-Option). Da Bonds meist regelmäßige Zinszahlungen beinhalten, sind Bermuda-Optionen im Bereich der Festverzinslichen relativ häufig anzutreffen.

Futuresoption

An den Börsen werden Optionen auf die oben beschriebenen Futures als Basistitel gehandelt. Das Liefergut der Option ist ein Future, außer dieser verfalle zum selben Datum wie die Option. Diese sind allerdings immer von amerikanischem Ausübungstyp. Optionen werden pro Monat ausgegeben, sodass mit den quartalsweisen Futures eine maximale Laufzeit von drei Monaten möglich ist.

Um bis zum Risikofaktor Zins vorzudringen, muss man sich vorstellen, dass ein Derivat (Option) auf ein Derivat (Future) auf ein Derivat (synthetischer Bond) auf ein Derivat (Zinssatz) vorhanden ist. Der effektive Zinssatz wiederum ist eine Ableitung aus der Zinsstrukturkurve.

Cap, Floor und Collar

Bei diesen Instrumenten handelt es sich um Serien von Optionen, die man generisch als Strips bezeichnet. Man bedenke, dass eine Serie von Optionen nicht dasselbe ist wie eine Option auf eine Serie von Basiswerten. Im Gegensatz zu den bisher beschriebenen Optionen ist der Basiswert hier ein Zinssatz und nicht ein Zinspapier.

Ein *Cap* ist ein Strip von Call-Optionen auf einen Zinssatz. Bei jeder Fixierung des Zinses zahlt der Verkäufer die Differenz zwischen der vorgängig festgelegten Zinsobergrenze (Strike) und dem variablen Referenzzins (Liborsatz), falls dieser über dem Strike liegt. Für das Risiko des Verkäufers zahlt der Käufer bei Geschäftsabschluss eine Prämie, die man als Versicherungsprämie gegen steigende Zinsen betrachten kann. Der Ausgleichsbetrag errechnet sich als Nennwert $\cdot \max(L - X, 0)$ mit L dem Referenzzinssatz und X dem Strike.

Der *Floor* ist analog zum Cap ein Strip, der bei mehreren Terminen eine Ausgleichszahlung gewährt, wenn der Referenzzinssatz unter eine bestimmte Schwelle fällt. Damit sichert man sich gegen fallende Zinsen ab. Bei jedem Zinstermin wird der aktuelle Referenzzins dem Strike-Preis gegenübergestellt. Liegt der aktuelle Zins darüber, findet keine Zahlung statt. Fällt der Referenzzins unter den Strike, wird vom Stillhalter die Differenz bezahlt, also Nennwert $\cdot \max(X - L, 0)$.

Der *Collar* ist eine Kombination von gekauftem Cap und verkauftem Floor. Da man beim Cap die Prämie bezahlt und beim Floor eine bekommt, kann man den Collar so ausgestalten, dass er nichts kostet. Die Ausgleichszahlung ist $\max(L - X_1, 0) - \max(X_2 - L, 0)$, wobei für die Strikes gilt: $X_1 > X_2$. Muss man für das Abzusichernde den variablen Zinssatz L bezahlen, so garantiert der Collar, dass der effektive Zinssatz zwischen X_1 und X_2 zu liegen kommt.

Bondoptionen

Derman (2004) beschreibt gut, wie Ende der Achtzigerjahre die institutionellen Kunden mit großen Bondportfolien die sinkende Rentabilität mit dem Verkauf von Bondoptionen und somit mit dem Kassieren von Prämien wettmachen wollten. Er schreibt (Derman 2004, 133), damals bei Goldman Sachs: „To accomodate them, Goldman bought over-the-counter (OTC) call options from each fund, each option a privately negotiated contract written on the specific bonds held by that fund." Die Optionen wurden so gewählt, dass ihr Ausübungszeitpunkt so nahe wie möglich am Datum lagen, an dem der Fonds seine Zahlen publizieren musste. „If interest rates did not decline and the funds won their bet, they kept the premium and enhanced their reported return."

Die Investmentbank muss dann mit billigeren börsenkotierten Optionen und Futures die eingegangenen Risiken so gut als möglich absichern. Das Restrisiko aus der nichtperfekten Übereinstimmung von Abzusicherndem und Absicherung nennt man „Basisrisiko". Offensichtlich ist der Buy Side, den Vermögensverwaltern, eine solche Absicherung zu kompliziert. Bondoptionen sind typische OTC-Produkte, die eine höhere Rendite abwerfen.

Die mit diesen Produkten betrauten Quants erkannten schnell, dass hier für die Preisstellung *Zinsstrukturmodelle* verlangt wurden, welche einfache Formeln wie die von Black und Scholes bei Weitem überstiegen.

Swaption

Es gibt auch die Möglichkeit, eine Option auf eine Swap-Transaktion zu kaufen. Zieht man die Wörter in Swap-Option zusammen, resultiert die *Swaption*.

Damit erwirbt man das Recht, aber nicht die Pflicht, einen Swap zu einem bestimmten, künftigen Zeitpunkt zu den vorbestimmten Konditionen eingehen zu können. Grundsätzlich unterscheidet man Receiver und Payer Swaptions. Ersterer erhält den Festsatz, der Payer muss ihn zahlen.

6.3 Credit – Kredit

Der Begriff Credit ist nicht im deutschen Sinn von Kredit als Darlehen, also Loan, zu verstehen, sondern als Ausdruck des möglichen *Ausfalls* oder der gefährdeten Rückzahlung von Schuldtiteln. Im Fokus stehen somit konkursfähige Unternehmungen, deren Bonität oder Konkursferne von ihrem operativen Resultat, der Eigenmittelausstattung, der Konjunktur etc. abhängt.

Neben dem Ausfallsrisiko umfasst das Kreditrisiko auch das sogenannte Migrationsrisiko. Dieses beinhaltet das Risiko einer Bonitätsverschlechterung, einhergehend etwa mit einer Ratingabstufung, und manifestiert sich als Erhöhung der Ausfallwahrscheinlichkeit.

Da Schuldverschreibungen einen Zins tragen, kommt risikofreier Zinssatz als Ausdruck der makroökonomischen Verhältnisse und Bonitätsbewertungen zusammen. Zudem gibt es einen Liquiditätsaspekt, denn die Leichtigkeit des Handels ist ebenfalls preisrelevant.

6.3.1 Bewertung

Die Bewertung von Forderungstiteln ist nicht einheitlich: Es gibt sehr unterschiedliche Modelle. Das Maß für die Bonität ist der Spread relativ zu einer risikolosen Anleihe, der

Tab. 6.4 Ratingeinstufung der drei wichtigsten Agenturen für mittel- und langfristige Kredite und Gläubiger (Quelle: Wikipedia)

Moody's	S&P	Fitch	Englisch	Deutsch
Aaa	AAA	AAA	Prime (Triple A)	Schuldner höchster Bonität, Ausfallrisiko auch längerfristig so gut wie vernachlässigbar
Aa1	AA+	AA+	High Grade	Sichere Anlage, Ausfallrisiko so gut wie vernachlässigbar, längerfristig aber etwas schwerer einzuschätzen
Aa2	AA	AA		
Aa3	AA-	AA-		
A1	A+	A+	Upper Medium Grade	Sichere Anlage, sofern keine unvorhergesehenen Ereignisse die Gesamtwirtschaft oder die Branche beeinträchtigen
A2	A	A		
A3	A-	A-		
Baa1	BBB+	BBB+	Lower Medium Grade	Durchschnittlich gute Anlage. Bei Verschlechterung der Gesamtwirtschaft ist aber mit Problemen zu rechnen
Baa2	BBB	BBB		
Baa3	BBB-	BBB-		
Ba1	BB+	BB+	Non-Investment Grade Speculative	Spekulative Anlage. Bei Verschlechterung der Lage ist mit Ausfällen zu rechnen
Ba2	BB	BB		
Ba3	BB-	BB-		
B1	B+	B+	Highly Speculative	Hochspekulative Anlage. Bei Verschlechterung der Lage sind Ausfälle wahrscheinlich
B2	B	B		
B3	B-	B-		
Caa1	CCC+	CCC	Substantial Risks	Nur bei günstiger Entwicklung sind keine Ausfälle zu erwarten
Caa2	CCC		Extremely Speculative	
Caa3	CCC-		In Default with little Prospect for Recovery	Moody's: in Zahlungsverzug, S&P: hohe Wahrscheinlichkeit eines Zahlungsausfalls oder Insolvenzverfahren beantragt, aber noch nicht in Zahlungsverzug
Ca	CC			
	C			
C	D	DDD	In Default	Zahlungsausfall
		DD		
		D		

sich mittels Abzinsung zu einem Preisdifferenzial zu einer ähnlichen, risikolosen Anleihe umformt. Ein weiteres Maß ist das Rating der Obligation (Transaktionsrating), dass sich aus dem Rating der Unternehmung (Gegenparteirating) und den Charakteristiken des Bonds ergibt (siehe Tab. 6.4). Seit der Finanzkrise wissen wir, dass das Rating eine Opinion ist, eine qualifizierte Meinung von spezialisierten Ratingfirmen.

Das Schicksal von Kohorten von ähnlichen Bonds mit gleichem Anfangsrating wird statistisch verfolgt, sodass empirische Ausfallwahrscheinlichkeiten sowie Wiedereinbringungsquoten, Recovery Rates, existieren und laufend aufdatiert werden. Damit lassen sich Bondpreise wie Lebensrisiken aus der Sterbetafel bestimmen.

Ein aus der Wahrscheinlichkeitstheorie (und den Glücksspielen) gut bekanntes Konzept ist der *Erwartungswert*, der zur Preisbestimmung herangezogen wird. Aus der Abb. 6.6 kann man den Preis durch Diskontieren berechnen. Angenommen die Zinssätze y seien

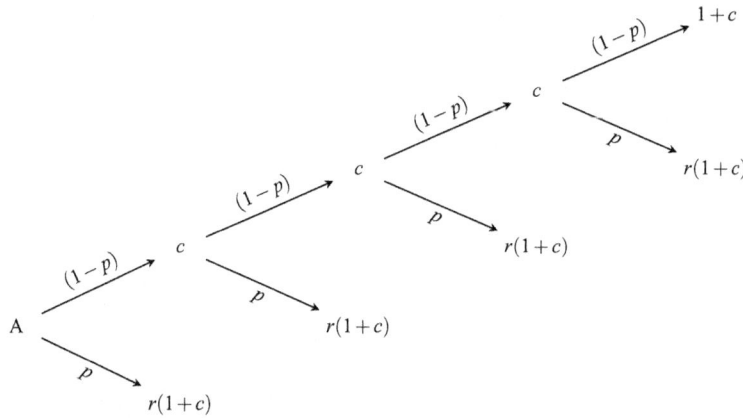

Abb. 6.6 Entwicklungsbaum eines ausfallgefährdeten Bonds, p ist die Ausfallwahrscheinlichkeit und r ist die Recovery-Rate. Den Preis des Bonds erhält man durch risikofreies Abzinsen

Tab. 6.5 Empirische kumulierte Ausfallwahrscheinlichkeiten nach Fälligkeit in % (S&P Ratings 2016, 61)

Jahre	1	2	3	4	5	10	15
AAA	0,00	0,03	0,14	0,25	0,35	0,73	0,96
AA	0,02	0,04	0,09	0,23	0,38	0,96	1,38
A	0,07	0,18	0,28	0,42	0,57	1,63	2,41
BBB	0,23	0,56	0,85	1,26	1,67	3,63	5,16
BB	0,76	2,25	4,25	6,01	7,68	12,91	15,27
B	5,59	11,77	16,4	19,42	21,61	27,72	30,85

bei 0,0125 „flat" und der Coupon c betrage 0,03 jährlich, die marginale Ausfallwahrscheinlichkeit p sei 0,032 und die Recovery-Rate m betrage 0,4. Der Erwartungswert des Bonds ergibt sich durch Abzinsen aller Blätter des Baumes von Abb. 6.6 mit (B.2) im Anhang B.1.1.1 (Fons 1994, 28) zu $A = 0{,}9931$.

Aus dem Wert A kann man wiederum den Effektivzins e bestimmen. In der folgenden Formel wird e bestimmt:

$$A = \sum_{t=1}^{4} \frac{c}{(1+e)^t} + \frac{1}{(1+e)^4} = 0{,}9931,$$

numerisch 0,03187. Der Spread ist also $0{,}03187 - 0{,}0125 = 193{,}7$ bp. Eine andere Berechnung produziert einen Par Yield von 0,01072, der vom Coupon von 0,03 in Abzug gebracht, einen Spread von 192,8 bp ergibt. Ein Vergleich mit den kumulierten Ausfallwahrscheinlichkeiten (siehe Tab. 6.5) legt ein Rating von knapp noch B+ nahe.

Ein Basismodell, das vor allem für die Analyse von Portfolien verwendet wird, definiert den zu erwartenden Verlust $E(V)$ als

$$E(V) = \text{pd} \cdot \text{EAD} \cdot \text{LGD},$$

Tab. 6.6 Empirische Wiedereinbringungsquoten von 1982–2010 (Moody's 2011, 5)

Seniority	Recovery Rate (%)
1st Lien Bank Loan	59,60
2nd Lien Bank Loan	27,90
Senior Unsecured Bank Loan	39,90
Senior Secured Bond	49,10
Senior Unsecured Bond	37,40
Senior Subordinated Bond	25,30
Subordinated Bond	24,20
Junior Subordinated Bond	17,10

mit EAD dem ausfallbedrohten Betrag (Exposure at Default) und pd der Ausfallwahrscheinlichkeit (Probability of Default). Das EAD entspricht der Höhe der Forderung im Zeitpunkt des Ausfalls. Mit LGD (Loss Given Default) wird der Verlust als Quote bei Eintritt eines Ausfalls bezeichnet. Alternativ hierzu betrachtet man die Wiedereinbringungsquote RC, wobei $RC = 1 - LGD$ gilt. Mit weiteren Annahmen konstruiert man eine Verlustverteilung des Gesamtverlusts, aus der man den sogenannten Value at Risk (VaR) als Quantil ablesen kann. Verlustverteilungen werden wir im Zusammenhang mit den Verbriefungen antreffen, wo sie für das Risiko und das Pricing verwendet werden.

Eine weitere Betrachtung zur Wertbestimmung eines Bonds liefern die sogenannten Strukturmodelle, von denen dasjenige von Merton (1974) das erste und bekannteste ist. Sehr stark vereinfachend geht man davon aus, dass eine Unternehmung eine Fremdkapitalfinanzierung in der Form eines Zero-Bonds mit Nennwert F mit Fälligkeit T aufweist, der vor dem Eigenkapital E bevorzugt ist. Die Aktionäre besitzen buchhalterisch zu jedem Zeitpunkt das Residual von Aktiven minus Fremdkapital $E_t = A_t - L_t$. Der Wert des Darlehens in T ist $\min(A_T - F, 0) = F - \max(F - A_T, 0)$. Die Position der Gläubiger im Zeitpunkt T entspricht der Kombination einer sicheren Anlage F mit einem verkauften Put auf die Aktiva des Unternehmens A_T mit Ausübungspreis F. Der Put quantifiziert das bestehende potenzielle Ausfallrisiko als Minderung des Wertes des Fremdkapitals in der Perspektive der Gläubiger.

Dieses Optionsmodell kann man wiederum in einen Black-Scholes-Rahmen einpassen. Man erkennt, dass das Ausfallrisiko am Verlauf der Aktiven, die ja wiederum das Geschäft der Unternehmung darstellen, angebunden ist. Eine wesentliche Rolle für das Risiko spielt die Volatilität der Aktiven.

Die Recovery-Rates berechnen sich aus dem Marktpreis des Instruments nach dem Default. Die in Tab. 6.6 wiedergegebenen Werte hängen vor allem von der Rangigkeit im Konkursfall und der vorhandenen Besicherung ab. In vielen Kontexten wird summarisch mit einer Rate von 40 % gerechnet. Es gibt einen bemerkenswerten Zusammenhang zwischen Rating und Recovery: Je besser das Rating vor dem Ausfall, desto geringer die Wiedereinbringung. Zur Verwendung sehe man Anhang B.1.1.2.

6.3.2   Corporate Bonds – Unternehmensanleihen

Der Handelsabteilung obliegt die Aufgabe, die von Capital Markets unterschriebenen Emissionen in den Markt zu verkaufen. Hier spielt die ausgezeichnete Vernetzung mit den institutionellen Investoren eine hervorragende Rolle. Diese werden im Vorfeld der Emission nach ihrem Interesse sondiert.

Über 80 % des Handels mit Unternehmensanleihen wird telefonisch über die Dealer abgewickelt. Das bedingt, dass die Dealer die Bonds auf ihre Bilanz nehmen, bis sie einen Käufer finden. Das Führen eines Inventars ist an und für sich nicht besonders beliebt, denn es bindet Kapital und verursacht regulatorisch Kosten. Obwohl der potenzielle Markt von Unternehmensanleihen riesig ist, weltweit eine Bestand von 50 Billionen USD, werden die Obligationen, im Gegensatz zu den standardisierten Staatspapieren, selten gehandelt. Weil Unternehmen höchstens zwei Arten von Aktien ausgeben, legen sie viel mehr Obligationen auf mit unterschiedlichen Eigenschaften, Laufzeiten, Zinskonditionen, Seniorität etc. Es werden weniger als 10 % der Anleihen häufiger als fünfmal pro Jahr umgesetzt.

Der elektronische Handel ist erst im Entstehen, obwohl Staatspapiere schon seit Langem über Plattformen gehandelt werden. Rund die Hälfte der US-amerikanischen Treasuries und 60 % der europäischen Staatsanleihen werden elektronisch gehandelt. Im Gegensatz dazu werden 25 % der Investment-Grade-Bonds und magere 13 % der Hochverzinslichen auf elektronischen Plattformen getauscht. Dies wird sich in nächster Zukunft ändern, es gibt Möglichkeiten, über Tradeweb, MarketAxess und Bloomberg alle Arten von Unternehmensanleihen zu handeln.

In den einen Systemen werden die angeschlossenen Dealer um Preisangaben gebeten (Request for Quote, RFQ), bei anderen können die Parteien selber direkt als Käufer und Verkäufer auftreten (All-to-all-Systeme). Hier stellt sich allerdings die Frage nach der Effizienz, denn Käufer und Verkäufer sind meist nicht gleichzeitig präsent.

Ein wenig zusätzliche Liquidität spenden die ETFs, die Portfolien von Unternehmensanleihen ummanteln.

6.3.3   Loans – Kredite

Kredite sind private Verträge zwischen einem Schuldner und einem oder mehreren Gläubigern. Die komplizierten und vertrackten Vereinbarungen enthalten äußerst vertrauliche Informationen über den Schuldner und weitreichende Bedingungen. Damit sind Kredite vorerst nicht wirklich marktfähig. Indem man dem potenziellen Investor nur die öffentliche Information zukommen lässt und Chinese Walls hochzieht, kann man diese Problematik umgehen.

Die Übertragung der Kredite oder von Teilen davon geschieht mittels Zession, Unterbeteiligung oder Novation, d. h. der Ausstellung eines Neuerungsvertrags.

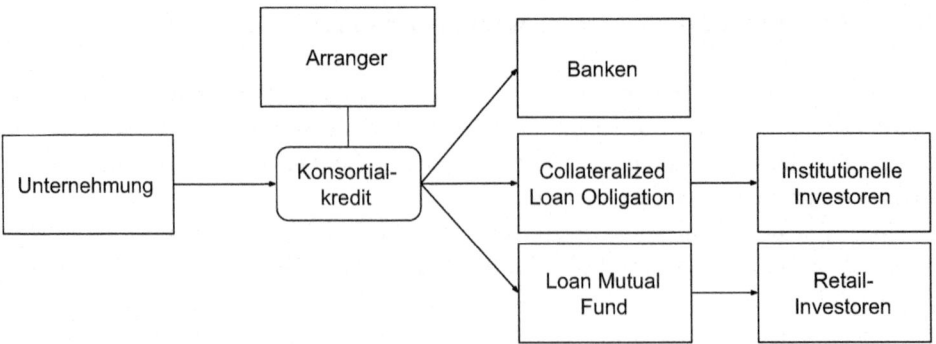

Abb. 6.7 Die Akteure des Loan Trading. Mittels Verbriefung (CLO) oder Fonds kann man das Risiko von den Banken zum Markt transferieren

Die Konsortialkredite sind meist recht groß. Sie entstehen durch ein Book-Building-Verfahren des Arrangers wie bei Emissionen. Dabei gibt es ebenfalls die drei Varianten: (1) Underwritten Deal, (2) Best Effort und (3) Club Deal für Kredite bis rund 100 Mio. USD. Für die potenziellen Käufer, die nicht über private Informationen verfügen dürfen, wird das Informationsmemorandum erstellt.

Investmentbanken, die als Arranger fungieren, müssen große Sorgfalt walten lassen, damit die Handelsabteilung nicht vertrauliche Informationen erhält und damit zum Insider wird.

Die Abb. 6.7 zeigt die involvierten Parteien in der Übersicht. Die Investoren für Konsortialkredite sind zum einen traditionell die Banken, zum anderen institutionelle Investoren. Darunter finden sich eher opportunistische Hedgefunds, High-yield-Bond-Fonds, Pensionskassen und Versicherungen. Der bedeutendste Abnehmer ist die Gruppe der Collateralized Loan Obligations (CLO), die von Zweckgesellschaften mit den Konsortialkrediten als Sicherheit und Referenz ausgegeben werden. Beim CLO handelt es sich um eine Verbriefung, die wir in Abschn. 6.3.5.1 weiter besprechen.

Kleinanleger können seit den Achtzigerjahren kollektiv in *Loan Mutual Funds* investieren, die auf solche Kredite spezialisiert sind. Es gibt Open- und Closed-End-Formen, die nach dem Nettoinventarwert bewertet, oder auch ETFs, die an einer Börse wie Aktien gehandelt werden. Auch hier hat es die Finanzindustrie verstanden, die Finanzierung und das Risiko an den Markt weg von der eigenen Bilanz zu bringen.

Es gibt seit 2011 sogar einen Kreditindex, den S&P/LSTA-Loan-100-Index, der für synthetische Instrumente geeignet ist. Dazu gibt es ETFs, die den Index nachbilden.

6.3.4 Credit Derivatives – Kreditderivate

Derivate sind Titel, die ihren Wert von einem Basiswert beziehen. Bei den Kreditderivaten setzt man auf die Bonität der Kreditwürdigkeit und damit auf die Konkurs- oder

Ausfallwahrscheinlichkeit einer Gegenpartei. Alle Derivate sind auch Kreditrisiken ausgesetzt, nämlich der Gegenpartei des Kreditderivats. Wenn also die AIG-Versicherung den Ausfall von Lehman absichert, so muss man riskieren, dass AIG ausfällt.

Kreditderivate isolieren die Bonität von anderen Elementen, wie zum Beispiel der Finanzierung, die in Schuldverschreibungen vorhanden ist. Diese Abstraktion erlaubt es auch, Short-Positionen zu beziehen, wie es mit dem Leerverkauf von Bonds fast nicht machbar ist. Damit erweitern die Kreditderivate das Risikouniversum nachhaltig.

Die Kreditderivate sind *Krediversicherungen* nicht unähnlich. Meyers Konversationslexikon schreibt 1907 (Meyer 1909, 620):

> Zweck der Kreditversicherung oder Garantieversicherung ist, gegen Zahlung einer Prämie Verluste zu ersetzen, die an nicht oder ungenügend durch Pfand gedeckten Schuldforderungen entstehen. Sie setzt, wie eine jede Versicherung, große Beteiligung voraus, so daß eine richtige persönliche und zeitliche Verteilung entstandener Schäden ermöglicht wird und ein jeder im Laufe der Zeit doch im großen ganzen für seine eignen Verluste auskommt. Die Prämien müssen nicht allein nach der Höhe der versicherten Summe, sondern auch nach dem Grad ihrer Gefährdung bemessen werden.

Im Zitat erkennt man das Versicherungsprinzip, wonach ein Ausgleich im Kollektiv und der Zeit gefordert wird. Das Buch kommt allerdings zum Schluss, dass sich eine solche Versicherung nicht gedeihlich betreiben lässt.

6.3.4.1   Asset-Swap

Der Asset-Swap als Kreditderivat – der Begriff wird in anderen Zusammenhängen auch gebraucht – bezeichnet eine Situation, in der ein Bondbesitzer mit fixem Coupon ihn mit einem Zins-Swap verquickt. Angenommen der fixe Satz werde mit Libor $+150\,$bp getauscht. Der Wert des Bonds ist aber nicht par, sondern beispielsweise 95 oder 108. Zum Ausgleich bezahlt der Swap-Käufer 5 % (oder bekommt 8 %) des Nominalbetrags bei Kontraktbeginn. Dann werden die Zahlungen auf dem Nominalbetrag regelmäßig ausgetauscht. In dieser Situation entsprechen die 150 bp dem „Preis" des Kreditrisikos. Diese Transaktionen dienen den Händlern, um die Preise von Credit Default Swaps zu bestimmen (Hull 2012, 359).

6.3.4.2   Total Return Swap

Dem Total Return Swap (oder auch Total Rate of Return Swap, TROR) sind wir bereits bei der synthetischen Finanzierung in Abschn. 5.5.1 begegnet.

Es handelt sich hier um ein bilaterales Abkommen zwischen zwei Parteien (siehe Abb. 6.8). Da bei einem Default des Referenztitels der Receiver den ursprünglichen Wert des Referenztitels ersetzen muss und dafür den Titel erhält, ist der Swap eine Absicherung für den Payer hinsichtlich des Preis- als auch des Kreditrisikos.

Wenn man zwei TRORs kombiniert, wobei die Zinszahlung wegfällt, so kann eine Institution die Rendite eines europäischen Portfolios gegen die eines amerikanischen tau-

Abb. 6.8 Der TROR sichert den Payer von einem Ausfall des Referenztitels ab. Gleichzeitig finanziert er den Receiver, der Exposure auf den Referenztitel erlangen kann

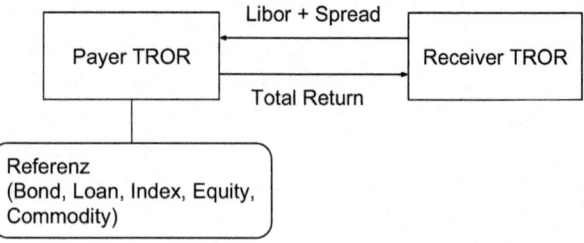

schen. Damit kann man relativ effizient Risiken im System verteilen oder komparative Vorteile ausnutzen.

Früher nutzten Banken diese Vehikel zur regulatorischen Arbitrage.

6.3.4.3   Credit Default Swap

Der Credit Default Swap ist die einfachste Ausgestaltung einer bankmäßigen Kreditversicherung, wie sie im obigen Zitat festgehalten ist: potenzielle Zahlung des Ausfalls eines Referenztitels gegen eine Prämie (siehe Abb. 6.9). Idealerweise ist der Verkäufer möglichst wenig korreliert mit dem Referenztitel. Unglücklicherweise wird CDS auch als Oberbegriff für mehrere unterschiedliche Swaps verwendet.

Im Fall des abgesicherten Risikofalls, des Ausfalls oder anderer wird häufig folgende Zahlung im Vertrag stipuliert, wenn keine physische Lieferung des zugrunde liegenden Bonds vorgesehen ist:

$$\text{Auszahlung} = \text{Bemessung} \cdot (\text{Par-Wert} - \text{Marktwert}).$$

Im Beispiel eines Bonds ist seine wirtschaftliche Position, als ob er den Bond zu par hielte. Da der Bondmarkt wenig liquide sein kann, fällt es nicht immer leicht, den Marktwert zu bestimmen.

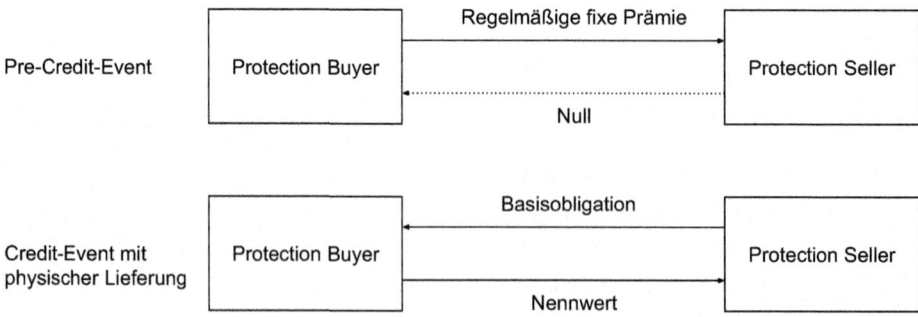

Abb. 6.9 Cashflows eines CDS mit physischer Lieferung. Solange kein Credit-Event eintritt, zahlt der Versicherte eine Prämie. Tritt ein solcher ein, dann wird die Obligation zum Nennwert getauscht

Tab. 6.7 Führende Referenzschuldner von Credit Default Swaps CDS (Quelle: IHS Markit, 19.11.2014)

Referenzschuldner	Nettovolumen (Mrd. USD)
Markit iTraxx Europe Index	354,4
Markit CDX.NA.IG Index	344,8
Markit CDX.NA.HY Index	94,5
Italien (Republik)	16,9
Brasilien (Federal Republic)	14,5
Deutschland (Bundesrepublik)	13,0
Frankreich (Republik)	11,7
Markit iTraxx Asia ex-Japan IG Index	10,5
Spanien (Königreich)	9,2
Japan	9,2
Türkei (Republik)	8,4
Mexiko (United States)	7,8
GE Capital Group	7,4
China (Volksrepublik)	7,1
Korea (Republik)	7,1
Unternehmungen	**Nettovolumen (Mrd. USD)**
GE Capital Corp.	7,4
Berkshire Hathaway	5,7
Deutsche Bank	4,3
J. P. Morgan Chase	4,1
Barclays Bank Plc	3,9
MetLife Inc.	3,7
Goldman Sachs Group	3,3
AXA	3,2

In der Tab. 6.7 sind die führenden Referenzschuldner von CDS aufgeführt, unterteilt in Länder und Indizes sowie Unternehmungen. Bei den Corporates ist augenfällig, dass der Markt sich gegen den Ausfall der großen Investmentbanken wie Deutsche Bank, J. P. Morgan Chase, Barclays und Goldman Sachs absichert. Da die meisten Derivate, unabhängig von ihrem Basistitel, auch Kreditinstrumente sind, erstaunt die Tabelle nicht. Volumenmäßig sind die Indizes von Europa und Nordamerika, Investment Grade und High Yield, bei Weitem die beliebtesten und damit die liquidesten.

Wie bei den meisten derivativen Instrumenten gibt es die Ausgestaltungen für die Basiswerte von:

- einzelnem Wert,
- Korb und
- Index.

Die CDS für große Körbe entstehen über die synthetische Verbriefung, wo man den Finanzierungsteil abspalten kann. In Abb. 3.23 sieht man diesen Credit Default Swap. In besagtem Konstrukt wurde die Verbriefung nach speziellen Wünschen des CDS-Käufers konstruiert.

Der CDS kann auch als spezieller TROR verstanden werden, dessen Auszahlung digital ist.

6.3.4.4 Basket Swaps

Die natürliche Erweiterung des CDS ist der Übergang von einem Kredit als Basistitel zu einem Portfolio. Besteht dieses aus vier bis zwölf Krediten, so werden häufig die *First to Defaut Swaps* angewendet. Dabei wird der erste Bond des Korbes, der ausfällt, vom Verkäufer ausgeglichen im Umfang eines CDS. Gleichzeitig wird der Vertrag beendet. Der Käufer zahlt eine regelmäßige Prämie, bis der Vertrag ausläuft oder ein Ausfall eintritt. Dieses Konstrukt hat den Vorteil, dass es billiger ist, als je ein CDS für jeden Titel des Korbes abzuschließen. Dennoch sind alle Titel gedeckt, allerdings nur der erste Ausfall.

Portfolien und Körbe von Titeln weisen die Eigenschaft auf, dass zwischen den Titeln Korrelationen bestehen. Denn möglicherweise sind die Emittenten der Bonds im gleichen Land, in einer verwandten Industrie tätig oder stark von der Konjunktur abhängig. Je weniger korreliert, desto höher ist die Wirksamkeit der Absicherung.

Unter der Annahme, dass keine Korrelationen bestehen, die Bonds des Korbes also unabhängig voneinander sind und ähnliche Ratings der Bonds vorliegen, lässt sich die Ausfallwahrscheinlichkeit des einen Ausfalls einfach bestimmen, und zwar mit der Binomialverteilung. Bei einem Korb mit 6 Bonds mit je einer Ausfallwahrscheinlichkeit von 3 % ergibt sich die Wahrscheinlichkeit, dass einer davon ausfällt zu

$$p_1 = \frac{6!}{5!} \cdot 0{,}03 \cdot (1 - 0{,}03)^5 = 15\,\%.$$

Eine Variante stellt der Second to Default Swap dar, der nur den zweiten Ausfall ausgleicht. Dies ist der viel weniger wahrscheinliche Fall, sodass die Prämie wesentlich tiefer ausfällt. In Zahlen:

$$p_2 = \frac{6!}{4!} \cdot 0{,}03^2 \cdot (1 - 0{,}03)^4 = 2{,}4\,\%.$$

Eine weitere Variante sieht vor, dass m Bonds aus gesamthaft n abgesichert sind, also beispielsweise 4 aus 12. Wenn man dieses Konstrukt weiterdenkt, dann erkennt man bei sehr großem n und verschiedenen m_1, m_2 etc., dass man das Kreditrisiko von Tranchen beschreibt. Was bei den Verbriefungen noch dazu kommt, ist die Finanzierung durch eine Obligation (Note).

Für diese Derivate existieren ISDA-Musterverträge. Die natürliche Erweiterung zu den Indexprodukten wird in Abschn. 6.3.5.1 erläutert.

6.3.4.5 Credit-linked Note

Credit-linked Notes sind mittelfristige Obligationen, deren Rendite oder Rückzahlung von bestimmten Kreditereignissen abhängen. Emittenten können die Investmentbanken sein oder Zweckgesellschaften (SPV), die Kreditinstrumente verbriefen und CLN für bestimmte Tranchen ausgeben. Bei synthetischen Verbriefungen hält die SPV einen CDS mit Sicherheiten, bei einer realen Verbriefung wird das aufgenommene Geld für die Finanzierung der ausfallgefährdeten Vermögenswerte verwendet.

Der Arranger der Verbriefung verkauft die Notes und unterhält einen Markt.

6.3.4.6 Default Swaption

Bei der Swaption handelt es sich um eine Option auf einen Credit Default Swap (CDS). Der Käufer des Receiver Swap bezahlt eine Prämie, um allenfalls einen CDS eines Referenztitels zu einem vorher festgelegten Ausübungspreis zu kaufen. Dieser ist ein Spread. Das Konstrukt kann einen kostenlosen Knock-out vorsehen für den Fall, dass während der Laufzeit der Option die Referenzentität ausfällt.

Beim *Receiver Swap* erwirbt der Käufer gegen eine Prämienzahlung das Recht, eine CDS-Deckung zu verkaufen. Beim *Payer Swap* kauft sich der Anleger das Recht, eine CDS-Deckung zu verkaufen. Auch hier ist der Basiswert der Spread.

Man merke, dass hier von Payer anstatt Call und Receiver anstatt Put gesprochen wird.

6.3.5 Structured Credit Trading

Die „strukturierten Kredite", die von FICC gehandelt werden, sind vor allem CLN, also Obligationen, denen ein Bezug zur Bonität oder zum Ausfall bestimmter Namen oder Obligationen mitgegeben wird und die von Zweckgesellschaften emittiert werden. Das hauptsächliche Volumen dieser Notes stammt aus den Verbriefungen von unterschiedlichen Vermögenswerten, entweder real oder synthetisch. Abb. 6.10 gibt einen quantitativen Einblick in das Verbriefungsvolumen. Man beachte den Rückgang nach der Subprimekrise von 2007/2008.

Neben den Notes gibt es aber auch die Spielart mit der kurzfristigen Finanzierung durch emittierte Geldmarktpapiere, bei welcher die Fristentransformation der Zinsen ein wichtiges wirtschaftliches Ziel ist.

Diese Obligationen sind meist von den eigenen Underwritern im Investmentbanking arrangiert worden.

6.3.5.1 Collateralizes Debt Obligation

Collateralizes Debt Obligation ist der Überbegriff für Obligationen oder Notes, die mit dem Sicherheitenpool aus Forderungstiteln verquickt sind. Andernorts haben wir von

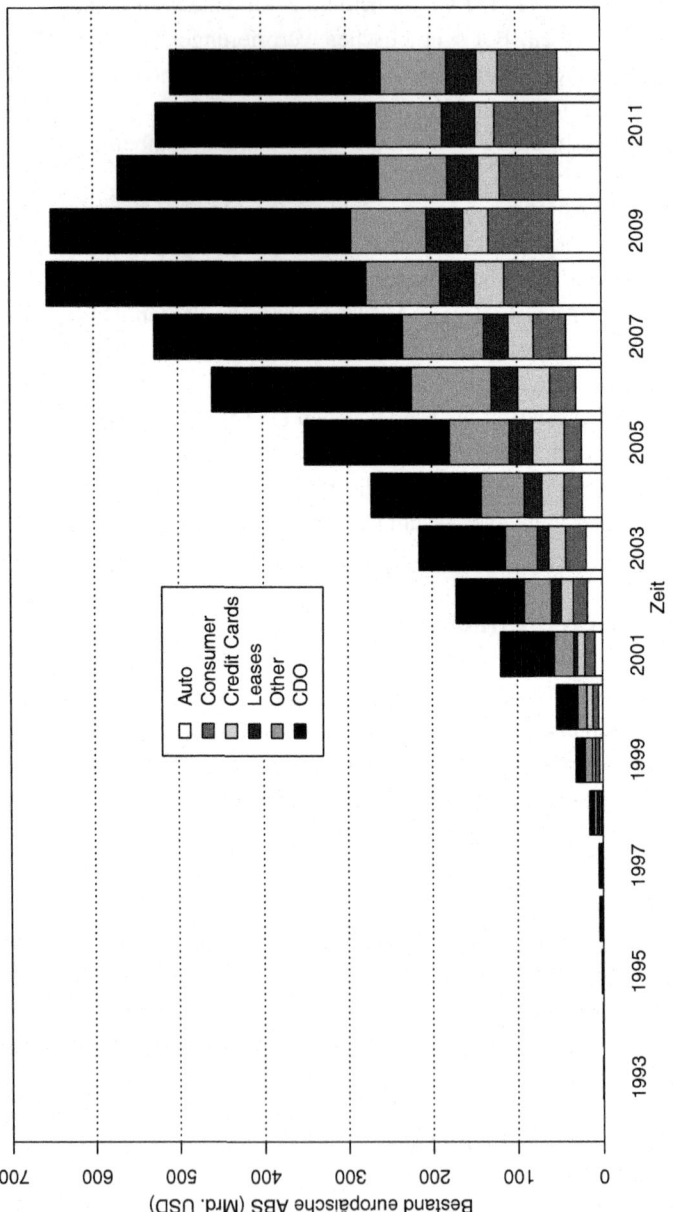

Abb. 6.10 Bestand der europäischen Verbriefungen 2011 (Quelle: ECB)

Credit-linked Notes gesprochen. Diese Obligationen kommen in Tranchen unterschiedlicher Bonität, denn die schlechten Tranchen absorbieren die ersten Ausfälle, dann folgen
die Mezzaninetranchen und dann die Seniortranchen.

Die Forderungstitel des Pools sind:

- Bonds (Collaterlized Bond Obligation, CBO),
- Loans oder Kredite (Collateralizes Loan Obligation, CLO),
- Mortgages (Hypotheken) CMO oder gar
- Tranchen von CDOs (CDO Squared) sowie
- synthetische Kreditindizes mit Sicherheiten.

Zur Veranschaulichung betrachte man nochmals Abb. 3.23, die eine synthetische Konstruktion wiedergibt.

Das Pricing von CDO-Tranchen orientiert sich wie Versicherungsportfolios zuerst am
Erwartungswert des Ausfalls der Tranche. Da es sich um große Portfolios mit sehr vielen einzelnen Titeln im Sicherheitenpool handelt, konstruiert man eine Verlustverteilung
aus den einzelnen Ausfallwahrscheinlichkeiten und den Recovery Rates. Diese Verteilung
erstreckt sich von null bis zum Maximalwert des Portfolios. Zerschneidet man die Ver-
lustachse in Streifen, so resultieren die Tranchen und aus der zerschnittenen Verteilung
die Wahrscheinlichkeitsmasse. In Abb. 6.11 sieht man die Verlustverteilungskurven, die
Tranchen und die Masse. Die Prämie ergibt sich in erster Näherung als die Masse unter
der Kurve mal die Breite der Tranche. Zusammenfassend kann man den Preis als Funktion
von vier Parametern sehen, nämlich:

1. Anzahl der Elemente im Pool,
2. die einzelnen Ausfallswahrscheinlichkeiten,
3. die Recovery Rate und
4. die Korrelation zwischen den Bonds.

Hinter der Verlustverteilung versteckt sich das Problem der Bewertung eines Kreditportfolios. Die einfachsten Modelle sind Erweiterungen des Binomialmodells für Bas-
kets (siehe Abschn. 6.3.4.4), das von Moody's 1996 vorgestellte Binomial-Expansion-
Technique-Modell. Es enthält einen Parameter, den Diversity Score, um die Abhängigkeit
der einzelnen Kredite zu berücksichtigen. Eine Anlehnung an die aktuarischen Modelle
der Versicherung, wo ja Gesamtschäden von Portfolios, z. B. Motorhaftpflicht, abzuschätzen und rückzuversichern sind, ist offensichtlich. Die Formel für den Gesamtschaden G
lautet (Daykin et al. 1994, 51):

$$G = \sum_{k=1}^{N} Z_i.$$

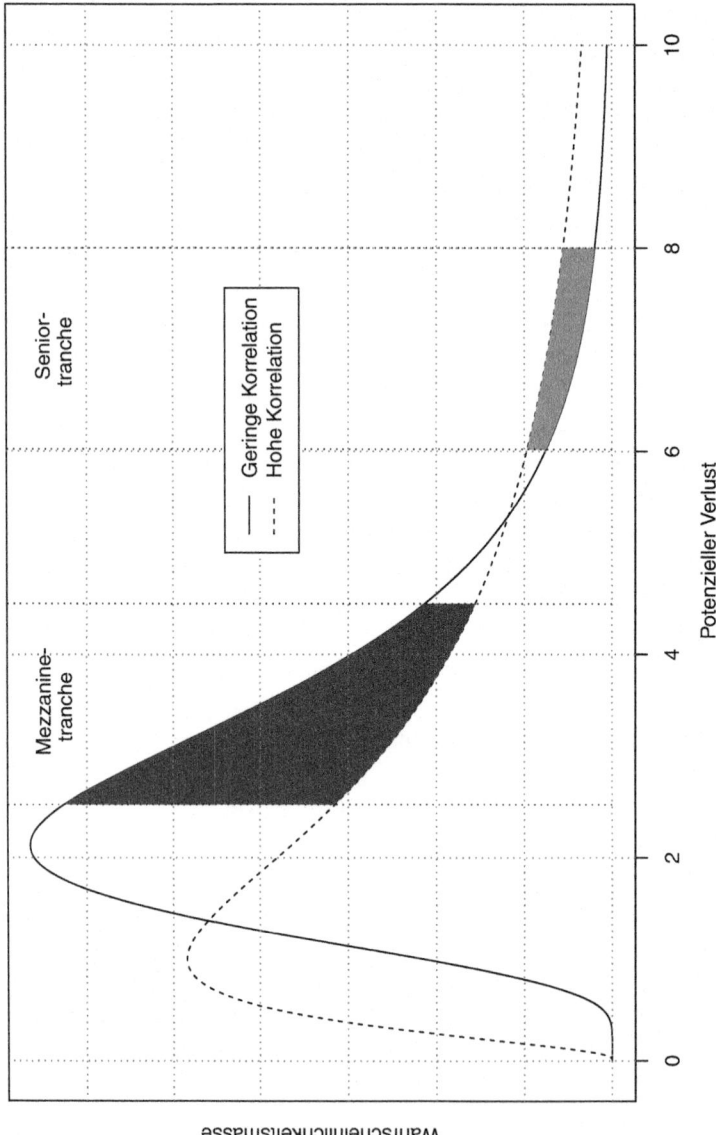

Abb. 6.11 Wahrscheinlichkeitsmasse einer Kreditverbriefung in Abhängigkeit der Korrelation. Nimmt die (wahrgenommene) Korrelation zu, in einer Krise etwa, dann verschiebt sich die Wahrscheinlichkeit eines Verlusts je nach Tranche unterschiedlich. Die Seniortranche verschlechtert sich und der Wert sinkt, während bei der Mezzaninetranche der Wert steigt

Der Verlust G ist eine Zufallszahl, wie die Anzahl Ausfälle N und die einzelnen Verluste im Default Z_i. Das Modell der damaligen Credit Suisse Financial Products, „CreditRisk+" von 1996, berechnet unter der Annahme, dass N negativbinomial verteilt ist, diese Gesamtverlustverteilung. Optimal sind homogene Portfolios, d. h. die Nennwerte und die Ausfallswahrscheinlichkeiten sind ähnlich und die einzelnen Bestandteile, hier Bonds, sind unabhängig und damit unkorreliert (Franzetti 2001). Diese letztere Forderung ist schwer zu erfüllen.

Der nächste Schritt bei den Modellen ist die Verwendung von Monte-Carlo-Simulationen, bei denen spezifischere Annahmen getroffen werden können, insbesondere Annahmen zur Korrelationsstruktur der Ausfälle der Portfoliokredite. Die entsprechenden Modelle nennen sich Copulae, deren Einfachheit zum Teil massive Kritik verursacht hat, speziell dort, wo an den Enden (Tails) zu wenig Korreliertheit herrscht. Fender und Kiff (2004) geben einen guten Überblick.

Abb. 6.11 gibt zwei Verlustverteilungen als Dichte wieder, die dasselbe Portfolio beschreiben. Die zwei Kurven aber unterscheiden sich in der unterstellten Korrelation der Ausfälle der Elemente des Sicherungspools. Erhöht sich die plötzlich entdeckte Korrelation, beispielsweise indem man erkennt, dass alle Subprimeschuldner dasselbe Problem aufweisen, dann ändert sich die Kurve so, dass die vermeintlich schlechten Tranchen teurer und die guten billiger werden. Dies scheint auf den ersten Blick nicht intuitiv zu sein. Die Korrelation schiebt die Masse nach rechts. Dies ist offensichtlich nicht von allen verstanden worden.

Im weit beachteten Artikel des Economist vom 07.08.2007, „Confessions of a risk manager", konnte man lesen, dass die involvierte Bank, wie viele, Hypotheken aufkaufte, sie auf der Bilanz parkte, bis die Verbriefung stand und die Obligationen verkauft wurden. Der Risikomanager schreibt weiter:

> We were most eager to sell the non-investment-grade tranches, and our risk approvals were conditional on reducing these to zero. We would allow positions of the top-rated AAA and super-senior (even better than AAA) tranches to be held on our own balance-sheet as the default risk was deemed to be well protected by all the lower tranches, which would have to absorb any prior losses.

Bei der Verschlechterung der Marktlage erwartete er, dass diese Risikomaßnahme zum Tragen käme. Aber:

> But the reverse happened of what we had expected: AAA tranches went down in price and non-investment-grade tranches went up, resulting in losses as we marked the positions to market.

Im Artikel wird dann dieses Phänomen mit der Liquidität begründet, da alle die marktgängigsten Produkte verkaufen wollten. Dies erklärt allerdings nicht, wieso die schlechten Tranchen sich verbesserten. Abb. 6.12 zeigt den Bestand an CDS und Abb. 6.13 zeigt das

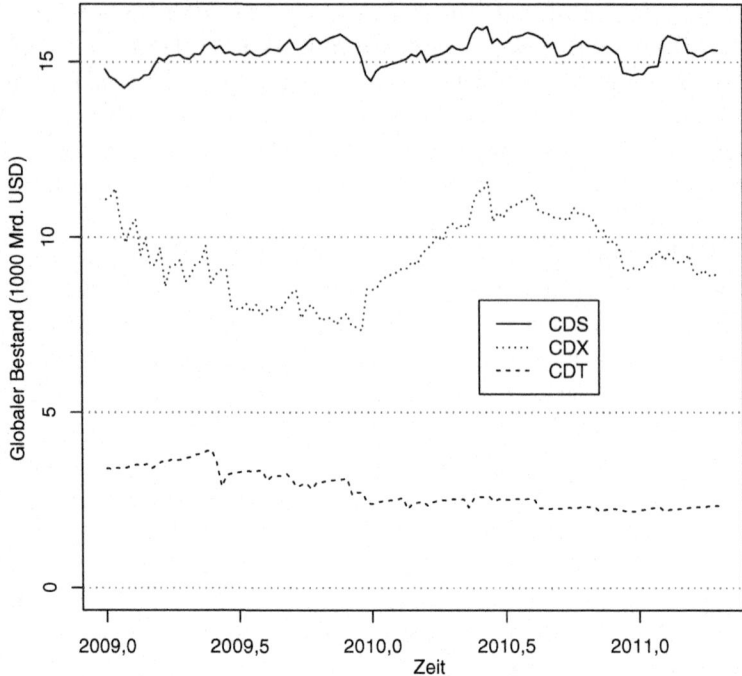

Abb. 6.12 Globaler Bestand an Credit Default Swaps (Quelle: DTCC)

wirkliche Netto-Exposure, das man aus den Nennwerten ableitet. Wie aus der Abb. 6.14 hervorgeht, machen die Indexprodukte rund 40 % des Handels aus. Die wichtigsten Indizes sind in der Tab. 6.8 gezeigt. Oberflächlich gesprochen sieht man zwei Familien von Indizes: die CDX und CMBX für Amerika und Schwellenländer und die Itraxx für Europa und Asien. Der codierte Name enthält Spezifikationen, beispielsweise:

$$NA = Nordamerika, \qquad EM = Emerging\ Markets,$$
$$IG = Investment\ Grade, \quad HY = High\ Yield,$$
$$AAA = Rating, \qquad\quad 26 = Seriennummer.$$

Die Seriennummer bezeichnet die Kohorte, denn alle sechs Monate wird ein neuer Kontrakt aufgelegt, der nicht identisch mit dem Vorgänger sein muss, z. B. weil Obligationen ausgefallen sind. Der Pool zum Index besteht entweder aus Obligationen (CDX) oder aus hypothekenbesicherten Papieren (CMBX). In der Tabelle sind die Angaben bezogen auf die nichttranchierten Indizes.

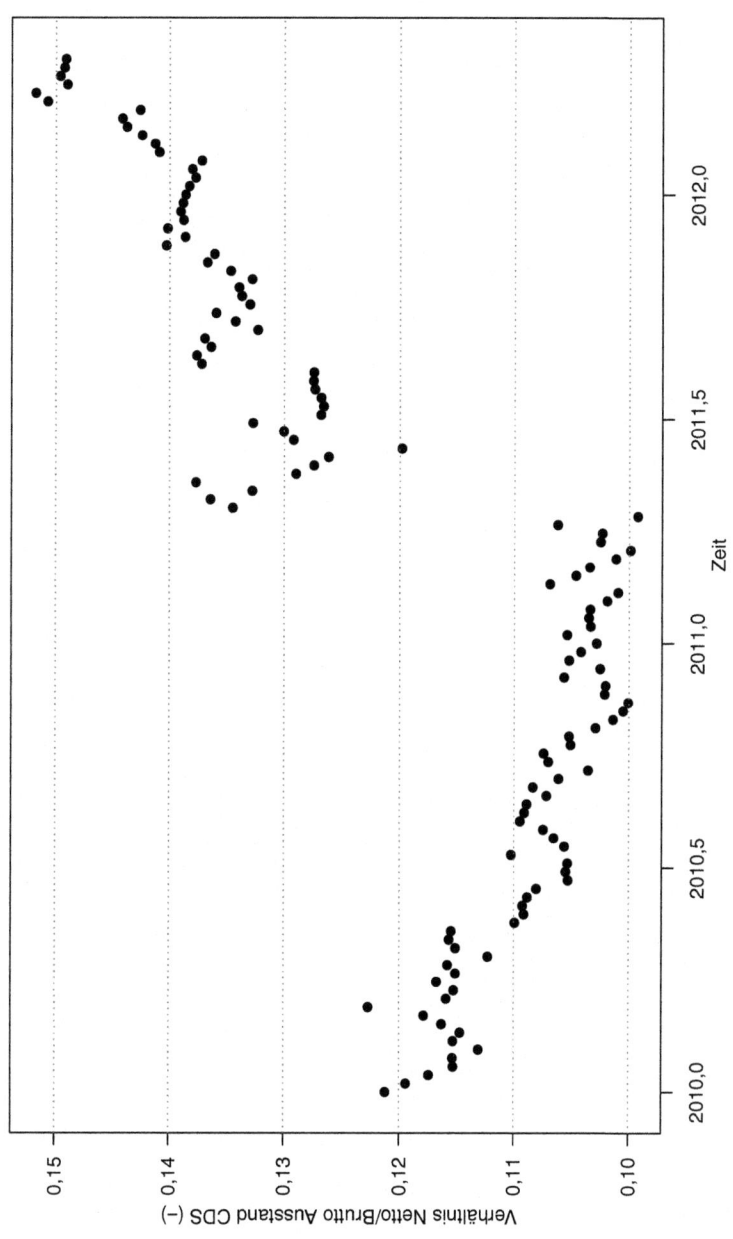

Abb. 6.13 Der zeitliche Verlauf des Verhältnisses von Netto- zu Brutto-Exposure

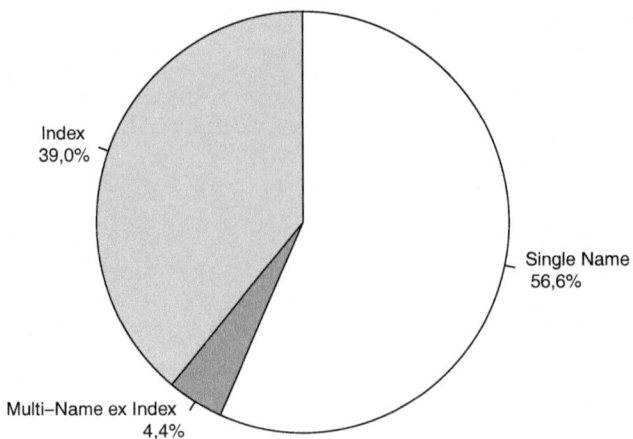

Abb. 6.14 Verteilung der CDS-Nennwerte nach Art des Basiswertes im Jahr 2016 (Quelle: Bank for International Settlements). Daran erkennt man auch die Art der Endbenutzer

Tab. 6.8 Größte CDS-Umsätze im Tagesdurchschnitt für die Periode vom 20.12.2016 bis 19.03.2017 in den USA (Quelle: DTCC)

Index	Produkttyp	Anzahl Dealer	Volumen (Mio. USD/d)	Anzahl Trades (1/d)
CDX.NA.HY.27	Untranched	11	3275	291
ITRAXX EUROPE SERIES 26	Untranched	12	10.950	276
CDX.NA.IG.27	Untranched	10	8925	236
ITRAXX EUROPE CROSSOVER SERIES 26	Untranched	13	2275	195
CDX.EM.26	Untranched	11	1025	103
ITRAXX EUROPE SENIOR FINANCIALS SERIES 26	Untranched	13	2225	87
CMBX.NA.AAA.8	Untranched	8	100	14
ITRAXX ASIA EX-JAPAN IG SERIES 26	Untranched	10	150	8
ITRAXX EUROPE SERIES 25	Untranched	10	375	7
CDX.NA.HY.26	Untranched	7	150	6

Zu den Indizes gibt es Tranchen, welche den Rang (Seniority) im Fall des Krediter-eignisses darstellen. Abb. 6.15 zeigt exemplarisch die vom Indexprovider vorgesehenen Tranchen. Je besser die Qualität des Portfolios, z. B. Investment Grade oder High Income, umso unterschiedlicher sind die Tranchen: Je besser, desto kleiner sind die Deckungs-strecken, also die Differenzen von Detachment zu Attachment Point, wie die Schranken genannt werden.

Ein Beispiel nach (Markit 2008, 14): Im Index sind 100 gleichgewichtete Obligationen. Ein Investor kauft zum Nennwert von 10 Mio. USD Deckung für die Tranche von 0–3 %.

Abb. 6.15 Verschiedene Standardtranchen. Je höher die Qualität, desto kleiner die schlechten Tranchen

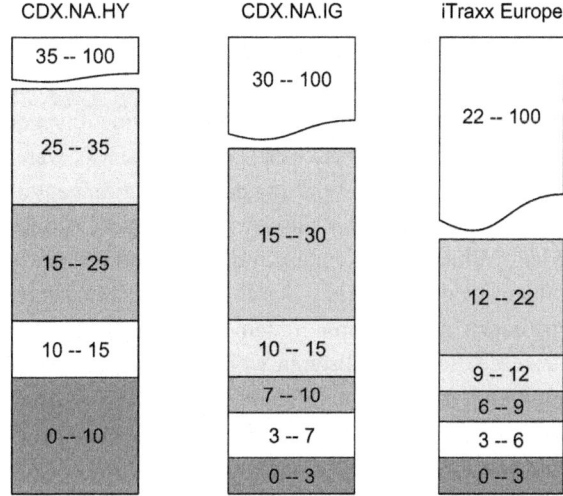

Es kommt zu einem Ausfall, wobei die Wiedereinbringung zu 65 % angesetzt wird. Der Investor erhält:

$$\text{Ausgleich} = \text{Nennwert} \cdot \frac{\text{Verlust} \cdot \text{Gewichtung}}{\text{Deckungsstrecke}}$$

und mit Zahlen:

$$\text{Ausgleich} = 10.000.000 \cdot \frac{0{,}35 \cdot \frac{1}{100}}{0{,}03} \approx 1{,}17 \text{Mio.}$$

Nach dem Ereignis müssen die Werte angepasst werden. Zum einen zieht man die 0,35 von 3 % ab, sodass die obere Schranke nun 2,65 % beträgt. Zudem enthält das Portfolio nicht mehr 100, sondern nur noch 99 Obligationen. Deshalb wird die Schranke noch mit 0,99 dividiert, sodass definitiv die Schranke den Wert 2,68 % besitzt. Alle anderen Werte verändern sich entsprechend.

Kreditderivate dienen der Investition oder Spekulation einerseits und der Absicherung anderseits. Erst die Derivate haben es möglich gemacht, Short-Positionen zu beziehen, was ein Äquivalent zu dem Gewähren von Ausfallschutz bedeutet. Der Handel mit Kreditderivaten, speziell mit Tranchen, ist eine komplizierte Angelegenheit, denn schon die Preisbestimmung beruht auf komplexen Modellen mit schlecht zu beobachtenden Parametern, vor allem der Korrelation zwischen Indexbestandteilen und zwischen Tranchen. Der CDX umfasst rund 125 Bonds, deren Kreditmarge allerdings einfach zu beschaffen ist. Diese Obligationen kann man nach dem Spread ordnen und kann sich die möglichen Ausfallszenarien ausdenken.

Index-CDS sind viel häufiger als Deals mit Tranchen (Tab. 6.8). Tranchen werden üblicherweise im Paket mit dem entsprechenden Index vereinbart. Eine Dealerbank verkauft eine Equity-Tranche von 0–3 % für 64 % „upfront" und kauft gleichzeitig 5,3-mal den Betrag bei einem Stand des Index-CDS von 121 bp. Der Multiplikator 5,3 wird „Delta" genannt, was ein bisschen verwirrlich ist. Es gibt zudem die Variante ohne Delta und den Verkauf einer anderen Tranche. Die Investmentbanken wollen mit dem Handel verdienen und nicht mit den Positionen. Dieses Business wäre dann proprietäres Investment. Die Deltavariante soll die Wirkung der Korrelation neutralisieren.

Dass auch Profis hier massive Fehler begehen können, wird durch den Fall des „London Whale" illustriert. In einem illiquiden Markt versuchte der Handel im Chief Investment Office, für die Steuerung des firmenweiten Gesamtrisikos zuständig, bestehende CDX-Positionen zu reduzieren, indem er sie nicht veräußerte, sondern mit vermeintlichen Gegengeschäften neutralisieren wollte. „Verkaufen" heißt in diesem OTC-Markt eigentlich, mit dem Vertragspartner die Beendigung des Vertrags auszuhandeln oder ein Institut zu finden, das in den Vertrag eintritt. Das ist nicht so einfach.

Im Laufe des Frühjahrs 2012 jedenfalls verdreifachte sich der Nennwert der Positionen von J. P. Morgan auf 156 Mrd. USD. Jeder Default aus dem noch 121 Bonds enthaltenden Index konnte einen Verlust von bis zu 572 Mio. USD bewirken. Bei so wenigen Marktteilnehmern wurde schnell ruchbar, dass J. P. Morgan eine riesige Position hielt. Banken müssen ihre Positionen täglich zu Markt- oder gutgläubigen Werten bewerten. Grundlage bei sehr illiquiden Verhältnissen sind neben vergangenen Deals auch indikative, nichtbindende Offerten. So kann man von pfiffigen Marktteilnehmern in die Ecke getrieben werden.

Der interne Bericht zum massiven Verlust von rund 6,2 Mrd. USD (Cavanagh 2013, 85) zeichnet ein ziemlich konfuses Bild. Eine Aussage ist, neben anderen, aber sehr erstaunlich:

> The trading strategies that were put in place in early 2012 were poorly conceived and vetted, and neither the trading nor its impact on RWA were fully understood by CIO management or the traders.

Bei diesen Kreditderivaten handelt es sich um ein reines Nullsummenspiel. Die gute Nachricht ist also, dass jemand anderes die verlorenen Gelder eingesammelt hat.

Der Vollständigkeit halber sollte man erwähnen, dass die Investment Grade CDS auf einer Spread-Basis notiert werden, wogegen bei High Yield CDS der Preis genannt wird.

Sehr ausführlich kann man sich bei Kakodkar et al. (2006a) und Kakodkar et al. (2006b) weiter informieren.

Seit einiger Zeit schrumpfen die großen Investmentbanken ihr FICC-Geschäft und damit auch den Kreditderivatemarkt. Die Deutsche Bank hat sich 2014 vom Single-Name-Derivat verabschiedet. Dafür beginnen Hedgefonds wie Citadel als Marktmacher aufzutreten.

6.3.5.2 Mortgage-backed Securities

MBS sind hypothekenbesicherte Wertpapiere. Unterschieden werden Commercial Mortgage-backed Securities (CMBS), die durch Gewerbe- und Mehrfamilienimmobilien

Tab. 6.9 Die Vergabe (Origination) und Emission von besicherten Wertpapieren für die vier verschiedenen Hypothekenklassen vor der Subprimekrise; Zahlen in Mrd. USD oder Prozent (Quelle: Board of Governors of the Federal Reserve System)

	Subprime		Alt-A		Jumbo		Agency	
	Vergabe	Emission	Vergabe	Emission	Vergabe	Emission	Vergabe	Emission
2001	190	87	60	11	430	142	1433	1088
2006	600	449	400	366	480	219	1040	905
Zuwachsrate p. a.	25,9	38,8	46,1	101,6	2,2	9,1	−6,2	−3,6

besichert sind, und Residential Mortgage-backed Securities (RMBS), die durch private Wohnimmobilien besichert sind.

Residential RMBS
Wohnimmobilien sind ein beliebtes Objekt für die staatliche Förderung und Intervention. Ein Hausbesitz gilt als Konsolidierung eines seriösen und arbeitsamen Lebens.

In den USA ist die Finanzierung von Hypotheken letztlich durch den Finanzmarkt, wie es die Verbriefungen ermöglichen, das Standardprozedere. Es gibt vier Arten von Wohnbauhypotheken, nämlich:

- Agency,
- Jumbo,
- Alt-A und
- Subprime.

Die staatlichen Agenturen, Government National Mortgage Association (Ginnie Mae), Federal National Mortgage (Fannie Mae) und Federal Home Loan Mortgage Corp., vergeben Kredite und Garantien oder Emittieren besicherte Obligationen nach den Maßgaben von Standards, die letztlich vom Parlament vorgegeben werden. Darin enthalten sind Vorgaben für die Qualität und die Zahlungsfähigkeit der Schuldner, Hausgröße und Lokation sowie Größenangaben: für eine Einheit zwischen 424.100 USD und 636.250 USD (2017).

Jumbo sind Kredite, die zu groß für die staatliche Garantie sind. Die „Alt-A"-Klasse enthalten gute Bonitäten, sind aber etwas aggressiver bepreist. Die notorischen Subprime sind Kredite an Schuldner schlechter Bonität. Insgesamt sind mit der Krise, also von 2007 bis 2010 rund 8 % der Hypothekarkredite ausgefallen, bei den AAA- und Superseniortranchen geringe 17 bp.

Tab. 6.9 zeigt die enormen Zuwächse der einzelnen Kategorien. Die Privaten, also von Banken Emittierten und Verbrieften, sind auch auf Kosten der staatlichen Aktivität gewachsen. Die Volumen sind riesig. Nach der Krise sind die Aktivitäten der Privaten gegen null gegangen.

Commercial CMBS

Unter kommerziellen Liegenschaften subsummiert man Wohnkomplexe, Fabriken, Hotels, Bürogebäude, Einkaufszentren etc. Neben den allgemeinen konjunkturellen Risikofaktoren spielen auch demografische Aspekte in die Betrachtung hinein. Beispielsweise wollten Millennials im Zentrum von Städten wohnen und arbeiten, sodass periphere Büros leer stehen. Bürogebäude können auch schnell technisch überholt sein.

Im Gegensatz zu den Wohnbauhypotheken ist in den USA das schwer zu handhabende Pre-payment Risk, die Ablösung aufgrund fallender Zinsen, geringer, denn wie in Europa sind dann Vorfälligkeitsprämien zu zahlen, die ein Umsteigen verhindern.

In der Abb. 6.16 sieht man für die USA die Größenverhältnisse zwischen Wohnbau- und kommerziellen Hypothekenverbriefungen.

Kommerzielle Immobilien sind auch Gegenstand der Investition von Fonds, die selber Immobilien finanzieren, Hypotheken sammeln oder in Immobilienbeteiligungsfirmen investieren. Im angelsächsischen Raum spricht man von REIT für Reals Estate Investment Trust.

6.3.5.3   Conduits

Der Begriff Conduit bedeutet auf Deutsch Leitung oder Röhre. Gemeint ist, dass eine Zweckgesellschaft einen Pool von mittel- bis langfristigen Forderungspapieren, in der Vergangenheit meist Mortgage und andere Asset-backed Securities, anschafft und mittels Emission von Commercial Papers finanziert (siehe Abb. 6.17). Man spricht hier von Asset-backed Commercial Papers (ABCP).

Für die Bank ist es eine Möglichkeit, Vermögensteile von der Bilanz zu schaffen oder als Arrangeur und Manager eines Finanzierungsvehikels Kommissionen zu verdienen. Diese Finanzierungskonstellation ist bekanntlich nicht unproblematisch, denn die Fristentransformation hängt maßgeblich davon ab, dass kurzfristige Finanzierung ständig verfügbar ist resp. dass die Zinsstrukturkurve stabil bleibt oder zumindest die Zinsen am kurzen Ende tief bleiben.

Deshalb ist der Arrangeur vertraglich verpflichtet, im Falle von versiegender Liquidität einzuspringen und selber mittels eigener CD dem Conduit flüssige Mittel zuzuleiten. Ist der Markt ausgetrocknet, so muss der Arrangeur pflichtgemäß Vermögensteile aus dem Pool zu vorherbestimmten Preisen abkaufen und auf die eigene Bilanz bringen.

Die Bank State Street, neben J. P. Morgan Chase eine Große in diesem Business, hielt am 31.12.2007 rund 2 Mio. USD CDs von seinen Conduits, am 02.09.2008 waren es 8,2 Mrd. USD. Die US-Zentralbank legte ein Liquiditätsprogramm auf, um die Preise nicht ins Bodenlose fallen zu lassen.

6.3.5.4   Asset-backed Securities (ABS)

Asset-backed Securities bezeichnet als Oberbegriff die Produkte, die wir soeben diskutiert haben: CDOs, MBS und ABCP. Konstitutive Elements sind eine Zweckgesellschaft, der Pool von Forderungen als Sicherheit, die Emission von Wertpapieren. Davon zu un-

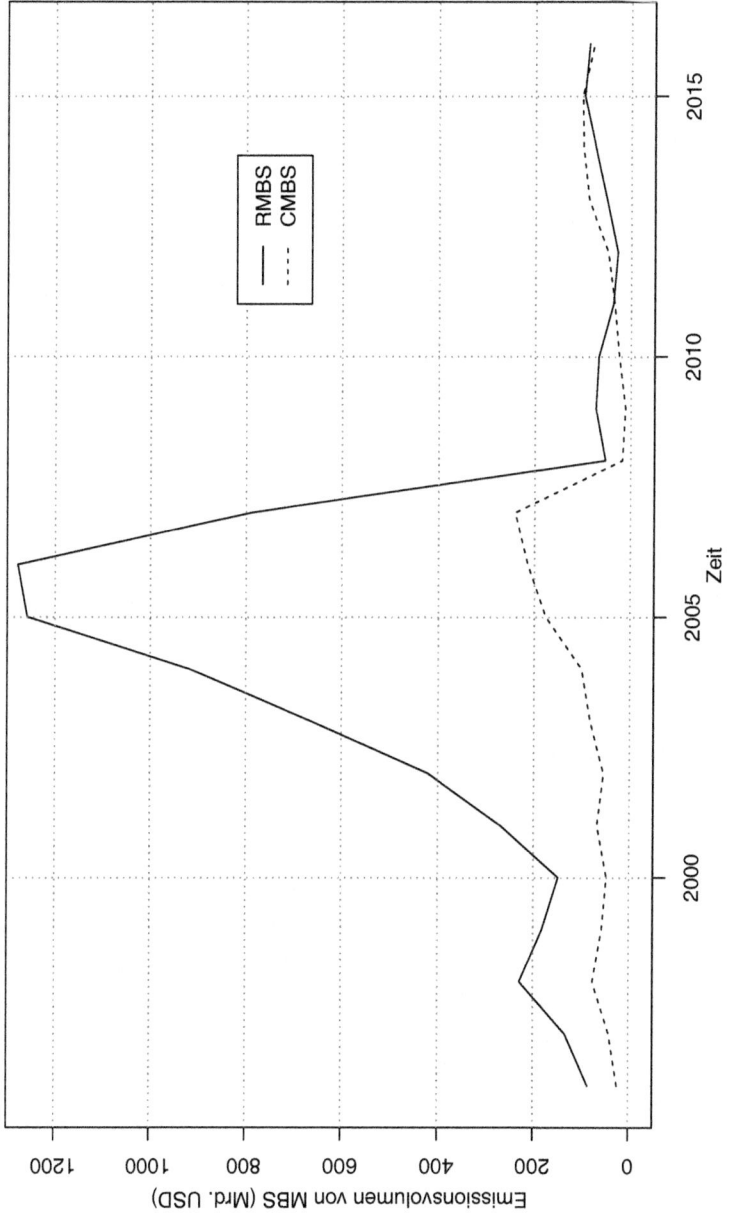

Abb. 6.16 Emissionsvolumen von hypothekenbesicherten Wertpapieren in den USA (Quelle: ThomsonReuters)

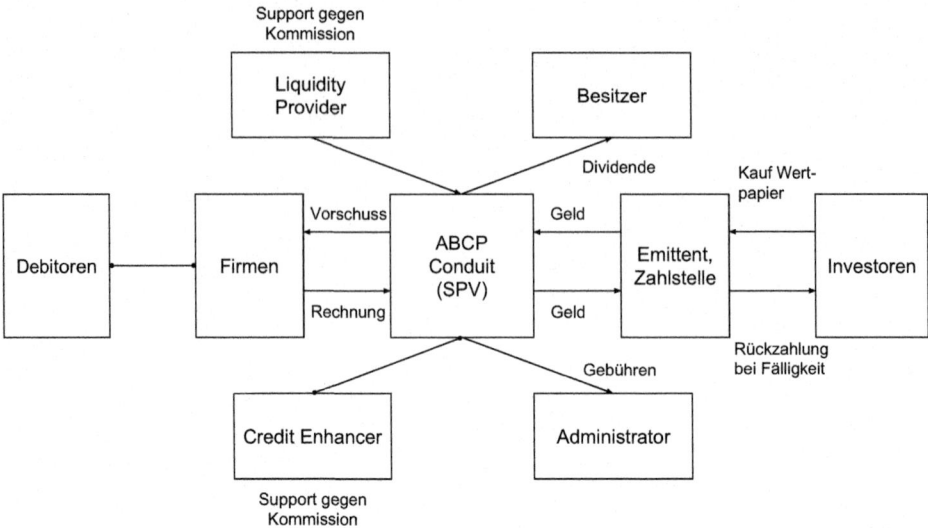

Abb. 6.17 Typische ABCP-Conduit-Struktur, angelehnt an Bate et al. (2003, 8)

terscheiden sind die Pfandbriefe oder *Covered Bonds*, bei denen die Sicherheit zusätzlich zum Schuldverhältnis hinzukommt.

Ziel aller dieser Vehikel ist es, die Finanzierung der Aktiven am Kapitalmarkt zu ermöglichen und damit liquide Investitionsmöglichkeiten zu schaffen.

6.4 Emerging Markets Fixed Income

Wie wir im ersten Kapitel erwähnt haben (siehe Tab. 1.4), sind die aufstrebenden Märkte von Krisen geschüttelt worden. Der Markt für Festverzinsliche ist eigentlich im Nachgang zur Krise in Lateinamerika mit der Umwandlung von Bankkrediten in Schuldverschreibungen, die sogenannten Brady-Bonds, entstanden. Diese Bonds waren in USD denominiert, entweder Nullcouponanleihen mit reduziertem Kapital oder Par-Bonds mit reduziertem Zins, enthielten somit einen Schuldenschnitt und waren mittels US-Schatzscheine besichert. Verursacht hatte die Krise ein Abschwung der Weltwirtschaft, zu dem der starke Anstieg der Ölpreise Ende der Siebzigerjahre und die gleichzeitige Hochzinspolitik der amerikanischen Zentralbank beigetragen hatten.

Für die lateinischen Länder bedeutete dies mehr Zeit, um die Schulden zu bezahlen, für die amerikanischen Banken war es eine erhebliche Unterstützung.

Im Jahr 1994 ereignete sich die Tequilakrise in Mexiko, bei der der Ausfall abgewendet werden konnte, allerdings verlor der Peso massiv an Wert. 1997 begann dann die Asienkrise, mit Auftakt in Thailand, gefolgt von der Russlandkrise. Dank internationaler Maßnahmen rund um den Washington Consensus gelang es, die Obligationenmärkte der

Schwellenländer am Leben zu erhalten. Seit dem Jahr 2000 ist das ausstehende Volumen stetig gewachsen, um im Jahr 2011 ein Volumen von rund 2 Billionen USD zu erreichen. Seit 1994 hat der Anteil an Investment-Grade-Anleihen von unter 5 % auf über 70 % zugenommen.

Zwei Tendenzen zeichnen sich ab: Immer mehr Unternehmungen finanzieren sich über internationale Emissionen in USD und der lokale Bondmarkt wächst schnell. Durch die Globalisierung haben viele größere Unternehmungen auch ausländische Einkommensquellen, sodass ihr Rating über dem des Staates liegen kann.

6.5 Money Market – Geldmarkt

Der Geldmarkt im engen Sinn ist derjenige Teil des Finanzmarktes, auf dem kurzfristige Gelder mit Zentralbankgeldguthaben gehandelt werden. Vom Kapitalmarkt unterscheidet er sich durch eine kürzere Fristigkeit der Kredite. Die Grenze zwischen beiden Märkten wird in der Regel bei einer Lauflänge von einem oder zwei Jahren gezogen. Akteure auf dem Geldmarkt sind die Zentralbank, Banken, Finanzintermediäre und große Unternehmungen.

Die Hauptmotivation dieses Marktes sind die Interbankendarlehen. Deshalb wird auch häufig der Libor, ein Interbankenzinssatz der entsprechenden Währung als Preisreferenz angewendet.

6.5.1 Treasury Bills – Schatzanweisungen

Schatzanweisungen werden in den USA von der Zentralbank auf Rechnung des Schatzamtes mittels Auktion in Umlauf gebracht. Die Laufzeiten sind häufig 1, 3 und 6 Monate, höchstens ein Jahr. Die Nennwerte sind bescheidene 1000 USD, was die T-Bills für einen sehr großen Investorenkreis zugänglich macht.

Die Schatzscheine werden als risikolose kurzfristige Investition angesehen. Deshalb halten die fremden Zentralbanken US-Dollars als Schatzscheine.

Sie qualifizieren speziell als Sicherheit für Finanzierungen, insbesondere für Pensionsgeschäfte, denn zumindest erübrigt sich das Kreditrisiko.

Der Kurs von US-T-Bills wird als Zins gestellt, sodass man den Preis ausrechnen muss. Angenommen ein solcher Schatzwechsel läuft noch 169 Tage und der Bid-Kurs sei 2,8 %, dann ergibt sich der Bid-Preis bei einem Nennbetrag von 10.000 USD zu:

$$P_{\text{bid}} = 10.000 \cdot \left(1 - \frac{0{,}028 \cdot 169}{360}\right) = 9868{,}56.$$

Auch hier gilt, dass Änderungen von Preis und Zinssatz sich gegenläufig auswirken.

6.5.2   Certificats of Deposit – Einlagenzertifikate

Einlagenzertifikate sind kurzfristige Inhaberwertpapiere, die von Banken auf Rechnung der Einleger, hier meist Unternehmungen, emittiert werden. Mit diesem Papier kann der Einleger vor der Fälligkeit der Termineinlage sein Geld beziehen, indem er das Papier verkauft. Damit erhält er eine wesentlich höhere Flexibilität bei der Disposition seiner Gelder, als dies bei einem Festgeld der Fall wäre. Es gibt auch die Variante, bei der die Einlage als Kreditlinie der Bank (Certificate of Deposite Facility) ausgestaltet ist. Sie ermöglicht dem Kunden, diese jederzeit für die Emission von Certificates of Deposit zu gebrauchen.

Die Zertifikate tragen häufig einen großen Nennwert, laufen meist zwischen 30 und 180 Tagen und werden auf Diskontbasis ausgegeben.

Bei den Euro-CDs übernehmen die Banken kein Platzierungsrisiko. Sie müssen die Papiere also nicht selbst erwerben, wenn diese sich nicht am Markt absetzen lassen. Das Risiko liegt allein beim Emittenten.

Für Investoren und Treasuries von Unternehmungen sind die CDs eine günstige kurzfristige, sehr liquide Anlage, für Emittenten eine problemlose Finanzierung.

6.5.3   Commercial Papers, Euronotes

Commercial Papers sind kurzfristige Wertpapiere, die als unbesicherte Wechsel (*Unsecured Promissory Bearer Note*) über einen bestimmten Betrag mit einem Fälligkeitsdatum ausgestellt werden. Die Laufzeiten reichen von einem bis 365 Tage. Meist werden sie auf Diskontbasis, also mit einem Abschlag in Umlauf gebracht. Die Emission wird als Programm ausgestaltet und von einer Bank betreut, insbesondere arrangiert und dokumentiert sie das Programm und verkauft die Papiere an die Investoren gegen eine Gebühr. Nur ganz große Unternehmungen können auf eine Bank verzichten.

Der Markt ist in den USA besonders tief, in Europa werden entweder lokal Papiere emittiert oder als Euro Commercial Papers, für die allerdings der Emittent ein Rating besitzen muss, ausgegeben. Ein Rating kostet rund 50–100.000 EUR einmalig und dann denselben Betrag jährlich. Aufgrund der Kosten umfassen die Emissionen häufig mehrere Hundert Mio. EUR.

Ein Programm setzt die Wahl einer oder mehrerer Investmentbanken voraus, die als Arranger und auch als Dealer fungieren. Zur Sicherheit gewähren sie eine Kreditlinie, damit die Papiere auch sicher zurückbezahlt werden können. Die Dokumentation definiert Zahlstelle, Währung und Umfang des Programms, der aber über die Zeit aufgebaut, wenn nicht gar nicht ausgeschöpft wird. Die Emission bildet eine stetige Ausgabe, um auch das Interesse der Investoren zu bewahren. Anderseits dient das aufgenommene Geld, um als Betriebskredit verwendet zu werden. Zudem wird abgemacht, auf welchen Märkten die Papiere gehandelt werden sollen.

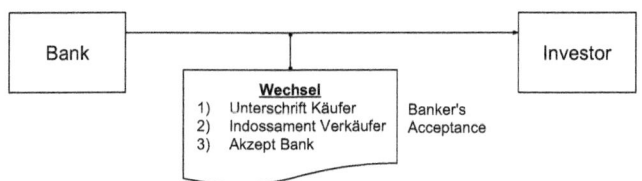

Abb. 6.18 Verlauf Bankakzept. Der Käufer einer Ware gibt dem Verkäufer als Bezahlung einen unterschriebenen Wechsel, der vom Verkäufer auf die Bank übertragen wird. Diese akzeptiert diesen und verkauft ihn an einen Investor, der bei Fälligkeit den Betrag bekommt

Vorteile für den Emittenten von Commercial Papers sind:

- alternative Finanzierungsquelle,
- Zugang zu billigen Mitteln und
- Ausweitung der Investorenbasis.

Nachteilig ist die Kostenstruktur, die nur für große Volumen kosteneffizient ist. Rollierende kurzfristige Finanzierung birgt im Zusammenhang mit langfristigen Investitionen immer die Gefahr, plötzlich zu stocken und Liquiditätsengpässe zu verursachen.

6.5.4 Banker's Acceptance – Bankakzepte, Wechsel

In den letzten 20 Jahren hat dieses Instrument (Abb. 6.18) fast vollständig an Bedeutung verloren (siehe Abb. 6.19). Denn sowohl Banken als auch Exporteure haben mit den aufgekommenen Asset-backed Commercial Papers und Euro Commercial Papers eine Alternative gefunden, wobei die BA auch an bevorzugter Behandlung eingebüßt haben.

Mit der Einführung des Euros hat der Akzeptkredit, wegen des Wegfalls der Rediskontierungsmöglichkeiten von Handelswechseln bei der Bundesbank, an Attraktivität für Banken verloren. Auch die US-amerikanische Zentralbank kauft keine Banker's Acceptances mehr. Der Akzeptkredit hat heute keine große Bedeutung mehr.

6.5.5 Repurchase Agreements, Repo – Pensionsgeschäfte, Effektenleihe

Im Deutschen gibt es die drei Begriffe Wertpapierleihe (Securites Lending), Wertpapierpensionsgeschäft und Buy-/Sell-Transaktion sowie „Repo" für Repurchase Agreement, wobei, wo das „O" herkommt, schleierhaft bleibt.

Es herrschte Einigkeit darüber, dass Repo mit Pensionsgeschäft gleichzusetzen ist, so z. B. im Glossar der Bundesbank, und dass es auch Kauf- und Verkaufstransaktion in einem ist.

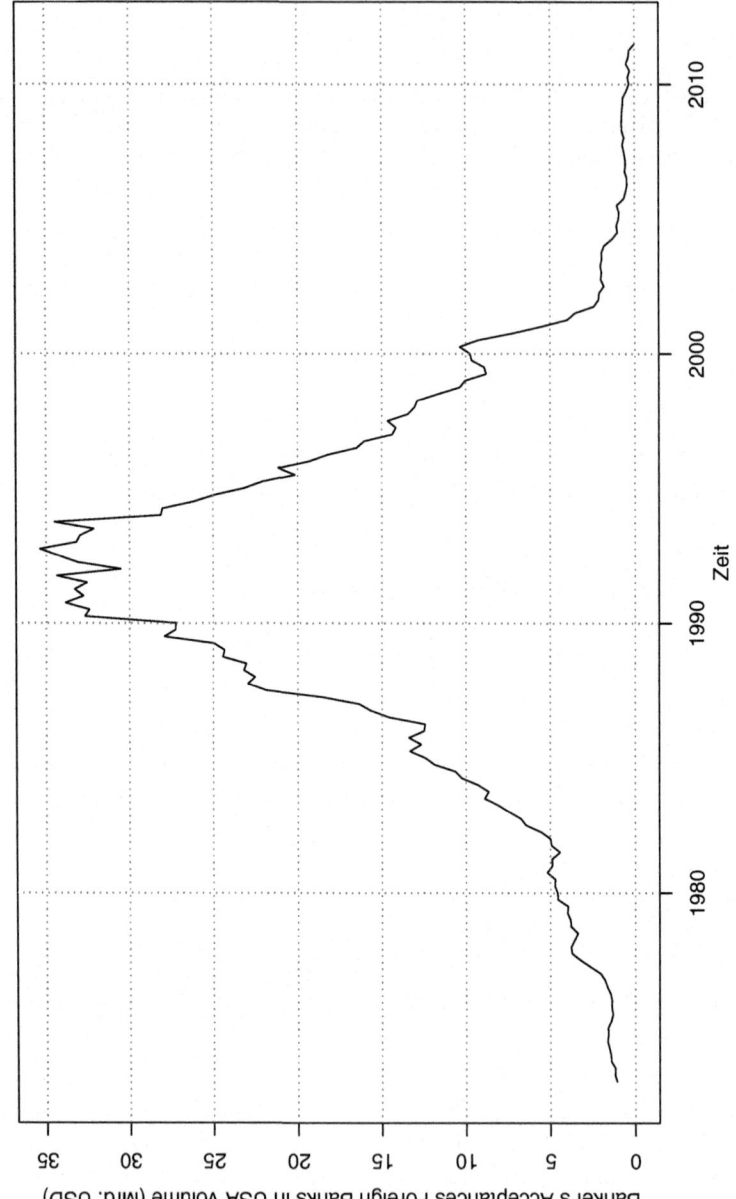

Abb. 6.19 Banker's Acceptances ausländischer Banken in den USA (Quelle: Board of Governors of the Federal Reserve System). Das Volumen hier als Indikator für das Gesamte ist verschwindend

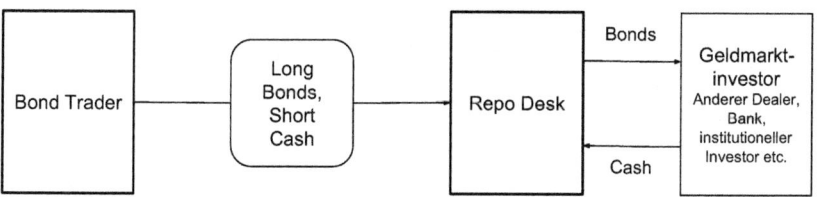

Abb. 6.20 Allgemeine Darstellung für den Handel mit Festverzinslichen (Choudhry 2010, 157). Der Repo Desk beschafft dem hauseigenen Händler Liquidität

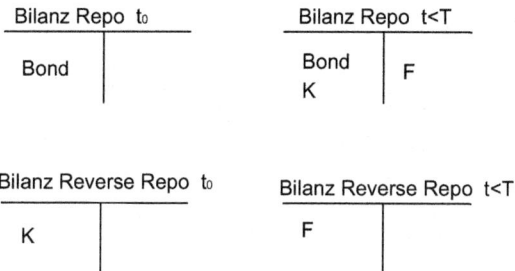

Abb. 6.21 Der Pensionsgeber (*oben*) verkauft den Bond mittels Repo und erhält den Kredit im Umfang von K. Der Bond bleibt ungeachtet des Eigentumswechsels auf der Bilanz und wird durch die Forderung F neutralisiert. Er muss allerdings als „belastet" („encumbered") vermerkt werden. Beim Pensionsgeber gibt es einen Aktiventausch von K mit F (Prahl 2001, 2270)

Je nach Seite der Transaktion, also Verkauf der Papiere und Rückkauf (Kreditnahme) oder Kauf der Papiere und Rückverkauf (Kreditgabe), spricht man von Repo oder Reverse Repo. Die Zentralbanken steuern unter anderem mit Repos am offenen Markt ihre Geldziele,

In der wirtschaftlichen Betrachtung handelt es sich bei derartigen Geschäften dann um Kredite, die die Kreditnehmer mit Wertpapieren besichern. Die Differenz zwischen An- und Verkaufskurs des Vermögensgegenstands entspricht einem Kreditzins, den der Kreditgeber vereinnahmt. Die Laufzeiten solcher Geschäfte sind meist zwischen einem Tag und einem Jahr.

Hier wollen wir nun das Pricing von Repos diskutieren und damit zusammenhängend das Volumen und das Risiko. In Abschn. 7.1.1 gehen wir weiter auf das Produkt ein, da es vor allem bei der Finanzierung von Hedgefonds im Brokerage verwendet wird.

Abb. 6.20 zeigt eine interne Verwendung von Repos, um die Finanzierung des Inventars eines Bondhändlers zu ermöglichen. Da solche Deals möglich sind, wird in der Gewinn- und Verlustrechnung eines Market Makers auch häufig die Repo-Rate als Aufwand in Abzug gebracht (siehe Tab. 5.2).

Die bilanzielle Darstellung der Repos ist interessant, denn die Bilanz einer Investment- oder Universalbank ist entgegen den Absichten der Rechnungslegung sehr intransparent. Abb. 6.21 zeigt die übliche Darstellung.

Abb. 6.22 Tagesumsatz an Collateral (Quelle: Board of Governors of the Federal Reserve System)

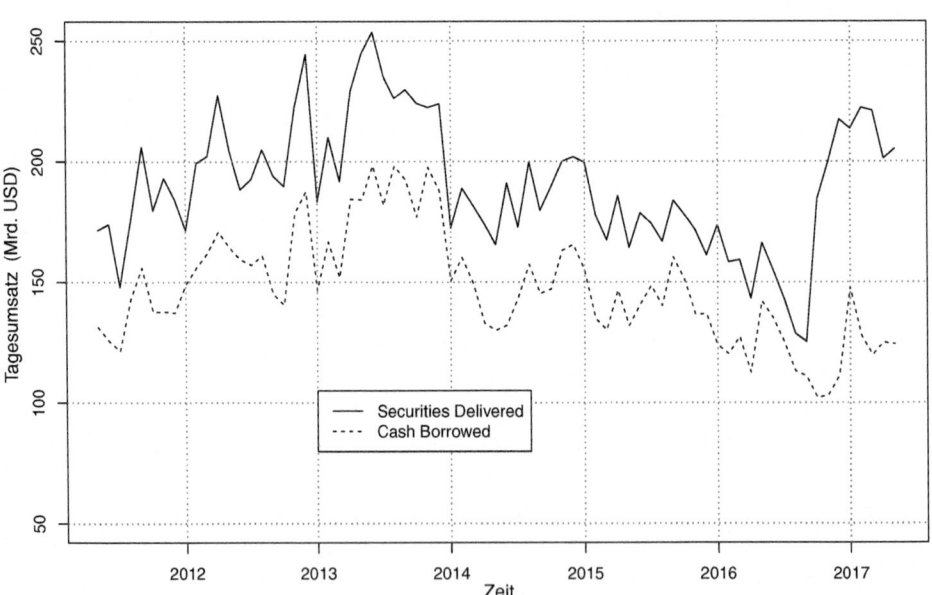

Abb. 6.23 Tagesumsätze netto der gelieferten Wertpapiere und des geborgten Geldes für Tripartite-General-Collateral-Transaktionen in den USA. Den Haircut kann man daraus als gut 20 % erkennen (Quelle: Federal Reserve Bank of New York)

Auch zum täglichen Umsatz von Collateral, der Sicherheit, die auch für Repos gebraucht wird, gibt es Angaben. Diese belaufen sich gemäß Abb. 6.22 in den Billionen USD. Abb. 6.23 zeigt wiederum den Umsatz von Collateral bei Repos, allerdings nur für ein Dreiparteiengeschäft, da dieses registriert wird.

6.6 Currencies – Devisen

Die Geschichte des Devisenmarkts beginnt eigentlich mit der Einführung des freien Floatings der Währungen und damit mit der Abschaffung des Währungssystems des Bretton-Woods-Abkommens. Dieses wurde im Jahr 1944 in New Hampshire zwischen den Vertretern u. a. aus Großbritannien, Frankreich und den Vereinigten Staaten vereinbart. Die Absicht war, ein stabiles post-bellisches Umfeld zu kreieren, um die zerstörten Volkswirtschaften in Europa wieder aufzubauen. Zum einen wurden der Internationale Währungsfonds (IWF) und die International Bank for Re-construction and Development (IBRD) als wirtschaftliche Hilfsorganisationen ins Leben gerufen, anderseits band man die wichtigsten Währungen an den US-Dollar, der letzten größeren Währung, die unversehrt durch den Krieg gekommen ist. Diese Aktion brachte die erhoffte Stabilität, zumindest für ca. 30 Jahre. Im Jahr 1973 scheiterten Verbesserungsversuche, sodass sich bis 1978 das freie Floaten endgültig durchsetzte.

Der Devisenmarkt oder Forex-Markt, wie er oft genannt wird, ist der Markt, auf dem Währungen gehandelt werden. Devisenhandel ist der weltweit größte Markt, bestehend aus fast 5 Billionen USD an täglichem Umsatzvolumen, Tendenz wachsend (siehe Abb. 6.24). Nicht nur ist er der größte Markt der Welt, er ist auch der liquideste. Es gibt keinen zentralen Marktplatz für den Austausch von Währung, sondern der Handel wird „over the counter" durchgeführt.

Anders als der Aktienmarkt ermöglicht diese Dezentralisierung des Marktes, aus einer Reihe von verschiedenen Händlern zu wählen und so die Wechselkurse zu vergleichen und zum Ausgleich zu bringen. Der Kassamarkt ist geöffnet 24 Stunden am Tag, fünf Tage die Woche.

Alle Geschäfte, die im Devisenmarkt stattfinden, umfassen den gleichzeitigen Kauf einer Währung und den Verkauf einer anderen. Der Wert der einen ist durch ihren Vergleich zur anderen bestimmt. Die erste Währung eines Währungspaares wird als *Basiswährung* bezeichnet, die zweite Währung ist die *Gegenwährung*. Das Währungspaar zeigt, wie viel der Gegenwährung benötigt wird, um eine Einheit der Basiswährung zu kaufen. Währungspaare kann man sich als eine Einheit, die gekauft oder verkauft werden kann, vorstellen. Beim Kauf eines Währungspaares wird die Basiswährung gekauft, während die Gegenwährung verkauft wird. Das Gegenteil ist der Fall, wenn der Verkauf eines Währungspaares stattfindet.

Es gibt vier Hauptwährungspaare, die am häufigsten in den Devisenmarkt gehandelt werden. Das sind:

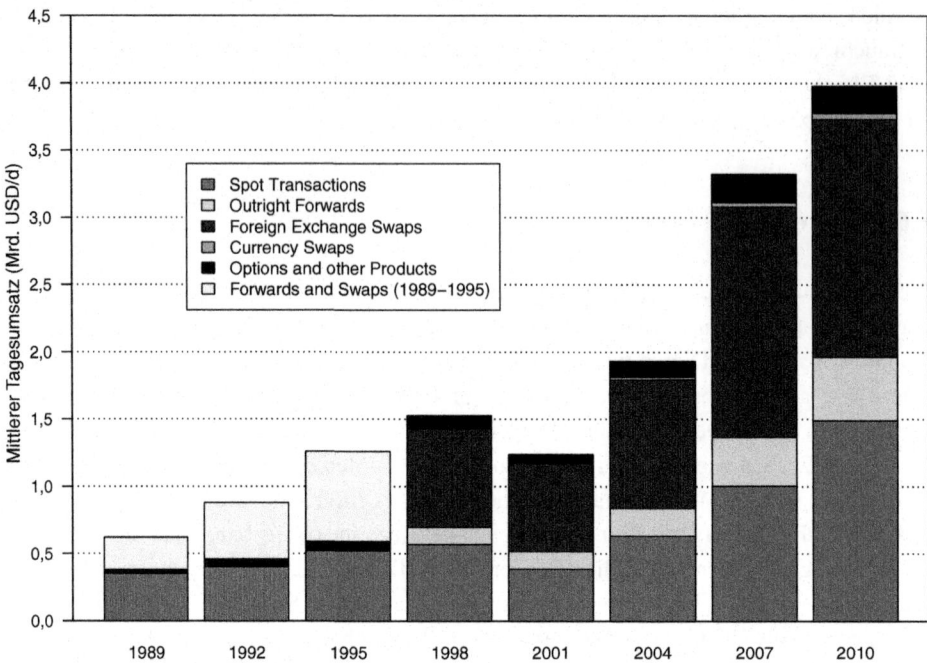

Abb. 6.24 Täglicher Umsatz an Währungen (Quelle: Bank for International Settlements). Die Derivate haben in der Mitte der Neunzigerjahre den Spot-Umsatz überholt. Dennoch werden immer noch rund 1,5 Billionen USD am Kassamarkt gehandelt

- EUR/USD,
- USD/JPY,
- GBP/USD und
- USD/CHF,

also die Währungen der USA, der Euroländer, Großbritannien, Japan und der Schweiz. In absehbarer Zeit wird der chinesische Yuan, auch Renmimbi genannt, dazukommen.

Die Marktteilnehmer sind hauptsächlich sechs, nämlich:

1. Investmentbanken,
2. kommerzielle Banken,
3. Zentralbanken,
4. Unternehmungen,
5. institutionelle Anleger und
6. Kleinkunden.

Die Banken handeln untereinander im sogenannten Interbankenmarkt, wo sie den größten Teil des Umsatzes, nämlich rund 3/4 des gesamten, generieren. Sie handeln für Kun-

Tab. 6.10 Marktanteil führender Banken am globalen Devisenhandel 2012 (Quelle: Euromoney)

Rang	Bank	Anteil (%)
1	Deutsche Bank	14,57
2	Citi	12,26
3	Barclays	10,95
4	UBS	10,48
5	HSBC	6,72
6	J. P. Morgan	6,60
7	RBS	5,86
8	Credit Suisse	4,68
9	Morgan Stanley	3,52
10	Goldman Sachs	3,12
	Andere	21,24

den und sich selber, hier auch um ihre gegenseitigen Kontobestände auszugleichen. In Tab. 6.10 sind die größten Devisenhändler aufgeführt. Die fünf obersten bestreiten die Hälfte des gesamten Marktes.

Zentralbanken sind im Nachgang zur Finanzkrise ebenfalls sehr aktiv, indem sie Offenmarktkäufe und -verkäufe tätigen. Beredtes Beispiel ist die Schweizer Nationalbank, die hartnäckig versucht, den Franken zu verbilligen. Mit negativen Zinsen sollen auch Anleger vergällt werden, die einen sicheren Hafen suchen. Die Manipulation der Währung gilt als nicht sehr „gentlemanlike".

Die Währung muss erworben werden, um den Warenfluss zwischen verschiedenen Währungsräumen und Investitionen im Währungsausland zum Ausgleich zu bringen. Dies macht rund 20 % des Devisenhandels aus. Der Rest dient der Spekulation oder der Absicherung auch von kleinen Marktteilnehmern. Der Onlinehandel ist weiten Kreisen zu nicht wesentlich schlechteren Konditionen zugänglich.

Zu jedem Währungspaar werden Kauf- und Verkaufspreise gestellt, deren Differenz die Spanne bilden. Diese ist sozusagen der Preis der Transaktion.

6.6.1 Kassamarkt

Der „sofortige" (binnen zwei Tagen) Tausch von Devisen ist gemäß der Abb. 6.25 sehr hoch, in den USA macht er mehr als 40 % aller Transaktionen aus. Man rufe sich in Erinnerung, dass täglich ein Gegenwert von rund 5 Billionen USD gehandelt wird, sodass ein solcher Anteil 1,7 Billionen USD (2016) ausmacht.

Die Gründe für die hohen Volumen von Devisentransaktionen sind vielfältig. Zum einen ergeben sie sich aus den Warenströmen und betreffen somit Unternehmen, die von den Banken bedient werden müssen. Der Interbankenmarkt verursacht das größte Volumen, also Transaktionen zwischen Banken und den Zentralbanken. Spekulation ist ein wesentliches Motiv. Anderseits können Banken in einem Währungsraum keine Kredite in

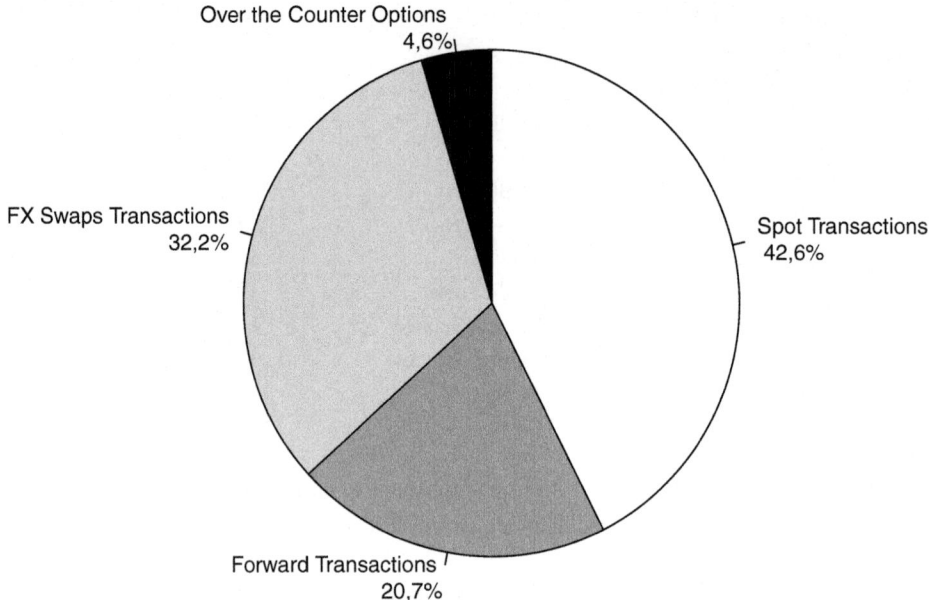

Abb. 6.25 Anteile der verschiedenen Transaktionsarten in den USA im Jahr 2016 (Quelle: Board of Governors of the Federal Reserve System)

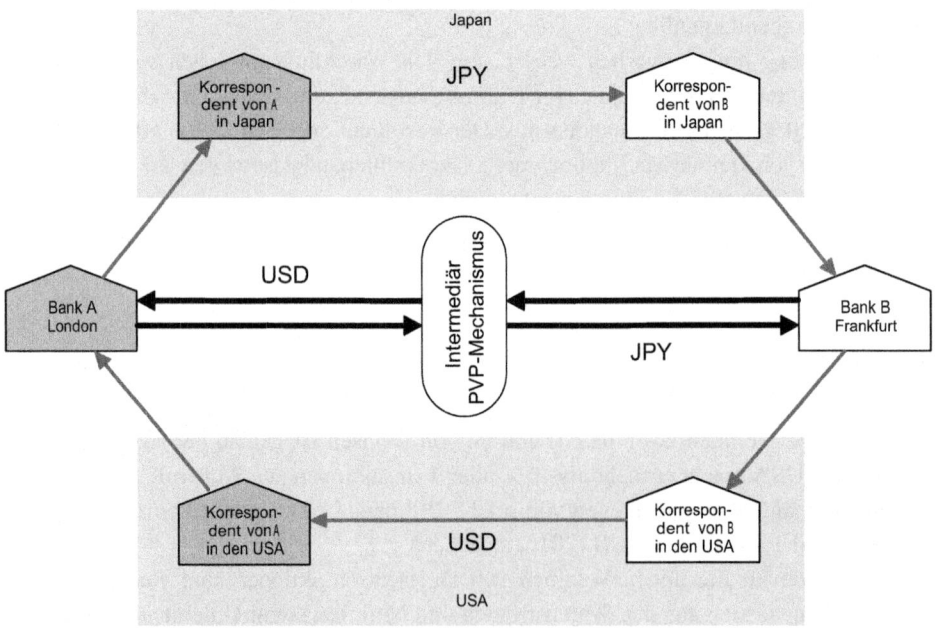

Abb. 6.26 Devisenkauf über Korrespondenzbanken und deren Konti oder mittels zentralen Cash-Settlement-Systems am Beispiel eines USD/JPY-Tausches einer englischen und einer deutschen Bank (Mägerle und Maurer 2009, 4). PvP steht für Payment versus Payment („Zug-um-Zug")

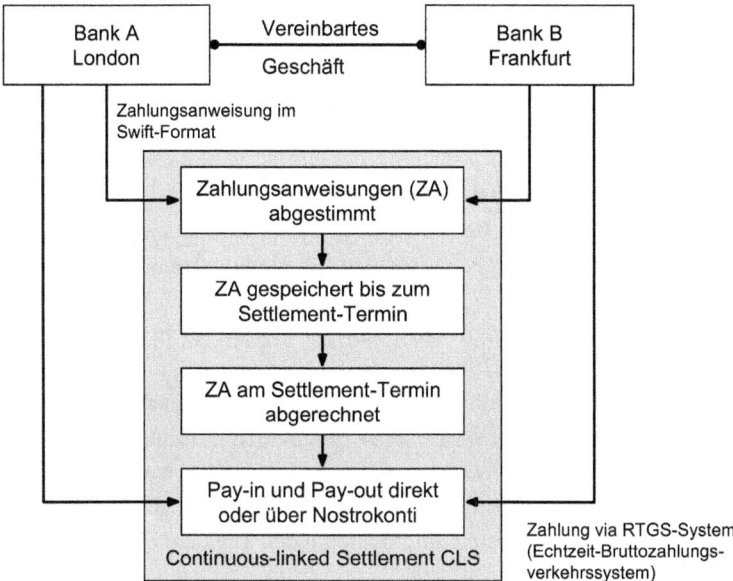

Abb. 6.27 Währungstausch im CLS-System. Die Aufträge müssen im Swift-Format vorliegen, die Finanzierung erfolgt über die Real-Time-Gross-Settlement-Systeme (RTGS) wie Fedwire, Target 2, euroSIC, SIC, MEPS etc.

fremder Währung begeben, ohne sich einzudecken. Denn die Geldschöpfung in fremder Währung ist verboten. Carry Trades, die Geldaufnahme in einem Währungsraum, um in einem anderen zu investieren, trägt auch nicht in geringem Maß zum Volumen bei.

In Abb. 6.26 sieht man den althergebrachten Pfad des Währungstausches, bei dem im schlechtesten Fall vier Korrespondenzbanken involviert waren. Durch eine zentrale Verrechnungsstelle, die von den Großen im Devisenhandel eingerichtet wurde, erleichtert sich der Verkehr erheblich. Umso weniger ist verständlich, dass „spot" dann noch $T+2$ bedeutet. Mit der Digitalisierung wird diese Totzeit schrumpfen. Das zentrale Cash Settlement arbeitet gemäß Abb. 6.27 viel effizienter.

Einige osteuropäische, asiatische, afrikanische und südamerikanische Währungen sind aber nicht oder nur bedingt konvertibel. Einige Währungen können nur gekauft, aber nicht mehr verkauft werden. Wieder bei anderen muss man den Gegenwert in Hartwährung bezahlen. Bei den Derivaten kann diese Hürde genommen werden, solange ein verlässlicher Kurs besteht.

6.6.2 Währungsderivate

Wie wir aus der Abb. 6.25 ersehen, machen FX-Derivate rund 60 % des Handelsvolumens aus. Der Handel an organisierten Märkten, hauptsächlich Futures, ist mit einem Gegenwert von rund 100 Mrd. USD nicht so bedeutend. Es herrschen die OTC-Geschäfte vor, die also private bilaterale Transaktionen sind.

OTC-Geschäft heißt: kundenspezifische Lösungen, je komplizierter, desto margenträchtiger.

6.6.2.1 Outright, Forward, Futures – Termingeschäfte

Bei den Termingeschäften haben wir schon festgestellt, dass es zwei Spielarten gibt: die standardisierten Termingeschäfte an der Börse und die kundenspezifischen im Freiverkehr (OTC).

Im Devisenhandel ist noch der Begriff Outright gebräuchlich, der aber mit Forward synonym ist.

Standardisierung heißt bestimmte Losgrößen, feste Termine und Laufzeiten, definierte Einschüsse etc. Wer Futures handeln will, muss zuvor einen Einschuss (Performance Bond oder Initial Margin) einbringen. Wertunterschiede zum Vortag werden täglich ausgeglichen (Performance Bond Call, Margin Call). Gewinne werden gutgeschrieben, Verluste müssen bezahlt werden. So passt sich die Position jeden Tag dem aktuellen Kurs an.

6.6.2.2 Swaps

Der Devisen-Swap ist die Kombination von Kassageschäft und Termingeschäft, die beide gleichzeitig abgeschlossen werden. Die Differenz zwischen dem Kassa- und dem Terminkurs nennt man Swap-Satz; er bestimmt sich als Zinsdifferenz zwischen den beiden Währungen während der vereinbarten Laufzeit. Das Swap-Geschäft dient zur Verlängerung oder Verkürzung eines Kassa-, Termin- oder anderen Swap-Geschäfts. Formell:

$$\text{Swap-Satz} = \frac{\text{Zinssatzdifferenz} \times \text{Laufzeit} \times \text{Kassakurs}}{360}$$

In der Abb. 6.28 erkennt man den Swap als ein Konstrukt mit zwei Legs (Beinen). Dies ist im Vergleich mit den Zins-Swaps, wo regelmäßig viel mehr Ausgleichszahlungen stattfinden, eine einfache Mechanik.

6.6.2.3 Optionen

Im Gegensatz zu OTC Warrants wird an der Börse, z. B. der CME, der entsprechende Future zugrunde gelegt, der wiederum an derselben Börse auch gehandelt wird. Der Basistitel ist physisch zu liefern. Natürlich gibt es Kauf- und Verkaufsoptionen. Ein Future bezieht sich immer auf eine bestimmte Menge. Im Fall von Euros etwa 125.000 EUR.

Zur Sicherheit muss ein Margenkonto bewirtschaftet werden, das in Abhängigkeit vom Initial und Maintenance Margin täglich ausgeglichen werden muss.

6.6.2.4 Exotics

Die Fantasie der Strukturierer übersteigt die Wünsche und das Verständnis der Kunden bei Weitem. Viele Exoten sind gekommen und gegangen. Es ist aussichtslos, alle Deri-

Abb. 6.28 Die üblichen
FX-Produkte schematisch dargestellt

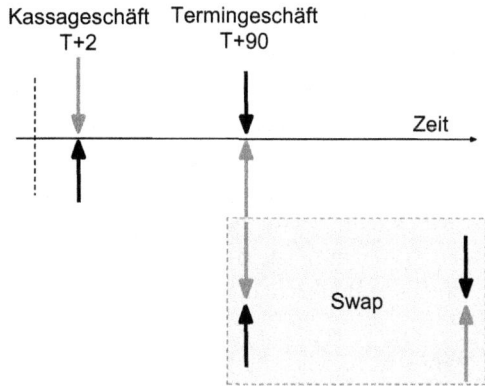

vate aufzuzählen. Eine gewisse Nachhaltigkeit findet man bei den folgenden exotischen
Devisenderivaten:

- Barrier-Option,
- Average-Rate-Option,
- Compound-Option,
- Look-back-Option,
- Quanto-Option und
- Basket-Option.

Für weitere Einzelheiten zu den Average-Rate-, Compound- und Look-back-Optionen
schaue man in Abschn. 5.7.1.3 nach. Die Average-Rate-Option heißt auch Asian Option.

Average-Rate- und Basket-Optionen sind besonders geeignet für Exporteure, die laufend Exporte in fremde Länder haben, sodass sie ihr Budget makroskopisch absichern
können, und zudem eher die großen Beträge erreichen, die von den Investmentbanken
verlangt werden. Es kann durchaus sinnvoll sein, auch Währungen abzusichern, die einen
direkten Konkurrenten bevorteilen. Angenommen eine deutscher und ein japanischer Anbieter beherrschen den US-Markt für ein spezifisches Produkt, so ist es für den Deutschen
nachteilig, wenn sich der Yen abwertet.

6.7 Commodities – Waren, Rohstoffe

Der physische Handel mit Rohstoffen ist ein Geschäftsfeld, das die Investmentbanken
in den letzten Jahren meist abgestoßen haben. Zum einen waren sie immer recht kleine
Nummern im Verhältnis zu den großen Handelshäusern, anderseits ist es auch aufgrund
der geringeren Volatilität weniger rentabel geworden und der regulatorische und gesellschaftliche Druck haben dem Business den Rest gegeben.

6.7.1   Spot Market – Kassageschäft

In Abschn. 2.5.3 (Commodity Market – Warenmärkte) haben wir schon die Frage gestellt, ob Investmentbanken im physischen Handel mit Rohwaren aktiv sein sollten. Die Frage wird meistens negativ beantwortet, weshalb sich die meisten Investmentbanken von Lagern und Schiffen, Minen und Ölquellen verabschiedet haben. Neben dem Kassamarkt existiert schon seit Hunderten von Jahren ein Terminmarkt, auf dem zum Teil die Ware physisch zu liefern ist. In diesem Zusammenhang ist die Lagerung von Waren zu sehen.

Folgende Banken haben das Commodity-Business ganz oder teilweise aufgegeben:

- Barclays,
- J. P. Morgan Chase,
- Deutsche Bank,
- Morgan Stanley und
- Bank of America Merrill Lynch.

Goldman Sachs hat offensichtlich eine etwas positivere Einstellung zu den Rohstoffen, die Credit Suisse konzentriert sich auf den Handel mit Erdölprodukten und Metallen über eine Allianz mit Glencore International, einem der weltweit führenden Anbieter von Rohstoffen an industrielle Abnehmer.

J. P. Morgan Chase verkaufte ihr physisches Commodities-Business für 3,5 Mrd. USD an die Mercuria Energy Gruppe in der Schweiz, die von zwei ehemaligen Goldman-Sachs-Händlern gegründet wurde.

6.7.2   Kotierte Derivate

Termingeschäfte sind aus vielen Teilen der Welt bekannt, die schon vor Hunderten, wenn nicht Tausenden, von Jahren stattgefunden haben. Es gibt Zitate von den Sumerern und aus der Bibel, aus China, Japan und dem mittelalterlichen Europa über Getreide, Wolle etc. Industrielle und damit standardisierte Dimensionen nahm der Terminhandel mit der Gründung der Chicago Board of Trade (CBoT) in Chicago im Jahr 1848, dem Jahr der vielen Umstürze in Europa, an. Im Jahr 1864 wurden die Verträge standardisiert, womit der Schritt vom bilateralen Forward zum börsennotierten Future vollzogen wurde.

Standardisierte Optionen sind erst viel später aufgetaucht, denn erst im Nachgang zum Börsenkrach von 1929 kamen Stimmen auf, die den Wildwuchs bei den OTC-Optionen, intransparent und wenig liquide, beenden wollten. Die CBOE bekam 1935 eine Lizenz, doch erst 1968 wurden standardisierte Optionen auf Aktien eingeführt. Optionen haben erst mit der Verbreitung der Black-Scholes-Formel an Fahrt aufgenommen.

Abb. 6.29 Der Futurespreis für lagerfähige Güter in Abhängigkeit von Kassakurs und Lagerkosten

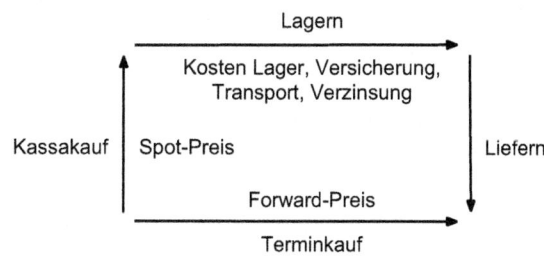

6.7.2.1 Futures

Obwohl die Spekulanten im Verhältnis zu den Produzenten in der übergroßen Mehrzahl sind, werden die Futures dennoch physisch ausgeglichen.

An der Euronext wird beispielsweise Pariser Weizen im Umfang von 50 Tonnen für die Monate September, Dezember, März und Mai über drei Jahre, also für 12 Kontraktdaten angeboten. Der Preis des Basiswertes bezieht sich auf Weizen in den akkreditierten Silos von Rouen und Dunkirk.

Im Jahr 2015 betrug das Durchschnittshandelsvolumen dieses Futures pro Tag 33.000 Einheiten, Optionen im Umfang von 8000. Damit ergibt sich ein tägliches Handelsvolumen von über 2 Mio. Tonnen im Schnitt. Wenn jeder lebende Mensch täglich 250 g Brot äße, dann würde diese Menge ausreichen, um die ganze Menschheit zu versorgen. Die Abb. 6.29 zeigt den Zusammenhang von Forward- und Spot-Preis. Arbitragefreiheit würde verlangen, dass zwei Routen zum selben Resultat führen. Zum einen kann ich ein Summe anlegen, sodass ich zum Liefertermin den Preis F bezahlen kann, also ein Zins Z anfällt. Zum anderen kann ich heute schon das Liefergut kaufen zu S, lagern und transportieren zu den vorherrschenden Kosten K. Diese zwei Routen müssen finanziell identisch sein. Also

$$\text{Forward-Preis} - \text{Zins} \approx \text{Spot-Preis} + \text{Kosten}.$$

Nun kommt noch ein Konstrukt dazu, um die Formel an die Realität anzupassen. Es wird unterstellt, dass jedes physische Gut eine inhärente Rendite besitzt, den sogenannten Convenience Yield C. Damit wird folgendermaßen korrigiert:

$$F = S + K + Z - C.$$

Man nennt diese Formel Cost of Carry.

6.7.2.2 Optionen

Die Optionen beziehen sich auf die obigen Futures als Basiswert, sind also Futures Options. Sie weisen dieselben Monate auf, das Underlying ist ein Futureskontrakt, die Option ist amerikanisch, kann also ständig ausgeübt werden.

Swaps als weitere Kategorie existieren vor allem als arrangierte OTC-Derivate zwischen Handelsfirmen und Endverbrauchern, wie etwa Fluglinien, mit Basiswerten wie Kerosin.

Literatur

Bate, S., Bushweller, S., & Rutan, E. (2003). *The Fundamentals of Asset-Backed Commercial Paper.* New York: Moody's Investors Services: Structured Finance. Special Report

Cavanagh, M. (2013). *Report of JPMorgan Chase & Co. Management Task Force Regarding 2012 CIO Losses.* New York: JPMorgan Chase. Report

Choudhry, M. (2010). *The REPO handbook.* Oxford Boston: Butterworth-Heinemann.

Daykin, C., Pentikainen, T., & Pesonen, M. (1994). *Practical Risk Theory for Actuaries.* London.: Chapman & Hall.

Derman, E. (2004). *My life as a quant: reflections on physics and finance.* Hoboken, N.J: Wiley.

Duffie, D. (2010). *How Big Banks Fail and What to Do about It.* Princeton University Press: Princeton University Press.

Fender, I., & Kiff, J. (2004). *CDO rating methodology: Some thoughts on model risk and its implications.* BIS Working Papers, Bd. 163. Basel: Bank for International Settlements: Monetary and Economic Department. http://www.bis.org/publ/bcbs189_de.pd

Fons, J. S. (1994). Using default rates to model the term structure of credit risk. *Financial Analysts Journal, 50*(5), 25–32.

Franzetti, C. (2001). Risiko aus Konzentration. *Die Bank, 01*(3), 186–191.

Gerke, W., & Steiner, M. (Hrsg.). (2001). *Handwörterbuch des Bank- und Finanzwesens.* Stuttgart: Schäffer-Poeschel.

Gorton, G. (2012). *Misunderstanding financial crises: why we don't see them coming.* New York: Oxford University Press.

Hull, J. (2012). *Risk management and financial institutions.* Hoboken, New Jersey: John Wiley & Sons, Inc.

Kakodkar, A., Galiani, S., Jónsson, J. G., und Gallo, A. (2006a). Credit Derivatives Handbook 2006: A Guide to Single-Name and Index CDS Products. Report, Vol. 1, Merrill Lynch, Credit Derivatives Strategy, New York, London.

Kakodkar, A., Galiani, S., Jónsson, J. G., und Gallo, A. (2006b). Credit Derivatives Handbook 2006: A Guide to the Exotics Credit Derivatives Market. Report, Vol. 2, Merrill Lynch, Credit Derivatives Strategy, New York, London.

Mägerle, J., & Maurer, D. (2009). *Das Devisenabwicklungssystem Continuous Linked Settlement (CLS). Technischer Bericht.* Bern: Schweizerische Nationalbank.

Markit (Hrsg.). (2008). *Markit crdit indices primer. Technischer Bericht.* London.: Markit Group Limited.

Merton, R. C. (1974). On the pricing of corporate debt: The risk structure of interest rates. *Journal of Finance, 29*(2), 449–470.

Meyer, H. (1909). *Meyers Grosses Konversations-Lexikon* (6. Aufl.). Bd. 11. Leipzig: Bibliographisches Institut.

Moody's (2011). Corporate Default and Recovery Rates, 1920–2010. Special Comment, Moody's investor Service, New York.

Prahl, R., & Naumann, T. K. (2001). Wertpapierpensionsgeschäfte. In W. Gerke & M. Steiner (Hrsg.), *Handwörterbuch des Bank- und Finanzwesens* (S. 2268–2276). Stuttgart: Schäffer-Poeschel.

S&P Ratings (2016). *Default, Transition, and Recovery: 2015 Annual Global Corporate Default Study And Rating Transitions.* New York: Research, Standard and Poors.

Services – Dienstleistungen

7

Die Kerntätigkeiten der Investmentbanker bedingen Kenntnisse und Systeme, aber auch Kundenbeziehungen, die sich eignen, in anderen Konstellationen ebenfalls effizient und gewinnbringend oder als Arrondierung des Angebots eingesetzt zu werden. Häufig ergeben sich Synergien, vor allem wenn die Investmentbank ebendiese Kundentätigkeiten auch betreibt, z. B. eigene Hedgefunds und Eigenhandel.

Wir greifen im diesem Kapitel vor allem die Dienste für Hedgefunds in der Gestalt des Prime Brokerage auf, Dienste für das Treasury von Unternehmungen sowie Unterstützung im Handel für institutionelle Anleger.

Dienstleistungen führen zu Kommissionseinnahmen, die, auch wenn zum Teil leistungs- und konjunkturabhängig, dennoch die Ertragsvolatilität dämpfen und wenig zu unterlegendes Kapital erfordern.

7.1 Prime Brokerage

Prime Brokerage ist der generische Begriff für ein Paket von Dienstleistungen von Investmentbanken, die vor allem für Hedgefunds geleistet werden.

Hedgefunds sind Anlagevehikel, die zum Ziel haben, unkorreliert von den traditionellen Märkten Erträge zu erzielen. Sie lassen sich je nach Investitionsidee in typische Klassen von Strategien einteilen und setzen dazu häufig Derivate und Leerverkäufe ein. Sie sind Teil der *alternativen Anlagen*. Damit sind die, im Verhältnis zu einer konventionellen Kollektivanlage, Handelsaufträge und gehandelten Objekte einiges komplexer. Zum Teil müssen spezielle Produkte entworfen werden, um die Strategie umsetzen zu können.

Aus der Warte der Allokation gibt es verschiedene Typen (siehe Abb. 8.4): Neben dem eigentlichen Fonds existieren die *Funds of Funds*, Dachfonds, die wiederum in Hedgefunds investieren. Da bis vor wenigen Jahren nur sehr große Vermögen, größer als 25 Mio. USD, für die Investition in Hedgefunds qualifizierten, wurden Lösungen für kleinere

© Springer Fachmedien Wiesbaden GmbH, ein Teil von Springer Nature 2018   327
C. Franzetti, *Investmentbanken*, https://doi.org/10.1007/978-3-658-20791-5_7

Tab. 7.1 Illustrative Brokerage-Services einer mittleren Investmentbank

Hedge Fund Managers	Investors
Worldwide Trade Execution	Managed Account Platforms
Specialist E-trading Services	Performance Monitoring
Cross Margining Services	Statistical Reporting
Fully Integrated and Consolidated Reporting	Manager Information
Securities Lending and Borrowing	Sample Portfolio Construction
Capital Introductions	
Account Management Expertise	

Anlagen gesucht. In den USA haben sich die sogenannten *Separately Managed Accounts* herausgebildet, bei welchen ein regulatorisch qualifizierter Anlageberater für wohlhabende Individuen einen Fonds anlegt, der bei einem Prime Broker verwaltet wird.

Das Paket für Hedgefunds umfasst hauptsächlich folgende Dienstleistungen:

- Dienste im Zusammenhang mit der Ausführung von Trades,
- Finanzierung durch Securities Lending,
- Bewirtschaftung der Margen für Handelsgeschäfte,
- Capital Introduction, die Zuführung von Kundengeldern, sowie
- die operative Abwicklung der Fondstätigkeit (Account Management, Reporting).

In der Tab. 7.1 findet man eine etwas detailliertere Zusammenstellung des Angebots einer mittleren Investmentbank. Für die Endkunden der Fonds können ebenfalls Reportings erstellt werden, die inhaltlich sich um die Performance, die Portfoliozusammensetzung, Statistiken usw. drehen.

Hedgefonds benutzen eine oder mehrere Prime Brokers, je nach Organisation und operativem Modell. Aus der Tab. 7.2 kann man die Größenordnung der Anzahl der Mandate abschätzen, die für die ersten bis knapp 400 erreichen. Die Höhe der Vermögenswerte liegt bei fast 100 Mrd. USD, womit man die Kapitalbeschaffung und die Finanzierungstätigkeit abschätzen kann. Prime Brokerage ist ein bedeutendes Geschäft für die Investmentbanken.

Um diese Dienste anbieten zu können, braucht es einen Rückgriff auf meist auch für andere typische Tätigkeitsgebiete verwendete Infrastruktur. Man erkennt auch aus der Tab. 7.2, dass dieses Business ausschließlich von Investmentbanken oder deren Töchtern betrieben wird.

In der Industrie wird auch der Begriff Prime Finance verwendet, und zwar als Oberbegriff, der hauptsächlich Prime Brokerage, Securities Lending und Capital Introduction umfasst. Wir verwenden weiterhin Prime Brokerage im weiteren Sinn.

Ein Hedgefonds wählt einen Prime Broker nicht nur aufgrund der Kommissionen aus, sondern berücksichtigt insbesondere den Zugang auch zu schwer zu beschaffenden oder auszuleihenden Titeln, die Bonität und die Fähigkeit, auch längerfristigen Kredit zu gewähren. Die Investoren von Hedgefonds wiederum sehen sich bestärkt und gut aufgehoben, wenn ein vermeintlich kreditwürdiger Prime Broker verwendet wird. Denn es wird

Tab. 7.2 Hedgefundsmandate für Amerika 2011 (Quelle: ThomsonReuters)

Prime Broker	Mandate			Total-Assets (Mrd. USD)
	Alleine	Gemeinsam	Total	
J. P. Morgan	147	192	339	93,3
Goldman Sachs	194	110	381	92,1
Morgan Stanley	108	143	251	67,9
Credit Suisse	33	87	120	44,1
UBS	105	86	191	39,9
Deutsche Bank	26	115	141	30,1
Citi	37	61	98	19,9
Newedge	50	60	110	16,5
BNP Parisbas	57	62	119	15,3
Bank of America Merrill Lynch	25	35	60	10,7
Barclays Capital	3	47	50	7,0
Northern Trust	3	7	10	4,1

unterstellt, dass dieser wiederum eine hohe Sorgfalt bei der Auswahl seiner Kunden walten lässt. Der Prime Broker scheint ein Garant für den Hedgefonds zu sein.

Der Prime Broker versucht, die Individuen des Hedgefonds kennen zu lernen, deren Managementpraxis und Investitionsprozess zu verstehen, bevor er sich vertraglich bindet. Anderseits darf man nicht vergessen, dass der Hedgefond für den Prime Broker kein Risiko darstellt, denn er ist ein Over-collateralised Creditor, d. h. ein überbesicherter Gläubiger. Anders herum muss der Fonds aber den Broker fürchten, denn diesem überlässt er meist seine Wertpapiere als Sicherheit. Dies ist die hauptsächliche *Einnahmequelle* für den Prime Broker, auf der das *Geschäftsmodell* überhaupt ruht.

In der Abb. 7.1 erkennt man die aktuelle Industriestruktur, wobei es Unterschiede in der Angebotstiefe der Bulge-Bracket-Investmentbanken gibt.

7.1.1 Securities Lending – Effektenleihe

Securities Lending ist ein Rechtsgeschäft, durch das ein Darleiher (*Lender*) vorübergehend das Eigentum an den Effekten (Aktie, Obligation etc.) auf einen Borger (*Borrower*) überträgt und bei dem der Borger sich unwiderruflich verpflichtet, dem Darleiher bei Fälligkeit Effekten gleicher Art, Menge und Güte sowie die während der Dauer der Effektenleihe anfallenden Erträge (Zinsen, Dividenden, Corporate Actions) zu erstatten und eine Entschädigung („Zins") zu bezahlen. Der Darleiher trägt das Kursrisiko der Effekten während der Dauer der Effektenleihe. Zur Sicherstellung des Erstattungsanspruchs muss der Borger Sicherheiten verpfänden oder zu Eigentum übertragen.

Eine ähnliche Figur ist das Pensionsgeschäft (*Sale and Repurchase Agreement*, kurz *Repo*). Hier wird die Effekte nicht geliehen, sondern verkauft und dann nicht erstattet,

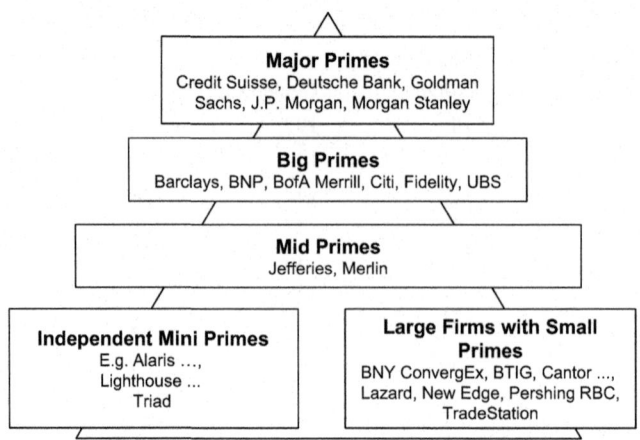

Abb. 7.1 Branchenübliche Klassifizierung der Prime Brokers (Wells Fargo 2013, 2)

sondern zurückgekauft. Ein *Repo* ist somit ein Rechtsgeschäft, durch das ein Pensions-geber das Eigentum an Effekten gegen Bezahlung vorübergehend auf einen Pensionsneh-mer überträgt und bei dem der Pensionsnehmer sich verpflichtet, dem Pensionsgeber bei Fälligkeit Effekten gleicher Art, Menge und Güte zu verkaufen sowie die während der Dauer des Pensionsgeschäftes anfallenden Erträge zu erstatten. Der Pensionsgeber trägt das Kursrisiko der Effekten während der Dauer des Pensionsgeschäftes. Der Repo-Zins ist die Differenz zwischen dem Verkaufspreis und dem Kaufpreis der Effekten. Sicherheiten braucht es nicht; aber es wird nicht der aktuelle Marktpreis bezahlt, sondern der Betrag wird mit einem Abschlag (*Haircut*) von beispielsweise 2 % versehen. Repos laufen von einem Tag bis drei Monate, sind also Teil des *Geldmarktes*.

Die eine Partei muss ein Interesse haben, in den Besitz einer Effekte zu kommen. Bei-spielsweise weil sie im Zusammenhang mit einem Leergeschäft oder als Stillhalter einer Option einen bestimmten Titel liefern muss. Der Darleiher kann auf den Besitz eines Titels verzichten, denn er ist nur am Ertrag desselben interessiert und möchte entweder einen Zu-satzgewinn erzielen (Effektenleihe) oder will sich kurzfristig finanzieren (Repo). Im Falle der Hedgefunds stellt der Fonds die Wertpapiere dem Prime Broker zur Verfügung, da-mit dieser ihm Kredit gewährt, um die Margenanforderungen aus entsprechenden Termin-oder sonstigen Geschäften zu leisten.

Diese Konstruktion erinnert an den Baron von Münchhausen, der sich selber an den Haaren aus dem Sumpf gezogen hat. Damit die Bäume nicht in den Himmel wachsen können, muss der Wert der Sicherheiten um einen solchen Betrag höher sein als das Dar-lehen, dass auch bei erwartbarer Wertminderung aus der Verwertung der Sicherheit kein Schaden entsteht. Analog verhält es sich mit dem *Haircut*. Die Höhe von Haircut respek-tive Over-collateralzing bestimmt das Leverage Ratio.

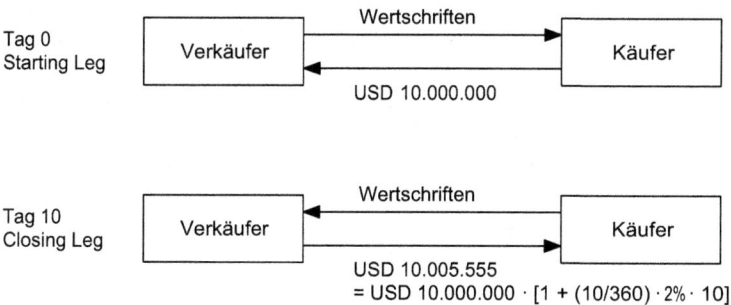

Abb. 7.2 Das Repurchase-Geschäft hat zwei „Beine", nämlich den Kauf und den Rückkauf, je nach Sichtweise. Die dazwischenliegende Zeitspanne ist die Laufzeit des Kredits

In Abb. 7.2 sieht man die grundsätzliche Mechanik, wie in zwei Zeitpunkten für den Pensionsgeber ein Zins erwächst. Die verwendeten Wertpapiere haben im ersten Zeitpunkt einen Marktwert, der den ausbezahlten Betrag um den Haircut übersteigt.

In der Abb. 7.3 ist eine etwas realistischere Konstellation gezeigt, weil das Geschäft nur mit einem Agenten, hier Custodian oder eben Prime Broker, aufwandsmäßig vernünftig abgewickelt werden kann (außer eine Partei ist eine Bank). Der Nachfrager nach solchen Geschäften wird meist auch von einem Agenten vertreten, sodass man für die Effektenleihe das Schema nach Abb. 7.4 verwenden kann.

Die Motivationen der Borger, also häufig Investmentbanken, Makler und Händler (Marktmacher), sind vor allem zwei: 1) sicherstellen, dass die Abwicklung stattfinden kann, und 2) das Market Making und andere Handelsaktivitäten wie Leerverkäufe und Absicherungen unterstützen. Die Wertpapierleihe ist für die Liquidität der Märkte, und damit die Preisfindung, sehr wichtig. Hedgefonds sind die größten Borger von Wertpapieren, wobei sie allerdings mittels der Investmentbank oder Prime Broker borgen und nicht direkt beim Investor.

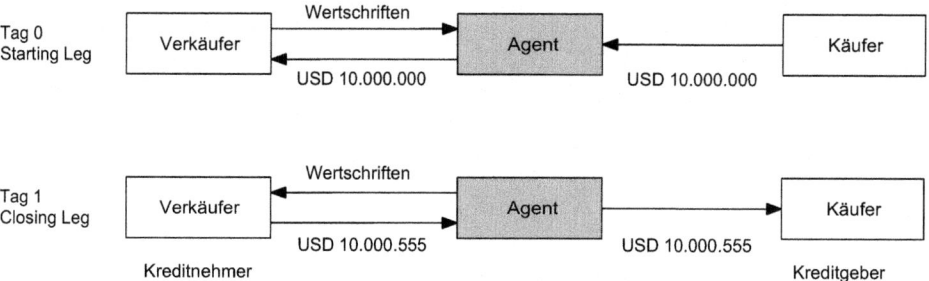

Abb. 7.3 Beim trilateralen Repo wird noch ein Agent dazwischengeschaltet, der für erheblich mehr Sicherheit sorgt

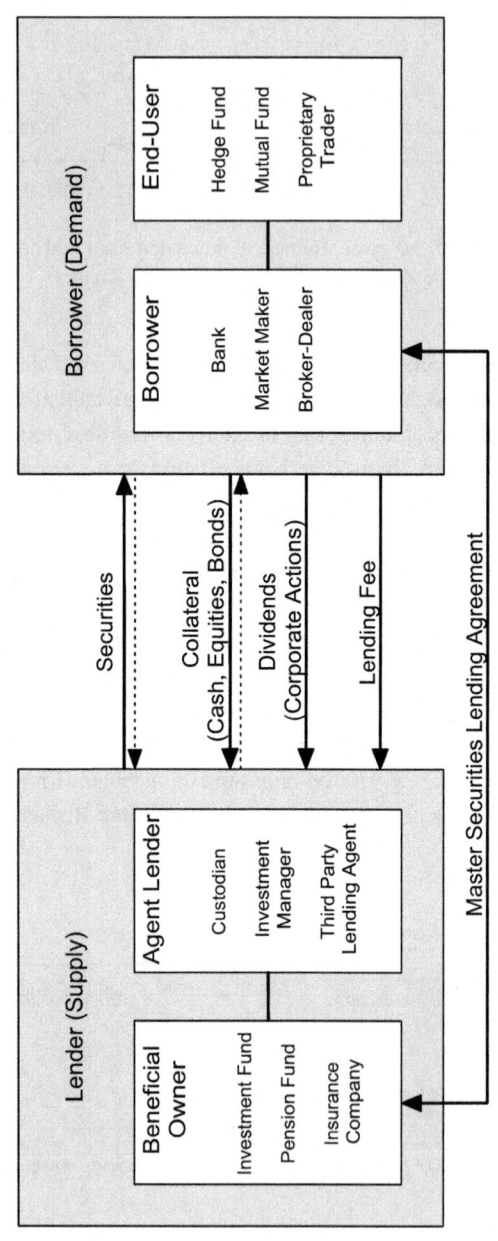

Abb. 7.4 Securities-Lending-Mechanik und Akteure. Typischerweise sind zwei Intermediäre zwischen den Endverbrauchern und den Eigentümern involviert

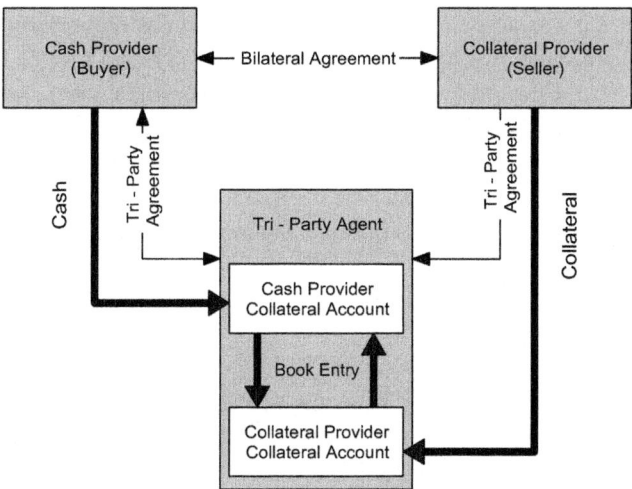

Abb. 7.5 Trilateraler Gebrauch von Collateral. Der Intermediär vermittelt nicht nur höhere Sicherheit, sondern auch besseres Reporting. Bilaterale Settings zeigen Abb. 7.4 und Abb. 7.6

Verleiher anderseits sind typischerweise Großinvestoren wie Pensionskassen, Versicherungen, Fonds und Staatsfonds, die einen Agenten, etwa einen Verwahrer, mit dem Abwickeln und Verbuchen beauftragen.

Das Risiko bei der Effektenleihe besteht für den Verleiher darin, dass (1) der Borger insolvent wird zum Zeitpunkt der Rückabwicklung und (2) gleichzeitig der Wert der Sicherheit nicht ausreicht, um die Wertschrift zu ersetzen.

Wertpapierleihe wird aufgrund von standardisierten Rahmenverträgen ausgeführt, sogenannten Global Master Securities Lending Agreement (GMSLA). Hinzu kommen detaillierte Ausführungsbestimmungen für den Agenten für das Leiheprogramm. Abb. 7.5 zeigt eine möglich Konstruktion für die Ausleihe von Sicherheiten mittels eines Agenten.

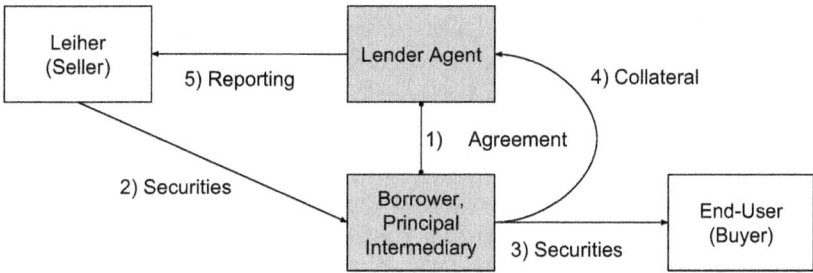

Abb. 7.6 Securities-Lending-Mechanik, alternative Darstellung. Im Gegensatz zu Abb. 7.4 ist hier das Agreement zwischen Agent und Borrower

Der Verleiher kann seine Beteiligungsrechte, wie etwa das Stimmrecht, während der Leihe nicht ausüben, außer es gibt Vorkehrungen, wonach der Titel speziell hierfür wieder zurückgegeben wird. Generell kann man Titel von Leiheprogrammen ausschließen, für die man Rechte ausüben will.

Wie Abb. 7.7 darstellt, kann ein Kunde des Prime Brokerage seine Kosten zum Teil wesentlich senken, wenn er dem Broker die überschüssigen Sicherheiten überlässt. Denn der Ertrag aus den Sicherheiten wird mit den Gebühren verrechnet.

7.1.2 Margining

Die meisten Wertpapiertransaktionen involvieren Kreditrisiken, einerseits wenn der Kauf mit geborgtem Geld erfolgt (Buying on Margin) oder ein Titel gekauft wird, der später zu einem Kredit führt.

Im ersten Fall dient das Margin als *Anzahlung* und führt zu einem finanziellen Hebel, im zweiten Fall stellt es eine *Sicherheit* dar. Für die Transaktionen gibt es zwei Hauptarten, nämlich zentral abgewickelt (Central Clearing Parties) oder bilateral, also OTC-Geschäfte, die nicht zentral abgewickelt werden. Beim Börsengeschäft erfolgt die Transaktion zwischen Clearing House Members und dem Clearing House (siehe Abb. 7.8).

Bei bilateralen Verträgen wird ein Rahmenvertrag geschlossen, der wie der ISDA-Mustervertrag im Annex das Margenwesen und das Netting regelt (ISDA Credit Support Annex, CSA).

Die Investmentbank, die ein Clearing Member verschiedener Clearing-Häuser ist, muss jeweils zwei Margenkonti betreuen, die Marge, die sie dem Clearing-Haus gegenüber schuldet, und die Marge, die ihre Kunden ihr gegenüber zahlen müssen. Bei OTC-Geschäften kommt entweder der Rahmenvertrag zum Tragen oder die Margen mit der zentralen Gegenpartei.

Das tägliche Feststellen von Margen und deren regelmäßigem Einschuss, bar oder mit Sicherheit, oder Bezug ist besonders für viele Transaktionen in verschiedenen Währungen, mit verschiedenen Produkten und verschiedenen legalen Einheiten der Bank sehr ineffizient. Zudem ist das Summieren aller Anforderungen über jede einzelne Position kostspielig, weil mögliche Diversifikationen und Korrelationen nicht berücksichtigt werden. Deshalb bieten die Investmentbanken ihren Kunden, besonders den *Hedgefonds*, die sich über Wertpapierleihe und Repos zusätzlich finanzieren, ausgeklügelte Margenmodelle an. Ein Ziel ist es, höchstens einen Margin Call pro Tag zu verlangen.

Die Margining-Modelle umfassen den Einbezug aller Finanzinstrumente über Asset-Klassen hinaus (Cross Margining) bis zum Portfolio-Margining. Dabei werden Monte-Carlo-Simulationen zum Portfolio ausgeführt, die in einer Verlustverteilung münden, die wiederum zur Bestimmung des Value at Risk dient. Für Institutionelle besteht häufig eine Kreditlinie, die für Margins verwendet wird. Ein Problem, das in der Finanzkrise schlagend wurde, als Lehman Bankrott erklärte, ist das Wiederverwerten von Sicherheiten (Rehypothecation, siehe Abb. 7.9). Es kann vertraglich erlaubt sein. Sicherheitengeber

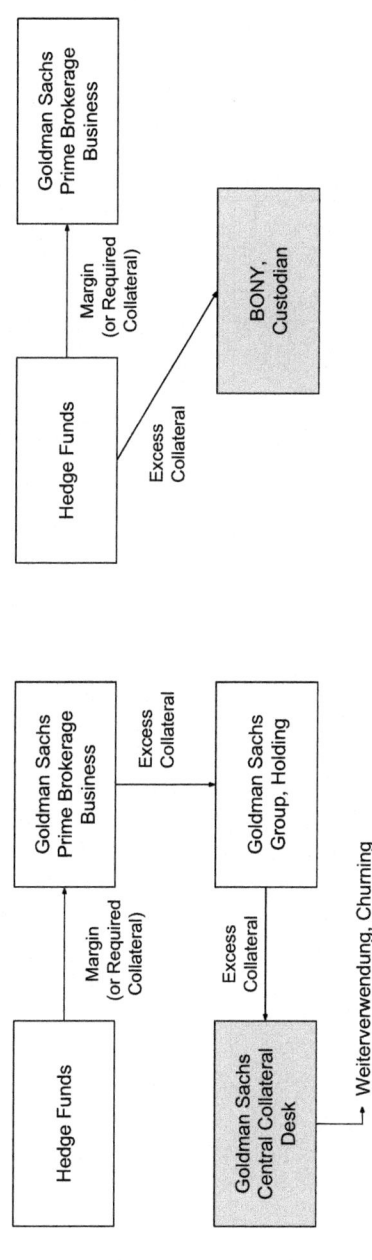

Abb. 7.7 Überlassung von Sicherheiten zur Weiterverwendung, um die Gebühren zu senken (*links*), versus Parken von überschüssigen Sicherheiten (Singh 2011, 22)

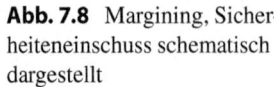
Abb. 7.8 Margining, Sicherheiteneinschuss schematisch dargestellt

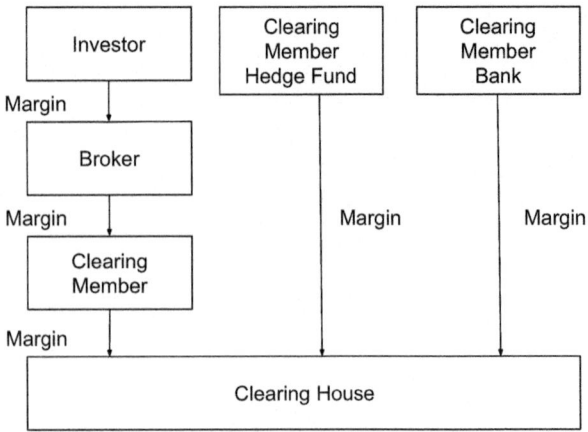

konnten diese nicht zurückbekommen, weil Lehman sie weiter verwendet hatte. Es wird geschätzt, dass damals eine Billion USD für das Vierfache an Sicherheiten diente.

Die Investmentbanken als Clearing Members unterliegen strengen, überwachten Anforderungen, denn die Zahlungssicherheit ist von außerordentlicher Wichtigkeit für das problemlose und sichere Abwickeln des Wertpapierhandels. In der Tab. 7.3 ersieht man die Möglichkeiten zur Sicherung der Handelsgeschäfte mit verschiedenen zentralen Gegenparteien. Neben einem Sicherungsfonds werden den Members täglich Margins auferlegt.

Das Unterhalten eines Margenkontos der Handelskunden der Investmentbank begründet ein Kreditrisiko. Denn einerseits kann man dem Kunden Kredit gewähren, das heißt den Einschuss bevorschussen. Zum anderen bleibt „intra-day" ein Risiko und zudem wird der Einschuss im Nachhinein einverlangt, sodass in dieser Zeitspanne Wertverluste eintreten können, die der Kunde nicht mehr decken kann. Für dieses nicht unerhebliche Risiko muss die Bank gemäß Basel 3 Kapital vorhalten. Nicht bilanziell, sondern in der G&V wird sogenanntes Credit Value Adjustment (CVA) der Erfolgsrechnung der Händler in Rechnung gestellt (siehe Tab. 5.2). Die Berechnung von CVA und verwandten Maßen stellt eine Herkulesaufgabe dar. Mehr dazu findet man in Hull (2012, 382–395).

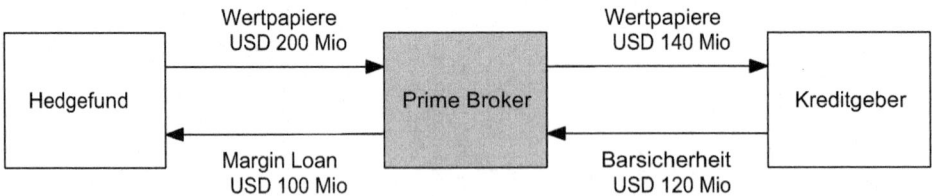

Abb. 7.9 Rehypothecation nennt sich die Weiterverwertung der Sicherheit. Das Ausmaß dieses Hebels ergibt sich aus dem Haircut. Theoretisch ist eine Mehrfachverwendung im Ausmaß von 1/Haircut möglich

Tab. 7.3 Anforderungen an Sicherheiten von zentralen Gegenparteien für OTC-Derivate

Chicago Mercantile Exchange	Intercontinental Exchange (ICE) Clear	CH.Clearnet Swapclear
Guarantee Fund: U.S. Dollars, marketable U.S. Treasury Securities, Selected U.S. Agency Securities, and Selected Money Market Funds	*Guarantee Fund and Initial Margin*: The U.S. Operation (ICE Clear Credit) accepts cash of selected countries and marketable U.S. Treasury Securities	*Default Fund*: Cash in British Pounds only
Performance Bond: Cash of selected countries, marketable U.S. Treasury Securities, selected U.S. Government Agency Securities and Agency Mortgage-backed Securities, selected foreign Government Bonds, Stocks selected from the Standard & Poor's 500 Index, selected Money Market Mutual Funds, and Gold	The U.K. Operation (ICE Clear Europe) accepts cash of selected countries, and marketable securities issued by selected governments	*Initial Margin*: Cash of selected currencies and securities issued or guaranteed by selected governments and selected government agencies.
Variation Margin: Cash	*Variation Margin*: Cash	*Variation Margin*: Cash

7.1.3 Capital Introduction

Capital Introduction, ein Begriff, für den es im Deutschen keine gute und übliche Entsprechung gibt, ist das systematische Zuführen von Anlagegeldern an die Hedgefunds durch den Prime Broker. Es ist eine typische Intermediation zwischen Investoren und Hedgefunds. Die Anleger müssen finanziell stark sein, gibt es doch häufig Mindestanlagevolumen von einer bis 25 Mio. USD, die zudem infolge von langen Rückzugsfristen sehr illiquid werden.

Der Broker muss die potenziellen Investoren genau prüfen: Sind sie nicht nur qualifizierte Anleger, insbesondere verstehen sie die Fondsstrategie und deren Gefahren, sondern sind sie auch verantwortungsvolle Investoren? Gute Broker verfügen über ein großes, globales Beziehungsnetz, das sie für die Hedgefonds absuchen können. Denn die Fonds selber besitzen nicht die notwendigen Kenntnisse und die Zugänge zu den Investoren. Anderseits setzt der Broker seine Reputation aufs Spiel mit der Vermittlung der Fonds. Deshalb ist es existenziell wichtig, die Fonds und deren Anbieter genauestens zu kennen und zu verfolgen. Die finanziellen Risiken sind im Vergleich zu den Reputationsrisiken sehr gering. Reputationsrisiken können sich in Gerichtsklagen konkretisieren, wenn die Investoren zur Überzeugung gelangen, nicht adäquat beraten worden zu sein. Besonders in den USA sind auch frivole Haftpflichtklagen endemisch.

Für die Wahl eines Prime Brokers durch den Fonds ist deren Stärke in der Capital Introduction, neben der Technologie, Riskmanagement und Kreditfähigkeit, mitentscheidend.

Dabei analysiert der Fonds vorgängig die Kundenbasis des Brokers. Für den Fonds und sein Management kann es sehr wichtig sein, dass es auch laufende Informationen über seine Investoren erhält, welche durch die Werkzeuge des Brokers generiert werden.

Kapitalzuführung ist keineswegs mit üblichem Marketing von Investmentleistungen zu vergleichen. Die Zielgruppe ist ganz eng und voranalysiert gefasst. Die Vorleistungen bestehen aus gelegentlichen speziellen Konferenzen, Roadshows, Investorentreffen und individuellen Conference Calls. Für die erfolgreiche Origination ist ein kapillares, weitverzweigtes Geflecht von Kundenbeziehungen notwendig.

7.1.4 Execution Consulting Services ECS – Ausführungsberatung

Weil der elektronische Handel immer kompetitiver wird, sind die Prime Broker gezwungen, sich zusätzlich durch Dienste von anderen Anbietern zu differenzieren, die dem Buy-Side-Kunden zu besserer Performance und höherer Effektivität verhelfen und ihm helfen, seine Benchmarks zu erreichen. Dazu braucht man ein vertieftes Verständnis des Markts, der Daten, der Mechanik und der Optimierungsmöglichkeiten. Damit gehen fortschrittliche Kundentools einher. Siehe nochmals Tab. 5.14 zum Überblick.

Execution Consulting Services zeichnen sich vor allem durch folgende Dienste für die Kunden aus:

- sophistizierte Beratung hinsichtlich Marktbedingungen und optimaler Ausführung elektronischer Aufträge,
- Bereitstellung transparenter Analysen der Qualität der Ausführung, Risiken und Transaktionskosten sowie
- innovative Tools für die Realtimeausführung, insbesondere aktuellste Informationen.

Beispielsweise bietet die UBS im Rahmen eines kundenorientierten Ansatzes für das Execution Consulting ein Tool für den algorithmischen Handel, eine iPad-Applikation, unter der Bezeichnung „UBS QUOD Studio" an. QUOD steht für Quant on Demand. Damit wird eine Zusammenarbeit mit dem Kunden angestrebt, um rasch Durchführungsstrategien für den Handel auf den Aktienmärkten planen, simulieren und entwickeln zu können.

Sachkundigen institutionellen Investoren wird von den Investmentbanken direkter Zugang zur Ausführung von Multi-Assets-Transaktionen gewährt (Direct Execution), indem die Onlinetools mit den Execution-Management-Systemen der Bank verquickt sind, z. B. Pinpoint von UBS, REDIPlus von Goldman Sachs, J. P. Morgans Neovest oder Morgan Stanleys Passport. Sie bieten algorithmische Trading-Strategien, Workflowkonfiguration, Analysetools und Transaktionskostenangaben in Echtzeit.

7.1.5 Algorithmic Trading – Algorithmischer Handel

Die von den Investmentbanken angebotenen Dienste umfassen den Direktzugang zu den Börsen. Dafür erwarten sie von den qualifizierten Kunden Mindestumsätze und ein Quantum Beratung von Produktespezialisten im Umfang von 100.000 EUR. Die Kunden können dann von der Infrastruktur profitieren, die ihnen vor allem in der Ausführung Vorteile bezüglich Kosten, Schnelligkeit und geringerer Leakage, das unerwünschte Bekanntwerden von Aufträgen, verschaffen.

Die Algorithmen erlauben komplexe Strategien, die Käufe und Verkäufe auch aufgrund neuer Informationen auslösen. Das bedingt im extremen Fall, dass die institutionellen Investoren ebenfalls sogenannte Quants beschäftigen. Gewisse Hedgefonds betreiben ja geradezu dieses Business.

Einfache Algorithmen können durch Konfiguration von vordefinierten Bausteinen zusammengesetzt werden, sophistizierte setzen Programmierkenntnisse voraus, womit eben Spezialisten benötigt werden. Algorithmen müssen intensiv getestet werden, damit nicht völlig unbeabsichtigte Wirkungen auftreten.

Die Firma Quantopian bietet eine Testumgebung für die Programmiersprache Python an. Ein Besuch kann dem Leser einen ersten Eindruck vermitteln. Man erkennt auch, wieso es nicht völlig abwegig ist zu behaupten, die neuen Trader seien Programmierer. Im Jahr 2012 ist der Broker und Hochfrequenzhändler Knight Capital Group in die Krise gekommen, weil fälschlicherweise eine Testversion des Handelsalgorithmus auf die Server hochgeladen wurde, die binnen 45 Minuten über 400 Mio. USD Verluste produzierte.

Auf deren Website sind Ausführungsstrategien der Credit Suisse aufgeführt. Zum einen sind die eher einfachen Strategien vorhanden, wie die volumen- und die zeitgewichteten Durchschnittspreise (Volume Weighted Average Price, VWAG, und Time Weighted Average Price, TWAP), welche große Orders zerstückeln. Dann werden die Strategien so komplex, dass eine programmatische Abkürzung nicht mehr ausreicht. Diese Strategien nennen sich dann etwas martialisch:

- Guerrilla,
- Sniper,
- Crossfinder Plus,
- Pathfinder Reserve,
- Float, TEX, Custome etc.

Wir gehen nicht weiter darauf ein. Der Eindruck, dass hier ausgeklügelte Mechanismen im Spiel sind, soll allerdings bleiben.

Tab. 7.4 Rangliste der globalen Verwahrer/Custodians nach Assets under Custody (AuC), Werte in Billionen USD

Rang	Anbieter	AuC	Direkt	Referenzdatum
1	BNY Mellon	26,2	26,1	2013-06
2	J. P. Morgan	18,8	18,8	2012-12
3	State Street	17,8	17,8	2012-12
4	Citi	13,5	2,2	2013-03
5	BNP Paribas	7,7	3,1	2013-06
6	HSBC Securities Services	6,0	4,2	2012-12
7	Northern Trust	5,0	5,0	2013-06
8	Societe Generale	4,9	1,9	2013-09
9	Brown Brothers Harriman	3,6	3,1	2012-12
10	UBS AG	3,3		–2013-09
11	CACEIS[a]	3,2		–2012-12
12	RBC Investor & Treasury Services	3,1	2,7	2013-07

[a] Gehört zur Credit Agricole Gruppe.
©2013 globalcustody.net, Reproduced with consent, Extract from source: www.globalcustody.net as at Dec 7, 2013.

7.1.6   Global Custody Services – Verwahrung

Aufgrund von wirtschaftlichen und technischen Entwicklungen hat sich eine Industriestruktur herausgebildet, die durch wenige große Teilnehmer gekennzeichnet ist (siehe Tab. 7.4). Zum einen hat die Anzahl von verwahrten Wertpapieren enorm zugenommen, zum anderen führte der Margendruck zum Einsatz von vermehrter Technologie, um damit wieder Effizienz zu erlangen. Kleinere Banken werden deshalb die Verwahrung auslagern.

Wie man der Abb. 7.10 entnehmen kann, gibt es eine funktionale Aneinanderreihung von Aufgaben im Post-Trade-Bereich. Verwahrung wird von Banken, Zentralverwahrern (Central Securities Depositories, CSD) und internationalen Zentralverwahrern (International Central Securities Depositories, ICSD) betrieben.

Verwahrung an sich kann man als Kontoführung (Account Keeping), Reporting zum Konto und Administration der Papiere beschreiben. Letztere führt die Kapitalerhöhungen, Rückzahlungen und Kündigungen, Zahlungen von Dividenden und Zins etc. nach. Auch grenzüberschreitend kommen die Abführung von Steuern und Abgaben erschwerend hinzu. Die Bestände müssen regelmäßig bewertet werden. Zum Teil werden auch überschüssige Barbestände investiert. Angrenzend ist das Safekeeping, das auf Deutsch eigentlich schon in der Verwahrung eingeschlossen scheint. Die Abgrenzung ist subtil, aber die Depositaries übernehmen zusätzlich Verantwortung und damit Haftungrisiken.

Der Vollständigkeit halber zwei Worte zur Notariatsfunktion: Sie hat mit der Abwicklung direkt nichts zu tun. Es handelt sich um regulatorische Buchführungspflichten für den Emittenten der Wertpapiere, damit Echtheit und Integrität der Emission dokumentiert ist.

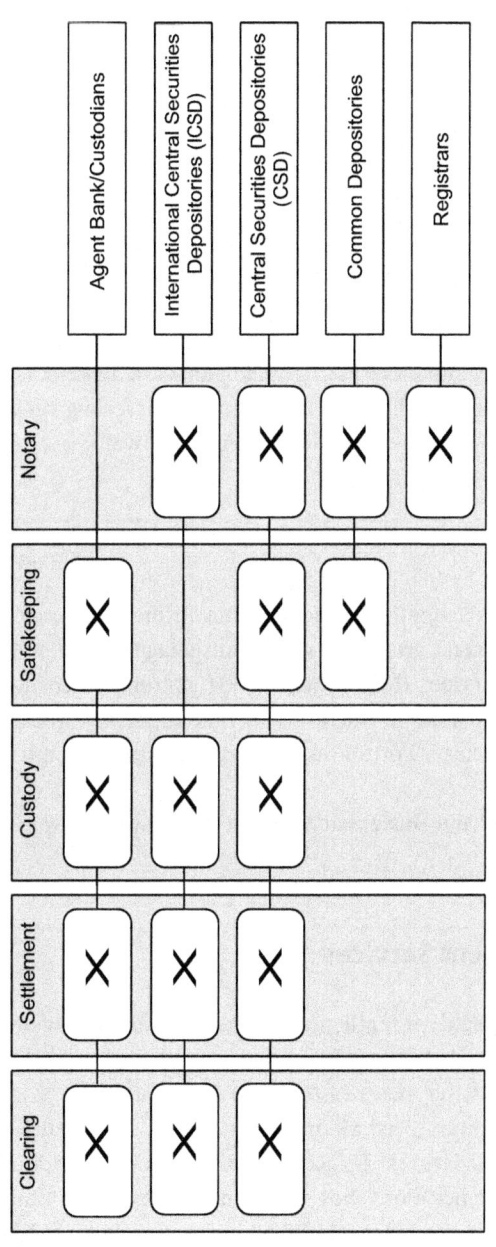

Abb. 7.10 Zuordnungsmatrix von Aufgaben und Institutionen in der Post-Trade-Verarbeitung. Der CSD übt alle Funktionen aus

Verlässt man die funktionale Sicht der Verwahrung und geht zu den Dienstleistungen der Investmentbank als Verwahrer über, so erkennt man in Abb. 7.10, dass die Bank den ganzen Post-Trade-Service ausführen kann. Neben dem schon beschriebenen Custody und Safekeeping liegt stromaufwärts die Abwicklung, also Clearing und Settlement.

Clearing sind die Validierung und der Abgleich der Lieferanordnungen sowie die Weiterleitung dieser Information an das Settlement. Dieses wiederum bewirkt den Eigentumsübergang von Barmitteln und Wertpapieren. Eine Transaktion zwischen zwei Kunden eines Intermediärs kann auch ohne CSD erfolgen.

Ein *globaler* Verwahrer ist in transnationale Transaktionen involviert, die wiederum Währungstransaktionen bedingen, Steuerrückforderungen erlauben etc. Meist unterhält der globale Verwahrer mehrere lokale Subverwahrer. Verwahrer sind auch operativ in der Wertpapierleihe involviert.

Häufig wird die Rolle von zentralen Gegenparteien und der Verwahrung im Clearing missverstanden. Diese Gegenpartei tritt zweimal in ein Geschäft ein, ist also Principal und nicht Makler. Sie konzentriert sich auf Sicherheiten und Lieferung vor dem Clearing durch ein CSD. Sie nimmt eine Garantie- und Netting-Funktion wahr.

7.2 Fund Services

Die Dienste speziell für Hedgefonds, die sich um Prime Brokerage und Finanzierung drehen, können bei genügend großem Volumen ausgelagert werden. Zum Beispiel biete Morgan Stanley Fund Services (MSFS), eine 2004 gegründete Tochter, das ganze Leistungsspektrum an: Administration, Buchführung und Reporting, Middle- und Backofficeunterstützung, Transferdienste, Portfoliorisikmanagement und Compliance, Steuerabrechnungen etc.

Es handelt sich hier um ein Businessmodell um die Bündelung von kundenspezifischen Diensten herum.

7.3 Risk Management Services

In den Neunzigerjahren sind wesentliche finanzielle Risikomanagementwerkzeuge entwickelt worden. Im Bereich Marktrisiken, also vor allem Preisrisiken von Aktien und entsprechenden Portfolios, hat das Konzept von Value at Risk (VaR) Fuß gefasst. J. P. Morgan stellte ihren Rechner „RiskMetrics" mit täglich aufdatierten Zahlen zur Verfügung, Bankers Trust publizierte ihr RAROC-Konzept. VaR ist ein Maß für den höchsten zu erwartenden Verlust eines Portfolios über einen bestimmten Zeithorizont mit einer bestimmten Konfidenz bei normalen Marktbedingungen. Konkret: Wie groß ist der maximale Wertverlust eines Portfolios binnen fünf Handelstagen mit einer Konfidenz von 95 %. Für Einzelheiten sehe man Jorion (1997).

Die risikobereinigte Rendite (Risk-adjusted Return on Capital, RAROC) geht davon aus, dass beim Ertrag ein Teil eine Risikoprämie sei, um die man den effektiven Ertrag korrigieren sollte. Damit entsteht ein firmenweites Modell, um die knappe Ressource Kapital optimal zu allozieren. Es ist theoretisch ein sehr gutes Werkzeug, um die ganze Bank oder eben sogar Portfolios zu steuern.

Daneben wurde die sogenannte historische Simulation verwendet, um Portfolios mit bekannten Marktzuständen zu messen, d. h. ohne Marktdaten vorher zu Statistiken zu verarbeiten. Die Bereitstellung aller charakteristischen Daten eines Portfolios erlaubt es, ganz gezielt Parameter zu verändern und sozusagen reihenweise What-if-Szenarien und komplexe Stresstests am Portfolio durchzuspielen. Damit lassen sich Anlagestrategien testen und mit Benchmarks vergleichen.

Hedgefondsmanager, die von den Banken zur Sell Side gewechselt haben, wollten diese ihnen bekannten Werkzeuge weiterhin benutzen. Deshalb bieten die Prime Brokers sophistizierte Risikomanagementtools an, zum Teil dieselben, welche die Bank benutzt.

Aber auch Modelle für Kreditrisiken, Zinsänderungen, Wechselkurse, Liquidität und Volatilität sind entwickelt worden. Ebenso sind Bewertungstools für auch sehr komplexe Derivate im Angebot. Damit werden vereinheitlichte Risikomessungen über alle Faktoren hinweg möglich.

Mit dem Angebot gehen auch die aktuelle Positionsbewertung und die Renditebestimmung einher.

Bekannte Prime Broker wie Morgan Stanley sind Partnerschaften mit ausgewiesenen Anbietern von Risikomanagementlösungen wie früher Algorithmics eingegangen.

7.4 Treasury Services

Unternehmungen weisen eine Finanzabteilung auf, die Aufgaben wie Tresorerie, Controlling, Buchhaltung, Steuern, Planung und Strategie, Investor Relations etc. erledigen. Die Tresorerie ist hauptsächlich mit der Disposition von flüssigen Mitteln für die operativen Einheiten und der Geldbeschaffung befasst. Für die Tresorerien von größeren Unternehmen werden von Investmentbanken zugeschnittene Dienstleistungen angeboten. Dazu gehören im Bereich Treasury Services:

- internationaler Zahlungsverkehr,
- globales Cash-Management und Multicurrency-Zahlungsverkehr,
- Dienstleistungen im Bereich Liquiditätsmanagement,
- Devisengeschäfte,
- Akkreditivabwicklung,
- Strategien zur Währungsabsicherung und Renditesteigerung,
- Export Finance,
- Supply Chain Finance.

Abb. 7.11 Verkaufoption von
Debitoren bei Konkurs, ein
Treasury-Produkt von J. P.
Morgan. Die wirtschaftliche
Wirkung ist die einer Kredit-
versicherung

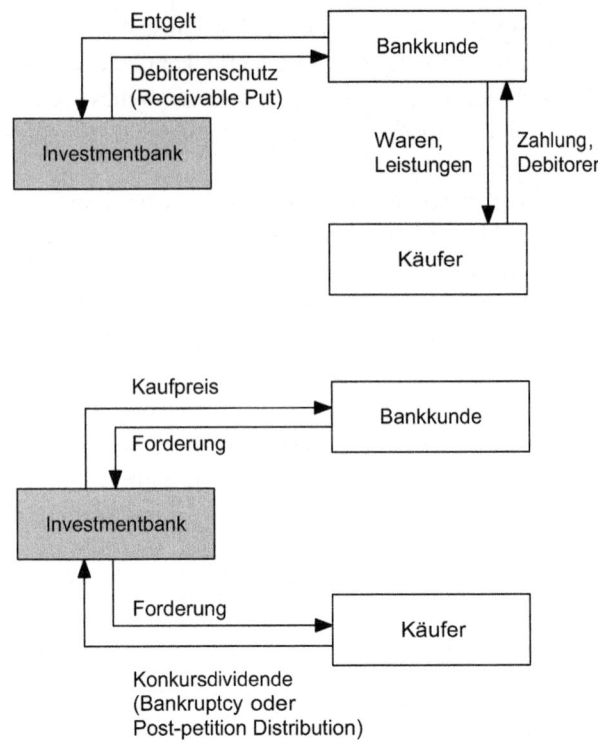

Hier ist eine Kundensicht vorherrschend: Was braucht der Finanzdirektor einer Unternehmung. Dies können im Weiteren auch Produkte wie in Abb. 7.11 dargestellt sein (J. P.
Morgan), alternative, liquiditätsschonende Akkreditivprogramme oder auch die Liquidie-
rung von Konkursdividenden. Der Kunde ist König. Eine Innensicht führt dann schnell
zur Transaktionsbank.

7.5 Transaction Banking

Die organisatorische und technische Abspaltung von Backofficediensten aus der Wert-
schöpfungskette eines Finanzdienstleisters wird allgemein als *Transaction Banking* betrachtet. Diese Division ist ein hochautomatisierter, technologieorientierter Abwicklungs-
dienstleister mit Spezialisierung im Backofficebereich. Abb. 7.12 zeigt eine anzutreffende
Struktur.

Eine Transaktion kann man als Erweiterung einer Kommunikation verstehen: Ein Gedanke, eine Absicht wird codiert und verschickt, vom Empfänger decodiert, interpretiert
und verstanden. Der Erhalt und der Inhalt werden zurückgemeldet. Bei einer Transaktion
sind mehrere involviert, sodass dieser Prozess einiges komplizierter und aufwendiger ist.

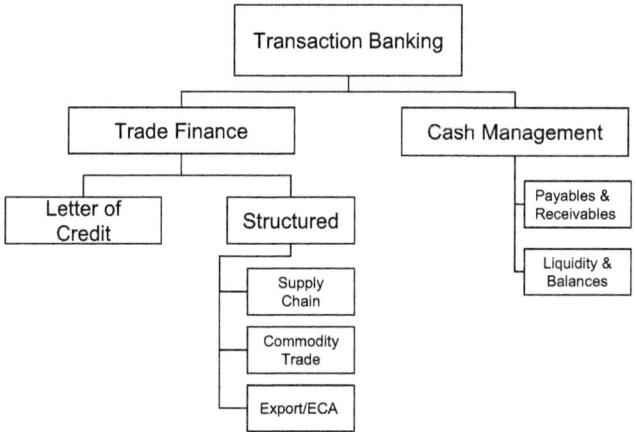

Abb. 7.12 Struktur Transaktionsbanking. Das ist eine von mehreren Möglichkeiten, die Begriffe zu ordnen. Gemäß dieser Darstellung umfasst sie Handelsfinanzierung und Cash-Management. Akkreditive (Letter of Credit) steht hier für die Standardpalette von Verpflichtungskrediten

Die Mitteilungen betreffen nicht nur den Transfer von Geld, sondern eine Myriade von Informationen

Eine Bank führt Milliarden von Transaktionen rund um den Globus aus, die einen riesigen Geldwert darstellen. Transaktionen sind das Blut im Kreislauf des Finanzsystems und damit von vitaler und kritischer Bedeutung.

Die Transaktionsverarbeitung ist ein massiv personal- und ressourcenintensiver Bereich, der mit hohen Kosten verbunden ist. Der effiziente Betrieb von entsprechenden Systemen und Prozessen ist eine riesige Herausforderung, aber auch Objekt des Kostensparens.

7.6 Transition

Das Transitionsmanagement ist die Durchführung von strukturellen Änderungen eines Anlageportfolios (siehe Abb. 7.13). Beispielsweise überträgt ein Investor, eine Pensionskasse, seine Anlagen einem anderen Manager oder er beabsichtigt eine massive Neuallokation im Portefeuille. Dann muss sein bestehendes Portfolio, soll es nicht einfach liquidiert werden, übertragen werden. Dies hat möglichst effizient und kostengünstig zu erfolgen. Je nach Umfang sind unterschiedliche Maßnahmen vorzusehen.

Bei großen Portfolios ist eine echte Projektorganisation gefragt, die in der Planung der Transition alle betroffenen Parteien einbindet und Varianten der Umschichtung entwirft und optimiert. Es sollten keine unvorhergesehenen Kosten oder Umtriebe anfallen. Die Kommunikation bindet den mandatierten Berater, den Verwahrer (Custodian), den

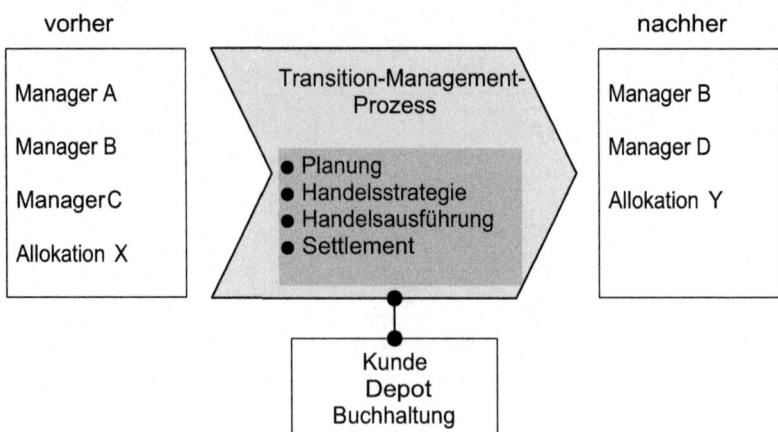

vorher   nachher

Abb. 7.13 Transition-Mechanismus, wobei vor allem das Management und die Allokation verändert werden

Depotservice, die Investmentmanager des bestehenden und des Zielportfolios sowie die Buchhaltung und die Performancemessung mit einem aussagekräftigen Report.

Transition Management ist ein am Markt etablierter Service, der hilft, den Portfoliosubstanzwert zu erhalten und die dem Umstrukturierungsprozess inhärenten Risiken zu beherrschen.

Literatur

Hull, J. (2012). *Risk management and financial institutions*. Hoboken, New Jersey: John Wiley & Sons, Inc.

Jorion, P. (1997). *Value at risk: the new benchmark for controlling market risk*. Chicago: Irwin Professional Pub.

Singh, M. (2011). *Velocity of Pledged Collateral: Analysis and Implications. IMF Working Paper 11/256*. Washington: International Monetary Fund.

Wells Fargo (2013). *Post-Crisis: Hedge Funds, Custodial Risk, and Prime Brokers. Brochure*. San Francisco: Wells Fargo Prime Services.

Vermischtes

8

In diesem Kapitel führen wir Betätigungsfelder von Investmentbanken auf, die nicht zum Kerngeschäft einer typischen Investmentbank gehören oder eher eine Nische bilden. Diese Aussage muss man mit einem Korn Salz nehmen, denn die „typische" Bank gibt es nicht mehr. Es war und ist eine Eigenschaft von Investmentbanken, schnell und flexibel opportunistisch zu handeln und dies bedeutet, neue Gelegenheiten an den schon vorhandenen Ressourcen und Fähigkeiten zu testen.

Während Beteiligungen zwar typisch, aber eher nebensächlich sind, ist Vermögensverwaltung eine Allerweltstätigkeit, die von vielen Institutionen angeboten wird und deshalb nur einen schwachen thematischen Bezug zu den Investmentbanken aufweist. Daher findet man in den großen Investmentbanken wie Goldman Sachs und Morgan Stanley heutzutage eine bedeutende Division Investmentmanagement, die die kollektiven und privaten Anlagebedürfnisse, die sich aus dem gewachsenen Wohlstand und den zusätzlichen Vorsorgebedürfnissen entwickelt haben, befriedigen. Die Darstellung des Investmentmanagements werden wir deshalb kurz halten. Es gibt eine unübersehbare Flut an Publikationen zum Thema, darin schwimmt der Klassiker von Spremann (1991) obenauf.

8.1 Private Equity, Principal Investing – Beteiligungen

Im Bereich Principal Investment beteiligen sich Investmentbanken mit eigenen Mitteln direkt an einzelnen Unternehmen. Der Anteil an den Unternehmen ist in der Regel groß genug, um auch Einfluss auf die Geschäftspolitik ausüben zu können. Ziel ist dabei eine nachhaltige Steigerung des Unternehmenswertes, sodass die Beteiligungen nach einem gewissen Zeitraum mit Gewinn weiterverkauft werden können. Eine solche Veräußerung kann einerseits durch einen Börsengang des Unternehmens als auch durch den Verkauf an einen anderen Investor erfolgen.

Bei einem Principal-Investment-Engagement geht eine Investmentbank eine direkte Beteiligung an einem Unternehmen ein. Eine solche Beteiligung in der Hoffnung auf

© Springer Fachmedien Wiesbaden GmbH, ein Teil von Springer Nature 2018
C. Franzetti, *Investmentbanken*, https://doi.org/10.1007/978-3-658-20791-5_8

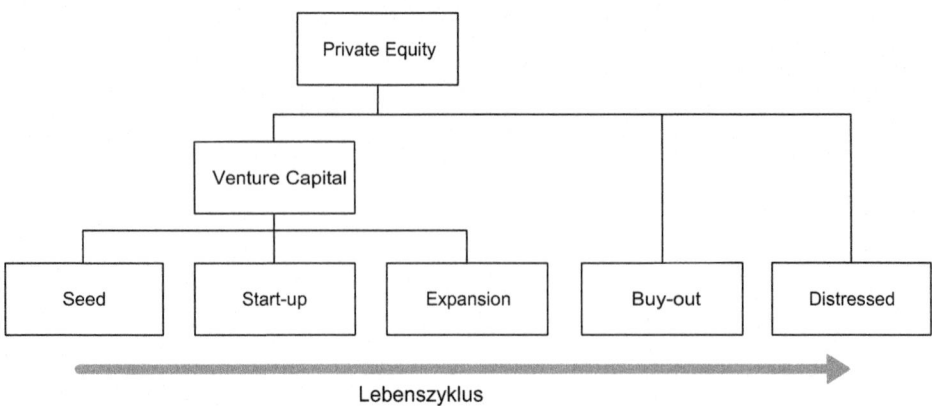

Abb. 8.1 Mögliche Phasen im Lebenszyklus einer Private-Equity-Unternehmung. Dass Wagniskapital ein Teil des PE sein soll, ist nicht allgemein akzeptiert. Da VC am Anfang des Zyklus steht, geht es vielmehr um involvierte Personen und Pläne, während PE in der reiferen Phase sich mehr um Zahlen dreht

eine Steigerung des Unternehmenswertes kann auf eigene Rechnung, also mit Kapital der Bank, oder im Auftrag von Kunden erfolgen. Ersteres entspricht dem Eigenhandel insofern, dass die Bank ihr eigener Kunde ist und eigene Gelder anlegt. Wird ein Principal Investment im Kundenauftrag durchgeführt ähnelt dies dem Fondsmanagement des Asset-Managements, allerdings mit dem Vehikel Private Equity. In diesem Fall verdient die Investmentbank Verwaltungsgebühren, deren Höhe allerdings in den meisten Fällen erfolgsabhängig gestaltet ist.

Der weitaus größte Teil des Principal Investment betrifft die Branche des *Private Equity*, also des Erwerbs von Eigenkapital nichtbörsennotierter Unternehmen. Bei einer Mehrheitsübernahme geschieht dies oft durch Leveraged Buyouts oder Management Buyouts. Weitere bedeutende Bereiche sind die Investition in Venture Capital, das *Going Private* von kotierten Unternehmen (Delisting, Going Private) oder Minderheitsbeteiligungen bei Turn-around-Kandidaten oder das PIPE-Investment (Private Investment in Public Equity) als Privatplatzierung von Anteilen. Abb. 8.1 zeigt den möglichen Lebenszyklus von privat gehaltenen Beteiligungen.

Private Equity wird meist über Fonds gehalten, die als Kommanditgesellschaften ausgestaltet sind (Abb. 8.2). Für die Teilnahme von Kunden an den PE-Investitionen können je nach legaler Umgebung, vor allem USA und Europa, unterschiedliche Feeder Funds, die einen Master Fund speisen, organisiert werden, wie es in Abb. 8.3 dargestellt ist. Da eine einzelne Anlage in Private Equity riskant ist, braucht es eine hohe Diversifikation.

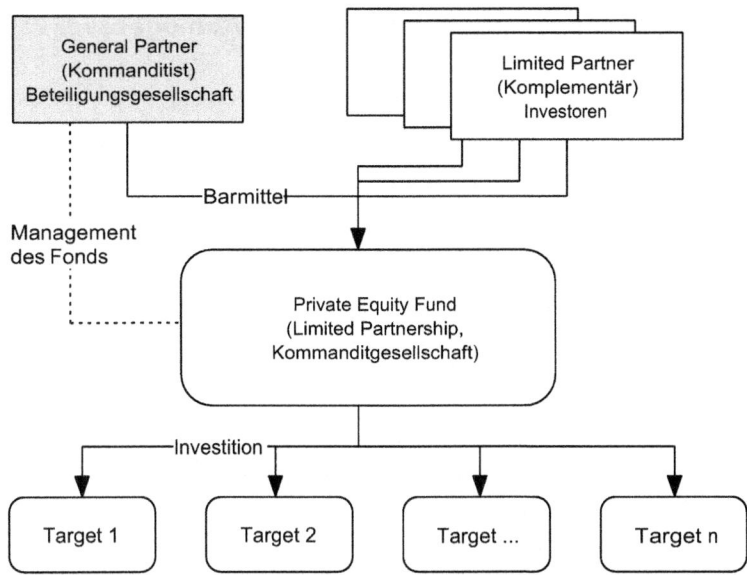

Abb. 8.2 Der typische Aufbau eines Private-Equity-Fonds mittels Kommanditgesellschaft

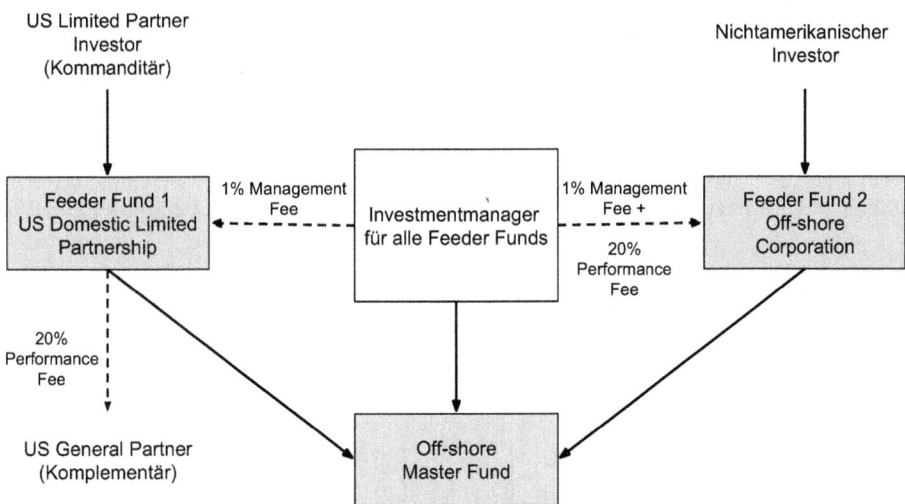

Abb. 8.3 Feeder Funds im Zusammenspiel mit einem Master Fund. Zwei Feeder unterschiedlicher Rechtsform und Lokation speisen einen gemeinsamen Master Fond. Da die Feeder Funds nicht dieselben Restriktionen wie die Investoren aufweisen, kann man sie zusammenfassen

8.2   Investment- and Wealth-Management – Vermögensverwaltung

Vorausschickend ist zu bemerken, dass Ende der Neunzigerjahre eine Namensänderung stattgefunden hat, und zwar, was die Investmentbanken bis anhin als Asset-Management bezeichnet hatten, nannten sie fortan *Investmentmanagement*.

Zum Zweiten ist zu bemerken, dass hier die Investmentbank nun auf der Buy Side agiert, obwohl sie historisch immer die Sell Side als Broker-Dealer vertreten hat. Sie schlüpft sozusagen in die Rolle ihrer Kunden.

Wealth-Management kann man als Erweiterung des Investmentmanagements ansehen, wobei hier sehr vermögende Privatinvestoren im Gegensatz zu Institutionellen bedient werden, die zusätzliche Dienstleistungen in Anspruch nehmen.

8.2.1   Investmentmanagement, Asset-Management

Bei der Vermögensverwaltung geht es generell darum, zum einen *einzelne* Kundenvermögen aufgrund eines Mandates (mittels schriftlichen Vermögensverwaltungsvertrags) zu verwalten, indem der Verwalter selbstständige Anlageentscheidungen trifft und Transaktionen auf Rechnung des Kunden ausführt. Vermögen können anderseits auch als *kollektive* Anlagen gebündelt werden, die dann Fonds bilden. Damit erreicht man den Zugang zu bestimmen Investitionen auch für kleinere Vermögen (siehe Abb. 8.4).

Investmentmanager bieten auch maßgeschneiderte Anlagedienstleistungen an, um die Kundenbedürfnisse bestmöglich zu befriedigen. Dazu muss man in einem ersten Schritt die Kundenziele genau identifizieren, sodass man ein entsprechendes Portfolio konstruieren kann. Die Ziele und Möglichkeiten orientieren sich an den Renditevorstellungen und am Risiko bezüglich Tragfähigkeit und Appetit. Das Portfolio bedingt eine laufen-

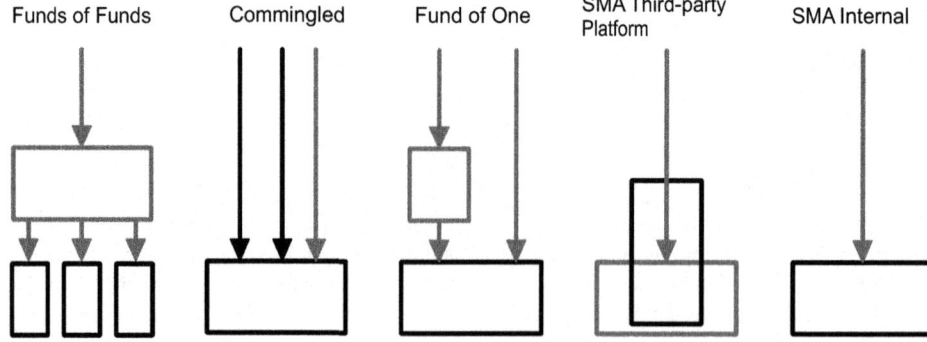

Abb. 8.4 Verschiedene Arten der Allokation von Kundengeldern in Fonds. Die *hellen Rechtecke* bedeuten Fonds von Dritten, die *dunklen* Vehikel der Bank. Allokation entweder als Dachfonds, in einem gemeinsamen Fonds („commingled"), in einem Fonds, direkt oder indirekt, in einem separat verwalteten Account über eine Investmentplattform Dritter oder ganz individuell

de Umschichtung der Mittel, die sich aus der ständigen Beobachtung und Bewertung der innewohnenden Risiken ergibt. Investmentmanagement ist ein Prozess. Die Portfoliokonstruktion und -allokation wird mit eigenen Produkten und mit Angeboten von Dritten umgesetzt.

Da nur für sehr große Vermögen eine solch individuelle Lösung praktikabel ist, werden für Kleinkunden sogenannte Publikumsfonds aufgelegt. Ein Fond ist ein Vermögen, das aufgrund öffentlicher Werbung von den Anlegern zur kollektiven Kapitalanlage aufgebracht und von der Fondsleitung in der Regel nach dem Grundsatz der Risikoverteilung für Rechnung der Anleger verwaltet wird.

Das Angebot an Produkten und Diensten des Investmentmanagements umspannt drei Dimensionen:

1. Kunde,
2. Struktur,
3. Strategie.

Die *Kunden* sind (i) Institutionelle, d. h. Unternehmungen, Pensionskassen, Stiftungen, Staatsfonds, Versicherungsgesellschaften und Finanzinstitute, (ii) Ultra-high Net Incomes, also sehr vermögende Privatpersonen, und (iii) firmenfremde Finanzdienstleister und Makler.

Unter *Struktur* verstehen wir die Anlagevehikel und ihre Ausgestaltung wie treuhänderische Sondervermögen (Separately Managed Account, SMA), vertragliche Anlagefonds („open-end"), Investmentgesellschaften mit festem oder variablem Kapital, Kommanditgesellschaften für Kollektivanlagen („closed-end"), Unit Trusts etc. In der Europäischen Union kennt man das „Investmentvermögen" als Überbegriff für alle Fonds, unabhängig von ihrer Rechtsform und unabhängig davon, ob es sich um offene oder geschlossene Fonds handelt. Investmentvermögen unterteilt man in „Organismen für gemeinsame Anlagen in Wertpapieren"[1] (OGAW) und „alternative Investmentfonds" (AIF).

Während die Struktur die rechtlichen und wirtschaftlichen Eigenschaften der Vermögensanlage betrifft, ist mit Investmentstrategie als Oberbegriff die Allokation in Anlageklassen (Asset Class), Themen und eben *Strategien* gemeint. Die traditionellen Strategien betreffen Wertpapiere, wie Aktien und Obligationen, Geldmarktprodukte, Edelmetalle, Immobilien und andere kollektive Anlagen (Fonds). Alternative Investments beinhalten:

• Hedgefunds,
• Credit Funds,
• Private Equity und Venture Capital,
• Immobilien und Infrastruktur,
• Währungen,

---

[1] Auf Englisch: Undertakings for the Collective Investment of Transferable Securities, UCITS.

- Rohstoffe,
- Sammlerobjekte wie Wein und Kunstgegenstände etc. und
- spezifische Strategien.

Der Betrieb des Investmentmanagements bedingt eine effiziente Organisation und eine erhebliche IT-Infrastruktur, um die Investmentprozesse zu beherrschen. Dazu gehören Transfer Agency, Fondsbuchhaltung und Administration, Reporting, Transaktionsverarbeitung und treuhänderische Dienste. Neben den firmeneigenen Ressourcen kommen auch die Verwahrer und die Clearing-Stellen sowie firmenfremde Dritte zum Zug.

Die amerikanischen Investmentbanken waren bezüglich der Produktion und des Angebots von Exchange Traded Funds (ETF) bis anhin sehr zurückhaltend. Goldman Sachs und J. P. Morgan haben erst 2014 eine Lizenz zum Anbieten von ETFs beantragt. Spezifisch für diese Fondsanteile ist, dass sie an der Börse wie simple Aktien gehandelt werden. Viele ETFs sind passive, oft indexnachbildende Vehikel. Die Ambition von Goldman Sachs ist es, aktive ETFs anzubieten. Aktiv ist gleichbedeutend mit dem Versuch, eine Idee oder Strategie umzusetzen und damit Überrenditen im Vergleich zu passiven Strategien zu erzielen. Szenenbeobachter gehen davon aus, dass man befürchtete, seine eigenen Fonds zu kannibalisieren; jetzt fürchten die Banken eher, dass ihr Geschäft davon läuft. Die größten US-Anbieter von ETFs sind Blackrock, State Street und Vanguard, die zusammen ca. 70 % des Marktes ausmachen.

Der Investmentmanager steht nicht im unmittelbaren Kundenkontakt. Dieser wird von Kundenbetreuern der Wealth-Management-Division wahrgenommen.

8.2.2 Wealth-Management

Wohlstand und Besitztum hat viele Formen, die über ein wohldotiertes Bankkonto hinausgehen. Sehr vermögende Private besitzen Vermögenswerte wie Häuser, Kunst und Sammlungen (Münzen, Briefmarken, Erstausgaben, Autografen, Wein, Uhren, Teddybären etc.), Rennpferde, Fahrzeuge (Autos, Jachten, Helikopter, Flugzeuge), Fabriken und Firmen, Stiftungen sowie vielleicht Anwartschaften und natürlich einfache und komplexe Finanzanlagen. Die Abb. 8.5 gibt einen aktuellen Überblick. Das Gros bilden private Beteiligungen, die meist auf eine eigene Unternehmung oder Gruppe hinweisen, die nicht kotiert ist. Auffällig ist dennoch der große Anteil an flüssigen Mitteln.

Die Tab. 8.1 vermittelt einen groben Überblick über die Reichsten der Reichen. Im Jahr 2014 sind 2325 Milliardäre verzeichnet, die zusammen 7,3 Billionen USD an Vermögen besitzen.

Wealth-Management – hier fehlt ein griffiger deutscher Begriff, um es von der Vermögensverwaltung zu unterscheiden – soll gerade solche Vermögensportfolios von Reichen betreuen. Um diese weitreichende Palette von Vermögen effizient und gewinnbringend verwalten zu können, braucht es nicht nur vertiefte Kenntnis der Finanzanlage; Manager müssen die neuesten und ausgefallenen Anlagemöglichkeiten kennen. Häufig, bei kom-

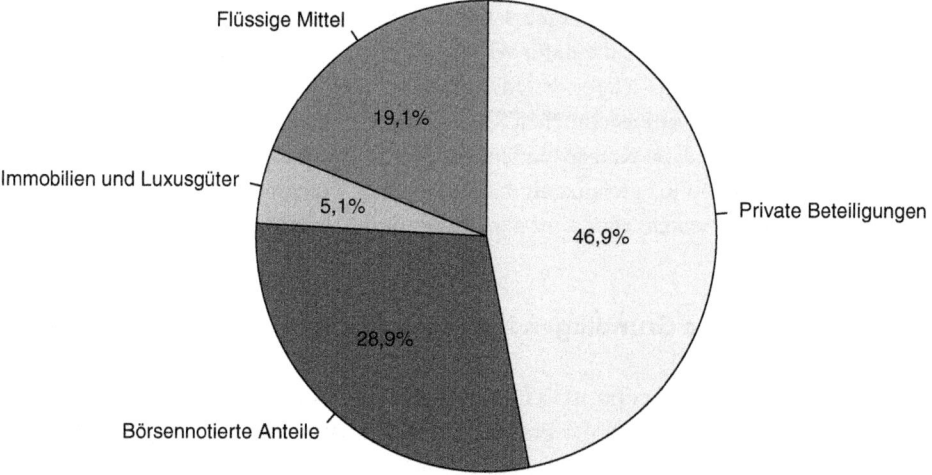

Abb. 8.5 Typische Aufteilung des Ultra-high-Net-Wealth-Vermögens (Quelle: Wealth-X)

Tab. 8.1 Statistik der UHNW, der sehr vermögenden Individuen, für 2014 (Quelle: Wealth-X)

Klasse (Mrd. USD)	Anzahl	Vermögen (Mrd. USD)
Über 50	4	279
25–50	16	539
10–25	88	1333
5–10	169	1137
2–5	732	2198
1–2	1316	1805
Total	2325	7291

plexen Angelegenheiten wie Steuerfragen und rechtlichen Fragestellungen, agieren sie als die Frontseite, hinter der weitere Spezialisten der Bank zusammengezogen werden.

Vermögenswerte wie Sammlerobjekte, Kunst oder Gegenstände, die lange in Familienbesitz waren, bergen auch eine emotionale Seite. Der Kundenbetreuer (Relationship-Manager) des Vermögensverwalters gewinnt intime Einsichten. Deshalb ist das Entwickeln und Aufrechterhalten einer soliden Vertrauensbasis ein sehr wichtiger Aspekt in diesem Geschäftszweig. Es braucht Generalisten mit sehr guten sozialen Fähigkeiten.

Vermögensverwaltung kann ein Mandat auf Basis des freien Ermessens des Managers vorsehen (Discretionary Mandate) oder nach Maßgabe und Bewilligung des Kunden erfolgen. Im ersten Fall händigt der Kunde sein Vermögen der Bank aus, die aufgrund vordefinierter Kriterien oder eines Reglements selbstständig agiert, dabei danach trachtet, das Vermögen zu schützen und zu mehren. Im zweiten Fall macht der Kundenberater Investitionsvorschläge und der Kunde entscheidet selber, was er umsetzen will.

Die Kontaktstelle mit dem Kunden bildet der *Relationship-Manager*, der über eine breite Wissensbasis verfügen muss. Darunter fallen die Produkte und die Dienste, die von der

Bank angeboten werden, aber auch eine detaillierte Kenntnis der finanziellen Verhältnisse des Kunden und der Faktoren, die dafür wichtig sind.

Produktspezialisten entwickeln die Investmentvehikel und entdecken Gelegenheiten für Anlagen. Neben den offensichtlichen Spezialisten für Standardinstrumente finden sich hier die Weinkenner und die Kunstexperten. Die *Investmentmanager* sind diejenigen, welche viele Kundenportfolios gleichzeitig betreuen. Diese enthalten ein breites Universum an komplexen Instrumenten. Hier wird der Ertrag für den Kunden erwirtschaftet.

8.2.3 Theoretische Grundlagen zum Investment

Die moderne Investmenttheorie ist sehr wahrscheinlich die erfolgreichste Übertragung einer akademischen Theorie in die Praxis. Sie wird intensiv von Investment- und Portfolioanalysten gebraucht, auch wenn zugegebenermaßen diese Modelle und Techniken ziemlich komplex und nicht einfach zu beherrschen sind, aber sie sind wirkungsvoll, zusätzliche Erträge zu generieren. Computeranwendungen und schnelle Datenhaltungen ermöglichen es, diese Theorien einfach und schnell umzusetzen. Sie dienen nicht nur der besseren Analyse, sondern helfen neue Produkte zu entwickeln und als Marketingwerkzeuge neue Kunden zu gewinnen. Eine gute Vertiefung bietet Haugen (2001). An dieser Stelle wollen wir nur einen kleinen Einblick geben. Für den mathematisch weniger Interessierten soll hängen bleiben, dass ein ganzer Apparat existiert, um „optimale" Anlagen zu produzieren, und dass dieser intensiv gebraucht wird und sei es nur, um die Anleger zu beeindrucken. Die Kernaussagen findet der Leser am Schluss des Abschnitts.

Die Investmenttheorie geht auf einen Artikel von Harry Markowitz zurück, der 1952 mit dem Titel „Portfolio Selection" publiziert wurde (Markowitz 1952). Er zeigte darin, wie man ein Portfolio konstruiert, sodass seine erwartete Rendite bei gegebenem Risiko maximal respektive dessen Risiko bei gegebener erwarteter Rendite minimal wird. Diese Portfolios bilden die sogenannte Efficient Frontier, wie sie in Abb. 8.6 dargestellt ist. Als Risikomaß verwendete Markowitz die Varianz des Portfolios, die sich aus den einzelnen Varianzen der Portfoliobestandteile und deren Korrelationen ergibt. Das so bestimmte Risikomaß enthält gerade die Risikodiversifikation. Welches Portfolio für den Investor das Beste ist, hängt von seiner Präferenz ab. Etwas formell: Es seien x_j die Anteile des Titels j am Portfolio. Diese summieren sich zu 1. Weiters sind r_j die entsprechenden Renditen. Dann gilt für den Erwartungswert der Rendite des Portfolios p $E(r_p)$ respektive für die Varianz $V(r_p)$:

$$E(r_p) = \sum_{j=1}^{n} x_j \cdot E(r_j),$$

$$V(r_p) = \sum_{j=1}^{n} \sum_{i=1}^{n} x_i \cdot x_j \cdot \rho_{ij} \cdot \sigma_i \cdot \sigma_j,$$

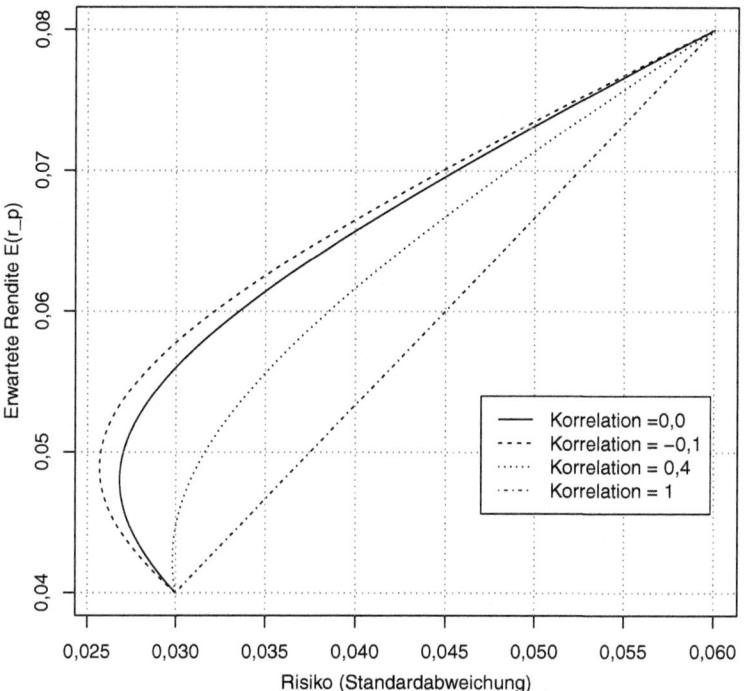

Abb. 8.6 Efficient Frontier zweier Titel mit der Korrelation als Parameter. Bei einer Korrelation von 1 ergibt sich kein positiver Diversifikationseffekt

wobei die sogenannte Standardabweichung $\sigma(r_i) = \sigma_i$ die Wurzel von $V(r_i)$ ist.

Die Portfolioselektion wurde 1963 von William F. Sharpe wesentlich vereinfacht und für große Portfolios praktikabel gemacht. Man nennt diese Modell das Single Index Model. Anstatt in einem Portfolio von n Titeln die rund $n^2/2$ benötigten Werte zu schätzten, geht Sharpe von einem Faktor aus, der die Renditen aller Titel beeinflusst. Formell:

$$r_j = \alpha + \beta_j \cdot r_K + \epsilon_j,$$

mit α einer Konstanten, β der Steigung der linearen Gleichung, r_K der Rendite des Index K und ϵ einem unerklärten Residuum. In Abb. 8.7 sieht man die Regression von Morgan-Stanley-Renditen (tägliche Änderung der Aktienkurse) auf den S&P-500-Index. Dabei ist α sehr gering, β aber rund 1,3. Ist $\beta > 1$, so ist der Titel riskanter als der Index.

Wenn man nun diese lineare Gleichung für r_j für die Varianz und den Erwartungswert verwendet, ergeben sich die folgenden Darstellungen:

$$E(r_p) = \alpha + r_K \cdot \sum_{j=1}^{n} x_j \cdot \beta_j,$$

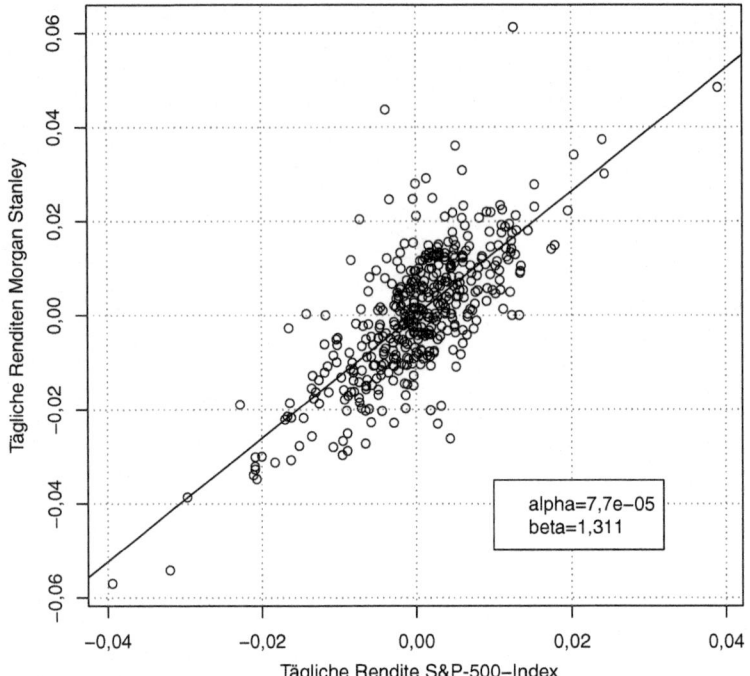

Abb. 8.7 Lineare Regression der täglichen Renditen von Morgan Stanley und dem S&P-500-Index für den Zeitraum von 01.01.2014 bis 31.08.2015

die Renditen der einzelnen Titel sind konstante Anteile der Indexrendite r_K. Das Risiko als Varianz des Portfolios ist:

$$V(r_p) = \left[\sum_{j=1}^{n} x_j \cdot \beta_j \right]^2 \cdot V(r_K) + \sum_{i=1}^{n} x_j^2 \cdot V(\epsilon_j),$$

$$V(r_p) = \beta_p \cdot V(r_K) + V(\epsilon_p).$$

Letzte Formel kann man in die gängige Vorstellung bringen, dass die Portfoliovarianz sich aufspalten lässt gemäß:

Portfoliovarianz = systematisches Risiko + unsystematisches Risiko.

Das unsystematische Risiko hängt von der Einzelunternehmung ab und kann z. B. den ungetreuen Finanzdirektor betreffen. Das unsystematische Risiko verschwindet mit der Diversifikation mittels vieler kleiner Anteile, mit der Anzahl von Portfoliobestandteilen.

Das zu lösende Optimierungsproblem lautet zum einen: Finde die Zusammenstellung $(x_1, x_2, \ldots, x_n)$, welche die Varianz minimiert bei gegebener erwarteter Rendite[2]. Oder

---

[2] Zudem müssen sich die x_i zu 1 addieren und wenn kein Leerverkauf erlaubt ist, müssen alle x_i größer oder gleich null sein.

zum anderen: Finde die Zusammenstellung, welche die erwartete Rendite maximiert bei gegebener Varianz, d. h. Risiko. Diese Aufgabe wird einem Computer übergeben, der mit den spezifischen Algorithmen dieses Problem löst.

Drei Wissenschaftler fragten sich unabhängig voneinander, was passieren würde, wenn alle in optimale Portfolios investierten. Wie würde das Pricing von diesen Effekten beeinflusst? Es gibt ja noch eine risikolose Alternative in der Form einer Staatsobligation, welche die Rendite r_F abwirft. Die Antwort führte zum sogenannten Capital Asset Pricing Model von Lintner (1965), Sharpe (1964) und Mossin (1966). Unter der Annahme, dass keine Friktionen (z. B. Unterschied Soll- und Habenzinsen, Steuern) bestehen und die Portfoliorenditen normalverteilt[3] sind, sollten alle Investoren das Portfolio wählen, das den höchsten Wert von

$$\frac{E(r_p) - r_F}{\sqrt{V(r_p)}},$$

also der Überrendite im Verhältnis zum „Risiko", aufweist. Dieses Portfolio ist das Marktportfolio. Das Modell postuliert also, dass man sein Vermögen in eine Mischung von Marktportfolio und risikofreier Obligation anlegen sollte. Die Punkte rechts vom „Market" (siehe Abb. 8.8) auf der CML sind durch zusätzliche Kreditaufnahme erreichbar. Es gibt verschiedene Erweiterungen des Modells, insbesondere multifaktorielle CAPMs. Bei diesen werden neben dem Markt noch weitere Faktoren einbezogen, z. B. die Branche. Daraus folgt, dass diese Risikoquellen ebenfalls renditemäßig abgegolten werden müssen.

Das CAPM beherrschte 15 Jahre die Welt der Finanzanlagen. 1976 wurde es allerdings stark kritisiert, weil es empirisch unmöglich zu verifizieren ist. Gleichzeitig begann die Entwicklung eines alternativen Modells mit dem Namen Arbitrage Pricing Theory. Dessen Argument behauptet Folgendes: Die Arbitrage verhindert, dass es irgendeinem Investor möglich ist, zusätzlich einen Gewinn zu erzielen, wenn er sein Portfolio umstellt, aber das systematische Risiko unverändert bleibt. Das APT ist ein multifaktorielles, lineares Modell, das ebenfalls unsystematisches Risiko wegdiversifiziert. Die Vorteile dieses Modells sind die wenigen Annahmen und die Tatsache, dass kein theoretisches Marktportfolio konstruiert werden muss.

Die Resultate dieser Modelle sind sehr sensitiv auf die Rendite. Kleine Änderungen dieser Schätzwerte können zu stark variierenden Portfolios führen. Ein weiteres Modell von *Black und Litterman*, von 1990 bis 1992 entwickelt, schätzt die einzugebenden Renditen aus einer mit A-posteriori-Verteilungen korrigierten Gleichgewichtsrendite (Idzorek 2003). Diese Verteilungen können die spezifischen Erwartungen der Benutzer hinsichtlich der Renditen der Titel berücksichtigen. Die Optimierung ist dann auch eine Maximierung von Erwartungswert und Varianz.

Die Allokation von Asset-Klassen wird auch mit obigen Modellen berechnet, indem anstatt Einzeltitel eben Anlageklassen verwendet werden. Aufgrund von Reglementen

---

[3] Normalverteilt heißt, dass die Verteilung der Renditen der Normalverteilung, auch Gauß'sche Verteilung, gehorchen.

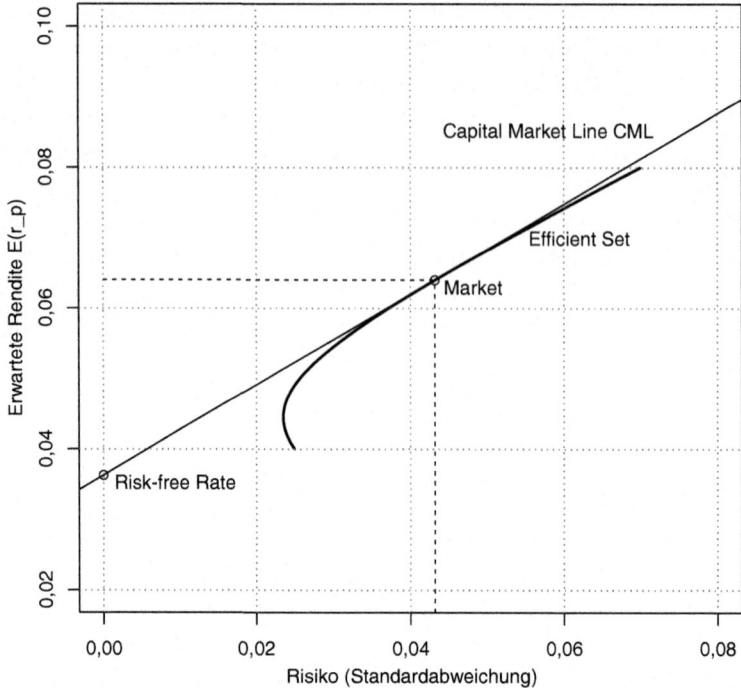

Abb. 8.8 Das Capital Asset Pricing Model mit dem effizienten Satz von Anlagen, dem Marktport-folio als beste Anlage und der CM-Linie als mit Kombination von risikofreier und Marktportfolioin-vestition erreichbare (erwartete) Rendite

oder gesetzlichen Vorgaben (z. B. für Pensionskassen) sind die Gewichtungen der Klassen vorzugeben, sodass eine bedingte Optimierung stattfindet. Solche Restriktionen können z. B. lauten: nicht mehr als 40 % Aktien, aber nicht weniger als 20 %, Obligationen min-destens 40 %, Rohstoffe nicht mehr als 15 % etc. Die Lösung von Optimierungen liegt immer auf dem Rand der Lösungsmenge. In den letzten Jahren wurde der sogenannte Core-Satellite-Ansatz populär, bei welchem der Großteil der Investitionen in traditionelle, häufig passive Kernanlagen fließt und darum herum ein Satellitengürtel mit spezifischen Einzeltiteln, nach Themen oder alternativen Anlagen, getätigt wird.

Insgesamt kann man zusammenfassend festhalten:

- Investieren hat zwei Hauptdimensionen, nämlich Rendite und Risiko,
- das Risiko misst sich am Beitrag zu einem Portfolio und nicht individuell,
- es gibt eine Aufteilung in systematisches und unsystematisches, Letzteres lässt sich wegdiversifizieren und
- Investoren werden nur für systematisches Risiko bezahlt.

Im Jahr 1965 begann aufgrund eines Artikels von Eugene Fama eine Kontroverse bezüglich der sogenannten Markteffizienz. Darin (Fama 1965) wurde das Argument entwickelt, wonach Tausende gut informierter Investoren nach „fehlgepreisten" Titeln suchen. Sobald welche gefunden sind, handeln sie augenblicklich, um einen Vorteil zu verdienen. Dabei beeinflussen sie den Preis derart, dass keine Fehlstellung mehr bleibt. Die Preise reflektieren zu jedem Zeitpunkt die kollektive Information der Investoren. Wenn diese Preisinformation schnell in die Effektenpreise einfließt, so wird es unmöglich, durch irgendeine Art von Titelanalyse einen Vorsprung zu erzielen. Diese Behauptung provozierte eine Lawine an Studien, die anfänglich eher das Argument zu stützen schienen. Die Konsequenz ist offensichtlich, wird doch ein ganzer Berufsstand und dessen Gebühren infrage gestellt. Gemäß Fama gibt es drei Formen von Markteffizienz:

Schwache Markteffizienz In den Effektenpreisen ist die *bisherige* Historie oder sind typische Erscheinungen, wie etwa saisonale Effekte, enthalten.

Semistarke Effizienz Alle *öffentlich verfügbare* Information ist im Preis reflektiert. Die Analyse dieser Informationen kann zu keinem systematischen Gewinn führen und ist damit nutzlos. Insider können aber profitieren.

Starke Effizienz *Alle* Information, also auch private, von Insidern, ist im Preis enthalten. Analyse ist reine Zeitverschwendung.

Diese Hypothese unterstellt nicht, dass alle restlos informiert sind. Es genügt, dass die sogenannten marginalen Händler die Information besitzen. Denn Preise werden nicht im Konsens aller gebildet.

Die Frage nach der Effizienz der Marktpreise hat einige sehr praktische Implikationen. Zum einen für die Investmentanalysten, die je nach Hypothese unterschiedliche Methoden anwenden müssen respektive bei Annahme der starken Markteffizienz ihre Stelle verlieren. Für den Finanzdirektor gibt es möglicherweise keine unterbewerteten Aktien, sodass ein Aktienrückkaufprogramm sinnlos ist oder die Ausstattung von Obligationen mit Zusatzrechten keinen echten Vorteil bringt. Die Empirie sagt, dass weder die Analysten noch die Finanzverantwortlichen sich so verhalten, als ob die starke oder sogar die semistarke Effizienz gelten würde. Eine starke Effizienz würde auch implizieren, dass sich die Preise aufgrund neuer Information sprunghaft anpassen und die Preisänderungen sich rein zufällig ändern würden und keine serielle Korrelation aufwiesen.

Zur Investmenttheorie gehört auch die Beantwortung der Frage, wie sich Optionen vernünftig bepreisen lassen. Eine Option ist ein einseitiges Recht, einen Titel (Underlying) zu kaufen (Call-Option) oder zu verkaufen (Put-Option). Bei geschickter Kombination von Kauf-, Verkaufsoption und dem Titel selbst resultiert eine sichere Anlage, die den risikofreien Zins erwirtschaftet. Diese Relation heißt Put-Call Parity. Die folgende Gleichung bedeutet: Ein Kauf einer Aktien mit einem gekauften Put und einem verkauften Call entspricht dem Halten eines Bonds:

$$\overset{\swarrow}{A} + \overset{\swarrow}{P} + \overset{\nearrow}{C} = \overset{\swarrow}{B}.$$

Nimmt man an, dass der Preis des Underlying einem gewissen Zufallsprozess folgt, so resultiert – bei geschickter Wahl der Menge an Optionen – ein Portfolio, dessen Wertänderung einer sogenannten partiellen Differenzialgleichung gehorcht, die zusammen mit den entsprechenden Anfangswerten eine bekannte Lösung besitzt. In unserem Fall ist es die *Black-Scholes-Formel*, die 1973 publiziert wurde (Black und Scholes 1973).

Diese Formel, die einfach zu programmieren ist, wurde extrem populär. Bald wurden Hekatomben von spezifischen Anpassungen (Dividende, Steuern, nichtkontinuierliche Preise etc.) entwickelt und Verbesserungen erarbeitet. Die Anwendung erfasste auch Zinsen, Zinsprodukte und Fremdwährungen als Underlyings sowie alle Arten von Optionalität. Es gibt Optionen auf Forwards und Optionen selbst, auf Swaps etc. Eine große Schwäche ist die Volatilität, die empirisch nicht mit der vom Modell implizierten übereinstimmt (Volatility Smile). Zinsprodukte lassen sich auch nicht gut abbilden; deshalb entwickelte man Zinsstrukturmodelle, die für den Handel von Zinsprodukten essenziell sind. Als zentraler Baustein für derivative Finanzinstrumente war die Formel ein echter Durchbruch und der Auslöser einer riesigen Entwicklung, die das Berufsbild der Quants im Umfeld des Handels schuf.

8.2.4   Alternative Investments

Alternativ impliziert zwei Gruppen: die traditionellen Anlagen und die anderen, nichttraditionellen. Ursprünglich investierten die Institutionellen ausschließlich in Schuldverschreibungen, bis sie in den Fünfzigerjahren auch in Aktien anlegten. Somit bilden die alternativen Anlagen ein viel bunteres und heterogenes Universum mit Anlageklassen wie Rohstoffen, Währungen, Immobilien, Derivate und anderen Wertgegenständen, die man als Anlageklasse verstehen kann. Wir haben die als alternativ geltenden Fonds schon in Abschn. 8.2.1 aufgezählt.

Im Weiteren gehen wir exemplarisch auf drei alternative Anlageklassen ein.

8.2.4.1   Hedgefonds
Im Jahr 1948 setzte Alfred W. Jones aus einer spontanen Idee heraus ein kleines Investmentvehikel auf, indem er mit eigenem und fremdem Geld in bestimmte Aktien investierte und gleichzeitig andere Aktien zur Absicherung leer verkaufte. Zudem nahm er noch Geld auf, indem er die bestehenden Aktien verpfändete. Damit erzeugte er eine Hebelwirkung (*Leverage*). Diese Konstellation ist heute noch eine der am weitesten verbreitete Hedgefondsstrategie, die den Namen Long/Short trägt. Dieses Geschäftsmodell wurde erst

um 1966 als spezifisches Investmentvehikel wahrgenommen mit rund 140 entsprechenden Fonds.

In das erweiterte Bewusstsein der Investoren gelangten die Hedgefonds 1986 mit der astronomischen Rendite des von Julian Robertson verwalteten Tiger Fund. Nun verwendeten die Hedgefunds die in den vorhergegangenen Jahren entwickelten Derivate, besonders Futures und Optionen. Besagter Fonds schloss im Jahr 2000 für externes Geld nach einer schlechten Wette auf den japanischen Yen. Berühmtester Fall ist der von LTCM. Er wurde bereits in Abschn. 1.3.4 beschrieben. Durch Zinsarbitragegeschäfte in riesigem Ausmaß, gestört durch die Asienkrise, wurde das gesamte Finanzsystem gefährdet. Insgesamt gilt der Erfolgsausweis dieser Industrie als gemischt: einige spektakuläre Gewinne in allgemein schlechtem Renditeumfeld, einige riesige Verluste und einige, und nicht wenige, hyperreiche Fondsmanager (siehe Tab. 9.7).

Die von den Hedgefonds verfolgten Strategien lassen sich in drei große Kategorien einteilen, nämlich:

- Arbitrage (auch Relative Value),
- Event-driven und
- Directional oder Tactical.

In der Tab. 8.2 ist eine detaillierte Taxonomie zu finden, die von Lipper, einem Informationsdienst für Fonds, zusammengestellt wurde.

Arbitrage oder Relative Value
Arbitrage ist das Ausnutzen von Preisunterschieden zwischen zwei Märkten für dasselbe Wertpapier oder zwischen einem Wertpapier und einer Replikation, z. B. mittels Derivate. Kleine Preisunterschiede können zwischen zwei verschiedenen Börsen entstehen (*Exchange Arbitrage*). Derivate und elektronische Börsen mit entsprechender Software sind die Voraussetzungen. Reine Arbitrage würde implizieren, dass keine Risiken bestehen; anderseits lassen solche ineffizienten Märkte nur geringe Gewinne zu.

Der realistische Fall ist die Spekulation auf geringe Unterschiede zwischen zwei Investments, deren Preisunterschiede man ausnutzen möchte. Beispielsweise versucht die Convertible Arbitrage eine Abweichung zwischen einer Optionsanleihe, zerlegt als Anleihe plus Aktienoption mit Leerverkauf von Aktien, zu konstruieren. Deshalb auch der bessere Name Relative Value. Arbitrage ist nicht risikofrei, denn die unterstellten Zusammenhänge können sich ändern und der meist große Hebel kann sich gegen den Investor wenden. Beredtes Beispiel ist LTCM.

Event-driven
Eine Event-driven-Strategie versucht spezielle, häufig einmalige Ereignisse gewinnbringend auszunutzen. Ereignisse können sein: Ankündigung einer Fusion, einer Akquisition, eines Joint Ventures, eines Spin-offs, der Insolvenz usw. Beispielsweise bei einer Übernahmeankündigung wird ein Preis oder ein Tauschverhältnis genannt, deren Realisierung

Tab. 8.2 Klassifizierung der Hegdefundsstrategien nach Lipper (Quelle: Thomson Reuters)

Strategy Type	LGC Category	Sub-strategies
Relative Value Strategies	Convertible Arbitrage	
	Equity Market Neutral	Statistical Arbitrage Fundamental Arbitrage
	Fixed Income Arbitrage	Swap-spread Arbitrage Yield Curve Arbitrage Volatility Arbitrage Capital Structure Arbitrage
	Options Arbitrage/Strategies	
Directional Strategies	Dedicated Short Bias	
	Emerging Markets	
	Global Macro	
	Long Bias	
	Long/Short Equity	
	Managed Futures/CTAs	Systematic Trend-following Discretionary
Event-driven Strategies	Event-driven	Event-driven Distressed Securities Event-driven Risk Arbitrage (Merger Arbitrage) Event-driven Multi-Strategy
Credit	Credit Focus	Asset- and Mortgage-backed, Structured Securities High Yield Long/Short Credit Long Bias Credit Arbitrage Stressed/Distressed Private Placement Asset-based Lending Credit Multi-Strategy
Mixed and Other Strategies	Multi-strategies	
	Other Hedge	

von der Marktmeinung abhängt: Kommt die Übernahme zustande, wird der Preis nachgebessert? Im Vorfeld geht der Aktienpreis der Zielunternehmung hoch, wogegen der Wert des Raiders häufig abnimmt. Kommt der Kauf nicht zustande, fällt der Wert der Zielunternehmung und der Wert des Raiders steigt vor Erleichterung. Wichtig ist die Einschätzung der Dynamik, der Wahrscheinlichkeiten und der Wertänderungen.

Im Fall eines drohenden oder tatsächlichen Konkurses werden die Obligationen der Unternehmung *Not leidend* (*Distressed Securities*) und das Rating verschlechtert sich und fällt unter die Investment-Grade-Marke. Aufgrund von Reglementen oder aus gesetzlichen Maßgaben müssen gewisse Institutionelle, wie Pensionskassen, diese Wertpapiere schnell abstoßen. Dadurch entsteht eine Verbilligung der Papiere, die durch längeres Ausharren und Teilnahme an der Restrukturierung oder dem Konkursverfahren zu höheren Rückflüssen führen. Die Dauer zwischen der Insolvenz und der Auszahlung einer Nachlassdividende kann schon mal zehn Jahre und länger dauern. Mit Not leidenden Effekten lassen sich auch entsprechende Fonds speisen.

Die von dem unten beschriebenen Aktivisten verfolgte Strategie der Einflussnahme wird auch zu den Event-driven-Strategien gezählt.

Directional oder Tactical
Die Vielzahl der Hedgefonds verfolgt eine „direktionale" und taktische Strategie. Dabei entscheidet sich der Fonds, eine bestimmte Richtung einzuschlagen, d. h. sich zu überlegen, wo Gewinne zu erzielen sind und entsprechende Investitionen zu tätigen. Wir wollen vier Strategien näher erläutern.

Global Macro Es handelt sich hier um eine makroökonomische Spekulation, die auf Währungen, Zinsen, Rohstoffe, aber auch die Bonität von Staaten und ihre Schuldverschreibungen abzielt. Ein wohlbekannter Vertreter ist der Quantum Fund von George Soros, der immer wieder im großen Stil Institutionen attackiert. Im Jahr 1992 sprengte er die Währungsschlange des Europäischen Währungssystems (EWS), die als Schritt zum Euro gedacht war, indem er Großbritannien zwang, den Währungskorridor aufzugeben. Die Spekulanten waren der Meinung, das britische Pfund sei überbewertet und müsse abgewertet werden. Quantum und andere setzten daher große Geldsummen zur Schwächung des Pfunds ein. Die britische Zentralbank versuchte vergeblich, mit Stützungskäufen und Zinserhöhungen zu intervenieren. Das Pfund verlor auch prompt rund 15 % zur D-Mark und 25 % auf den USD. Die ganze Staatsschuldenkrise im Nachgang zur Subprimekrise wurde auch von entsprechenden Fonds ventiliert, wobei die Staaten anfänglich in den Modus der offensichtlichen Verneinung und Entrüstung verfielen.

Long/Short Dies ist die initiale Strategie von Jones: Kauf von Titeln (Long Positions) und gleichzeitiger Verkauf anderer Titel (Short Sales), wobei der Verkaufserlös wiederum investiert wird. Beispielsweise ordnet der Investmentmanager die Titel eines Index nach der erwarteten Rendite, kauft dann die besten 65 % und verkauft die restlichen leer. Der Gewinn stellt sich mit der Fähigkeit ein, diese Ordnung richtig zu erstellen. Vor rund zehn Jahren wurden die sogenannten 130/30-Fonds populär. Dabei verkauft man Aktien im Wert von 30 % leer und reinvestiert die Erlöse, sodass 130 % resultieren (siehe Abb. 8.9). Man kann auch in die Aussichtsreichsten eines Index investieren und gleichzeitig entsprechende Indexfutures verkaufen und damit die Investition zum Teil absichern.

Market Neutral Diese Strategie versucht, den Markt und dessen generische Preisfluktuation, oder zumindest gemeinsame Einflussfaktoren, zu neutralisieren. Beispielsweise kauft man General-Motors-Aktien und verkauft Ford-Aktien leer. Modellmäßig würde man annehmen, dass die Faktoren, die auf Autobauer einwirken, ausgeschaltet sind. Es bleibt nur noch die Spekulation, dass erstere Unternehmung besser abschneiden wird als die zweite, auch wenn der Markt zusammenbrechen sollte. Damit machte man genau das Gegenteil dessen, was man den unbedarften Anlegern rät, nämlich zu diversifizieren. Man

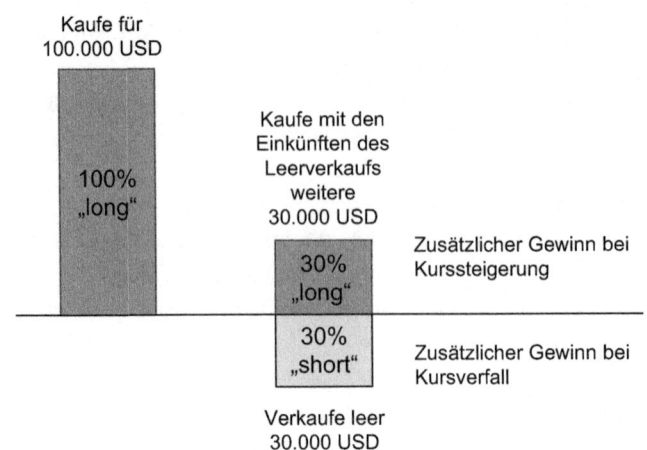

Abb. 8.9 Schematische Darstellung der Long/Short-Strategie. Mit dem Leerverkauf im Umfang von 30 % wird noch zusätzlich investiert. Gezeigt ist der typische Fall von 130/30

erkennt unschwer, wieso ein Hedgefonds Gewinne auch in einer Baisse erzielen könnten. Diese Qualität wird den Hedgefonds gerade zugesprochen.

Dedicated Short Dies ist die typische Strategie der Bären, nämlich mittels Leerverkauf von als überbewertet betrachteten Titeln auf deren Kursrückgang zu spekulieren. Diese Strategie ist natürlich äußerst riskant; denn die Titel könnten, theoretisch zumindest, beliebig steigen und die Verluste dementsprechend erhöhen. Die erforderliche Fähigkeit, solche Fonds erfolgreich zu führen, ist vor allem in der Fundamentalanalyse verortet, die Aufschluss über nicht bemerkte Probleme geben muss.

Aktivisten
Aktivisten versuchen mit ihren substanziellen Käufen von Aktien Einfluss auf die Firmenstrategie oder die Finanzstruktur zu nehmen. Ihr pekuniäres Ziel ist die Renditesteigerung ihrer Investments. Ihre typischen Forderungen gehen in vier Richtungen, nämlich.

1. Firmenverkauf,
2. Einsitz im Verwaltungsrat (Board of Directors),
3. Aktiensplit und
4. Aktienrückkauf.

Das *Wall Street Journal* hat am 05.10.2015 eine Studie publiziert, aus der hervorgeht, dass die Aktivistenforderung nach Verkauf in 7 von 14 Fällen und die Einsitznahme in 48 von 54 Fällen erfolgte, Splits in 16 von 26 und Aktienrückkäufe in 21 von 25 Fällen erfolgreich waren. Insgesamt setzen sich die großen Aktivisten ziemlich deutlich durch, nämlich in rund 77 % der gewünschten Anträge.

Fund	Person
Carl Icahn	Carl Icahn
Southeastern	Mason Hawkins
ValueAct	Jeffrey Ubben
Pershing Square	William Ackman
Jana Partners	Barry Rosenstein
Third Point	Daniel Loeb
Trian	Nelson Peltz
Corvex Management	Keith Meister

Tab. 8.3 Aktivisten-hedgefunds mit mehr als 5 Mrd. USD Vermögen, 2015 (Quellen: diverse). Bei diesen Fonds sind immer charismatische Großaktionäre involviert, welche die nötige öffentliche Aufmerksamkeit erzeugen können

Wie man der Tab. 8.3 entnehmen kann, stehen hohe investierbare Vermögen zur Verfügung. Bei den Zielunternehmungen handelt es sich um sehr große und bedeutende und zum Teil alteingesessene Unternehmungen, wie beispielsweise Dow Chemical, Dupont, Apple, Procter & Gamble, Hewlett-Packard, Microsoft, Adobe, Bank New York Mellon, PepsiCo. Bei diesen Unternehmungen ist man mit ein paar wenigen Prozenten der Aktien ein bedeutender Aktionär. Eine versuchte Einflussnahme ist natürlich eine direkte Kritik an der Unternehmensführung, sodass die Reaktionen häufig sehr negativ sind. Die Aktivisten zielen auf den Shareholder Value, der von den Unternehmensführungen zugunsten von Eigeninteressen vernachlässigt oder durch Unfähigkeit verschwendet wird. In der letzten Zeit sind die Aktivisten weniger aggressiv geworden, sodass ihr Erfolg gestiegen ist.

Die Frage, ob Aktivisten eine nützliche volkswirtschaftliche Aufgabe, d. h. eine effizientere Allokation von Mitteln, befördern, ist nicht eindeutig erhärtet.

Eine andere Art Aktivist ist der sogenannte Activist Short Seller. Dieser sucht akribisch nach Unternehmungen, deren Aktien massiv überbewertet sind und die vom Analystenmainstream nicht als solche erkannt werden. Deren Überbewertung geht aus möglichen Falschdarstellungen der Finanzen oder unplausiblen Umsätzen, ja auch aus Betrug, hervor. Der Aktivist publiziert massiv negative Empfehlungen in seinen Newsletters oder Mitteilungen. Berühmtes Beispiel ist Andrew Left von Citron Research, der in 2015 sich auf das kanadische Pharmaunternehmen Valeant eingeschossen hat und mit seinem Bericht den Aktienkurs um -18 % senkte. Solche Aussagen müssen schon gut fundiert sein, weil schnell eine Klage drohen kann.

Folgerichtig brauchen Zielunternehmungen Beratung im Umgang mit solchen Aktivisten. Nicht erstaunlich verfügen Investmentbanken über Spezialisten, die in Organisationseinheiten mit dem Namen Activism Defense and Shareholder Advisory Group im Investmentbanking wie etwa bei Goldman Sachs arbeiten. Auch Boutiquen wie Evercore bieten entsprechende Dienste an. Die thematische Nähe zur Übernahmeabwehr ist offensichtlich.

8.2.4.2   Wein und Kunst
Etwas exotischere alternative Investments sind Kunst und Wein. Beide weisen Unterhaltskosten, Versicherung und Lagerung auf, werfen aber keine Erträge über die Wertsteigerung hinaus ab.

Wein kann natürlich konsumiert werden, womit die Ressource verschwindet. Die Qualität ist bei beiden subjektiv. Aber bei Weinen begann man unter der Herrschaft von Napoleon III Bordeaux-Weine zu klassifizieren. Wie bei jedem nichtpreiseffizienten Markt zieht der Käufer oder Investor sachkundige Experten hinzu. Robert Parker neben Institutionen wie Gault-Millau hat ein weitherum anerkanntes Punktesystem für Weine eingeführt, das ständig aufdatiert wird. Weinkauf ist ein Termingeschäft, weil er lange vor der Reife und der Auslieferung bezahlt werden muss. Damit gehen die Käufer ein Risiko ein. Weine sind nicht fälschungssicher, vor allem wenn man die Flaschen nicht öffnet. 1985 wurde zum Beispiel eine Flasche Château Lafite von 1784 mit den gravierten Initialen vom dritten US-Präsidenten Thomas Jefferson für über 150.000 USD versteigert. Danach sollte ein Gericht die Echtheit bestätigen.

Ein anonymer Käufer bezahlte beim Auktionshaus Christie's am 11.05.2015 179,4 Mio. USD für das Bild „Les femmes d'Alger" von Pablo Picasso. Der Preis übertraf die Bewertung des Auktionators beinahe um 40 Mio. USD. Beim letzten Verkauf des Bildes im Jahr 1997 löste es 31,9 Mio. USD. Diese Steigerung entspricht ziemlich genau einer jährlichen Rendite von 10 %. Hinzu kommt noch das Privileg, das Bild während 18 Jahren betrachtet und sich daran erfreut zu haben.

Beide Märkte sind wenig liquide. Wein- und Kunstfonds kaufen physisch die entsprechenden Basiswerte, die mit den Einlagen der Investoren finanziert werden, und erzeugen Erträge, indem sie auch wieder Bestände verkaufen. Das Management obliegt einer Mischung von Sachexperten und professionellen Anlageberatern. Häufig sind die Betreiber ebenfalls materiell in den Fonds investiert. Sie verlangen die typischen 1–3 % Basis auf den Inventarwert plus 20 % des Profits als Gewinnbeteiligung. Die eine Hauptschwäche solcher Fonds ist die regelmäßige Bewertung der Bestände. Zum einen werden die Preise von Auktionen herangezogen, zum anderen verweist man auf neutrale Indizes. Die andere Schwäche, besonders bei Open-end-Fonds, ist der behinderte Rückzug von Anlagegeldern. Das Hauptargument für solche Fonds sind die geringe Korrelation mit anderen Märkten und die geringe Sensitivität der Inflation gegenüber. Investoren sollten deshalb wohlhabende Private oder Institute sein, die überschüssige Liquidität für längere Zeit parken können.

Weinfonds, wie der „Nobles Crus" halten Spitzenweine wie Château Latour, Romanée-Conti, Château Cheval Blanc, Petrus, Ausone, Barolo und Vega Sicilia, gekauft von Weinhändlern, Restaurateuren und Privatsammlungen. Die über 63.000 Flaschen lagern in einem speziellen Keller des Genfer Freilagers.

Kunst wurde schon seit Langem im Kollektiv gesammelt, nämlich von Klubs oder Gesellschaften. Echte Kunstfonds gibt es aber erst seit 1974, als der British Rail Pension Fund, Pensionskasse der Eisenbahner, für sechs Jahre über 2500 Kunstwerke kaufte. Sehr bekannt ist der The Fine Art Fund von Phillip Hoffman, einem früheren Direktor des Auktionshauses Christie's. Die Investition ist angebotsseitig beschränkt, da meist nicht genügend Kunstgegenstände auf dem Markt sind, um qualitativ und nach Investitionsphilosophie zu investieren. Somit ist die Frage, ob Kunst eine Anlageklasse bildet noch nicht abschließend beantwortet.

8.3 Project and Trade Finance – Projekt- und Handelsfinanzierung

Projekt- und Handelsfinanzierung gehören seit jeher zusammen, machen sie doch den Großteil des traditionellen Merchant Banking aus. Physisch gibt es bei den Rohstoffen eine Verknüpfung, weil zuerst eine Ressource in einem Projekt entwickelt werden muss, z. B. ein Ölfeld, und dann in der Produktion zu finanzierten Handelsströmen führt. Bei größeren Unternehmungen kommt es zu einer Überlagerung von Exploration sowie Entwicklung und Produktion.

Der Begriff Merchant Banking ist sehr unscharf konturiert. Entstanden ist er aus den Handelshäusern, die ihre Geschäfte mittels Kredite und Forfaitierung von Wechseln und anderen kurzfristigen Wertpapieren finanzierten sowie das Währungsgeschäft betrieben. In Großbritannien war der Begriff synonym mit dem Investmentbanking, in den USA versteht man auch das Beteiligungsgeschäft, Private Equity, darunter. Aber es gibt auch die Sicht, wonach die Haupttätigkeiten die Folgenden sind:

- Projektberatung,
- Organisieren von Konsortialkrediten,
- Hilfe beim Platzieren von Wertschriften,
- Beratung für Wagnisinvestitionen (Venture Capital, Private Equity),
- Handelsfinanzierung (Trade Finance).

Zusammenfassend handelt es sich v. a. um Kommissionsgeschäft; die Finanzierung ist ein typisches Kommerzbankgeschäft. Da heute die Investmentbanken ja zum größten Teil in Universalbanken eingebettet sind – man sieht das an den Divisionen CIB (Corporate and Investment Banking) –, kann man kaum feststellen, ob diese Geschäftstätigkeiten zur idealen Investmentbank gehören. Ein Indikator kann die Tatsache sein, ob die zwei „reinsten" Vertreter, d. h. Goldman Sachs und Morgan Stanley, in den entsprechenden League Tables weit oben erscheinen. Dies ist nicht der Fall.

8.3.1 Projektfinanzierung

Projekte sind bedeutende mittel- bis langfristige Investitionsvorhaben, welche die aufgenommenen Kredite zur Realisierung ihres Zwecks alleine aus ihren erwirtschafteten Erträgen zurückführen müssen.[4] Typischerweise handelt es sich um Vorhaben rund um die Energieerzeugung, Transport, Öl und Gas, Freizeitanlagen, Minen, Telekommunikation etc. In Tab. 8.4 findet sich eine Aufstellung des Investitionsvolumens nach Sektoren. Energieerzeugung ist bei Weitem der gewichtigste Sektor, gefolgt von Transport und Öl und

---

[4] Es wird auch behauptet, dass Projektfinanzierung nicht die Finanzierung *des* Projekts, d. h. die Struktur der Passivseite einer Zweckgesellschaft, betrifft, sondern die Finanzierung *durch* das Projekt meint.

Tab. 8.4 Globale Projektfinanzierung: Darlehensvolumen in Mrd. USD für das Jahr 2016 nach Sektoren (Quelle: Project Finance International)

Rang	Sektor	Volumen
1	Power	110,9
2	Oil and Gas	44,3
3	Transportation	43,3
4	Petrochemicals	14,5
5	Leisure and Property	7,7
6	Industry	6,6
7	Mining	4,1
8	Water and Sewerage	3,4
9	Telecommunications	0,9
10	Waste and Recycling	0,9
	Total	236,5

Gas. Die Errichtung und der Erhalt von Infrastruktur sind eine wichtige Voraussetzung für die wirtschaftliche Prosperität eines Landes. Deshalb finden sich viele Projekte in Schwellenländern, in denen der Staat auch zusammen mit privaten Investoren entsprechende Vorhaben realisiert.

Meist ist das Projekt als rechtlich und wirtschaftlich unabhängige Zweckgesellschaft (*Special Purpose Company*) gegründet, der Aktionäre, hier Sponsoren oder Projektträger genannt, das Eigenkapital zuführen, während die Zweckgesellschaft sich selber fremdfinanziert. Dazu wird das ganze Arsenal an Finanzierungsinstrumenten in Anspruch genommen.

Zur Begründung, wieso es Projektfinanzierung gibt, kann Abb. 8.10 herangezogen werden. In den Siebzigerjahren begann man die Öl- und Gasfelder der Nordsee zu erschließen, die enorme Investitionen bedingten. Will eine Unternehmung selber ein Projekt ausführen, so muss sie nach Maßgabe des Investitionsvolumens erhebliche Darlehen aufnehmen,

Abb. 8.10 Projekte als Zweckgesellschaften anstatt auf der Bilanz von Unternehmungen. Staaten haben häufig keine Doppik, sondern eine kameralistische Rechnung, d. h. den Schulden stehen keine Aktiven gegenüber

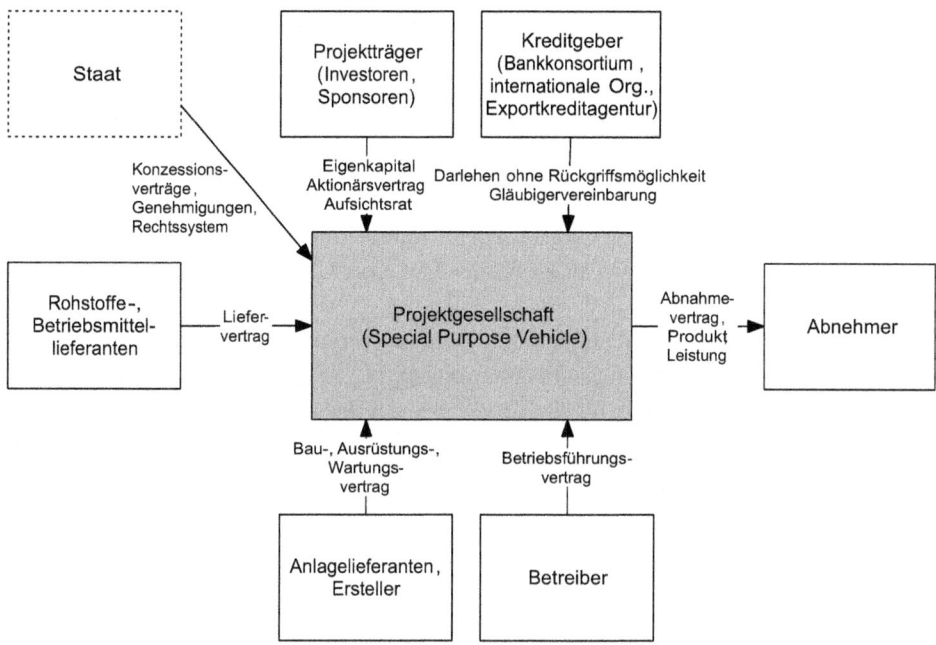

Abb. 8.11 Struktur und Beteiligte um eine Projektgesellschaft

die die Bilanz erweitern. Für sie steht das gesamte Vermögen der Firma als Sicherheit zur Verfügung. Die aus dem Projekt fließenden Zahlungen sind nicht an das Projektdarlehen gebunden. Die Firmeneigner wollen möglicherweise diese Risiken nicht eingehen (Underinvestment), weil sie das Risikoprofil substanziell verändern.

Eine Zweckgesellschaft, die alleine auf die Rückflüsse aus dem Betrieb des projektierten Werks abstützt, kann viel genauer die einzelnen Risiken auf die Beteiligten übertragen, den Rückgriff auf das Vermögen des Sponsors im Konkursfall ausschließen oder beschränken (Limited Recourse), durch mehrere, wenn auch nicht viele Eigner eine Wirkung auf die Bilanz gering halten und eine höhere Rendite mittels Hebelwirkung erwarten und gleichzeitig geschuldete Zinsen von den Steuern absetzen lassen (Abb. 8.10). Die Eigenkapitalquote liegt beinahe nie über 40 %, bei Social Infrastructure sogar eher um 10 %.

Abb. 8.11 zeigt die Struktur und die Beteiligten. Am Anfang muss ein Werk erstellt werden, bevor dieses dann in der produktiven Phase die Auslagen zurückführt. Die Beteiligten und ihre Rollen sind die Folgenden:

Sponsor, Projektträger Er ist der Eigenkapitalgeber, als Einzelner oder als Teil eines Konsortiums. Tochtergesellschaften der Sponsoren können auch Subunternehmer, Lieferant oder Abnehmer sein. Bei sogenannten Public-Private-Partnership-Projekten, kurz PPP, wo eine Partnerschaft zwischen Staat und Privaten eingegangen wird, sind Staaten häufig auch Eigner.

Kreditgeber Es handelt sich meist um (1) Konsortien von Kommerzbanken, (2) multi-laterale Agenturen (z. B. Entwicklungsbanken, International Developmental Finance Institutions), (3) Exportkreditagenturen (staatliche Exportfinanzierer oder Exportkreditver-sicherer) und (4) Obligationäre (*Bond Holders*). Auch können (5) die Sponsoren mit nachrangigen Darlehen dazukommen. Und (6) gibt es auch Fonds, die in Infrastruktur investieren. Die Darlehen sind mit den Aktiven der Projektgesellschaft besichert. Hinzu kommen Schutzklauseln (Covenants) in den Kreditverträgen. Zusätzlich werden meist auch Eintrittsrechte (Step-in) vereinbart für den Fall einer Überschuldung.

Lieferant Lieferanten sind vor allem in Projekten um Verarbeiter wichtig. Mit ihnen geht die Zweckgesellschaft langfristige Abnahmeverträge mit festen Preisen und Mengen ein. Da dies ein erheblicher Faktor für die Cashflows sein kann, sollten Lieferverträge und Abnahmeverträge abgestimmt sein.

Abnehmer Die Abnehmer müssen sich verpflichten, über längere Zeiträume bestimmte Mengen zu vorgegebenen Preisen abzunehmen. Denn die grundlegenden Cashflows bestimmen sich ja als Umsatz minus Ausgaben. In der Elektrizitätswirtschaft spricht man von Power Purchase Agreements (PPA), ohne das kein entsprechendes Projekt finanziert wird. Der Staat kann auch gewisse Preise garantieren. In Großbritannien sollte für das zu bauende Atomkraftwerk „Hinkley Point C" der Strompreis für 35 Jahre einen indexierten Preis von 92,50 GBP/MWh, das Doppelte des aktuellen Marktpreises, kosten.

Ersteller Ein Generalunternehmer, der sich verpflichtet, die Anlage oder das Werk schlüsselfertig, in der Regel zu einem Festpreis und zu einem mit Konventionalstrafen belegten Termin, zu liefern. Hierzu erbringt er alle notwendigen Leistungen, insbesondere die gesamte Ingenieurleistung, die Beschaffung oder Fertigung aller notwendigen Materialien und Teile, die Montage und die Inbetriebnahme (Engineering, Procurement and Construction, EPC).

Betreiber Der Betreiber ist mittels eines sogenannten Operations-and-Maintenance-Vertrags (O&M, Betriebsführungsvertrag) beauftragt, die Projektgesellschaft zu führen. Betreiber und Ersteller können auch identisch sein.

Staat Der Staat, hier meist der Staat, auf dessen Territorium das Projekt errichtet wird, kann mehrere Rollen spielen. Zum einen kann er Konzessionen sprechen, z. B. Schürfrechte oder Bandbreiten des elektromagnetischen Spektrums. Zum anderen kann er als öffentlicher Beschaffer entweder selber oder mit Beteiligung von Privaten das Projekt „sponsern" oder drittens einer privaten Projektgesellschaft mit Garantien die Wirtschaftlichkeit sichern.

Die Kreditgeber gemäß Tab. 8.5 sind vor allem Banken aus Asien, darunter staatsnahe Institute. Die meisten großen Projekte finden in den Schwellenländern Asiens statt. In

Tab. 8.5 Globale Projektfinanzierung: Darlehensvolumen in Mio. USD für das Jahr 2016 nach Arranger (Quelle: Project Finance International)

Rang	Lead Arranger	Volumen	Anzahl
1	Mitsubishi UFJ	14,5	152
2	China Development Bank	13,2	3
3	SMBC	11,4	112
4	Mizuho Financial	7,7	65
5	Crédit Agricole	7,4	79
6	Société Générale	6,1	68
7	BNP Parisbas	6,1	65
8	ING	5,8	66
9	State Bank of India	5,3	12
10	Natixis	4,5	58
	Total	236,5	770

Tab. 8.6 Exemplarische syndizierte Großprojekte im Jahr 2011, alphabetische Aufzählung der Banken

Barzan Gas Plant (Katar)	Nord Stream Phase 2
Al Khaliji Commercial Bank	Bankia
ANZ	Barclays Capital
Arab Petroleum Investment	Bayern LB
Bank of America Merrill Lynch	BBVA
Barclays Capital	BNP Paribas
Barwa Bank	Citigroup
Citigroup	Commerzbank
Commercial Bank of Qatar	Credit Agricole
DnB NOR Bank	ING
Doha Bank	Intesa SanPaolo
HSBC	KfW Bankengruppe
International Bank of Qatar	Mediobanca
JBIC	Mitsubishi UFJ
J. P. Morgan	Mizuho Financial
KEXIM	Natixis
KfW Bankengruppe	RBS
Masraf Al Rayan	SMBC
Mitsubishi UFJ	Société Générale
Mizuho Financial	UniCredit
National Bank of Abu Dhabi	WestLB
Qatar Islamic Bank	
Qatar National Bank	
RBS	
Riyadh Bank	
Siemens Bank	
SMBC	
Standard Chartered	
Union National Bank of UAE	

Tab. 8.7 Multilaterales Exposure der International Developmental Finance Institutions (IDFI) in der Projektfinanzierung in Mio. USD für das Jahr 2011 (Quelle: Project Finance International)

Rang	Institution	Land	Darlehen	Garantie	Exposure
1	JBIC/Nexi/DBJ	Japan	4009	2736	6745
2	KEXIM/KEIC/KSure	Südkorea	2313	1847	4160
3	IADB	Multinational	1849	1684	3533
4	US Ex-Im	USA	3281	100	3381
5	KfW/Hermes/DEG/UFK	Deutschland	2659	399	3058
6	IFC/MIGA/Clean Tech Fund/ICF	Multinational	1043	548	1591
7	SACE	Italien	769	515	1284
8	EIB	Multinational	987	–	987
9	GIEK/Eksportfinans	Norwegen	535	200	735
10	Asian Development Bank	Multinational	677	–	677
11	EBRD	Multinational	516	141	657
12	Coface/Proparco/AFD	Frankreich	231	128	359

Europa, speziell Frankreich, finden sich die zwei Vertreter, die auch in der Finanzierung des Rohstoffhandels (siehe Abschn. 8.3.2) dominierend sind, sowie HSBC, die in Asien stark verankert ist. Die durchschnittlichen Kreditbeträge liegen um 100 Mio. USD herum.

Die Tab. 8.6 zeigt die Teilnehmer am Konsortialkredit für zwei sehr große Infrastrukturprojekte des Jahres 2011. Barzan Gas Plant ist die Erschließung eines weiteren Gasfeldes in Katar. Die Projektgesellschaft wird durch 30 % Eigenkapital und zu 70 % Fremdkapital mittels Konsortialkredite von Kommerzbanken und Exportrisikoversicherungen finanziert. Das Fremdkapital ist folgendermaßen strukturiert: zum einen eine Bankfazilität im Umfang von 3,34 Mrd. USD, ein im Umfang von 2,55 Mrd. USD von Kreditversicherungen garantierter und finanzierter Kredit (JBIC, Japan Bank for International Cooperation) und zusätzlichen 850 Mio. USD Fazilität nach Sharia-Vorgaben. Sumitomo Mitsui Banking Corporation (SMBC) ist der Leading Arranger. In der Liste ist bemerkenswert, wie viele Gläubiger am Kredit teilnehmen. Diese Risikoteilung deutet auf zum Teil sehr geringe Ausleihungen hin. Die Präsenz der staatlichen Kreditversicherer weist auf eine bedeutende Verwendung von Exportteilen aus den entsprechenden Ländern hin, hier also Japan, Südkorea (Kexim) und Deutschland (KfW). Projektfinanzierung mittels Kredite ist definitiv kein Geschäft der Investmentbanken.

Die Tab. 8.7 zeigt eindrücklich, wie stark die Exportförderung mittels Garantien oder Versicherungen sowie Kredite durch die staatlichen Exportrisikoversicherungen (*Export Credit Agencies*) mit den Infrastrukturprojekten verschränkt ist. Der Tabelle entnimmt man das beträchtliche Engagement von Japan, Südkorea, USA, Deutschland, Italien, Norwegen und Frankreich.

Ein Projekt, wie eben auch eine Unternehmung, unterliegt zwei wesentlichen Sicherheiten, die Voraussetzungen für das Überleben darstellen:

- Liquidität und
- Rentabilität.

Die eher über mehrere Jahre hinweg zu erzielende *Rentabilität* zielt auf das Generieren von Gewinnen ab, sodass die Eigenkapitalbasis nicht gegen null geht. Rentabilität heißt auch, dass ein Ertrag entsteht, der dem Risiko angemessen ist und mit dem eine mögliche Alternative mithalten kann. *Liquidität* bedeutet im engeren Sinn, dass zu jeder Zeit die Zahlungsfähigkeit gegeben ist. Weil bei Projekten die Vermögensteile nicht ausreichen, um die Kredite zu überdecken, kommt den aus dem Projekt erzeugten Cashflows die höchste Bedeutung zu. Die Gewinn- und Verlustrechnung (G&V) im buchhalterischen Sinn ist sekundär, für die Cashflows für die Steuern allerdings doch maßgebend.

Abb. 8.12 zeigt den ausstehenden Darlehensbetrag im Verlauf der Zeit. In der Errichtungsphase des Werks sind bei einer Banklimite nach Maßgabe des Fortschritts Auszahlungen und damit einhergehend Kreditbenutzungen fällig. Bei einer Finanzierung mittels Obligation (Bond) wird der Kreditbetrag in voller Höhe am Anfang zur Verfügung gestellt, aus dem die Auszahlungen getätigt werden. Die Banklimite hat den Vorteil, dass die Kosten geringer sind. Allerdings muss die Bonität der Banken über den Zeitraum der Kreditbenutzung stabil sein. Aufgrund des Konkursrisikos könnte eine allfällige Kreditversicherung nicht machbar sein. Beim Bond muss eine zwischenzeitliche Anlage der nichtbenutzten Mittel die Mehrkosten decken, aber nicht das Risiko der Wertminderung beinhalten. Wenn das Werk ohne Verzögerungen, Kostensteigerungen, Einwirkungen von Aktivisten etc. vollbracht ist und die produktive Inbetriebnahme stattgefunden hat, beginnt eine meist tilgungsfreie Phase der Produktion. Damit kann Liquidität geschaffen und einbehalten werden. Darauf folgt die längere Phase der Tilgung der Kredite mit der Zahlung der Zinsen. Das Rückzahlungsprofil braucht nicht regelmäßig zu sein. Wegen der Überlagerung verschiedener Darlehen mit unterschiedlichen Bedingungen ist dies meist nicht der Fall.

Die Cashflowbetrachtung fordert, dass zu jedem Zeitpunkt alle Zahlungen geleistet werden können. Das bedeutet, dass der Kontostand der flüssigen Mittel nie negativ wird oder anders ausgedrückt:

$$\text{Flüssige Mittel}|_t = \text{flüssige Mittel}|_{t-1} + \text{Einzahlungen}|_t - \text{Auszahlungen}|_t > 0.$$

Die Darlehen, auf der Passivseite der Bilanz der Projektgesellschaft, unterliegen einer konkursrechtlichen Rangfolge. In einer Gläubigervereinbarung (Intercreditor Agreement) wird unter anderem vereinbart, in welcher Reihenfolge die Zahlungsforderungen zu begleichen sind. In der Abb. 8.13 ist die Reihenfolge als sogenannter *Wasserfall* dargestellt. Zuerst müssen alle Zahlungen zur Aufrechterhaltung des Betriebs gezahlt werden, also Löhne, Mieten, Lieferanten etc. Danach kommen die Gläubiger dran, deren Ansprüche vertraglich geregelt sind. Überschüsse können dann entweder zur Bildung von Reserven oder zur Auszahlung verwendet werden; im Verlauf der Zeit werden dann die Eigner mit Dividenden bedacht. Diese Methodik kommt ebenfalls bei den Verbriefungen zur Anwendung.

Als Indikator für die Sicherheit wird der Barwert (*Net Present Value*, NPV) der künftigen Zahlungen ins Verhältnis gesetzt zum ausstehenden Kreditbetrag. Dabei gibt es unterschiedliche Varianten. Die einen betrachten alle Zahlungen bis zu einem gewissen

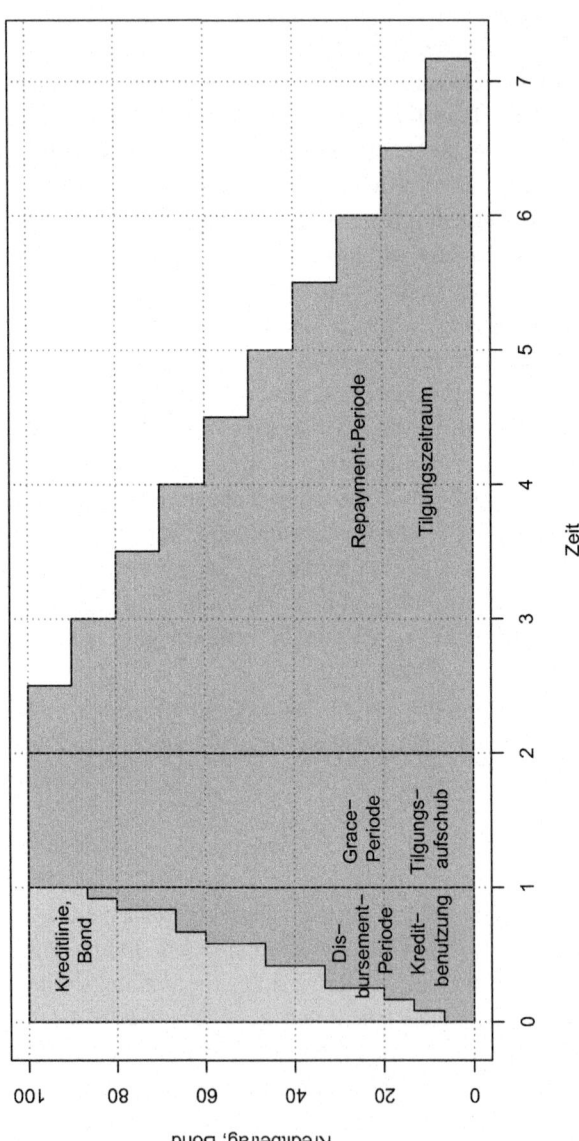

Abb. 8.12 Kreditprofil einer Projektfinanzierung. In einer ersten Phase wird der Kredit oder ein Teil der Anleihe benutzt, um das Projekt zu errichten. Dann erfolgt der Betrieb, dessen Erträge schließlich zur Tilgung verwendet werden

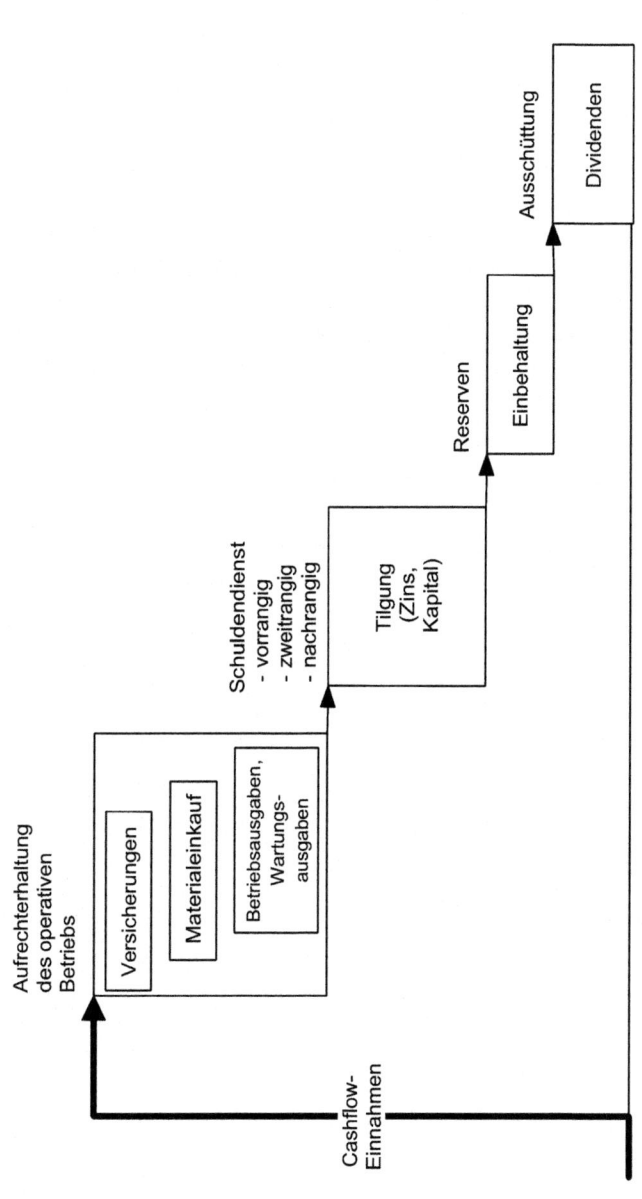

Abb. 8.13 In der Anschauung der Verwendung der Cashflows als Wasserfall (oder römischen Brunnen) wird von oben herab ausgegeben, bis der jeweilige Bedarf gedeckt ist und eine weitere Stufe bedient werden kann

Zeitpunkt (z. B. bis nur noch ein Viertel der geschätzten Ölreserve vorhanden ist, bis zum Ende der Kreditlaufzeit), die anderen nehmen den aktuellen ausstehenden oder den maximalen Kreditbetrag während der Projektlaufzeit (Vinter 1998, 187–198). Generisch also:

$$\text{Cover Ratio} = \frac{\text{Nettobarwert der Zahlungen}}{\text{Kreditbetrag}} > 1,75.$$

Eine andere Metrik ist die sogenannte Annual Debt Cover Ratio (ADCR). Hier wird in der Rückschau das Verhältnis gebildet zwischen den im letzten Jahr erfolgten Einnahmen und den in derselben Periode fällig gewordenen Tilgungs- und Zinszahlungen. Solche Metriken werden in Schutzklauseln (Covenants) der Kreditverträge verwendet, und zwar bis hin zur Begründung eines Ausfalls (Default) bei Unterschreitung.

Mit speziellen Konten, wie Auszahlungskonto (Disbursement Account) oder Reservekonti (Debt Service Reserve Account, Maintenance Reserve Account), kann der Kreditgeber eine enge Kontrolle über die Mittelflüsse erlangen. Dort, wo Marktrisiken das Projekt bedrohen, wird auch auf einen Mechanismus zurückgegriffen, den man Cash Sweep nennt. Zu im vornherein bestimmten Zeitpunkten wird der überschüssige Cashflow zur Reduktion der Schuld abgeführt. Meist wird diese Zahlung der letzten Kreditrückzahlung angerechnet (Inverse Order), seltener *pro rata* auf alle ausstehenden Zahlungen. Im ersten Fall verkürzt sich die Laufzeit (Vinter 1998, 222).

Wo treten nun die Investmentbanken in Erscheinung? Die Hauptdienstleistungen der Finanzierung von Projekten sind folgende drei:

1. Beratung (Project Finance Advisory),
2. Arrangieren (Project Loan Arranging),
3. Emission (Project Bond Underwriting).

Die *Beratung* adressiert zum einen den oder die Projektsponsoren (*Advisor to the Sponsor*), bei PP-Partnerschaften an den staatlichen Beschaffer, dann aber auch an die Kreditgeber. Falls es sich um eine öffentliche Beschaffung (*Public Procurement*) handelt, bei der Private zur Zusammenarbeit oder zur Vergabe des Auftrags eingeladen werden, findet im Vorfeld der Umsetzung ein Vergabe- und Selektionsverfahren statt, das ebenfalls von Beratern für den Staat organisiert wird. Die typischerweise involvierten Berater eines Projekts umfassen vier Felder (Epec 2014):

• Projektmanagement,
• technische Berater,
• Finanzberater und
• Rechtsberater.

Diese müssen, je nach Phase unterschiedlich, eng miteinander zusammenarbeiten und somit über eine ausgesprochene Teammentalität verfügen.

Tab. 8.8 Globale Projektfinanzierung: Volumen in Mio. USD für das Jahr 2011, an dem der Berater beteiligt war. Dies ist nicht das Volumen, das der Berater finanziert hat (Quelle: Project Finance International)

Rang	Berater	Volumen	Rang	Berater	Volumen
1	HSBC	17.088	11	PwC	5317
2	SBI Capital (Indien)	16.096	12	Citigroup	4250
3	Société Générale	12.326	13	KPMG	3798
4	Royal Bank of Scotland	12.322	14	ING	3608
5	Natixis (Frankreich)	12.240	15	Mizuho	3450
6	Commerzbank	8471	16	BNP Paribas	3177
7	Crédit Agricole	7645	17	Royal Bank of Canada	2972
8	Ernst & Young	7465	18	Standard Chartered	2488
9	Macquarie	7272	19	Riyad Bank	2200
10	Unicredit	6562	20	Boehm-Bezing Sieger & Cie	1945

Das *Arrangieren* der Kredite erledigt typischerweise eine Kommerzbank, die selber auch am Konsortialkredit teilhat. Das Emittieren von Bonds ist wieder eine Aufgabe für die Investmentbanken. Es existiert beinahe nur ein Markt für Projektbonds in den USA. Die Europäische Union versucht, diesen Zugang zum Markt zu fördern.

Auch für *Finanzberater* braucht es fundamentale Kenntnisse der Sektoren und des effektiven Marktes. Deshalb liegt eine Spezialisierung, wenn überhaupt, auf der Hand, vorzugsweise in den volumenstärksten Gebieten, also Energie und Energieträger, Transport und Freizeit sowie Telekommunikation (siehe Tab. 8.4). Augenfällig sind die Parallelen zu den Industriegruppen aus dem Investmentbanking (siehe Tab. 4.10). Die Finanzberater rekrutieren sich unter den Investmentbanken, Wirtschaftsprüfern und spezialisierten Beratungsunternehmen (siehe Tab. 8.8).

Im Investmentbanking der Credit Suisse, genauer in der Coverage Group für Energie („Power & Renewables"), ist die Projektfinanzierung eingebettet. Die Geschäftslogik dahinter ist die tief gehende Spezialisierung und vorhandene Expertise in diesem Sektor, die Energieexperten und Ingenieure umfasst. Schon die Vorgängerfirma First Boston, die den Kern der Investmentbank innerhalb der Universalbank bildet, war in diesem Geschäft tätig.

Die Abdeckung umspannt die fossile Energieerzeugung und Wind- und Solaranlagen, Öl- und Gasexploration und -leitungen, Flüssiggasanlagen sowie Lagerung und Verschiffung. Das Angebot besteht aus den drei Hauptdienstleistungen, d. h. Beraten, Arrangieren und Emittieren. Gemäß Tab. 8.9 hat besagte Bank rund 2 Mrd. USD mit sieben Emissionen hereingenommen. Da es in der Schweiz einen regen Rohstoffhandel gibt und die Credit Suisse die Hausbank von Glencore ist, ergibt sich eine enge Symbiose zwischen Handels- und Projektfinanzierung sowie natürlich auch der Unternehmensfinanzierung.

Tab. 8.9 Globale Projektfinanzierung: Bondemissionsvolumen in Mrd. USD für das Jahr 2016 und 2012 (Non-recourse Project Bonds; Quelle: Project Finance International)

Rang	Emittent	Anzahl	Volumen	Rang	Emittent	Anzahl	Volumen
2016				2012			
1	Citigroup	16	3,8	1	RBC	7	3,8
2	RBC CM	17	3,6	2	Credit Suisse	7	2,0
3	Société Générale	15	2,2	3	RBS	8	1,7
4	Mitsubishi UFJ	15	2,1	4	HSBC	7	1,6
5	HSBC	16	1,9	5	J. P. Morgan	4	1,5
6	RBS	11	1,7	6	BNP Paribas	5	1,0
7	BNP Parisbas	9	1,6	7	Citigroup	2	0,8
8	J. P. Morgan	11	1,6	8	Bank of Islam	1	0,8
9	Santander	9	1,5	8	CIMB (Malaysia)	1	0,8
10	Goldman Sachs	10	1,5	10	Bank of America	3	0,7

Was sind die Aufgaben und Erzeugnisse der Finanzberater? Folgende:

- Vorstrukturierung und Sorgfaltsprüfung ausführen,
- Finanzmodell und Finanzierungsdokumente erstellen,
- Finanzierungspaket verhandeln,
- Finanzberatung während der Implementierung bieten.

Die *Vorstrukturierung* (Prestructuring) und *Sorgfaltsprüfung* (Due Diligence) umfassen eine detaillierte Analyse des vorgeschlagenen Projekts, wobei Kosten und Erträge und typische Finanzierungsstrukturen modelliert und erste Abschätzungen der makroökonomischen Indikatoren betrachtet werden. Die Budgetimplikationen und Auswirkung auf die fiskalische Nachhaltigkeit, wo angebracht, müssen in der langfristigen Betrachtung abgeschätzt werden. Bei den privaten Sponsoren muss deren Lage und langfristige Rolle im Projekt durchdrungen werden. Ziel ist eine Verbesserung der Projektformulierung und der Wahrscheinlichkeit, das Projekt finanziell erfolgreich ausführen zu können und es möglicherweise auf dem internationalen Markt zu positionieren.

Nachdem die Machbarkeit plausibilisiert ist, schreitet man zum *Finanzmodell* und zur Erstellung der *Finanzierungsdokumente*. Das Modell besteht aus Bilanz, Gewinn- und Verlustrechnung (G&V) und der Mittelflussrechnung (siehe auch Bodmer (2014)). Die Eröffnungsbilanz gibt Auskunft über die zu Beginn vorhandenen Mittel. Sie verändert sich mit der Zeit vor allem nach Maßgabe der G&V. Diese ist notwendig, um Auszahlungen zu bestimmen, welche vom Ertrag abhängen, wie zum Beispiel die Steuern, und um gewisse Verhältniszahlen bilden zu können, die in Schutzklauseln der Kreditverträge stipuliert sind. Die Mittelflussrechnung sodann ermittelt die Cashflows, die den sogenannten Wasserfall speisen. Diese drei untereinander verschränkten Ausweise müssen für den relevanten Zeithorizont dargestellt werden. Neben der Machbarkeit stellt sich natürlich auch die Frage nach der Rendite. Das Projekt sollte nach Berücksichtigung der Risiken rentabler sein als eine mögliche zweitbeste Investition der Mittel.

Im *Project Information Memorandum* (PIM) sind die wesentlichen Angaben zusammengestellt, mit denen man den potenziellen Beteiligten (Eigner, Kreditgeber, Versicherer) die Attraktivität des Projekts vermitteln kann. Darin sind im Allgemeinen enthalten:

1. Projektangaben (Ziel, Technologie, EPC-Kontrakt, Lieferanten und Abnehmer, Ort, Zeittabelle etc.),
2. Eignerstruktur und wesentliche Beteiligte,
3. Mittelbeschaffungs- und Mittelverwendungsstrategie (Sourcing and Funding),
4. Betriebskonzept (O&M),
5. Sicherheiten und Vertragsstruktur,
6. finanzielle Tragbarkeit (Grundannahmen, Szenarien),
7. Risiken und Risikominderungen.

Die Beschreibung der Risiken, nebst den makroökonomischen und finanziellen Risiken, ist ein multidisziplinäres Unterfangen aller Berater. Die ausgewogene Allokation der Risiken unter die beteiligten Parteien ist eine Schlüsselaufgabe im Projekt. Sie findet in den Verträgen ihren Niederschlag.

Das Verhandeln des *Finanzierungspakets* (Mobilization, Negotiation, Closing) kann auch die Suche nach Geldgebern beinhalten (Mobilization) mittels Roadshows und Präsentationen mit dem Kunden. Die Finanzierungsstruktur beinhaltet zum einen das Verhältnis von Eigen- zu Fremdkapital, sodann die Ausgestaltung des Fremdkapitals. Notwendige Voraussetzung ist die sogenannte Bankability, ein Zustand, bei welchem die Banken Kredite vergeben können. Zum einen kommen Konsortialkredite und Kredite von Beteiligten, zum anderen Obligationen am Kapitalmarkt zur Anwendung. Bis anhin gibt es nur in den USA einen tieferen Project-Bond-Markt. Die gesamte Palette an Finanzierungsmöglichkeiten zeigt Abb. 8.14 oder auch Della Croce und Gatti (2014, 126).

Die Kreditgeber stipulieren ein Inter-creditor Agreement, um u. a. den Zugriff auf Sicherheiten zu regeln. Der Berater hilft dem Sponsor bei der Auswahl und der Verhandlung und prüft die Vereinbarungen. Dabei muss immer wieder das Finanzmodell aufdatiert und ausgeführt werden. Zudem kann eine staatliche Exportkreditagentur als Finanzierer oder Versicherer hinzugenommen werden. Das bedingt einen positiven Antrag mit den notwendigen Unterlagen. Die Finanzierung kommt zum Closing, wenn alle Vorbedingungen (Conditions Precedent) erfüllt sind und die erste Kreditbenutzung möglich ist. Des Weiteren sind mögliche Absicherungsgeschäfte mit Hinblick auf Zinsen und Fremdwährungen zu prüfen.

In der Umsetzungsphase hilft der Finanzberater bei der Prüfung und der Analyse der Buchführung und der Finanzdaten. Er macht zudem Performancereviews und Health Checks und unterbreitet Verbesserungsvorschläge.

Weiterführende Literatur ist pars pro toto Gardner und Wright (2004).

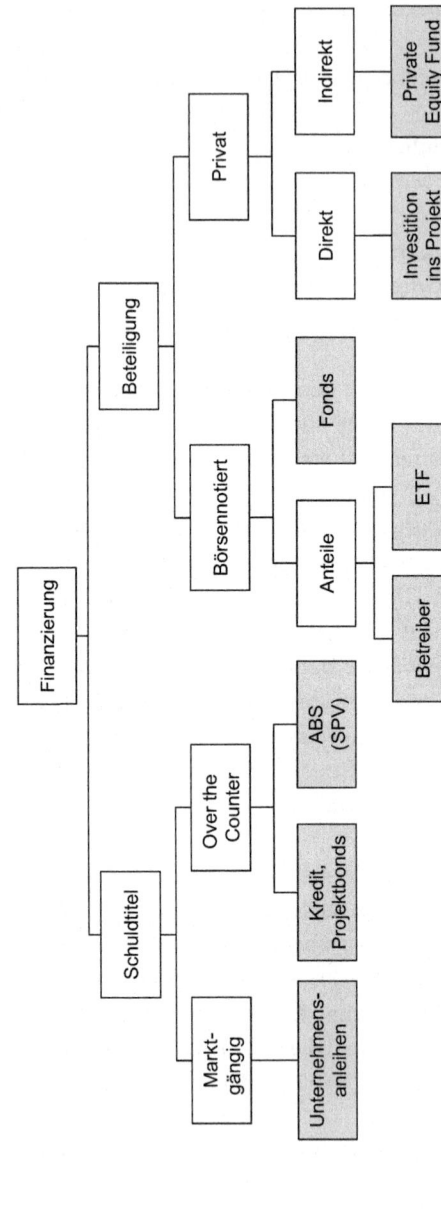

Abb. 8.14 Die verschiedenen Finanzierungsmöglichkeiten privater Projekte. *Grau hinterlegt* sind die Finanzvehikel

Tab. 8.10 Weltweite Exporte nach Warenklasse in Mrd. UDS für das Jahr 2014 (Quelle: WTO)

Merchandise	Amount [Mrd. USD]
Fuels	3068
Mining Products	720
Fuels and Mining Products	*3789*
Food	1486
Non-Food	279
Agricultural Products	*1765*
Iron and Steel	472
Chemicals	2054
Machinery and Transport Equipment	6112
Textiles	314
Clothing	483
Others	2808
Manufactures	*12.243*
Commercial Services	*4940*
Total	22.737

8.3.2 Trade Finance – Handelsfinanzierung

Die Tab. 8.10 zeigt die weltweiten internationalen Warenströme in Geldeinheiten ausgedrückt. Darin machen die Rohwaren, also Brennstoffe und Bergbauprodukte sowie landwirtschaftliche Erzeugnisse, ein Volumen von rund 5,6 Billionen USD pro Jahr aus. Diese Klassen sind sehr viel homogener, d. h. bestehen aus weniger verschiedenen Waren, als die verarbeiteten Produkte. Deshalb ist es nachvollziehbar, dass sich wenige, dafür umsatzschwere Händler hier etabliert haben. Tab. 8.11 zeigt, wie konzentriert diese Industrie ist. Dabei besticht die Schweiz als einer der größten Handelsplätze. Da die Schweiz bekanntlich nicht am Meer liegt, stellt sich das Trading als Transithandel (*Merchanting*) dar. Im Jahr 2014 setzten die vier größten Händler rund 816,4 Mrd. USD um, das ca. einem Fünftel des Exports entspricht. Wo große Kunden sind, sind auch die Investmentbanken nicht fern.

Abb. 8.15 zeigt die Finanzierungsarten des internationalen Handels. Rund ein Drittel wird mit Krediten finanziert, der Rest mit Vorauszahlung oder mittels offener Rechnung, also mit sehr kurzfristigem Kredit.

Einige Rohstoffe, wie zum Beispiel Metalle, Erdöl und Nahrungsmittel, sind zum einen für die produzierenden Länder für ihre wirtschaftliche Entwicklung von herausragender Wichtigkeit, zum anderen sind sie auch für die Abnehmer unerlässlich. Unterbrüche in der Lieferkette können schwerwiegende Folgen haben, ebenso wie plötzliche Preisschwankungen. Zur Aufrechterhaltung dieser Ströme sind große finanzielle Mittel vonnöten, sodass nur erfahrene, global aufgestellte Banken als Finanzquellen in Betracht gezogen werden.

Tab. 8.11 Die größten Rohwarenhändler im Jahre 2011 (Quelle: ThomsonReuters). Umsatz in Mrd. USD. Im Jahr 2014 haben die ersten vier, d. h. Cargill, Glencor, Trafigura und Vitol einen Umsatz von 816,4 Mrd. USD erzielt. Die Banken haben ihren physischen Rohwarenhandel drastisch reduziert, sodass Citigroup, J. P. Morgan, Goldman Sachs und Morgan Stanley nur noch 3,8 Mrd. Umsatz verbuchten

Firma	Umsatz	Aktivität	Hauptsitz
Vitol	195,0	Energy	Genf, Schweiz
Glencore	108,0	Metals, Mining, Energy, Agricultural	Baar, Schweiz
Cargill	108,0	Metals, Minerals, Energy, Agricultural	Minneapolis, USA
Koch Industries	100,0	Energy, Forestry, Ranching	Wichita, USA
Trafigura	79,2	Energy, Metals	Genf, Schweiz
Gunvor International	65,0	Energy	Genf, Schweiz
Archer Daniels Midland	62,0	Agricultural, Food	Decatur, USA
NOBLE Group	56,7	Agricultural, Metals, Vessels	Hong Kong, China
Mercuria Energy Group	46,0	Energy	Genf, Schweiz
Bunge	45,7	Agricultural, Food	White Plains, USA
Total	865,6		

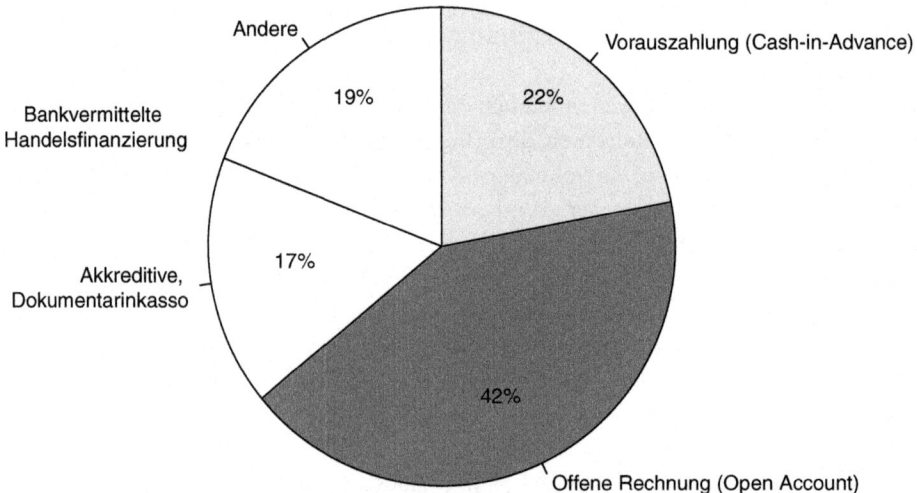

Abb. 8.15 Finanzierung des internationalen Handels im Jahr 2009 (Quelle: Schätzung IMF). Den Großteil machen die Kredite der Lieferanten aus, gefolgt von den Vorauszahlungen der Abnehmer. Diese Finanzierungen nennt man Trade Credit. Trade Finance hingegen, die bankenvermittelte Finanzierung, umfasst ein gutes Drittel

Der physische Ölhandel von Tankerladungen ist kompliziert und risikobehaftet und wird vorzugsweise von Firmen getätigt, die genug groß sind, um leicht an Kredit zu kommen und hauchdünne Margen erwirtschaften können. Es braucht aber auch die logistische Expertise, um die Ladungen zum lukrativsten Markt zu den tiefsten Kosten zu verfrachten und an die Ladung gebundene Finanztransaktionen auszuführen.

Nehmen wir den Erdölhandel als Beispiel heran. Darin sind typischerweise die folgenden Akteure beteiligt, abgesehen von den Transportunternehmungen:

- Erdölproduzent,
- Händler (*Trader*),
- Lagerbetreiber,
- Raffineriebetreiber,
- Distributor und
- Endkunde.

Die im Warenstrom involvierten Parteien zeichnen sich dadurch aus, dass der eine liefern muss und der andere bezahlen soll. Wie meist üblich, fallen Liefer- und Zahlungszeitpunkt nicht zusammen, sodass eine Kreditsituation entsteht. Dabei tritt ein Dritter heran, der diese Kreditfinanzierung bewerkstelligt. Dieser Dritte ist ein Konsortium von Kommerzbanken, das vor allem die Händler als Mittelsmann von Produzent und Raffinierbetreiber oder Raffineriebetreiber und Distributor finanziert. Die typischen Finanzierungsformen sind:

1. Pre-payments / Pre-export Finance (mittelfristig), für Produzenten,
2. Transactional Financing (kurzfristig), für Trader,
3. Borrowing Base Financing (revolvierend),
4. Post-shipment Financing (kurzfristig).

Beim *Pre-export Finance* (PXF; Abb. 8.16) ist der Schuldner der Produzent, dem dadurch Betriebsmittel (Nettoumlaufvermögen, *Working Capital*) zur Verfügung gestellt wird. Besteht ein Liefervertrag zwischen einem Produzenten, z. B. einem Erdölförderer in Nigeria und einer Raffinerie in Houston, so bekommt der Produzent ein Darlehen von einem Bankkonsortium, wobei die Forderungen aus dem Liefervertrag zugunsten eines Kontos abgetreten werden müssen. Das Darlehen wird natürlich unter strikten Kreditstandards gesprochen, d. h., der Produzent verfügt u. a. über einen soliden Track Record, das Exportland ist politisch stabil und weist eine gewisse Rechtssicherheit auf etc. Zur weiteren Sicherheit muss der Warenwert ständig den Kredit um beispielsweise 20 % überdecken, um das Preisrisiko während der Transaktion zu decken. Es können noch weitere Vermögensteile des Produzenten als Sicherheit herangezogen werden. Bei Erhalt des Öls bezahlt der Raffineriebetreiber den geschuldeten Betrag in das Off-shore-Konto, von dem der Kredit zurückgeführt wird und der Überschuss dem Produzenten zufließt. Dieses Konto wird zugunsten der Banken verpfändet. Nach Zahlungseingang kann der Deal wiederholt werden. Der Kredit ist kurzfristig, da er nur von der Dauer von Transport und Bezahlung abhängt.

Beim strukturell ähnlichen *Pre-Payments*-Kredit macht der Käufer, hier der Raffineriebetreiber, eine Vorauszahlung an den Produzenten, den er sich mit einem Darlehen der Bank refinanziert. Der Liefervertrag wird ebenfalls abgetreten. Die Rückführung des

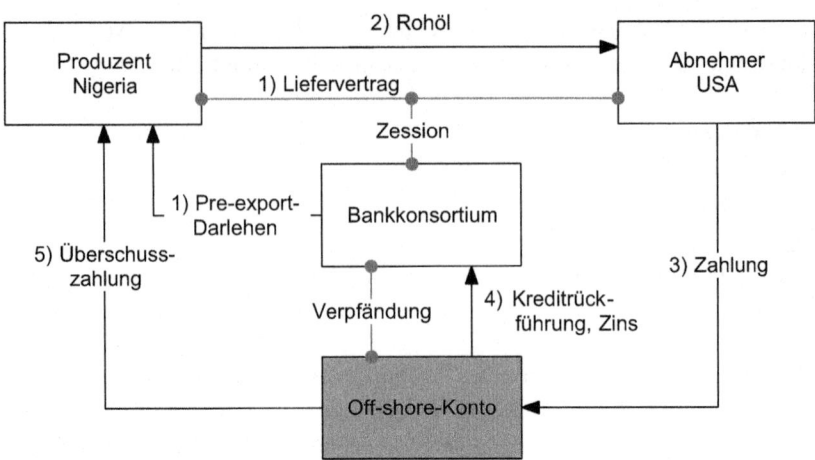

Abb. 8.16 Schematisches Beispiel einer Handelsfinanzierung mittels Pre-export-Darlehen im Rohstoffbereich. Die Hauptrisiken sind politisch und Preisrisiken

Kredits leistet der Raffineriebetreiber mit seinen Einnahmen. Der Restbetrag nach Zinsdienst geht dann an den Produzenten. Um eine Vorstellung des Umfangs dieser Kredite zu bekommen, muss man sich einen Deal des Jahres 2013 vor Augen führen. Im März unterzeichnete ein Konsortium von internationalen Banken ein Pre-payment-Darlehen im Umfang von 10 Mrd. USD mit den Rohstoffhändlern Glencor und Vitol, um den langfristigen Kauf von Rohöl vom russischen Staatsbetrieb Rosneft zu finanzieren.

In den letzten Jahren hat man eine Verlagerung von Bankfinanzierung der Produzenten und der Abnehmer hin zur Finanzierung der Handelshäuser beobachtet. Denn für die Banken sind die regulatorischen Kosten für Basel 3, „know your customer" und Geldwäschereibekämpfung zu hoch. Die Händler wiederum finanzieren die ursprünglichen Schuldner. Zum anderen haben Versicherungen begonnen, Kreditportfolios aufzubauen.

Transactional Financing, „transaktionelle Handelskredite", sind nicht fest zugesagte Betriebsmittellinien mit enger Kontrolle sowohl des Waren- als auch des Zahlungsstroms. Die Linie oder Limite umfasst Sublimiten, welche den Verbleib der Ware spiegeln. Abb. 8.17 zeigt die Sublimiten für den Transport zu Land, das Lager und die Debitoren. Damit lassen sich die spezifischen Risiken der Waren besser abschätzen und beherrschen und laufend mehrere Transaktionen gleichzeitig finanzieren. Die einzelnen Limitenbelastungen sind kurzfristig nach Maßgabe der Dauer der Verschiffung. Die Struktur hingegen ist für längere Dauer angelegt. Sie ist dann effizient, wenn stabile Beziehungen mit wiederkehrenden Exporten bestehen. Für die ganze Kreditlimite soll ständig, d. h. wöchentlich, gelten, dass der ausstehende Betrag die Limitenbenutzung um 20 % überdeckt, formell:

$$\frac{\text{Stand verpfändetes Konto} + \text{Inventarwerte} + \text{Wert Debitoren}}{\text{Limitenbenutzung}} > 1{,}2.$$

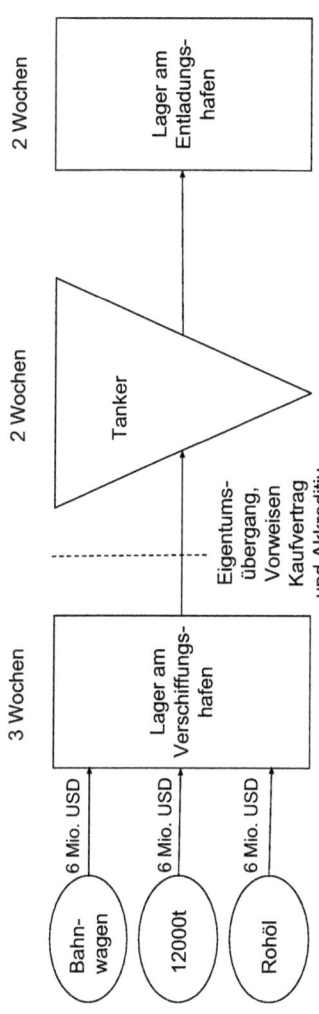
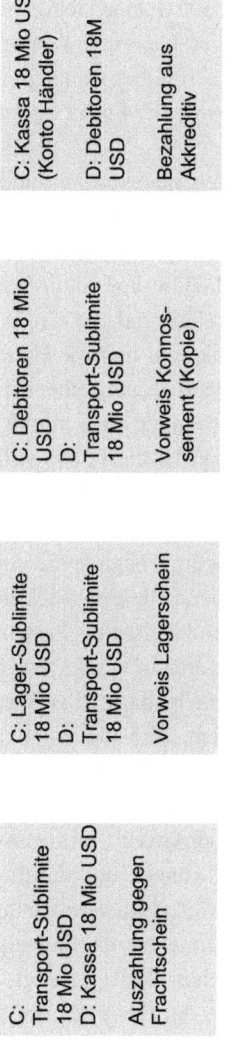

Abb. 8.17 Ablauf einer Rohöltransaktion mit Belastungen von Sublimiten nach Maßgabe von Dokumenten der einzelnen Stadien der Öllieferung. Für weitere Einzelheiten siehe man auch Zimmerl-Egger (2013, 11). C und D stehen für Credit und Debit

Wie sich aus der Struktur der Finanzierung unschwer erraten lässt, ist diese Art von Finanzierung auf die Handelshäuser zugeschnitten. Das Geschäft besticht durch sehr hohe Volumen und kleine Margen. Für das Jahr 2013 berichtete Vitol im Geschäftsbericht, dass der Verkaufsertrag 307,0 Mrd. USD und die Kosten 305,8 Mrd. USD betrugen, sodass eine Bruttoertrag von 1,2 Mrd. USD resultierte. Nach Abzug von betrieblichen Kosten, Steuern etc. verblieb ein Reingewinn von 837 Mio. USD. Daraus ergibt sich eine Bruttomarge von 41 Basispunkten respektive eine Nettomarge von 24 bp.

In den letzten Jahren kann man feststellen, dass die Händler, wie etwa Glencore, sich vertikal integrieren, d. h. selber Produzenten werden, indem sie Bergbaufirmen kaufen. In besagtem Beispiel wurde die Firma Xstrata 2012 einverleibt. Zudem beginnen die Trader auch zu finanzieren.

Die Rohstoffhandelsfinanzierung durch Banken in der Schweiz, die bezüglich Rohöl, Metall, Getreide, Kaffee und Zucker den größten Handelsplatz weltweit darstellt, belief sich im Jahr 2011 auf ein geschätztes Volumen von rund 1,5 Billionen CHF. Rund 70–80 % wird von Banken geliehen. Vor allem französische Banken, wie BNP Paribas und Crédit Agricole, sowie die UBS und die Credit Suisse und im zunehmendem Maße auch die Zürcher Kantonalbank sind hier die Hauptakteure. Auslandsbanken bedienen den Markt sowohl aus dem Ausland als auch über Filialen und Tochtergesellschaften aus der Schweiz heraus. Immer mehr drängen auch mittel- und fernöstliche Banken in das Geschäft, deren Margen im Syndikatskreditmarkt wesentlich tiefer sind als diejenigen in Europa oder den USA.

Das *Borrowing Base Financing* – die internationale Variante zum US-amerikanischen Reserve Based Financing – begann mit der Entdeckung der Nordseefelder wie Brent, Ekofisk und Forties Fields und deren Projektfinanzierung als Einzelprojekte (*Single Field*), die als Term Loans mit einzuhaltenden Finanzklauseln rund um den diskontierten Wert der Öl- und Gasreserven ausgereicht wurde. Wie die Produzenten zu großen Unternehmungen mit Ressourcen in verschiedenen Stadien von Exploration, Entwicklung und Produktion mutierten, veränderte sich auch die Finanzierung. Das Borrowing Base Financing enthält deshalb sowohl eine Projektfinanzierungskomponente als auch das *Reserve Based Financing* in der Form von revolvierenden und amortisierenden Kreditfazilitäten, die sich nach dem Barwert der produktiven Vermögensteile bemessen. Revolvierend meint, dass neue Assets dazukommen können und damit die Limite bis zum ursprünglichen Betrag aufgestockt werden kann. Amortisieren anderseits meint, dass die Schuld regelmäßig getilgt werden muss. Diese Finanzierungen weisen typischerweise eine Laufzeit von 5–7 Jahren auf. Die amerikanischen Banken waren die Ersten, die Ingenieure und Ölexperten einstellten, um den Wert der Reserven besser beurteilen zu können. Das Geschäft wird von europäischen Banken beherrscht.

Das *Post-shipment-Darlehen* ist ebenfalls eine Betriebsmittelfinanzierung, wobei nach der Verschiffung die Dokumente (Dokumentarinkasso, negoziiertes Akkreditiv, Wechsel, akzeptierte Rechnung, Receivables etc.), welche die Zahlung des Abnehmer begründen, von einer Bank diskontiert werden. Damit wird vor dem vereinbarten Zahlungszeitpunkt schon Liquidität geschaffen.

Was machen die reinen Investmentbanken in diesem kapitalintensiven Geschäftsfeld? Sie finanzieren nicht, sondern sind entweder selber Rohstoffhändler oder sie vermitteln, strukturieren und handeln mit entsprechenden *Derivaten*.

Aufgrund regulatorischen Drucks und erhöhter Kapitalunterlegung ziehen sich die meisten Investmentbanken aus dem physischen Rohstoffhandel zurück. Reuters, ein Lieferant von Finanzinformationen, schrieb am 06.12.2013 folgendes unter dem Titel „As rivals fade, Goldman Sachs stands firm on commodities":

> On Thursday, Deutsche Bank, one of the five biggest players of the past decade, said it would quit commodities trading under regulatory pressure, cutting 200 jobs. That follows similar moves by smaller players like UBS and Crédit Agricole in recent years. Top rivals JP Morgan and Morgan Stanley are in the process of selling out from commodities trading while Barclays has cut its division by a fifth.

Deutlich drückte der Senator John McCain in einer Anhörung im November 2014 seine äußersten Bedenken zum Rohstoffhandel von Banken aus, indem er sagte, der physische Handel enthielte:

> dangers of toxic spills, deadly explosions, and other disasters. These are not the risks we normally associate with banks, whose primary role should be focused on more traditional banking activities.

Während die Waren in Transit sind oder in einem Lager aufbewahrt werden, unterliegen sie dem Risiko, dass sich der Wert ändert. Bei einem sehr volatilen Markt, wie es der Rohölmarkt ist, entstand auch aufgrund der Wirren der beiden Ölpreisschocks in den Siebzigerjahren das Bedürfnis, dieses *Preisrisiko* abzusichern. Bis Anfang der Achtzigerjahre war der Ölpreis in den USA staatlich reguliert, auch durfte kein amerikanisches Öl exportiert werden. 1982 wurde der Ölfuture an der Nymex eingeführt. Vier Jahre später arrangierte die Bank Chase Manhattan einen OTC-Ölpreis-Swap zwischen dem Trader Koch Industries und der Fluglinie Cathay Pacific in Hong Kong. Cathay zahlte einen fixen monatlichen Betrag für 25.000 Barrel und erhielt den durchschnittlichen Marktpreis. Inzwischen ist das den *Derivaten* zugrunde liegende Volumen um einen Faktor 14-mal größer als der physische Markt. Daraus kann man schließen, dass einige Spekulanten neben den Endverbrauchern vorhanden sind.

Zudem sind Rohstoffe zu einer *Anlageklasse* vorgerückt, die von den Investmentmanagern vor allem in Fonds sowie ETFs verpackt wird. Gemäß Blackrock hielten Investitionen in Rohstoffe einen Anteil von 9,9 % an den gesamten Exchange Traded Products (ETP). Dies entsprach einem Wert von 203 Mrd. USD. Über 80 % davon sind auf Investitionen in Edelmetalle zurückzuführen, die wiederum mit physischem Gold hinterlegt sind.

8.4 Asset-based Finance – Objektkredit

Der Begriff „Objektkredit" ist insofern missverständlich, als er einerseits einen Kredit, der durch ein bestimmtes Objekt besichert ist, anderseits auch einen Kredit für ein bestimmtes Objekt meinen kann. Häufig versteht man im deutschen Sprachraum einen Hypothekarkredit als Objektkredit. Wir meinen aber hier erstere Definition.

Das Asset-based Finance lässt sich in zwei Bereiche darstellen, und zwar:

- Asset-based Lending (ABL, Objektkredite) und
- Account Receivables Financing.

Obwohl früher Objektkredite als Kredit der letzten Hoffnung angesehen wurden, sind sie für Firmen, die keine genügende Bonität aufweisen oder keine günstige Historie (Track Record) oder auch einfach nicht die Geduld besitzen, traditionelle Wege zu beschreiten, interessant. Denn beim Objektkredit steht die verpfändete Sicherheit im Vordergrund. Im Gegensatz dazu sind es bei der Projektfinanzierung der Cashflowstrom und bei der Unternehmensfinanzierung potenziell alle Aktiven der Bilanz.

Wie man der Tab. 8.12 entnehmen kann, sind die Wall-Street-Banken dominierend, wobei auch Investmentbanken sich hier engagieren. Unsere zwei Paradeinvestmentbanken sind unter den ersten Zwanzig vertreten. Die Tabelle bezieht sich auf die USA ausschließlich. Wie man unschwer erraten kann, hat sich zwischen 2007 und 2008 das Volumen halbiert.

Kreditgeber bevorzugen solche Unternehmungen zu bedienen, die Vermögenswerte verpfänden, die schnell versilbert werden können. Debitoren aus Kreditkartenbelastungen sind ein gutes Beispiel. Aber eben auch Patente, Immobilien und schwere Maschinen und Geräte aus dem produzierenden Gewerbe und aus der Landwirtschaft sind mögliche Sicherheiten.

Die Zinsen sind natürlich generell höher als bei traditionellen Bankdarlehen (aber tiefer als Kreditkartenbezüge). Je liquider die Sicherheit, desto besser die Konditionen. Die Belehnungsgrenze ist tiefer als sonst üblich, in der Größenordnung von 60 %.

Solche Objektkredite können rascher in Anspruch genommen werden und mit weniger Auflagen (Schutzklauseln, Covenants) beschwert sein. Die Leihgeber sind häufig stark auf gewisse Industrien spezialisiert, sodass sie deren Eigenheiten, wie z. B. Zyklen, besser berücksichtigen können. Banken können zudem noch Dienste wie Zahlungsverarbeitung und Inkasso anbieten. Nachteilig ist – neben dem höheren Preis – die Tatsache, dass die Bank bei verpasster Zahlung das Objekt in Besitz nehmen kann. Damit kann auch die Fähigkeit hinschwinden, operativ zu bleiben und den Kredit zu bedienen. Traditionelle Kredite sind in dieser Hinsicht etwas gnädiger.

Im Gegensatz zur Verpfändung der offenen Rechnungen (Account Receivables), können diese auch mit einem Abschlag echt angekauft werden (True Sale). Diese Maßnahme wirkt sich positiver auf die Liquidität des Verkäufers aus, als wenn das Zahlungsziel verkürzt worden wäre. Damit wird der Konflikt zwischen Käufer (so spät wie möglich zahlen)

Tab. 8.12 Arrangiertes US-ABL-Volumen in Mio. USD für das Jahr 2012 (Quelle: ThomsonReuters)

Rang	Book Runner	Volumen	Anzahl
1	Bank of America Merrill Lynch	17.735	152
2	Wells Fargo & Company	15.663	106
3	J. P. Morgan	13.192	81
4	PNC Bank	3901	51
5	Deutsche Bank	3504	29
6	General Electric Capital Corporation	3026	27
7	Citi	2591	23
8	Barclays	2534	25
9	RBS	1912	9
10	U.S. Bancorp	1877	19
11	UBS AG	1713	13
12	**Goldman Sachs & Company**	1542	15
13	BMO Capital Markets	1408	9
14	SunTrust Bank	1376	11
15	BNP Paribas	1200	2
16	**Morgan Stanley**	1158	14
17	Credit Suisse	852	9
18	Credit Agricole CIB.	752	3
19	Regions Bank	678	7
20	RBC Capital Markets	470	9

und Verkäufer (so früh wie möglich kassieren) verringert. Die allgemeine Zielsetzung ist die Erhöhung der Betriebsmittel.

Es bleibt die Frage, wer für das Delkredererisiko haftet, also für das Nichtbezahlen der Rechnung resp. für die Rechtsverfolgung der Forderung aufkommt. Man unterscheidet hierzu das *Factoring*, bei dem der Factor das Inkasso auf eigenes Risiko betreibt, und das Forfaitieren (Invoice Sale), bei dem der Schuldner von der Abtretung der Rechnung nichts weiß und in ein Konto einbezahlen soll, das unter Kontrolle der Bank steht. Das Forfaitieren ist somit alleine auf die Finanzierung fokussiert, wogegen das Factoring noch weitere professionelle Dienstleistungen (Mahnen, Verfolgen etc.) betrifft, die mit einem entsprechenden Vertrag ausgelagert sind.

Das AR Finance oder AR Sales kommt häufig in der Handelsfinanzierung zum Tragen, dort nämlich, wo ständig wiederkehrende Rechnungen anfallen.

Diese Geschäftsfelder sind bei Investmentbanken typischerweise im Transaction Service oder Transaction Banking angesiedelt.

Literatur

Black, F., & Scholes, M. S. (1973). The pricing of options and corporate liabilities. *Journal of Political Economy*, *81*(3), 637–654.

Bodmer, E. (2014). *Corporate and project finance modeling: theory and practice.* Hoboken, New Jersey: Wiley.

Croce, D. R., & Gatti, S. (2014). Financing infrastructure – International trends. OECD Journal: Financial Market Trends 2014/1, OECD, Paris. https://www.oecd.org/finance/Financing-infrastructure-international-trends2014.pdf

Epec (2014). *Role and use of advisers in preparing and implementing PPP projects. Report.* Luxembourg: European PPP Expertise Centre EPEC, European Investment Bank.

Fama, E. F. (1965). The behavior of stock-market prices. *Journal of Business*, *38*(1), 34–105.

Gardner, D., & Wright, J. (2004). Project finance. In T. Rhodes (Hrsg.), *Euromoney encyclopedia of debt finance* (2. Aufl. S. 183–198). London: Euromoney Books.

Haugen, R. (2001). *Modern investment theory* (5. Aufl.). Upper Saddle River, N.J: Prentice Hall.

Idzorek, T. M. (2003). A step-by-step guide to the Black-Litterman model: Incorporating user-specified confidence levels ". Technischer Bericht, Ibbotson Associates.

Lintner, J. (1965). The valuation of risky assets and the selection of risky investments in stock portfolios and capital budgets. *Review of Economics and Statistics*, *47*, 13–37.

Markowitz, H. (1952). Portfolio selection. *The Journal of Finance*, *7*(1), 77–91.

Mossin, J. (1966). Equilibrium in a capital asset market. *Econometrica, 34*(4), 768–783.

Sharpe, W. F. (1964). Capital asset prices: A theory of market equilibrium under conditions of risk. *Journal of Finance*, *19*, 425–442.

Spremann, K. (1991). *Investition und Finanzierung.* München: Oldenbourg.

Vinter, G. (1998). *Project finance: a legal guide.* London.: Sweet & Maxwell.

Zimmerl-Egger, M. (2013). Financing Commodity Traders – Transactional trade finance. Präsentation: ICC Banking Commission Meeting 2013, Raiffeisen Bank International, Wien.

Kultur

9

Warum gibt es so viele Bücher über Investmentbanken und noch viel mehr persönliche Erfahrungsberichte und sogar Spielfilme? Ohne eine fundierte Studie zu machen, dünkt es einen offensichtlich, dass die Banken und die Wall Street in den Medien viel prominenter vertreten sind als andere Industrien, außer Hollywood. Und was interessiert besonders? Es sind die menschlichen Aspekte und Schicksale, das spezielle Ambiente und die Vorstellung von ungeheuren Finanzkräften, die von schrulligen „Normalos" oder pathologischen Egomanen entfesselt werden. Diese menschliche Dimension wollen wir mit Kultur verbinden.

Lapidar ausgedrückt ist Kultur alles, was nicht Natur ist. Eine solche Definition ist offensichtlich grob. Wir könnten sagen, Kultur ist das erworbene Wissen, das Menschen benutzen, um Erfahrungen zu interpretieren und Verhalten zu erzeugen. Uns interessieren eigentlich die Eigenheiten, die das menschliche Zusammenwirken in Gesellschaften, aber auch in bestimmten Institutionen wie Investmentbanken im Verhältnis zu anderen Industrien beschreiben, also Verhalten, Handeln und Fühlen.

Es ist ein komplexes Ganzes, das Wissen, Glauben, Künste, Moral, Gesetz, Sitten und andere Fähigkeiten und Gewohnheiten umfasst, die Menschen als Teil einer Gesellschaft erwerben. Der Erwerb ist teilweise stark durch die *Traditionen* und damit auch die Religiosität bestimmt. Kultur hilft, um die Welt zu definieren, Gefühle auszudrücken und Beurteilungen zu machen.

Es gibt kulturelle Universalien, d. h. Merkmale, die man in allen menschlichen Gesellschaften antrifft. Allgemeine Merkmale findet man in vielen oder zumindest mehreren und andere wiederum sind so spezifisch, dass sie nur in einer Gesellschaft vorkommen. Weil aber die Menschen heutzutage besser vernetzt und Nationen durch die Globalisierung stärker voneinander abhängig sind, können größere wirtschaftliche und politische Systeme die lokalen Kulturen dominieren oder zumindest ergänzen. Hierzu denke man nur an die Filmindustrie in Hollywood, deren Produkte global dominieren.

Wir beginnen unsere weitere Betrachtung im Großen bei den Nationen und Gesellschaften, gehen dann zur Investmentbankenindustrie und weiter in die Investmentbank

© Springer Fachmedien Wiesbaden GmbH, ein Teil von Springer Nature 2018
C. Franzetti, *Investmentbanken*, https://doi.org/10.1007/978-3-658-20791-5_9

hinein. Zuletzt unterbreiten wir ein paar Gedanken zur Außenwirkung der Banken und der Banker.

Da uns das Thema für das Verständnis der Investmentbanken wichtig erscheint, es aber komplex ist, braucht es eine Art Leitfaden, um die Aspekte in eine Ordnung und Übersichtlichkeit zu bringen. Der Autor ist sich bewusst, dass diese Beschreibung die eines Dilettanten und nicht eines Fachmanns ist. Anderseits wird der typische Leser nicht ein Kultursoziologe oder -anthropologe sein. Dies diene dem Leser als Warnung.

Da die „Leitkultur" in den Investmentbanken unzweifelhaft amerikanisch ist, also nicht „international", interessieren uns die USA besonders.

9.1 Nationale Ausprägung

Die Investmentbanken sind nicht nur stark angelsächsisch geprägt, sondern sogar die Unterschiede zwischen den USA und Großbritannien und seinem Commonwealth sind spürbar. Seit dem Big Bang von 1984 sind die Amerikaner tonangebend, auch wenn London einen maßgeblichen Finanzplatz darstellt.

Werte sind sowohl eine Spiegelung unserer selbst als auch eine Manifestation der sozialen, politischen und kulturellen Umwelt, in der wir leben. Abb. 9.1 zeigt die empirischen Erkenntnisse des World Value Survey, der zum ersten Mal 1981 erfasst und später immer wieder aufdatiert wurde (Inglehart 1997). Nicht sichtbar eingezeichnet sind die drei Gruppen im ersten Quadranten: protestantisches Europa (von Schweden bis zur Schweiz), die englischsprachigen Länder und die katholische Mitte (Italien, Spanien, Belgien bis Tschechien).

Die kulturelle Positionierung ist zweidimensional. Einerseits die Achse von traditionell-religiösen und säkular-rationalen Werten. Anderseits die Werte des kollektiven Überlebens und der individuellen Selbstentfaltung. Demnach markieren die USA ein Land in der Gruppe der englischsprachigen Länder, mit einer starken Verbindung zwischen traditionell-religiösen Werten, wenig Säkularisierung sowie einer starken Ausrichtung an der individuellen Selbstentfaltung. Im protestantisch geprägten Europa ist der globale Wertewandel am weitesten fortgeschritten. Auffällig ist die große Distanz zwischen der Schweiz und Deutschland. Beide Länder sind doch ziemlich weit von den USA entfernt. Wir können daraus schließen, dass wenn die kommerzielle Bank lokal gefärbt ist und die Investmentbank typisch amerikanisch ist, dass es doch erhebliche, zu vereinbarende Diskrepanzen gibt.

Was ist denn typisch amerikanisch? Huntington (2004), ein verstorbener Soziologe und viel beachteter Meinungsmacher, behauptete, die „Kernkultur Amerikas" beinhalte:

- die christliche Religion,
- protestantisch-calvinistische Werte, Sitten und Arbeitsmoral,
- die englische Sprache,

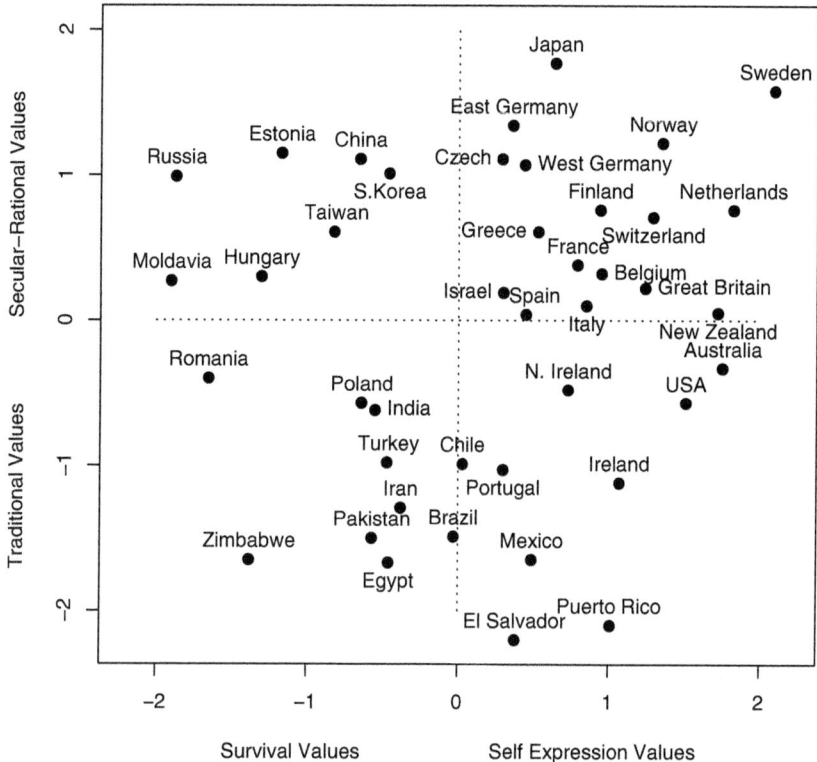

Abb. 9.1 Kultur anhand der beiden Wertedimensionen traditionelle versus säkular-rationale Werte und Überlebens- versus Selbstentfaltungswerte nach Inglehart und Welzel (2005, 64) (Quelle: Institute for Comparative Survey Research)

- britische Rechtstradition und Auffassung von Gerechtigkeit und die Begrenzung der staatlichen Macht,
- eine Verbindung zur europäischen Kunst, Literatur, Philosophie und Musik
- sowie die amerikanische Weltanschauung mit ihren Prinzipien von Freiheit, Gleichheit, Individualismus, repräsentativer Regierung und Privateigentum.

Huntington widerspricht der These, wonach die USA eine Gesellschaft von Immigranten sei, die eine neue Synthese herstellen und damit eine multikulturelle Vielfalt aufweisen würden. Amerika sei eine Gesellschaft von Siedlern, denn rund 50 % seiner heutigen Bevölkerung sind Nachkommen der extremistischen protestantischen Sekten, die ab dem 16. Jahrhundert ihre Gemeinschaften in Neuengland errichtet haben. Der Rest musste sich anpassen. Aufeinanderfolgende Generationen von Immigranten wurden in die Kultur der ursprünglichen Siedler integriert, leisteten ihren Beitrag dazu und veränderten sie. Aber sie verwandelten sie nicht grundlegend. Der Soziologe Lipset (1996, 76) sagt über die

USA: „Given the strength of the aspiration to rise, it is not surprising that Americans are more disposed to approve of high salaries and ‚bonuses' for ‚stars' in entertainment, athletics, and the market in general."

Was sind typische europäische Merkmale? Freiheit, Sicherheit und Gerechtigkeit sind die häufigsten Nennungen. Somit sind die Differenzen vor allem im amerikanischen sektiererischen Hypermoralismus und Arbeitsethos zusammen mit der Individualität und dem Streben nach Glück. Weitere Unterschiede sind die Gewichtung der Gerechtigkeit (des Resultats und nicht nur der Möglichkeiten) sowie das juristische, nämlich systematische Recht.

In diesem Zusammenhang ist es interessant darauf hinzuweisen, dass in den Investmentbanken alles „global" ist (Global Markets, Global Head of Something etc.). Dies trifft aber nicht einmal auf die geografische Präsenz zu. Im Kern ist die Kultur im Banking eher uniform, nämlich gleich.

9.2   Industriekultur

Unter den Investmentbanken gibt es recht große Unterschiede: Die einen sind sehr groß, die anderen klein, die dritten sind mit einer kommerziellen Bank zusammen, die vierten sind noch alleine. Somit versuchen wir im Folgenden die gemeinsamen Eigenschaften herauszuheben.

9.2.1   Reine Investmentbanken, Boutiquen und noch kleiner

Im juristischen Sinn gibt es keine Investmentbanken mehr, denn im Nachgang zur Finanzkrise von 2008 sind die letzten Investmentbanken, wie sie aus der Einführung des Trennbankensystems hervorgegangen sind, entweder mit Kommerzbanken fusioniert worden (Merrill Lynch, Bear Stearns), haben sich selber zu Bank Holding Companies (Kommerzbanken) im Sinne der Aufsicht gewandelt (Goldman Sachs, Morgan Stanley) oder sind bankrottgegangen (Lehman Bros.). Im Konkreten heißt das, dass sie nun nicht mehr von der Börsenaufsicht SEC reguliert sind und dass sie auch Einlagen vom Publikum aufnehmen dürfen. Die meisten großen Investmentbanken sind Divisionen von Universalbanken, wie zum Beispiel Barclays, Credit Suisse, UBS oder Deutsche Bank.

Eine weitere Kategorie von Investmentbanken sind die stark regional vertretenen, vor allem mit japanischem, fernöstlichem, australischem und afrikanischem Schwerpunkt.

Die interessanteste Kategorie sind die Boutique Investment Banks. Sie zeichnen sich durch ihre relative Größe und die Spezialisierung auf bestimmte Bereiche aus, namentlich das Beratungsgeschäft, das sehr stark vom Humankapital und wenig vom Finanzkapital abhängt. In der Tab. 9.1 ist der Versuch einer Kategorisierung gewagt. Unter den Boutiquen sind allerdings Lazard, Rothschild und Jefferies sehr bedeutend.

Tab. 9.1 Übersicht Investmentbankenlandschaft. Solche Darstellungen sind abhängig von der verwendeten Metrik und zusätzlich immer im Fluss und somit mit einer Prise Salz zu verstehen

Globale Investmentbanken	Große IB	Boutique IB
Bank of America Merrill Lynch	CIBC	Blackstone
BNP Paribas	HSBC	Evercore
Barclays	Macquarie	Gleacher & Company
Citigroup	Mizuho	Greenhill & Co.
Credit Suisse	MUFG[a]	Houlihan Lokey
Deutsche Bank	Nomura	Jefferies
Goldman Sachs	Royal Bank of Canada	Keefer, Bruyette & Woods
J. P. Morgan Chase	Royal Bank of Scotland	Lazard
Morgan Stanley	Société Générale	Moelis & Company
UBS	Standard Chartered Bank	Perella Weinberg Partners
	Sumitomo Mitsui	Rothschild
	Wells Fargo	William Blaire

[a] Mitsubishi UFJ Financial Group.

Im eingangs dargestellten geschichtlichen Abriss kann man die Entwicklung der globalen Banken nachvollziehen. Die Boutiquen sind meist relativ jung und aus der Verselbstständigung von gewichtigen Mitarbeitern der Bulge-Bracket-Firmen hervorgegangen, die häufig ihr früheres Team *en bloc* mitgenommen haben.

Joseph Perella als Beispiel leitete das Fusionsgeschäft bei First Boston, gründete mit Bruce Wasserstein 1988 eine Boutique, die sie im Jahr 2000 an die Dresdner Bank verkauften, übernahm das M&A-Geschäft bei Morgan Stanley und gründete 2006 nochmals eine Boutique mit anderen Partnern, die heute ca. 450 Mitarbeiter zählt.

Robert Greenhill, ebenfalls ein Manager von Morgan Stanleys M&A-Abteilung, machte sich 1996 selbstständig im Bereich von Fusionen. Heute zählt die Firma ca. 300 Mitarbeiter weltweit. Die Finanzzahlen 2014, um eine Abschätzung zu bekommen, sind sehr übersichtlich: Beratungsertrag 280,5, anderer Ertrag −5,2, Personalkosten −147,6, Betriebsaufwand −60,2, Steuern −24,1, Gewinn 43,4 Mio. USD. Somit gehen 53 % des Umsatzes an die Mitarbeiter. Im selben Jahr wurde Evercore von Robert Altman gegründet, ebenfalls in der Fusionsberatung tätig. Die Firma hat rund tausend Mitarbeiter.

Kenneth Moelis kam von Drexel Lambert über verschiedene Stationen zur UBS. 2007 gründete er die Partnerschaft Moelis & Co. mit den Schwerpunkten Corporate Finance, Private Equity und Asset-Management. Die Firma zählt ca. 550 Mitarbeiter.

Die Boutiquen stellen ihre Unabhängigkeit immer prominent in das Schaufenster. Anstatt Unabhängigkeit könnte man ebenso die Freiheit von Interessenkonflikten nennen. Die integrierten Investmentbanken haben lange darum gekämpft, dass sie auch Finanzierung anbieten und somit ein Gesamtpaket schnüren können, das sicher und lukrativ platziert werden kann. Nun kommen juristische Fragestellungen immer mehr in den Brennpunkt. Zwei große Klagen vor Gericht haben dazu geführt, dass die Investmentbanken äußerst zurückhaltend mit Finanzierungsangeboten sind. Beide Male traten die Banken, Barclays und Goldman Sachs, als Berater des Verkäufers oder Übernahmeziels auf und finanzierten gleichzeitig die Käufer. Im Fall Goldman Sachs gegen El Paso Corp. verlor die Investmentbank im Jahr 2012 Honorare von 20 Mio. USD.

Die Gebrüder Michael und Yoel Zaoui, der eine früherer Co-Head of M&A bei Goldman Sachs, der andere in ähnlicher Position bei Morgan Stanley, haben ihre eigene Firma gegründet. Sie umfasst kein Dutzend an Personen. Sie hat aber 2014 Lafarge beim Merger mit Holcim, den zwei größten Zementherstellern der Welt, bei einem Deal um 40 Mrd. EUR beraten. Die Brüder stammen aus Marokko, sind aber in Italien und Frankreich aufgewachsen und haben in New York und London gearbeitet. An diesem Beispiel zeigt sich, dass in diesem engen Bereich des Investmentbankings ein Team ausreicht, sofern man einen Auftrag bekommt. Und dies geschieht, wenn man eine entsprechende Bekanntheit und Reputation besitzt.

Die „Boutiquiers" verkaufen nur Beratung; sie bieten keine Finanzierung an oder managen Kassenbestände. Dadurch werden sie als viel objektiver und ohne Interessenskonflikte wahrgenommen.

Die Abb. 9.2 zeigt den stetigen Aufstieg der Boutiquen im M&A-Geschäft in den letzten paar Jahren. In fünf Jahren hat sich das Volumen in den USA verdoppelt und beträgt rund 16 %. Es zeigt sich auch hier, dass Beratung viel stilles Wissen und Beziehungen voraussetzt und gleichzeitig wenig Infrastruktur, schöne Büros an guter Adresse, ein paar Standardsoftwares etc. braucht. Das Gros der Einnahmen wird in Form von Salären aufgezehrt.

9.2.2 Weltsicht

Auf der Stufe der Weltsicht, der Ideologie, vermischen sich Politik und Wirtschaft. Die Politik setzt, oder sollte es zumindest, den Rahmen, innerhalb dessen sich die Wirtschaft entfaltet. Normative Vorstellungen – wie sollte es sein, wie möchten wir es haben – kollidieren häufig mit der Realität und der historischen Erfahrung. Dennoch ist die Weltsicht ein eminent wichtiger Hintergrundfaktor, der entsprechendes Streben und Handeln beeinflusst.

Die von den Investmentbanken am stärksten verinnerlichte Weltanschauung ist der sogenannte Neoliberalismus. Dieser stützt sich auf die *Laissez-faire*-Philosophie der französischen Physiokraten, einer Gruppe von Ökonomen. Adam Smith vertrat dasselbe. Die Ökonomie ist eine natürliche Ordnung, die vom Staat so wenig wie möglich gestört werden soll. Vor allem in der Weltwirtschaftskrise wurde diese Haltung der Selbstregulierung durch die Fakten diskreditiert.

Anderseits werden Regulierungen zum Zweck der Privilegierung einzelner Gruppen verwendet. Hayek (1948, 107) schreibt:

> In principle the industrial protectionism and government-supported cartels and the agricultural policies of the conservative groups are not different from the proposals for a more far-reaching direction of economic life sponsored by the socialists.

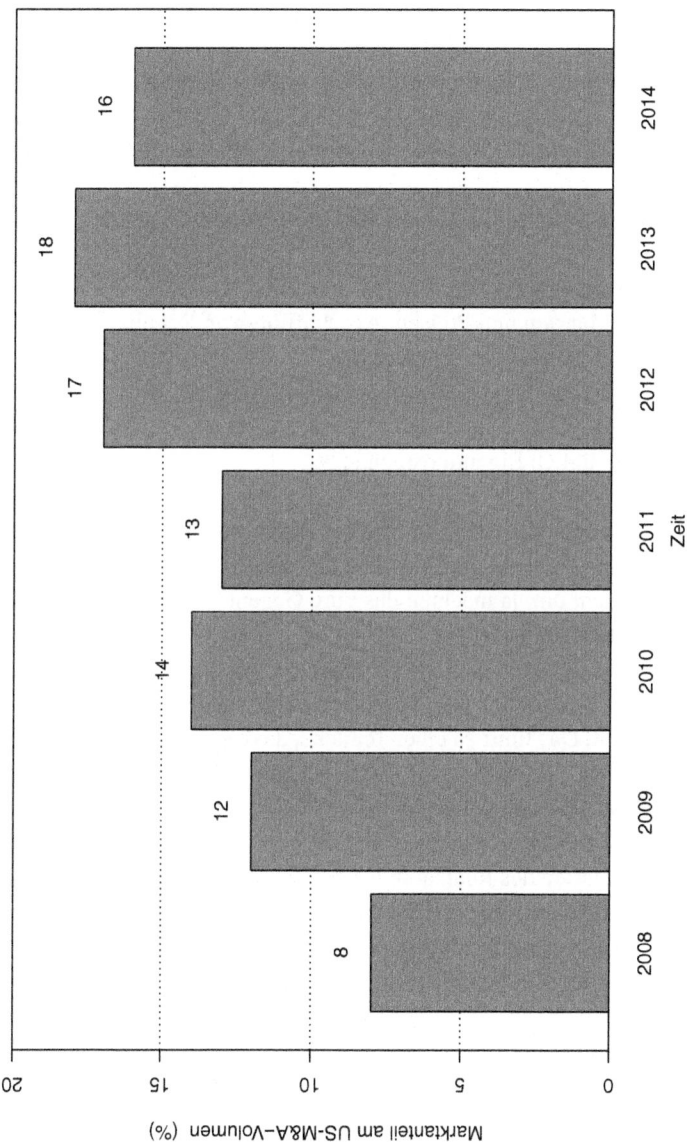

Abb. 9.2 Marktanteil der Boutiqueinvestmentbanken am US-M&A-Geschäft in Prozent (Quelle: Dealogic)

In den Achtzigerjahren des 20. Jahrhunderts erarbeitete Milton Friedman, ein Schüler von Friedrich von Hayek, ein wirtschaftliches Programm für das diktatorisch geführte Chile, deren Ausrichtung als neoliberal bezeichnet und von den multilateralen Institutionen, wie Weltbank und Internationaler Währungsfonds, als Washington Consensus übernommen wurde. Die Forderungen lauten in Kürze:

- fiskalpolitische Disziplin, d. h. Vermeidung von großen Staatsdefiziten, Haushaltskürzungen,
- Verbesserung der Effizienz der Ressourcennutzung in der gesamten Wirtschaft, Abbau von Subventionen,
- Liberalisierung der Handelspolitik durch Abbau von Handelsbeschränkungen und Handelskontrollen,
- freie Zinsen und Wechselkurse,
- Deregulierung von Märkten und Preisen, Abschaffung von Regulierungen, welche den Markteintritt und den Wettbewerb behindern,
- Privatisierung öffentlicher Unternehmen und Einrichtungen,
- Entbürokratisierung,
- legale Sicherheit bezüglich Eigentumsrechte.

Der Nobelpreisträger Joseph Stiglitz kritisierte das Aufzwingen dieser Ansichten während der Roaring Nineties vor allem auf die Schwellenländer. Denn die USA selbst setzten diese Themen nicht konsequent um, ja machten das pure Gegenteil, indem sie das Staatsdefizit in bis dahin unerreichte Höhen trieben.

Der Neoliberalismus versucht sich als Naturgesetz zu positionieren, zu dem es keine Alternative gäbe. Ein struktureller Aspekt besteht in der starken Vergütung von Kapital zum Nachteil der Arbeit. Das führt zu einer Tendenz, dass Vermögen von unten nach oben der Gesellschaftsordnung verschoben wird; Reiche werden bevorzugt und erlangen noch mehr Reichtum. Dieses Phänomen hat sich in den USA verwirklicht. Gleichzeitig manifestierte sich die *Financialization*, ein neuer Begriff für die wachsende Bedeutung des Kapitals der Investoren zulasten des Realkapitals oder die Verdrängung der Produktion durch die Finanzindustrie. Während früher die Hauptziele einer produzierenden Unternehmung die Produkte und die dazugehörige Innovation, die langfristige Behauptung und Eroberung der Märkte im Vordergrund standen, ist es heute viel mehr die Rendite für die Eigner. Das Shareholder-Value-Konzept sieht die Besitzer als alleinige Anspruchsberechtigte für die Erträge. Diese werden durch Maßnahmen auf der Passivseite, durch finanzielle Umstrukturierungen erreicht. Dazu gehören die Fusionen und Zerschlagungen, die Buy-outs, feindliche Übernahmen und die Erhöhung der Verschuldung, also alles typische Tätigkeiten des Investmentbankings. Aktivseitig führt die Reduktion auf die Kernkompetenzen oder Fusionen häufig zur Verkleinerung der Mitarbeiterzahl. Die Firmen orientieren sich nicht mehr an den Kunden und anderen Anspruchsgruppen sowie langfristigen Wachstumszielen, sondern an der Börse. Das Managementverhalten fokussiert sich auf die kurze Frist. Regelmäßig reagiert die Börse positiv auf angekündigte Entlassungen.

Ein weiterer verwandter Mosaikstein bildet die *Agency-Theorie*. Auf der obersten Stufe postuliert sie, dass Management (Agent) und Besitzer (Prinzipal) ihre Interessen am besten ausrichten, wenn sich die Firma am Shareholder Value orientiert. Der gleiche Gedanke findet sich in der Vergütung der Investmentbanker wieder, die mit Optionen und gesperrten Aktien an den Firmenwert angekettet sind. Die Agency-Theorie fußt auf einem sehr negativen Menschenbild, das zudem einen simplistischen *Homo oeconomicus* unterstellt.

Es wäre naiv, nicht zu sehen, dass die Investmentbanken ihr Geschäft – möglicherweise unreflektiert – vor dem Hintergrund einer weltanschaulichen Mission mit flammendem Eifer betreiben. Ho (2009, 350) sagt: „The passionate moralism often implicit in neo-liberal globalization is an important component of Wall Street's beliefs and motivations". Diese Banken sind nicht bloße Technokraten der Wirtschaft, sondern Zeloten des Staatsabbaus und der Deregulierung. Sie setzen diesen Wertekanon mit und an den Kunden durch. Sie setzen ihn aber auch noch in der Bank selber durch und handeln somit zumindest kohärent.

Zur effektiven Umsetzung brauchen die Banken entsprechendes Personal, das diese Ansichten auch verinnerlicht hat. Hier gilt wohl zu Recht, dass Identität durch Identifikation entsteht.

9.2.3 League Tables – Ranglisten

Die League Tables, ein Begriff aus der Sportwelt, zu Deutsch die Rangliste, ist die wichtigste Aussage bei den Investmentbanken. Auch wissenschaftliche Arbeiten belegen, dass die Rangordnung ein guter Schätzwert für das künftige Geschäft ist. Deshalb sind diese Listen auch die Zielobjekte aktiven Managements, wenn nicht gar der Manipulation. (Das Ranking von Hochschulen führt bekanntlich zu negativen Auswirkungen.) Sie zeigen jeweils, wer die Nachbarn sind und wie weit weg sie sind. Meist bilden die ersten oder gar der erste eine Gruppe für sich mit weit höherem Anteil. Der Investmentbanker ist also ein Sportsmann.

Die Ranglisten einerseits nach Nettoertrag, anderseits nach Dealvolumen gibt es in den Hauptkategorien:

- Investmentbanking, als Total,
- M&A (Fusionen, Restrukturierung etc.),
- ECM (Aktienemissionen),
- DCM (Emissionen von Schuldtiteln).

Für das Investmentbanking gilt das Ranking nach Tab. 9.2. Eine weitere Aufteilung erfolgt nach Geografie und großen Ländern. Für die besten vergeben einschlägige Fachzeitschriften Auszeichnungen (Awards) wie im Sport oder beim Film und Musik. „Bestes M&A-Haus in Deutschland" oder „Bestes IPO-Haus in Sub-Sahara-Afrika" und „Größter Deal in Usbekistan" sind die möglichen Schlagzeilen.

Tab. 9.2 Global IB Bank Ranking 2015 (Quelle: Dealogic)

Rang	Bank	Nettoertrag (Mio. USD)	Anteil (%)
1	J. P. Morgan	6025	7,9
2	Goldman Sachs	5529	7,2
3	BofA Merrill Lynch	4809	6,3
4	Morgan Stanley	4573	6,0
5	Citi	3889	5,1
6	Deutsche Bank	3390	4,4
7	Credit Suisse	3161	4,1
8	Barclays	3110	4,1
9	UBS	1949	2,6
10	Wells Fargo Securities	1792	2,3
	Subtotal	38.228	50
	Total	76.380	100

Neben schlechten Zahlen sind es (1) größere Skandale, (2) eine Kapitalkrise und (3) der Exodus von produktiven Direktoren sowie eine Kombination davon, die zum Niedergang einer Investmentbank führen. Ein Antidot ist ein gutes Risikomanagement. Anderseits führen (1) eine Serie von High-profile-Transaktionen und Deals, (2) ein Kapitaleinschuss der Mutter oder eines angesehenen Dritten und (3), heute eher nicht der Fall, ein verbessertes regulatorisches Umfeld zum Erfolg.

9.2.4 Tacit Knowledge – Stilles Wissen

Der Begriff Tacit Knowledge stammt ursprünglich aus der Wissenschaftstheorie. Zu Deutsch sagt man entweder stilles oder implizites Wissen. Wissen kann formalisiert und verbalisiert sein, also derart beschrieben, dass andere es aufnehmen können. Wissen kann indessen auch bei Wissensträgern vorhanden sein, aber nicht kommuniziert werden können. Zum einen weil man zwar richtig handelt, die Regel hingegen, die man dabei anwendet, nicht kennt, zum anderen, weil es nur durch eigene Erfahrung oder am Modell gelernt werden kann. Kann ein Sternekoch sein Handwerk so beschreiben, dass der Leser auch spitzenmäßig kocht? Zudem kann es natürlich auch die Situation geben, in welcher man willentlich oder hinnehmend, aus Zeitgründen, das Wissen nicht weitergeben will. Wissen ist ja immer noch Macht oder zumindest Kapital.

In der Abb. 9.3 nach Morrison und Wilhelm (2007) findet man eine kursorische Verortung des Effektenhandels im Verhältnis zum Investmentbanking, d. h. Emission und Fusionen. Der Effektenhandel ist zwar technisch anspruchsvoll, doch die benötigten Fertigkeiten sind nachvollziehbar dokumentiert. Es gibt ja spezifische Lehrgänge und zu

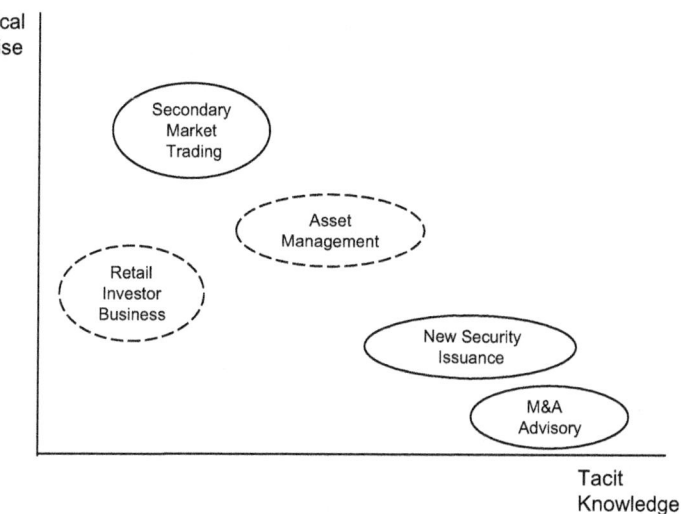

Abb. 9.3 Verteilung von technischem und stillem Wissen in den Divisionen der Investmentbanken nach Morrison und Wilhelm (2007, 89). By permission of Oxford University Press

absolvierende, amtliche Zulassungskurse[1]. Deshalb enthält es eher weniger stilles Wissen. Natürlich heißt das nicht, dass es keine gutgehüteten Geschäftsgeheimnisse gibt, wie etwa algorithmische Handelsstrategien. Dies fällt aber nicht unter unsere Definition. Im Gegensatz zum Handel zeichnet sich das Investmentbanking durch sehr viel implizites, nichtverbalisiertes Wissen aus, das auch die Kundenpflege betrifft. Es kann nicht so einfach durch technische Verbesserungen substituiert werden.

In dem von uns beschriebenen Umfeld hat das stille Wissen einen hohen Wert; deshalb wird es nicht gratis abgegeben. Zudem ist es an die Person gebunden. Verlässt ein Mitarbeiter die Firma, so nimmt er sein stilles Kapital mit; und umgekehrt, wird jemand eingestellt, der über solches Wissen und damit auch Handlungsmöglichkeiten verfügt, so wird die Firma in einer gewissen Form dafür zahlen.

Das Investmentbanking hat offensichtlich zu mehr Effizienz der amerikanischen Wirtschaft beigetragen, sodass das angesprochene stille Wissen auch einen sozialen und gesellschaftlichen Wert besitzt (Morrison und Wilhelm 2007, 274). Deshalb ist die Weitergabe dieses Wissens volkswirtschaftlich sinnvoll.

Dessen Aneignung setzt persönliche Erfahrung und wirkungsvollen Wissenstransfer mittels Beobachtung, Nachahmung und Übung durch einen kundigen Mentor voraus. Ein

---

[1] In den USA z. B. das General Securities Representative Qualification Examination (GS), auch „Series 7" genannt, der FINRA.

Vertrauensverhältnis ist ausschlaggebend. Für den Mentor ist die Wissensvermittlung ein Kostenfaktor. Denn es raubt ihm Zeit, um mit Kunden zu arbeiten und seine Erfahrung zu vertiefen und einen Ertrag aus seinem Wissen zu erzeugen. Somit sollte der junge Mitarbeiter zu Beginn seiner Laufbahn dafür in einer Form „bezahlen". Die Firma erzwingt dies, indem sie des Mentors finanzielles Schicksal mit dem Erfolg des Juniors verquickt.

Da im Investmentbanking vor allem im Team gearbeitet wird, ist das Wissen mit dem Beitritt eines Wissensträgers zum sozialen Netzwerk verfügbar. Wer die Wissensträger im Einzelnen sind und in welchem Umfang, ist für die Außenwelt willentlich schlecht zu erkennen; damit erhält die Beförderung eine große Signalwirkung, die wiederum den Marktwert des Mitarbeiters bestimmt.

Der tiefere Sinn dieses Abschnitts liegt darin, dass man die Fähigkeiten besonders für das beziehungsintensive Investmentbanking nicht einfach erlernen kann, sondern wie bei einer *Lehre* in der Firma erlangen muss. Deshalb investieren diese Institute nicht viel in die spezifische Ausbildung, sondern versuchen das Wissen gegen längerfristige Arbeitstreue abzugeben. Die Abhängigkeit von der Firma ist sehr groß, denn nur eine Beförderung steigert den Marktwert des jungen Mitarbeiters. Dies trägt auch zu den unmenschlichen Arbeitsbedingungen vor allem zu Beginn der Karriere bei.

9.2.5   Genderfragen

Es ist eine allgemein bekannte Tatsache, dass weiße, gut ausgebildete Männer die besten Arbeitsbedingungen vorfinden. Frauen und Minderheiten, nach Hautfarbe oder aufgrund anderer Eigenschaften, werden benachteiligt. Somit stellt sich die Frage, ob Frauen oder andere Minderheiten, in den Investmentbanken besonders benachteiligt werden.

Die Fakten kommen meist über Befragungen zustande. Gemäß Emolument sind die Benachteiligungen offensichtlich: Frauen werden auf allen Stufen schlechter bezahlt als Männer. Auf der untersten Stufe von Analysten und Associates beträgt die Diskrepanz 10–16 %. Auf der Stufe Vice-President sind die Einbußen am größten, nämlich 27 %. Diese Stufe entspricht altersmäßig den 27- bis 32-Jährigen; für Frauen nicht zufällig ein häufiges Gebärfenster. Falls Frauen dann die nächste Stufe zur Managing-Director erklimmen, verschwinden die lohnmäßigen Unterschiede beinahe vollständig.

Es gibt allerdings auch noch den Reibungsverlust, denn auf den untersten drei Stufen ist der Frauenanteil noch bei 1 : 5, wogegen auf der Managing-Director-Stufe der Anteil auf 1 : 17 abfällt. Auch bezüglich Diversity treten die Investmentbanken am Ort: für das Jahr 2014 sind laut Vettery, einer spezialisierten Firma, 65 % der Analysten weiß, 29 % Asiaten und 6 % sind schwarz oder hispanisch. Bei der Deutschen Bank macht die Mehrheit sogar 70 % aus.

Frauen sollten aufgrund der wachsenden Anzahl von Hochschulabsolventen und meist besseren Noten eine immer wichtigere Rolle in der Wirtschaft spielen. Dies sieht man aber nicht.

Die Gründe für das hinkende Fortkommen der Frauen in der Wirtschaft werden u. a. benannt mit:

- der unterschiedlichen Sozialisation (demütiger, mitfühlender etc.),
- der strukturellen Verortung (häusliche Aufgaben),
- Vorurteilen und Stereotypen (Übernahmen aus anderen Bereichen),
- Risikoscheue bei unklaren Situationen,
- geringerer Selbsteingenommenheit und ausgeprägterem Altruismus.

Der Entscheid für Familie und Kinder als Karrierestopper wird in den meisten Firmen durch entgegenkommende Maßnahmen verringert. Auf alle Fälle sind die Zeiten vorbei, als man mit den ebenfalls meist männlichen Kunden einschlägige Nachtklubs und dergleichen besuchte und dabei von den Frauen gestört wurde.

Schwanitz (1999, 479) schreibt etwa süffisant und stereotypisierend, im Kapitel über das, was man nicht wissen müsste:

> Eines der eingefleischtesten Laster der männlichen Psyche ist ihr Hang zur Angeberei. Männer lieben es, zu renommieren; sie blasen sich auf; sie geben an; und sie demonstrieren ihre Überlegenheit. Sie sind so konditioniert . . . , weil sie untereinander um Frauen, Reichtümer, Ansehen und alles und jedes konkurrieren. Eben deshalb lieben sie den Wettbewerb und den Sport.

Für die Zukunft wäre es sehr angezeigt, mehr weibliche Führungskräfte vor allem im Risikomanagement zu haben, denn Frauen sind tendenziell vorsichtiger. Bis jetzt sind die Investmentbanken kein leuchtendes Beispiel für Equal Opportunity Employment.

9.2.6 Work-Life-Balance

Das Austarieren von Arbeit und Leben . . . Wieso gehört die Arbeit nicht zum Leben? Das Konzept ist nicht gerade das, was man „holistisch" nennt. Man könnte das Konzept als Optimierungsaufgabe definieren: Auf der einen Seite ist die Arbeit, als Zeitkonsument, den Arbeitsweg miteingerechnet, als Prestigevermittler, Sinngeber und Einkommensquelle. Auf der anderen Seite steht, laut OECD, die Freizeit (Leisure) und die persönliche Körperpflege (Personal Care). Die freie Zeit gilt der sozialen Geselligkeit, mit Freunden und der Familie, Hobbys, Spiel, Unterhaltung, Kultur etc. Zur „Körperpflege" gehört das Essen und Schlafen, Sport, Hygiene etc. Alle Objekte verbrauchen Zeit und liefern einen Nutzen oder Schaden, monetär oder ideell. In einem normalen Arbeitsumfeld ist die wöchentliche Arbeitszeit begrenzt, z. B. bei maximal 48 Stunden pro Woche, mit zwei freien Tagen. Das ist das Resultat von langen gesellschaftlichen Auseinandersetzungen und eine stolze Errungenschaft der Menschheit, zumindest in Europa. Der triviale Erhaltungssatz der Zeit lautet, je mehr Arbeit, desto weniger Freizeit und Körperpflege.

Tab. 9.3 Arbeitsstunden im	Moelis & Co.	89,9	Credit Suisse	72,1
Investmentbanking, erhoben	Lazard	85,3	Barclays	71,4
durch Selbstangaben (Quelle:	Rothschild	83,1	Citi	70,7
WallStreetOasis WOS, 2015)	Evercore	81,4	Deutsche Bank	70,0
	Houlihan Lokey	78,3	UBS	68,4
	Goldman Sachs	72,4	Morgan Stanley	67,6

Arbeitszeiten

Ein überschlägiger Blick auf Tab. 9.3 zeigt ein ganz anderes Bild. Sofort wird klar, dass man die Wochenarbeitszeit nicht in fünf Arbeitstagen erledigen kann, sondern deren sieben braucht. Das wiederum hieße, dass man keine freien Wochenenden hat. Die Zahlen stammen von Befragungen in den USA und betreffen die unteren Verantwortlichkeitsstufen der Investmentbank. Dennoch sind sie nicht völlig unrealistisch, wenn man die Maßnahmen der Banken zur Verbesserung der Mitarbeiterzufriedenheit bedenkt. Im Nachgang zum Tod eines deutschen Studenten, der in der sechsten, vorletzten Woche eines Praktikums bei BofA Merrill Lynch in London nach drei Tagen durcharbeiten gestorben ist, forderte Goldman Sachs seine Praktikanten auf, nicht vor 7 Uhr in der Früh ins Büro zu kommen und spätestens um Mitternacht das Gebäude zu verlassen; von Freitagabend bis Sonntagmorgen sind die Büros ebenfalls tabu. Man könnte schließen, dass 17 Stunden im Büro in Ordnung sind. Lloyd Blankfein, Chef von Goldman Sachs, sagte zu den Praktikanten, damit diese Interessen jenseits des Bankings entwickeln: „Sie müssen jemand sein, mit dem sich jemand anderes gern unterhalten würde!"

Zurück zur Tabelle: Gehen wir vom Mittel der Bulge-Bracket-Firmen aus, so ergibt sich eine Wochenarbeitszeit von 70 Arbeitsstunden, die wir wiederum durch sechs Arbeitstage dividieren. Damit haben wir einen Richtwert von 11,5 Stunden. Rechnen wir noch 2,5 Stunden für den Arbeitsweg ein und ziehen 7 Stunden für das Schlafen ab, so bleiben noch 3 Stunden übrig. Das ist sehr wenig, denn neben noch einer Mahlzeit fallen die Pflichtaufgaben an, wie den Müll entsorgen, die Kleider zur Reinigung bringen, die Steuererklärung ausfüllen etc. Dieses Setting zwingt zu einem extremen Zeitmanagement und einer massiven Delegation von Aufgaben.

Für den Bereich Trading & Sales sind die Arbeitszeiten auch durch die Börsenzeiten beeinflusst und die Tatsache, dass man am Ende des Arbeitstages die Positionen „glattgestellt" hat, d. h. über Nacht keine wesentlichen Risiken einbehält. Deshalb können auch einige Banker den Arbeitsplatz ohne große Besorgnis verlassen.

Job Insecurity – Arbeitsplatzsicherheit

Die Unsicherheit am Arbeitsplatz ist ein weitreichendes Phänomen, das sich vom Zeithorizont bis zur Loyalität, ja gar bis zum Entstehen von Blasen, auswirkt. In der Abb. 9.5 sieht man die Beschäftigtenzahl der Investmentbanken in New York mit den massiven Korrekturen im Nachgang zu den Krisen.

Die Entlassung geschieht, nachdem man vom Vorgesetzten einbestellt wird und in Anwesenheit eines Personalmitarbeiters kurz informiert wird, unverzüglich. Häufig darf man nicht mal mehr beaufsichtigt an den Arbeitsplatz zurückkehren, sondern wird von einem Sicherheitsbeauftragten nach unten begleitet. Zutritt und Computerzugang sind gesperrt; ein Kollege bringt die wenigen persönlichen Gegenstände zum Empfang. Das Prozedere soll verhindern, dass ein Entlassener noch Schaden anrichtet. Dieser fühlt sich wie von einer Keule getroffen.

Bei der nächsten Sitzung mit der Personalabteilung wird die Aufhebung und das Severance Package, die Abfindung besprochen. Meist ist dies der beste Deal, den man haben kann; eine Klage vor dem Arbeitsgericht – denn auch in London oder New York gibt es Arbeitsgesetze – wird meist gar nicht in Betracht gezogen. Den meisten Mitarbeitern ist diese Situation bekannt und sie führt auch zu einer gewissen Beklemmung. Es gibt aber auch die Unverbesserlichen, die ja jede Kündigungsrunde überstehen und deshalb meinen, nur sie seien ursächlich für ihren Erfolg verantwortlich. Darin ähneln sie den Hühnern von Bertam Russell, die jeden Tag gefüttert werden und deshalb die falsche Erwartung hegen, dass es immer so weitergeht (Franzetti 1995, 108).

In Luyendijk (2015) sagt ein Gesprächspartner, dass man mit jedem Tag, der vergeht, einen Tag näher an der Kündigung ist. Die Kündigung ist ein allgegenwärtiges Damoklesschwert. Es ist ebenso klar, dass die Vergütung eine entsprechende „Versicherungsprämie" beinhaltet.

Metropolen und Hektik

Meier (2009, 91 ff.) beschreibt anhand von London gut, wie die Hektik der Metropole von den Angestellten aufgenommen und verinnerlicht wird. Bemerkbar macht sich dies an den Expats, den Entsandten vom Kontinent, die einen anderen Rhythmus gewohnt sind. Frankfurt beispielsweise hat zwar eine eindrückliche Silhouette, ist aber insgesamt von den Menschenzahlen her eher eine Kleinstadt, wie Zürich auch.

Die gleichzeitig in die City strömenden *Menschenfluten*, es hat fast keine lokalen Bewohner, kanalisiert durch die Untergrundbahn, die Eisenbahn oder die Busse, sind zielstrebig und schnell auf den engen Gehwegen unterwegs. Stehenbleiben und Innehalten sind gar nicht möglich; man wird zu einem Hindernis. Die Menschen sind eng fokussiert, ohne die Mitmenschen, außer verkehrstechnisch, zu beachten.

Die Hektik zieht sich zum Lunch weiter, denn die Verpflegung besteht aus einem reichhaltigen Angebot von Sandwiches und Salaten zum Mitnehmen. In gewissen Gebäuden ist alles integriert, von den mobilen Verpflegungsständen über das Fitnessangebot bis zum Arzt. Meist kehrt man zum Arbeitsort zum Verzehr zurück, sodass keine echte *Mittagspause* stattfindet. Die Sitzungsplanung geht schon davon aus, dass die Mitarbeiter rund um die Uhr verfügbar sind.

An diesem Phänomen erkennt man, wie sich das Banking amerikanisiert und von den englischen Traditionen entfernt hat.

Die Arbeit selber übernimmt diese Hektik; man empfindet sie als normal, obwohl man eigentlich gestresst ist. Das Trading ist *per se* schon genauso hektisch.

Sozialleben

Eine Konsequenz der massiven Arbeitszeitbelastung betrifft das soziale Leben. Nach kurzer Zeit wird man nur noch von jungen Kollegen aus der eigenen Abteilung, der Firma oder anderer Firmen umgeben sein. Sie verstehen, was einen umtreibt (die Kopierstraße war defekt …), sind gewohnt, dass alles nur sehr kurzfristig geplant werden kann und Absagen in letzter Minute erteilt werden. Anderseits ist es auch eine gute Möglichkeit, intensive, lang andauernde Freundschaften zu schließen, wenn man diese Art von engem Geflecht und Kameradschaft mag.

Der Gerechtigkeit halber muss man auch sagen, dass in London die Verhältnisse im Vergleich zu New York und Hongkong wesentlich besser sind. Die Privatsphäre wird eher respektiert, Ferien von 25 Tagen sind die Norm und die Weihnachtszeit ist heilig. In Zeiten, in denen gerade keine Deals am Laufen sind, und dies ist bei den weniger prestigeträchtigen Firmen eher der Fall, gibt es auch Zeit zur Erholung.

Eine zweite Folge der Arbeitszeiten ist, dass eine Familiengründung schlecht vereinbar ist. Dazu muss man wohl auf die Beförderung zum Director warten. Die Verhältnisse führen auch zu vielen Fällen von Kündigungen, vor allem von Frauen, auch wenn die Firmen immer mehr in Wiedereinstiegsprogramme investieren. Goldman Sachs bietet ein zehnwöchiges Praktikum, um die Teilnehmer fit für eine Einstellung zu machen. Allerdings ist das Programm auf sehr wenige Personen beschränkt.

9.2.7 Compensation – Vergütung

Die Vergütung besteht aus zwei Komponenten, nämlich dem fixen Salär und dem Bonus. Daneben gibt es auch noch eher geringe Zusatzleistungen, denn „money talks". Bekanntlich sind die Gehälter außerordentlich großzügig bemessen, vor allem der variable Teil. Abb. 9.4 zeigt eindrücklich, dass die Explosion der Gehälter um 1990 begonnen hat. Das Verhältnis zum Lohn der gesamten Arbeitskraft hat sich von einem Faktor von 2,5 auf 5,2 erhöht; das stetige Wachstum des Lohns über 22 Jahre betrug rund 7 % pro Jahr (im Vergleich zu gesamthaft 3,5 %). Das bedeutet eine Verdoppelung alle zehn Jahre.

Die Anzahl Beschäftigter in den Investmentbanken in New York ersieht man an der Abb. 9.5. Charakteristisch sind die Ausschläge, oder besser, die steilen Abfälle im Nachgang zu den Krisen. Die Beschäftigtenzahlen werden sehr schnell an die ökonomische Realität angepasst. Das gilt allerdings auch für die Erhöhung der Beschäftigten im positiven Fall.

Die Abb. 9.6 zeigt klar, dass die variablen Lohnbestandteile, d. h. der Bonus, besonders in letzter Zeit erhebliche Schwankungen aufweisen, welche die Gewinnlage der Banken und deren Volatilität gut spiegeln. Der Mitarbeiter geht somit eine Risikogemeinschaft mit der Bank ein.

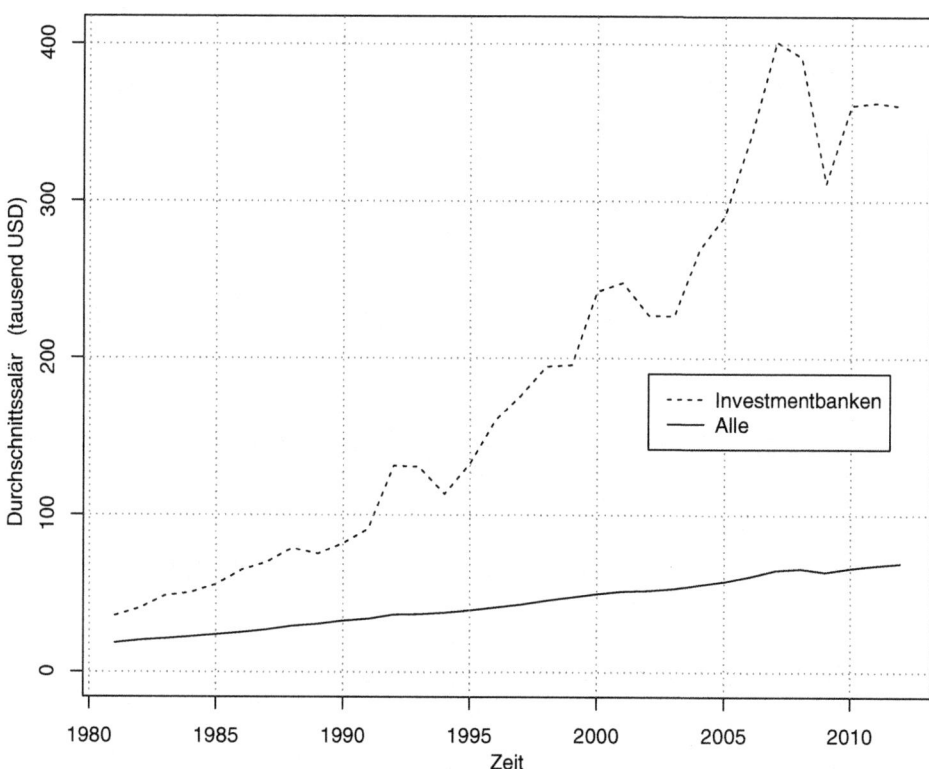

Abb. 9.4 Durchschnittssaläre der Angestellten in den Investmentbanken und der sonstigen Angestellten in New York (Quelle: New York State Comptroller)

Wir können also festhalten, dass die Industrie als Ganze wesentlich höhere Gehälter zahlt, als der Durchschnitt aller Arbeitnehmer erhält. Dies ist zwar auch für das kommerzielle, traditionelle Banking in Europa zutreffend; aber das Verhältnis von über 5 ist bemerkenswert.

Die Abb. 9.7 zeigt die Form der Bezüge. Die Regulierung hat dahin gehend gewirkt, dass die Boni im Verhältnis zum Fixsalär begrenzt wurden. Das hat zu steigendem fixen Anteil geführt. Zudem will man mit aufgeschobener Vergütung, meist Firmenaktien oder Optionen, die kurzfristige Maximierung der Gewinn eindämmen. Gleichzeitig bindet man die Mitarbeiter an die Firma. Auch steuerlich gesehen kann das zu Einbußen führen, wenn nämlich die Werte fallen. Rund ein Drittel der Vergütung ist eingefroren, der Bonus macht dennoch über die Hälfte der Bezüge aus. Neben dem Industrievergleich interessiert natürlich der Vergleich zwischen den Investmentbanken und sodann innerhalb der Institute.

Die Finanzkrise hat zwar Spuren in der Bonifizierung hinterlassen, aber man kann nicht von einer nachhaltigen Veränderung sprechen, obwohl auch die Regulierung ins Salärwesen hineingewirkt hat.

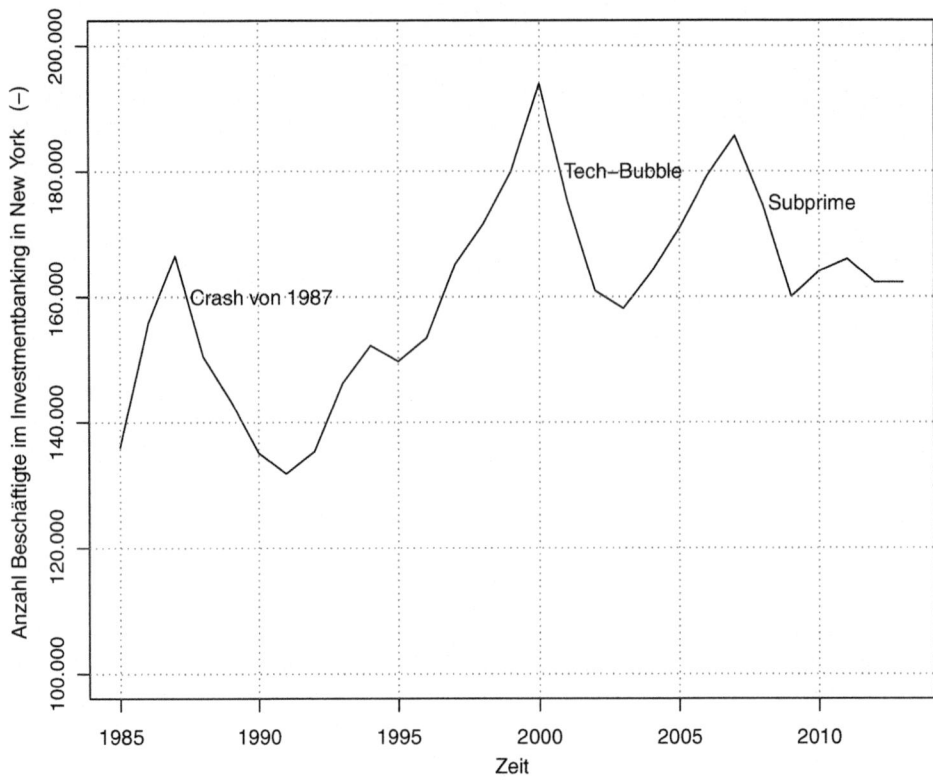

Abb. 9.5 Anzahl Beschäftigte in den Investmentbanken in New York (Quelle: New York State Comptroller). Dem Verlauf der Kurve kann man entnehmen, dass sich Krisen schnell und massiv auf die Anzahl der Mitarbeiter auswirken. Dasselbe gilt allerdings auch für Erholungen

Industrievergleich

Nimmt man die durchschnittliche Vergütung der Investmentbanker und vergleicht sie mit demselben Wert der renommiertesten Institute, z. B. mit Goldman Sachs, so sieht man für das Jahr 2013 folgendes Bild: Der Gesamtdurchschnitt (in New York) betrug rund 355.000 USD, während für Goldman Sachs (global, aber mit Schwerpunkt New York) der Wert 383.000 USD betrug. Die Differenz beträgt geringe 7,9 %.

Ein Begründung liegt darin, dass alle Firmen die besten Mitarbeiter haben wollen, die weniger renommierten Firmen aber einen Zuschlag zahlen müssen, oder anders herum, die besten Banken zahlen nicht mehr, denn sie steigern den Marktwert der Mitarbeiter durch ihre Reputation. Die Tab. 9.4 zeigt die Rangliste der renommiertesten Banken. Die Befragten dürfen nur Fremdfirmen bewerten. Die offensichtlichsten zwei sind an der Spitze; enttäuschend sind die Citi, die UBS und die Deutsche Bank positioniert. Wenn man alle Indikatoren konsolidiert, so geht Morgan Stanley als bester Arbeitgeber hervor.

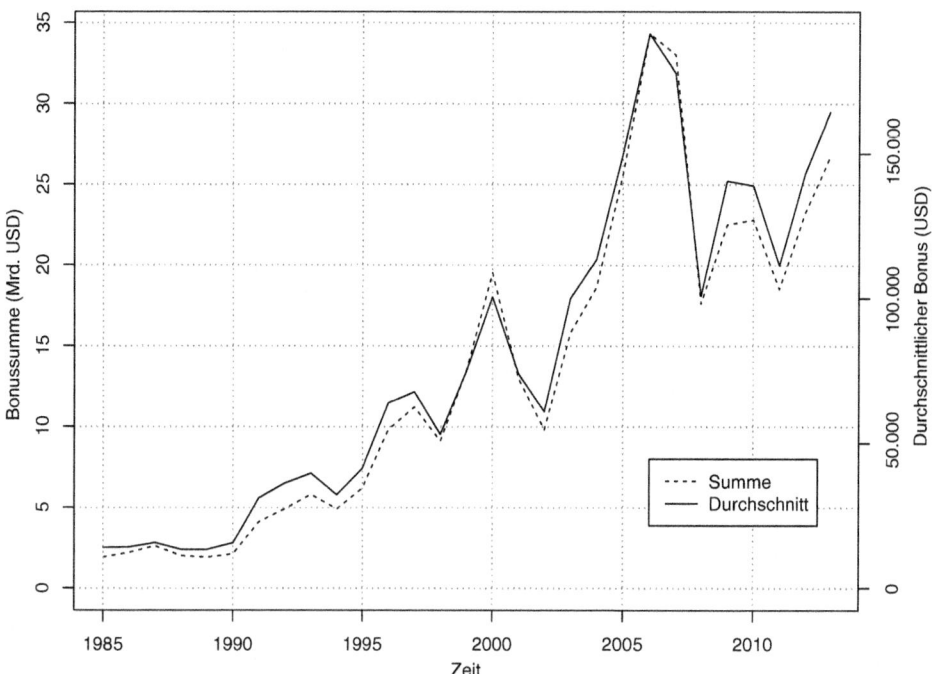

Abb. 9.6 Summe und durchschnittlicher Bonus in den Investmentbanken in New York (Quelle: New York State Comptroller). Trotz der krisenbedingten Schwankungen kann man bis jetzt ein stetiges Ansteigen verzeichnen

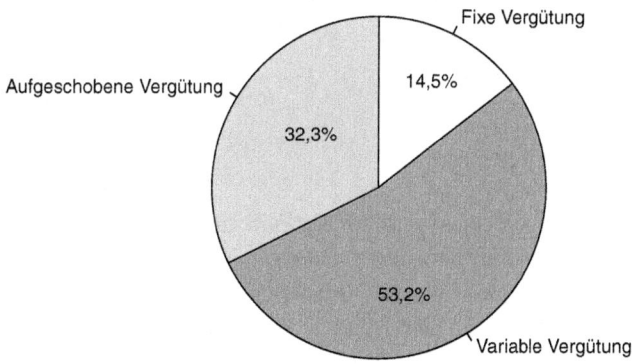

Abb. 9.7 Zusammensetzung der Bezüge für die Investmentbanker für das Jahr 2012 (EBA 2013)

Zu den obigen Zahlen kommt noch die Tatsache hinzu, dass der Mittelwert nur eine limitierte Aussage machen kann. Es kommt auf die Verteilung innerhalb der Firma an. Hier ist zum Beispiel bekannt, dass die unteren Gehälter für die ersten zwei, drei Stufen bei Goldman Sachs einiges tiefer sind als anderswo.

Tab. 9.4 Most Prestigious Banking Firms 2016, Punktzahl von maximal 10 (Quelle: www.vault. com)

Rang	Punktzahl	Bank	Rang	Punktzahl	Bank
1	8920	Goldman Sachs & Co.	11	6176	Centerview Partners
2	8103	Morgan Stanley	12	6167	Deutsche Bank AG
3	7902	J. P. Morgan	13	6032	Moelis & Company
4	7797	Blackstone	14	5953	Perella Weinberg Partners
5	7047	Lazard	15	5691	Guggenheim Securities, LLC
6	6689	Evercore	16	5633	UBS
7	6576	Credit Suisse	17	5550	Jefferies & Company, Inc.
8	6332	Bank of America Corp.	18	5446	Rothschild
9	6301	Greenhill & Co., Inc.	19	5401	Wells Fargo & Company
10	6181	Barclays (IB)	20	5271	Citi Institutional Clients Group

Interne Verteilung

Man muss sich im Klaren sein, dass auch eine Investmentbank einen großen Bereich unterhält, der nicht direkt mit dem Kunden an der „Front" in Kontakt ist. Für die Front-mitarbeiter des Handels und der Beratung steht eine viel größere Anzahl von Versor-gungsfunktionen im Hintergrund bereit. Darunter finden sich dann auch einige unspe-zifische Tätigkeiten wie Anstellungsfachleute, Lohnbuchhalter, IT-Infrastrukturmanager, Hausmeister etc. Diese werden nicht als Investmentbanker wahrgenommen.

Die Investmentbankrealität bezüglich Vergütung bestimmt sich durch die Performance von:

- der Division,
- der Geschäftseinheit,
- dem Individuum und
- einer Rückhalteprämie.

Die Prämie für das Bleiben ist insofern an die Performance gekoppelt, als dass man die Mitarbeiter aufgrund der Zufriedenheit behalten möchte. Anderseits kann ein geringer Bonus als Zeichen gedeutet werden, die Firma doch geflissentlich zu verlassen.

Die Verantwortlichkeitsstufen sind ziemlich ähnlich in den meisten Investmentbanken. Die Juniorpositionen entsprechen den ersten zwei. Der Karrierepfad umfasst folgende Etappen, immer vorausgesetzt, dass man das Up-or-out-System lang genug überlebt:

1. Analyst,
2. Associate (3–4 Jahre),
3. Vice-President (3–4 Jahre),
4. Associate Director, Director, Senior Vice-President (2–4 Jahre),
5. Managing Director, Partner, Senior Managing Director.

Tab. 9.5 Lohnbänder nach Rang, Mittelwert plus und minus Standardabweichung, für das Jahr 2015 aus diversen Quellen zusammengezogen

Rang	von (kGBP)	bis (kGBP)	von (kEUR)	bis (kEUR)
Associates	120	125	160	165
Vice-President	220	260	290	340
Director	320	360	420	470
Managing Director	680	800	880	1040

In der Tab. 9.5 sind Angaben zu Lohnbändern für das Jahr 2015 dargestellt. Sie zeigt zudem, dass von Associate zum VP sich das Salär verdoppelt, genauso wie zwischen dem Direktor und dem Managing Director. Vom VP zum Director ist der Anstieg einiges geringer. Wer die Etappen erwartungsgemäß durchläuft, kann in rund zehn Jahren sein Salär versechsfachen und in die Gefilde von einer Million EUR vorstoßen.

Eine wichtige Metrik zur Bestimmung der Vergütung ist die sogenannte *Compensation Ratio*, definiert als:

$$\text{Compensation Ratio} = \frac{\text{Compensation and Benefits}}{\text{Net Revenues}} = \frac{12{,}7}{34{,}5} = 36{,}8\,\%.$$

Die Rund 37 % beziehen sich auf Goldman Sachs für das Jahr 2014. Im längeren Verlauf betrug diese Quote allerdings nahezu 50 %. Ein Wall-Street-Veteran sagt prägnant (McDonald 2005): „Wall Street is just a compensation scheme, … They [investment banks] literally exist to pay out half their revenue as compensation. And that's what gets them into trouble every so often – it's just a game of generating revenue, because the players know they will get half of it back". Wenn man vom Reinertrag die Nichtpersonalkosten abzieht ($34.528 - 9480 = 25.048$), so erkennt man, dass die Personalkosten fast genau die Hälfte dieser Summe ausmachen. Damit wird der Erfolg paritätisch zwischen Angestellten und Aktionären aufgeteilt.

Die letzte Stufe ist nicht homogen, denn ein „Partner" (den es allerdings gar nicht mehr gibt) ist der Nachfolger der echten Partner, als die Firmen noch Personengesellschaften waren und somit der Restgewinn ihnen gehörte. Goldman Sachs unterscheidet deshalb zwischen Participating Managing Director (PMD) und Executive Managing Directors (EMD). Es wird vermutet, dass die rund 250–300 PMD ca. 15 % des Vergütungstopfes behalten (McDonald 2005), nachdem vielleicht 500 Mio. USD einem karitativen Fonds zugeführt wurden. So kommt man auf einen Durchschnittswert von rund 5 Mio. USD mit Spitzenwerten von vielleicht 40 Mio. USD. Ein Teil dieses Pakets wird allerdings in für fünf Jahre gesperrten Aktien (Restricted Stock Units, RSU) ausgereicht, die zwar Dividenden abwerfen, aber dem Preisrisiko unterliegen. Das Jahr 2016 hat schlecht angefangen und den Wert der Mitarbeiteraktien um rund 500 Mio. USD geschmälert.

Die nächsttiefere Stufe bringt immerhin noch von 1,75–3 Mio. USD nach Hause. In der Tab. 9.6 erfasst die EBA die Millionenbezüge der Banken. Insgesamt sind das im Jahr 2012 in London 2714 Bezüger mit einer Summe von 5,3 Mrd. EUR. Das Investmentban-

Tab. 9.6 Anzahl und Beträge der Millionenbezüger von Bankern in der EU im Jahr 2012, Beträge in Mio. EUR (EBA 2013)

Land	IB		Retail		AM		Andere		Total		Mittel
	Anzahl	Betrag	A.	B.	A.	B.	A.	B.	A.	B.	
Großbritannien	2188	4233,2	62	101,1	198	421,1	266	541,2	2714	5296,6	1,95
Frankreich	117	183,3	3	3,3	18	30,9	39	59,7	177	277,3	1,57
Deutschland	100	154,4	17	19,9	17	26,0	78	130,1	212	330,4	1,56
Andere	176	266,1	48	83,3	34	60,2	169	312,0	427	721,6	1,69
Total	2581	4837,1	130	207,6	267	538,2	552	1043,0	3530	6625,9	1,88

Tab. 9.7 Rangliste nach Bezügen für das Jahr 2013 (Quelle: Dealogic)

Rang	Firma	CEO	Fixbezüge (Mio. EUR)
1	Goldman Sachs	Lloyd Blankfein	16,7
2	J. P. Morgan	James Dimon	14,5
3	Wells Fargo	John Stumpf	14,0
4	Morgan Stanley	James Gorman	13,1
5	Bank of America	Bryan Moynihan	10,2
6	Citigroup	Michael Corbat	10,2
7	HSBC	Stuart Gulliver	9,6
8	Lloyds	António Horta-Osório	9,0
9	UBS	Sergio Ermotti	8,8
10	Credit Suisse	Brady Dougan	8,0
11	Deutsche Bank	Anshu Jain , Jürgen Fitschen	7,5
12	Barclays	Anthony Jenkins	1,9

king macht mit rund 81 % den allergrößten Anteil aus, gefolgt vom Asset-Management mit 7 %. London, genauer Großbritannien, weist 77 % aller europäischen Millionenbezüge auf. Wenn man also viel Geld verdienen will, ist klar, wohin man sich wenden soll. Ob dies nach dem Brexit von Bestand ist, bleibt offen.

Es gibt aber immer jemanden, der noch mehr verdient. Bei den Hedgefunds fallen für die Manager zum Teil horrende, unverschämte Summen an. Dazu vergleiche man die Lohntüten von den CEOs der Investmentbanken (Tab. 9.7) – sie sind nicht unbedingt die höchsten Verdiener innerhalb ihrer Banken – mit den Verdiensten der Hedgefundmanager aus Tab. 9.8. Die Akteure kennen sich natürlich gut. Zum Beispiel wohnen Lloyd Blankfein und Daniel Loeb an der gleichen Adresse, Fifteen Central Park West, *The world's most powerful address*, wie ein Buch titelt (Gross 2015). Andere Mitbewohner sind zum Beispiel der Sänger Sting und der Schauspieler Denzel Washington.

In Deutschland verdienen unter den akademischen Berufseinsteigern die Juristen am meisten, rund 62.000 EUR jährlich, Geisteswissenschaftler etwas mehr als die Hälfte. Ein Vergleich mit der Tab. 9.5 zeigt, dass die Einsteiger in den Investmentbanken rund 2,5-mal so viel verdienen. In Kontinentaleuropa sind die Hochschulabsolventen im Durchschnitt älter als ihre angelsächsischen Kommilitonen, die häufig während des Studiums ein Prak-

Tab. 9.8 Hedgefundsrangliste nach Bezügen für das Jahr 2013 (Quelle: Institutional Investor's Alpha)

Rang	Name	Hedgefund	Verdienst (Mio. USD)
1	David Tepper	Appaloosa Management	3500
2	Steven Cohen	SAC Capital Advisors	2400
3	John Paulson	Paulson & Co.	2300
4	James Simons	Renaissance Technologies	2200
5	Kenneth Griffin	Citadel	950
6	Israel (Izzy) Englander	Millennium Management	850
7	Leon Cooperman	Omega Advisors	825
8	Lawrence Robbins	Glenview Capital Management	750
9	Daniel Loeb	Third Point	700
10	Raymond Dalio	Bridgewater Associates	600
10	Paul Tudor Jones II	Tudor Investment Corp.	600

tikum in einer Investmentbank absolvieren können. Junge Mitarbeiter können somit schon früh in ihrem Sozialleben die Zeichen des Vermögens genießen, wobei dazu fast keine Zeit vorhanden ist, zumindest im Investmentbanking.

Beurteilung

Im Abschn. 1.4.2.5 haben wir bereits auf den Vergütungsprozess hingewiesen. Dabei steht bei den Mitarbeitern des Investmentbankings vor allem deren Beitrag zum Dealerfolg. Bei den Tradern, die eine eigene Erfolgsrechnung führen, ist eine Referenzgröße ebenfalls bekannt. Wie werden die Boni aber im Detail festgelegt? Wie an den meisten Orten fernab vom Fließband sind die Leistungsbeurteilungen auch subjektiv. Deshalb ergibt sich eher eine Ausrichtung auf ein paar Prinzipien. Die Zielsetzung der Vergütungsstruktur wird bei Goldman Sachs wie folgt definiert:

- Talente anziehen und behalten (Attract and Retain Talent),
- unmittelbare Ausrichtung der Gehälter an der Firmenperformance (Directly Align Firmwide Compensation with Firmwide Performance),
- langfristiger Bezug (Evaluate Performance Over Time),
- Verhindern von übermäßiger Risikonahme (Discourage Excessive or Concentrated Risk Taking),
- Ausrichten der Mitarbeiterinteressen an denen der Aktionäre (Align Employee and Shareholder Interests).

Hinter diesen Schlagworten verbergen sich ein paar fundamentale Ansichten: Die Firma braucht die besten Leute, denn sie verkörpern das Erfolgssubstrat, garantierte Bezüge sollten vermieden werden, je höher die Bezüge, desto weniger Barauszahlung, Mitarbeiter sollen Aktionäre werden, um die Gesamtinteressen zu verfolgen etc.

Die Beurteilung der Mitarbeiter erfolgt nach dem 360-Grad-Prinzip: Die Evaluation enthält schriftliche Ausführungen vom Vorgesetzten, Unterstellten und Kollegen (Peers), die auch von außerhalb der eigenen Geschäftseinheit und Division stammen können. Die Kriterien drehen sich um Produktivität, Teamwork, Wohlverhalten (Citizenship), Kommunikation und Compliance. Die Abgeltung aufgrund der Beurteilung soll allerdings sowohl die Rendite der Firma als auch die Verhältnisse am Arbeitsmarkt berücksichtigen.

Da die Boni als „diskretionär" gelten, was zu Deutsch auch als „auf Gutsherrenart" übertragen wird, also keiner ausgeklügelten Methodik folgen, ist die Narrative, die schriftliche Umschreibung mit großer Sorgfalt zu erstellen und diese sollte erkennbar sein.

Oswald Grübel, ehemaliger CEO von Credit Suisse und der UBS, sagte in der Sonntagszeitung vom 29.11.2015: „Wegen der totalen Regulierung ist der Banker- zum Beamtenjob geworden. Wer sich nicht entfalten kann, soll auch wie ein Beamter entlöhnt werden." Dies ist natürlich eine polemische Überzeichnung, die auch die Regulatoren treffen soll.

9.2.8   Habitus

Unter Habitus einer Person verstehen wir das Auftreten, die Umgangsformen, die Gesamtheit ihrer Vorlieben und Gewohnheiten oder die Art ihres Sozialverhaltens. Die soziale Herkunft und der bisherige soziale Lebenslauf sind für die Prägung des Habitus von zentraler Bedeutung.

Ausbildung und Rekrutierung
Die Tab. 9.9 zeigt die Rangliste der Universitäten, deren Absolventen am häufigsten in den Investmentbanken anzutreffen sind, und zwar in den Frontabteilungen. Auf US-amerikanischer Seite sind es mit Ausnahme von Stanford alles Ostküsteninstitute, davon vier zur sogenannten Ivy League gehörig (Columbia, Princeton, Penn und Yale). Die von den Morgans geförderte Harvard ist nicht mehr ganz oben. In Europa sind es vor allem die englischen Schulen, die bevorzugt werden. Neben diese Universitäten sind auch ein paar technische Hochschule zu finden, allen voran die traditionellen und prestigeträchtigen französischen Ingenieurschulen. Jenseits des Atlantiks sind es das Massachusetts Institute of Technology (MIT) und die Carnegie Mellon, welche die Techniker vertreten oder die Absolventen der jeweiligen Business Schools.

Ho (2009, 122 ff.) beschreibt ausführlich, wie ab den Achtzigerjahren eine direkte Achse von den Eliteuniversitäten zu den Investmentbanken errichtet wurde. Führte früher der Weg zu den Investmentbanken über die Familie und das Old Boy's Network, so jetzt von den besten akademischen Adressen zu den Elitebanken. Während alle Studenten von Harvard und Princeton als würdig angesehen werden, sind es bei den anderen Unis deren Business-School-Absolventen, also von Wharton, Sloan etc., die ins Visier genommen werden. Die Banken haben ein Quotensystem, um die Mischung der Schulen zu steuern. Von diesen Fakultäten werden rund 40 % der Absolventen ins Banking oder zu den exklu-

Tab. 9.9 Die Universitäten mit den meisten Absolventen zu den Investmentbanken im Frontbereich (Quelle: eFinancialCareers 2015)

Rang	Europäische Unis	US-Unis
1	London School of Economics	Columbia University
2	Ecole Polytechnique	Carnegie Mellon University
3	University College London	Princeton University
4	Imperial College London	University of Pennsylvania
5	University of Oxford	MIT
6	University of Cambridge	Yale University
7	École Nationale des Ponts et Chaussées ENPC	Stanford University

siven Management-Consulting-Firmen wie McKinsey oder The Boston Consulting Group geholt.

Die Banken vermitteln beharrlich die Vorstellung, dass für Abgänger solcher prestigeträchtiger Universitäten nur der Schritt zur Investmentbank ihren elitären Status zu erhalten vermag. An allen Veranstaltungen auf dem Campus oder in den besten Häusern am Platz wird ihnen gesagt, dass sie die besten, klügsten Weltklassesuperstars seien, „the cream of the crop".

Für die besten Uniabsolventen sind die Frontofficejobs im Handel, dem Investmentbanking und im Investmentmanagement vorgesehen. Im Middle-Office, beispielsweise im Riskmanagement oder der internen Beratung, landen Akademiker von minderen Instituten. Das Backoffice rekrutiert seine Mitarbeiter auf konventionellem Weg über Stellenausschreibungen.

Die Auswahl an Universitäten spiegelt die Einsatzbereiche in den Investmentbanken. Die Schwerpunkte liegen im Frontbereich des Trading & Sales, dem Effektenhandel und dem Research, und dem Corporate Finance, also Beratung und Emission von Wertpapieren im Bereich des Investmentbankings. Im Handel ist vor allem technische Expertise gefragt, in der Form von spezieller Mathematik (stochastisches Kalkül), Computerwissenschaften (Algorithmik, Data Mining), die man schulisch erwerben kann. Dazu ziehe man die Abb. 9.3 nochmals heran. Für den Schwerpunkt Investmentbanking sind es die Vorbedingungen für eine erfolgreiche Lehre, wie hervorragende Noten, damit einhergehen auch großer Leistungswille, aber auch die „richtige" Kultur.

Die Rekrutierungsabteilungen der Investmentbanken sind neben anderen hochkarätigen Arbeitgebern regelmäßig auf dem Campus, um gute Studenten anzuwerben. Damit ist der Zugang zu den Investmentbanken schon sehr viel einfacher. Das Curriculum in den USA folgt der Abb. 9.8. Typisch sind die verschiedenen Praktika (*Internship*), die dann je nach akademischem Grad entweder in einem jährigen Analyst- oder Associate-Programm enden.

Hervorragende Studenten in den USA wissen genau um ihre Attraktivität und lassen sich heutzutage immer weniger von ausschließlich monetären Motiven leiten. Die *Sinnfrage* beschäftigt die jungen Leute viel mehr, denn auch ihre Existenzängste sind geringer

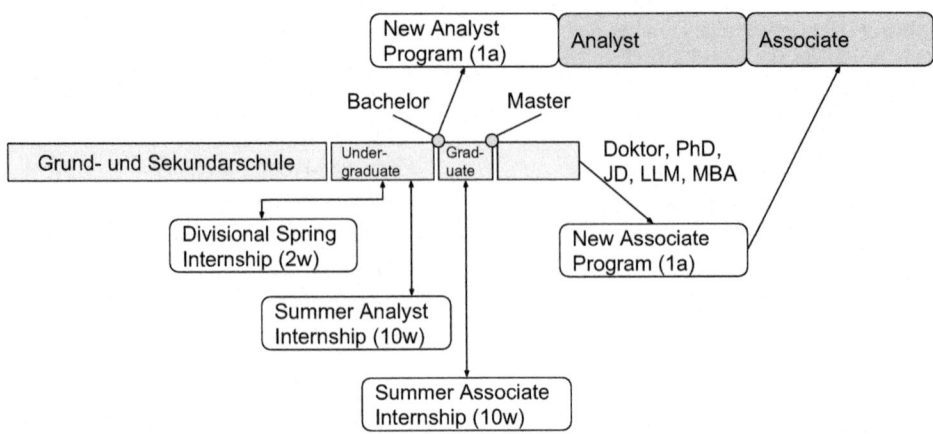

Abb. 9.8 Karrierepfade in den Frontbereich der Investmentbanken: zwei- und zehnwöchige Praktika, stufengerechte Einstiegsprogramme mit einjähriger Befristung. Die Balkenlängen sind nicht proportional. Es gilt: w = Woche und a = Jahr

geworden. Die Topbanken konkurrieren mit den innovativsten Firmen, wie etwa Google und Apple, oder plakativ Wall Street mit Silicon Valley und den Biotechnologien um Boston. Damit verknüpft konkurrieren Lifestyles, ja möglicherweise ganze Lebensentwürfe, miteinander (Surfbrett vs. Sportwagen).

Klubs, Studentenverbindung

Private und Serviceklubs oder andere voluntaristische Vereinigungen erinnern an die puritanischen Sekten und sind deren Säkularisierung. Sie übten früher in Neuengland einen wichtigen wirtschaftlichen und politischen Einfluss aus. Das gemeinsame Merkmal sind die Qualifikation, die Eignung und die dauerhafte Bewährung. Der große Soziologe Max Weber (1920), 215 schrieb vor hundert Jahren:

> Aber wer, es sei in welcher Stellung immer, in dieser Demokratie als vollwertig gelten wollte, mußte nicht nur sich den Konventionen der bürgerlichen society, einschließlich der sehr strengen Herrenmode, sondern er *musste* auch, in aller Regel, sich darüber ausweisen können, daß es ihm gelungen war, in eine der als ausreichend legitimiert anerkannten Sekten, Klubs oder Gesellschaften *gleichviel* welcher Art hineinballotiert [gewählt] zu werden und sich darin, durch *Bewährung* als Gentleman, zu behaupten.

Um des geschäftlichen und gesellschaftlichen Fortkommens willen muss ein US-amerikanischer Student versuchen, Zugang zu einer Greek Letter Society zu erlangen, der nur durch einstimmige Wahl der Mitglieder möglich ist. Die erste griechische Gesellschaft wurde 1776 von Studenten der zweitältesten Universität Amerikas, dem College of William and Mary in Williamsburg, als Geheimorganisation gegründet. Viele Aufnahmeriten sind ziemlich erniedrigend.

Im Vergleich dazu sind die Studentenverbindungen im deutschsprachigen Raum von viel geringerer Bedeutung. Nur noch weniger als ein Prozent der Studenten sind Couleurbrüder. Es soll hier nicht der Eindruck entstehen, die USA seien im 19. Jahrhundert stecken geblieben. Dennoch darf man einen gewissen hyperkonservativen Hintergrund nicht verkennen.

Die Klubs in New York gibt es noch. Einige sind in der Krise auch wegen der Überalterung und der teilweise fehlenden Attraktivität. Mit der Frühzeit des Investmentbankings verbunden sind der Union Club mit den Yankee-Bankern als Mitglieder und der Harmonie Club (früher Gesellschaft Harmonie) der deutsch-jüdischen Gesellschaft, die natürlich keine Aufnahme im Union Club fand. Die meisten Klubs sind nur für Männer. Es gibt auch ein Revival mit neuen Klubs für jüngere, aber dennoch finanzstarke Mitglieder. Beispiele sind der Core Club, 2005 gegründet, Eintrittsgebühr 50.000 USD, Jahresbeitrag 15.000 USD, 600 Mitglieder, darunter Bill Clinton, oder der Carbon Club, 2004. Dreißig Prozent der Mitglieder besitzen mehr als 10 Mio. USD bei einem Durchschnittsalter von 36 Jahren.

Kleidung

Viele Berufsgruppen verwenden Berufskleidung. Die Berufskleidung der Investmentbanker ist der Anzug. Dieses Gewand besteht aus Jacke und Hose aus demselben Stoff. Erst Ende der Dreißigerjahre des 20. Jahrhunderts hat sich der Anzug als gängiges Kleidungsstück für die Büroberufe durchgesetzt (Roetzel 1999, 91). Vorher trug man Frack, Gehrock oder Cut zu verschiedener Hose.

Die Anpassung der Kleidung an bestimmte Gruppennormen entspricht dem Bedürfnis nach sozialer Bestätigung und Zugehörigkeit. Anderseits ermöglicht die Kleidung auch die individuelle Selbstdarstellung. Die Statusfunktion äußert sich nicht nur als Kontrast zu anderen Gruppen, sondern auch ganz entschieden innerhalb der Gruppe. Die Kleidung muss also der beruflichen Position, hier Associate, Vice-President, Managing Director, Partner, angemessen sein. Diese Hierarchie ist ja auch zu einem weiten Teil kollinear mit dem Alter. An der Kleidung und den Accessoires wird die Position sichtbar. Zum Beispiel dürfen nur sehr hoch positionierte oder sehr bejahrte Banker Hosenträger (à la Gordon Gekko) verwenden. Die Regel lautet: „Don't stick out and don't outdress the boss." Jungbanker, die es wagen, schicker als ihr Vorgesetzter auszusehen, können im schlimmsten Fall ihre Karriere ruinieren. Dasselbe gilt für Frauen, die zu gewagte Stöckelschuhe, zu früh zu viel Schmuck oder besonders auffällige Farben tragen. Die Investmentbanken geben sich, wie Politiker und Eliteanwälte, sehr konservativ, was zum Teil an die viktorianischen Gentlemen gemahnt.

Investmentbanker bezeichnen sich selber als sehr detailbesessen; deshalb sind Unterschiede in Nuancen zu finden. Was aber immer gilt, ist, dass die Kleidung passen muss.

Einige wissenschaftliche Studien untermauern die Tatsache, dass die Kleidung nicht nur nach außen wirkt, sondern einen Einfluss auf das Befinden, die Selbstsicherheit, die Verhandlungsstärke und sogar auf die *kognitiven Fähigkeiten* (Kraus und Mendes 2014) entfaltet. Slepian et al. (2015, 666) schreiben: „Here [in der Studie], we demonstrate that not only does formal language increase abstract processing but so does formal dress".

Bis zum Zweiten Weltkrieg war London das unumstrittene Zentrum der Herrenmode. Danach hat die italienische Konfektion begonnen, die Welt zu erobern. Die englische Auffassung ist sehr traditionell und auf Understatement bedacht. Die Schneiderei versteht sich als Handwerk und nicht als Design. Der häufigste *Anzug* ist der Zweiteiler mit zwei Knöpfen und zwei Seitenschlitzen (Side Vents). Der Schnallenzug ist die britische Variante, bei der zwei außen am Hosenbund befestigte Bänder mittels einer Schnalle gegeneinander verstellt werden können. Denn die Hose hat nie Schlaufen, um einen Gurt zu tragen. Das Beinkleid ist eher kurz, zum Missfallen des kontinentaleuropäischen Geschmacks, ebenso sind die Ärmel so kurz, dass die Hemdmanschetten zu einem halben Zoll hervorschauen. Zur Auswahl stehen Hunderte von Stoffen, wobei die Farbe dunkelblau oder grau in allen Stufungen sein sollte. Nadelstreifen sind typisch, wobei die starken Striche bis ins Clowneske gehen und den Amerikaner Al Capone, den gut gekleideten Gangster, in Erinnerung rufen. Extravaganzen darf man sich nur in den Details leisten, etwa eine ungewöhnliche Farbe des Innenfutters. Hornknöpfe sind allerdings Standard.

Die sartoriale Elite Großbritanniens an der *Savile Row* in London W1 bilden folgende Bespoke Tailors: Davies & Son, Gieves & Hawkes, Anderson & Shappard, Spencer Hart, Huntsman, Dege & Skinner, Norton & Sons, Henry Poole & Co. Ein Maßanzug (Bespoke Suit) kostet, beginnend bei ca. 3800 GBP, auch schon mal 6000 GBP. Die Herstellung bedingt mehrere Anproben; die Fertigstellung dauert mehrere Wochen. Beim ersten Besuch wird Maß genommen und ein Papiermuster geschnitten. Darauf werden kleine Fehler wie „tiefe rechte Schulter" zum Beispiel als Abkürzungen notiert, aber auch Akronyme wie SLABC für „stands like a broken-down cab horse" für Haltungsfehler festgehalten (Trucco 1989). Etwas billiger kommt man bei Chester Barrie weg, denn hier werden die Anzüge nach Größen vorgefertigt und dann individuell angepasst.

Der zweite Pol der Herrenmode ist Italien, das nach dem Zweiten Weltkrieg einen rasanten Aufstieg erlebte. Roetzel (1999, 108) schreibt über den großen Gegensatz zwischen England und dem Land der Zitronen:

> Auf der einen Seite britische Understatement bis hin zur Selbstverleugnung, auf der anderen Seite jene Lust an der Selbstdarstellung, die sich bisweilen zu purer Eitelkeit steigern kann. Beides schlägt sich nieder in den grundsätzlich verschiedenen Anzugskulturen dieser einzig wirklich stilbildenden Nationen in Sachen klassischer Herrenkleidung.

Während früher der Stoff der Kleidung als Statussymbol galt, kommt nun der Name des Designers oder die Marke des Herstellers noch dazu. Kiton in Neapel, einer antiken griechischen Kolonie, der die Marke ihren Namen verdankt, ist das Höchste der Gefühle. Genauso produziert Brioni von Maßanzügen bis Fertig- und Bestellware.

In New York lebt die Institution Brooks Brothers, 1818 schon gegründet. Sie kleidete amerikanische Präsidenten wie Abraham Lincoln, Theodore Roosevelt und John F. Kennedy ein und Größen wie Astor, Vanderbilt und J. P. Morgan sowie die Modeikone Gianni Agnelli. Im Jahr 1859 führte es die Fertigkonfektion, „Ready-Made Clothing" ein, um den ungeduldigen Goldsucher schnellstens ausrüsten zu können. Berühmt sind der „Sack-Suit" und Serien, „Silhoutte" genannt, wie „Number-One", „Number-Two", „The Regent" etc. Alles ist sehr methodisch amerikanisch.

Auch im Investmentbanking gibt es „Modetrends". Beispielsweise nach dem Platzen der Dotcomblase feierte der Anzug Urständ. Konservativ war wieder angesagt, Manager wollten sich auch optisch von den lockeren Start-up-Gründern aus dem Silicon Valley absetzen. Dann kam die Finanzkrise und auf einmal waren klassische Machtzeichen, wie zum Beispiel Einstecktücher, nicht mehr angesagt.

Hemden werden auch gerne nach Maß gekauft. Wichtig ist, dass man nie kurzärme-lige, mit Brusttasche versehene Oberbekleidung trägt (ist vielleicht etwas für NASA-Ingenieure) oder gestickte Initialie und farbige handgesäumte Knopflöcher erst ab einer gewissen Stufe anbringen lässt. Hier sind die Angelsachsen mit ihrer eigenen Methodik zu begrüßen; denn ihre Hemden sind sozusagen dreiparametrisch: Ärmellänge, Kragenweite und Schnitt. Die Dress Watch, die Uhr, welche glatt unter die Manschetten passt und somit nicht höher als sieben Millimeter ist, hat auch protzigen Flieger- und Taucheruhren Platz gemacht.

Ebenso wichtig sind die *Schuhe*. Der förmlichste und auch schlichteste Schuh ist der schwarze, rahmengenähte „Plain Oxford", im frühen 19. Jahrhundert entwickelt. Charak-teristisch ist die gerade Kappe und die Innenschnürung (Blattschnitt; siehe Abb. 9.9). Er passt ebenso zum Business als auch zu Hochzeit und Beerdigung. Etwas weniger förm-lich ist der Derby, der eine Außenschnürung aufweist. Er ist für Männer mit hohem Rist bequemer. Weniger förmlich sind die mit Löchern verzierten Varianten, Semi-Brogue mit weniger, Full-Brogue mit starker Verzierung und Flügelkappen (Vass 1999, 77). Weitere Modelle sind der Monk (Schnallenschuh) und der Slipper oder Loafer, wiederum in den Ausführungen Plain oder Brogue. Farblich kommt eigentlich nur schwarz infrage; braune Schuhe sind in den USA im Gegensatz zu Italien verpönt.

Roetzel (1999, 155) schreibt: „Ein Blick auf das gängige Schuhwerk der deutschen Männer legt eher den Verdacht nahe, daß gute Schuhe hierzulande als überflüssige Inves-tition gelten." Die USA, Großbritannien und Italien sind als große Schuhnationen bekannt. Maßgefertigte Schuhe, etwa von John Lobb in London, kosten ein Vermögen. Aber auch gute Schuhe von Church's und Crockett & Jones (England) oder Allen-Edmonds und Al-den (USA) oder Fratelli Rosetti und Gucci (Italien) haben ihren Preis, d. h. von 400 EUR aufwärts. Bei Edward Green allerdings fangen die Preis bei 800 GBP an.

Lifestyle – Lebensart

Es gibt wohl keinen spezifischen Lifestyle für Investmentbanker; der Stil orientiert sich an dem, was reiche Leute nebenher interessiert, nämlich das Exquisite, das einen von der

Abb. 9.9 *Untere Reihe* von *links*: Plain Oxford und Full-Brogue Oxford; *mittlere Reihe*: Plain Derby und Full-Brogue Derby; *obere Reihe*: Monk und walnussfarbener Derby (Photo: C. Franzetti)

Masse abhebt. Dazu kann man die Wochenendbeilagen des *Wall Street Journal* oder der *Financial Times* („How to spend it", der Name ist Programm) konsultieren. Da wäre:

- Mode,
- Uhren und Schmuck,
- Reisen,
- Häuser und Immobilien, Garten,
- Inneneinrichtung,
- Autos, Motorräder und Boote,
- Essen und Trinken und
- Kunst.

Bei all diesen Interessen geht es auch teurer und man kann sich beraten lassen, damit man auch den allgemein anerkannten Geschmack trifft. Selber sollte man über genügend Wissen verfügen, um mitreden zu können. Auffallend ist zudem, dass fast alle diese interessierten Gegenstände auch eine Asset-Klasse für Investitionen bilden.

Das Leben vereinfacht sich ungemein, wenn man die richtige Partnerin oder den richtigen Partner hat, der dieselben „Werte" auch teilt.

9.2.9 Kriminalisierung

Im Recht gilt der einleuchtende Grundsatz: „nullum crimen, nulla poena sine lege", es gibt keine Straftat und damit keine Bestrafung ohne Gesetz und dessen Übertretung. Davon konnten Albert H. Wiggin von der Chase National Bank, einer der einflussreichsten Banker der Zeit, und viele andere privat profitieren. In der Untersuchung der Pecora Commission zum Börsenkrach von 1929, die viel Publikumsinteresse hervorrief, wurden viele Praktiken zur Selbstbereicherung bekannt. Der Stellvertretende Staatsanwalt von New York County Ferdinand Pecora, aus einer sizilianischen Einwandererfamilie, setzte die Elite der Wall Street massiv unter Druck. Die Praktiken der Spitzenmanager umfassten:

- Aktienspekulation,
- Insiderhandel, Leerverkäufe von Aktien der eigenen Bank,
- Organdarlehen,
- Nebentätigkeiten,
- Preferred Lists bei Neuemissionen,
- überhöhte Gehälter und Boni sowie
- ungerechtfertigte Pensionszahlungen.

Die Leerverkäufe in der Panik von 1929 sind ein dreistes Stück. Die Familiengesellschaft von Wiggin verkaufte massenweise Aktien der Chase National Bank leer, während deren Trading-Abteilungen mit Stützkäufen versuchten, den Kurs kurzfristig hoch zu halten, und zwar finanziert durch Darlehen der eigenen Bank. Es resultierte eine Gewinn in heutigen Einheiten von rund 140 Mio. USD, davon 55 Mio. USD in nur zwei Monaten. Wiggin hielt 59 Aufsichtsratssitze, von denen er überschlagsmäßig 3,5 Mio. heutige USD kassierte. Die Preferred List umfasste rund 500 Personen aus Wirtschaft, Politik und Verwaltung. Bei diesen Personen platzierte John Pierpont Morgan, der sich zu fein für den Aktienhandel hielt, regelmäßig Aktien, die sich aus dem Umbau der Konglomerate ergab. Beispielsweise gab J. P. Morgan Alleghany-Aktien zu 20 USD ab, als sie auf dem grauen Markt schon zu 37 USD gehandelt wurden. Die Pension von Wiggin ohne Gegenleistung wäre über 1 Mio. USD gewesen. Aber auch für die Bank machte man zweifelhafte Deals: Einem Unternehmen wurde eine Emission aufgedrückt, um den Bankkredit damit abzulösen. Man sehe Pecora (1973) für weitere Einzelheiten.

Diese Missbräuche wurden gegen den Widerstand der Wall Street in den Gesetzen als Straftaten codifiziert oder zumindest durch erhöhte Transparenzanforderungen eingedämmt. Für die prominenten Banker resultierte ein erheblicher Reputationsschaden und Verbitterung. Wie man der Untersuchung entnehmen kann, sind schon um 1930 dieselben Methoden zu beklagen, die immer wiederkehren.

Die Kriminalisierung geht systematisch mit der *Deregulierung* einher. Seit 1980 hat sie Einzug gehalten. Die erste Welle geht auf die Deregulierung der Sparkassen (*Savings and Loans*) zurück. Die Höhe der Zinsen für Spareinlagen wurde für Sparkassen liberalisiert, sodass diese mit den Banken zu konkurrieren begannen. Um den Kreditboom zu finanzieren – massive Expansion in die Immobilien- und Unternehmensfinanzierungen mit Junk Bonds sowie der Verbriefung von Hypothekarkrediten –, überboten sich die Kassen mit Sparzinsen, denn die Einlagen waren ja bis 100.000 USD vom Staat garantiert. Zusätzlich nahmen die Kassen kurzfristige Gelder auf, um langfristige Projekte zu finanzieren. Anlagevermittler stückelten große Vermögen, um sie in 100.000er-Paketen zu großzügigen Zinsen anzulegen.

Aber zur Bekämpfung der Inflation stiegen die kurzfristigen Zinsen rapide, sodass die Fristentransformation zuungunsten der Sparkassen drehte. Fast alle Sparkassen rutschten tiefer in die Verlustzone, doch die Aufsicht senkte die ohnehin lockeren Kapitalvorschriften weiter und ließ die insolventen Sparkassen weiterfahren. Anfänglich versuchte die Einlagensicherung die Institute zu stützen, doch dann musste sie das Handtuch werfen. Es kam zu einer Serie von Bankrotten; den Staat hat die Übung rund 160 Mrd. USD gekostet. Bald wurde erkennbar, dass viele Geschäftspraktiken kriminell waren: Betrug, Insiderhandel und ungetreue Geschäftsführung. Viele Bankmanager wurden angeklagt und einige, rund tausend, wanderten ins Kittchen. Prominentester Krimineller war Charles Keating, der sich eine Sparkasse aneignete, um mit deren Geld zu spekulieren und Politiker zu bestechen.

Zur gleichen Zeit boomten die Leveraged Buyouts, denn zur Finanzierung der Käufe diente die neue Asset-Klasse der Junk Bonds, Obligationen sehr schlechter Qualität, für die ein Markt entstand. Personen, die an solchen Deals arbeiten, verfügen über lukratives Insiderwissen. Bekannteste Betrüger sind Michael Milken und Ivan Boesky.

Erst die *Internetblase* verhalf der kriminellen Energie der Investmentbanken zum Durchbruch. Bis hierhin blieben sie verschont. Der blinde Glaube an die Möglichkeiten der Internetfirmen gepaart mit den Drückerkolonnen der Retail-Broker und dem Aufstieg der Analysten zu „Rainmakers" ermöglichten die Betrügereien. Berüchtigt sind Mary Meeker von Morgan Stanley Dean Witter, Jack Grubman von Salomon Smith Barney und Henry Blodget von Merrill Lynch, um nur die bekanntesten zu zitieren. Sie machten positive Empfehlungen, obwohl sie wussten, dass die Aktien nichts wert waren.

Der Staatsanwalt Eliot Spitzer, der selber ein unrühmliches Ende nahm, verklagte mehrere Banken wegen des künstlichen Aufblasens von Aktienpreisen, Missbrauch von verbundenen Maklerunternehmen für falsche Investmentberatung und Verkauf von neuen Aktien bei Börsengängen an bevorzugte Personen, meist Geschäftsführer und Verwaltungsräte. Im Jahr 2002 handelte Spitzer mit den Investmentbanken und Maklern, der Börse und den Regulierungsbehörden eine Vereinbarung aus. Diese beinhaltete:

- die Trennung von Aktien-Research vom Investmentbanking, d. h. vom Underwriting,
- ein Verbot der Bevorzugung bei Börsengängen,
- die Verpflichtung, unabhängige Research-Analysen zu produzieren,
- Offenlegung der Interessen bei Empfehlungen durch Analysten und
- substanzielle Sanktionszahlungen.

Wie die Tab. 9.10 zeigt, beträgt die ganze Buße rund 1,4 Mrd. USD.

Tab. 9.10 Bußgelder im Global Research Analyst Settlement von 2002 (Quelle: New York State Attorney General)

Investmentbank	Retrospective Relief	Independent Research	Investor Education	Total
Salomon Smith Barney	300	75	25	400
Credit Suisse First Boston	150	50	0	200
Merrill Lynch	100	75	25	200
Morgan Stanley	50	75	0	125
Goldman Sachs	50	50	10	110
Bear Stearns	50	25	5	80
Deutsche Bank	50	25	5	80
J. P. Morgan Chase	50	25	5	80
Lehman Brothers	50	25	5	80
UBS Warburg	50	25	5	80
Total	900	450	85	1435

Die Finanzkrise von 2008 und die folgenden Jahre sind hinsichtlich der Klagen und Gerichtsurteile ziemlich unübersichtlich. Grund dafür sind die langen Verhandlungsdauern von der Untersuchung bis zur Anklage oder Einigung. Die Subprimekrise ist nunmehr neun Jahre nach deren Ausbruch noch nicht vollständig aufgearbeitet. Die wichtigsten Tatbestände, die Banken im Allgemeinen und nicht Investmentbanken im Speziellen betreffen, sind die Folgenden (Zahlen sind in Mrd. USD, ohne Angabe bedeutet kleiner als 100 Mio. USD):

- Subprime Mortgage-backed Securities (Morgan Stanley 1,3, Bank of America 11,6, J. P. Morgan 13, Deutsche Bank 7,2, Credit Suisse 5,2),
- Zwangsversteigerungen (25),
- Währungsmanipulation (Citigroup, J. P. Morgan Chase, Barclays, RBS, total 5,6),
- Zinsmanipulation (UBS 1,5, Rabobank 0,8, Deutsche Bank 2,6, RBS 0,6, Barclays 0,5),
- Goldpreismanipulation (UBS, RBS, Deutsche Bank),
- Sanktionsumgehung (Commerzbank 1,5, BNP 9),
- Beihilfe zur Steuerhinterziehung (UBS, Credit Suisse 2,6),
- Geldwäscherei (HSBC 1,9),
- unterlassene Anzeige (J. P. Morgans im Fall Madoff 2,6),
- Emissionshandel,
- London Whale (J. P. Morgan 0,9),
- Dark Pools (Credit Suisse, Barclays, Deutsche Bank).

Die in den letzten Jahren bezahlten Bußen sind enorm. Was aber dennoch auffällt, ist die Tatsache, dass keine einzige Person für die obigen Verfehlungen erfolgreich verurteilt wurde, ja, es gibt fast keine Anklagen gegen Manager und Spitzenbanker. In den USA können allerdings auch juristische Personen kriminell sein. Als Begründung wird immer wieder ins Feld geführt, dass die Banken so komplex und die Abläufe so verflochten sind, dass es unmöglich ist, der schuldigen Personen habhaft zu werden. Die Strafverfolger scheinen aber auch ihren Eifer nicht in diese Richtung gelenkt zu haben. Einige Straftatbestände haben kurze Verjährungsfristen, sodass man sich auch über die Runden retten kann. Die Information nach oben wird auch immer dünner, sodass die Spitzenleute einen systematischen Schutz erhalten. Deshalb haben die Banken häufig die Sanktionen ohne Schuldbekenntnis bezahlt; ein paar wenige haben sich schuldig bekannt oder bekennen müssen und gelten deshalb als kriminell.

Es gibt verschiedene Theorien, wieso Menschen kriminell werden. Die einen gehen von geborenen Kriminellen aus (Lombroso 1876), andere sehen die kriminelle Veranlagung durch Normen, sozialen Druck oder durch Erziehung eingedämmt (Reckless 1961; Hirschi 1969). In einer Gesellschaft, in der die Zwecke (Pursuit of Happiness, Reichtum) so prominent anerkannt werden, schaut man weniger auf die Mittel. Lipset (1996, 47) argumentiert:

> The stress on equality and achievement in American society has meant that Americans are much more likely to be concerned with the achievement of approved *ends* than with the use of appropriate *means*. In a country that values success above all, people are led to feel that the most important thing is to win the game, irrespective of the methods employed in doing so.

Verblüffend ist die Tatsache, dass ein Viertel aller Inhaftierten weltweit in den USA einsitzt!

Ethisches Verhalten und Moral über Verträge oder Richtlinien einzuverlangen, ist doch ziemlich naiv, entspricht allerdings einer stark durch das Recht geprägten Gesellschaft. Wohlverhalten zu codifizieren führt schnell dazu, alles was nicht explizit verboten ist, als erlaubt zu betrachten.

Das Pikante an diesen Strafzahlungen ist, dass es hauptsächlich den Aktionär und die Gemeinschaft als Steuerbegünstigte trifft. Vielfach ging man davon aus, dass die Kriminalität eine „Privileg" der Banken sei; seit dem Abgasskandal um den Volkswagen-Konzern ist man eines Besseren belehrt. Dass sich deutsche Ingenieurskunst dafür hat hergeben lassen, ist eine herbe Enttäuschung. Andere notorische Sünder findet man in der Pharmaindustrie, bei Waffenherstellern und bei Ölunternehmungen.

Neben den Strafzahlungen kommen aber auch Kosten für Rechtsfälle, Schiedsgerichte und gütliche Vereinbarungen auf die Banken zu. Laut der Ratingagentur Moody's haben die 15 größten Investmentbanken zwischen 2008 und 2014 rund 219 Mrd. USD für Rechtsstreitigkeiten aufgewendet. Das entspricht 2 Mrd. USD pro Jahr pro Institut! Seit 2012 musste die Deutsche Bank Strafen über 11,2 Mrd. EUR zahlen. Sie hat weitere 4,8 Mrd. EUR dafür zurückgestellt. Große Banken haben bis über tausend schwebende Rechtsgeschäfte.

9.3 Subkultur

In diesem Abschnitt wollen wir kurz die kulturellen Bruchlinien innerhalb von Investment- und Universalbanken beschreiben. Es scheint ein menschliches Bedürfnis zu sein, in Gesellschaften Hackordnungen zu errichten.

Allgemein gilt in den Investmentbanken, wie Knee (2007, 126) schreibt:

> At investment banks, even more than at other companies, money is viewed as a proxy for performance – one's relative standing in the organization is tightly correlated with the relative size of one's bonus in a given year.

In den traditionellen Banken wird gar nicht über das Salär gesprochen. Die Hierarchie ist mit dem Salär kollinear ausgerichtet, wie in den Amtsstuben.

9.3.1 Universalbank

Die Akquisition von Investmentbanken durch europäische Universalbanken liegt in den meisten Fällen rund 30 Jahre zurück. Exemplarisch sind die Deutsche Bank, die UBS und die Credit Suisse, die es schafften, in den League Tables der Investmentbanken in vielen wichtigen Kategorien unter die besten Zehn zu kommen. Die zugekauften Institute waren häufig in der Krise (First Boston, Morgan Grenfell) oder wurden zu überrissenen Preisen gekauft (DLJ). Zu Beginn dieser Zwangsehen wurde von Kulturkampf gesprochen. Meck (2013) schreibt:

> Von „Fremdenfeindlichkeit und offenem Hass gegen alles, was aus dem angelsächsischen Wirtschaftskreis importiert werden sollte", hatte damals der Vorstandssprecher Rolf Breuer berichtet.

Die Gegensätze und Konflikte wiesen beinahe religiöse Züge auf und man argumentierte in moralischen Kategorien. Diese Gräben konnte man zum Teil dann mit Geld zuschütten.

Unserer Erfahrung nach waren die Konflikte dort am größten, wo die Geschäftsfelder aneinanderstoßen, nämlich beim Firmenkundengeschäft und der Immobilienfinanzierung. Ein Firmenkundenbetreuer für eine große Automarke beispielsweise, die Milliardenkredite und eine langjährige Verbindung zum Institut aufweist, sieht nicht selbstverständlich ein, wieso er seinen Kredit und vielleicht die Beziehung an einen Amerikaner abgeben soll, weil dieser die Kredite verbriefen und dem Autobauer eine Anleihenemission schmackhaft machen will. Unterschwellig ist das auch ein Kampf um das Finanzierungsmodell, nämlich Bankkredit gegen Marktpapier.

Bankmanager scheuen einen solchen fundamentalen Konflikt, sodass es eben zum Kompromiss in der Form von Zusammenlegen der Verantwortlichkeiten kommt und einer Angleichung der Gehaltspläne. In der Deutschen Bank gibt es die Division CIB, für Corporate & Investment Banking: „[CIB] brings together Deutsche Bank's commercial banking, corporate finance, and transaction banking expertise under one common leadership", wie es auf der Homepage heißt.

Damit bleiben der meist lokal verankerte Retail- und Firmenbereich, die Vermögensverwaltung und die zentralen Dienste der Universalbank als Bastion des Traditionellen. Hier findet der Kundenkontakt in den Filialen noch statt, sofern nicht die Beziehung nur noch online besteht. Diese Bereiche fühlen sich durch die ständigen Skandale und negative Nachrichten in Geiselhaft; die Mitarbeiter werden von Verwandten und Bekannten angesprochen. Wieso soll die Deutsche Bank einem Händler, der den Zins manipuliert hat, einen Bonus von 80 Mio. EUR zahlen? Stimmt es, dass Robbie Williams zu einer privaten Party aufgespielt hat? Das Investmentbanking als Auslöser von schlechten Nachrichten lädiert den Ruf der Bankangestellten mehr, als diese von geänderten Lohnstrukturen begünstigt würden.

9.3.2 Trading and Sales

Zum einen sind in den Handelsabteilungen einige technisch sehr versierte Mitarbeiter zu finden, wie es die Abb. 9.3 zeigt. Anderseits dreht sich das Business auch darum, Ideen und Handelsstrategien zu verkaufen, die vom eigenen Research unterstützt werden. Verkäufer und Techniker sind häufig zwei recht verschiedene Menschentypen. Der Quant Kuznetsov (2007, 45) macht ein kursorisches Panorama, wenn er sagt, dass ohnehin viele Divisionen wegfallen, in denen interessante Arbeiten geleistet werden. Investmentbanking, trotz seines Popular Culture Glamour und seines hohen Ertrages, sei ein „decidedly low-tech business": „[T]he most complex piece of technology in an investment banking world is a PowerPoint presentation with animated pie charts." Dies treffe auch für das Retail-Geschäft zu. Asset-Management anderseits sei nur eine Buy-Side-Firma in der Firma.

So unterschiedlich kann die Perspektive sein: da die „Masters of the Universe", die mit Fusionen und Restrukturierung die Unternehmenswelt umpflügen und sich deshalb als Spitze der Pyramide sehen, dort Techniker, die jene auslachen, die nur ein unübersichtliches Spreadsheet-Modell entwerfen können, aber doch erhebliches stilles Wissen besitzen. Ein Stellenbewerber für eine Quantitative-Analyst-Position bei Goldman Sachs wurde im Interview gefragt, ob 3599 eine Primzahl sei. Mit etwas Inspiration kann man Nein sagen[2].

Ganz allgemein trifft zu, dass das Prestige mit der Nähe zum Profit wächst. Im S&T sind es die *Trader*, die eine eigene Erfolgsrechnung (Profit and Loss, P&L) führen. Ge-

---

[2] Denn es ist $3599 = 3600 - 1 = 60^2 - 1 = (60 + 1)(60 - 1) = 61 \cdot 59$.

folgt werden sie von den Verkaufsleuten von Sales, die den Draht zu den Kunden finden und neue Ideen vermitteln müssen. Sie werden für erfolgreiche Transaktionen mit Sales Credits belohnt. Hier sieht man einen gewissen Konflikt, denn der Trader muss sich eine Marge erarbeiten, wogegen der Verkäufer auf die Wichtigkeit des Kunden hinweist, sodass Umsatz und freundliche Preise für die Bank wichtiger sind. Die Leute von Sales Research und die Quantitative Analysts sind noch ein bisschen weiter weg. Diese Frontofficemitarbeiter sind wiederum viel höher angesehen als die Backofficemitarbeiter, die bürokratische Abwicklungsarbeit leisten müssen. Nicht aus Zufall finden sich hier vermehrt Afroamerikaner und Frauen. Buchter (2015, 113) schreibt illustrativ am Beispiel der Repos:

> Repo war einst Teil des „Back-Office", dem Hinterzimmer der Banken … Das Verhältnis der Investmentbanker zu den Back-Office-Angestellten ist ungefähr wie das von Hollywood-Stars zu Statisten. Das ursprüngliche Repo-Geschäft … wurde beherrscht von „italienischen Jungs aus Brooklyn, als das noch ein Arbeiterviertel war", wie es ein Veteran der Branche formuliert.

Neben der funktionalen Ebene gibt es auch noch die Produktebene. Hier ist das Prestige wiederum mit den intellektuellen Anforderungen an die gehandelten Finanzinstrumente gekoppelt. Die Zinsprodukte, Derivate und strukturierten Produkte benötigen höhere analytische Fähigkeiten als Plain-Vanilla-Aktien.

Das ganze Banking und dann die Divisionen der Investmentbanken, weisen sehr ausgeprägte Hackordnungen auf. Damit wird natürlich auch das Streben nach mehr Prestige zu einem Leitmotiv, das die Führung eines solchen Instituts nicht nur erleichtert. Zudem kann diese Motivation zu schweren Verfehlungen, Rogue Trading, führen. Sowohl der Fall Jerôme Kerviel der Société Générale als auch der Fall Kweku Adoboli der UBS betraf Leute, die aus dem Delta-One-Backoffice aufsteigen wollten.

9.3.3 Investmentbanking

Das Investmentbanking versteht sich als die Königsdisziplin in den Investmentbanken. Zum einen ist es Teil des traditionellsten Geschäfts, das aus dem Relationship-Banking entstanden ist, zum anderen ist es das persönlichste und beziehungsstärkste. Das Beratungsgeschäft, nennen wir es zur Abkürzung einfach M&A, hat sich erst in den frühen Siebzigerjahren als selbstständiges Business etabliert. Vorher war es eine Leistung im Dienste des Emissionsgeschäfts.

In der Abb. 9.10 sieht man die Verknüpfung von Beratungsgeschäft und Emissionsgeschäft. Während die Berater mit dem CEO oder auch mit dem Präsidenten des Verwaltungsrats konferieren, sind die Ansprechpartner des Underwriting meist die Finanzdirektoren und die Treasurers. Schon aus dieser Konstellation heraus ist es klar, dass die Berater sich als wichtiger empfinden, weil sie die wichtigeren Entscheide vorbereiten. Zum Teil

Abb. 9.10 Die Zuordnung
zu den Ansprechpartnern im
IB. Das Standing in der Bank
hängt auch vom Prestige der
Gesprächspartner ab

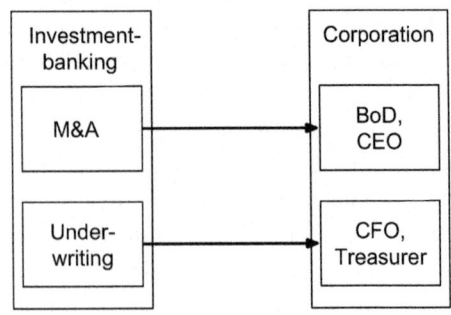

fühlen sie auch die Mission, mit ihrer Arbeit als Agent of Change die Wirtschaft umzuge-
stalten.

In den späten Neunzigerjahren mit dem Internetboom und der Erfindung des Private Equity entwickelte sich ein Starkult um die hochgepriesenen und messianischen Deal
Makers. Das divamäßige Verhalten war nicht nur in der Bank ein Problem; die Kunden
goutierten das Verhalten noch viel weniger (Knee 2007, 135). In einer Dienstleistungsin-
dustrie ist es schädlich, wenn der Kunde den Eindruck bekommt, der Berater sei mehr mit
sich beschäftigt als mit dem Kunden. Ein Hauptgrund für das Emporschießen mittelmäßi-
ger Personen liegt in der fehlenden Kapazität; das Internet war so neu, dass in der Bank
jeder, der ein bisschen mehr von Technologie als die anderen verstand, zum exquisiten
Experten mutieren konnte.

So kam es, dass Mitarbeiter aus den Research-Abteilungen zu Regenmachern wurden
und die finanziellen Geschicke der Internetindustrie lenkten. Früher galt: „Internally, the
analysts were ranked somewhere between the retail brokers, who buy and sell stocks on
behalf of ordinary investors, and the cafeteria staff." Aber auch die Kriminalisierung nahm
hier ihren Anfang.

Zusammenfassend kann man sagen, dass die Hackordnung im Investmentbanking
durch die Größe der Deals, die Nähe zu den Topmanagern der Kunden und damit korreliert mit dem Bonus bestimmt ist.

9.4 Außenwirkung

Banker und Investmentbanker im Besonderen haben seit der Finanzkrise in der breiten Öffentlichkeit ein äußerst negatives Image erlangt. Mit der Krise ist auch die Wahrnehmung
für Banker stark gestiegen.

Die Quintessenz lautet: Die Investmentbanker, oder sogar alle Banker, bringen das
Wirtschaftssystem in Gefahr, bürden Kosten der Allgemeinheit auf, indem sie systematisch am Rande der Legalität operieren und oft jenseits davon kriminelle Taten begehen,
nicht zur Verantwortung gezogen werden und gleichzeitig unerhörte Boni kassieren. Die
Kosten ihrer Taten tragen die anderen, seien es die Steuerzahler oder die Aktionäre. Investmentbanken sind Bereicherungsmaschinen.

Dagegen hilft nur eine starke Regulierung, die genug einfach ist und genug selektiv, um die wesentlichen Gefahren einzudämmen. Genug einfach ist sie offensichtlich nicht, denn die regulatorischen Strukturen sind so vertrackt und die Regularien so kompliziert, und damit nicht widerspruchsfrei, dass Hekatomben von findigen Juristen alles wieder möglich machen.

Die Banken sind sich natürlich ihres Images bewusst. Auf einer Webseite einer kleineren Investmentbank wird gesagt:

> Das Image von Investmentbankern befindet sich schon seit Längerem im Abwärtstrend. Spätestens seit der Finanzkrise von 2008 ist der Begriff Investment-Banking für viele gleichbedeutend mit Gier und Maßlosigkeit. Es ist nachvollziehbar, dass die Skandale einiger großer Investmentbanken bei der Öffentlichkeit Misstrauen erzeugt haben. Aber, was die allgemeine Wahrnehmung des Berufs Investmentbanker betrifft, entspricht das derzeitige Bild nicht in allen Bereichen der Realität.

Dies ist ein Versuch, sich demütig zu zeigen und für Differenzierung zu werben. Natürlich haben Banken und Investmentbanken eine eminent wichtige wirtschaftliche Funktion, welche die effiziente Allokation von Ressourcen ermöglicht und mit dem ständigen Umbau der Unternehmenslandschaft veraltete Strukturen beseitigt. Häufig geht damit eine Veränderung der Beschäftigungsstruktur einher, die auch zu Entlassungen führt. Aber die neuen Möglichkeiten überwiegen die negativen Folgen – so war es zumindest bisher. Mit der „Digitalisierung" könnten aber tief greifende gesellschaftliche Umwälzungen verbunden sein.

Das schlechte Image ist ein Problem in der Rekrutierung von neuen Talenten. Es gibt aber genug schlaue Studenten, die dem Lockruf des Geldes nicht widerstehen.

Die englischen Satiriker John Bird und John Fortune haben ausgezeichnete Stücke zur Finanzkrise vorgetragen. Sie stehen über Youtube[3] zur Erbauung zur Verfügung und seien hier wärmstens empfohlen.

Sie machen sich zum Beispiel lustig über Aussagen von Banken, die die intelligentesten und sophistiziertesten Personen beschäftigten, wie etwa (BBC News am 21.07.2007): „,Market participants don't know whether to buy on the rumour and sell on the news, do the opposite, do both, or do nothing, depending on which way the wind is blowing,' investment bank State Street Global Markets said."

In einer Untersuchung mittels Befragung der Finanzdienstleistungsindustrie in den USA und Großbritannien wird folgendermaßen zusammengefasst (Tenbrunsel und Thomas 2015, 3):

> Nearly seven years after the global financial crisis rocked investors' confidence in the markets and financial services in general, our survey clearly shows that a culture of integrity has failed to take hold. Numerous individuals continue to believe that engaging in illegal or unethical activity is part and parcel of succeeding in this highly competitive field. With legal and regulatory sanctions coming out on almost a daily basis, the industry has a long way to go to regain the confidence of the public.

---

[3] https://www.youtube.com/watch?v=mzJmTCYmo9g.

An fast jeder Aktionärsversammlung der Banken zeigt das oberste Management, dass es doch lieber unschickliche Vergütungspakete beantragt, anstatt an der ramponierten Reputation der Banken zu arbeiten. Die europäischen Investmentbanken sind bei Weitem nicht so ertragreich, dass sie US-amerikanische Gehaltspakete ausreichen sollten. Die Deutsche Bank allerdings beginnt sich angesichts der vielen Probleme diesbezüglich sehr gut zu verhalten.

Literatur

Buchter, H. (2015). *Black Rock: eine heimliche Weltmacht greift nach unserem Geld*. Frankfurt am Main: Campus.

EBA (2013). *High Earners 2012 Data. Eba report*. London.: European Banking Authority.

Franzetti, C. (1995). *Finanzmärkte: Akteure, Mechanik, Produkte*. Zürich: Orell-Füssli.

Gross, M. (2015). *House of outrageous fortune: Fifteen Central Park West, the world's most powerful address*. New York: Atria Paperback.

Hayek, F. A. (1948). *Individualism and economic order*. Chicago: University of Chicago Press.

Hirschi, T. (1969). *Causes of Delinquency* (3. Aufl.). Berkeley: University of California Press.

Ho, K. (2009). *Liquidated: an ethnography of Wall Street*. Durham: Duke University Press.

Huntington, S. P. (2004). *Who Are We? The Challenges to America's National Identity*. New York: Simon & Schuster.

Inglehart, R. (1997). *Modernization and Postmodernization: Cultural, Economic, and Political Change in 43 Societies*. Princeton, NJ: Princeton University Press.

Inglehart, R., & Welzel, C. (2005). *Modernization, Cultural Change, and Democracy: The Human Development Sequence*. New York: Cambridge University Press.

Knee, J. (2007). *The accidental investment banker: inside the decade that transformed Wall Street*. New York: Random House.

Kraus, M. W., & Mendes, W. B. (2014). Sartorial symbols of social class elicit class-consistent behavioral and physiological responses: A dyadic approach. *Journal of Experimental Psychology: General, 143*(6), 2330.

Kuznetsov, A. (2007). *The complete guide to capital markets for quantitative professionals*. New York: McGraw-Hill.

Lipset, S. M. (1996). *American Exceptionalism: A Double-Edged Sword*. New York: W. W. Norton.

Lombroso, C. (1876). *L'Uomo Delinquente*. Milano: Hoepli.

Luyendijk, J. (2015). *Unter Bankern: eine Spezies wird besichtigt*. Stuttgart: Tropen.

McDonald, D. (2005). Please, Sir, I want some more: How Goldman Sachs is carving up its $11 billion money pie. *New York Magazine*, (5. Dez. 2005).

Meck, G. (2013). Deutsche Bank: Der Kampf des Anshu Jain. *Frankfurter Allgemeine Zeitung*, (17. Febr. 2013).

Meier, L. (2009). *Das Einpassen in den Ort: Der Alltag deutscher Finanzmanager in London und Singapur*. Bielefeld: transcript.

Morrison, A., & Wilhelm, W. J. (2007). *Investment Banking: Institutions, Politics, and Law*. Oxford New York: Oxford University Press.

Pecora, F. (1973). *Wall Street Under Oath: The Story of Our Modern Money Changers*. Clifton: A.M. Kelley.

Reckless, W. C. (1961). *The Crime Problem* (3. Aufl.). New York: Appleton-Century-Crofts.

Roetzel, B. (1999). *Der Gentleman: Handbuch der klassischen Herrenmode*. Köln: Könemann.

Schwanitz, D. (1999). *Bildung: alles, was man wissen muss.* Frankfurt am Main: Eichborn.

Slepian, M. L., Ferber, S. N., Gold, J. M., & Rutchick, A. M. (2015). The cognitive consequences of formal clothing. *Social Psychological and Personality Science, 6*(6), 661–668.

Tenbrunsel, A., & Thomas, J. (2015). *The Street, The Bull and The Crisis: A Survey of the US & UK Financial Services Industry.* New York: The University of Notre Dame and Labaton Sucharow LLP. Survey Report

Trucco, T. (1989). Beyond Savile Row. *The New York Times,* (2. Apr. 1989).

Vass, L. (1999). *Herrenschuhe handgearbeitet.* Köln: Könemann.

Weber, M. (1920). Die protestantischen Sekten und der Geist des Kapitalismus. In M. Weber (Hrsg.), *Gesammelte Aufsätze zur Religionssoziologie I* (S. 207–237). Tübingen: Mohr.

Industrieausblick

10

Wie sagte angeblich schon Mark Twain: „Prognosen sind eine schwierige Sache. Vor allem, wenn sie die Zukunft betreffen." Es klingt einfältig, doch sind nur Informationen aus der Vergangenheit bekannt. Die einfachste Hypothese über die Zukunft ist das Martingal: Gegeben der Zustand heute, erwarten wir, dass morgen wiederum dieser Zustand vorherrscht. Dass die Erwartung nicht immer zutrifft, ersieht man an der Tatsache, dass sich seit der Steinzeit doch einiges geändert hat. Kurzfristig ist es dennoch eine valable Annahme, vor allem in einer stabilen und wenig volatilen Umwelt. Neben der Stabilität gibt es aber auch den Modus der Sprünge, also Diskontinuitäten, Krisen, Paradigmenwechsel etc. Diese überlagern den anderen Modus der langsamen und stetigen Entwicklung.

Die für die Investmentbanken relevanten stetigen Veränderungen betreffen gesellschaftliche und technologische Fortschritte. Technologien allerdings können plötzlich einen Reifegrad erlangen, der ihren Durchbruch bedeutet.

Von den historischen Krisen haben wir bereits am Anfang des Buches gesprochen. Zur Erinnerung konsultiere man die Tab. 1.4. Die letzte Krise oder Krisen gehen auf das Jahr 2008 zurück, angefangen mit der Subprimekrise, die dann zur Finanzkrise der Währungen und Staaten geführt hat.

An den Leitlinien der veränderten Umwelt wollen wir den Ausblick festmachen.

10.1 Herausforderungen

Eine hohe Leistung, die Performance eines Unternehmens, wird durch die drei Elemente (i) Firmenstrategie, (ii) Organisationsstruktur und (iii) die Umwelt bestimmt (Roberts 2004, 12). Die Organisation der Investmentbanken wurde bereits erläutert; sie ist sehr stark von den Angeboten und den Dealteams geprägt. Eine Kategorisierung identifiziert die Organisation mittels PARC, für *People*, *Architecture*, *Routines* und *Culture*. Zur Strategie kommen wir später und beginnen mit der externen Umwelt, deren Wandel einen internen Wandel auslösen kann, um die Leistungsfähigkeit aufrechtzuerhalten.

© Springer Fachmedien Wiesbaden GmbH, ein Teil von Springer Nature 2018
C. Franzetti, *Investmentbanken*, https://doi.org/10.1007/978-3-658-20791-5_10

Herausforderungen kommen strukturell gesprochen aus vier ineinander verwobenen Sphären oder spezifischen Umwelten, wie es etwa das St. Gallener Managementkonzept vorsieht, nämlich (Ulrich und Krieg 1974):

* Ökologie,
* Ökonomie,
* Technologie und
* soziale Sphäre.

Die soziale Dimension wurde bereits in den vorherigen Kapitel diskutiert. Wir subsumieren deshalb unter der sozialen Sphäre vor allem die regulatorischen Aspekte.

10.1.1 Ökologie

Ökologie ist im Banking nicht wirklich eine Schlüsselgröße. Sie wird vor allem unter den Aspekten Nachhaltigkeit und Klimawandel im Zusammenhang mit eigenem Engagement und Finanzierung von Kunden und Projekten diskutiert. Banken denken in dieser Hinsicht vor allem aus der Perspektive „Reputation" und versuchen mit der Publikation von ethischen Werten nach außen ihr verantwortungsbewusstes Geschäftsgebaren zu kommunizieren. Im Fokus stehen vor allem Investitionen in Papier- und Forstwesen, Nahrungsmittel, Minen, Öl und Gas, Wasserkraft, Kohlekraftwerke und Nuklearanlagen, aber auch Waffen. Goldman Sachs, Morgan Stanley, die Deutsche Bank und die UBS unter den Investmentbanken setzen nicht freiwillig die sogenannten Equator Principles um, deren Ziel es ist, einen Minimumstandard bezüglich ökologischer und sozialer Risiken von Projekten vorzugeben.

Diese Industrien spielen im Investmentbanking, also in den sogenannten Coverage Groups, und den Projektfinanzierungen eine große Rolle. Es dürfte keinen erstaunen, dass ohne kräftige Finanzierung die massive Abholzung der Regenwälder oder die Umsiedlung von Millionen Menschen nicht möglich wäre. Banken werden regelmäßig von internationalen Nichtregierungsorganisationen und der sogenannten Zivilgesellschaft kritisiert. Goldman Sachs ist und war Besitzer solcher zweifelhafter Ressourcen, etwa Uranminen.

Das Financial Stability Board (FSB) hat anlässlich der Pariser UN-Weltklimakonferenz 2015 eine Arbeitsgruppe für die Offenlegung von klimasensitiven Finanzzahlen (Task Force on Climate-related Financial Disclosures) gegründet.

Die Tab. 10.1 zeigt die Investitionssummen der Banken im Bereich Kohleförderung und Kohlekraftwerke. Symptomatisch sind alle Investmentbanken in dieser Rennliste an der Spitze vertreten. Natürlich ist Kohle, neben der Viehwirtschaft, wegen ihrer Ineffizienz eine Hauptquelle des Kohlendioxidausstoßes. Banken investieren auch in alternative Energien; dies sei der Vollständigkeit halber erwähnt. Um die Klimaziele zu erreichen, darf man keine Kohle mehr „verstromen".

Tab. 10.1 Projektfinanzierung, Investmentbanking und Unternehmenskredite, von 2005 bis 2011 in Kohleförderung und Kohlekraftwerke. Goldman Sachs folgt als elfte mit 5,9 Mrd. EUR (Schücking et al. 2011)

Rang	Bank	Betrag (Mrd. EUR)
1	J. P. Morgan	14,9
2	Citi	13,6
3	Bank of America	12,1
4	Morgan Stanley	11,5
5	Barclays	11,5
6	Royal Bank of Scotland	10,9
7	Deutsche Bank	10,1
8	BNP Paribas	9,6
9	Credit Suisse	8,6
10	UBS	6,7
	Total	109,5
	Total aller Banken	207,3

Das Auseinanderklaffen von Taten und Worten kann nur durch Druck von außen verhindert werden. Die Glaubwürdigkeit der Selbstregulierung hat stark gelitten. Deshalb ist eine solche, wenn auch winzige Initiative des FSB sehr zu begrüßen und zu hoffen, dass eine stringente Einbindung der Finanzinstitute erfolgt.

10.1.2 Soziale und ökonomische Veränderungen

Wir wollen an dieser Stelle ein paar Farbtupfer zu den sozialen, gesellschaftlichen und ökonomischen Veränderungen wagen. Es muss klar sein, dass es sich nur um eine eher subjektive Auswahl handelt, die nicht fachspezifischen Kriterien standhält. Der zeitliche Horizont sollen die letzten 10–20 Jahre sein mit spezieller Berücksichtigung der letzten Finanzkrise, deren Wirkung immer noch anhält.

10.1.2.1 Generationenwechsel

Der große Wissenschaftler Max Planck, Mitbegründer der Quantenphysik, meinte in seiner Autobiografie (Planck 1955, 22):

> Eine neue wissenschaftliche Wahrheit pflegt sich nicht in der Weise durchzusetzen, daß ihre Gegner überzeugt werden und sich als belehrt erklären, sondern vielmehr dadurch, daß ihre Gegner allmählich aussterben und daß die heranwachsende Generation von vornherein mit der Wahrheit vertraut gemacht ist.

Was hier beschrieben wird, trifft auch ein bisschen auf den Umgang mit den neuen elektronischen Medien zu. Der Erziehungswissenschaftler Prensky (2001) prägte die Begriffe Digital Natives und Digital Immigrants, um anzudeuten, dass die jüngere Generation

diesen Umgang als selbstverständlich und natürlich erlernt hat, wogegen die Älteren inte-
grationsbedürftige Zugereiste sind. Wenn man die folgende Tabelle

Bezeichnung	Geburtsjahrgänge
Generation Z	2000–heute
Millennials (Generation Y)	1980–1999
Generation X	1960–1979
Babyboomer	1946–1964

betrachtet, so kann man sich überschlagsmäßig überlegen, dass seit dem Jahrtausendwech-
sel rund ein Viertel bis ein Drittel der Millennials in das arbeitsfähige Alter gekommen
sind. Das sind auch die neuen und kräftigen Konsumenten, die eine große Wirkung auf
die Volkswirtschaft ausüben.

Als typische Aspekte werden u. a. die Lebensziele verglichen als „Arbeit" für die Baby-
boomer, „Work-Life-Balance" für die Generation X und „Autonomie" für die Generation
Y. Die Motivation geht von Eigenbeitrag und Unternehmenserfolg über extrinsische Motivation zu sinnvoller Tätigkeit. Die Erwartungen an den Arbeitgeber sind Flexibilität und
Feedback, grenzenlose Karriere. Als Stärken werden Multitasking genannt, gepaart mit
der Schwäche von fehlendem Fokus und Zielstrebigkeit (Eisner 2005, 12).

Die Millennials sind im technologischen und wirtschaftlichen, globalisierenden Um-
bruch herangewachsen; sie sind die erste Generation von Digital Natives. Daraus ergeben
sich ein Verhalten und Erfahrungen, die sich von ihrer Elterngeneration wesentlich abheben. Sie verlassen das elterliche Zuhause später und warten mit dem Heiraten länger,
legen größeren Wert auf Wellness, regelmäßigen Sport sowie ausgewogene und gesunde
Ernährung. Ihr Verhältnis zum Besitz von materiellen Gütern wie Autos und Häuser ist vor
allem vom Benutzen und weniger vom Besitzen geprägt, dem Phänomen der sogenannten
Sharing Economy.

Ihre Affinität zur Technik beeinflusst ihr Kaufverhalten: Sie kaufen online und sind an
unmittelbare Preisvergleiche, Produktinformation und Peer Reviews gewöhnt.

Anderseits wird immer noch unterstellt, dass diese Generation eben durch die vielen
verfügbaren Medien eher sozial inkompetent sei. Viele Erziehungswissenschaftler hatten
gewarnt, dass diese damals Jugendlichen verroht und unsensibel würden. Tatsache ist aber,
dass dies ein Mythos geblieben ist. Im Gegenteil, diese Altersgruppe ist ebenfalls sozial
kompetent. Gemäß Univerum Global, einer Beratungsunternehmung im Bereich Personal,
wählen 49 % der Vertreter der Millennials in 2015 in der Schweiz ein bestimmtes Studi-
enfach, um Menschen helfen zu können. Und 57 % der Millennials wollen eine eigene
Unternehmung gründen, davon 65 %, um einen positiven Einfluss auf die Gesellschaft zu
haben.

Ein weiterer Mythos ist der Fehlglaube, die Mitglieder dieser Gruppe seien besonders
zum Multitasking befähigt, sie könnten verschiedene Tätigkeiten gleichzeitig ausführen,
wie zum Beispiel beim Fernsehen einen Artikel schreiben. Eher gilt allgemein, dass der
Mensch ohnehin nicht an mehreren Sachen gleichzeitig arbeiten kann.

Der wohl weitreichendste Unterschied zur Vorgeneration ist aber die Frage nach der *Sinnhaftigkeit*. Diese hat eine viel höhere Attraktivität im Vergleich zu hohem Lohn. Meister und Willyerd (2010) fassen die Bedürfnisse gut zusammen: Millennials sehen die Arbeit als Teil des Lebens und nicht als Teil, der mit dem Leben in Einklang gebracht werden muss. Damit einhergehend suchen sie nach Tätigkeiten, die persönliche Erfüllung bringen. Neue Freunde, neue Fertigkeiten und eine Verbindung zu einem höheren Zweck sind wichtig. Sie schreiben: „That sense of purpose is a key factor in their job satisfaction; … they're the most socially conscious generation since the 1960s."

Worin besteht nun die Herausforderung? Wie wir im vorangehenden Kapitel dargelegt haben, versuchen die Investmentbanken die besten Talente zu rekrutieren. Sie bieten aber die alten Verlockungen an: Geld, Prestige und eine damit konsistente Ideologie, verbunden allerdings mit harter Arbeit und sozialen Entbehrungen. Diese Charakteristiken sind bei der jüngeren Generation und bei Frauen im Besonderen nicht mehr so attraktiv. Der hochstilisierte Kampf um die Talente könnte schwieriger werden und diese elitäre Verknüpfung von weltbester Ausbildung und Investmentbanken schwächen.

Erste Ansätze zur besseren Integration der Millennials sind in Arbeit. Im März 2016 lancierte die Citigroup ein neues Programm für junge Mitarbeiter: neben einer schnelleren Beförderungsmöglichkeit die Chance, ein Jahr von der Arbeit entbunden zu werden und an deren statt wohltätige Arbeit im Ausland zu verrichten. Der CEO, Michael Corbat, sagte in einem Interview: „I want people to have family lives, personal lives. When I was a junior banker, it was a rite of passage in terms of how many hours you work. And I don't think it's how many hours you work. It's how productive are you and how good are you."

10.1.2.2 Digitalisierung

Entgegen der landläufigen Meinung ist das Phänomen der Digitalisierung nicht ein Informatikthema, oder nur am Rande. Die treibenden Kräfte der Digitalisierung sind das Zusammenfließen von *sozialem* Umgang, *mobiler* Verfügbarkeit, massiver *Information* und vertiefter *Analyse*.

Für Banken und damit auch Investmentbanken bedeutet Digitalisierung vor allem eine potenzielle Disintermediation. Beispielsweise hatte die Sell Side die Hoheit über die Daten und die Information, die es ihr erlaubte, diese zu versilbern. Die Daten und Analysetools sind zugänglicher und transparenter geworden, sodass gewisse Dienste billiger sind oder ganz wegfallen und durch Selbstbedienung ersetzt werden können. Die Zentralisierung von Informationen bei Maklern und den Börsen wird weniger wichtig, eine Fragmentierung führt zu keinen Effizienzverlusten mehr. Dahinter steht die digitale Technologie, welche das Sammeln, Aggregieren, Analysieren und Weitergeben von Transaktionsdaten schneller, billiger und einfacher macht. Banken können auch ganz ausgeschnitten werden, wie es Peer-to-Peer-Transaktionen schon beweisen.

Investmentbanken müssen diesen Herausforderung mit starken Kostenreduktionen und der digitalen Abwicklung höherer Volumen und häufigerer Transaktionen begegnen. Es gibt schon Anzeichen, dass die effizientesten Anbieter die Ausführung auch für bis anhin konkurrierende Institute übernehmen werden respektive Infrastrukturprojekte begonnen werden, um die Kosten gemeinsam zu senken.

Die Regulierung mit der Tendenz zur Standardisierung und hin zu öffentlichen Märkten und weg vom OTC-Verfahren bringt ebenfalls Druck auf die Kosten und Anpassung an gemeinsame Technologiestandards.

Die Kunden wollen auch medienunabhängige oder allverfügbare elektronische Zugänge zu ihren Transaktionen. Im April 2017 wurde bekannt, dass Morgan Stanley einen Devisenauftrag in der Höhe von 100 Mio. USD von einem Smartphone via App bekommen und verarbeitet hat.

Weitere Disintermediation findet über *Plattformen*, wie LendersClub oder Zopa, statt, die Investoren und Kreditnehmer von Unternehmungen, Start-ups bis Private miteinander verbinden und so auch institutionelles Geschäft übernehmen. Die Regulierung folgt dann nach, sobald die Volumen gewisse Schwellen erreichen werden.

10.1.3 Technologie

Im Folgenden wählen wir auch nur einen Ausschnitt aus der großen Vielfalt von Entwicklungen aus, nämlich den Fortschritt im Rahmen der Computerwissenschaften.

10.1.3.1 Künstliche Intelligenz

Die künstliche Intelligenz (KI, auf Englisch Artificial Intelligence, AI) beschäftigt die Wissenschaft und Technik schon seit Langem. Grundlegende Ideen kamen in der Mitte des 20. Jahrhunderts von sehr verschiedenen Disziplinen zusammen. Darunter fallen gemäß Buchanan (2005) etwa Ingenieurwesen und Kybernetik, Biologie (neuronale Netze), Psychologie, Kommunikationswissenschaften, Mathematik (Spiel- und Entscheidungstheorie) und Statistik, Logik und Philosophie und Linguistik. Die Möglichkeit, Rechenmaschinen zu programmieren, erlaubte dann das Experimentieren mit dem, was man als künstliche Intelligenz bezeichnet. Der Test von Alan Turing basiert genau darauf, dass ein Mensch elektronisch zwei Partner, wovon einer menschlich und der andere künstlich ist, befragt und anhand der Antworten klar die zwei richtig klassifizieren kann.

Das dafür häufig verwendete CAPTCHA-Verfahren leitet seinen Namen vom Turing-Test ab (Completely Automated Public Turing Test to Tell Computers and Humans Apart). Für John Searl ist die künstliche Intelligenz aber nur Syntax und keine Semantik, die biologischen Systemen vorbehalten bleibt. Für den Utilitaristen spielt es keine Rolle.

Robo-Advisors

Robo-Advisors sind elektronische Plattformen, die automatisch mittels ausgeklügelter Algorithmen Vermögen verwalten. Sie beginnen die Vermögensberater für Privatkunden und Retail-Broker zu ersetzen, denn das Zielpublikum sind Investoren mit Vermögen unter 250.000 USD oder äquivalent. Unter den Kunden sind es vor allem die Millennials, die

Generation Y („Generation Playstation"), die sehr eng mit den digitalen Medien aufgewachsen ist und deshalb nicht scheut, sich einem anonymen Kundenportal anzuvertrauen.
Diese Generation stellt vermögensweise einen Wachstumsmarkt dar. Die Anlagen erfolgen kostengünstig mittels ETFs.

Neben den Millennials sind es aber auch gewisse institutionelle Kunden, die auf der
Suche nach Alternativen bereit sind, radikal andere Methoden auszuprobieren. Für diese
Großanleger sind ein paar Hundert Millionen schnell verfügbar. Damit werden die Robo-
Advisors nicht nur für kleine Privatkunden, sondern auch für Institutionelle interessant,
falls sie sich bewähren.

Von den Investmentbanken hat die Bank of America aufgrund der traditionellen Ausrichtung von der einverleibten Merrill Lynch immer schon einen speziellen Fokus auf die
Retail-Kunden des Brokerage gehabt. Diese Broker wurden wegen der großen Anzahl
als Thundering Herd, donnernde Herde, bezeichnet. Die Bank beherbergt rund 15.000 finanzielle Komplettberater, die typischerweise Kunden mit mehr als 250.000 USD beraten
und verwalten. Im Durchschnitt erwirtschaftet ein solcher Berater über eine Million USD,
denn sie sind recht profitabel. Verwaltete Vermögen sind riesig, hier über 2000 Mrd. USD.
Im Jahr 2010 startete „Merrill Edge", ein Discountbroker mit kleinerem Vermögen als
Zielgröße. Zwei Millionen Kunden besitzen rund 120 Mrd. USD zur Verwaltung.

Persönliche Anlageberatung ist meist mit aktivem Vermögensmanagement gekoppelt
und der Vorstellung, dass hoch professionelle Spezialisten eine deutliche Überrendite im
Verhältnis zu einem passiven Indexprodukt erzielen können. Leider ist die empirische
Wahrheit oft eine andere. Gemäß dem jährlich durchgeführten Renditevergleich von aktiv
verwalteten Fonds und Standard & Poor's Indizes (Ung et al. 2015) werden die passiven Indexfonds für europäische Aktien in Euro nur in 17 % im Jahr 2014 respektive nur
in 18 % der Fälle über fünf Jahre geschlagen. Für US-amerikanische Aktien ist es noch
schlechter. Dass die aktiven Manager in besonders wenig effizienten Märkten, also in
Schwellenländern, besser glänzen, stimmt leider auch nicht. Aktive Manager unterliegen
dem typisch menschlichen „Bias" und verfolgen zum Teil auch eigene oder Firmeninter-
essen.

Die Robo-Beratung stellt eine Herausforderung für die nicht nur von den Investmentbanken betriebene Vermögensverwaltung dar, und zwar für alle verschiedenen Größen von
Vermögensportfolios. Damit verbunden ergibt sich die Chance, Konkurrenzvorteile, Kun-
densubstitutionen und Anbieterdefragmentierung zu erzielen. Das wird aber sicherlich
ein harter Wettbewerb werden. Mit den jüngeren Generationen besteht ein umfangreiches
Kundenpotenzial.

Die Royal Bank of Scotland streicht im März 2016 550 Kundenberaterstellen, um Kosten zu sparen. Die Kosten sind zusätzlich durch regulatorische Aufwendungen gemehrt,
denn das sogenannte Retail Distribution Review von 2013 ist nicht nur eine Bürde, sondern auch ein Risiko hinsichtlich Fehlberatung. Kunden mit weniger als 250.000 GBP
werden nicht mehr persönlich beraten, sondern bekommen Zugang zu den digitalen Robo-
Advisors.

Robotisches Schreiben

Die Research-Abteilungen der Investmentbanken produzieren haufenweise Analysen und zugehörige Updates zu den Forbes 500, S&P 500 und anderen Firmen darüber hinaus. Die Arbeit ist so spezialisiert, dass es Analysten gibt, die sich nur mit Mineralwasser befassen. Walls-Street-Firmen produzieren eine Flut von Research, in der Größenordnung von 30.000 Berichten pro Jahr für einen großen Broker. Die Banken sind froh um Methoden, die Kosten senken und die Effizienz steigern können. Hier betritt das robotische Schreiben[1] die Bühne.

Narrative Science startete 2010 mit automatischen Neuigkeiten und erweiterte 2013 das Angebot mit Produkten für die Finanzbranche. Die Analyse: „Fundamentally, the company has seen improvements in key metrics such as expanded operating margin, higher coverage ratio and lower asset volatility based on its latest filings", klingt recht nachvollziehbar. Andere Anbieter sind Yseop, Capital Cube und die von Goldman Sachs finanzierte Kensho Technologies.

Die Credit Suisse beispielsweise benutzt die Plattform „Quill" von Narrative Science, um Zusammenfassungen der rund 5000 abgedeckten Firmen für ihre Berichtedatenbank HOLT zu erstellen. Damit erhalten die Analysten mehr Zeit, um ihre Kunden zu treffen. Die Nachrichtenagentur Associate Press verwendet ebenfalls robotische Schreibprogramme, um die Quartalsberichte der Unternehmen sehr schnell zusammenfassen zu können.

Wer vermutet, dass Texte mit vielen Zahlen ideale Inputs für solche Programme sind, hat recht; aber es gibt auch Programme, die Kurzgeschichten verfassen.

Gewisse Anbieter wie Kensho sind noch viel ambitiöser. Ähnlich wie bei Google, beantwortet Kensho Fragen, die in einfachem Englisch gestellt werden, aber nicht faktisches Wissen betreffen, sondern künftige Ereignisse: Welchen Einfluss hat ein Scharmützel zwischen Amerikanern und Chinesen in der Chinesischen See auf die Aktien der Waffenproduzenten, den Ölpreis und den Wechselkurs? Das Programm kann anscheinend 65 Mio. Fragen zu 90.000 Ereignissen, unter anderem Naturkatastrophen, politische Vorkommnisse, neue Unternehmenszahlen, Produkteinführungen oder Medikamentenzulassungen, untersuchen. Die Erstellung läuft in Sekunden ab und erzeugt neben Text auch noch Grafiken. Goldman Sachs verwendet seit 2014 das System firmenweit. Auch J. P. Morgan Chase und Bank of America Merrill Lynch haben es eingeführt.

An diesem Beispiel kann man erahnen, dass auch das vor technischen Angriffen geschützt geglaubte Tacit Knowledge verwundbar ist. Wenn Automaten sowohl die Analyse als auch das Anlegen von alleine betreiben, wozu braucht es noch den Menschen resp. wie kommt der Mensch überhaupt zu Geld, das man dann anlegen kann? Das wäre eine gute Frage für Kensho.

---

[1] Wir verwenden diesen Begriff, weil „automatisches Schreiben" sich auf Mitteilungen aus dem Jenseits bezieht, die von Medien in Trance geschrieben werden.

10.1.3.2 Algorithmen

Obwohl die künstliche Intelligenz (KI) natürlich auch von Algorithmen umgesetzt wird, behandeln wir dieses Thema hier separat. Bei der KI liegt das Wesentliche in der Semantik, also der Bedeutung von Objekten, die vor allem von Menschen erzeugt wurden.

Der Begriff Algorithmus leitet sich vom frühen islamischen Mathematiker Muhammad Al-Chwarizmi ab, der um 800 n. Chr. in Bagdad lebend eine Sammlung mathematischer Methoden vor allem der Inder schrieb. Der Algorithmus bezeichnet eine Befolgung von Rechenregeln, die von einem Anfang zu einem Ende führen. Ein einfaches Beispiel ist die schriftliche Division von Zahlen in der Grundschule. Heute sind es die Computer, die Algorithmen als Programme ausführen. Rechner wiederum weisen typischerweise die Von-Neumann-Architektur auf, d. h. bestehen aus Ein- und Ausgabewerk, Rechenwerk (Arithmetic Logic Unit, ALU), dem Steuerwerk (Control Unit) und dem Speicher (Memory). Das Prinzip des Programmablaufs ist sequenziell: Befehle sind im Speicherwerk, der Programmzähler zeigt auf den nächsten auszuführenden Befehl. Die Befehle sind Abfolgen von Befehlen, worunter Verzweigungen und Schleifen vorhanden sein können.

Ein ganz einfaches Beispiel aus dem Effektenhandel könnte lauten: Wenn der 30-Tage-Durchschnittspreis über den 100-Tage-Durchschnittspreis steigt, kaufe die entsprechende Aktie. Durchsticht ersterer den zweiten Wert, so verkaufe wieder. Trotz Einfachheit sind alle Elemente vorhanden. Das Programm muss die Preisdaten von einer Quelle einlesen, die zwei Werte berechnen und vergleichen und je nach Ausgang dieser Operation entweder nichts tun oder einem anderen System eine Mitteilung schicken, damit dieses die Transaktion ausführt. Schon ein solches Prográmmchen übersteigt die die Fähigkeiten von Spreadsheets.

Für Privatinvestoren gibt es Anbieter wie Quantopian oder Rizm, die Infrastruktur zur Umsetzung von Algorithmen bereitstellen.

10.1.4 Regulierung

Regulierungen, also vor allem staatliche Eingriffe, sollen in der Regel vor Marktversagen schützen, sagt Stiglitz (2005, 122). Marktversagen hat verschiedene Erscheinungsformen, also unvollständiger Wettbewerb, fehlende Märkte oder zu viele negative externe Effekte wie etwa Umweltverschmutzung oder zu wenige wie Grundlagenforschung. Eine zweite Gruppe von Marktversagen rührt von der asymmetrischen und unvollständigen Information her. Die besser Informierten nutzen ihren Vorsprung aus; dies führt zur adversen Selektion und zum Problem des Moral Hazard, der nachlassenden moralischen Haltung, sowie Interessenkonflikten.

Das folgenreichste *Marktversagen* ist aber das Bestreben der Marktteilnehmer, sich nicht marktwettbewerblich zu verhalten, d. h. den Wettbewerb auszuschalten, ihre Marktmacht auszuspielen, Verbraucher auszubeuten und den Marktzutritt zu erschweren. Das regulative Antidot bilden die Kartellrechte oder Antitrust-Gesetze mit ihren Behörden, die Preisabsprachen und den Aufbau von marktbeherrschenden Positionen durch Fusion oder Firmenzukauf verhindern. Das Risiko der Regulierung sind die hohen Kosten zur Erfüllung, die die bestehenden Marktteilnehmer vor neuen Banken schützen und somit ein starkes Wettbewerbsmotiv aushebeln.

Von 1913 bis 1953, als der Richter Harold R. Medina den Fall endgültig schloss, herrschte in den USA die feste Meinung, die Investmentbanken bildeten ein beherrschendes *Kartell* (Money Trust), das für die Volkswirtschaft sehr nachteilig sei. Man vertiefe in Abschn. 1.3.2.1. Gewisse Historiker betrachten die lange Verfolgung als ein Machwerk von Louis Brandeis, einem einflussreichen Juristen und Berater (Carosso 1973). In neuester Zeit kann man allerdings die Preisabsprachen beim Liborzinssatz, bei Wechselkursen und dem Goldpreis nicht wegdiskutieren. Britische und US-amerikanische Behörden haben Bußen in Höhe von rund 3 Mrd. USD im Zusammenhang mit dem Liborskandal verhängt. Fünf Banken wurden mit der Zahlung von 2 Mrd. GBP für die Manipulationen der Devisenmärkte belangt. Hinzu kommen Strafen für das Andrehen von Subprimepapieren, die Manipulation des Goldpreises, die Umgehung von Iran-Sanktionen. Insgesamt wurde schon eine Summe von 166 Mrd. USD ausgerechnet.

Heutzutage wird kaum ein vernünftiger Mensch behaupten, die Märkte können alles zur Zufriedenheit aller selber regeln. Den effizientesten Gleichgewichtspunkt von öffentlichem Interesse und unternehmerischer Freiheit zu finden, ist bisher noch nicht gelungen.

10.1.4.1 International

Die Subprimekrise mit nachfolgender Finanzkrise hat die nächste *Regulierungslawine* losgetreten, nachdem 20 Jahre zuvor die große Deregulierungswelle mit tatkräftiger Mithilfe von Bill Clinton hereingebrochen war. Die Rettung von Bear Stearns und die Illiquidität und Insolvenz von Lehman Bros. forderten von den Zentralbanken eine schnelle und massive Liquiditätsspritze ins Finanzsystem. Damit hievten sich die Zentralbanken auch dort, wo sie nur beiläufig neben einer Aufsichtsbehörde für die Bankaufsicht zuständig waren, in den Führrerstand. Am Treffen der G20 wurde das Financial Stability Board gegründet (siehe Abb. 10.1), wobei Mario Draghi als Urheber dieses Gremiums gilt.

Der Abbildung kann man entnehmen, dass neben den Spitzenbeamten der Finanzministerien und den Zentralbankgouverneuren der G20-Länder auch wichtige Finanzplätze wie die Schweiz, die Niederlande und Singapur vertreten sind sowie zahlreiche Institutionen, Organisationen und Komitees. Der Internationale Währungsfonds IWF wäre natürlich auch ein Kandidat für den Aufbau einer solchen Ressource gewesen. Er hat aber den Zug verpasst. Er gilt als ideologisch unflexibel und festgefahren.

Der Gegenpol oder vielmehr die Ergänzung des FSB ist das Basel Committee on Banking Supervision BCBS, das 1971 von den G10-Staaten ins Leben gerufen wurde und von den Zentralbanken und den Bankaufsichtsbehörden (Heads of Supervision) geführt wird. Genauso wie das BCBS sind noch zwei weitere Komitees bei der Bank für Internationalen Zahlungsausgleich BIZ in Basel angesiedelt und dürfen deren Infrastruktur benutzen, nämlich das CPMI und das GCFS. Hier sitzen wiederum Zentralbanker in den Führungsgremien. Sowohl das BCBS als auch das FSB haben Subkomitees, die nicht wirklich komplementär und überlappungsfrei sind. Beispielsweise beschäftigt sich eine Gruppe

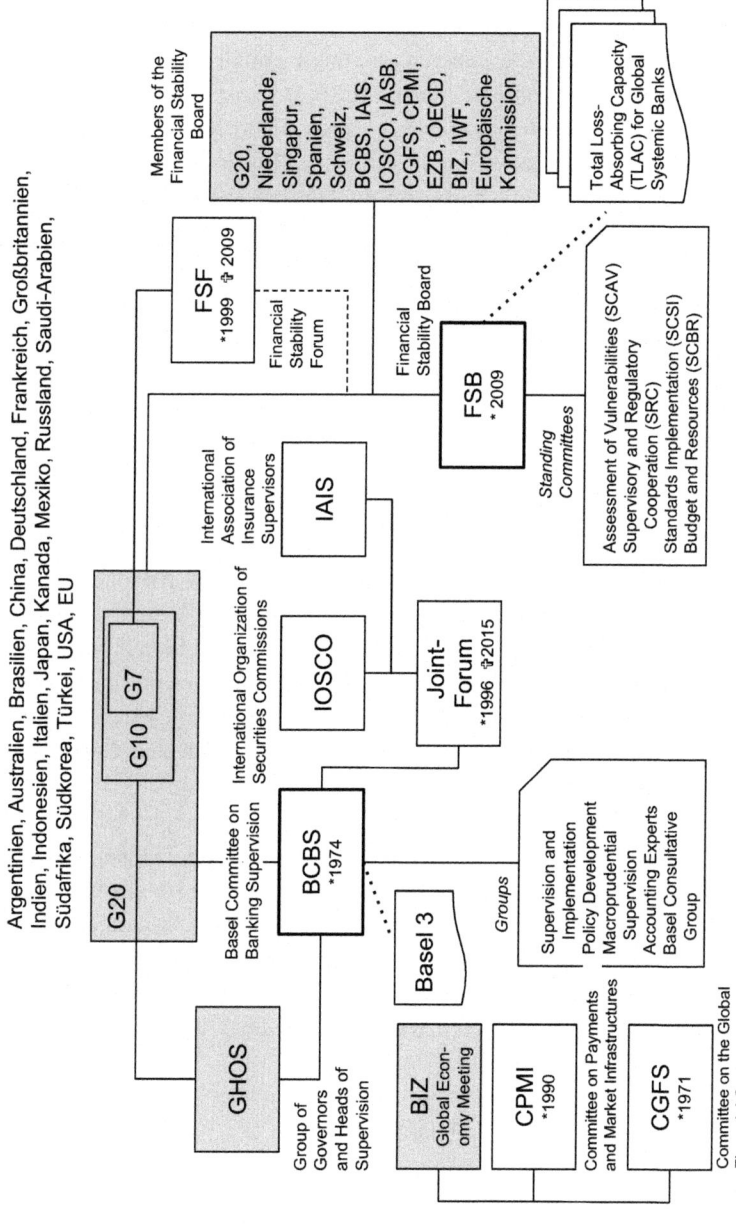

Abb. 10.1 Die regulatorische Landschaft anhand der internationalen Gremien (Quelle: Deutsche Bundesbank). Als Folge der Finanzkrise wurde das FSB prominent ausgebaut und mit der Stabilität des Finanzsystems betraut, also makroprudenzielle Regulierung und Too-big-to-fail-Problematik. Auffallend ist die Vielzahl von Komitees und Gruppen, die immer von denselben Institutionen bemannt werden, d. h. Bankgouverneure, höchste Aufsichtsfunktionäre und Spitzenleute der Finanzministerien

des BCBS mit der makroprudenziellen Überwachung, die ja ein Schwerpunkt des FSB ist, anderseits sitzen Vertreter der internationalen Rechnungslegung im Führungsgremium des FSB, während das BCBS eine Gruppe von Rechnungslegungsexperten unterhält.

Das FSB hat es geschafft, alle schon vorhandenen Gruppen zu integrieren, wobei auch hier die Zentralbanken im Verhältnis zu den Aufsichtsbehörden die offensichtliche Vorherrschaft erlangt haben. Wie auch die anderen Komitees gründet das FSB nicht auf einem internationalen Abkommen oder auf Staatsverträgen. Es ist auch nur ein Verein nach schweizerischem Recht. Seine Wirkung kann es ausschließlich dank der hohen Bedeutung und des Ansehens der Vertreter sowie des sozialen Drucks der Kollegen (Moral Suasion and Peer Pressure) erzielen. Die ganze Architektur dieser Regulierungsgremien ist byzantinisch, um es freundlich auszudrücken.

Während das BCBS sich mit „Basel 3" beschäftigt mit den Schwerpunkten Eigenkapitalquote, risikogewichtetes Eigenkapital, Liquidität und stabile Nettofinanzierung, befasst sich das FSB mit den ganz großen Themen, Stabilität des Finanzsystems, systemisch wichtige Banken („too big to fail", TBTF) und deren testamentarische Abwicklung und eben auch Eigenmittelausstattung mit dem Begriff Total Loss Absorbing Capacity TLAC for Global Systemic Banks sowie langfristige Fremdkapitalaufnahme.

Basel 3

Wie in Abb. 10.1 ersichtlich, werden die Basler Regulierungen von einem Komitee von Bankaufsehern erarbeitet. Basel 1 von 1988 führte den Begriff von risikogewichteten Aktiven (Risk-weighted Assets, RWA) für Kreditrisiken ein, die im Verhältnis zum regulatorischen Eigenkapital stehen durften. Für Marktrisiken im Handelsbuch konnte man eine Variante Value at Risk wählen. Die Eigenkapitalberechnung war neu und ein Versuch, für Banken generell dieses risikotragende Kapital zu definieren. Es wurde kategorisiert als Kernkapital (Tier-1-Kapital), Ergänzungskapital (Tier-2-Kapital) und in einer Erweiterung von 1996 mit Drittrangmitteln (Tier-3-Kapital) versehen.

Das System war zwar recht einfach, doch die Risikogewichte waren viel zu wenig differenziert. Es wurden z. B. Krediten unterschiedlicher Bonität Kapital in gleicher Höhe unterlegt. Die guten Risiken waren zu teuer, sodass mittels Verbriefung vor allem die guten Risiken veräußert wurden. Dieses Vorgehen nennt man regulatorische Arbitrage.

Basel 2 wurde zumindest in Europa im Jahr 2007 eingeführt. Es war für die Banken eine Herkulesaufgabe und hat in der Finanzkrise dann auch nicht geholfen.

Ausgangspunkt ist das Drei-Säulen-Modell, das auch in Basel 3 fortbesteht:

- Mindestkapitalanforderungen („Pillar 1"),
- aufsichtliches Überprüfungsverfahren („Pillar 2") und
- Offenlegung und Marktdisziplin („Pillar 3").

Die Kapitalanforderungen werden gemäß Basler Modell nach Kredit-, Markt- und operationellen Risiken unterteilt. Für jede dieser Risikoklassen muss man die *risikogewichteten* Aktiven berechnen. Die zugelassenen Methodiken sind recht unterschiedlich. Für Kre-

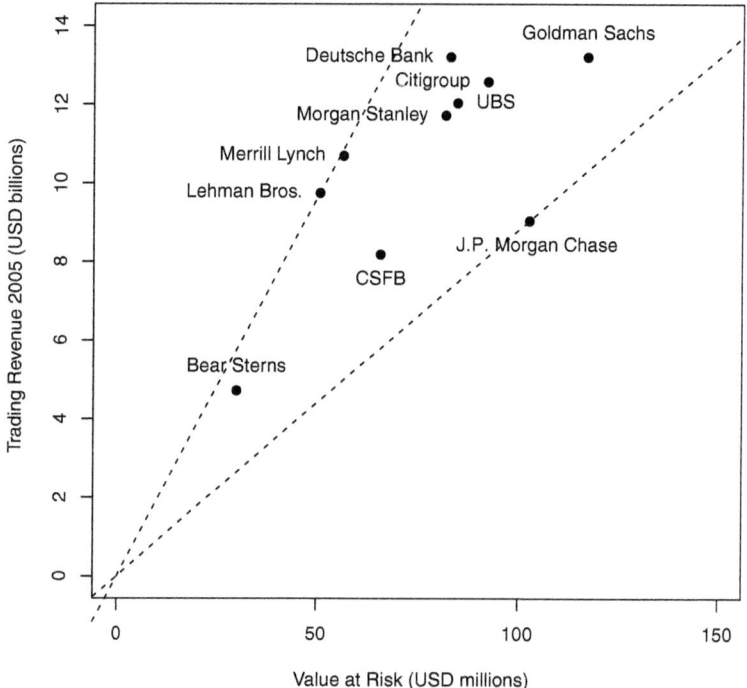

Abb. 10.2 Value at Risk im Handelsgeschäft, wie es vor der Krise herrschte. Man erkennt erhebliche Unterschiede in der „Rendite", also Ertrag im Verhältnis zum täglich möglichen Verlust (Franzetti 2011, 35)

ditrisiken werden die potenziellen Verluste mit produktabhängigen Faktoren gewichtet[2]. Marktrisiken lehnen sich an das Value-at-Risk-Konzept an (siehe Abb. 10.2). Für operationelle Risiken sind sogar fünf Methodiken verwendbar, von der Benutzung einfacher Indikatoren bis zur numerischen Verlustverteilung (siehe Franzetti 2011). Die totalen risikogewichteten Aktiven (Total Risk-weighted Assets) ergeben sich aus folgender Formel:

$$\text{Total Risk-weighted Assets} = 12{,}5 \times \text{RWA}_{\text{Marktrisiko}}$$
$$+ 12{,}5 \times \text{RWA}_{\text{operationelles Risiko}}$$
$$+ \text{RWA}_{\text{Kreditrisiko}}.$$

Das regulatorische Eigenkapital besteht aus der Summe folgender Bestandteile:

1. Kernkapital (Going-Concern-Kapital, Tier-1-Kapital):
   1a) hartes Kernkapital,
   1b) zusätzliches Kernkapital,
2. Ergänzungskapital (Gone-Concern-Kapital, Tier-2-Kapital).

---

[2] Mit den Gewichten w_j und den Aktiven A_j kann man formell schreiben: $\text{RWA} = \sum_j A_j \times w_j$.

Tab. 10.2 Global Systemically Important Banks (G-SIB) gemäß BCBS, Februar 2016. Die Gruppe 1 umfasst noch viel mehr Institute, die uns aber hier nicht interessieren. Insgesamt gibt es 30 G-SIB. Die Prozentzahl gibt an, wie viel zusätzlicher Risikopuffer im Verhältnis zum risikogewichteten Kapital verlangt wird

Gruppe (Bucket)	Bank
4 (2,5 %)	HSBC J. P. Morgan Chase
3 (2,0 %)	Barclays BNP Paribas Citigroup Deutsche Bank
2 (1,5 %)	Bank of America Credit Suisse Goldman Sachs Mitsubishi UFJ FG Morgan Stanley Royal Bank of Scotland
1 (1,0 %)	Group Crédit Agricole Société Générale UBS

Das Tier-3-Kapital ist weggefallen. Das Kernkapital soll der Fortführung des Geschäftsbetriebs dienen; das Ergänzungskapital soll für den Insolvenzfall vorsorgen. Für jede der oben genannten Kategorien besteht ein Katalog von Kriterien, die von Instrumenten erfüllt werden müssen, damit sie der entsprechenden Kategorie angerechnet werden können.

Die minimalen Kapitalanforderungen sehen die Einhaltung folgender Verhältniszahlen vor (in Klammern mit zusätzlichem „Kapitalerhaltungspolster" von 2,5 %):

$$\text{harte Kernkapitalquote} = \frac{\text{hartes Kernkapital}}{\text{risikogewichtete Aktiven}} \qquad > 4{,}5\,\% \; (7{,}0\,\%)$$

$$\text{Kernkapitalquote} = \frac{\text{Kernkapital}}{\text{risikogewichtete Aktiven}} \qquad > 6{,}0\,\% \; (8{,}5\,\%)$$

$$\text{Gesamtkapitalquote} = \frac{\text{Kernkapital} + \text{Ergänzungskapital}}{\text{risikogewichtete Aktiven}} \qquad > 8{,}0\,\% \; (10{,}5\,\%).$$

Das Kapitalerhaltungspolster (Conservation Buffer) von 2,5 % soll in guten Zeiten aufgebaut werden, sodass die minimale Anforderung dann auch in schlechten Zeiten erfüllt bleibt. Zu diesem Polster kommen noch zwei weitere Element hinzu: das *antizyklische Kapitalpolster* und die *zusätzliche Verlustabsorptionsfähigkeit* (horribile dictu) für die global systemrelevanten Banken (G-SIB). Tab. 10.2 zeigt die vorgesehenen Beträge nach Maßgabe der Einteilung, die wiederum aus einem komplexen Modell hergeleitet wird (BCBS 2011b). In Abb. 10.3 sind die Werte zur Kernkapitalquote der Deutschen Bank aufgezeichnet.

Neu eingeführt wurde die *Höchstverschuldungsquote* (Leverage Ratio), welche durch ihre relativ einfache Berechenbarkeit wenig Raum für Interpretationen und Manipulationen bietet und so „als Korrektiv zu den risikobasierten Eigenkapital-Messgrößen dient" (BCBS 2011a, 2). Sie soll den Aufbau übermäßiger Fremdfinanzierung im Bankensys-

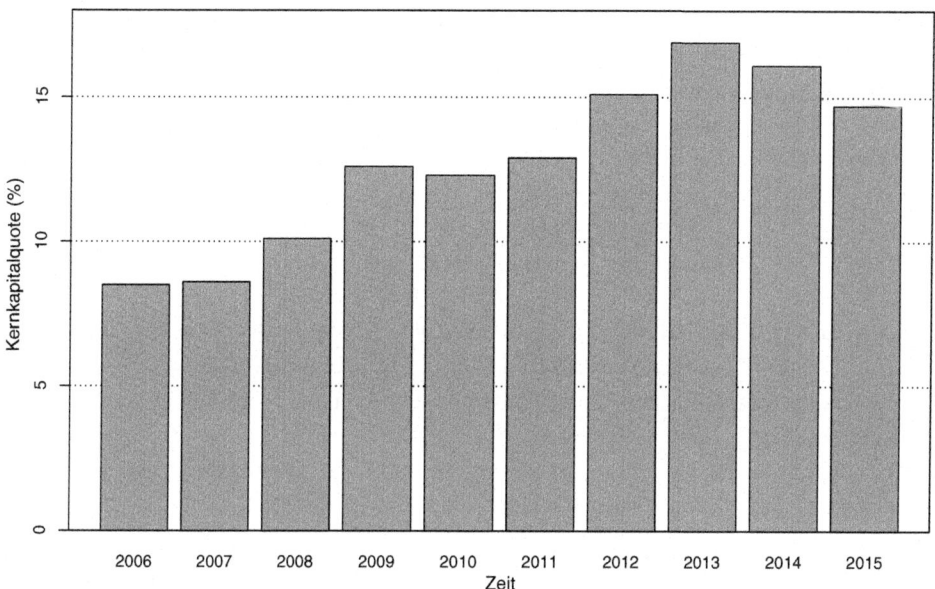

Abb. 10.3 Kernkapitalquote der Deutschen Bank (Quelle: Deutsche Bank). Nach fast stetigem Zuwachs nach 2008 nahm die Quote von 2014 wieder ab

tem eindämmen und bietet einen zusätzlichen Schutz vor Modellrisiken und Messfehlern. Formell

$$\text{Leverage Ratio} = \frac{\text{Kernkapital}}{\text{Engagement}} > 3\,\%,$$

wobei das Engagement aus den Bilanzaktiven zuzüglich außerbilanzieller Betreffnisse besteht, also:

$$\text{Engagement} = \text{bilanzwirksames Engagement}$$
$$+ \text{derivatives Engagement}$$
$$+ \text{Engagement von Wertpapierfinanzierungsgeschäften}$$
$$+ \text{außerbilanzielle Positionen.}$$

Die Anforderung an die Leverage-Ratio war bis Ende 2017 provisorisch auf 3 % gesetzt worden. Seither gilt sie fest (BCBS 2014).

Ebenso neu ist die *Mindestliquiditätsquote* (Liquidity Coverage Ratio, LCR), die eine Mindestmaß an liquiden Mitteln vorsieht. Die Quote wird stufenweise bis 2018 erhöht, dann gilt:

$$\text{LCR} = \frac{\text{HQLA}}{\text{Barmittelabfluss}} > 1,$$

wobei HQLA für lastenfreie erstklassige liquide Aktiven (High Quality Liquid Assets) steht und der Abfluss den gesamten Nettoabfluss von Barmitteln in den nächsten 30 Kalendertagen meint.

Die letzte Neuerung im Basel-3-Rahmen innerhalb der ersten Säule ist die *strukturelle Liquiditätsquote* (Net Stable Funding Ratio, NSFR), die sich formell als

$$\frac{\text{verfügbarer Betrag stabiler Refinanzierung V}}{\text{erforderlicher Betrag stabiler Refinanzierung E}} > 1,$$

darstellt. Die Beträge sind gewichtete Summen von Passiven, also $V = a_1 \cdot P_1 + a_2 \cdot P_2 + \ldots + a_4 \cdot P_4$ respektive für die zu refinanzierenden Aktiven $E = r_1 \cdot A_1 + r_2 \cdot A_2 + \ldots + r_6 \cdot A_6$. Die Gewichte a_j heißen Available-Stable-Funding-Faktoren, r_j sind die Required-Stable-Funding-Faktoren.

Die Motivation für die Finanzierungsvorgabe zur Eindämmung übermäßiger Fristentransformation und Bilanzausweitung lautet wörtlich (BCBS 2014, 1):

> So, wie für Banken privatwirtschaftliche Anreize zur Erhöhung der Fremdfinanzierung bestehen, kann auch ein Anreiz zur – oft sehr raschen – Ausweitung der Bilanz vorhanden sein, wobei die Banken auf relativ kostengünstige und reichlich vorhandene kurzfristige Großkundenmittel setzen. Eine rasche Bilanzausweitung kann die Reaktionsfähigkeit einzelner Banken auf etwaige Liquiditäts- bzw. Solvenzschocks beeinträchtigen und systemweite Folgen nach sich ziehen, wenn die Banken die mit beträchtlichen Finanzierungslücken verbundenen Kosten nicht bewältigen können. In einem stark vernetzten Finanzsystem sind solche Ansteckungseffekte tendenziell größer.

Wir haben uns auf die Säule 1 konzentriert, weil darin einschneidende Maßnahmen zu erkennen sind und die meisten Neuerungen eingeführt wurden.

Total Loss Absorbing Capacity

Nun wechseln wir zum neuen Superregulator, dem Financial Stabilty Board, der für die systemischen Risiken und damit für die systemischen Banken zuständig ist.

Das TLAC (FSB 2015) als Verlustpuffer ist eng mit der Abwicklung (Resolution) der Bank verknüpft. Denn es verlangt so viel Puffer, dass die Bank in der Abwicklung keine öffentlichen Gelder benötigt. Deshalb ist das Eigenkapital im Sinne von Basel 3 nicht ausreichend, weil es schon als aufgezehrt angesehen wird; es braucht zusätzlich unbesicherte, langfristige Schuldverschreibungen (Long-term Unsecured Debt). Es ist für die Konkursverwaltung wichtig, dass die Schulden nicht unmittelbar fällig werden. Somit kann man diese Regulierung als das Vorhalten von speziellen Finanzierungsquellen ansehen.

Idealerweise wird die Bilanz eines Instituts in Abwicklung vom regulatorischen Konkursverwalter übernommen, wobei die Aktiven und die besicherten und zum Teil die langfristigen Schulden in eine Überbrückungsgesellschaft kommen, während die haftenden Mittel (Eigenkapital, nachrangige und unbesicherte Schulden) als Passiven in der alten Firma bleiben. Nun ist die Situation aber meist viel komplexer, denn es ist ein Geflecht von Firmen, Töchtern des Konzerns, die gemeinsam abgewickelt werden müssen. Dazu kommt die transnationale Dimension.

Innerhalb einer Konzernstruktur bildet die abzuwickelnde Entität mit allen ihren Töchtern die sogenannte Abwicklungsgruppe (Resolution Group). Es könnten also mehrere Gruppen des gleichen Konzerns betroffen sein (*Multiple Entry Point*). Vom Motto: „global in life, national in death", leitet sich ab, dass das abwickelnde Land ein Interesse daran hat, dass fremde Institute möglichst viel Kapital im Land halten müssen. Als Maßnahme wird vorgeschlagen, dass im Voraus festgestellt wird, welche Entität als Spitze der Abwicklungsgruppe fungieren wird. Sie wird das TLAC bilanzieren.

Die konkrete Vorgabe lautet: Ab dem 01.01.2019 gilt für G-SIB, dass ihr TLAC-Puffer mindestens 16 % der risikogewichteten Aktiven (RWA) betragen muss. Ab 2022 soll die Quote auf 18 % steigen. Formell:

$$\frac{\text{TLAC-Puffer}}{\text{risikogewichtete Aktiven}} > 18\,\%.$$

Ursprünglich stand eine Zahl von 20 % im Raum, sodass die jetzigen Zahlen auch schon als milde bezeichnet wurden. Tatsache ist, dass sich Investmentbanken wie Goldman Sachs schon stark mit lang laufenden Bonds finanzieren und somit keiner Strukturänderung bedürfen. Banken, die sich vor allem mit Einlagen finanzieren, stehen vor einem größeren Bedarf an Bonds. Dieser wird insgesamt für alle betroffenen Banken ohne die vier chinesischen bis 2019 mit 260–500 Mrd. USD veranschlagt.

10.1.4.2 USA

Neben dieser internationalen Ebene der Aufsicht gibt es noch die nationalen Gesetze oder überstaatlichen Direktiven, die national umgesetzt werden. Für die Banken in den USA, also amerikanische Banken und ausländische Finanzinstitute, ist der *Dodd-Frank Act* (eigentlich Dodd-Frank Wall Street Reform and Consumer Protection Act) erlassen wurde. Darin werden einerseits amerikanische Regulatoren ermächtigt, sogenannte Rules zu definieren. Anderseits sind darin die Volcker-Rules enthalten, die den Banken gewisse, als sehr systemisch relevant angesehene Geschäfte untersagen. Die neue US-Regierung unter Donald Trump allerdings scheint zu beabsichtigen, gerade den Eigenhandel wieder zuzulassen.

Das Gesetz sieht für US-Banken (Bank Holding Companies) und ausländische Banken sowie deren Tochtergesellschaften oder Filialen das Verbot von (1) Eigenhandel und das (2) Halten von Beteiligungen an Hedgefunds und Private Equity Funds vor. Davon ausgenommen sind sogenannte erlaubte Aktivitäten. Nichtbanken, die im Eigenhandel tätig sind, unterstehen zusätzlichen Kapitalvorschriften.

Eigenhandel ist definiert als Eintreten als Gegenpartei in Kauf- und Verkaufstransaktionen von Wertpapieren, Derivaten, Warenterminkontrakten, Optionen auf vorgenannte Instrumente und Finanzinstrumente, die die zuständige Behörde festlegt.

Erlaubte Aktivitäten umfassen Transaktionen mit US-amerikanischen Staatspapieren und Papieren von staatlichen Agenturen, Handelsaktivitäten in Zusammenhang mit der

Emission von Wertschriften und dem Market Making, sofern die Bestände nicht die erwartbare, kurzfristige Nachfrage übersteigen, oder Absicherungstransaktionen, welche das Risiko der Bankpositionen einzeln oder aggregiert mindern. Es ist zusätzlich eine „De-minimis-Regel" vorgesehen, wonach eine Bank nicht mehr als 3 % eines Hedgefonds oder Private Equity Fonds hält und insgesamt Beteiligungen von nicht mehr als 3 % des Kernkapitals (Tier 1) besitzt.

Ebenso wie in Europa hat das Gesetz zusätzliche Regulierungsbehörden und Koordinationsmechanismen in einer schon fragmentierten Finanzaufsicht geschaffen. Neu ist das Financial Stability Oversight Council sowie einige neue Abteilungen innerhalb von Regulierungsbehörden: Office of Financial Research und Office of National Insurance im Finanzministerium, Bureau of Consumer Financial Protection beim FED, Office of Credit Rating Agencies beim SEC. Die Gesetzgeber haben also auch an die Konsumenten gedacht und die in der Subprimekrise arg zerzausten Ratingagenturen an die Kandare genommen. Einzig der Regulator für Sparkassen (OTS) wurde eliminiert resp. deren Aufgaben anderweitig übertragen.

Um den intransparenten OTC-Handel zu kanalisieren, wurden mit dem Gesetz auch die sogenannten Swap Execution Facilities SEF geschaffen.

10.1.4.3 Europa

Im Nachgang zu der Finanzkrise wurden auch in der Europäischen Union Maßnahmen getroffen, um die Aufsicht über die Banken in den teilnehmenden Staaten zu vereinheitlichen und zu verbessern, die Finanzstabilität im Euroraum zu erhöhen und die enge Verknüpfung der Verschuldung von Finanzsektor und Staaten zu lockern.

In der Abb. 10.4 ist die regulatorische Landschaft im Euroraum dargestellt. Man erkennt die Entwicklung, die 2010 vom European System of Financial Supervision (ESFS) – dem System von Aufsichtsbehörden – zum Einheitlichen Aufsichtsmechanismus (Single Supervisory Mechanism SSM) von 2014 geführt hat. Dieser zweite Schritt wurde durch die gesetzlichen Grundlagen für eine *Bankenunion* geschaffen.

Die Bankenunion umfasst (1) einen Einheitlichen Aufsichtsmechanismus (SSM), (2) einen Einheitlichen Abwicklungsmechanismus (Single Resolution Mechanism SRM) sowie (3) ein gemeinsames System der Einlagensicherung (Deposit Guarantee Scheme, DGS). An der Bankenunion nehmen alle Euroländer teil sowie EU-Länder, die freiwillig beitreten.

Das ESFS besteht aus einer mikroprudenziellen und einer makroprudenziellen Aufsicht, die durch die vier neuen Institute (EBA, EIOPA, ESMA und ESRB) wahrgenommen werden. Mit dem zweiten Schritt zur Bankenunion allerdings wurde die mikroprudenzielle Bankenaufsicht unter die Führung der Europäischen Zentralbank (EZB) gestellt. Gleichzeitig erhielt die EZB auch zusätzliche Kompetenzen in der makroprudenziellen Überwachung. Die EBA ist die Nachfolgerin der CEBS.

Die EZB beaufsichtigt ca. 120 „signifikante Kreditinstitute" direkt; die Aufsicht über die anderen rund 3400 Institute verbleibt bei den nationalen Aufsichtsbehörden. Zur stän-

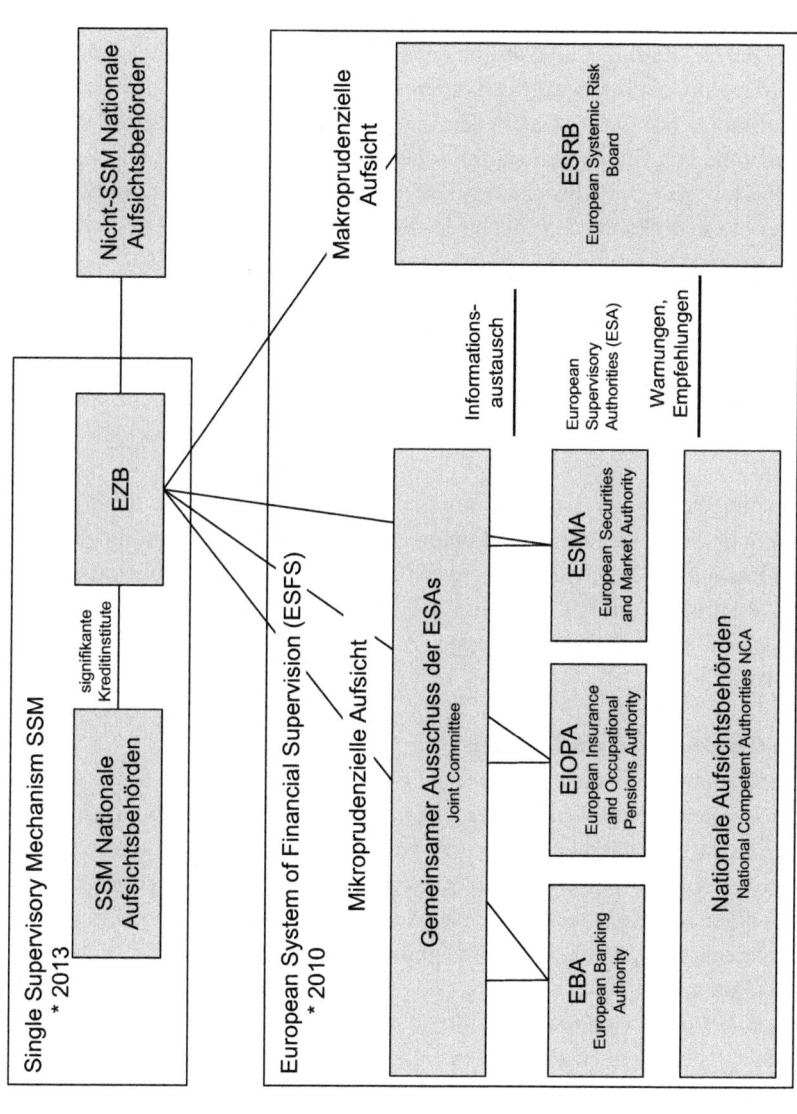

Abb. 10.4 Die regulatorische Landschaft anhand der internationalen Gremien. Das *Sternchen* bezeichnet das Jahr der Einführung. Daran erkennt man den additiven Charakter der Aufsicht

digen Beaufsichtigung der signifikanten Institute bildet die EZB gemeinsame Aufsichts-
teams, die aus EZB-Mitarbeitern und Mitarbeitenden der NCA bestehen.

Das zweite Element der Bankenunion ist der *Einheitliche Abwicklungsmechanismus*.
Er soll die geordnete Sanierung oder Abwicklung von Banken, die in Schieflage geraten
sind, regeln. Die Finanzkrise hat gezeigt, dass man die angeschlagenen Banken nicht dem
ordentlichen Konkursrecht überlassen kann. Denn dieses wird als nicht tauglich angesehen angesichts der Gefährdung und Labilität des Finanzsystems. So mussten Steuergelder
eingesetzt werden, um Insolvenzen zu verhindern. Dabei wurden Eigentümer und Gläubiger vor der Haftung verschont, was nicht der reinen Lehre der Marktwirtschaft entspricht
– mit der Ausnahme von Gläubigern zypriotischer Banken. Eine Wiederholung gilt es zu
vermeiden. Deshalb trifft die Abwicklungsbehörde die entsprechenden Entscheidungen.
Zudem müssen die signifikanten Banken bis Ende 2023 einen sogenannten Abwicklungs-
fonds (Single Resolution Fund, SRF) bis zu einer Höhe von 55 Mrd. EUR speisen, der
dann zur Abwicklungsfinanzierung herangezogen wird.

Das dritte Element, das gemeinsame *System der Einlagensicherung*, ist in weite Fer-
ne gerückt, denn seit 2016 möchten die „tugendhaften" EU-Länder des Nordens keine
„Vergemeinschaftung" der Einlagensicherung, besonders solange nicht alle Staaten ein
nationales Sicherungssystem besitzen. Der Konflikt zwischen Norden und der Peripherie
schwärt weiter.

Die Umsetzung von Basel 3 erfolgt durch EU-Richtlinien, von der die *Kapitalad-
äquanzrichtlinie* in die vierte Fassung gekommen ist (CRD IV). Daneben sind die „Bank
Recovery and Resolution Directive" (Directive 2014/59/EU) und die Regulierung „Capital
Requirements Regulation" (Regulation (EU) No 575/2013) maßgebend. Das sogenannte
Single Rulebook soll eine möglichst homogene Anwendung der Bankenregulierung in der
EU sicherstellen.

10.1.4.4   Großbritannien und andere

Obwohl Großbritannien eine eigene Währung besitzt, ist es noch in der EU, wo die ein-
schlägigen Richtlinien von oben zur Umsetzung in nationales Recht gelten. Auch in Großbritannien wurde im Nachgang zur Finanzkrise die Regulierung neu geordnet. Der alten
Financial Services Authority (FSA) wurde vorgeworfen, nicht wirksam gewesen zu sein.
Das betraf vor allem den Konsumentenschutz. Auch auf der Insel hat die Zentralbank das
Zepter übernommen. Seit 2013 herrscht ein Dreibein von FPC, PRA und FCA vor, wie es
in der Abb. 10.5 dargestellt ist.

Das *Financial Policy Committee* (FPC) ist das Entscheidungsgremium innerhalb der
Bank of England. Es ist für die makroprudenzielle Regulierung und somit für die Stärkung
des Finanzsystems als Ganzes zuständig.

Das *Prudential Regulation Authority* (PRA) ist eine Tochter der Bank of England. Sie
ist zuständig für die makroprudenzielle Aufsicht der Finanzinstitute, die signifikante Risiken in ihren Bilanzen bergen. Prudenziell versteht sich als die Geschäftsführung der
Finanzdienstleister im Hinblick auf Sicherheit und Gesundheit der Institutionen mit einem Fokus auf Risiko, Kapital und Liquidität.

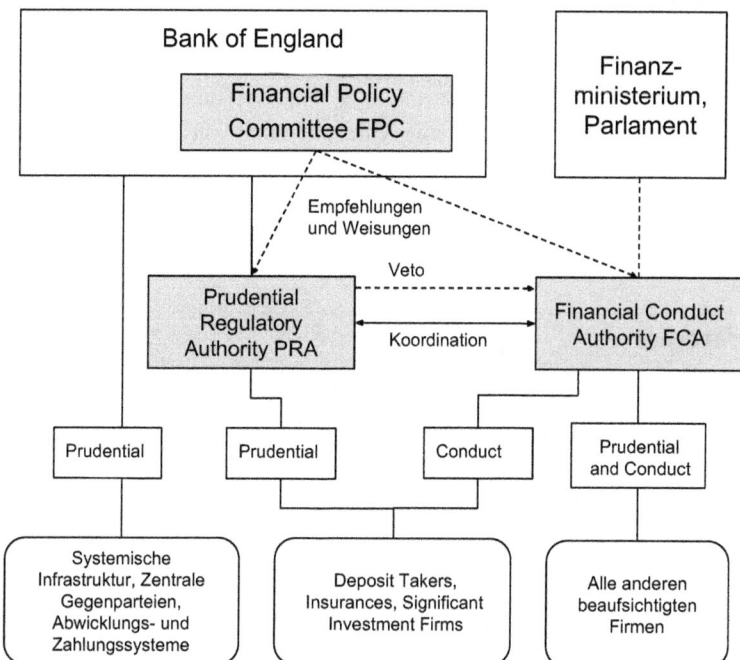

Abb. 10.5 Die Regulierungsstruktur Großbritanniens (Quelle: Bank of England). Die Subjekte sind das Finanzsystem, die Finanzdienstleister und die Konsumenten

Als Drittes besteht das *Financial Conduct Authority* (FCA), das die Geschäftsführung und den Markt reguliert. Darin ist auch der Konsumentenschutz enthalten. Denn Conduct versteht sich als das Verhalten der Banken hinsichtlich der Auswirkung auf den Konsumenten. Das FCA untersteht formell dem Finanzministerium, nimmt aber Anweisungen vom PRA entgegen, das wiederum vom FPC gesteuert wird.

In diesem zweiköpfigen Ansatz (Twin Peak) wird die Erkenntnis aus der Finanzkrise – dem Andrehen von hoch riskanten Subprimepapieren – umgesetzt, wonach das Verhalten (*Conduct)* von Finanzfirmen und deren Personal, vor allem des oberen Managements, von großer Bedeutung ist. Deren Wirkung äußert sich im Konsumentenschutz, dem Befolgen von Marktregeln und der Einhaltung von minimalen professionellen und ethischen Maßstäben. Ebenso soll die Anreizstruktur zur Verhinderung von negativen Folgen für die Kunden reguliert werden. Daraus folgen Maßgaben für die Höhe von Boni und sonstigen Vergütungen. Denn eine falsche Firmenkultur mit einem fehlgeleiteten Anreiz- und Beförderungssystem führt dazu, dass Interessenskonflikte systematisch als profitable Geschäftsprozesse implementiert werden. Die thematische Aufteilung nach „Vorsicht" (Prudential) und „Verhalten" (Conduct) anstatt nur nach Regulierungssubjekt ist bemerkenswert. Wir sind aber noch weit entfernt von eine Regulierung der Firmenkultur, obzwar dies wünschenswert scheint. Die Sprecherin des FCA sagte Ende 2015: „A focus on the culture in financial services firms remains a priority for the FCA. There is currently extensive ongoing work in this area within firms and externally."

Die Schweiz kennt ebenfalls eine zweiteilige Finanzaufsicht: zum einen die Schweizerische Nationalbank, zuständig für die Überwachung von systemisch bedeutsamen Zahlungs- und Effektenabwicklungssystemen. Im Bereich *Finanzstabilität* arbeitet die SNB mit der Eidgenössischen Finanzmarktaufsicht FINMA zusammen. Die Abgrenzung der Aufgaben und die Zusammenarbeit sind in einem Memorandum vertraglich geregelt.

10.2 Strategien

Eine Strategie ist immer eingebettet in den Kontext und die Restriktionen des Möglichen. In dieser Hinsicht sind es vor allem die Regulierungen in Nachgang zur Finanzkrise, die den strategischen Spielraum zum Teil massiv einschränken. In der einfachsten Variante betrifft Strategie die zwei Dimensionen Produkte und Märkte. Die Regulierung, denken wir an den sogenannten Dodd-Frank Act und im Speziellen die unter „Title VI" enthaltenen *Volcker-Rules*, äußert sich in der direkten Einschränkung gewisser Tätigkeiten und der Unterlegung der Produkte mit Risikokapital. Die Regeln von *Basel 3* fokussieren auf das Risikokapital, risikogewichtet und gleichgewichtet, also in der Variante Leverage Ratio, und im Vorhalten genügender Liquidität.

10.2.1 Restriktionen

In der Abb. 10.6 sieht man exemplarisch die Veränderungen, die eine wichtige Investmentbank seit dem Ausbruch der Finanzkrise durchgemacht hat. Das Schaubild stammt von Goldman Sachs und wurde im Zusammenhang mit der Darstellung ihres „Testaments" publiziert. Die eine Gruppe stellt die Verringerung des Risikos dar, die zweite die Erhöhung der Sicherheit. Die Bilanz ist um 24 % geschrumpft, wobei gleichzeitig das Eigenkapital um 200 % zugenommen hat. Die Eigenkapitalquote, hier Common Equity/Bilanzsumme, beträgt neu rund 8,6 %, die Verschuldungsquote, also Fremdkapital FK/Eigenkapital EK, ist bei 10,6 %. Nicht diese Zahlen sind sehr beunruhigend, sondern man sieht, wie beunruhigend die Situation vor der Krise hätte wahrgenommen werden müssen.

Die Liquidität meint nicht die flüssigen Mittel der Bank oder ganz allgemein die allzeitige Zahlungsfähigkeit, sondern die Vermögenswerte, die als hochwertig und sehr marktgängig eingeschätzt werden (Stock of High-quality Liquid Assets im Sprachgebrauch der Bankregulatoren). Es qualifizieren nur Assets, die frei sind, also nicht verpfändet oder verfügbar sind („unencumbered", wie die Rechnungslegung sagt). Diese Vermögenswerte müssen allenfalls herangezogen werden, um die Geldabflüsse zu gewährleisten. Illiquidität ist häufig der Auslöser für systemische Verwerfungen, weil sie sich von Institut zu Institut fortpflanzen kann. Abb. 10.7 zeigt die Verhältnisse grafisch, vereinfacht nach Juks

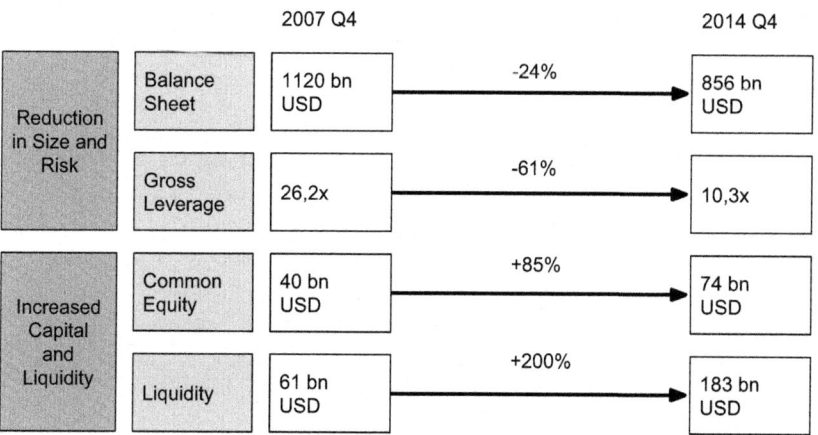

Abb. 10.6 Der Umbau von Goldman Sachs als Stellvertreter aller Investmentbanken anhand von Kennzahlen. Die Gefahr hat abgenommen und die Sicherheit zugenommen

Abb. 10.7 Belastung der Bilanz und deren Aktivseite durch Finanzierungen und Derivate. Repurchase Agreements und gedeckte Schuldverschreibungen führen zur Verpfändung von Vermögen. Ebenso führen Einschüsse von Collateral (Margin) für Derivate zur Belastung

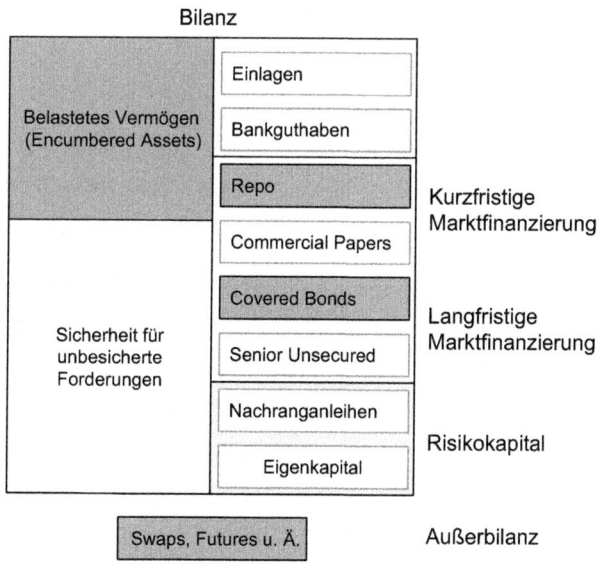

(2012, 69). Die *Encumbrance Ratio* fasst folgendermaßen zusammen:

$$\text{Encumbrance Ratio} = \frac{\text{belastetes Vermögen} + \text{belastetes erhaltenes Collateral}}{\text{Vermögen} + \text{erhaltenes Collateral}}.$$

Eine weitere Vorsichtsmaßnahme, die allerdings nicht aus Abb. 10.6 ersichtlich ist, nennt sich Net Stable Funding Ratio. Sie soll die Gefahr eindämmen, dass Banken illiquide, lange gebundene Vermögensteile durch kurzfristige Verpflichtungen finanzieren. Hier handelt

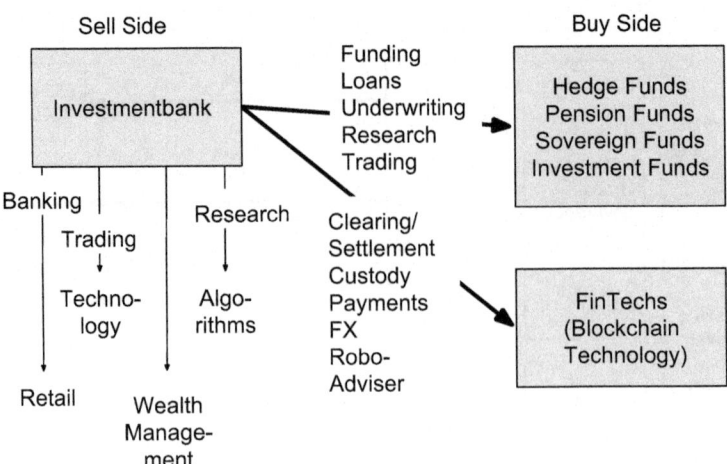

Abb. 10.8 Konkurrenzanalyse mit Migrationen der Tätigkeiten. Die möglichen Angriffe auf das Modell der Investmentbank sind vielfältig. Die zugrunde liegenden Ursachen sind Technologie und Regulation

es sich um einen Klassiker, der immer wieder zu Verwerfungen geführt hat. In guten Zeiten ist diese Art von Differenzgeschäft oder Transformation eine solide Gewinnquelle.

Die regulatorischen Restriktionen sind sehr weitgehend: Wie viel Risiko darf man eingehen, wie muss man sich finanzieren und welche Geschäfte darf man nicht machen? Im Vergleich zum Glass-Steagall Act sind die Auflagen aber relativ harmlos, dafür aufgrund der vielen Details beinahe unüberschaubar. Durch die von den Aufsichtsbehörden zu verfügenden Rules ist das Geschäft weniger vorhersehbar geworden.

10.2.2 Konkurrenzanalyse

In der Abb. 10.8 wagen wir den Versuch, die Konkurrenz der Investmentbanken darzustellen. Darin sind drei Tendenzen impliziert.

Zum ersten migrieren traditionelle Tätigkeiten der Bank aufgrund des regulatorischen Drucks und der Kosten zu noch weniger regulierten Marktteilnehmern (*regulatorische Arbitrage*). Das sind vor allem die *Anlagefonds*, die selber mit den Schuldnern Wertschriften erzeugen, die sie dann in ihr Portfolio legen. Ein Beispiel dafür sind die Kredite von Blackstone. Die traditionelle Buy Side versucht durch eigene Analysen und Tools, den notorischen Informationsvorsprung der Sell Side selber zu kreieren und zu nutzen. Beispiel hierfür ist Blackrock.

Zweitens wird die Finanzinfrastruktur durch Blockchains, einer im Netzwerk verstreuten Speichertechnik als verteilte, vertrauenswürdige Buchführung (Distributed Ledger) revolutioniert. Die darauf aufsetzenden *Plattformen* ermöglichen es vor allem technikaffinen Verbrauchern, traditionelle Bankprodukte schneller und billiger zu nutzen. Die Banken, die für den Austausch unter meist unbekannten Geschäftspartnern die Vertrauensproblematik lösten, werden durch die Sicherheit der Infrastruktur ersetzt. Somit sind der Zahlungsverkehr, die Wertaufbewahrung, die Identifikation und Beurteilung der Tauschpartner und die Notariatsfunktionen massiv bedroht. Robo-Advisors bedrängen typische menschliche Tätigkeiten, sogar in der Kommunikation von Bank und Konsument.

Drittens verändern sich die Tätigkeiten der Banken und ihre Geschäftsfelder. Goldman Sachs ist in das Retail Banking eingestiegen und sammelt auch kleine Einlagen ein – nie hätte man das für möglich gehalten. Aufgrund des Konkurrenzdrucks ist absehbar, dass sich die Technologie der *FinTechs* auf das Trading und das Research auswirken wird. Die neuen Trader sind die Programmierer. Eine andere Variante ist das Verstärken des Anlagegeschäfts oder Wealth Management, wie es die Schweizer Universalbanken vorexerzieren. Um aber dennoch am Puls der Zeit zu bleiben, kaufen oder fördern die Investmentbanken FinTech-Firmen. Dazu verwenden sie Gefäße wie Accelerators, die wie Wagniskapitalgeber für sich lohnenswerte Start-ups fördern.

Der Druck auf das traditionelle Bankwesen ist riesig und man spürt förmlich, dass große Veränderungen bevorstehen. Es wird ausschlaggebend sein, wie weit die Banken in der Lage sind, den Umbau mitzumachen.

10.2.3 Optionen

Welche strategischen Möglichkeiten gibt es? Peter Drucker, ein profunder Denker der Betriebswirtschaft, ging davon aus, dass jede Unternehmung auf einer expliziten oder impliziten Theorie ihres Geschäfts fußt: ein Satz von Annahmen über das Wesen des Geschäfts, ihre Ziele, ihre Ergebnisdefinition, Kundschaft und den Mehrwert für den zahlenden Kunden. Die Strategie wandelt diese Theorie in Leistung um. Der Zweck der Strategie ist die Ermöglichung, die gewünschten Resultate in einer ungewissen Umwelt zu erreichen (Drucker 1999, 43): „For strategy allows an organization to be *purposefully opportunistic*".

Bei den Investmentbanken sind die Strategien recht überschaubar, weil eine durchdringende neoliberale Weltsicht missionarisch verfolgt wird. Diese führt zum ständigen Umbau der Unternehmenslandschaft. Die Kunden des Investmentbankings übernehmen diese Zielsetzung, indem sie ihren Auftrag als Steigerung des Unternehmenswertes via Aktienbewertung verstehen. Die Ergebnisdefinition zeigt sich in den League Tables; als Performance gilt der Gewinn. Somit konzentrieren sich die Strategien um die Marktopportunitäten, die jedoch sehr stark von der Regulierung eingeschränkt werden.

Für eingebettete Investmentbanken, die also eine Universalbank als Hülle besitzen, gibt es zwar eine Bereichsstrategie. Diese ist aber auch an einer Unternehmensstrategie ausgerichtet. Die Erfahrungen von 20–30 Jahren Integration der Investmentbanken in Universalbanken sind sehr gemischt; man kann nicht wirklich sagen, dass die UBS, Credit

Suisse oder Deutsche Bank diesbezüglich ein kristallklares Erfolgsmodell geschaffen haben. Es wird immer wieder von verschiedener Seite gefordert, die Investmentbanken von der traditionellen Bank zu trennen oder zumindest wesentlich zu verkleinern. Die Investmentbank profitiert von der Geldbeschaffung und der Bilanz; die kommerzielle Bank kann ihren Kunden innovative Produkte anbieten, die aber auch anderweitig verfügbar sind. Das sogenannte Cross-Selling als Erfolgsfaktor ist immer kritisch betrachtet worden.

10.2.3.1 Optimierung

Die Abb. 10.9 zeigt eine recht einfache Kategorisierung der Geschäftsfelder nach Attraktivität, im Sinne von Nettoertrag und Wachstum sowie Kundenrelevanz, Synergie und Marktmacht, und der regulatorischen Kosten nach Basel 3. In der Tradition der Unternehmensberater sind 3×3 Kästchen konzipiert, in die die Geschäftsfelder fallen. Die Handlungsalternativen umfassen fünf Maßnahmen, nämlich Ausstieg, starke Reduktion, mittlere bis kleine Reduktion, Beibehalten und Steigerung.

Die unattraktiven Felder sind bis auf den Aktieneigenhandel alle im FICC zu finden. Diese sollten aufgegeben werden, also Verbriefungen, komplexe Strukturierungen sowie Macro Directional Trading, d. h. Wetten auf Zins- und Währungsentwicklungen. Als auszubauend erscheint Rohstoffhandel, in der Zwischenzeit schon wieder *passé* sowie Special Situation, d. h. vor allem Restrukturierungen.

Anhand dieser Darstellung sieht man eindringlich, wie zum einen die Regulierung über die Kosten für das Risikokapital wesentlichen Einfluss auf die Geschäftsfeldentwicklung nimmt. Die große Schwierigkeit ist immer das Abschätzen der wechselseitigen Unterstützung eines Geschäfts für ein anderes. Unter Weglassung dieses Aspektes könnte man diese Darstellung in ein Optimierungsproblem umgießen, das dann eine Maximierung der Attraktivität unter Einhaltung der Kapitalrestriktion liefert. Es kann allerdings geschehen, dass die Regulierung relativ schnell neue Ein- und Ansichten gewinnt, welche die Strategie wieder infrage stellen. In der Zwischenzeit ist zum Beispiel das Geschäft mit Rohstoffen – nicht nur wegen der preislichen Entwicklung – aus Risikosicht stark in Bedrängnis gekommen und damit für die damalige UBS-Strategie eine Sackgasse geworden.

Neben den Kapitalkosten sind die operativen Kosten des Handels und vor allem der Abarbeitung enorm. Die sechs größten US-amerikanischen Banken, J. P. Morgan, Wells Fargo, Bank of America, Goldman Sachs, Morgan Stanley und Citygroup, operieren mit rund 250 Mrd. USD Total Cost pro Jahr. Diese sind geringer geworden, hat man doch rund 100.000 Mitarbeiter entlassen. Um noch weiter sparen zu können, beabsichtigen einige Banken, die Abwicklung der Handelstransaktionen gemeinsam zu bewältigen. Es läuft ein Vorhaben unter dem Codewort „Project Scalpel". Banken haben schon erfolgreich kooperiert, beispielsweise bei der Bildung von Clearing-Häusern. Aber auch das Gegenteil ist schon beobachtet worden, nämlich zu viele Meinungen, die nicht konvergieren. Auch in Europa wird die Kooperation mit Technologieunternehmen gesucht, um den Handel effizienter zu gestalten.

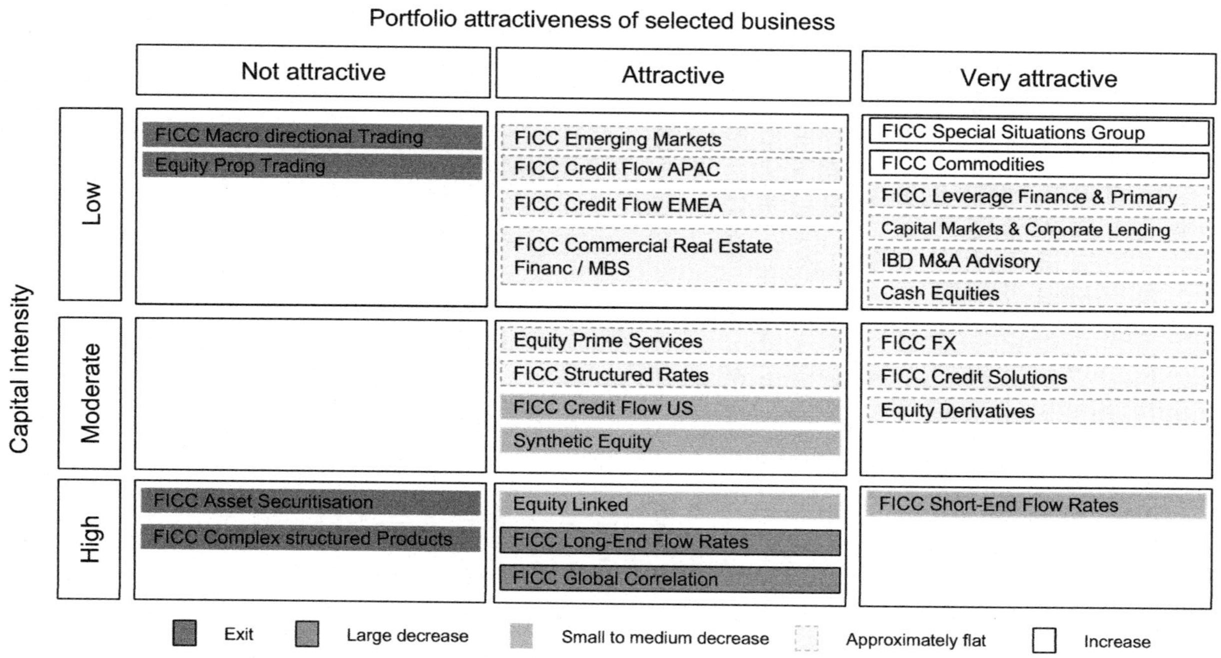

Abb. 10.9 Strategie der UBS Investment Bank anhand einer Präsentation am Investor Day 2010 durch Carsten Kengeter (Quelle: UBS). Die Produktestrategie wird stark vom Risiko, respektive was der Regulator als solches betrachtet, mitbestimmt. Je nordwestlicher das Produkt liegt, desto besser ist es

10.2.3.2 Rückzug, Zerschlagung

Rückzug wäre eine Option, die von Universalbanken gewählt werden könnte. Die Bilanz von 30 Jahren Investmentbank in der Universalbank ist sehr volatil: zum Teil exorbitante Gewinne, große Verluste und viele juristische Schwierigkeiten. Diesen Weg wird sehr wahrscheinlich keine Bank gehen, aber unter den Stichworten „Downsizing", „Rightsizing" und „Rebalancing" den Investmentbankenmix ändern und zurückfahren. Stabilisierung der Erträge ist ein wünschenswertes Ziel sowie die Ausrichtung auf die Kunden von Wealth Management und die Schonung von regulatorischen Kapitalauflagen.

Ein zweites Feld ist die Reduktion der Hebel, die die Investmentbanken zu Hedgefonds mutieren ließen, und die Verlagerung von Risikonahme und Eigenhandel zugunsten von Kommissionseinkommen der Beratung. Dies ist ein wenig ein Zurückkommen zu den Wurzeln. Der Erfolg und Vormarsch der Boutiquen lassen eine Zerschlagung und Ausgliederung des Investmentbankings nicht als völlig unrealistisch erscheinen, vor allem weil der Handel und das Underwriting von Anleihen wenig lukrativ bleiben. Hedgefonds sind ebenfalls immer wieder aus den Investmentbanken hervorgegangen.

Gary Cohen, frühere Nummer 2 bei Goldman Sachs und Vorsitzender von Trumps nationalem Wirtschaftsrat, ließ im Senat vernehmen, das Trennbankensystem wieder einführen zu wollen. Bei näherer Betrachtung ist klar, dass damit Goldman Sachs alle Universalbanken mit Investmentbankdivisionen einfach abschütteln kann und dies mit geringen Opportunitätskosten für die entgangene Finanzierung bezahlen würde.

10.2.3.3 Technologiezentrierung

Investmentbanken haben in einigen Bereichen spitzenmäßige Technologien im Einsatz. Dennoch als Ganzes betrachtet sind Investmentbanken keine „Techies", sondern wie kommerzielle Banken mit überholten, teuren und schwer zu wartenden Altsystemen beladen. Nicht einmal im Hochfrequenzhandel können sie mit den spezialisierten Unternehmungen mithalten. Das kann allerdings auch daran liegen, dass ihr Eigenhandel nicht dieselben Freiheiten genießen kann wie die High Frequency Trader, was wiederum mit der regulatorischen Beobachtung zusammenhängt.

Eine technologiegetriebene Strategie würde bedeuten, viele Dienstleistungen modular und plattformfähig anzubieten. Dazu müssten diese auf der grünen Wiese erstellt oder von kleinen Spezialisten, also FinTech-Firmen zugekauft werden. Investmentbanken haben ihre Accumulators, aber ob in der Firmenleitung genug Technologieverliebtheit geweckt werden kann, ist zweifelhaft. Denn traditionell betreiben Investmentbanken ein Peoples Business, genannt Verkauf. Dass Investmentbanken haufenweise FinTech-Firmen kaufen werden, ist sonnenklar.

10.3 Schlussfolgerungen

Investmentbanker sind und waren immer opportunistisch, sodass einige sogar so weit gehen zu sagen, sie hätten gar keine Strategie. Nein, ihre Strategie ist Anpassung an die Umwelt und Einflussnahme auf dieselbe. Man erinnere nur, dass mehr als ein halbes

Dutzend hochkarätiger Ex-Goldman-Mitarbeiter im Regierungsteam von Donald Trump einsitzen.

Durch die Finanzkrise sind die jetzigen „Investmentbanken" unbeabsichtigterweise größer, unübersichtlicher und gefährlicher geworden. Die veralteten Systeme mit ihren exorbitanten Unterhaltskosten sind eine riesige Herausforderung. Anderseits ist gerade ein Umbau der Geschäftsstrukturen im Gang: Die FinTechs bauen innovativ lokale, vernetzbare Dienste auf. In der flexiblen Konfigurierbarkeit, die zu den *digitalen Plattformen* führt, repliziert sich gerade das, was früher eine Investmentbank ausmachte: die Vernetzung. Deshalb besteht eine echte Chance, die Investmentbanken neu zusammenzustellen, nämlich als vernetzte Dienste. Es bedingt ein vorurteilsloses Herangehen und eine höhere Abstraktion, um die gemeinsamen Muster zu erkennen.

Literatur

BCBS (2011a). *Basel III: Ein globaler Regulierungsrahmen für widerstandsfähigere Banken und Bankensysteme. Technischer Bericht.* Basel: Bank for International Settlements: Basel Committee on Banking Supervision. http://www.bis.org/publ/bcbs189_de.pdf

BCBS (2011b). *Global systemrelevante Banken: Bewertungsmethodik und Anforderungen an die zusätzliche Verlustabsorptionsfähigkeit, Rahmenregelung. Technischer Bericht.* Basel: Bank for International Settlements: Basel Committee on Banking Supervision. http://www.bis.org/publ/bcbs207_de.pdf

BCBS (2014). *Basel III: Rahmenregelung für die Höchstverschuldungsquote und Offenlegungsanforderungen. Technischer Bericht.* Basel: Bank for International Settlements: Basel Committee on Banking Supervision. http://www.bis.org/publ/bcbs270_de.pdf

Buchanan, B. G. (2005). A (very) brief history of artificial intelligence. *Ai Magazine, 26*(4), 53.

Carosso, V. P. (1973). The Wall Street Money Trust from Pujo through Medina. *The Business History Review, 47*(4), 421–437.

Drucker, P. (1999). *Management challenges for the 21st century.* New York: HarperBusiness.

Eisner, S. P. (2005). Managing generation Y. *SAM. Advanced Management Journal, 70*(4), 4.

Franzetti, C. (2011). *Operational Risk Modelling and Management.* Boca Raton, FL: CRC Press.

FSB (2015). *Principles on Loss-absorbing and Recapitalisation Capacity of G-SIBs in Resolution: Total Loss-absorbing Capacity (TLAC) Term Sheet. Technischer Bericht.* Basel: Financial Stability Board. http://www.fsb.org/wp-content/uploads/TLAC-Principles-and-Term-Sheet-for-publication-final.pdf

Juks, R. (2012). Asset encumbrance and its relevance for financial stability. Sveriges Riksbank Economic Review 2012:3, Sveriges Riksbank, Stockholm.

Meister, J., & Willyerd, K. (2010). *Mentoring millennials.* Brighton, MA: Harvard Business Review.

Planck, M. (1955). *Wissenschaftliche Selbstbiographie mit der von Max von Laue gehaltenen Traueransprache.* Lebensdarstellungen deutscher Naturforscher. Berlin: J. A. Barth.

Prensky, M. (2001). Digital natives, digital immigrants part 1. *On the horizon, 9*(5), 1–6.

Roberts, J. (2004). *The modern firm: organizational design for performance and growth.* Oxford New York: Oxford University Press.

Schücking, H., Kroll, L., Louvel, Y., und Richter, R. (2011). Bankrolling Climate Change: A look into the portfolios of the world's largest banks. Report on the Finances of Climate Change, presented in Durban, Climate Conference 2011, BankTrack, London.

Stiglitz, J. (2005). *Die Roaring Nineties: vom Boom zum Crash.* München: Goldmann.

Stiglitz, J. (2011). *The Roaring Nineties: A New History of the World's Most Prosperous Decade.* New York: W. W. Norton.

Ulrich, H., & Krieg, W. (1974). *St. Galler Management-Modell.* Bern: Haupt.

Ung, D., Fernandes, R., & Hahn, B. (2015). *S&P Indices Versus Active Funds (SPIVA) Europe Scorecard. Research, S&P Dow Jones Indices.* New York: McGraw Hill Financial.

Anhang A Weitere Tabellen

Tab. A.1 Mitglieder der Bietergruppe Bundesemissionen, Stand 05.08.2013, in alphabetischer Reihenfolge (Quelle: Deutsche Bundesbank)

ABN AMRO Bank N.V.	HSBC Trinkaus & Burkhardt AG
Banca IMI S.p.A.	ING Bank N.V.
Banco Bilbao Vizcaya Argentaria S.A.	Jefferies International Limited
Banco Santander S.A.	J. P. Morgan Securities Ltd.
Bankhaus Lampe KG	Landesbank Baden-Württemberg
Barclays Bank PLC	Landesbank Hessen-Thüringen Girozentrale
Bayerische Landesbank	Merrill Lynch International
BHF-Bank Aktiengesellschaft	Mizuho International plc
BNP Paribas S.A.	Morgan Stanley & Co. International plc
Citigroup Global Markets Limited	Natixis
COMMERZBANK Aktiengesellschaft	Nomura International plc
Crédit Agricole Corporate and Investment Bank	Norddeutsche Landesbank Girozentrale
Credit Suisse Securities (Europe) Limited	Nordea Bank Finland plc
Danske Bank A/S	Rabobank International
DekaBank	Scotiabank Europe plc
Deutsche Girozentrale	Société Générale S.A.
DEUTSCHE BANK AKTIENGESELLSCHAFT	The Royal Bank of Scotland plc
DZ BANK AG	Niederlassung Frankfurt
Deutsche Zentral-Genossenschaftsbank	UBS Deutschland AG
Goldman Sachs International Bank	UniCredit Bank AG

© Springer Fachmedien Wiesbaden GmbH, ein Teil von Springer Nature 2018
C. Franzetti, *Investmentbanken*, https://doi.org/10.1007/978-3-658-20791-5

Anhang B Formeln

B.1 Zinsrechnungen

B.1.1 Bondpreis

Der Preis eines Bonds P errechnet sich nach folgender Formel:

$$P = v^{f_1} \cdot \left(k + \sum_{i=1}^{n-1} \frac{g}{h} \cdot v^i \right) + \left(C + \frac{g}{h} \cdot f_2 \right) \cdot v^{n+f_1+f_2-1} \qquad \text{(B.1)}$$

P = Bruttopreis des Bonds zum Schlusskurs des vorangegangenen Werktags

g = jährlicher Zinscoupon in Prozent

k = nächste Zinszahlung in Prozent, meist g/h

h = Anzahl jährlicher Zinszahlungen

n = Anzahl noch ausstehender Zinszahlungen

f_1 = relative Anzahl Tage vom Bewertungsdatum bis zur nächsten Zinszahlung

f_2 = relative Anzahl Tage vom letzten regelmäßigen Zinstag bis zur Fälligkeit

C = Endbetrag

v = Diskontfaktor. $v = 1/(1 + y/h)$

y = Rendite p. a.

Falls die erste oder nächste Zinszahlung regelmäßig ist, also $k = g/h$, und die letzte Zinsperiode ebenfalls, $f_2 = 1$, dann vereinfacht sich die Formel zu:

$$P = v^{f_1} \cdot \left(\frac{g}{h} + \sum_{i=1}^{n} \frac{g}{h} \cdot v^i + C \cdot v^n \right).$$

Noch weiter vereinfacht durch die Annahme, dass der Coupon jährlich bezahlt wird und keine angebrochene Zinsperiode vorhanden ist, so folgt:

$$P = \sum_{i=1}^{n} g \cdot v^i + C \cdot v^n = \sum_{i=1}^{n} \frac{g}{(1+y)^i} + \frac{C}{(1+y)^n}.$$

Die Sensitivität des Preises bei einer Änderung der Rendite ist die Ableitung, nämlich:

$$\frac{dP}{dy} = \frac{-1}{1+y} \sum_{i=1}^{n} \frac{i \cdot g}{(1+y)^i} + \frac{n \cdot C}{(1+y)^n}.$$

Als Semielastizität oder negative Modified Duration:

$$\frac{dP}{dy} \cdot \frac{1}{P} = \frac{-1}{P} \frac{1}{1+y} \sum_{i=1}^{n} \frac{i \cdot g}{(1+y)^i} + \frac{n \cdot C}{(1+y)^n}$$

$$= -D_{\text{modified}}$$

Die *Duration* besagt, dass eine Renditeänderung von x eine Preisänderung des Bonds von $D \cdot x$ erleidet. Da die Duration eine mittlere gewichtete Restlaufzeit ist, ist D zwar kleiner als diese, aber in der Größenordnung von dieser. Beispielsweise habe ein zehnjähriger Bond eine Duration von 8,5. Ändert sich die Rendite um $+0,5\,\%$, so ändert sich der Bondpreis um $-4,25\,\%$.

Der Zusammenhang von *Rendite* (oder Effektivzins) y und Zinsstrukturkurve z_t ergibt sich aus Gleichsetzen des Preises mit dem Barwert:

$$P = \sum_{i=1}^{n} \frac{g}{(1+y)^i} + \frac{C}{(1+y)^n} = \sum_{i=1}^{n} g \cdot v_i^i + C \cdot v_n^n.$$

Der *Par Yield* ist derjenige Coupon g^*, der folgende Gleichung erfüllt:

$$1 = \sum_{i=1}^{n} g^* \cdot v_i^i + 1 \cdot v_n^n,$$

$$g^* = \frac{1 - v_n^n}{\sum_{i=1}^{n} v_i^i}.$$

B.1.1.1 Ausfallgefährdeter Bond

Das Abzinsen des Baumes von Abb. 6.6 ergibt:

$$A = c \cdot \sum_{t=1}^{4} \frac{(1-p)^t}{(1+y)^t} + (c+1) \cdot m \cdot p \sum_{t=1}^{4} \frac{(1-p)^{t-1}}{(1+y)^t} + \frac{(1-p)^4}{(1+y)^4} = 0,9931. \quad \text{(B.2)}$$

Die jährliche Ausfallrate ist p und $1-p$ ist die Überlebenswahrscheinlichkeit. Ein Term wie $(1-p)^t \cdot p$ ist der Ausfall nach t Jahren. m ist die Recovery-Rate und c der Coupon als Anteil des Nennwerts. y ist der für die Abzinsung verwendete Zinssatz.

B.1.1.2 Kumulierte und marginale Ausfallsraten

In Tab. 6.5 sind die kumulierten Ausfallwahrscheinlichkeiten $P_t(q)$ nach Rating q und Laufzeit t gezeigt. Das Komplement zu diesen Raten ist die Überlebensrate S_t, die sich einfach aus $S_t = 1 - P_t$ ergibt (q hier weggelassen). Anderseits gilt:

$$S_t = (1 - p_1) \cdot (1 - p_2) \cdot \ldots \cdot (1 - p_t) = \prod_{i=1}^{t}(1 - p_i),$$

das Überleben von t Perioden, setzt voraus, dass man t-mal nicht ausgefallen ist. Aus der (kumulierten) Überlebensrate ergeben sich die marginalen Ausfallsraten p_t zu:

$$p_t = 1 - \frac{S_t}{S_{t-1}} = \frac{P_t - P_{t-1}}{1 - P_{t-1}}.$$

Diese Größe gibt die Überlebenswahrscheinlichkeit für die Periode t an, falls man $t - 1$ Perioden überlebt hat. Die kumulierte Rate nimmt mit der Laufzeit immer zu; das muss aber für die marginale Rate nicht zutreffen.

B.1.2 Zinsusanz

Die Zinsusanz bestimmt die Verzinsungsdauer, wenn zwei kalendarische Termine gegeben sind. Die Dauer $F(t_1, t_2)$ kann je nach Land und Produkt unterschiedlich sein. Die einen zählen die Anzahl der Tage für die Dauer und die Länge eines Jahres, also meist 365 Tage, aber auch 366 („actual/actual").

Für internationale nichtvariabel verzinste Bonds rechnet man mit der 30/360-Zinsusanz. Dabei verwendet man die Formel:

$$F = \frac{\min(D_2, 30) - \min(D_1, 30) + (M_2 - M_1) \cdot 30 + (Y_2 - Y_1) \cdot 360}{360}. \tag{B.3}$$

Der Effekt ist, dass man aus einem Zinssatz von beispielsweise 5 % p. a. je nach Usanz einen anderen absoluten Betrag bekommt.

B.1.3 Kontinuierlicher Zins

Der kontinuierliche Zins ist die Lieblingsdarstellung der Finanzmathematiker. Wenn man die Häufigkeit der Verzinsung h von jährlich, halbjährlich, quartalsweise, monatlich bis stündlich und noch häufiger steigert, dann geht der Aufzinsungsfaktor in eine Exponentialform über

$$b_1 = \left(1 + \frac{y}{h}\right)^h,$$

$$b_m = \left(\left(1 + \frac{y}{h}\right)^h\right)^m,$$

und als Grenzwert (Limes):

$$\lim_{h \to \infty} b_m = \lim_{h \to \infty} \left(\left(1 + \frac{y}{h} \right)^h \right)^m = e^{ym}.$$

B.2 Optionspreisformeln

B.2.1 Die Sensitivitäten

Das totale Differenzial des Optionspreises $B()$ der unabhängigen Variablen S, T, r, σ ist:

$$\Delta B \approx \begin{cases} \frac{\partial B}{\partial S} \Delta S + \frac{1}{2} \frac{\partial^2 B}{\partial S^2} \Delta S^2 + \ldots + \frac{1}{2} \frac{\partial^2 B}{\partial S \partial T} \Delta S \Delta T + \ldots \\ \frac{\partial B}{\partial T} \Delta T + \frac{1}{2} \frac{\partial^2 B}{\partial T^2} \Delta T^2 + \ldots \\ \frac{\partial B}{\partial r} \Delta r + \frac{1}{2} \frac{\partial^2 B}{\partial r^2} \Delta r^2 + \ldots \\ \frac{\partial B}{\partial \sigma} \Delta \sigma + \frac{1}{2} \frac{\partial^2 B}{\partial \sigma^2} \Delta \sigma^2 + \ldots \end{cases}$$

B.2.2 Binomialbäume

Die Binomialbäume zeigen zwei Dimensionen: Von horizontal läuft die Zeit, vertikal die Verteilung einer Variablen, z. B. Zinssatz, Optionspreis, dargestellt.

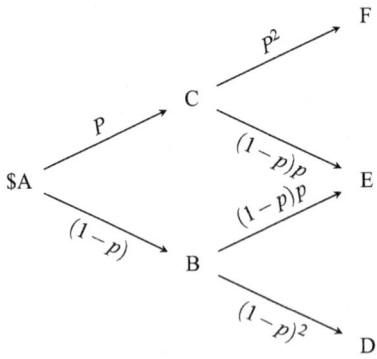

In der Abbildung beispielsweise berechnet sich der Wert im zweiten Zeitschritt als gewichteter Durchschnitt von F, E und D.

B.2.3 Black-Scholes-Formel für europäische Optionen

Es ist C der Call- und P der Put-Preis:

$$C = Se^{-q(T-t)}N(d_1) - Ke^{-r(T-t)}N(d_2)$$
$$P = Ke^{-r(T-t)}N(-d_2) - Se^{-q(T-t)}N(-d_1)$$
$$d_1 = \frac{\log(S/K) + (r - q + 0.5\sigma^2)(T-t)}{\sigma\sqrt{T-t}}$$
$$d_2 = d_1 - \sigma\sqrt{T-t},$$

wobei S der Aktienpreis, K der Strike-Preis, σ die Volatilität, r der risikofreie Zinssatz, q die stetige Dividendenrendite, $T - t$ die Restlaufzeit und $N()$ die Standardnormalverteilung ist.

Die Standardnormalverteilung ist tabelliert. Die nicht analytisch lösbare Formel für $N(x)$ lautet:

$$N(x) = \frac{1}{\sqrt{2\pi}} \int_{-\infty}^{x} e^{-\frac{1}{2}z^2} dz.$$

Daraus lassen sich auch die Greeks berechnen.

Sachverzeichnis

Printed by Printforce, the Netherlands